CPC
passado a limpo

PARTE GERAL, PROCEDIMENTO COMUM
E CUMPRIMENTO DE SENTENÇA

— Volume I —

De acordo com as
Leis 13.105/2015, 13.256/2016 e 13.363/2016

Conselho Editorial
André Luís Callegari
Carlos Alberto Molinaro
César Landa Arroyo
Daniel Francisco Mitidiero
Darci Guimarães Ribeiro
Draiton Gonzaga de Souza
Elaine Harzheim Macedo
Eugênio Facchini Neto
Gabrielle Bezerra Sales Sarlet
Giovani Agostini Saavedra
Ingo Wolfgang Sarlet
José Antonio Montilla Martos
Jose Luiz Bolzan de Morais
José Maria Porras Ramirez
José Maria Rosa Tesheiner
Leandro Paulsen
Lenio Luiz Streck
Miguel Àngel Presno Linera
Paulo Antônio Caliendo Velloso da Silveira
Paulo Mota Pinto

Dados Internacionais de Catalogação na Publicação (CIP)

T693c   Torres, Artur.
           CPC passado a limpo : parte geral, procedimento comum e cumprimento de sentença : volume 1 / Artur Torres. – Porto Alegre : Livraria do Advogado, 2018.
           450 p. ; 25 cm.
           Inclui bibliografia.
           ISBN 978-85-9590-004-2

           1. Processo civil - Brasil. 2. Direito processual civil - Brasil. 3. Sentença (Processo civil). I. Título.

CDU 347.91/.95(81)
CDD 347.8105

Índice para catálogo sistemático:
1. Processo civil : Brasil   347.91/.95(81)

(Bibliotecária responsável: Sabrina Leal Araujo – CRB 10/1507)

ARTUR TORRES

CPC passado a limpo

PARTE GERAL, PROCEDIMENTO COMUM
E CUMPRIMENTO DE SENTENÇA

— Volume I —

De acordo com as
Leis 13.105/2015, 13.256/2016 e 13.363/2016

Porto Alegre, 2018

© Artur Torres, 2018

(Edição finalizada em agosto/2017)

Capa, projeto gráfico e diagramação
Livraria do Advogado Editora

Revisão
Rosane Marques Borba

Direitos desta edição reservados por
Livraria do Advogado Editora Ltda.
Rua Riachuelo, 1300
90010-273 Porto Alegre RS
Fone: 0800-51-7522
editora@livrariadoadvogado.com.br
www.doadvogado.com.br

Impresso no Brasil / Printed in Brazil

À família Bierhals Torres, com amor.

"Parece óbvio, mas pouca coisa é mais perigosa na existência do que o óbvio, essa âncora que paralisa o pensamento e induz à falsidade, à distorção, ao erro".

(CORTELLA, Mario Sergio. *Viver em paz para morrer em paz*: se você não existisse, que falta faria? São Paulo: Planeta, 2017. p. 17)

Nota do autor

Comentar um diploma legislativo (seja ele qual for), sobretudo na cultura jurídica em que (sobre)vivemos, não é, definitivamente, tarefa das mais singelas (uma vez que o direito legislado, na prática, é, não raro, ignorado); em se tratando de comentários a um código, a empreitada ganha, à evidência, em complexidade, face à exigência de compreensão global do sistema examinado; sendo ele o CPC/2015, por tudo aquilo que o envolve, as dificuldades se multiplicam.

A aludida complexidade não se limita, pois, a extensão do trabalho realizado (que optamos por dividir em dois volumes). Enfrentar matérias/temas que, até então, não gozam de consolidação doutrinária e forense (e as interpretações são as mais variadas) revela-se, sem dúvida, tarefa espinhosíssima.

Nossa tentativa, aqui, não foi outra senão a de, condensando premissas teóricas (extraídas de nossa atividade acadêmica regular) e práticas (vivenciada diuturnamente na condição de advogado militante), contribuir para a melhor compreensão do fenômeno processual que se deseja para o século XXI.

E o fizemos, pois, a partir da escrita de um texto que se pretende tenha caráter consultivo, auxiliando profissionais e estudantes na resolução de problemas mundanos (reais – e não só doutrinários).

Dedicamo-nos, neste primeiro volume, ao enfrentamento, artigo por artigo, dos temas disciplinados pela *Parte Geral* do Código, bem como daqueles inerentes ao *procedimento comum* e ao *cumprimento de sentença*, sitos já em sua Parte Especial.

O "óbvio", certamente, não é tão "óbvio" assim. Eis nossa contribuição.

Boa leitura!

Porto Alegre, agosto de 2017.

Prof. Dr. Artur Torres
arturluispereiratorres@gmail.com

Prefácio

Li, alhures, que a felicidade não existe. O que realmente existe na vida são momentos felizes. Pois bem, ao receber o honroso convite para prefaciar a obra do Professor Artur Torres, dileto amigo e colega com quem sempre mantive produtivo diálogo nos cursos de Mestrado e Doutorado da PUCRS, experimentei momento de plena felicidade; não apenas por intensificar ainda mais o proveitoso convívio – circunstância que por si só bastaria para compreender o sentimento de júbilo –, mas por testemunhar, concretamente, o resultado da determinação acadêmica. Artur, de aluno atento, passou, naturalmente e sem atropelos, à condição de mestre invulgar.

Diante desta realidade, assumi a prazerosa tarefa de apresentar a obra com o norte de que o prefácio jamais deve concorrer com o livro apresentado. Assim, começo com um registro que se impõe sobre o autor e destaco que o ilustre Professor Artur Torres reúne o conjunto de dotes pessoais necessários para ter seu nome na galeria de destaque da processualística contemporânea. Como fruto dessa realidade, com disciplina, criatividade e pesquisa fez nascer o primeiro volume do "CPC Passado a Limpo", projetado para dois tomos. Imagino o conjunto de renúncias pessoais que se fizeram necessárias e que ainda se farão para desenvolver o trabalho. Ninguém produz sem renúncias. A vida é assim. Quase nada é obra do acaso, quase tudo é consequência das escolhas realizadas. Não tenho dúvidas, Artur Torres tem feito as escolhas profissionais corretas.

Veio de sua Pelotas para Porto Alegre. Aqui, como lá já fizera, assumiu o estudo como objetivo a ser perseguido e hoje colhe frutos desta opção. Investiu em algo que ninguém jamais lhe tomará: sólida formação! Professor de Direito Processual Civil da PUCRS, uma das melhores universidades privadas do país, e homem de diálogo fácil com alunos e colegas. Mestre, Doutor e Pós-Doutor, expõe com talento e bravura ideias originais, frutos de seu acurado senso crítico. Constatei esse marcante traço já em sua tese de doutoramento, a qual tive a felicidade de orientar. Essa característica, que é da essência de sua personalidade profissional, para felicidade de nós outros seus admiradores, também, por evidente, responde presente nestes comentários ao NCPC.

Há aqui ideias, reflexões, e não apenas repetições. O Professor Artur ajustou suas velas ao vento das inovações para chegar ao destino projetado de produzir obra com ideias seminais, demonstrando, como afirmou Rui na clássica

"Oração aos Moços", célebre discurso de paraninfo do início do Século XX, que um sabedor não é um mero armário de sabedoria armazenada, mas um transformador reflexivo das ideias digeridas intelectualmente. Assim, procede Artur: estuda, reflete e, após, ensina. Não é, pois, um mero repetidor. E isso está na obra estampado. Basta ler para perceber!

No presente trabalho, o Professor Artur Torres, com a clara visão de quem percebeu que estamos frente a um novo sistema processual – não pela simples presença de um novo código ou de novas regras, mas antes pela presença de novas ideias, face às necessidades sociais contemporâneas –, destaca os fundamentos que levam a esta conclusão e que são antecedentes lógicos à compreensão da ordem contemporânea. É, pois, leitura recomendável a todos aqueles profissionais que lidam com o conflito judicial, na medida em que contribui para soluções pontuais e também, marcadamente, para a compreensão dos propósitos do novo processo civil.

Aponta, com elegância, a necessária reeducação a que deverão se submeter os operadores coetâneos em razão da novel função cultural do processo civil neste tempo e neste lugar do mundo – a qual, claramente, diverge da proposta ideológica do sistema anterior.

Registra que a atual meta processual é a mais-valia da realização de valores constitucionais, o que, pessoal e doutrinariamente, definimos como uma nova fase cultural do processo. Ou seja, vivemos agora sob o pálio da instrumentalidade constitucional. Não descura, por igual, de demonstrar os fundamentos pelos quais deve ser prestigiada a tutela provisória, através da urgência e da evidência. Desvenda, detalhadamente, os mistérios do cumprimento de sentença, dentre tantas outras observações de relevo.

Analisa metodicamente do artigo 1º ao 538 do NCPC, portanto, da Parte Geral à Coisa Julgada, e o faz com a objetividade e clareza necessárias à proposta de comentários, haja vista que é obra operacional. Contudo, não descuida dos fundamentos científicos que embasam suas orientações.

Estamos frente a livro de absoluta utilidade e que cumprirá, com facilidade, seu propósito de questionar, esclarecer e orientar operadores no dia a dia forense e que, sem dúvida, enriquece o debate no Processo Civil brasileiro.

Estão, pois, de parabéns a Editora Livraria do Advogado e o autor pelo excelente trabalho com que brindam a comunidade jurídica.

Porto Alegre, inverno de 2017.

Sérgio Gilberto Porto
Professor Emérito da PUCRS.
Professor Titular dos Cursos de Doutorado,
Mestrado e Graduação da PUCRS.

Sumário

Apresentação – *Marco Félix Jobim*...17
Os desafios de um novo Código..19
PARTE GERAL (arts 1º ao 317)..23
LIVRO I – DAS NORMAS PROCESSUAIS CIVIS (arts 1º ao 15)..............................25
    TÍTULO ÚNICO – DAS NORMAS FUNDAMENTAIS E DA APLICAÇÃO DAS NORMAS PROCESSUAIS (arts. 1º ao 15)..25
        CAPÍTULO I – DAS NORMAS FUNDAMENTAIS DO PROCESSO CIVIL (arts. 1º ao 12)..........................25
        CAPÍTULO II – DA APLICAÇÃO DAS NORMAS PROCESSUAIS (arts. 13 ao 15)...............................37
LIVRO II – DA FUNÇÃO JURISDICIONAL (arts. 16 ao 69)..39
    TÍTULO I – DA JURISDIÇÃO E DA AÇÃO (arts. 16 ao 20).......................................39
    TÍTULO II – DOS LIMITES DA JURISDIÇÃO NACIONAL E DA COOPERAÇÃO INTERNACIONAL (arts. 21 ao 41).......52
        CAPÍTULO I – DOS LIMITES DA JURISDIÇÃO NACIONAL (arts. 21 ao 25)................................52
        CAPÍTULO II – DA COOPERAÇÃO INTERNACIONAL (arts. 26 ao 41)....................................58
            Seção I – Disposições Gerais (arts. 26 e 27)...58
            Seção II – Do Auxílio Direto (arts. 28 ao 34)..62
            Seção III – Da Carta Rogatória (arts. 35 e 36)...66
            Seção IV – Disposições Comuns às Seções Anteriores (arts. 37 ao 41).....................67
    TÍTULO III – DA COMPETÊNCIA INTERNA (arts. 42 ao 69).......................................71
        CAPÍTULO I – DA COMPETÊNCIA (arts. 42 ao 66)..71
            Seção I – Disposições Gerais (arts. 42 ao 53)..72
            Seção II – Da Modificação da Competência (arts. 54 ao 63)...............................78
            Seção III – Da Incompetência (arts. 64 ao 66)...83
        CAPÍTULO II – DA COOPERAÇÃO NACIONAL (arts, 67 ao 69)..85
LIVRO III – DOS SUJEITOS DO PROCESSO (arts. 70 ao 187)......................................87
    TÍTULO I – DAS PARTES E DOS PROCURADORES (arts. 70 ao 112).................................87
        CAPÍTULO I – DA CAPACIDADE PROCESSUAL (arts. 70 ao 76)...87
        CAPÍTULO II – DOS DEVERES DAS PARTES E DE SEUS PROCURADORES (arts. 77 ao 102).................91
            Seção I – Dos Deveres (arts. 77 ao 78)..91
            Seção II – Da Responsabilidade das Partes por Dano Processual (arts. 79 ao 81)...........94
            Seção III – Das Despesas, dos Honorários Advocatícios e das Multas (arts. 82 ao 97).......96
            Seção IV – Da Gratuidade da Justiça (arts. 98 ao 102)...................................109
        CAPÍTULO III – DOS PROCURADORES (arts. 103 ao 107)..115
        CAPÍTULO IV – DA SUCESSÃO DAS PARTES E DOS PROCURADORES (arts. 108 ao 112)....................118
    TÍTULO II – DO LITISCONSÓRCIO (arts. 113 ao 118)..121
    TÍTULO III – DA INTERVENÇÃO DE TERCEIROS (arts. 119 ao 138)................................126
        CAPÍTULO I – DA ASSISTÊNCIA (arts. 119 ao 124)...126
            Seção I – Disposições Comuns (arts. 119 e 120)...126
            Seção II – Da Assistência Simples (arts. 121 ao 1233)...................................128
            Seção III – Da Assistência Litisconsorcial (art. 124)...................................129
        CAPÍTULO II – DA DENUNCIAÇÃO DA LIDE (arts. 125 ao 129).......................................130

  CAPÍTULO III – DO CHAMAMENTO AO PROCESSO (arts. 130 ao 132)..................................133
  CAPÍTULO IV – DO INCIDENTE DE DESCONSIDERAÇÃO DA PERSONALIDADE JURÍDICA (arts. 133 ao 137)..135
  CAPÍTULO V – DO *AMICUS CURIAE* (art. 138)..................................139
TÍTULO IV – DO JUIZ E DOS AUXILIARES DA JUSTIÇA (arts. 139 ao 175)..................................143
  CAPÍTULO I – DOS PODERES, DOS DEVERES E DA RESPONSABILIDADE DO JUIZ (arts. 139 ao 143)..........143
  CAPÍTULO II – DOS IMPEDIMENTOS E DA SUSPEIÇÃO (arts. 144 ao 148)..................................146
  CAPÍTULO III – DOS AUXILIARES DA JUSTIÇA (arts. 149 ao 175)..................................151
    Seção I – Do Escrivão, do Chefe de Secretaria e do Oficial de Justiça (arts. 150 ao 155)................152
    Seção II – Do Perito (arts. 156 ao 158)..................................155
    Seção III – Do Depositário e do Administrador (arts. 159 ao 161)..................................157
    Seção IV – Do Intérprete e do Tradutor (arts. 162 ao 164)..................................159
    Seção V – Dos Conciliadores e Mediadores Judiciais (arts. 165 ao 175)..................................160
TÍTULO V – DO MINISTÉRIO PÚBLICO (arts. 176 ao 181)..................................168
TÍTULO VI – DA ADVOCACIA PÚBLICA (arts. 182 ao 184)..................................171
TÍTULO VII – DA DEFENSORIA PÚBLICA (arts. 185 ao 187)..................................173
LIVRO IV – DOS ATOS PROCESSUAIS (arts. 188 ao 293)..................................175
 TÍTULO I – DA FORMA, DO TEMPO E DO LUGAR DOS ATOS PROCESSUAIS (arts. 188 ao 235)..................175
  CAPÍTULO I – DA FORMA DOS ATOS PROCESSUAIS (arts. 175 ao 211)..................................175
    Seção I – Dos Atos em Geral..................................175
    Seção II – Da Prática Eletrônica de Atos Processuais..................................180
    Seção III – Dos Atos das Partes..................................183
    Seção IV – Dos Pronunciamentos do Juiz..................................184
    Seção V – Dos Atos do Escrivão ou do Chefe de Secretaria..................................187
  CAPÍTULO II – DO TEMPO E DO LUGAR DOS ATOS PROCESSUAIS (arts. 212 ao 217)..................190
    Seção I – Do Tempo (arts. 212 ao 216)..................................190
    Seção II – Do Lugar (art. 217)..................................191
  CAPÍTULO III – DOS PRAZOS (arts. 218 ao 235)..................................192
    Seção I – Disposições Gerais (arts. 218 ao 232)..................................192
    Seção II – Da Verificação dos Prazos e das Penalidades (arts. 233 ao 235)..................................201
 TÍTULO II – DA COMUNICAÇÃO DOS ATOS PROCESSUAIS (arts. 236 ao 275)..................................203
  CAPÍTULO I – DISPOSIÇÕES GERAIS (arts. 236 e 237)..................................203
  CAPÍTULO II – DA CITAÇÃO (arts. 238 ao 259)..................................205
  CAPÍTULO III – DAS CARTAS (arts. 260 ao 268)..................................216
  CAPÍTULO IV – DAS INTIMAÇÕES (arts. 269 ao 275)..................................220
 TÍTULO III – DAS NULIDADES (arts. 276 ao 283)..................................225
 TÍTULO IV – DA DISTRIBUIÇÃO E DO REGISTRO (arts. 284 ao 290)..................................228
 TÍTULO V – DO VALOR DA CAUSA (arts. 291 ao 293)..................................230
LIVRO V – DA TUTELA PROVISÓRIA (arts. 294 ao 311)..................................233
 TÍTULO I – DISPOSIÇÕES GERAIS (arts. 294 ao 299)..................................233
 TÍTULO II – DA TUTELA DE URGÊNCIA (arts. 300 ao 310)..................................237
  CAPÍTULO I – DISPOSIÇÕES GERAIS (arts. 300 ao 302)..................................237
  CAPÍTULO II – DO PROCEDIMENTO DA TUTELA ANTECIPADA REQUERIDA EM CARÁTER ANTECEDENTE (arts. 303 e 304)..................................240
  CAPÍTULO III – DO PROCEDIMENTO DA TUTELA CAUTELAR REQUERIDA EM CARÁTER ANTECEDENTE (arts. 305 ao 310)..................................247
 TÍTULO III – DA TUTELA DA EVIDÊNCIA (art. 311)..................................250
LIVRO VI – DA FORMAÇÃO, DA SUSPENSÃO E DA EXTINÇÃO DO PROCESSO (arts. 312 ao 317)..................253
 TÍTULO I – DA FORMAÇÃO DO PROCESSO (art. 312)..................................253
 TÍTULO II – DA SUSPENSÃO DO PROCESSO (arts. 313 ao 315)..................................253
 TÍTULO III – DA EXTINÇÃO DO PROCESSO (arts. 316 e 317)..................................257

PARTE ESPECIAL (arts. 318 ao 538)...259
LIVRO I – DO PROCESSO DE CONHECIMENTO E DO CUMPRIMENTO DE SENTENÇA (arts. 318 ao 538).............261
   TÍTULO I – DO PROCEDIMENTO COMUM (arts. 318 ao 512).......................................261
      CAPÍTULO I – DISPOSIÇÕES GERAIS (art. 318)..261
      CAPÍTULO II – DA PETIÇÃO INICIAL (arts. 319 ao 331)....................................264
         Seção I – Dos Requisitos da Petição Inicial (arts. 319 ao 321)........................264
         Seção II – Do Pedido (arts. 322 ao 329)...267
         Seção III – Do Indeferimento da Petição Inicial (arts. 330 e 331).....................273
      CAPÍTULO III – DA IMPROCEDÊNCIA LIMINAR DO PEDIDO (art. 332)...........................275
      CAPÍTULO IV – DA CONVERSÃO DA AÇÃO INDIVIDUAL EM AÇÃO COLETIVA (art. 333)..............277
      CAPÍTULO V – DA AUDIÊNCIA DE CONCILIAÇÃO OU DE MEDIAÇÃO (art. 334).....................278
      CAPÍTULO VI – DA CONTESTAÇÃO (art. 335 ao 342)...280
      CAPÍTULO VII – DA RECONVENÇÃO (art. 343)...286
      CAPÍTULO VIII – DA REVELIA (arts. 344 ao 346)..288
      CAPÍTULO IX – DAS PROVIDÊNCIAS PRELIMINARES E DO SANEAMENTO (arts. 347 ao 353).........289
         Seção I – Da Não Incidência dos Efeitos da Revelia (arts. 348 e 349)..................290
         Seção II – Do Fato Impeditivo, Modificativo ou Extintivo do Direito do Autor (art. 350)...290
         Seção III – Das Alegações do Réu (arts. 351 ao 353)...................................292
      CAPÍTULO X – DO JULGAMENTO CONFORME O ESTADO DO PROCESSO (arts. 354 ao 357)...........293
         Seção I – Da Extinção do Processo (art. 354)..293
         Seção II – Do Julgamento Antecipado do Mérito (art. 355)..............................294
         Seção III – Do Julgamento Antecipado Parcial do Mérito (art. 356).....................294
         Seção IV – Do Saneamento e da Organização do Processo (art. 357)......................298
      CAPÍTULO XI – DA AUDIÊNCIA DE INSTRUÇÃO E JULGAMENTO (arts. 358 ao 368)................301
      CAPÍTULO XII – DAS PROVAS (arts 369 ao 484)..307
         Seção I – Disposições Gerais (arts. 369 ao 380)..308
         Seção II – Da Produção Antecipada da Prova (arts. 381 ao 383).........................319
         Seção III – Da Ata Notarial (art. 384)...322
         Seção IV – Do Depoimento Pessoal (arts. 385 ao 388)...................................323
         Seção V – Da Confissão (arts. 389 ao 395)..325
         Seção VI – Da Exibição de Documento ou Coisa (arts. 396 ao 404).......................328
         Seção VII – Da Prova Documental (arts. 405 ao 438)....................................332
            Subseção I – Da Força Probante dos Documentos (arts. 405 ao 429)..................332
            Subseção II – Da Arguição de Falsidade (arts. 430 ao 433).........................343
            Subseção III – Da Produção da Prova Documental (arts. 434 ao 438).................345
         Seção VIII – Dos Documentos Eletrônicos (arts. 439 ao 441)............................347
         Seção IX – Da Prova Testemunhal (arts. 442 ao 463)....................................349
            Subseção I – Da Admissibilidade e do Valor da Prova Testemunhal (arts. 442 ao 449)...350
            Subseção II – Da Produção da Prova Testemunhal (arts. 450 ao 463).................356
         Seção X – Da Prova Pericial (arts. 464 ao 480)...364
         Seção XI – Da Inspeção Judicial (arts. 481 ao 484).....................................374
      CAPÍTULO XIII – DA SENTENÇA E DA COISA JULGADA (arts. 485 ao 508)......................375
         Seção I – Disposições Gerais (arts. 485 ao 488)..376
         Seção II – Dos Elementos e dos Efeitos da Sentença (arts. 489 ao 495).................379
         Seção III – Da Remessa Necessária (art. 496)..386
         Seção IV – Do Julgamento das Ações Relativas às Prestações de Fazer, de Não Fazer e de Entregar Coisa (arts. 497 ao 501)..388
         Seção V – Da Coisa Julgada (arts. 502 ao 508)..391
      CAPÍTULO XIV – DA LIQUIDAÇÃO DE SENTENÇA (arts. 509 ao 512)............................400
   TÍTULO II – DO CUMPRIMENTO DA SENTENÇA (arts. 513 ao 538).................................403
      CAPÍTULO I – DISPOSIÇÕES GERAIS (arts. 513 ao 519).....................................403

CAPÍTULO II – DO CUMPRIMENTO PROVISÓRIO DA SENTENÇA QUE RECONHECE A EXIGIBILIDADE DE OBRIGAÇÃO DE PAGAR QUANTIA CERTA (arts. 520 ao 522)...................................411

CAPÍTULO III – DO CUMPRIMENTO DEFINITIVO DA SENTENÇA QUE RECONHECE A EXIGIBILIDADE DE OBRIGAÇÃO DE PAGAR QUANTIA CERTA (arts. 523 ao 527)...............................415

CAPÍTULO IV – DO CUMPRIMENTO DE SENTENÇA QUE RECONHEÇA A EXIGIBILIDADE DE OBRIGAÇÃO DE PRESTAR ALIMENTOS (arts. 528 ao 533)..424

CAPÍTULO V – DO CUMPRIMENTO DE SENTENÇA QUE RECONHEÇA A EXIGIBILIDADE DE OBRIGAÇÃO DE PAGAR QUANTIA CERTA PELA FAZENDA PÚBLICA (arts. 534 e 535)......................432

CAPÍTULO VI – DO CUMPRIMENTO DE SENTENÇA QUE RECONHEÇA A EXIGIBILIDADE DE OBRIGAÇÃO DE FAZER, DE NÃO FAZER OU DE ENTREGAR COISA (arts. 536 ao 538)......................437

    Seção I – Do Cumprimento de Sentença que Reconheça a Exigibilidade de Obrigação de Fazer ou de Não Fazer (arts. 536 e 537)...437

    Seção II – Do Cumprimento de Sentença que Reconheça a Exigibilidade de Obrigação de Entregar Coisa (art. 538)...441

Referências bibliográficas..443

Apresentação

O amigo e Professor Artur Torres me brinda nos últimos anos de várias maneiras: *(i)* no diálogo franco sobre ideias contrapostas sobre o direito processual civil brasileiro; *(ii)* pelo convívio amigo que temos na Escola de Direito da PUC/RS como docentes; *(iii)* pela alegria de poder ter sido seu colega no curso de doutoramento; *(iv)* pelas bancas que eventualmente me convida para participar e arguir seus orientandos; *(v)* com os seus escritos, os quais tenho o prazer de ler e indicar e, mais recentemente, *(vi)* com o convite para prefaciar sua mais nova obra: CPC passado a limpo: parte geral, procedimento comum e cumprimento de sentença, volume I, no qual dá um tratamento à lei processual, com acuidade e crítica, com aquela qualidade que já há muito transparece em si: a de um processualista completo.

O processualista não é aquele que, sentando na poltrona no seu gabinete, somente aspira em pensar como seria o mundo ideal. O completo estudioso do processo lê o texto normativo e o aplica no balcão dos fóruns, quando vê ruir os princípios mais basilares que a lei processual lhe proporciona ou as garantias fundamentais processuais que a Constituição Federal lhe confere. O verdadeiro pensador lê com esperança o artigo 1º do Código de Processo Civil brasileiro que fala da aplicação e interpretação da lei infraconstitucional por meio do texto constitucional, mas não se apaixona pela esperança de encontrar aplicação imediata, quando muito sabe que virá às duras penas seu emprego, como soí acontecer diuturnamente na vida do profissional do Direito.

Por isso, estamos diante de obra que, unindo dois Artur(es) (o teórico e o prático), faz dela um estudo que a academia estava precisando para fomentar debates, e a vida profissional aguardava para resolver problemas quotidianos que se apresentam das mais diversas formas e em todos os níveis que a jurisdição atua em nossas vidas.

Para isso, Artur, já apresenta seu estudo com base nas duas reformas legislativas que o CPC passou nesse mais de um ano de vida útil, em que pese uma delas ter ocorrido, ainda, quando da *vacatio legis*. Inicia pela parte geral do Código, concedendo especial atenção às normas fundamentais do processo, passando pelo procedimento comum e desaguando na fase de cumprimento de sentença, com a maestria de quem compreende o CPC como um todo. Digo isso, pois se não compreendemos o todo, não podemos tentar ensinar os estudantes por "fatias", ou seja, a compreensão da totalidade do sistema processual, em que pese ainda estarmos finalizando o primeiro passo no cumprimento de sentença, é por demais importante para a formação do próprio processualista e daquele a quem ele irá informar e formar.

Uma de suas frases, ainda no início do escrito, e que tem o condão de dizer quem é o professor Artur, é aquela em que identifica que *"óbvio pode não parecer ser tão óbvio assim"*, mostrando seu lado crítico quando mesmo parcela da doutrina aponta quase que unanimemente para um lado, revelando que pode existir outro ou outros horizontes a ser ou serem desvelados, por meio da angústia que nos faz seguir em frente e não aceitar, pelo menos sem discussão, alguns pontos que merecem melhor reflexão antes da consolidação do pensamento.

Preocupado com o modelo processual atual, ou como mesmo refere, com o "estado da arte" com o qual o processo se encontra, vemos traços de sua preocupação com a leitura atenta dos Direitos e Garantias Fundamentais aplicados ao processo, o que já era pensamento seu antes mesmo da nova codificação processual quando, por exemplo, de seu estudo de doutoramento. Nota especial, até em razão de que não poderia deixar passar de me manifestar, com o cuidado que teve para tratar do artigo 190 do CPC, conduzindo o mesmo a uma leitura voltada à Constituição Federal.

Deixa-nos Artur com a vontade do querer mais, mas isso é um pouco aplacado com a informação já consignada no título, qual seja a de que estamos diante do volume I, aguardando, esperançosos, que o II venha o quanto antes para que algumas perguntas sejam refeitas e algumas respostas sejam, antes de encontrarem consonância na doutrina, refletidas. Privar o leitor do contato com o texto seria egoísmo, razão pela qual deixo, ao estudioso que lerá as páginas seguintes, a finalização dessa singela, mas entusiasta, apresentação.

Parabéns ao amigo Artur e muitíssimo obrigado pela oportunidade da leitura e apresentação dessa belíssima obra, que, sublinhe-se, já nasce grande.

Porto Alegre, agosto de 2017.

Prof. Dr. Marco Félix Jobim
Professor dos Programas de Graduação e
Pós-graduação *lato* e *stricto sensu* da PUC/RS.

Os desafios de um novo Código

A Lei 13.105/2015, doravante denominada CPC/2015, revogou, à sua quase integralidade, dentre outros, o teor da Lei 5.869/73, diploma legislativo que serviu de base ao processo civil pátrio por mais de quarenta anos.[1]

O Código Buzaid (CPC/73), sem prejuízo da lição supra, faça-se justiça, revolucionou o trato do tema processual no Brasil, revelando-se fiel, pois, à doutrina europeia responsável por atribuir caráter científico ao fenômeno. Rompeu-se, por ocasião de sua entrada em vigor, com toda uma tradição jurídico-lusitana, herança de nossa colonização. A exposição de motivos do diploma em epígrafe, bem compreendida, desnudou a devoção de Alfredo Buzaid (mentor do CPC/73) às lições oriundas da denominada Escola Processual Clássica Italiana, a qual pertenceu Enrico Tullio Liebman (o "Mestre"), a quem Buzaid, inclusive, dedicou o próprio Código (BUZAID, Alfredo. *Grandes Processualistas*. *São Paulo*: Saraiva, 1982).

O tempo passou, e o processo civil, enquanto fenômeno cultural que é, reclamou atualização. Já no início dos anos noventa do século passado, identificados pontuais interesses de uma sociedade que se reinventava (jurídica, política, econômica, social, religiosamente, etc.), prosperou o retalhamento do sistema buzaidiano.

Nessa quadra, a permanente necessidade de atualizar-se o sistema processual pátrio (pensado, sublinhe-se, para atender contexto social diverso do atual), visando a torná-lo minimamente eficaz face ao cenário social que se punha já no entardecer do século XX, início do XXI, o CPC/73, diante de um sem número de alterações legislativas (mais de sessenta), acabou por transformar-se, com destaque para os derradeiros anos de sua vigência, numa verdadeira colcha de retalhos.

O CPC atual passou por muitas revisões (mais de sessenta leis o modificaram), tão substanciais algumas delas que terminaram por acarretar grande perda sistemática, o principal atributo que um código deve ter. Nas quatro décadas de vigência do CPC atual, o país e o mundo passaram por inúmeras transformações. Muitos paradigmas inspiradores desse diploma legal foram revistos ou superados em razão de mudanças nos planos normativo, científico,

---

[1] Vide, no concernente às revogações, o conteúdo do Livro Complementar das disposições finais e transitórias.

tecnológico e social. Entre 1973 e 2013, houve edição da Lei do divórcio (1977), de uma nova Constituição Federal (1988), o Código de Defesa do Consumidor (1990), o Estatuto da Criança e do Adolescente (1990), as Leis Orgânicas do Ministério Público e da Defensoria Pública (1993 e 1994), um novo Código Civil (2002), e o Estatuto do Idoso (2003), exemplos de diplomas normativos que alteraram substancialmente o arcabouço jurídico brasileiro no período. Pelo fato de muitas das normas e a própria sistematização do CPC de 1973 não se afinar mais à realidade jurídica tão diferente dos dias atuais, afigura-se necessária a construção de um Código de Processo Civil adequado a esse novo panorama.[2]

Sugeriu-se, face às razões acima expostas, a confecção de um novo texto base para o processo civil brasileiro, pautado em premissas consideravelmente distintas das que orientaram a construção do sistema pretérito.

Não houve, considerados os institutos processuais propriamente ditos, o "reinvento da roda". Muito do que se viveu por força do CPC/73, ainda que com nomenclatura atualizada, encontra assento no texto de 2015. Grosso modo, boa parte dos institutos previstos pelo Código Buzaid mantiveram-se intocados; uma minoria, de outra sorte, foram lapidados.

Novidades? Sim, algumas, e de alcance outrora inimagináveis entre nós.

O prólogo do outrora Projeto (hoje lei), reputava indispensável, o quanto antes, adequar o processo civil pátrio à realidade social contemporânea.

a) o novo CPC deve conferir ao Ministério Público tratamento adequado ao seu atual perfil constitucional, muito distinto daquele que vigia em 1973. É preciso rever a necessidade de sua intervenção em qualquer ação de estado, exigência de um tempo em que se proibia o divórcio; b) o CPC de 1973 não contém ainda disposições sobre a Defensoria Pública, o que deve ser considerado omissão inaceitável, notadamente tendo em vista o papel institucional por ela alcançado com a Constituição Federal de 1988; c) no Brasil praticamente não existia a arbitragem em 1973. Atualmente, o Brasil é o quarto país do mundo em número de arbitragens realizadas na Câmara de Comércio Internacional. O CPC de 1973 pressupôs a realidade da arbitragem daquela época. É preciso construir um código afinado à nova realidade, para se prever, por exemplo, o procedimento da carta arbitral e instituir a possibilidade de alegação autônoma de convenção de arbitragem; d) de haver previsão legal de um modelo adequado para disciplina processual da desconsideração da personalidade jurídica, instituto consagrado no CDC e no Código Civil e amplamente utilizado na prática forense, que também não foi objeto de previsão, ainda, no CPC atual; e) as sensíveis transformações da ciência jurídica nos últimos anos, com o reconhecimento da força normativa dos princípios jurídicos e do papel criativo e também normativo da função jurisdicional, que se confirma pelas recentes decisões do Supremo Tribunal Federal e demais tribunais superiores, exigem nova reflexão sobre o CPC atual; f) afigura-se necessário criar uma disciplina jurídica minuciosa para a interpretação, aplicação e estabilização dos prece-

---
[2] Vide Exposição de Motivos do CPC/2015.

dentes judiciais, estabelecendo regras que auxiliem na identificação, na interpretação e na superação de um precedente; g) o processo em autos eletrônicos é uma realidade inevitável, podendo-se afirmar que o Brasil é dos países mais avançados do mundo nesse tipo de tecnologia e que, em poucos anos, a documentação de toda tramitação processual no Brasil será eletrônica, devendo o CPC bem disciplinar essa realidade; h) no plano social, as mudanças importantes que refletiram no acesso à justiça e na concessão da sua gratuidade, no progresso econômico, na incorporação ao mercado de grande massa de consumidores e na necessidade de resolução de demandas com multiplicidade de partes repercutam diretamente no exercício da função jurisdicional e ocasionaram aumento exponencial do número de processos em tramitação, realidade cujos problemas o CPC atual, ainda, não resolve completamente.[3]

A seriedade com que fora tratado o *modelo constitucional do processo civil pátrio* (tanto é que o conteúdo de cada um dos direitos fundamentais com aplicação *no* e *em razão* do processo se fazem sentir em diversas passagens codificadas); o protagonismo que atingira a vontade das partes por meio da ampliação do objeto dos denominados *negócios jurídicos processuais*; a reconstrução do sistema de *tutela provisória*; a readequação do regime de impugnação às decisões do juízo singular; a previsão de um Incidente de Resolução de Demandas Repetitivas, preocupado, em última análise, com os reflexos forenses da massificação das relações sociais, bem como, o reconhecimento de um sistema de técnicas de vinculatividade ("precedentes à brasileira"), serviram, à evidência, à conformação de um "outro" cenário processual.

Se, outrora, afirmamos que, "considerados os acontecimentos jurisprudenciais e a postura doutrinária mais recente" não era possível afirmar o nascimento de um "novo processo civil" entre nós, revisão acerca desse posicionamento, humildemente, é tarefa que se impõe.

De nossa parte, atualmente, não há mais dúvida: vivemos um novo tempo! Um novo processo civil!

Em outras palavras, o CPC/2015, bem compreendido, acena tentativa de reestruturação sistêmica que, para além do acima exposto, visa a, de um lado, desburocratizar o trâmite das ações judiciais, dando ao fenômeno processual maior eficiência (prática); de outro, afeiçoá-lo aos ditames constitucionais (operacionalizando o modelo constitucional do processo civil brasileiro)[4] e torná-lo capaz de ofertar ao jurisdicionado aplicação simétrica do direito, evitando-se, em última análise, atuação jurisdicional "esquizofrênica" .

Seja como for, a Lei 13.105/2015, vale sublinhar, fora, antes mesmo de produzir efeitos mundanos, reformada. No dia 15 de dezembro de 2015, o Projeto de Lei de n. 168, originário da Câmara dos Deputados, fora votado pelo Senado Federal.

---

[3] Vide Exposição de Motivos do CPC/2015.
[4] Acerca do tema *modelo constitucional do processo civil brasileiro* vide TORRES, Artur. *Fundamentos de um direito processual civil contemporâneo* (parte I). Porto Alegre: Arana, 2016.

Aprovado em ambas as casas do Congresso Nacional, a alteração legislativa fora sancionada pela, então, presidente da república, Sra. Dilma Rousseff, sendo publicada no DOU em 05/02/2016, sob o n. 13.256/2016.

O CPC/2015 passou a produzir efeitos em 18/03/2016.

PARTE GERAL

Livro I
DAS NORMAS PROCESSUAIS CIVIS

TÍTULO ÚNICO
DAS NORMAS FUNDAMENTAIS E DA APLICAÇÃO
DAS NORMAS PROCESSUAIS

CAPÍTULO I
DAS NORMAS FUNDAMENTAIS DO PROCESSO CIVIL

Art. 1º O processo civil será ordenado, disciplinado e interpretado conforme os valores e as normas fundamentais estabelecidos na Constituição da República Federativa do Brasil, observando-se as disposições deste Código.

1. Tem-se por ponto comum que o *start* para o *constitucionalismo processual brasileiro* derivou, grosso modo, da percepção de que o fenômeno processual não mais poderia (nem deveria) ser compreendido como *um fim em si mesmo*, nada obstante, sublinhe-se, a primeira fase da aludida constitucionalização tenha, ao fim e ao cabo, laborado com pouco mais do que a singela noção de subserviência do *"instrumento"* aos desígnios constitucionais, vislumbrando-se, no entanto, em toda e qualquer matéria de natureza processual, caráter meramente instrumental.

2. Uma segunda fase dessa evolução (a partir da qual se supera a modesta lembrança de que o Direito Processual sujeita-se à Constituição, o que é óbvio) propõe-se a orientar uma (re)leitura *do fenômeno processual,* comprometida, em última análise, com a concreção dos *direitos fundamentais.*[5] Nessa quadra, ganha força a compreensão de que o *processo* deva, sobretudo, revelar-se apto a salvaguardar a promessa do ordenamento material, pena de não cumprir com sua principal tarefa, sem, contudo, diminui-lo à *ramo do direito responsável, tão somente, pela criação de direito meio.*

3. Reconhece-se, contemporaneamente, a existência de um *modelo constitucional de processo civil* (soberano em relação aos ditames processuais infra-

---

[5] Vale lembrar: a eclosão da tese da eficácia imediata dos direitos fundamentais, aliada a percepção do compromisso firmado pelos ordenamentos jurídicos contemporâneos, com a promoção da dignidade humana despertaram a melhor doutrina para a *imprescindibilidade* de uma releitura, também, dos ordenamentos processuais.

constitucionais), comprometido com a concreção dos direitos fundamentais substanciais, *mas, também, revelador de outras posições jurídicas, de idêntica natureza, inerentes, única e exclusivamente, ao mundo do processo*. Admite-se, segundo tal linha de pensamento, haver um rol de direitos, igualmente fundamentais, que, ainda que tenham valia/aplicação limitada ao fenômeno processual (isto é, sensíveis apenas *no* e *em razão* do processo), compõem, ao lado de outros tantos, o núcleo das posições jurídicas mínimas asseguradas aos cidadãos, devendo, em tudo e sempre, orientar interpretações, bem como a regulamentação de quaisquer regimes processuais, independentemente de sua natureza.

4. Para além da percepção de que a Constituição Federal de 1988 possuía (e ainda possui) conteúdo processual, viu-se compelida a doutrina especializada, pelo menos em parte, a melhor sistematizá-la. Afirma-se, desde então, que o conteúdo processual da Constituição revela disposições de natureza diversa. Há, de um lado, (a) conteúdo processual revelador de direito *meio* (de natureza meramente instrumental), representado, exemplificativamente, pela inserção na Carta Constitucional (1) de instrumentos de operacionalização do direito material (anúncio de *ações* e/ou procedimentos especiais), (2) de regras de competência (por exemplo, art. 109) e (3) de hipóteses de cabimento recursal (por exemplo, artigos 102 e 105), entre outros. De outro, (b) conteúdo processual responsável pelo reconhecimento, em favor de todo e qualquer jurisdicionado, de direitos (substanciais) a *serem gozados* no *e* em *razão da tramitação processual*. Esses *direitos fundamentais*, destaque-se, vinculam tanto o Estado--Juiz (na prestação da tutela jurisdicional), como o Estado-Legislador (na construção do texto infraconstitucional – o que foi levado a sério pelo legislador de 2015, como veremos adiante). O somatório dos aludidos direitos revelam, a rigor, a *matriz constitucional processual brasileira*, ordem vinculadora de toda e qualquer ramificação do direito processual não criminal.

5. Compõem o rol (dos direitos fundamentais acima aludidos), exemplificativamente, os direitos fundamentais ao juiz natural, à isonomia, ao contraditório, à ampla defesa, à prova, à publicidade, à motivação, à assistência jurídica integral e gratuita, à tutela jurisdicional adequada, efetiva, tempestiva e humana, sem prejuízo de outros que derivem de análise sistemática das prescrições constitucionais.

Art. 2º O processo começa por iniciativa da parte e se desenvolve por impulso oficial, salvo as exceções previstas em lei.

1. Ressalvadas eventuais hipóteses previstas em lei, o processo de natureza cível tem início tão somente a partir de iniciativa da parte. Trata-se, pois, de previsão legal que exalta a vigência, entre nós, do *princípio da demanda*. O surgimento de uma relação processual, como regra, depende do agir de determinado sujeito de direito, que, abandonando seu estado de inércia, requer ao Poder Judiciário (competente para tanto) providência de cunho jurisdicional.

2. Ao Estado-juiz incumbe, instaurada determinada relação processual, impulsioná-la, no afã de cumprir, em tempo razoável, com seu mister: dizer (em sentido largo) o direito aplicável ao caso concreto.

Art. 3º Não se excluirá da apreciação jurisdicional ameaça ou lesão a direito.
§ 1º É permitida a arbitragem, na forma da lei.
§ 2º O Estado promoverá, sempre que possível, a solução consensual dos conflitos.
§ 3º A conciliação, a mediação e outros métodos de solução consensual de conflitos deverão ser estimulados por juízes, advogados, defensores públicos e membros do Ministério Público, inclusive no curso do processo judicial.

1. O Código reproduz, com pequena distinção redacional, o teor do art. 5º, XXXV, da Constituição Federal de 1988, assento legal do denominado *direito fundamental à jurisdição*. O legislador infraconstitucional, ao assim proceder, acentuou o compromisso firmado pelo ordenamento pátrio em ofertar ao jurisdicionado não apenas prestação jurisdicional de cunho *repressivo*. A ameaça de lesão à certa posição jurídica sustentada justifica, outrossim, pedido de tutela jurisdicional (no caso, *preventiva*). Vedada a realização da justiça dos próprios punhos, o amplo e irrestrito acesso à justiça (que inclui o acesso ao Judiciário, mas, à evidência, a isso não se limita) revela-se uma das posições jurídicas mais importantes para o fortalecimento do Estado democrático de direito. Sem prejuízo de reconhecer o *direito ao amplo e irrestrito acesso aos tribunais*, pertencente, repise-se, a todo e qualquer jurisdicionado, é diretriz perseguida pelo Código, com razão, a solução consensual dos conflitos sociais.

2. Para além da diretriz acima anunciada (o incentivo à autocomposição, em detrimento da construção de uma solução estatal impositiva), o estímulo à utilização de técnicas alternativas para a composição de conflitos, ainda que não judicializados, revela-se, com clareza, tônica do novel sistema, que, expressamente, convoca não só os personagens do foro, mas, o Estado em sentido largo, a, sempre que possível, estimulá-las.

3. Acerca dos tribunais arbitrais, vide Lei 9.307/96.

Art. 4º As partes têm o direito de obter em prazo razoável a solução integral do mérito, incluída a atividade satisfativa.

1. O *direito fundamental à tutela tempestiva* encontra amparo, primeiro, no art. 5º, LXXVIII, da Constituição Federal de 1988. A partir da constatação, quase unânime, de que a entrega da prestação jurisdicional tardia mais se aproxima de uma não prestação, viu-se compelido o Estado a reconhecer, em favor de todo e qualquer jurisdicionado, o direito *à razoável duração do processo,* ou melhor, o direito de gozar de uma prestação jurisdicional tempestiva. Antes mesmo da inserção de comando constitucional expresso neste sentido, já era possível, a partir de uma leitura sistemática de nosso ordenamento, reconhecer tal obrigação estatal. Pretendeu-se com a aludida inserção, sobretudo, enfati-

zar que o tempo, bem dos mais escassos nas sociedades contemporâneas, não mais pode ser tratado como algo desimportante para o bom andamento do processo judicial ou, ainda, como mero problema do demandante, consoante outrora compreendido.

2. Conceituar o direito à *razoável duração,* senão utópico, representa tarefa das mais espinhosas. Mais singela, todavia, afigura-se a tarefa de identificar o que represente duração *irrazoável* do processo, uma vez que, exemplificativamente, não parece sensato, independentemente da natureza do feito, que ele perdure por várias e várias décadas, a ponto de os interessados ordinários sequer sobreviverem para conhecer seu resultado. A identificação da tempestividade da prestação jurisdicional, contudo, não escapa, segundo pensamos, da análise do caso levado a juízo, uma vez que, somente à luz do caso concreto e suas peculiaridades (análise dos sujeitos e do objeto *sub judice*) é que se pode constatar o sucesso temporal da atividade jurisdicional. Processo com duração razoável é, em apertada síntese, processo sem dilações indevidas.

3. Sintetizando: é possível afirmar que a tutela prestada em tempo razoável é a que (1) do ponto de vista temporal, preste-se a preservar o interesse na atuação estatal; (2) do ponto de vista das partes, alcance-lhes a prestação aguardada em interregno compatível com seus reais interesses (respeitadas, é claro, as demais prerrogativas processuais) e, por fim, (3) do ponto de vista do Estado-juiz, que lhe permita cumprir seu mister em prazo de reflexão compatível com a complexidade da causa.

4. O Código, ainda, em "alto e bom tom", assevera que não basta *dizer o direito aplicável ao caso concreto* em tempo razoável. Na fórmula da *tempestividade* garantida pelo modelo constitucional do processo civil brasileiro há de se computar, igualmente, período destinado à efetivação mundana do comando judicial (a tutela executiva), face ao não cumprimento espontâneo do julgado.

Art. 5º Aquele que de qualquer forma participa do processo deve comportar-se de acordo com a boa-fé.

1. O processo judicial, na linha do Código, revela-se ambiente que exige dos envolvidos comportamento ético, comprometido, em última análise, com a obtenção da melhor prestação jurisdicional possível. O comportamento "ético" dos envolvidos (leia-se: todos os sujeitos do processo – da parte ao auxiliar da justiça) é, portanto, tarefa que se impõe à luz do processo desejado para o século XXI.

2. Vale destacar, por oportuno, que o rol de mudanças pretendidas pelo legislador de 2015, para além de reciclagem técnica, exige alteração comportamental dos atores da relação processual. O teor do artigo sob comento, dentre outros, desnuda tal imposição. Sem ela, pois, está "por nascer" a legislação que, por si só, resolverá os problemas com os quais diuturnamente nos deparamos no dia a dia forense.

Art. 6º Todos os sujeitos do processo devem cooperar entre si para que se obtenha, em tempo razoável, decisão de mérito justa e efetiva.

1. A despeito de estarem em "jogo", pelo menos no âmbito da jurisdição contenciosa, interesses contrapostos, cada um dos envolvidos no trâmite processual deve comportar-se de maneira irretocável, contribuindo para que, de acordo com os valores eleitos pelo ordenamento jurídico pátrio, o Estado-juiz possa entregar a melhor solução possível ao caso concreto.

2. Princípio da cooperação. Reflexão. Para os leigos, o processo representa pura e simplesmente o instrumento de realização da justiça. O dia a dia forense, inegavelmente, traduz realidade tiranamente diversa. A constatação, conhecida de muitos, porém, estatisticamente sonegada em sede doutrinária, revela-se, em última análise, tema árduo até mesmo para os mais antigos frequentadores do foro. Iniciemos assim: ressalvadas pontuais exceções, a existência do processo judicial se justifica, *in concreto,* face à ocorrência de um conflito de interesses (real ou potencial). Cada qual dos contendores, bem compreendida a afirmativa, pretende ver sua posição jurídica triunfar e, como regra, por determinação legal, entregam a "defesa" de seus interesses aos advogados, públicos ou privados. São eles, no mundo real, que conduzem os feitos. Os patronos da causa, respeitados os limites éticos de seu ofício, defendem uma "bandeira", ou seja, são parciais. O projeto de cada causídico ao assumir seu posto é, quando mais na seara não criminal, o de ver, ao fim e ao cabo, o interesse daquele que lhe confiou o patrocínio prosperar. Trata-se, gostemos ou não, de uma constatação fática, não raro transparente, como dissemos alhures, aos apontamentos doutrinários. Assim sendo, por vestirem uma "camisa" (são parciais, e não imparciais), os *experts* do foro passam a laborar, em cada um de seus processos, no afã de ver despontar o interesse de seus clientes, "jogando o jogo". Tal afirmativa, que, à evidência, não choca os "homens do foro" (que, a rigor, sequer falam a seu respeito), afigura-se, não raro, estarrecedora aos leigos. Seja como for, não há ignorar que, sendo esse o espírito do patrono (e é!), agirá ele, ao longo de toda caminhada processual, medindo passos, palavras, suspiros, etc. O "jogo do foro", em última análise, obriga-o a assim proceder. Poder-se-ia, pois, a título meramente ilustrativo, equiparar o "jogo do foro" a uma partida de futebol: impossível que se prospere no aludido cenário (na partida de futebol) sem que se conheça, *verbi gratia,* a regra de que uma equipe sairá vencedora se, e somente se, "marcar gols"; a regra do impedimento; a disciplina das punições; a compreensão de que o ambiental interfere na forma de atuação (própria, do adversário, bem como do árbitro); que o jogo tem "hora" para terminar; e que, sobretudo, para além de alcançar-se um vitorioso *desportivamente* falando, sempre haverão consequências/interesses para além das "quatro linhas". A lógica da condução do processo é, pois, idêntica. Cada passo dado no tramitar do feito é, pelos *experts* do foro, milimetricamente calculado. No processo de conhecimento (ou fase cognitiva do processo sincrético), da etapa *postulatória* à entrega do comando jurisdicional (etapa *decisória*), percorre-se um caminho "sem volta", programado pelos patronos, cada qual na defesa dos interesses que lhe incumbe promover. Premedita-se o atacar, o defender, etc., sempre de olho no "apito" final. *No processo, salvo acidente, nada acontece ao acaso*. Eis uma constatação forense, repise-se, transparente aos apontamentos doutrinários.

3. O legislador, consoante o teor do artigo sob comento, prega a realização de um processo colaborativo (bem distante, ainda hoje, do estado da arte), exigindo, pois, evidente mudança de postura daqueles que vivem o dia a dia forense. Parece-nos que a melhor interpretação do artigo sob comento seja a de que os litigantes não possam deixar de colaborar, jamais, com o Estado-juiz, contribuindo, também entre si, nos limites de seus interesses, uma vez que, consoante conhecido ditado jurídico, o direito não pode exigir do jurisdicionado que "exerça função herói". Vale lembrar, apenas para iluminar a afirmativa, que o próprio Código, sem prejuízo do viés colaborativo ora anunciado, prevê o direito da parte de não produzir prova contra si (art. 379).

> **Art. 7º** É assegurada às partes paridade de tratamento em relação ao exercício de direitos e faculdades processuais, aos meios de defesa, aos ônus, aos deveres e à aplicação de sanções processuais, competindo ao juiz zelar pelo efetivo contraditório.

1. O processo é instrumento destinado a apurar, antes de tudo, a ocorrência de *fatos*, revelando-se a prova dos mesmos determinante para que o julgador tenha condições de aferir, com a justeza que se espera, merecerem, ou não, acolhida os "pedidos" formulados pelas partes. Não há mais espaço, no modelo atual, para o simples beneficiamento judiciário de uma parte em detrimento de outra, fundado em ideologia erigida à condição de dogma no passado. Ainda que se exija do magistrado postura ativa no processo, não deve, nem pode o mesmo, bem compreendida a afirmativa, "advogar" para quaisquer dos contendores. Postura *ativa* e postura *tendenciosa* são conceitos que não podem, sob quaisquer hipóteses, ser baralhados.

2. Do ponto de vista da *estruturação do regramento processual infraconstitucional*, com ressalvas, é claro, afigura-se possível, episodicamente, promover o propalado *princípio protetivo* em algumas searas jurídicas (considere-se, por exemplo, algumas disposições aplicáveis aos feitos que tenham por fundamento relações consumeristas, ou, ainda, ao campo da *tutela coletiva dos direitos individuais*). Não há negar, pois, que em determinadas passagens se mostre lícito (e, por vezes, até indispensável) ao legislador tratar os contendores de forma assimétrica, justificando-se tal atitude pela necessidade de equiparar processualmente os *materialmente* desiguais. Importa destacar, sobretudo, que a isonomia anunciada pelo Código dá-se no sentido de que o Estado-juiz deva, necessariamente, tratar de forma igualitária os litigantes, propiciando aos mesmos igualdade de condições de manifestação ao longo da tramitação processual (ou seja, no plano da condução do processo). Costuma-se afirmar, com certa pacificidade, que, no "mundo do processo", o direito fundamental à isonomia vai operacionalizado, ao menos em uma de suas dimensões, a partir da observância da paridade de armas para o embate.

3. Num passado nem tão distante, o contraditório chegou a ser confundido ora com *bilateralidade da audiência*, uma de suas facetas, ora com a *ampla defesa*. No fundo, não se limita ao primeiro, nem se equipara ao segundo. O direito fundamental ao contraditório é composto de pelo menos duas distintas facetas: uma passiva; outra ativa. A primeira delas remonta a aparição do instituto, isto é, contenta-se com a noção de que o contraditório tem por escopo operacionalizar a bilateralidade da audiência (dando-se vista às partes acerca de manifestações alheias, para que possam, querendo, reagir às investidas de seu adversário processual); a segunda, por sua vez, guarda relação com a possibilidade de participação efetiva dos interessados no processo, ou melhor, com a possibilidade de influenciar "eficazmente" (art. 369) à construção intelectual desenvolvida pelo julgador destinada a compor a lide, ou qualquer outra questão incidente a ela inerente.

Art. 8º Ao aplicar o ordenamento jurídico, o juiz atenderá aos fins sociais e às exigências do bem comum, resguardando e promovendo a dignidade da pessoa humana e observando a proporcionalidade, a razoabilidade, a legalidade, a publicidade e a eficiência.

1. O processo civil brasileiro é, por definição, parte integrante do ordenamento jurídico pátrio. Nosso ordenamento, considerados os valores destacados ao tempo da edificação da Constituição Federal de 1988, erigiu a proteção/promoção da dignidade humana à condição de premissa maior. Trata-se, pois, do valor estruturante de nosso Estado (é valor, é princípio e é regra, concomitantemente). O (sub)sistema processual disciplinado pelo CPC/2015 (diz-se *subsistema*, uma vez que as linhas mestras, ou melhor, o sistema processual pátrio encontra assento no modelo constitucional do processo civil) não pode, à evidência, perder de vista tal escopo, não restando, por óbvio, infenso a tal realidade.

2. Revela-se ilegítima, estéril e contraproducente a atividade estatal (jurisdicional) que, diante da promessa constitucional e do atual estágio de desenvolvimento do Estado brasileiro, despenda forças para, bem compreendida a afirmativa, *nada resolver*. Estamos cientes, tal e qual o legislador de 2015, que a operacionalização dessa proposta (atuação jurisdicional efetivamente comprometida com a composição de conflitos sociais e não, meramente, com a extinção de processos) exigirá, ao fim e ao cabo, gritante mudança comportamental, não só no que diz com o pensar doutrinário (plano acadêmico), mas, sobretudo, no que tange ao dia a dia forense (e isso exige colaboração de juízes, advogados e auxiliares da justiça). À luz de uma concepção de *devido processo* que se espera para os séculos XXI e seguintes, não há mais legitimar uma tutela *desumana*, comprometida única e exclusivamente com a falácia da *estatística judiciária*, uma vez que a verdadeira razão de ser da *jurisdição*, em última análise, vai, nesse cenário, não raro, desprezada (os "números", nesse conto de fadas, parecem resolver tudo!). Pugna-se, pois, pelo reconhecimento/aceite de uma *dimensão processual da dignidade* (por nós defendida, outrora, em tese doutoral), com o claro objetivo de destacar que a promessa constitucional consiste na prestação de uma jurisdição efetiva, adequada, tempestiva, mas, acima de tudo, comprometida com a resolução material dos conflitos sociais. É com relação ao derradeiro adjetivo que se pode falar, bem compreendida a afirmativa, em uma tutela humanizada. Por fim, resta afirmar: a concepção humanística da ação a qual nos reportamos (agora, também, expressamente apontada pelo art. 8º e sentida num sem número de outros apontamentos legais) exige, ressalvadas diminutas hipóteses, a entrega de uma prestação jurisdicional meritória. Tudo quanto mais, embora sirva eventualmente a um ou outro litigante, não serve à conformação da sustentada *dimensão processual da dignidade*, indo de encontro ao conteúdo do direito subjetivo, público e material, que a Constituição Federal legou a cada um de seus jurisdicionados: o direito ao devido processo.

3. Visando a melhor atender os fins sociais albergados pelo Estado brasileiro (pautado, como regra, na busca do bem comum), o julgador deve, deparando-se *in concreto* com certa antinomia jurídica, valer-se dos denominados postulados normativos (proporcionalidade, razoabilidade, etc.) para balizar não só a decisão a ser tomada, como a própria condução do processo. Acerca do tema "postulados normativos", na doutrina nacional, por todos: ÁVILA, Humberto. *Teoria dos Princípios:* da definição à aplicação dos princípios jurídicos. 10. ed. São Paulo: Malheiros, 2009.

> **Art. 9º** Não se proferirá decisão contra uma das partes sem que ela seja previamente ouvida.
> Parágrafo único. O disposto no caput não se aplica:
> I – à tutela provisória de urgência;
> II – às hipóteses de tutela da evidência previstas no art. 311, incisos II e III;
> III – à decisão prevista no art. 701.

1. O contraditório figura, certamente, como o elemento balizador do processo, representando, em boa medida, sua própria razão de ser. É a partir dele que chega (ou deveria chegar) ao juízo a notícia da existência tanto de versões conflitantes como de interesses contrapostos. O contraditório, hoje, espelha a necessidade de que o magistrado ouça, mas, acima de tudo, dialogue com aquilo que as partes têm a dizer, inclusive, no que diz com suas convicções ou tendências (convicções e tendências do julgador), de forma a delinear, sem surpresas, o caminho que provavelmente seguirá ao decidir. Nem mesmo as ditas matérias de *ordem pública*, como regra, escapam à aludida diretriz (art. 10). É importante destacar, todavia, que existem exceções à regra (limitadas, é claro, às hipóteses expressamente previstas em lei). Em relação a elas, o contraditório (que jamais poderá ser afastado) será facultado em sua dimensão *ulterior* ou, episodicamente, *eventual*. Permitir aos interessados a participação (material) na construção da *solução do caso concreto* representa, destarte, a mola mestra do processo contemporâneo. A regra, pois, é de que o contraditório se dê, sempre que possível, de maneira *prévia*.

2. Em suma, é possível asseverar que a partir de sua (re)leitura, o contraditório passou a figurar como o núcleo dos sistemas processuais modernos (há quem, inclusive, sustente ser o processo, examinado de certo ângulo (intrínseco), um *procedimento em contraditório* (vide, por todos, FAZZALARI,

Elio. Instituições de Direito Processual. Campinas: Bookseller, 2006). A previsão operacionaliza o direito fundamental titularizado pelas partes de influenciar, ao longo de todo o desenrolar do processo, na tomada da decisão judicial. Independentemente da forma como venha a se apresentar (*prévio, posterior* ou *eventual*) não há falar, no âmbito do Estado Democrático, na possibilidade de supressão ou violação do direito epigrafado.

3. Segundo enunciado aprovado pelo ENFAN, às "hipóteses de rejeição liminar a que se referem os arts. 525, § 5º, 535, § 2º, e 917 do CPC/2015 (excesso de execução) não se aplicam os arts. 9º e 10 desse código." (Enunciado n. 55).

Art. 10. O juiz não pode decidir, em grau algum de jurisdição, com base em fundamento a respeito do qual não se tenha dado às partes oportunidade de se manifestar, ainda que se trate de matéria sobre a qual deva decidir de ofício.

1. O processo civil pátrio labora sob a perspectiva de que os feitos cíveis não devam se assemelhar a um filme de "suspense", tramas em que, não raro, os envolvidos veem-se, já no apagar das luzes, tomados pela surpresa. Considerada a vertente do contraditório que faculta às partes influir na convicção do magistrado para a solução do caso concreto, resolvê-lo a partir de fundamento "retirado da cartola", sem que se oferte aos contendores a possibilidade de, antes da tomada da decisão, ter ciência do mesmo, agride, frontalmente, o *direito fundamental ao contraditório*, e revela a existência de *decisão surpresa*.

2. Tratando-se, ou não, de matéria de *ordem pública*, mostra-se imprescindível, segundo o ordenamento pátrio, facultar aos contendores, de maneira prévia, como regra, o gozo do direito de influenciar na construção da solução judicial do caso concreto: o contraditório.

3. O Poder Judiciário, em seminário intitulado "O Poder Judiciário e o Novo Código de Processo Civil", promovido pela Escola Nacional de Formação e Aperfeiçoamento de Magistrados, aprovou, em meados de 2015, enunciados interpretativos relativos ao CPC/2015, nada obstante veemente crítica doutrinária acerca do conteúdo de boa parte deles. No que interessa para o momento, restou consignado que: "Entende-se por 'fundamento' referido no art. 10 do CPC/2015 o substrato fático que orienta o pedido, e não o enquadramento jurídico atribuído pelas partes. (Enunciado n. 1, do ENFAN); Não ofende a regra do contraditório do art. 10 do CPC/2015, o pronunciamento jurisdicional que invoca princípio, quando a regra jurídica aplicada já debatida no curso do processo é emanação daquele princípio. (Enunciado n. 2, da ENFAN); É desnecessário ouvir as partes quando a manifestação não puder influenciar na solução da causa. (Enunciado n. 3, da ENFAN); Na declaração de incompetência absoluta não se aplica o disposto no art. 10, parte final, do CPC/2015. (Enunciado n. 4, da ENFAN); Não viola o art. 10 do CPC/2015 a decisão com base em elementos de fato documentados nos autos sob o contraditório. (Enunciado n. 5, da ENFAN); Não constitui julgamento surpresa o lastreado em fundamentos jurídicos, ainda que diversos dos apresentados pelas partes, desde que embasados em provas submetidas ao contraditório." (Enunciado n. 6, da ENFAN).

Art. 11. Todos os julgamentos dos órgãos do Poder Judiciário serão públicos, e fundamentadas todas as decisões, sob pena de nulidade.

Parágrafo único. Nos casos de segredo de justiça, pode ser autorizada a presença somente das partes, de seus advogados, de defensores públicos ou do Ministério Público.

1. O *modelo constitucional do processo civil* brasileiro anuncia, em "alto e bom tom", que todos os julgamentos dos órgãos do Poder Judiciário, ressalvadas pontuais exceções, serão públicos, pena de nulidade. O Código, com ele afinado, reproduz tal situação. A mera *publicização* dos resultados não basta (situação rotineira ao menos no âmbito do juízo singular). Embora suficiente à esmagadora maioria dos atos processuais, os julgamentos (finais), em si, devem, também, dar-se de maneira pública. Nada obstante constate-se ser facultado a qualquer do povo, em tese, o acesso às salas de audiência, o dia a dia forense revela que são poucas, para não dizer estatisticamente inexistentes (pelo menos no juízo singular), as sentenças proferidas em audiência. Os autos, costumeiramente, escoado o prazo para oferecimento de memoriais (exceção que virou regra), vão, por determinação judicial, *conclusos à sentença*, para que, da solidão de seu gabinete, o magistrado emane decisão para posterior publicização de seu conteúdo. Para além do descompasso com o ditame constitucional ora reproduzido pelo CPC/2015, o expediente, por vezes, dado o conteúdo de determinadas decisões, desperta nos interessados dúvida acerca de quem está a julgá-los (a "reclamação" é, no dia a dia do foro, constante). Julgamentos verdadeiramente públicos possuem o condão de eliminar quaisquer suspeitas dessa natureza. Com efeito, apenas em situações tópicas (mediante autorização constitucional), revela-se possível restringir a publicidade dos atos processuais. Depreende-se da análise do *modelo constitucional*, seguido pelo CPC/2015, que a restrição apenas afigura-se legítima quando a *defesa da intimidade* ou *o interesse social* o exigirem. Às partes e seus procuradores, contudo, o acesso à integralidade dos atos processuais será irrestrito, pena de frontal agressão ao *devido processo de direito*. Não há falar, portanto, à luz do sistema pátrio, em processo secreto. Ressalvadas as hipóteses acima referidas, o processo, e todos os seus atos, deverá tramitar de forma aberta, pública, sem mistérios.

2. O conceito de *motivação* (aqui equiparado ao de fundamentação), vinculado a expressão *"fundamentadas"* contida no *caput* do artigo sob comento, esgarça, à evidência, em muito os lindes do estudo jurídico. Para os fins a que nos propomos, no entanto, é possível afirmar que a atividade motivacional exigida pelo modelo pátrio deva ser compreendida, em suma, como a exigência de que o Estado-Juiz justifique o porquê adota, caso a caso, esta ou aquela postura de julgamento, explicitando, sempre de forma límpida, o raciocínio lógico desenvolvido e a racionalidade das decisões proferidas, em aberto diálogo com os argumentos trazidos pelos contendores. Segundo o teor do artigo 93, IX, da Constituição Federal de 1988, que serve de fundamento à exigência codificada, *todas* as decisões proferidas pelo Poder Judiciário serão motivadas. A profundidade da aludida exigência deve ser bem compreendida, pena de laborarmos diuturnamente com meros arremedos de motivação. Vale lembrar: vigora entre nós o sistema da persuasão racional; o dever de motivar atua, numa de suas perspectivas, como verdadeira "peça desta engrenagem". Tem-se, destarte, que o dever de motivar destina-se, ao menos em uma de suas vertentes, a *limitar o arbítrio do julgador*. Retomaremos o enfrentamento do tema, com maior profundidade, ao tempo da análise do teor do artigo 489 e seus parágrafos, que, nada obstante a resistência judiciária inicial, revoluciona, ao menos do ponto de vista infraconstitucional, o enfrentamento da matéria.

3. Vale salientar, outrossim, que a exigência motivacional se afirma no clamor social pelo controle da atividade judiciária (mas, não só nela), no especial sentido de dela exigir esclarecimentos acerca das condutas admitidas no convívio humano. Em tempos em que a cada dia emergem, propositalmente, disposições legais eivadas de *conceitos indeterminados*, o dito *poder social controlador* ganha, à evidência, destaque.

Art. 12. Os juízes e os tribunais atenderão, preferencialmente, à ordem cronológica de conclusão para proferir sentença ou acórdão. (Redação dada pela Lei 13.256/2016)
§ 1º A lista de processos aptos a julgamento deverá estar permanentemente à disposição para consulta pública em cartório e na rede mundial de computadores.
§ 2º Estão excluídos da regra do *caput*:
I – as sentenças proferidas em audiência, homologatórias de acordo ou de improcedência liminar do pedido;
II – o julgamento de processos em bloco para aplicação de tese jurídica firmada em julgamento de casos repetitivos;
III – o julgamento de recursos repetitivos ou de incidente de resolução de demandas repetitivas;
IV – as decisões proferidas com base nos arts. 485 e 932;
V – o julgamento de embargos de declaração;
VI – o julgamento de agravo interno;
VII – as preferências legais e as metas estabelecidas pelo Conselho Nacional de Justiça;
VIII – os processos criminais, nos órgãos jurisdicionais que tenham competência penal;
IX – a causa que exija urgência no julgamento, assim reconhecida por decisão fundamentada.
§ 3º Após elaboração de lista própria, respeitar-se-á a ordem cronológica das conclusões entre as preferências legais.
§ 4º Após a inclusão do processo na lista de que trata o § 1º, o requerimento formulado pela parte não altera a ordem cronológica para a decisão, exceto quando implicar a reabertura da instrução ou a conversão do julgamento em diligência.
§ 5º Decidido o requerimento previsto no § 4º, o processo retornará à mesma posição em que anteriormente se encontrava na lista.
§ 6º Ocupará o primeiro lugar na lista prevista no § 1º ou, conforme o caso, no § 3º, o processo que:
I – tiver sua sentença ou acórdão anulado, salvo quando houver necessidade de realização de diligência ou de complementação da instrução;
II – se enquadrar na hipótese do art. 1.040, inciso II.

Art. 12

1. Considerando a redação originária da Lei 13.105/2015, afirmamos, outrora: "O Código, no concernente, inova em relação aos diplomas processuais que o antecederam, criando ordem, pautada em critério objetivo (*cronologia de conclusão*), para a prolação de sentenças e acórdãos. Trata-se, bem compreendido o expediente, de comando que determina ao Judiciário a observância de determinada ordem para a prolação de suas decisões." (TORRES, Artur. *Novo Código de Processo Civil anotado*. Porto Alegre: OAB/RS, 2015. p. 32).

O texto originário previa a obrigatoriedade da observância de ordem para a prolação de sentenças e acórdãos. A alteração legislativa (havida antes mesmo de superada a *vacatio legis* do CPC/2015) inseriu, entre vírgulas, a expressão "preferencialmente", e, embora não tenha revogado os parágrafos e incisos do artigo sob comento, acabou por, bem compreendida a afirmativa, "diminuir" o instituto, retirando-lhe a obrigatoriedade de observância.

2. Visando a viabilizar o *controle externo* de observância, pelo Judiciário, da "ordem cronológica" acima aludida, os tribunais disponibilizarão pelo menos duas *listas* de processos *pendentes de julgamento*, mantendo-as permanentemente à disposição para consulta pública, em cartório e na rede mundial de computadores: uma primeira (*lista ordinária*), para atender o comando do artigo 12, *caput*; uma segunda (*lista de preferências*), consoante o teor do § 3º do mesmo artigo, para atender às denominadas *preferências legais*, apontadas pelo § 2º do texto em epígrafe. Da primeira lista (*lista ordinária*), restarão excluídas (I) *as sentenças proferidas em audiência, homologatórias de acordo ou de improcedência liminar do pedido*; (II) *o julgamento de processos em bloco para aplicação de tese jurídica firmada em julgamento de casos repetitivos*; (III) *o julgamento de recursos repetitivos ou de incidente de resolução de demandas repetitivas*; (IV) as decisões proferidas com base nos artigos 485 (sentença que não resolva o mérito) e 932 (competência monocrática do relator); (V) *o julgamento de embargos de declaração*; (VI) o *julgamento de agravo interno*; (VII) as *preferências legais e as metas estabelecidas pelo Conselho Nacional de Justiça*; (VIII) os *processos criminais, nos órgãos jurisdicionais que tenham competência penal*; bem como (IX) *a causa que exija urgência no julgamento, assim reconhecida por decisão fundamentada*, doravante denominadas *preferências legais*.

3. As *preferências legais* submeter-se-ão, por sua vez, à *lista* própria (a lista das preferências – destinada a estabelecer a ordem de julgamento, única e exclusivamente, entre as mesmas). O critério para determinação da ordem de julgamento nesse cenário é, segundo expresso apontamento legal, idêntico ao utilizado para o estabelecimento da ordem na primeira: a cronologia da conclusão.

4. O Código estabelece, outrossim, outras três regras objetivas à conservação da ordem de julgamento, anotando que: (a) após a inclusão do processo na lista ordinária, o requerimento formulado pela parte não altera a ordem cronológica para a decisão, exceto quando implicar a reabertura da instrução ou a conversão do julgamento em diligência; (b) uma vez decidido o requerimento acima aludido, o processo retornará à mesma posição em que anteriormente se encontrava na lista, e, (c) ocuparão o "primeiro lugar" nas listas, os

processos que tiverem sentenças ou acórdãos anulados, ressalvados os casos em que houver necessidade de realização de diligência ou de complementação da instrução ou, ainda, que se enquadrem na hipótese prevista pelo inciso II, do artigo 1.040.

5. Consoante enunciados aprovados pela ENFAM, "o rol do art. 12, § 2°, do CPC/2015 é exemplificativo, de modo que o juiz poderá, fundamentadamente, proferir sentença ou acórdão fora da ordem cronológica de conclusão, desde que preservadas a moralidade, a publicidade, a impessoalidade e a eficiência na gestão da unidade judiciária. (Enunciado n. 32, ENFAM); A urgência referida no art. 12, § 2°, IX, do CPC/2015 é diversa da necessária para a concessão de tutelas provisórias de urgência, estando autorizada, portanto, a prolação de sentenças e acórdãos fora da ordem cronológica de conclusão, em virtude de particularidades gerenciais da unidade judicial, em decisão devidamente fundamentada. (Enunciado n. 33, ENFAM); A violação das regras dos arts. 12 e 153 do CPC/2015 não é causa de nulidade dos atos praticados no processo decidido/cumprido fora da ordem cronológica, tampouco caracteriza, por si só, parcialidade do julgador ou do serventuário." (Enunciado n. 34, ENFAM).

CAPÍTULO II
DA APLICAÇÃO DAS NORMAS PROCESSUAIS

Art. 13. A jurisdição civil será regida pelas normas processuais brasileiras, ressalvadas as disposições específicas previstas em tratados, convenções ou acordos internacionais de que o Brasil seja parte.

1. O processo civil brasileiro rege-se, como não poderia deixar de ser, pelos ditames pertinentes previstos pela legislação pátria, face à soberania nacional. O Código de Processo Civil, sem prejuízo da aplicação da legislação extravagante (também pátria), figura na condição de diploma legislativo nuclear em relação à matéria. É possível, todavia, que disposições originariamente alienígenas, devidamente internalizadas, regrem o processo brasileiro. Nesses casos, embora de "origem externa", respeitados os ditames de internalização, tal regramento, em última análise, também deve ser considerado direito pátrio.

Art. 14. A norma processual não retroagirá e será aplicável imediatamente aos processos em curso, respeitados os atos processuais praticados e as situações jurídicas consolidadas sob a vigência da norma revogada.

1. Direito intertemporal. O regramento processual oriundo da entrada em vigor do CPC/2015, seguindo tradição de longa data, tem aplicação imediata, ainda que o feito tenha se iniciado sob a vigência da legislação revogada.

2. Os atos processuais validamente realizados à luz do sistema processual antecedente não serão prejudicados, ou refeitos, pelo só fato de a lei processual sob a qual se consolidaram não mais produzir efeitos.

Art. 15. Na ausência de normas que regulem processos eleitorais, trabalhistas ou administrativos, as disposições deste Código lhes serão aplicadas supletiva e subsidiariamente.

1. Lacuna. Aplicação subsidiária. O Código de Processo Civil, no âmbito da jurisdição não criminal, serve de texto-base à disciplina processual. Assim sendo, os temas (processuais) que não encontrarem disciplina específica no âmbito de sua especialização serão regidos na forma que dispuser o CPC/2015.

2. O rol a que alude o art. 15 é meramente exemplificativo. A aplicação subsidiária do Código não se limita, à evidencia, aos processos eleitoral, trabalhista e administrativo. Tratando-se de jurisdição não criminal, o Código tem aplicação secundária, no que tange à matéria processual, a quaisquer especializações, salvo disposição expressa de lei.

Livro II
DA FUNÇÃO JURISDICIONAL

TÍTULO I
DA JURISDIÇÃO E DA AÇÃO

Art. 16. A jurisdição civil é exercida pelos juízes e pelos tribunais em todo o território nacional, conforme as disposições deste Código.

1. Ao anunciar que a *jurisdição civil* será "exercida pelos juízes em todo território nacional", conforme suas disposições, o Código pouco (ou quase nada) contribui para a compreensão, em si, do fenômeno *jurisdição*. Do tema, um dos mais importantes para o processo civil, ocupam-se os doutos há muito. Revelam-se de domínio geral entre os processualistas pelo menos as teorias sustentadas outrora por Giuseppe Chiovenda (*substitutividade*), Enrico Allorio (*coisa julgada*) e Francesco Carnelutti (*lide*) que, em boa medida, influenciaram o conceito de jurisdição albergado pelo revogado Código Buzaid. A concepção subjacente ao referido diploma processual caracterizava-a, sem dúvida, como atividade substitutiva do juiz, cujo escopo era a eliminação de uma lide com força de coisa julgada, mediante realização de atividade estritamente vinculada à lei.

2. O conceito de jurisdição, na verdade, encontra-se despido de pacificidade, representando uma das poucas concordâncias doutrinárias acerca do tema, a afirmativa de que não há investigá-lo senão a partir de um estreito contato com a natureza de Estado (liberal, social, democrático, etc.) adotado no âmbito em que se pretenda conceituá-la.

3. O Estado brasileiro, que tem na *dignidade da pessoa humana* seu elemento estruturante, imiscuiu-se, claramente, em bem realizar os anunciados *direitos fundamentais*, mostrando-se válida a afirmativa tanto para o plano do Direito material quanto para o do Direito processual. Salvo melhor juízo, parece-nos possível asseverar que, mais do que o cumprimento da lei, almeja-se, mediante prestação jurisdicional (subjacente ao Estado democrático), a obtenção de uma *sentença justa*, ou seja, deposita-se na atividade estatal a expectativa de que seu discurso esteja comprometido com os ditames de uma *justiça material* (leia-se: de acordo com o direito, ainda que *contra legem*) compatível com a promessa constitucional. Deve-se perseguir tal objetivo, no cenário judiciário, mediante a realização de um *processo justo* (que não se esgota, à evidência, no singelo respeito às prescrições legais; nem se confunde, por outro lado, com o conceito de *sentença justa*). É a partir da aludida *nuance* que apontamos a primeira das notas que caracterizam a *jurisdição* do século XXI: a *juridicidade*, inerente ao conceito na perspectiva do Estado em que vivemos. A jurisdição de hoje visa (ou pelo menos deve visar) o justo, não apenas o legal.

4. Outras notas inerentes ao conceito de jurisdição, contudo, mostram-se dignas de destaque. A *estatalidade*, a *imparcialidade* e a *irrevisibilidade externa* encontram-se, irremediavelmente, entre elas. A jurisdição é praticável apenas por autoridade estatal. Mais do que isso: pela autoridade estatal incumbida de realizá-la, inexistindo, aliás, prestação de tal natureza fora do aludido limite. Ou o Estado, na condição de Estado-juiz, a realiza, ou estaremos diante de qualquer outra atividade/função (ainda que estatal) com ela inconfundível. Destaca-se, assim, a nota da *estatalidade*; no que tange à afirmativa de que o Estado-juiz, no desempenho de suas atribuições jurisdicionais, deva agir de forma particularmente desinteressada (leia-se: diretamente no resultado da demanda), não parece haver controvérsia. Qualquer Estado que se afirme de *direito* não poderá, à evidência, ignorar a *imparcialidade* que se exige do julgador como nota distintiva da função em epígrafe; de ângulo diverso, todavia, não há negar que a jurisdição brasileira (do século XXI) goza de *irrevisibilidade externa*. Desde 1891, gostemos ou não, identifica-se entre nós a supremacia (de anos para cá de forma mais evidente) do Poder Judiciário em relação aos demais. A despeito de sustentar-se, em geral, o acolhimento pelo Estado brasileiro da consagrada tese de Montesquieu, parece-nos pouco mais do que óbvio que, atualmente, o Poder Judiciário exerça, pelo menos na *praxe*, a função de revisar atos praticados pelos demais poderes, com singelas, e por vezes ignoradas, restrições. É dele (Poder Judiciário), a rigor, a derradeira palavra no ordenamento jurídico pátrio. Exercendo atividade essencialmente jurisdicional revisa, não raro, a corretude de atos não menos estatais, porém realizados a título diverso (por exemplo, atos administrativos, legislativos, etc.). O inverso, contudo, não é verdadeiro. A (in)corretude dos atos jurisdicionais não é aferível, institucionalmente falando, por outros poderes. Dessa constatação, talvez mais prática do que teórica, deriva a nota da *irrevisibilidade externa*. O Poder Judiciário é, bem compreendida a expressão, "Senhor" de seus próprios atos (de natureza jurisdicional).

5. Afinal, a que serve a dita função jurisdicional? O monopólio da dicção do direito pelo Estado obriga-o (e por isso *poder-dever*) a exercer função que visa à realização do direito (repita-se, não apenas da lei). Embora se tenha afirmado outrora que tal função se limitava à resolução dos conflitos num plano ideal, afirmando-se prestada a jurisdição mediante a prolação de uma sentença meritória (mera declaração de direitos), ou ainda, num contexto social nem tão distante, que, na melhor das hipóteses, se cingia à conformação do direito posto (limitava-se, de forma acrítica, à aplicação da lei), não nos parece esteja o CPC/2015 atrelado a quaisquer dessas concepções. A ideia (de jurisdição) que se impõe na atualidade guarda, sobretudo, estreita relação com a concretização de um Estado comprometido com a *proteção* e a *conformação fática* das posições jurídicas mínimas (os direitos fundamentais), mas, por óbvio, não só

delas, uma vez que a tutela dos direitos não se limita aos direitos denominados fundamentais.

6. Parece-nos suficiente, considerando o contexto Brasil do século XXI, e tomando-se por base as notas distintivas acima apontadas, compreender a instituição, por questões didáticas, *primeiro*, enquanto *função estatal*, eis que dentre elas há uma destinada a solver os conflitos que lhe são suscitados, face à vedação da autotutela, que atende por tal graça (a *função jurisdicional*); *segundo*, enquanto *poder estatal*, no sentido de que revela haver supremacia das decisões estatais (tomadas a esse título) em face do "querer" interessado; *terceiro*, enquanto ferramenta destinada à conformação/realização, em um Estado constitucionalmente organizado, de posições jurídicas materiais (com destaque para as posições jurídicas mínimas – os direitos fundamentais), atenta e orientada, sempre que possível, a uma composição meritória das demandas promovidas junto ao poder competente. Por fim, não nos parece demasiado lembrar: a prestação jurisdicional brasileira (do século XXI – para além de seu aspecto conceitual, de suas notas caracterizadoras e finalidade), em sua dimensão atuante, deve, sem exceções, respeitar às prescrições constitucionais para o seu regular exercício, ou seja, independentemente dos apontamentos infraconstitucionais, a obediência ao *modelo constitucional do processo brasileiro* revela-se inafastável à sua legítima realização.

7. A jurisdição civil pode ser *contenciosa* ou *voluntária*. No primeiro caso, há, por definição, conflito de interesses entre os contendores; no segundo, não.

Art. 17. Para postular em juízo é necessário ter interesse e legitimidade.

1. Consideração preliminar. O teor do artigo 17 encontra-se, bem compreendido, amplamente vinculado à concepção de *ação* adotada pelo sistema processual, tema que, segundo Salvatore Satta e Carmine Punzi, "costituisce uno dei più tormentati capitoli della dottrina giuridica." (SATTA, Salvatore; PUNZI, Carmine. *Diritto Processuale Civile*. 30. ed. Padova: CEDAM, 2000. p. 128).

2. Teorias da ação. Classificação. A doutrina, ao abordar o tema (*teorias da ação*), costuma classificá-las em teorias *monistas* (unitária) e *dualista*, tomando por critério pertencer tal conceito *tão somente* ao plano do direito material ou *tão somente* ao plano do direito processual (teorias unitárias), confrontando-se a formulação que a identifica em ambos os planos da ordem jurídica (teoria dualista).

3. Principais teorias da ação. Teoria imanentista. Ao remontar o pensamento *imanentista*, Piero Calamandrei, o mais claro dos processualistas clássicos, aduz que os civilistas do século XIX tomaram por base para a sua construção, estrutura empregada à explicação das relações obrigacionais privadas. "O direito subjetivo do credor visa, num primeiro momento, à prestação do devedor; mas, se o devedor não a cumpre, então o credor pode, recorrendo àquela garantia jurisdicional que está implícita no direito subjetivo, dirigir-se ao Estado a fim de obter, mediante a condenação do insubmisso, aquela mesma satisfação do próprio interesse individual que teria obtido caso ocorresse o cumprimento voluntário. A ação entendida como direito de se obter do devedor, mediante a sujeição imposta pelo Estado, o equivalente à prestação devida não é, pois, algo que esteja fora do direito subjetivo, mas apenas um aspecto ou um momento do próprio direito subjetivo, um poder, imanente a ele, de reação contra a injúria, ou – como habitualmente se dizia, com imagens que não constituem definições – o direito subjetivo 'elevado à segunda potência', ou também 'em pé de guerra'. Em suma, ao direito subjetivo não corresponde somente, sob a ótica passiva da relação, a obrigação, mas, além disso, a sujeição do devedor, o qual, mesmo quando não queira cumprir, responde com os próprios bens à obrigação assumida; por conseguinte, a ação, como poder de provocar a sujeição do devedor, não existe como direito separado, mas constitui um dos modos pelos quais se pode exercitar o direito subjetivo privado." (CALAMANDREI, Piero. *Instituições de Direito Processual Civil*. p. 204/205). Segundo o festejado autor, tal doutrina acreditou encontrar a confirmação de sua formulação na célebre definição *nihil aliud est actio quam jus quod sibi debeatur judicio persequendi*, segundo a qual a ação não pode ser concebida como um direito em si, "se destinada a perseguir o mesmo objeto que se deve por força de um direito subjetivo". Seguindo *"la huella del derecho romano, la doctrina considero tradicionalmente que la acción y el derecho eran una misma cosa."* (COUTURE, Eduardo J. *Fundamentos del Derecho Procesal Civil*. Buenos Aires: Depalma, 1958. p. 62). Nas palavras de José Tesheiner, para a aludida linha de pensamento, a ação revelava-se uma "qualidade ou um estado do direito", sendo ela o próprio direito subjetivo reagindo a sua violação (TESHEINER, José M. *Elementos para uma Teoria Geral do Processo*. São Paulo: Saraiva, 1993. p. 85). Costumava-se explicar que todo direito, "ante a sua violação, revestia-se de determinada virtualidade nova, conferido àquele que sofrera a lesão. Essa nova roupagem seria justamente a ação". O conceito de ação, nessa quadra, pressupunha duas condições "bem definidas: a pré-existência de um direito e a violação do mesmo" (MITIDIERO, Daniel Francisco. *Elementos para uma Teoria Contemporânea do Processo Civil Brasileiro*. Porto Alegre: Livraria do Advogado, 2005. p. 92). Consoante doutrina de nomeada, a assunção da aludida linha de pensamento, que reinou incontrastada por muito tempo, conduzia, logicamente, a três consequências inevitáveis: (1) a de que não há ação sem direito; (2) de que não há direito sem ação e, por fim, (3) de que a ação segue a natureza do direito. (CINTRA, Antonio Carlos de Araújo; GRINOVER, Ada Pellegrini; DINAMARCO, Cândido Rangel. *Teoria Geral do Processo*. p. 250). Entre nós, sustentando o pensamento, afirmou Jorge Americano: "O fundamento jurídico da acção é o próprio direito violado, e o seu momento funcional a mesma violação por parte de pessôa determinada. Esta violação cria um vinculo de direito idêntico a uma obrigação, da qual é sujeito activo o titular da relação de direito e sujeito passivo o seu violador. O direito de acção não é, portanto, um direito autonomo, não subsiste per se; é um dependente, potencial, faculdade concedida para a defesa de direitos ou consecução de legítimos interesses, não podendo ser exercido sem causa apreciável, ou com causa maliciosa." (AMERICANO, Jorge. *Do Abuso do Direito no Exercício da Demanda*. 2. ed. São Paulo: Saraiva & Comp., 1932. p. 63). Ao tempo da aludida formulação inexistia distinguir os distintos planos da ordem jurídica. Tratou-se, pois, de conceito inerente a pré-história do direito processual. A ação era vista, mormente, como o produto da mutação sofrida por um direito subjetivo violado.

4. Principais teorias da ação. Teoria concreta do direito de agir. Segundo relatos históricos, inicia-se a derrocada da teoria *civilista da ação* por influência do debate acadêmico (aguerrido, diga-se de passagem) travado entre Windscheid e Müther, na Alemanha do século XIX. O "móvel da veemente discórdia" residia, consoante anotou Araken de Assis, na exata compreensão da *actio* romana. "Segundo Windscheid, a *actio* era o próprio direito material, certificado pelo pretor, e não um novo direito, surgido da violação daquele, e designado, equivocadamente, *Klagerecht*. Este último, para Windscheid, esconde uma construção artificial da doutrina. Da violação do direito subjetivo nasce a inclinação de sujeitar ao interesse próprio o interesse alheio, ou seja, a pretensão (*Anspruch*). De seu turno, Müther se opôs a Windscheid, utilizando a categoria recentemente admitida dos direitos subjetivos públicos. Ele redimensionou a *Klagerecht*, ou direito de demandar, como de direito público, perante o Estado de obter tutela jurídica, diversa do direito material, seja quanto ao sujeito passivo, aqui o Estado, seja quanto ao conteúdo. (...) da série de questões ventiladas, duas se vulgarizaram e, até hoje, se revelam fundamentais ao problema da ação: a ideia de pretensão, fixada por Windscheid, e a do direito público de demandar, enfatizada por Müther." (ASSIS, Araken de. *Cumulação de Ações*. 4. ed. São Paulo: RT, 2002. p. 58). O debate ensejou a necessidade de observância de um novo conceito jurídico, pois, *"fue a partir de este momento que el derecho procesal adquirió personalidad y se desprendió de viejo tronco de derecho civil"*. Para a ciência do processo, aduz o autor, *"la separación del derecho y de la acción constituyò un fenómeno análogo a lo que representó para la física la división del átomo."* (COUTURE, Eduardo J. *Fundamentos del Derecho Procesal Civil*. Buenos Aires: Depalma, 1958. p. 63/64). Frutos do consagrado embate teórico acabaram por influenciar, em boa medida, à doutrina professada por Adolf Wach. Abrolha daí, com contornos claramente identificáveis, a denominada *teoria concreta da ação*, estudada, tradicionalmente, a partir de duas distintas vertentes. Numa primeira, atribuída à construção teórica de Wach, que intuiu, instigado pelo conteúdo da Ordenança Processual Civil alemã de 1877 (ZPO), a falibilidade da conceituação até então predominante (por conta da admissão textual das pretensões meramente declaratórias – em especial as negativas, § 231), considerou-se a ação um direito autônomo, negando-se, veementemente, a base da doutrina civilista. Concluiu Wach, nessa linha de pensamento, tratar-se a ação (distinta do direito subjetivo violado) de ato dirigido, primeiro, contra o Estado, pois destinado a exigir-lhe proteção jurídica; segundo, contra o próprio adversário, do qual se exige a sujeição. Para além de caracterizá-la como direito autônomo, a aludida natureza *bifronte* de sua destinação acabou, à evidência, por customizar a tese endossada pelo professor alemão. (WACH, Adolf. *Manual de Derecho Procesal Civil*. Buenos Aires: EJEA, 1977. v. I); Uma segunda vertente, não menos concretista, atribuiu-se a Chiovenda, mentor da teoria da ação como *direito potestativo*. O insigne jurista afirmou que, a despeito da autonomia da ação em relação ao direito material, afigurava-se incorreto aplicar-lhe o *selo* de direito subjetivo clássico, renegando, por outro lado, sua natureza pública. Segundo Chiovenda, embora não se pudesse negar a existência de relações jurídicas públicas (entre o Estado e o cidadão), a relação entre cidadão e Estado, no concernente, não era mais do que o meio de que o primeiro dispunha para obter certos efeitos contra o seu adversário (a parte contrária). "Observei que, se em verdade a coação é inerente à ideia do direito (não no sentido de que, para se ter direito, se deve poder efetivamente atuá-lo, e sim no de que tende a atuar com todas as forças que estão de fato à sua disposição); se em verdade a vontade concreta da lei, quando o devedor deixa de satisfazê-la com a sua prestação, tende à sua atuação por outra via, e que, mesmo, em numerosíssimos casos, há vontades concretas de lei cuja atuação só se concebe por obra dos órgãos públicos no processo; todavia, normalmente, esses órgãos só a pedido de uma parte podem promover à atuação (*nemo iudex sine actore*), de modo que, normalmente, a atuação da lei depende de uma condição, a saber, da manifestação de vontade do indivíduo; e diz-se que esse indivíduo tem ação, querendo dizer-se que tem o poder jurídico de provocar, com seu pedido, a atuação da vontade da lei. A ação é, portanto, o poder jurídico de dar vida à condição para a atuação da vontade concreta da lei. Definição que, bem examinada, coincide com a das fontes *nihil aliud est actio quam ius persequendi iudicio quot sibi debeatur* (Inst. IV, 6, pr); em que é evidentíssima a contraposição do direito ao que nos é devido, ao direito de conseguir o bem que nos é devido mediante o juízo (*ius iudicio persequendi*). A ação é um poder que nos assiste em face do adversário em relação a quem se produz o efeito jurídico da atuação da lei. O adversário não é obrigado a coisa nenhuma diante desse poder: simplesmente lhe está sujeito. Com seu próprio exercício exaure-se a ação, sem que o adversário nada possa fazer, quer para impedi-la, quer para satisfazê-la. Sua natureza é privada ou pública, consoante a vontade de lei, cuja atuação determina, seja de natureza privada ou pública." (CHIOVENDA, Giuseppe. *Instituições de Direito Processual Civil*. p. 61/62). Em suma, ambas as proposições (cada qual com suas peculiaridades) viam na ação um direito autônomo, contudo, consoante afirma Ovídio Baptista da Silva, ao "identificar a 'ação' processual com um novo direito atribuído *ao titular do direito subjetivo posto na demanda*, para que desencadeasse a atividade jurisdicional e realizasse a *condição necessária*, para que o Estado aplicasse a 'vontade concreta da lei', acabaram por vincular sua existência à sua procedência, "deixando sem explicação" o fenômeno da ação improcedente." (BAPTISTA DA SILVA, Ovídio A. *Curso de Processo Civil*. p. 83/84). Tal conclusão, embora acolhida aos quatro cantos (sem maiores reações), parece-nos de pouca sustentabilidade (Chiovenda não conseguiria explicar o fenômeno da ação julgada improcedente?!?!). Seja como for, das formulações concretistas, a doutrina processual acabou por extrair a lição de que, aderindo-as, não se poderia, mormente, escapar da conclusão de que *ter ação é ter razão*, o que representa, por decorrência lógica, o mesmo que afirmar que *ter ação corresponde a ter direito a uma sentença favorável*.

5. Principais teorias da ação. Teoria abstrata do direito de agir. Degenkolb, em 1887, traz à baila a teoria da ação como direito abstrato de agir, aduziu

Tesheiner: "(...) os autores que se filiam a essa corrente veem na ação (processual) um direito de crédito, distinto, porém, do eventual direito subjetivo que venha a resguardar. Dele se distingue, sobretudo pela circunstância de que é um direito de crédito contra o Estado. É um direito público subjetivo: direito à jurisdição; direito à prestação jurisdicional do Estado, direito à sentença, isto é, direito a uma resposta do Estado, qualquer que seja o seu conteúdo". (TESHEINER, José M. *Elementos para uma Teoria Geral do Processo*. São Paulo: Saraiva, 1993. p. 88). Cinge-se à tese a afirmar que, a despeito do objeto deduzido, basta a iniciativa de um suposto interessado para que o Estado, detentor do monopólio da jurisdição, obrigue-se a prestá-la. O direito a que se alude é, além de autônomo (no sentido de não se confundir com o direito material sustentado), abstrato (independe do conteúdo da manifestação estatal). Não é por outra razão que José Tesheiner, em seu *Eficácia da Sentença e Coisa Julgada Civil* (p. 15), ao distinguir a teoria em tela das demais, sinala que "conforme a teoria que se adote, a ação é (...) a) direito a uma sentença qualquer, ainda que meramente processual (teoria do direito abstrato e incondicionado)". Nessa mesma linha ensinou Ovídio Baptista: "Teriam 'ação', no campo do direito processual, tanto o autor que tivesse direito quanto aquele que viesse a juízo sem direito algum. Quem resultasse sucumbente, nem por isso, deixaria de ter exercido uma 'ação' (enquanto categoria processual). E por não estar o chamado "direito de ação" ligado a, ou na dependência de nenhum direito subjetivo material que lhe servisse de causa, dizia-se que este direito era abstrato, ou seja, outorgado pela ordem jurídica a todos quantos invocassem a proteção jurisdicional, independentemente de serem ou não titulares dos direitos alegados em juízo. Para a chamada teoria do 'direito abstrato de ação' (DEGENKOLB e PLÓSZ e seus seguidores), este é um direito público subjetivo conferido a todos indistintamente, sendo irrelevante para sua existência que o autor tenha ou não razão, seja ou não titular do direito posto em causa perante o magistrado. Tanto aquele que tiver sua demanda declarada procedente quanto o outro que propusera 'ação' julgada improcedente eram igualmente titulares de um idêntico direito subjetivo público, através do qual impunham ao Estado o cumprimento de sua obrigação de prestar jurisdição." (BAPTISTA DA SILVA, Ovídio A. *Curso de Processo Civil*. p. 84). A despeito da acolhida por alguns, a teoria fora reprovada por outros tantos, sob o fundamento maior de não se poder baralhar *direito de ação* e *direito de petição*.

6. Principais teorias da ação. Teoria eclética do direito de agir. Fruto da tentativa de aproximação entre as teorias *concreta* e *abstrata* do direito de agir, Liebman elaborou formulação diversa, importante ao direito processual civil brasileiro. No que tange à formulação, o primeiro destaque digno de nota diz com a base de construção de seu raciocínio. Segundo o próprio Liebman, a tese por ele desenvolvida toma por ponto de partida o artigo 24 da Constituição italiana de 1947, assim redigido: "*Tutti possono agire in giudizio per la tutela dei propri diritti e interessi legittimi.La difesa è diritto inviolabile in ogni stato e grado del procedimento. Sono assicurati ai non abbienti, con appositi istituti, i mezzi per agire e difendersi davanti ad ogni giurisdizione. La legge determina le condizioni e i modi per la riparazione degli errori giudiziari*". A partir de seu conteúdo, Liebman elabora, ainda que de forma sutil, distinção entre *ação* (propriamente dita) e *poder de agir em juízo*. No que tange ao último, assegura tratar-se de poder "reconhecido a todos" de "ilimitada abertura", fundamentando-o na existência de uma garantia constitucional, e qualificando-o de *"generico ed indeterminado, inesauribile e incosumabile"* por conta de não estar ligado "a qualquer situação concreta". Em relação ao primeiro, aduz: *"altra cosa à l'azione, il diritto soggetivo su cui è costruito tutto il sistema de processo"*, sem, contudo, alterar seu fundamento legal. Para justificar a ideia de ação enquanto *"diritto al processo e al giudizio di merito"*, Liebman introduz o tema das *condições da ação*, importante para a compreensão do art. 17 do CPC/2015, afirmando que "quando, em determinado caso, faltam as condições da ação ou mesmo um delas" é possível afirmar a "carência de ação, devendo o juiz negar o julgamento de mérito e então declarar inadmissível o pedido". E prossegue: *"L'azione, come diritto al processo e al giudizio di merito, non garantisce un risultato favorebole del processo: il risultato del processo dipende dalla convinzione che il giudice si farà sulla fondaletezza in fato e in diritto della domanda proposta e potrà perciò esse favorevole all'attore o al convenuto. Solo dall'esperimento dell'azione risulterà se l'attore ha ragione o ha torto: solo afrontando il rischio di perdere, l'attore può cercare di vincere."* (LIEBMAN, Enrico Tullio. *Manuale di Diritto Processuale Civile*. p. 132/134). Perceptível, assim, que na sistemática *liebmaniana* da ação, denominada *teoria eclética*, a (im)procedência do pedido não figura como elemento essencial ao reconhecimento da existência da ação, consoante pugnavam os concretistas. Por outro lado, afastando-se, também, dos abstrativistas, sustentou Liebman o seu condicionamento, valendo-se, para explicá-la, de adaptação/atualização de expediente utilizado por Chiovenda para justificar sua tese (as condições da ação). A doutrina em geral costuma afiançar que, para Liebman, *ter ação é ter direito a um julgamento de mérito*, o que não se alcança (nem se consuma) senão mediante a superação de algumas condicionantes. Para Liebman, sustentou Alfredo Buzaid, a ação "é um direito subjetivo processual, não direito subjetivo material". Por tal razão, "lhe corresponde não uma obrigação, mas o exercício de uma função por parte do órgão do Estado e uma sujeição por parte do adversário, que não pode evitar os efeitos da ação." (BUZAID, Alfredo. *Grandes processualistas*. São Paulo: Saraiva, 1982. p. 24). Palmilhando o tema, após aludir que, tanto para a *teoria abstrata*, como para a *eclética*, o direito de ação corresponde ao *direito à jurisdição*, Ovídio Baptista da Silva suscitou indagação de relevo para a melhor compreensão da proposta *liebmaniana*: "Onde começa, para Liebman, a atividade jurisdicional?" para concluir, em seguida, que, na esteira do autor, a decisão do juiz que julga questões preliminares, não corresponde, a rigor, à verdadeira atividade jurisdicional. Consoante tal linha de raciocínio, haverá jurisdição (Liebman), e, portanto, restará atendido o direito de ação, tão somente quando "ultrapassada essa fase de averiguação prévia" (BAPTISTA DA SILVA, Ovídio A. *Curso de Processo Civil*. p. 86). Interessante, de outro giro, é a lição que se extrai da obra de Kazuo Watanabe, em especial no que tange a não ser a formulação *abstrata da ação* incompatível, por completo, com as famigeradas condições da ação (na perspectiva *liebmaniana*: a legitimidade para a causa; interesse de agir e possibilidade jurídica do pedido). A diferença entre a posição dos *ecléticos* e dos *abstrativistas* é, sobretudo, a de que, para esses, as condições "da ação" revelam-se apenas condições para a admissibilidade de um pronunciamento de mérito, e não condições para o reconhecimento da existência do direito de ação. (WATANABE, Kazuo. *Da cognição no processo civil*. 3. ed. São Paulo: Perfil, 2005. p. 96/97) A doutrina de Liebman, ainda que observada pelo Código Buzaid, fora objeto de incontáveis críticas, a ponto de ensejar o seguinte comentário: "a teoria eclética conduz ao absurdo" (ASSIS, Araken de. *Cumulação de Ações*. p. 70). Liebman alterou, ao menos parcialmente, seu posicionamento já na terceira edição de seu *Manual* (afastando a *possibilidade jurídica* como condição autônoma da ação – subsumindo-a no *interesse de agir*). No Brasil, todavia, a teoria albergada pelo CPC/73 tomou por base a versão originária da tese sustentada pelo mestre peninsular.

7. Principais teorias da ação. Teoria da ação enquanto posição subjetiva composta. Trata-se de construção que vislumbra na ação uma *posição subjetiva composta*. Segundo a tese, a "ação" representa "a sequência das posições processuais que cabem à parte, ao longo do curso do processo", materialmente composta por "poderes, faculdades e deveres", que não pode ser baralhada com a "solitária faculdade do sujeito de pôr em movimento o processo". A formulação, consoante o próprio Elio Fazzalari, pressupõe que, observar o tema ação do "ângulo das posições subjetivas", consiste em vislumbrá-la como "(...) uma série de faculdades, poderes e deveres, os quantos a lei assinale ao sujeito pela sua conduta, ao longo de todo o curso do processo, até a sentença que acolhe ou refuta a demanda e, sem a realização dela – isto é, sem o desenvolvimento do processo –, não se chega ao provimento do juiz, que acolhe ou rejeita a demanda". (FAZZALARI, Elio. *Instituições de Direito Processual*. p. 504/505).

8. Principais teorias da ação. Teoria Dualista da ação. A compreensão da aludida linha de raciocínio requer uma visão macroscópica do sistema jurídico. Sustenta-se a distinção entre os planos do direito material e do direito processual, vislumbrando cada qual a partir de três distintos elementos: direito subjetivo, pretensão e ação, inconfundíveis entre si. No que tange à lição concernente ao elemento *direito subjetivo*, ensinou Pontes de Miranda: "o direito subjetivo é a atribuição de um bem da vida, quando a lei o garante. O que o caracteriza é a subjetividade combinada com a incidência concreta da lei." (PONTES DE MIRANDA, Francisco Cavalcanti. *Comentários ao Código de Processo Civil*. 5. ed. Rio de Janeiro: Forense, 2001. t. I. p. 23). De modo geral, a ideia é de fácil compreensão. O *direito subjetivo* caracteriza-se como uma posição de vantagem jurídica, que, não raro, prescinde para sua a existência de qualquer agir de seu titular, uma vez que, segundo tal doutrina, a simples incidência de uma previsão jurídica (predeterminada) sobre respectivo suporte fático revela-se suficiente ao seu nascimento. Destaque-se que, segundo tal corrente, é "perfeitamente admissível representar o direito subjetivo através do verbo 'ter'." (ASSIS, Araken de. *Cumulação de ações*. p. 76). Não podem ser baralhados, todavia, *direito subjetivo* e *pretensão*. À luz da doutrina em destaque, enquanto o primeiro encontra-se vinculado ao verbo *ter*, o segundo identifica-se com o verbo *exigir*. "Certamente, na normalidade dos casos, há direito subjetivo e, há a respectiva pretensão, que não é outro direito, mas o próprio direito subjetivo potencializado, dotado desse dinamismo capaz de torná-lo" efetivo. (BAPTISTA DA SILVA, Ovídio A. *Direito subjetivo, pretensão de direito material e ação*. p. 103). Sustenta-se, então: uma coisa é a existência do direito, outra a possibilidade de exigi-lo. O exemplo do direito de crédito submetido a *termo* mostra-se sempre bem-vindo à compreensão da distinção. Haverá direito subjetivo do mutuante em face do mutuário (pondo o suposto credor em posição de vantagem jurídica perante o suposto devedor), ainda que não lhe seja possível *exigir* sua satisfação antes da data pactuada para o cumprimento da obrigação. A pretensão é a faculdade de se poder exigir a satisfação do direito subjetivo, sendo tal realidade inconfundível com o direito em si. Na guisa do exemplo, portanto, é o alcance do *termo* (elemento acidental do negócio jurídico) que fará surgir para o credor *pretensão* (no caso, *material*), potencializando seu direito de crédito. Equivale-se a pretensão à mera faculdade, de maneira que poderá ou não efetivar-se. É plenamente possível, por exemplo, que o credor, ainda que lhe seja permitido, se mantenha inerte em relação à satisfação de sua vantagem jurídica. Mas a noção de *pretensão*, segundo a doutrina dualista, não corresponde, em última análise, a um agir. O suposto titular de um direito subjetivo, *já exigível*, poderá buscar sua satisfação perante o suposto obrigado e fá-lo, por definição, mediante a premência (verbo *premir*) do obrigado. No estágio do *efetivo exercício da pretensão* (o premir) o titular do direito conta, sempre, com um ato voluntário do sujeito passivo da relação jurídica material: o cumprimento espontâneo da obrigação assumida. Satisfeito o direito, ponto final. Inexistindo, contudo, o cumprimento espontâneo, nasce para o titular do suposto direito subjetivo, segundo a doutrina em destaque, *ação material*. É precisamente nesse estágio (de desenvolvimento do plano material) que a mera *exigência* dá lugar ao *agir* do insatisfeito. A ação de direito material "é o agir para a realização do próprio direito". (BAPTISTA DA SILVA, Ovídio A. *Direito subjetivo, pretensão de direito material e ação*. p. 104). O Estado moderno, como sabido, monopolizou o *poder-dever* de dicção/concretização do direito, vendando, salvo raríssimas exceções, o *agir* privado. É, pois, esse o momento, pelo menos para a teoria dualista, de transição do plano material para o plano processual. Situado no plano processual, afirma-se haver um *direito subjetivo*, de natureza pública *– porque exercível em face do Estado – à tutela jurisdicional*, que, a rigor, não se confunde com a posição jurídica suscitada em juízo (o direito subjetivo material). Para além da afirmativa, sustenta tal corrente ser aplicável ao plano processual a distinção entre *direito* e *pretensão* (agora processuais). Para parcela da doutrina, inclusive, o "direito à tutela jurídica" já "nasce dotado de pretensão", ou seja, exigível. Não nos parece, contudo, seja a afirmativa universalizável. Seja como for, consoante tal corrente, é do efetivo exercício da pretensão à tutela jurídica estatal (ou pretensão processual) que nasce relação jurídica diversa da supostamente existente no plano material: a relação jurídica de direito processual. "Existe, portanto, o direito público à jurisdição, provido da pretensão à tutela jurídica, a qual, exercida, põe o Estado a dever a prestação jurisdicional". Segundo a doutrina dualista, a "demanda estabelece a relação processual, que tem por sujeito ativo o autor, e por passivo, o Estado." (ASSIS, Araken de. *Cumulação de ações*. p. 85). E mais: a demanda conduz à satisfação do direito à prestação jurisdicional, ou seja, do direito subjetivo público pertencente a todo e qualquer jurisdicionado, oriundo da vedação estatal à realização da justiça privada. Nesse diapasão, independentemente da procedência ou improcedência do pedido, o direito de acesso aos tribunais encontrar-se-á satisfeito.

9. Interesse de agir. Na tradição pátria, dada à influência da doutrina professada por Enrico Tullio Liebman, é possível afirmar que o conceito de *interesse de agir* identifica-se com a lição sustentada pelo renomado jurista. O *interesse processual* consuma-se mediante a verificação da *necessidade* e da *utilidade* da tutela jurisdicional requerida.

10. Legitimidade para a causa. *La titolarità (ativa e passiva) dell'azione*. Trata-se, segundo a tradição engendrada no direito pátrio, do elemento verificador da pertinência subjetiva da ação. A legitimação indica para cada processo as justas partes, as partes legítimas, ou seja, as pessoas que devem estar presentes, para que o juiz possa enfrentar, meritoriamente, determinado caso concreto.

11. Manutenção da *teoria eclética do direito de agir*? Qual a teoria da ação albergada pelo CPC/2015? O tema encontra assento, num primeiro olhar, no teor dos artigos 17 e 485, VI, texto sancionado, suscitando, pelo menos a nosso sentir, de pronto, dúvida acerca da aludida eleição. Teria o CPC/2015, mantendo-se fiel à doutrina outrora professada por Liebman (respeitada, contudo, atualização feita pelo próprio – *no sentido de não mais considerar a possibilidade jurídica do pedido como condição autônoma*), albergado o sistema de condicionamento do direito de agir (a teoria eclética da ação)? Ou, de outra sorte, ao suprimir o dizer "alguma das condições da ação", constante do artigo 267, VI, do CPC/73 (que corresponde ao atual artigo 485, VI), pretendeu sepultar a categoria jurídica (das condições da ação), libertando-se da concepção adotada pelo sistema revogado? De um lado, exemplificativamente, Luiz Guilherme Marinoni afirma que "não se fala", na lei, em *condições da ação* enquanto *categoria autônoma*, havendo, pois, "apenas advertência de que para postular em juízo é necessário ter interesse e legitimidade". Aludindo a tal advertência, o paranaense sustenta haver previsão legal de requisitos para a apreciação do mérito, não de condições da ação, "estando muito distante da ideia de que tais elementos poderiam ter a ver com a existência da ação". Depreende-se do referido parecer, mormente, entender o autor que o CPC/2015 optou por renegar a *teoria eclética da ação*, adotando, grosso modo, algo assemelhado à sistematização destacada, outrora, por Kazuo Watanabe, no sentido de que a diferença entre a posição dos *ecléticos* e dos *abstrativistas* é, sobretudo, a de que, para esses, as condições "da ação" revelam-se apenas *condições para a admissibilidade de um pronunciamento meritório*, e não condições para o reconhecimento da existência do direito de agir (WATANABE, Kazuo. *Da cognição no processo civil*. 3. ed. São Paulo: Perfil, 2005. p. 96/97). Aduz, em linha de pensamento semelhante, Fredie Didier: "O atual CPC não mais menciona a categoria condição da ação. O inciso VI do art. 485 do CPC autoriza a extinção do processo sem resolução do mérito pela ausência de 'legitimidade ou de interesse processual'. Há duas grandes diferenças em relação ao CPC-1973. O silêncio do CPC atual é bastante eloquente. Primeiramente, não há mais menção 'à possibilidade jurídica do pedido' como hipótese que leva a uma decisão de inadmissibilidade do processo. Observe que não há mais menção a ela como hipótese de inépcia da petição inicial (...); também não há menção a ela no inciso VI do art. 485 do CPC, que apenas se refere à legitimidade e ao interesse de agir; além disso, criam-se várias hipóteses de improcedência liminar do pedido, que poderiam ser consideradas, tranquilamente, como casos de impossibilidade jurídica de o pedido ser atendido. A segunda alteração silenciosa é a mais importante. O texto normativo atual não se vale da expressão 'condição da ação'. Apenas se determina que, reconhecida a ilegitimidade ou a falta de interesse, o órgão jurisdicional deve proferir decisão de inadmissibilidade. Retira-se a menção expressa à categoria condição da ação do único texto normativo do CPC que a previa e que, por isso, justificava a permanência de estudos doutrinários ao seu respeito. Também não há mais uso da expressão *carência de ação*. Não há mais razão para o uso, pela ciência do processo brasileira, do conceito 'condição da ação'. A *legitimidade ad causam e o interesse de agir passarão a ser explicados com suporte no repertório teórico dos pressupostos processuais*. A legitimidade e o interesse passarão, então, a constar da exposição sistemática dos pressupostos processuais de validade: o interesse, como pressuposto de validade objetivo extrínseco; a legitimidade, como pressuposto de validade subjetivo relativo às partes. (...) Enfim: a) o assunto 'condição da ação' desaparece, tendo em vista a inexistência da única razão que o justificava: a consagração em texto legislativo dessa controvertida categoria; b) a ausência de 'possibilidade jurídica do pedido' passa a ser examinada como improcedência liminar do pedido, no capítulo respectivo; c) legitimidade *ad causam* e interesse de agir passam a ser estudados no capítulo sobre os pressupostos processuais. (DIDIER JR., Fredie. *Curso de Direito Processual Civil*. 17. ed. Salvador: Juspodivm, 2015. v. I. p. 305/307). Da exposição de motivos do CPC/2015, contudo, extrai-se, *in verbis*, importante passagem: "Com o objetivo de dar maior rendimento a cada processo, individualmente considerado, e, atendendo a críticas tradicionais da doutrina, deixou, a possibilidade jurídica do pedido, de ser condição da ação. A sentença que, à luz da lei revogada seria de carência de ação, à luz do Novo CPC é de improcedência e resolve definitivamente a controvérsia".[6] Que vem acompanhada da nota de rodapé, a saber: "CÂNDIDO DINAMARCO lembra que o próprio LIEBMAN, após formular tal condição da ação em aula inaugural em Turim, renunciou a ela depois que, 'a lei italiana passou a admitir o divórcio, sendo este o exemplo mais expressivo da impossibilidade jurídica que vinha sendo usado em seus escritos'." (*Instituições de direito processual civil*, v. II, 6. ed. São Paulo, Malheiros, 2009. p. 306). Como, então, compatibilizar o teor da exposição de motivos com os pareceres acima destacados? Ao que tudo indica, a despeito da "mudança" pretendida, extrai-se da mesma exposição de motivos que a criação do Novo Código "(...) não significa, todavia, uma ruptura com o passado, mas um passo à frente. Assim, além de conservados os institutos cujos resultados foram positivos, incluíram-se no sistema outros tantos que visam a atribuir-lhe

---

[6] Vide fl. 29 da Exposição de Motivos do Projeto de Novo Código de Processo Civil. Disponível em: <http://www.senado.gov.br/senado/novocpc/pdf/anteprojeto.pdf>.

alto grau de eficiência".[7] Ademais, a análise macroscópica do tema denuncia, mediante a cominação do artigo 17 com o artigo 485, VI, que, salvo supressão textual da expressão *condição da ação*, e atendimento à crítica doutrinária (que destaca, há muito, a própria revisão da tese feita por Liebman), nada mudou. O sistema de "filtro", dê-se a ele o nome que convier, permanece intocado. Assim sendo, nada obstante o *querer* doutrinário, há, sim, de se indagar acerca da eleição legislativa. Trata-se, pois, de tema espinhoso (talvez ignorado em sede legislativa), que, segundo sustentamos, será objeto de inúmeros debates (acadêmicos e forense), de tal sorte que apenas o tempo, acompanhado do esforço doutrinário, esclarecer-lhe-á.

Art. 18. Ninguém poderá pleitear direito alheio em nome próprio, salvo quando autorizado pelo ordenamento jurídico.
Parágrafo único. Havendo substituição processual, o substituído poderá intervir como assistente litisconsorcial.

1. Legitimação ordinária. Regra. Processo Civil individual. Salvo expressa autorização legal, o acesso aos tribunais deve ser realizado *em nome próprio* para *benefício próprio*.

2. Legitimação extraordinária. Substituição processual. Exceção. Processo Civil individual. Pleiteia-se, mediante expressa autorização de lei, em nome próprio, visando-se à obtenção de benefício a outrem.

3. Legitimação extraordinária. Processo Coletivo. Tutela Coletiva dos Direitos Individuais. Direitos acidentalmente coletivos. O ordenamento brasileiro nega legitimidade ao cidadão comum, individualmente considerado, para a propositura da ação coletiva que tenha por objeto a proteção/promoção de direitos individuais homogêneos. A prerrogativa, entre nós, pertence, exclusivamente, a determinados entes ideais que, processualmente falando, atuam na condição de *substitutos* dos verdadeiros beneficiários da tutela jurisdicional.

Art. 19. O interesse do autor pode limitar-se à declaração:
I – da existência, da inexistência ou do modo de ser de uma relação jurídica;
II – da autenticidade ou da falsidade de documento.

1. As ações, tradicionalmente, são classificadas a partir da eficácia preponderante da tutela requerida. De um lado, os defensores da teoria "quinária" reconhecem a existência de pelo menos cinco eficácias possíveis: declaratória, (des)constitutiva, condenatória, mandamental e executiva *lato sensu*; de outro, adeptos da teoria "ternária" reduzem-nas a três: declaratória, (des)constitutiva e condenatória.

2. Diz-se, independentemente da teoria adotada, que, com a propositura de uma ação (preponderantemente) declaratória o máximo que o autor pode-

---
[7] Vide fl. 13 da Exposição de Motivos do Projeto de Novo Código de Processo Civil. Disponível em: <http://www.senado.gov.br/senado/novocpc/pdf/anteprojeto.pdf>.

rá obter (uma vez que juiz julga pedido) é uma sentença de procedência com eficácia declaratória preponderante. Tais ações têm por objeto, tão somente, versar sobre (a) a (in)existência ou do modo de ser de uma relação jurídica (material) ou, (b) examinar a autenticidade ou a falsidade de certo documento. A sentença que acolhe o pedido do autor, nesses casos, é, ainda que se identifique alguma controvérsia, autosatisfativa.

3. A sentença de improcedência, independentemente da carga eficacial que subjaz o pedido formulado, é, segundo entendimento majoritário, *declaratória negativa*.

Art. 20. É admissível a ação meramente declaratória, ainda que tenha ocorrido a violação do direito.

1. O Código admite que o interesse do demandante se limite à obtenção de *tutela* meramente *declaratória* (por definição, reitere-se, autossatisfativa), cingindo-se o objeto da demanda à declaração requerida, a despeito da comprovada ocorrência de flagrante violação ao direito inerente à relação jurídica material objeto do pleito declaratório.

TÍTULO II
DOS LIMITES DA JURISDIÇÃO NACIONAL E DA COOPERAÇÃO INTERNACIONAL

CAPÍTULO I
DOS LIMITES DA JURISDIÇÃO NACIONAL

1. "Um sistema jurisdicional de um país pode pretender julgar quaisquer causas que sejam propostas perante seus juízes. No entanto, o poder de tornar efetivo aquilo que foi decidido sobre limitações, porque existem outros Estados, também organizados, que não reconheceriam a validade ou a eficácia da sentença em seu território, não permitindo, pois, a sua execução. A competência internacional visa, portanto, a delimitar o espaço em que deve atuar a jurisdição, na medida em que o Estado possa fazer cumprir soberanamente as suas sentenças." (DIDIER JR., Fredie. *Curso de Direito Processual Civil*. 17. ed. Salvador: Jupodivm, 2015. p. 210/211).

Art. 21. Compete à autoridade judiciária brasileira processar e julgar as ações em que:
I – o réu, qualquer que seja a sua nacionalidade, estiver domiciliado no Brasil;
II – no Brasil tiver de ser cumprida a obrigação;
III – o fundamento seja fato ocorrido ou ato praticado no Brasil.
Parágrafo único. Para o fim do disposto no inciso I, considera-se domiciliada no Brasil a pessoa jurídica estrangeira que nele tiver agência, filial ou sucursal.

1. Ao capítulo sob comento coube, precipuamente, delimitar a competência da autoridade judiciária nacional, ora concorrente, ora exclusiva, em rela-

ção a autoridades judiciárias estrangeiras. Os incisos do artigo 21, conforme se extrai de interpretação *contrario sensu* do teor do art. 23, estabelecem hipóteses de competência concorrente. Quer dizer: os feitos que se enquadram nos critérios por eles previstos podem, igualmente, ser julgados por tribunais estrangeiros, com possibilidade de "aceitação" entre nós. Da delimitação dos casos sujeitos à exclusiva jurisdição nacional, por sua vez, ocupou-se o art. 23.

2. O legislador reconhece competência à autoridade judiciária pátria para processar e julgar os feitos em que: (1) independentemente de sua nacionalidade, o demandado possua domicílio no país; (2) a obrigação *sub judice* tenha de ser cumprida em solo pátrio; (3) a causa de pedir tome por base "fato" ou "ato" havido no Brasil.

3. Considerar-se-á domiciliada no Brasil, para o especial fito de aferimento da competência judiciária nacional, o ente ideal que possua, em solo nacional, agência, filial ou sucursal. Inteligência do art. 21, parágrafo único do CPC/2015.

4. "APELAÇÃO CÍVEL. RESPONSABILIDADE CIVIL. AÇÃO DE INDENIZAÇÃO POR DANOS MORAIS. GOOGLE BRASIL INTERNET LTDA. CRIAÇÃO DE BLOG DIFAMATÓRIO NO GOOGLE ESPANHA. POSSIBILIDADE DE RECLAMAÇÃO À FILIAL BRASILEIRA DO GOOGLE. COMPETÊNCIA DA JUSTIÇA BRASILEIRA. EXTENSÃO. INFORMAÇÕES INJURIOSAS MANTIDAS MESMO APÓS A "DENÚNCIA DE ABUSO" RELATADA PELA AUTORA. DANOS MORAIS CONFIGURADOS. *QUANTUM* MANTIDO. IMPUGNAÇÃO À AJG. ACOLHIMENTO. (...) 2. AGRAVO RETIDO: DA ALEGADA INCOMPETÊNCIA ABSOLUTA DA JUSTIÇA BRASILEIRA. Tratando-se de informações difamatórias contidas no mundo virtual, que não conhece fronteiras, não há como delimitar o alcance dessas informações e, por consequência, o limite territorial de sua repercussão. No caso, o dano teve repercussão no Brasil, local onde a autora também possui domicílio (profissional). COMPETÊNCIA DA JUSTIÇA BRASILEIRA afirmada, em razão do disposto no art. 88 do CPC/73, aplicável ao caso. Uma vez afirmada a competência da justiça pátria, é possível a determinação de retirada de conteúdo de site criado na filial espanhola da GOOGLE. Há menos de um mês atrás, o plenário civil do Tribunal Supremo espanhol seguindo orientação do emblemático julgamento do Tribunal de Justiça da União Européia, de maio de 2014, afirmou a competência da justiça espanhola para situação semelhante. Ou seja, adotou-se o entendimento de que não é exigível que o cidadão que teve lesado um seu direito fundamental em razão de indevida publicação de dados na rede mundial de computadores, deva mover sua demanda contra a sede norte-americana da GOOGLE ou contra as filiais nacionais da gigante corporação. Entender de outra forma tornaria caríssima e insuportavelmente lenta a proteção dos direitos fundamentais, praticamente inviabilizando, na prática, tal tutela que, para ser eficiente, depende de rápidas soluções. As diversas filiais nacionais da GOOGLE, embora possam ter personalidade jurídica distinta, evidentemente integram a mesma gigante corporação e mantém fáceis contatos entre si. Como o produto com que trabalham não conhece fronteiras, situando-se num mundo plano e ilimitado, o potencial risco de que conteúdos postados num determinado país violem direitos fundamentais de cidadão domiciliado em outro deve ser absorvido pela própria corporação. Esta certamente possui ágeis canais de comunicação entre suas diversas filiais nacionais, podendo eficazmente cumprir determinações judiciais para retirada de tais conteúdos. (...) PRELIMINAR DESACOLHIDA, AGRAVO RETIDO DESPROVIDO E APELO PARCIALMENTE PROVIDO." (Apelação Cível n° 70068005966, Nona Câmara Cível, Tribunal de Justiça do RS, Relator: Eugênio Facchini Neto, Julgado em 27/04/2016).

> **Art. 22.** Compete, ainda, à autoridade judiciária brasileira processar e julgar as ações:
> I – de alimentos, quando:
> a) o credor tiver domicílio ou residência no Brasil;
> b) o réu mantiver vínculos no Brasil, tais como posse ou propriedade de bens, recebimento de renda ou obtenção de benefícios econômicos;
> II – decorrentes de relações de consumo, quando o consumidor tiver domicílio ou residência no Brasil;
> III – em que as partes, expressa ou tacitamente, se submeterem à jurisdição nacional.

1. O artigo sob comento cuida de ampliar a competência da autoridade judiciária pátria. Para além da previsão contida no art. 21 (mas, também, de maneira concorrente), seus incisos estabelecem, expressamente, a competência do "juiz" brasileiro para processar e julgar as demandas (a) alimentares (pelo só fato de possuir o sedizente credor domicílio ou residência no país, ou, por ocasião da constatação de que o demandado possui, por aqui, "vínculos" capazes de servir à satisfação do crédito *sub judice*) e as decorrentes (b) de relações de consumo (nos casos em que o consumidor, vulnerável e hipossuficiente por definição, possua domicílio ou residência solo pátrio).

2. Acerca da incompetência da jurisdição nacional já decidiu a 3ª Turma do STJ: "A Justiça brasileira é absolutamente incompetente para processar e julgar demanda indenizatória fundada em serviço fornecido de forma viciada por sociedade empresária estrangeira a brasileiro que possuía domicílio no mesmo Estado estrangeiro em que situada a fornecedora, quando o contrato de consumo houver sido celebrado e executado nesse local, ainda que o conhecimento do vício ocorra após o retorno do consumidor ao território nacional." (AgRg no Ag 1.157.672-PR, Quarta Turma, DJe 26/5/2010; CC 29.220-RJ, Segunda Seção, DJ 23/10/2000. Essa situação se distingue sobremaneira do caso em que nenhum dos contratantes, seja consumidor, seja fornecedor, buscou uma contratação internacional, uma exportação de serviço. Aliás, ambos estavam na fronteira de seus domicílios, caracterizando uma relação nacional, embora de nacionalidade estrangeira. REsp 1.571.616-MT, Rel. Min. Marco Aurélio Bellizze, julgado em 5/4/2016, DJe 11/4/2016. Informativo n° 0580; abril de 2016).

3. Consoante o CPC/2015 (art. 22, III), independentemente da natureza da demanda, a autoridade judiciária brasileira possui competência para processar e julgar as causas em que os contendores, de livre e espontânea vontade, optam por se submeter à jurisdição nacional.

> **Art. 23.** Compete à autoridade judiciária brasileira, com exclusão de qualquer outra:
> I – conhecer de ações relativas a imóveis situados no Brasil;
> II – em matéria de sucessão hereditária, proceder à confirmação de testamento particular e ao inventário e à partilha de bens situados no Brasil, ainda que o autor da herança seja de nacionalidade estrangeira ou tenha domicílio fora do território nacional;
> III – em divórcio, separação judicial ou dissolução de união estável, proceder à partilha de bens situados no Brasil, ainda que o titular seja de nacionalidade estrangeira ou tenha domicílio fora do território nacional.

1. Competência exclusiva. Ao artigo sob comento coube inventariar as hipóteses de competência exclusiva da autoridade judiciária pátria. Quer dizer: ela, e somente ela, possui competência para processar e julgar as causas listadas pelos incisos I a III do artigo sob comento. O fato de haver julgamento, por tribunal estrangeiro, acerca das questões ali previstas é, para o direito pátrio, irrelevante. Sendo o caso, haverão, aqui, de ser reenfrentadas. A competência sob comento diz, em última análise, com a ideia de *forum rei sitae*.

2. "(...) nenhuma relevância terá o fato de uma parte, no contexto internacional privado, ter ajuizado, perante os tribunais de outro estado ações versando sobre essas matérias. Os efeitos aplicativos das normas de competências exclusivas, de um lado para ações proprietárias e possessórias relativas a bens imóveis situados no Brasil, e, de outro, de ações sucessórias e testamentárias e de dissoluções de vínculos conjugais decorrem da própria especialidade da regra *forum rei sitae*, que é uma regra de conexão típica no direito internacional e direito internacional processual. A competência, assim, fundamenta-se na mais estreita ligação, no vínculo, entre os bens que são objeto de relações jurídicas subjacentes ao litígio pluriconectado e determinado território estatal." (POLIDO, Fabrício Bertini Pasquot. *In:* STRECK, Lenio Luiz et al. *Comentários ao Código de Processo Civil.* São Paulo: Saraiva, 2016. p. 76).

> **Art. 24.** A ação proposta perante tribunal estrangeiro não induz litispendência e não obsta a que a autoridade judiciária brasileira conheça da mesma causa e das que lhe são conexas, ressalvadas as disposições em contrário de tratados internacionais e acordos bilaterais em vigor no Brasil.
> Parágrafo único. A pendência de causa perante a jurisdição brasileira não impede a homologação de sentença judicial estrangeira quando exigida para produzir efeitos no Brasil.

1. "Os dispositivos citados tratam da figura chamada litispendência internacional. A primeira informação a sublinhar diz com a *adequação terminológica* operada no CPC. Substitui-se a expressão 'intentada', constante do CPC/73, pela expressão 'proposta', no início da redação do art. 24, citado. Mais importante que esta alteração formal é a ressalva a tratados internacionais e acordos bilaterais, constante do final do mencionado dispositivo. (...) Dissemos antes que a justiça brasileira é, de regra, *indiferente* relativamente aos processos estrangeiros. Assumimos, entretanto, que tal assertiva comporta o temperamento da internalização, por meio da homologatória. O CPC, entretanto, *reconhece* importante ressalva: as disposições em contrário dos tratados internacionais e acordos bilaterais. A situação tipo gerada pela ressalva é a seguinte: *A* propõe, frente a *B*, a ação *C* com o conteúdo *D*, no estrangeiro (relativamente ao Brasil, por suposto); acaso invertida esta expressão em território brasileiro, i. é., *B* propõe, frente a *A*, a ação *C* com o conteúdo *D*, os desdobramentos serão aqueles anotados no parágrafo precedente, exceto quando esta relação de *identidade* e *indiferença* já houver sido disciplinada pelos atores legitimados: os próprios Estados. Ocorre que tal relação poderá, ela mesma ser *coordenada* no plano internacional e, pois, neste caso, deixa de ser um problema regido exclusivamente do ponto de vista interno. Essa possibilidade está em consonância, primeiro, com o aumento de frequência de relações sociais com conexão internacional, que, pois, exigem normatização e economia processual; segundo, com a figura do costume de reconhecer, quando praticada a reciprocidade – antes da vigência do atual CPC – a identidade internacional. Disto, o seguinte: do ponto de vista interno – no caso brasileiro – a indiferença relativamente à identidade é a regra. Entretanto, a homologação, internalizando a identidade, tempera a indiferença. Mas, no CPC, mais que isso: relembra-se que tal relação de indiferença poderá ser internacionalmente normatizada. Deve-se, pois, investigar as fontes internacionais. Concretizando tal exigência, a primeira referência no disciplinamento da litispendência no plano internacional é o Código Bustamante. Diz o art. 394 deste Código: 'Art. 394. A litispendencia, por motivo de pleito em outro Estado contractante poderá ser allegada em materia civel, quando a sentença, proferida em um delles, deva produzir no outro os effeitos de cousa julgada'. A aplicação deste dispositivo é, porque em seu corpo disposto, relativa a Estados *contratantes*. Significa dizer que é admissível a arguição de litispendência em lides idênticas – quando uma for ulterior, evidentemente – processadas em Estados que internalizaram esta normativa. Vê-se, de pronto, que a disposição é em sentido contrário relativamente àquela constante do texto do CPC/73, bem como a regra geral do CPC, que, sabemos, é pela indiferença quando presente a identidade de demandas em territórios estrangeiros. Assim, considerada a ressalva expressa no CPC, há que assumir que, com maior razão neste – eis que mesmo antes de da vigência do novo CPC poderá argumentar-se pela litispendência internacional, visto que a ressalva do CPC apenas relembra o intérprete de que existem fontes internacionais do direito pátrio vigente –, o juiz brasileiro não poderá ser indiferente à pendência de causa idêntica e anterior nos Estados signatários do documento internacional ora comentado, assim como a parte brasileira poderá afirmar ao juiz estrangeiro de país signatário (e ratificante) eventual pendência de lide no espaço processual brasileiro. Outra importante – e atual – fonte internacional que contradiz a disciplina de indiferença da litispendência é o Protocolo de cooperação e assistência jurisdicional em matéria civil, comercial, trabalhista e administrativa, Protocolo de Las Leñas. No art. 22 está dito: 'Do mesmo modo não se reconhecerá nem se procederá à execução, quando se houver iniciado um procedimento entre as mesmas partes, fundamentado nos mesmos fatos e sobre o mesmo objeto, perante qualquer autoridade jurisdicional da Parte requerida, anteriormente a apresentação da demanda perante a autoridade jurisdicional que teria pronunciado a decisão da qual haja solicitação de reconhecimento'. Este dispositivo, igualmente, organiza a litispendência internacional, no espaço territorial dos signatários. Mais uma vez, representa o disciplinamento internacional da figura da existência de identidade de ações em espaços territoriais distintos. O conteúdo desta norma é no sentido de que *já antes do reconhecimento* (no caso brasileiro, a homologação) a existência de lide pendente – com anterioridade e identidade – existem efeitos jurídicos processuais internacionais. Significa que a propositura anterior de demanda idêntica em um dos Estados-parte impede o próprio reconhecimento de eventual decisão prolatada em outro Estado. É dizer, a litispendência já produz efeitos antes mesmo de ser a decisão internalizada e sua inexistência (de litispendência internacional) passa a ser requisito adicional vinculado ao juízo sobre a homologação. O dispositivo, entretanto, parece não ser específico a respeito da questão de se a litispendência internacional é processualmente relevante antes de qualquer pleito de reconhecimento. Melhor explicando: tem-se certeza de que (entre os signatários da norma em comento) a matéria da litispendência internacional compõe os elementos relevantes de cognição do *juízo de reconhecimento* da sentença estrangeira, mas não se sabe ao certo se a litispendência internacional é relevante (pode ser arguida ou deve ser pesquisada *ex officio*) na cognição dos juízos concorrentes durante o curso das demandas internacionalmente idênticas, para fins de economia processual. Poderá haver, ainda, disciplina por ato internacional bilateral da litispendência. Nesse sentido, *v.g.*, o Acordo de Cooperação em Matéria Civil com a França, celebrado em 28 de maio de 1996, que diz (art. 18): '1. As decisões proferidas pelos tribunais de um dos dois Estados serão reconhecidas e poderão ser declaradas executórias no território do outro Estado, se reunirem as seguintes condições: (...) prosseguindo, no ponto relevante, para afirmar: 'f) que um litígio entre as mesmas partes, fundado sobre os mesmos fatos e tendo o mesmo objeto que aquele no território do Estado onde a decisão foi proferida' e complementar: 'i) não esteja pendente perante um tribunal do Estado requerido, ao qual se tenha recorrido em primeiro lugar (...)'. As questões aqui suscitadas são semelhantes às já analisadas. A transcrição efetuada tem sentido de demonstrar a intensa *relatividade* da previsão internacional. De fato, a respeito de um específico instituto (como a litispendência) poderá haver atos internacionais multilaterais ou bilaterais a regular aquele específico ponto. Assim, a estrutura de um instituto jurídico qualquer demanda, sob a ótica internacional, atenção aos sujeitos da relação jurídica e, então, pesquisa específica no sentido de se aquela determinada relação subjetiva é internacionalmente normatizada. Por evidente, é impossível, nos estreitos limites deste trabalho, analisar todas as possibilidades de relação bilateral entre o Brasil e outros sujeitos de Direito Internacional Público. Fica, entretanto, o apontamento central: a regra de *indiferença* enunciada pelo CPC relativiza-se antes e após a internalização de decisão estrangeira, conforme a normativa aplicável, sendo que esta depende dos sujeitos da relação jurídica e de sua respectiva conexão internacional. Finalmente, relativamente parágrafo único do dispositivo do CPC sob comentário, há que dizer que traduz norma que já ficou evidente nas premissas da breve análise da litispendência internacional. De fato, a simples pendência de causa no Brasil não impede a homologação da decisão estrangeira. Poderá esta pendência ser relevante quando houver anterioridade cognitiva da justiça brasileira, conforme normativa internacional." (FRONER, Felipe. *In: Novo Código de Processo Civil anotado*. Porto Alegre: OAB/RS, 2015. p. 54/59).

> **Art. 25.** Não compete à autoridade judiciária brasileira o processamento e o julgamento da ação quando houver cláusula de eleição de foro exclusivo estrangeiro em contrato internacional, arguida pelo réu na contestação.
> § 1º Não se aplica o disposto no caput às hipóteses de competência internacional exclusiva previstas neste Capítulo.
> § 2º Aplica-se à hipótese do caput o art. 63, §§ 1º a 4º.

1. Escapa à competência da autoridade judiciária brasileira, uma vez convencionada, em contrato internacional, competência exclusiva da autoridade judiciária estrangeira para processar e julgar certa contenda.

2. O artigo sob comento não se aplica, à evidência, aos casos de competência exclusiva da autoridade judiciária pátria. Vide comentários ao teor dos incisos do art. 23.

3. Dispõe o art. 63: "As partes podem modificar a competência em razão do valor e do território, elegendo foro onde será proposta ação oriunda de direitos e obrigações. § 1º A eleição de foro só produz efeito quando constar de instrumento escrito e aludir expressamente a determinado negócio jurídico. § 2º O foro contratual obriga os herdeiros e sucessores das partes. § 3º Antes da citação, a cláusula de eleição de foro, se abusiva, pode ser reputada ineficaz de ofício pelo juiz, que determinará a remessa dos autos ao juízo do foro de domicílio do réu. § 4º Citado, incumbe ao réu alegar a abusividade da cláusula de eleição de foro na contestação, sob pena de preclusão".

CAPÍTULO II
DA COOPERAÇÃO INTERNACIONAL[8]

Seção I
Disposições Gerais

1. "Cooperação pressupõe trabalho conjunto, colaboração. É nesse sentido que toda e qualquer forma de colaboração entre Estados, para a consecução de

---

[8] Acerca do tema, com grande proveito, vide: FRONER, Felipe. *Sistema de Processo Civil Internacional*. Porto Alegre: Arana, 2016.

um objetivo comum, que tenha reflexos jurídicos, denomina-se cooperação jurídica internacional." (TOFFOLI, José Antonio Dias; CESTARI, Virgínia Charpinel Junger. Mecanismos de cooperação jurídica internacional no Brasil. *In:* Ministério da Justiça. *Manual de cooperação jurídica internacional e recuperação de ativos*: cooperação em matéria civil. Secretaria Nacional de Justiça, Ministério da Justiça. Brasília, 2008. p. 23).

2. Revelam-se mecanismos de cooperação internacional, segundo o CPC/2015, (1) o auxílio direto, (2) a homologação de sentença estrangeira e (3) a carta rogatória.

> **Art. 26.** A cooperação jurídica internacional será regida por tratado de que o Brasil faz parte e observará:
> I – o respeito às garantias do devido processo legal no Estado requerente;
> II – a igualdade de tratamento entre nacionais e estrangeiros, residentes ou não no Brasil, em relação ao acesso à justiça e à tramitação dos processos, assegurando-se assistência judiciária aos necessitados;
> III – a publicidade processual, exceto nas hipóteses de sigilo previstas na legislação brasileira ou na do Estado requerente;
> IV – a existência de autoridade central para recepção e transmissão dos pedidos de cooperação;
> V – a espontaneidade na transmissão de informações a autoridades estrangeiras.
> § 1º Na ausência de tratado, a cooperação jurídica internacional poderá realizar-se com base em reciprocidade, manifestada por via diplomática.
> § 2º Não se exigirá a reciprocidade referida no § 1º para homologação de sentença estrangeira
> § 3º Na cooperação jurídica internacional não será admitida a prática de atos que contrariem ou que produzam resultados incompatíveis com as normas fundamentais que regem o Estado brasileiro.
> § 4º O Ministério da Justiça exercerá as funções de autoridade central na ausência de designação específica.

1. O Brasil, no que diz com a cooperação jurídica internacional, observará o teor dos tratados a que estiver vinculado, e, sendo o caso, poderá realizá-la mediante pacto de reciprocidade.

2. "Cooperação internacional pode ser compreendida em sentido amplíssimo, amplo e estrito. Como amplíssimo, refere-se a toda forma de interação conveniente (colaborativa) para dois ou mais Estados. Em sentido estrito, dá-se com o procedimento de auxílio direto, que veremos adiante. (...) Enquanto ideal, a cognição pode dar-se independentemente das circunstâncias do mundo sensível. Assim, decisões a respeito de se a jurisdição de uma nação qualquer é cognitivamente limitadas, são, em princípio, decisões solitárias, que não se contingenciam quando relacionadas a estas ou aquelas conexões internacionais. Daí que, como dissemos, a resposta a respeito da possibilidade de provocar o judiciário de um Estado depende, fundamentalmente, das decisões positivas deste mesmo Estado, levando-se em consideração, claro, limites de racionalidade (a existência de alguma conexão fundamentada de interesse entre a jurisdição do

Estado e a solução do conflito) e aqueles desenhados pela própria sujeição voluntária, na figura de atos internacionais, praticados pelo dito Estado. Mas, sublinhe-se, em princípio, precisamente porque o conhecimento é ideal (e certos modos executivos também – autossatisfativos), seria possível – considerada a soberania – a extensão de uma jurisdição nacional sobre qualquer conflito, em qualquer tempo e espaço. (...) do ponto de vista do direito brasileiro, há limites à jurisdição nacional, ainda que esta seja teoricamente ilimitada. Todavia, a questão suscitada pela necessidade de *cooperação* internacional é outra. De fato, o *processo* – inclusive aquele caracterizado pela *predominância* de atividade cognitiva – *não pode* e *não deve* dar-se exclusivamente no plano das ideias. Não pode, porque sem o acesso a certos fatos empíricos, o conhecimento a respeito das questões relevantes para a compreensão de certo conflito é insuficiente. Não deve, porque, admitido o *princípio da efetividade*, a permear toda a noção de construção processual do direito em concreto, inclusive na fase cognitiva e, com maior razão, na fase executiva, resultados *sensíveis* – e não ideais – devem ser produzidos. Aqui, precisamente, a noção de *cooperação internacional*. Certos atos não se deduzem, experienciam-se. Assim, quando formada a relação processual que traga por conteúdo ação de direito material com conexão internacional, e internacionalmente 'competente' certa jurisdição – nos moldes que acabamos de sumarizar no item anterior – haverá atos processuais que, tanto para *fins cognitivos*, quanto para fins *satisfativos* (ou apenas *cautelares*), indispensavelmente hão de se desenvolver no espaço territorial de outro Estado soberano, possivelmente aquele que determina a conexão internacional da relação material que dá conteúdo ao relacionamento processual construído e ao qual nos referimos abstratamente. Vê-se, pois, a distinção entre limites da jurisdição nacional e cooperação internacional: aquela diz com o princípio da (in)afastabilidade da jurisdição; esta, com as necessidades *pragmáticas* vinculadas às diversas finalidades ínsitas à própria relação processual. Como aquela é ideal, independe, mas poderá ser estruturada cooperativamente, através de atos internacionais. Já esta, a cooperação internacional, precisamente porque pragmática, implica a atuação *material* no espaço de outra soberania e, consectariamente, demanda *regulação* ou *reciprocidade* que, se não manifestas, poderão gerar conflitos que transcenderão, então, a relação privada, para passarem ter significância no plano das relações entre Estados. A primeira informação essencial associada a estes dispositivos já foi sublinhada: *cooperação* tem sentido de atuação *pragmática* necessária para, especialmente, cognição ou efetivação de certa relação processual com conexão internacional. A segunda intuição importante derivada da leitura destes diz com um alerta: o jurista tem o dever de conhecer atos internacionais e modos teóricos – nomeadamente: reciprocidade – do direito internacional público. Outro esclarecimento: a cooperação é modalidade de *relação* entre *Estados*, através dos órgãos que estes mesmos designam, segundo sua normativa interna ou através de atos internacionais, e que será executada (leia-se: transformada em realidade fática) pelas *autoridades* que o Estado requerido designa, sejam administrativas ou jurisdicionais. Nos casos, pois, em que necessária cooperação internacional, a relação jurídica processual deixa de ater-se exclusivamente à questão privada trazida a juízo, passando a significar (implicar) relação entre Estados soberanos, em 'nova' dimensão das figuras que interessam ao direito processual, tradicionalmente limitado teoricamente a apenas um espaço de soberania, i.é., a apenas uma relação entre autoridade e jurisdicionados, desconsiderando conexões internacionais privadas. Anote-se, ainda, que princípios básicos do processo civil também normatizam a cooperação internacional. Assim: *devido processo legal* (art. 26, I), *igualdade* (art. 26, II) e *publicidade* (art. 26, III), regram também a circulação internacional de atos judiciais e extrajudiciais." (FRONER, Felipe. *Novo Código de Processo Civil anotado*. Porto Alegre: OAB/RS, 2015. p. 62/64).

2. "O § 3º Trata-se de importante enunciação normativa. Estabelece o critério genérico de aceitabilidade do pleito cooperativo, quando formulado por legitimado estrangeiro. Se compreendida a cooperação internacional em sentido amplíssimo, como acima referido, todo o relacionamento, especialmente o pragmático, entre a República Federativa do Brasil e Estado estrangeiro poderá ser controlado *segundo o ponto de vista interno*. Assim, tal enunciação tem significância: reafirma a soberania e as formas compreensivas de direito no espaço de juridicidade brasileiro; por outro lado, cria incerteza no contexto relacional. Pensamos esta possibilidade de controle como indispensável. Todavia, o incremento da incerteza sobre a cooperação determina uma exigência: as restrições à cooperação deverão ter sempre fundamentação em grau suficiente para justificar essa grave intervenção nas possibilidades de cooperação internacional. Assim, todo pedido de cooperação passa por *juízo interno cognitivo*, o qual é limitado e sumarizado, vinculado minimamente à manifesta violação à ordem pública e que varia em profundidade e extensão segundo a modalidade procedimental que requer – homologatória, rogatória ou auxílio direito. Ora, é incontroversa a delibação, mas note-se: este juízo não é puramente asséptico, formal. Compreende a análise da ofensa à ordem pública, que, notoriamente, é questão de matéria, especificamente matéria de direito, porém limitada e sumarizada sua análise: não se aprofundiza o caso concreto, não se retorna às provas mas, sublinhe-se: quando um tribunal diz que uma decisão ofende a ordem pública interna, diz que o pedido executivo não procede, porque juridicamente impossível *face ao direito* (matéria exclusivamente de direito) interno (essencialmente, uma decisão meritória). (...) O § 4º A figura das autoridades centrais. Funcionam como gerenciadores da cooperação internacional, tanto ativa quanto passiva. Nesse sentido, são *órgãos* administrativos que centralizam as atribuições relativas à cooperação internacional. Sua idealização remonta ao início da década de 60, como influxo da previsão desta centralidade em atos internacionais. No Brasil, Decreto nº 6.061, de 15 de março de 2007, foi designada como Autoridade Central a Secretaria Nacional de Justiça, por meio do Departamento de Recuperação de Ativos e Cooperação Internacional (DRCI). Note-se, pois, que a referência ao Ministério da Justiça como Autoridade Central é inespecífica, eis que é o centro de atribuições de sua estrutura orgânica (DRCI) o encarregado específico, sem prejuízo da correção de sua vinculação à estrutura do Ministério da Justiça. Há, entretanto, atos internacionais que indicam outras autoridades centrais. Assim, a Convenção de Haia sobre Aspectos Civis do Sequestro Internacional de Menores, de 1980

e a Convenção de Haia sobre Cooperação Internacional e Proteção de Crianças e Adolescentes em Matéria de Adoção Internacional, de 1993, indicam como Autoridade Central a Secretaria Especial de Direitos Humanos (SEDH). Ainda, a Convenção de Nova Iorque sobre Prestação de Alimentos no Estrangeiro, de 1956, bem como o Tratado de Auxílio Mútuo em Matéria Penal entre o Governo da República Federativa do Brasil e o Governo da República Portuguesa, de 1991 e, bem ainda o Tratado de Assistência Mútua Brasil-Canadá, conferem a atribuição de Autoridade Central à Procuradoria Geral da República." (FRONER, Felipe. *Novo Código de Processo Civil anotado*. Porto Alegre: OAB/RS, 2015. p. 63/65).

> **Art. 27.** A cooperação jurídica internacional terá por objeto:
> I – citação, intimação e notificação judicial e extrajudicial;
> II – colheita de provas e obtenção de informações;
> III – homologação e cumprimento de decisão;
> IV – concessão de medida judicial de urgência;
> V – assistência jurídica internacional;
> VI – qualquer outra medida judicial ou extrajudicial não proibida pela lei brasileira.

1. Ao artigo sob comento coube, exemplificativamente, ilustrar aquilo que pode figurar como objeto da cooperação jurídica internacional. Diz-se "exemplificativamente", uma vez que o próprio teor do inciso VI prevê a possibilidade de que "qualquer outra medida", não sendo vedada pelo direito nacional, possa figurar como objeto de cooperação jurídica internacional.

2. "O dispositivo estabelece o escopo da cooperação internacional, materializando-o nos atos que podem ser objeto de pedido e diligências entre os Estados estrangeiros e o Brasil." (DONIZETTI, Elpídio. *Novo Código de Processo Civil Comentado*. São Paulo: Atlas, 2015. p. 92).

Seção II
Do Auxílio Direto

> **Art. 28.** Cabe auxílio direto quando a medida não decorrer diretamente de decisão de autoridade jurisdicional estrangeira a ser submetida a juízo de delibação no Brasil.

1. O auxílio direito é, pois, um dos mecanismos de cooperação internacional previstos pelo legislador de 2015. A conveniência de sua utilização não se confunde com as hipóteses em que o mecanismo de cooperação a ser manejado seja a homologação de sentença estrangeira ou carta rogatória. O legislador prevê o seu cabimento quando a medida requerida (pela autoridade estrangeira) não necessite passar por "juízo de delibação" no Brasil. Tanto as hipóteses (materiais) de homologação de sentença estrangeira, como o cumprimento de carta rogatória, encontram-se, segundo o ordenamento pátrio, sujeitos a tanto.

2. "Os pedidos de cooperação jurídica internacional que tiverem por objeto atos que não ensejem juízo de delibação pelo Superior Tribunal de Justiça, ainda que denominados como carta rogatória, serão encaminhados ou devolvidos ao Ministério da Justiça para as providências necessárias ao cumprimento por auxílio direto." (art. 7º, parágrafo único, da Resolução n. 9 do STJ).

> **Art. 29.** A solicitação de auxílio direto será encaminhada pelo órgão estrangeiro interessado à autoridade central, cabendo ao Estado requerente assegurar a autenticidade e a clareza do pedido.

1. O pedido de auxílio direto endereçado ao Brasil deve, pois, ser encaminhado à autoridade central, considerando-se essa o órgão competente para dar andamento à postulação sob comento. Inexistindo previsão expressa em sentido diverso, a função (de autoridade central) será exercida pelo Ministério da Justiça.

2. "(...) estabeleceu-se, na comunidade internacional, a figura da Autoridade Central, que unifica um ponto de contato para a tramitação dos pedidos de cooperação. A Autoridade Central é, portanto, o órgão responsável pela boa condução dos pedidos de cooperação jurídica internacional, notadamente os de auxílio direto." (BARROS, Octávio Fragata Martins de. *In: Código de Processo Civil anotado.* CRUZ E TUCCI, José Rogério *et al.* (Coord.). São Paulo: AASP, 2015. p. 50).

> **Art. 30.** Além dos casos previstos em tratados de que o Brasil faz parte, o auxílio direto terá os seguintes objetos:
> I – obtenção e prestação de informações sobre o ordenamento jurídico e sobre processos administrativos ou jurisdicionais findos ou em curso;
> II – colheita de provas, salvo se a medida for adotada em processo, em curso no estrangeiro, de competência exclusiva de autoridade judiciária brasileira;
> III – qualquer outra medida judicial ou extrajudicial não proibida pela lei brasileira.

1. Auxílio direto. Objeto. Rol exemplificativo. Ao artigo sob comento coube ilustrar aquilo que poderá figurar como objeto de auxílio direito. Trata-se, pois, de rol meramente exemplificativo. A uma, porque o legislador de 2015 foi cuidadoso ao destacar/lembrar a existência de tratados em que haja convenção acerca de atividades distintas das apresentadas pelos incisos do art. 30; a duas, porque o próprio inciso terceiro "abre às portas" para a realização de diligências não proscritas por lei.

2. Consoante expressa previsão legal, sem prejuízo de outras medidas, o auxílio direto tem cabimento (a) para a obtenção e prestação de informações sobre o ordenamento jurídico e/ou processos (administrativos ou judiciais) findos ou em curso, bem como (b) para a colheita de prova, respeitada a restrição legal (hipótese de competência exclusiva da jurisdição pátria).

3. "Além dos casos trazidos no art. 30, as hipóteses de auxílio direto no Direito brasileiro podem ser encontradas, ainda, nos tratados e convenções ratificados pelo país. Na Convenção sobre os Aspectos Civis do Sequestro Internacional de Crianças, por exemplo, o art. 14 indica que as autoridades judiciais ou administrativas do Estado requerido poderão tomar ciência diretamente do direito e das decisões judiciais ou administrativas, sem ter de recorrer a procedimentos específicos. Esta é uma forma de tornar mais célere a decisão da autoridade sobre a permanência da criança no Estado requerido, diminuindo quaisquer prejuízos que lhe possam vir a ser causados. Na Convenção Interamericana sobre a Restituição Internacional de Menores, o art. 8º aponta como procedimento para a restituição do menor a restituição direta ou por via diplomática. O Protocolo de Las Leñas, em seus arts. 28 e 32, determina que as Autoridades Centrais dos Estados-partes fornecer-se-ão mutuamente, a título de cooperação judicial, desde que isso não se oponha às disposições da sua ordem pública; e, caso surjam controvérsias na interpretação, aplicação ou não cumprimento das disposições do acordo, procurarão resolvê-las mediante negociações diplomáticas diretas. Na Convenção Interamericana sobre Prova e Informação do Direito Estrangeiro, art. 7º, fica determinado que as solicitações a que se refere esta convenção poderão ser dirigidas diretamente pelas autoridades jurisdicionais, ou por intermédio da Autoridade Central do Estado requerente, à correspondente Autoridade Central do Estado requerido, sem necessidade de legalização. A Convenção Interamericana sobre Tráfico Internacional de Menores, por sua vez, determina em seu art. 15 que os pedidos de cooperação previstos na convenção, formulados por via consular ou diplomática ou por intermédio das Autoridades Centrais, dispensarão o requisito de legalização ou outras formalidades semelhantes. Há também convenções e tratados que preveem auxílio e cooperação mútuos entre os Estados. O Tratado Interamericano de Assistência Recíproca (Pacto do Rio) determina que os países signatários devam assegurar a paz por todos os meios possíveis, provendo auxílio recíproco efetivo para enfrentar os ataques armados contra qualquer Estado Americano e conjurar ameaças de agressão contra quaisquer deles. O Estatuto de Roma do Tribunal Penal Internacional determina, em seus arts. 64 e 93, que o Juízo de Julgamento em Primeira Instância poderá, se necessário, requerer o auxílio de outros Estados na ordenação de comparecimento e audição de testemunhas, além da obtenção de documentos e outras provas. O Tratado de Amizade, Cooperação e Consulta entre a República Federativa do Brasil e a República Portuguesa estabelece, no art. 64, que as partes contratantes comprometem-se a prestar auxílio mútuo em matéria penal e a combater a produção e o tráfico ilícito de drogas e substâncias psicotrópicas. A Convenção das Nações Unidas sobre o Direito do Mar (Montego Bay) prevê a cooperação entre os Estados no exercício dos seus direitos e deveres referentes ao uso do mar, incluindo construção e melhoramento dos meios de transporte (art. 129), promoção de investigações científicas marinhas (art. 143), controle da poluição (art. 210), entre outros." (BARROS, Octávio Fragata Martins de. *In: Código de Processo Civil anotado.* CRUZ E TUCCI, José Rogério et al. (Coord.). São Paulo: AASP, 2015. p. 52/53).

Art. 31. A autoridade central brasileira comunicar-se-á diretamente com suas congêneres e, se necessário, com outros órgãos estrangeiros responsáveis pela tramitação e pela execução de pedidos de cooperação enviados e recebidos pelo Estado brasileiro, respeitadas disposições específicas constantes de tratado.

1. A comunicação relativa ao pedido de auxílio direto ocorrerá, como regra, entre *autoridades centrais* (brasileira e estrangeira).

2. O Ministério da Justiça, inexistindo disposição específica, cumprirá com a tarefa de "autoridade central" brasileira. Existem, pois, exceções prescritas em alguns tratados dos quais o Brasil é signatário. Exemplificativamente, a "Secretaria de Direitos Humanos da Presidência da República, integrante da estrutura do Poder Executivo Federal, é a Autoridade Central designada na Convenção da Haia sobre os Aspectos Civis do Sequestro Internacional de Crianças e na Convenção Interamericana sobre a Restituição Internacional de Menores. (...) o Ministério de Relações Exteriores é a Autoridade Central nomeada sob o Protocolo de Las Leñas, e o Tratado de Amizade, Cooperação e Consulta entre a República Federativa do Brasil e a República Portuguesa teve designado como Autoridade Central o Ministério das Relações Exteriores." (BARROS, Octávio Fragata Martins de. In: *Código de Processo Civil anotado*. CRUZ E TUCCI, José Rogério *et al.* (Coord.). São Paulo: AASP, 2015. p. 54).

Art. 32. No caso de auxílio direto para a prática de atos que, segundo a lei brasileira, não necessitem de prestação jurisdicional, a autoridade central adotará as providências necessárias para seu cumprimento.

1. A autoridade central pátria tomará as providências necessárias ao cumprimento do pedido de auxílio direto ainda que seu cumprimento não importe na realização de atividade jurisdicional.

Art. 33. Recebido o pedido de auxílio direto passivo, a autoridade central o encaminhará à Advocacia-Geral da União, que requererá em juízo a medida solicitada.
Parágrafo único. O Ministério Público requererá em juízo a medida solicitada quando for autoridade central.

1. As "autoridades centrais funcionam como gerenciadores da cooperação internacional, tanto ativa quanto passiva. Nesse sentido, trata-se de *órgão* administrativo que centraliza as atribuições relativas à cooperação internacional. O art. 33 dá à AGU (...), órgão de representação da União em juízo, a atribuição de requerer, no âmbito do Poder Judiciário brasileiro, a concretização da medida solicitada através da técnica do auxílio direto, quando tal medida demande prestação jurisdicional. Considerada a inércia do Poder Judiciário, é evidente a necessidade da designação de órgão agente, para fins de movimentação da jurisdição. Tal atribuição está vinculada, naturalmente, ao órgão que representa (AGU) a Pessoa Jurídica apta a se relacionar internacionalmente (a União em sua face externa, i.é, República Federativa do Brasil). Por razões de efetividade, a norma do parágrafo único dá ao Ministério Público, quando este for autoridade central, a atribuição de requerer a medida em juízo." (FRONER, Felipe. *Novo Código de Processo Civil anotado*. Porto Alegre: OAB/RS, 2015. p. 75/76).

Art. 34. Compete ao juízo federal do lugar em que deva ser executada a medida apreciar pedido de auxílio direto passivo que demande prestação de atividade jurisdicional.

1. Auxílio direto. Competência. É do juízo federal da localidade em que o auxílio direto deva ser concretizado a competência para processar o expediente.

Seção III
Da Carta Rogatória

Art. 35. (VETADO).

1. O texto do vetado art. 35 mencionava: "Dar-se-á por meio de carta rogatória o pedido de cooperação entre órgão jurisdicional brasileiro e órgão jurisdicional estrangeiro para prática de ato de citação, intimação, notificação judicial, colheita de provas, obtenção de informações e cumprimento de decisão interlocutória, sempre que o ato estrangeiro constituir decisão a ser executada no Brasil". Entendeu-se, como razão de veto, que o dispositivo impunha que determinados atos fossem praticados *exclusivamente* por meio de carta rogatória, o que afetaria a celeridade e efetividade da cooperação jurídica internacional que, nesses casos, poderia ser processada pela via do auxílio direto.

Art. 36. O procedimento da carta rogatória perante o Superior Tribunal de Justiça é de jurisdição contenciosa e deve assegurar às partes as garantias do devido processo legal.
§ 1º A defesa restringir-se-á à discussão quanto ao atendimento dos requisitos para que o pronunciamento judicial estrangeiro produza efeitos no Brasil.
§ 2º Em qualquer hipótese, é vedada a revisão do mérito do pronunciamento judicial estrangeiro pela autoridade judiciária brasileira.

1. A competência para processar a *carta rogatória* pertence, pois, ao Superior Tribunal de Justiça. Vide, no que diz com a regulamentação da matéria, o teor da Resolução n. 9 do STJ (abaixo reproduzida).

2. Em se tratando o procedimento da *carta rogatória* de expediente de natureza *contenciosa* (e esse é o tratamento que lhe dá o direito legislado), o CPC/2015, com razão, sublinha a necessidade, ao largo de sua tramitação, da observância do *devido processo de direito*, isto é, há de se observar, à integralidade, para além das disposições infraconstitucionais, o *modelo constitucional do processo civil pátrio*, com destaque para todos aqueles direitos fundamentais que possuem aplicação *no e em razão* do processo.

3. O feito, cujo objeto diga com o cumprimento de *carta rogatória*, possui, do ponto de vista de sua extensão, cognição limitada. Cinger-se-á o debate, consoante preconiza o legislador, sendo o caso, ao atendimento, ou não, dos requisitos para que o pronunciamento judicial estrangeiro produza efeitos no Brasil, sendo defeso, em quaisquer hipóteses, a revisão (meritória), pelo STJ, do teor do pronunciamento judicial alienígena. Em suma: ou se acolhe o pedido de cumprimento (da carta) tal e qual requerido, ou não, informando-se, na hipótese, sua impossibilidade jurídica nos termos requeridos.

Seção IV
Disposições Comuns às Seções Anteriores

Art. 37. O pedido de cooperação jurídica internacional oriundo de autoridade brasileira competente será encaminhado à autoridade central para posterior envio ao Estado requerido para lhe dar andamento.

1. No sistema do CPC/2015, a autoridade central brasileira (via de regra, o Ministério da Justiça) funciona, tanto como ponto de saída de um pedido de cooperação internacional originado de autoridade brasileira, como de entrada, em relação aos pedidos oriundos de autoridades estrangeiras. Compete à autoridade central pátria, portanto, remeter ao Estado requerido o pedido de cooperação jurídica internacional requerida por autoridade pátria.

2. "As cartas rogatórias e os demais pedidos de cooperação jurídica internacional formulados pelo Judiciário brasileiro, especialmente o auxílio direto, devem ser encaminhados à Autoridade Central brasileira, para análise e tramitação. Se o pedido de cooperação for baseado em acordo internacional que preveja a comunicação entre Autoridades Centrais, a Autoridade Central brasileira verifica o preenchimento dos requisitos determinados pelo tratado e providencia a transmissão do pedido à Autoridade Central estrangeira. Quando devolvida, a documentação diligenciada, cumprida ou não, é recebida pela Autoridade Central brasileira, que a encaminhará à Autoridade Requerente. Se o pedido de cooperação não possuir embasamento em tratado internacional, fato que enseja a tramitação pelos meios diplomáticos, a Autoridade Central o transmitirá ao Ministério das Relações Exteriores para os procedimentos pertinentes junto às representações diplomáticas do país no exterior. Após o diligenciamento do pedido, o Ministério das Relações Exteriores devolve a documentação à Autoridade Central, que providenciará a transmissão à Autoridade Requerente." (FRONER, Felipe. *In: Novo Código de Processo Civil anotado*. Porto Alegre: OAB/RS, 2015. p. 77).

Art. 38. O pedido de cooperação oriundo de autoridade brasileira competente e os documentos anexos que o instruem serão encaminhados à autoridade central, acompanhados de tradução para a língua oficial do Estado requerido.

1. Ao art. 38 coube, como é intuitivo, estabelecer requisito indispensável ao adequado andamento do pedido de cooperação internacional. Impõe ele, com acentuado grau de razoabilidade, que o pedido de cooperação internacional, bem como os documentos que o instruam, estejam acompanhados de tradução para a língua oficial do Estado destinatário. Não há dúvida, certamente, acerca do acerto da exigência. A crítica que se pode fazer ao aludido artigo é a de que tal exigência, por óbvio, poderia ter sido apontada já no art. 37. Nada mais.

Art. 39. O pedido passivo de cooperação jurídica internacional será recusado se configurar manifesta ofensa à ordem pública.

1. Fala-se em cooperação *ativa*, nessa senda, nos casos em que o Estado brasileiro figura na condição de requerente; quando requerido, de outro giro, diz-se estar diante de pedido de cooperação *passiva*. Consoante sabido aos quatro cantos, o instituto da cooperação internacional deita raízes na noção de soberania estatal. Quer dizer: ele apenas existe porque cada Estado é, por definição, soberano. Nessa quadra, não pode surpreender a anotação legislativa sob comento, no sentido de que, havendo manifesta ofensa à ordem pública do Estado requerido (no caso, o Brasil, pois, o artigo versa sobre cooperação passiva), há de se recusar o pleito estrangeiro.

Art. 40. A cooperação jurídica internacional para execução de decisão estrangeira dar-se-á por meio de carta rogatória ou de ação de homologação de sentença estrangeira, de acordo com o art. 960.

1. "A execução de *decisão* estrangeira se faz através de rogatória ou AHSE. Note-se que a tendência de permitir cartas rogatórias com caráter executório na jurisprudência (e na resolução do STJ, nomeadamente: art. 7° da Resolução n° 9/2005) ganhou, no CPC 2015, legitimação formal. Relembre-se: a AHDE está objetivamente associada a decisões definitivas e sujeita a juízo de delibação pelo STJ para o fim de *homologação* (ou não) do provimento estrangeiro; já a rogatória está objetivamente associada a atos ordinatórios, bem como a decisões interlocutórias, incluso de caráter assecuratório ou satisfativo provisório, sujeita ao juízo de delibação pelo STJ, para o fim da *concessão do exequatur* (ou não) ao ato estrangeiro. Ambas fazem *eficazes* no Brasil as *decisões* proferidas em espaços jurisdicionais sitos no estrangeiro. Ligando isso com a figura do auxílio direto, tem-se: AHSE e rogatória cabem quando o que se quer é *reconhecimento* para a execução de atos importantes; auxílio direto, quando se busca (i) *decisão integral* e (ii) execução de atos administrativos e, segundo certa corrente (e esta é a posição do novo CPC), (iii) a procedimentalização, inclusive por órgão do judiciário do Estado requerido, de atos pouco relevantes e ordenados no estrangeiro (atos de comunicação e provas) – note-se: em todos estes casos de auxílio direto pode-se argumentar que *não há decisão jurisdicional estrangeira a ser delibada.*" (FRONER, Felipe. In: *Novo Código de Processo Civil anotado*. Porto Alegre: OAB/RS, 2015. p. 78).

Art. 41. Considera-se autêntico o documento que instruir pedido de cooperação jurídica internacional, inclusive tradução para a língua portuguesa, quando encaminhado ao Estado brasileiro por meio de autoridade central ou por via diplomática, dispensando-se ajuramentação, autenticação ou qualquer procedimento de legalização.

Parágrafo único. O disposto no caput não impede, quando necessária, a aplicação pelo Estado brasileiro do princípio da reciprocidade de tratamento.

1. **Presunção de autenticidade.** Todo e qualquer documento que instrua o pedido de cooperação passiva, uma vez enviado pela autoridade central estrangeira ou pela via diplomática, desfrutam da presunção de autenticidade. Trata-se, à evidência, de presunção *iuris tantum*. O Estado brasileiro, contudo, reservou para si (eis a razão de ser do parágrafo único) a possibilidade de realizar exigência em grau de paridade com as que lhe forem feitas. Por exemplo, se em determinado pedido de cooperação ativa lhe for exigido ajuramentação pelo Estado requerido, a autoridade central pátria estará, noutro caso (agora de cooperação passiva – requerida pelo mesmo Estado estrangeiro), autorizado a exigir do, agora, Estado requerente ajuramentação da tradução apresentada. Eis o denominado "princípio da reciprocidade de tratamento".

2. "SUPERIOR TRIBUNAL DE JUSTIÇA. PRESIDÊNCIA. RESOLUÇÃO Nº 9, DE 4 DE MAIO DE 2005 – Dispõe, em caráter transitório, sobre competência acrescida ao Superior Tribunal de Justiça pela Emenda Constitucional nº 45/2004. O PRESIDENTE DO SUPERIOR TRIBUNAL DE JUSTIÇA, no uso das atribuições regimentais previstas no art. 21, inciso XX, combinado com o art. 10, inciso V, e com base na alteração promovida pela Emenda Constitucional nº 45/2004 que atribuiu competência ao Superior Tribunal de Justiça para processar e julgar, originariamente, a homologação de sentenças estrangeiras e a concessão de exequatur às cartas rogatórias (Constituição Federal, Art. 105, inciso I, alínea 'i'), *ad referendum* do Plenário, resolve: Art. 1º Ficam criadas as classes processuais de Homologação de Sentença Estrangeira e de Cartas Rogatórias no rol dos feitos submetidos ao Superior Tribunal de Justiça, as quais observarão o disposto nesta Resolução, em caráter excepcional, até que o Plenário da Corte aprove disposições regimentais próprias. Parágrafo único. Fica sobrestado o pagamento de custas dos processos tratados nesta Resolução que entrarem neste Tribunal após a publicação da mencionada Emenda Constitucional, até a deliberação referida no caput deste artigo. Art. 2º É atribuição do Presidente homologar sentenças estrangeiras e conceder exequatur a cartas rogatórias, ressalvado o disposto no artigo 9º desta Resolução. Art. 3º A homologação de sentença estrangeira será requerida pela parte interessada, devendo a petição inicial conter as indicações constantes da lei processual, e ser instruída com a certidão ou cópia autêntica do texto integral da sentença estrangeira e com outros documentos indispensáveis, devidamente traduzidos e autenticados. Art. 4º A sentença estrangeira não terá eficácia no Brasil sem a prévia homologação pelo Superior Tribunal de Justiça ou por seu Presidente. § 1º Serão homologados os provimentos não-judiciais que, pela lei brasileira, teriam natureza de sentença. § 2º As decisões estrangeiras podem ser homologadas parcialmente. § 3º Admite-se tutela de urgência nos procedimentos de homologação de sentenças estrangeiras. Art. 5º Constituem requisitos indispensáveis à homologação de sentença estrangeira: I – haver sido proferida

por autoridade competente; II – terem sido as partes citadas ou haver-se legalmente verificado a revelia; III – ter transitado em julgado; e IV – estar autenticada pelo cônsul brasileiro e acompanhada de tradução por tradutor oficial ou juramentado no Brasil. Art. 6º Não será homologada sentença estrangeira ou concedido exequatur a carta rogatória que ofendam a soberania ou a ordem pública. Art. 7º As cartas rogatórias podem ter por objeto atos decisórios ou não decisórios. Parágrafo único. Os pedidos de cooperação jurídica internacional que tiverem por objeto atos que não ensejem juízo de delibação pelo Superior Tribunal de Justiça, ainda que denominados como carta rogatória, serão encaminhados ou devolvidos ao Ministério da Justiça para as providências necessárias ao cumprimento por auxílio direto. Art. 8º A parte interessada será citada para, no prazo de 15 (quinze) dias, contestar o pedido de homologação de sentença estrangeira ou intimada para impugnar a carta rogatória. Parágrafo único. A medida solicitada por carta rogatória poderá ser realizada sem ouvir a parte interessada quando sua intimação prévia puder resultar na ineficácia da cooperação internacional. Art. 9º Na homologação de sentença estrangeira e na carta rogatória, a defesa somente poderá versar sobre autenticidade dos documentos, inteligência da decisão e observância dos requisitos desta Resolução. § 1º Havendo contestação à homologação de sentença estrangeira, o processo será distribuído para julgamento pela Corte Especial, cabendo ao Relator os demais atos relativos ao andamento e à instrução do processo. § 2º Havendo impugnação às cartas rogatórias decisórias, o processo poderá, por determinação do Presidente, ser distribuído para julgamento pela Corte Especial. § 3º Revel ou incapaz o requerido, dar-se-lhe-á curador especial que será pessoalmente notificado. Art. 10. O Ministério Público terá vista dos autos nas cartas rogatórias e homologações de sentenças estrangeiras, pelo prazo de dez dias, podendo impugná-las. Art. 11. Das decisões do Presidente na homologação de sentença estrangeira e nas cartas rogatórias cabe agravo regimental. Art. 12. A sentença estrangeira homologada será executada por carta de sentença, no Juízo Federal competente. Art. 13. A carta rogatória, depois de concedido o exequatur, será remetida para cumprimento pelo Juízo Federal competente. § 1º No cumprimento da carta rogatória pelo Juízo Federal competente cabem embargos relativos a quaisquer atos que lhe sejam referentes, opostos no prazo de 10 (dez) dias, por qualquer interessado ou pelo Ministério Público, julgando-os o Presidente. § 2º Da decisão que julgar os embargos, cabe agravo regimental. § 3º Quando cabível, o Presidente ou o Relator do Agravo Regimental poderá ordenar diretamente o atendimento à medida solicitada. Art. 14. Cumprida a carta rogatória, será devolvida ao Presidente do STJ, no prazo de 10 (dez) dias, e por este remetida, em igual prazo, por meio do Ministério da Justiça ou do Ministério das Relações Exteriores, à autoridade judiciária de origem. Art. 15. Esta Resolução entra em vigor na data de sua publicação, revogados a Resolução nº 22, de 31/12/2004 e o Ato nº 15, de 16/02/2005. Ministro EDSON VIDIGAL – Republicado por ter saído com incorreção, do original, no DJ de 6/5/05".

TÍTULO III
DA COMPETÊNCIA INTERNA

CAPÍTULO I
DA COMPETÊNCIA

1. É pressuposto lógico à abordagem do tema a noção de que, dentre outras funções, compete ao Estado realizar atividade formal dirigida à concretização do ordenamento jurídico (ROSEMBERG, Leo. *Da Jurisdição no Processo Civil*. p. 71). Eis a dita função/atividade jurisdicional. "Costuma-se dizer, para definir a competência, que a jurisdição é o poder de julgar, conferido aos juízes e tribunais, e que a competência é a medida da jurisdição, vale dizer, a porção dela atribuída pela lei a cada magistrado, ou aos tribunais colegiados ou a porções fracionárias destes, para apreciar e julgar determinada causa." (SILVA, Ovídio Baptista da. *Curso de Processo Civil*. p. 40). Consoante a consagrada lição de Liebman, ainda, *competência* representa a "quantidade de jurisdição cujo exercício é atribuído a cada órgão ou grupo de órgãos" integrantes do Poder Judiciário (LIEBMAN, Enrico Tullio. *Manual de direito processual civil*. 2. ed. Rio de Janeiro: Forense, 1985. p. 55).[9] A medida da jurisdição, entre nós, é distribuída por disposições constitucionais, processuais, de organização judiciária e regimentais, comportando, pois, inúmeras classificações.

2. O ordenamento pátrio submete os distintos critérios utilizados para distribuição da competência (objetivo,[10] funcional[11] e territorial) aos regimes, a saber: o da (in)competência absoluta (informado pelo interesse público numa mais eficiente e organizada administração da justiça) e o da (in)competência relativa (informado pela facilitação do acesso à justiça). (LIEBMAN, Enrico Tullio. *Manuale di Diritto Processuale Civile*. 4. ed. Milão: Giuffrè, 1980. p. 74). A violação de regra adstrita ao sistema de (in)competência absoluta (por exemplo, em razão da matéria – critério objetivo), para além do dever de apontamento oficioso, não se submete ao regime da preclusão, inadmitindo-se, pois, sua prorrogação. Incumbe à parte, nos casos em que se omita o juízo, alegá-la na primeira oportunidade de se manifestar nos autos (o réu, consoante expressa prescrição legal, suscitar-lhe-á em preliminar de contestação – art. 337, II, do CPC/2015); já os casos de violação à regra sujeita ao regime da (in)competência relativa devem ser apreciados, tão somente, a requerimento da parte prejudicada, pena de prorrogação da mesma (art. 65 do CPC/2015). Tais violações devem ser suscitadas pelo réu, também, em preliminar de contestação.

---

[9] Especificamente acerca dos "Limites da Jurisdição Brasileira", vide: LIEBMAN, Enrico Tullio. *Estudos sobre o processo civil brasileiro*. p. 11/22.

[10] Competência em razão do valor, da matéria, da pessoa etc.

[11] Em razão de "exigências especiais das funções que se chama o magistrado a exercer no processo" e que também podem tomar por base a territorialidade ("territorial funcional"). CHIOVENDA, Giuseppe. *Instituições de Direito Processual Civil*. p. 680.

Seção I
Disposições Gerais

1. Há matérias e "matérias" processuais. Num primeiro grupo, encontram-se aquelas que devem ser objeto de compreensão e estudo, prévio e aprofundado, pelos "homens do foro"; num segundo, as que, bem compreendida a afirmativa, não necessitam mais do que mera consulta pontual dos interessados, consideradas as peculiaridades do caso concreto. As regras de competência interna, em última análise, enquadram-se no derradeiro grupo.

> **Art. 42.** As causas cíveis serão processadas e decididas pelo juiz nos limites de sua competência, ressalvado às partes o direito de instituir juízo arbitral, na forma da lei.

1. Um juiz, à margem da competência que lhe é atribuída pelo ordenamento jurídico, é um não juiz. Ou o julgador atua nos limites da jurisdição que lhe toca prestar ou sua decisão será tão jurisdicional quanto um poema declamado em um parque numa tarde de sol.

2. Os contendores, observados os ditames (e hipóteses) legais, poderão, em comum acordo, instituir juízo arbitral para compor o conflito de interesses que os permeia, renunciando, bem compreendida a afirmativa, à jurisdição estatal.

3. Nos casos em que eleito e, por consequência, prestado o juízo arbitral, o réu da ação judicial, caso seja ela proposta, deverá, em sede contestação suscitar a convenção de arbitragem, presumindo-se, quando silente, haver aceitação da jurisdição estatal e renúncia ao juízo arbitral. A convenção de arbitragem não pode ser objeto de exame oficioso. Inteligência do art. 337, §§ 6º e 7º, do CPC/2015.

> **Art. 43.** Determina-se a competência no momento do registro ou da distribuição da petição inicial, sendo irrelevantes as modificações do estado de fato ou de direito ocorridas posteriormente, salvo quando suprimirem órgão judiciário ou alterarem a competência absoluta.

1. Considera-se proposta a demanda, consoante o teor do art. 312, ao tempo do protocolo da petição inicial. O Código, pois, toma o aludido marco como critério para a averiguação da competência (interna) para processar e julgar o feito. Assim, excetuados os casos de (a) extinção do órgão judiciário (competente num primeiro momento para a prestação jurisdicional) ou (b) de alteração de regra de competência adstrita ao regime de (in)competência absoluta, alterações fáticas ou de direito havidas após à propositura da demanda não promovem, via de regra, alteração na competência. O comando legal sob comento consolida (ao menos em uma de suas dimensões) a adoção, entre nós, da denominada *perpetuatio jurisdictionis*.

2. Acerca das hipóteses em que se admite a *modificação da competência* vide comentários aos arts. 54/63.

Art. 44. Obedecidos os limites estabelecidos pela Constituição Federal, a competência é determinada pelas normas previstas neste Código ou em legislação especial, pelas normas de organização judiciária e, ainda, no que couber, pelas constituições dos Estados.

1. Consoante afirmado alhures, a medida da jurisdição é, entre nós, distribuída por disposições constitucionais (federal e estaduais), infraconstitucionais, de organização judiciária e regimentais. Coube ao art. 44, exaltando acertadamente a supremacia hierárquica da Constituição Federal, desnudar as diversas fontes competentes para estabelecê-la.

Art. 45. Tramitando o processo perante outro juízo, os autos serão remetidos ao juízo federal competente se nele intervier a União, suas empresas públicas, entidades autárquicas e fundações, ou conselho de fiscalização de atividade profissional, na qualidade de parte ou de terceiro interveniente, exceto as ações:
I – de recuperação judicial, falência, insolvência civil e acidente de trabalho;
II – sujeitas à justiça eleitoral e à justiça do trabalho.
§ 1º Os autos não serão remetidos se houver pedido cuja apreciação seja de competência do juízo perante o qual foi proposta a ação.
§ 2º Na hipótese do § 1º, o juiz, ao não admitir a cumulação de pedidos em razão da incompetência para apreciar qualquer deles, não examinará o mérito daquele em que exista interesse da União, de suas entidades autárquicas ou de suas empresas públicas.
§ 3º O juízo federal restituirá os autos ao juízo estadual sem suscitar conflito se o ente federal cuja presença ensejou a remessa for excluído do processo.

1. **Competência em razão da pessoa.** Prescreve o texto constitucional que, aos juízes federais, dentre outras, compete processar e julgar "as causas em que a União, entidade autárquica ou empresa pública federal forem interessadas na condição de autoras, rés, assistentes ou oponentes, exceto as de falência, as de acidentes de trabalho e as sujeitas à Justiça Eleitoral e à Justiça do Trabalho." (art. 109, CF/88). O art. 45, observando tal comando (e adaptando-o, no plano infraconstitucional, aos avanços do Direito Empresarial, em especial no que diz com o instituto da recuperação judicial), sublinha haver competência "atrativa" da Justiça Federal (em razão do interesse/intervenção da pessoa) nos casos em que União, suas empresas públicas, entidades autárquicas e fundações, ou conselho de fiscalização de atividade profissional, venham a intervir no processo. Trata-se de regra de competência adstrita ao regime da (in)competência absoluta que, em última análise, não comporta prorrogação.

2. Os autos, que, como regra, mediante participação/intervenção das pessoas acima referidas devem ser remetidos ao juízo federal competente, não os serão, ao menos de imediato, se houver pedido cuja apreciação pertença a competência do juízo em face do qual tramita a demanda. Ao inadmitir poten-

cial cumulação de pedidos, fundado em sua incompetência absoluta para apreciar qualquer deles, o julgador deixará de examinar o mérito daqueles em que exista interesse da União, de suas entidades autárquicas ou de suas empresas públicas, enfrentando os demais, por ocasião da presença dos requisitos autorizadores da cumulação requerida.

3. Nos casos em que o juízo estadual remeter ao juízo federal os autos do processo por ocasião da constatação de interesse das pessoas apontadas no *caput*, verificando esse (o julgador federal) o desinteresse ou a exclusão do ente que motivou a remessa dos autos à esfera judiciária federal, restituirá os autos ao juízo estadual, âmbito em que o feito retomará seu regular prosseguimento.

4. A intervenção das pessoas arroladas no *caput* na condição de *amicus curiae* não altera, por expressa previsão legal, a competência para processar e julgar o feito em que intervierem. Inteligência do art. 138, § 1º, do CPC/2015.

> **Art. 46.** A ação fundada em direito pessoal ou em direito real sobre bens móveis será proposta, em regra, no foro de domicílio do réu.
> § 1º Tendo mais de um domicílio, o réu será demandado no foro de qualquer deles.
> § 2º Sendo incerto ou desconhecido o domicílio do réu, ele poderá ser demandado onde for encontrado ou no foro de domicílio do autor.
> § 3º Quando o réu não tiver domicílio ou residência no Brasil, a ação será proposta no foro de domicílio do autor, e, se este também residir fora do Brasil, a ação será proposta em qualquer foro.
> § 4º Havendo 2 (dois) ou mais réus com diferentes domicílios, serão demandados no foro de qualquer deles, à escolha do autor.
> § 5º A execução fiscal será proposta no foro de domicílio do réu, no de sua residência ou no do lugar onde for encontrado.

1. O foro competente para processar e julgar as demandas fundadas em *direito pessoal* (obrigacional) e *direito real que recaia sobre bem móvel*, é, como regra, o domicílio do demandado. Possuindo mais de um domicílio, à escolha do autor, será ele demandado em qualquer deles. Nos casos em que o domicílio do demandado for incerto ou ignorado, o autor poderá demandá-lo no foro de seu próprio domicílio (domicílio do autor), ou, sendo o caso, na comarca em que localizar o réu, a despeito de não possuir domicílio na localidade. Não possuindo o demandado domicílio no país, o foro competente será o do domicílio do demandante. Caso ambos sejam domiciliados no exterior, qualquer comarca (nacional) será competente para processar e julgar o conflito de interesses suscitado.

2. Havendo litisconsórcio passivo, e possuindo os litisconsortes domicílio em localidades distintas, será competente para processar e julgar o feito fundado em *direito pessoal* ou *real que recaia sobre bem móvel*, à escolha do autor, o foro de domicílio de qualquer dos demandados.

3. É competente para processar e julgar a execução fiscal, o foro do domicílio do executado, de sua residência ou de onde for localizado.

Art. 47. Para as ações fundadas em direito real sobre imóveis é competente o foro de situação da coisa.

§ 1º O autor pode optar pelo foro de domicílio do réu ou pelo foro de eleição se o litígio não recair sobre direito de propriedade, vizinhança, servidão, divisão e demarcação de terras e de nunciação de obra nova.

§ 2º A ação possessória imobiliária será proposta no foro de situação da coisa, cujo juízo tem competência absoluta.

1. Versando o feito sobre *direito real que recaia sobre bem imóvel*, a demanda deverá ser proposta perante o foro da *situação da coisa*, sendo ele, pois, o competente, consoante expresso apontamento legal, para processar e julgar a demanda. Pode o autor, contudo, em não se tratando o pedido *sub judice* de tutela aos direitos de "propriedade, vizinhança, servidão, divisão e demarcação de terras e de nunciação de obra nova", optar pelo ajuizamento de seu pleito perante o foro de domicílio do demandado, ou, querendo, do foro de eleição.

2. O foro da *situação da coisa* é competente, de maneira absoluta, para processar e julgar ações possessórias imobiliárias. Caso o julgador, *in concreto*, depare-se com a violação acima referida, não só poderá, como deverá suscitá-la de ofício. Inexiste, nesse cenário, consoante afirmado alhures, falar em prorrogação de competência ou preclusão da matéria.

Art. 48. O foro de domicílio do autor da herança, no Brasil, é o competente para o inventário, a partilha, a arrecadação, o cumprimento de disposições de última vontade, a impugnação ou anulação de partilha extrajudicial e para todas as ações em que o espólio for réu, ainda que o óbito tenha ocorrido no estrangeiro.

Parágrafo único. Se o autor da herança não possuía domicílio certo, é competente:

I – o foro de situação dos bens imóveis;

II – havendo bens imóveis em foros diferentes, qualquer destes;

III – não havendo bens imóveis, o foro do local de qualquer dos bens do espólio.

1. É competente para processar e julgar o "inventário, a partilha, a arrecadação, o cumprimento de disposições de última vontade, a impugnação ou anulação de partilha extrajudicial e para todas as ações em que o espólio for réu", o foro do último domicílio do *de cujus* no Brasil, desimportando, pois, a localidade em que se tenha consumado o óbito.

2. Se o falecido não possuía domicílio certo, revela-se competente (a) o foro de situação dos bens imóveis objeto da herança; (b) havendo bens imóveis em foros diferentes, qualquer destes; (c) não havendo bens imóveis, o foro do local de qualquer dos bens do espólio.

Art. 49. A ação em que o ausente for réu será proposta no foro de seu último domicílio, também competente para a arrecadação, o inventário, a partilha e o cumprimento de disposições testamentárias.

1. É competente para processar e julgar a ação em que o ausente figurar no polo passivo, o foro de seu derradeiro domicílio.

2. "Art. 22. Desaparecendo uma pessoa do seu domicílio sem dela haver notícia, se não houver deixado representante ou procurador a quem caiba administrar-lhe os bens, o juiz, a requerimento de qualquer interessado ou do Ministério Público, declarará a ausência, e nomear-lhe-á curador; Art. 23. Também se declarará a ausência, e se nomeará curador, quando o ausente deixar mandatário que não queira ou não possa exercer ou continuar o mandato, ou se os seus poderes forem insuficientes; Art. 24. O juiz, que nomear o curador, fixar-lhe-á os poderes e obrigações, conforme as circunstâncias, observando, no que for aplicável, o disposto a respeito dos tutores e curadores; Art. 25. O cônjuge do ausente, sempre que não esteja separado judicialmente, ou de fato por mais de dois anos antes da declaração da ausência, será o seu legítimo curador. § 1º Em falta do cônjuge, a curadoria dos bens do ausente incumbe aos pais ou aos descendentes, nesta ordem, não havendo impedimento que os iniba de exercer o cargo. § 2º Entre os descendentes, os mais próximos precedem os mais remotos. § 3º Na falta das pessoas mencionadas, compete ao juiz a escolha do curador." (Lei 10.406/2002).

Art. 50. A ação em que o incapaz for réu será proposta no foro de domicílio de seu representante ou assistente.

1. É competente para processar e julgar a demanda promovida em desfavor do incapaz, o foro do domicílio de seu representante ou assistente.

2. Representação. Assistência. Os incapazes (vide, exemplificativamente, o rol do art. 5º da Lei 10.406/2002), embora tenham *capacidade de ser parte processual*, não possuem *capacidade de estar em juízo de forma autônoma*, devendo, sempre, restarem "representados" em juízo; os *relativamente capazes*, por sua vez, haverão de ser "assistidos".

Art. 51. É competente o foro de domicílio do réu para as causas em que seja autora a União.
Parágrafo único. Se a União for a demandada, a ação poderá ser proposta no foro de domicílio do autor, no de ocorrência do ato ou fato que originou a demanda, no de situação da coisa ou no Distrito Federal.

1. Na ação promovida pela União (unipresente), o foro competente para processar e julgar o feito é o do domicílio do demandado. Sendo ela demandada, concorrentemente, (a) o foro do domicílio do demandante, (b) da localidade em que ocorreu o ato ou fato que motivou o ajuizamento, (c) da situação da coisa ou, ainda, (d) do Distrito Federal. As demandas que envolvem a União, sendo ela parte, independentemente do polo que ocupe, tramitarão perante a Justiça Federal.

2. "Aos juízes federais compete processar e julgar: (...) § 1º As causas em que a União for autora serão aforadas na seção judiciária onde tiver domicílio a outra parte. § 2º As causas intentadas contra a União poderão ser aforadas na seção judiciária em que for domiciliado o autor, naquela onde houver ocorrido o ato ou fato que deu origem à demanda ou onde esteja situada a coisa, ou, ainda, no Distrito Federal. § 3º Serão processadas e julgadas na justiça estadual, no foro do domicílio dos segurados ou beneficiários, as causas em que forem parte instituição de previdência social e segurado, sempre que a comarca não seja sede de vara do juízo federal, e, se verificada essa condição, a lei poderá permitir que outras causas sejam também processadas e julgadas pela justiça estadual. § 4º Na hipótese do parágrafo anterior, o recurso cabível será sempre para o Tribunal Regional Federal na área de jurisdição do juiz de primeiro grau. § 5º Nas hipóteses de grave violação de direitos humanos, o Procurador-Geral da República, com a finalidade de assegurar o cumprimento de obrigações decorrentes de tratados internacionais de direitos humanos dos quais o Brasil seja parte, poderá suscitar, perante o Superior Tribunal de Justiça, em qualquer fase do inquérito ou processo, incidente de deslocamento de competência para a Justiça Federal. (Incluído pela Emenda Constitucional nº 45, de 2004)". (art. 109 da CF/1988).

> **Art. 52.** É competente o foro de domicílio do réu para as causas em que seja autor Estado ou o Distrito Federal.
> Parágrafo único. Se Estado ou o Distrito Federal for o demandado, a ação poderá ser proposta no foro de domicílio do autor, no de ocorrência do ato ou fato que originou a demanda, no de situação da coisa ou na capital do respectivo ente federado.

1. Os Estados-Membros e o Distrito Federal devem, ao demandar, observar o foro do domicílio do demandado. Figurando na condição de demandados, pois o foro competente para processar e julgar a causa será o do domicílio do autor, da ocorrência do ato ou fato que motivou a propositura da demanda, o da situação da coisa ou do foro da capital do respectivo ente demandado.

> **Art. 53.** É competente o foro:
> I – para a ação de divórcio, separação, anulação de casamento e reconhecimento ou dissolução de união estável:
> a) de domicílio do guardião de filho incapaz;
> b) do último domicílio do casal, caso não haja filho incapaz;
> c) de domicílio do réu, se nenhuma das partes residir no antigo domicílio do casal;
> II – de domicílio ou residência do alimentando, para a ação em que se pedem alimentos;
> III – do lugar:
> a) onde está a sede, para a ação em que for ré pessoa jurídica;
> b) onde se acha agência ou sucursal, quanto às obrigações que a pessoa jurídica contraiu;
> c) onde exerce suas atividades, para a ação em que for ré sociedade ou associação sem personalidade jurídica;
> d) onde a obrigação deve ser satisfeita, para a ação em que se lhe exigir o cumprimento;

e) de residência do idoso, para a causa que verse sobre direito previsto no respectivo estatuto;

f) da sede da serventia notarial ou de registro, para a ação de reparação de dano por ato praticado em razão do ofício;

IV – do lugar do ato ou fato para a ação:

a) de reparação de dano;

b) em que for réu administrador ou gestor de negócios alheios;

V – de domicílio do autor ou do local do fato, para a ação de reparação de dano sofrido em razão de delito ou acidente de veículos, inclusive aeronaves.

1. Ao art. 53 coube inventariar a competência territorial nas mais variadas situações. Trata-se, segundo pensamos, de matéria de mera consulta (e não de sistematização), face à heterogeneidade dos apontamentos.

2. Merece destaque, porém, o teor do primeiro inciso do artigo sob comento, uma vez que, comparado ao sistema revogado (art. 100, I, do CPC/73), abandona o critério do *"sexo frágil"* para as causas que regula. É competente para processar e julgar as ações de divórcio, separação, anulação de casamento e reconhecimento ou dissolução de união estável, doravante, o foro (a) do domicílio do guardião de filho incapaz (que pode ser tanto a mãe como o pai); (b) do derradeiro domicílio do casal, inexistindo filho incapaz, ou; (c) do domicílio do réu, se nenhuma das partes residir no antigo domicílio do casal.

3. O foro competente para processar o pleito em que se postule "alimentos" é o do domicílio ou da residência do alimentando (aquele que pretende recebê-los).

4. Consoante expresso apontamento legal, é competente para processar e julgar o feito o foro do lugar (a) em que estiver localizada a sede da pessoa jurídica demandada; (b) onde se encontre agência ou sucursal, quanto às obrigações contraídas pela pessoa jurídica; (c) onde exerce suas atividades, para a ação em que for ré sociedade ou associação sem personalidade jurídica; (d) em que a obrigação deva ser satisfeita; (e) em que resida o idoso, para a causa que verse sobre direito previsto no respectivo estatuto; e, (f) em que esteja situada a sede da serventia notarial ou de registro, para a ação de reparação de dano por ato praticado em razão do ofício.

5. O foro do *lugar do ato ou fato* é competente para processar e julgar as ações *reparatórias,* bem como, as em que o administrador ou gestor de negócios alheios figurar na condição de demandado.

6. Há competência concorrente entre o foro do *domicílio do autor* e do *local do fato* para processar e julgar as ações de reparação de danos oriundos da prática de delito ou experimentados por ocasião de acidente de trânsito, incluindo-se os "acidentes aéreos".

Seção II
Da Modificação da Competência

Art. 54. A competência relativa poderá modificar-se pela conexão ou pela continência, observado o disposto nesta Seção.

1. A competência *absoluta* é, por definição, inalterável; a *relativa*, modificável, respeitados os ditames previstos na Seção sob comento.

> **Art. 55.** Reputam-se conexas 2 (duas) ou mais ações quando lhes for comum o pedido ou a causa de pedir.
> § 1º Os processos de ações conexas serão reunidos para decisão conjunta, salvo se um deles já houver sido sentenciado.
> § 2º Aplica-se o disposto no caput:
> I – à execução de título extrajudicial e à ação de conhecimento relativa ao mesmo ato jurídico;
> II – às execuções fundadas no mesmo título executivo.
> § 3º Serão reunidos para julgamento conjunto os processos que possam gerar risco de prolação de decisões conflitantes ou contraditórias caso decididos separadamente, mesmo sem conexão entre eles.

1. Conexão. Duas ou mais ações revelam-se conexas quando o *pedido* ou a *causa de pedir*, elementos individualizadores da demanda (ao lado do elemento *partes*), mostrarem-se idênticos. Assim sendo, excetuados os casos em que a sentença de uma das demandas conexas já houver sido prolatada, os feitos deverão ser reunidos para prolação de decisão conjunta.

2. Reunião de demandas. Visa-se, dentre outros, à obtenção de unidade de convicção acerca das ações conexas, valor destacado pelo CPC/2015. A despeito da inexistência de *conexão em sentido estrito* entre duas ou mais demandas, considerado o "risco de prolação de decisões conflitantes ou contraditórias caso decididos separadamente"), o CPC/2015, coerentemente, autoriza a reunião das mesmas para julgamento conjunto.

3. Merecem ser reunidas, na linha do Código: (a) a execução de título extrajudicial e a ação de conhecimento relativa ao mesmo ato jurídico, bem como (b) as execuções fundadas em idêntico título executivo.

4. "Visualizada hipótese de conexão entre ações com a reunião dos feitos para decisão conjunta, sua posterior apreciação em separado não induz, automaticamente, à ocorrência de nulidade da decisão. (...)." (Apelação Cível nº 70069249266, Décima Primeira Câmara Cível, Tribunal de Justiça do RS, Relator: Luiz Roberto Imperatore de Assis Brasil, Julgado em 09/11/2016).

> **Art. 56.** Dá-se a continência entre 2 (duas) ou mais ações quando houver identidade quanto às partes e à causa de pedir, mas o pedido de uma, por ser mais amplo, abrange o das demais.

1. Continência. Diz-se haver continência entre duas ou mais ações, face à identidade de *partes* e *causa de pedir*, mostrando-se o pedido formulado numa delas sobreposto ("mais amplo") ao formulado em outra.

2. "APELAÇÃO CÍVEL. AÇÃO DE ALIMENTOS. OCORRÊNCIA DE CONTINÊNCIA, EM VEZ DE LITISPENDÊNCIA. SENTENÇA DE EXTINÇÃO DO PROCESSO, SEM RESOLUÇÃO DE MÉRITO. MANUTENÇÃO, AINDA

QUE POR FUNDAMENTO DIVERSO. AÇÃO ANTERIOR, QUE ABRANGIA O PEDIDO DA PRESENTE AÇÃO, QUE JÁ FOI JULGADA IMPROCEDENTE, COM TRÂNSITO EM JULGADO. INEXISTÊNCIA DE NECESSIDADE OU UTILIDADE NA PRESTAÇÃO JURISDICIONAL. AUSÊNCIA DE INTERESSE. 1. A demanda ajuizada posteriormente pela autora não revelava a ocorrência de litispendência, mas, isso sim, de continência, o que ensejaria a reunião dos processos para instrução e julgamento conjuntos. 2. No entanto, após a publicação da sentença que reconheceu a litispendência e interposição da apelação, o juízo singular julgou improcedente o pedido de alimentos aviado naquela primeira demanda (e aqui repetido), com trânsito em julgado, sem qualquer questionamento pela apelante. Manutenção da extinção do processo, sem resolução de mérito. APELAÇÃO DESPROVIDA". (Apelação Cível nº 70070352356, Oitava Câmara Cível, Tribunal de Justiça do RS, Relator: Ricardo Moreira Lins Pastl, Julgado em 27/10/2016).

Art. 57. Quando houver continência e a ação continente tiver sido proposta anteriormente, no processo relativo à ação contida será proferida sentença sem resolução de mérito, caso contrário, as ações serão necessariamente reunidas.

1. Ação *continente* e ação *contida*. Denomina-se *continente* a demanda que possui o pedido mais amplo, ensejador da sobreposição que justifica a incidência do instituto (a continência).

2. Denomina-se *ação contida*, por sua vez, aquela que, a despeito da identidade de partes e causa de pedir, possui pedido apenas parcial se comparado ao formulado na ação denominada continente.

3. Quando a *ação continente* (possuidora de pedido mais largo) houver sido proposta primeiro, a *ação contida* será, necessariamente, extinta sem resolução de mérito (sentença *terminativa*). Caso contrário, tendo a *ação contida* se iniciado anteriormente, a reunião dos feitos é tarefa que se impõe. Trata-se, pois, de norma cogente, escapando ao juízo de conveniência dos julgadores envolvidos.

Art. 58. A reunião das ações propostas em separado far-se-á no juízo prevento, onde serão decididas simultaneamente.

1. Impondo-se a reunião dos feitos, o juízo que primeiro houver registrado (art. 59) uma das ações reunidas será considerado prevento, e nele tramitarão, para julgamento simultâneo, as demandas reunidas.

2. "CONFLITO NEGATIVO DE COMPETÊNCIA. DISSOLUÇÃO E LIQUIDAÇÃO DE SOCIEDADE COMERCIAL. CONTINÊNCIA. CONFLITO NEGATIVO JULGADO PROCEDENTE. 1. Na demanda ordinária o objeto é o afastamento do sócio F(...) da administração da sociedade, bem como a exclusão em definitivo do mesmo. Por outro lado, na ação cautelar, F (...) objetiva o afastamento de Mar(...) da administração da mesma sociedade, configurando a hipótese de continência. 2. A ação cautelar foi despachada em data anterior

(05/06/2015), à distribuição do processo principal ocorreu posteriormente ao despacho dado naquela (08/06/2015), restando, assim, o Juízo da 4ª Vara Cível prevento para o processamento de ambos os feitos. Conflito negativo de competência julgado procedente." (Conflito de Competência nº 70065322919, Quinta Câmara Cível, Tribunal de Justiça do RS, Relator: Jorge Luiz Lopes do Canto, Julgado em 30/06/2015).

Art. 59. O registro ou a distribuição da petição inicial torna prevento o juízo.

1. O critério (objetivo) eleito pelo legislador de 2015 para averiguação da prevenção do juízo para fins de processamento conjunto das causas reunidas, consoante o teor do art. 59, é o do registro ou distribuição da petição inicial. É possível afirmar, de maneira genérica, que, para tais fins, o protocolo da petição inicial torna o órgão julgador instado primeiramente a prestar jurisdição, prevento para julgar as causas reunidas.

Art. 60. Se o imóvel se achar situado em mais de um Estado, comarca, seção ou subseção judiciária, a competência territorial do juízo prevento estender-se-á sobre a totalidade do imóvel.

1. Nos casos "ímpares" em que o imóvel se achar situado em mais de um Estado-membro, comarca, seção ou subseção, a alegação de incompetência territorial do juízo prevento (em relação a parte do imóvel que não se encontra nos limites territoriais da competência do órgão judicante) não servirá de empecilho ao enfrentamento, pelo mesmo, da integralidade da causa.

Art. 61. A ação acessória será proposta no juízo competente para a ação principal.

1. O foro para processar e julgar a ação principal é, da mesma forma, competente para processar e julgar a ação acessória.
2. "CONFLITO NEGATIVO DE COMPETÊNCIA. (...) 3. AÇÃO CAUTELAR DE ATENTADO INCIDENTAL. NATUREZA ACESSÓRIA E INSTRUMENTAL. COMPETÊNCIA DO JUÍZO DA AÇÃO PRINCIPAL. INTELIGÊNCIA DO ART. 800 DO CPC. AÇÃO PRINCIPAL SENTENCIADA NO JUÍZO TRABALHISTA, ANTES DA EFETIVAÇÃO DOS EFEITOS DA DECISÃO DO STF. MANUTENÇÃO E VALIDADE DA COMPETÊNCIA DO JUÍZO TRABALHISTA INCLUSIVE PARA CONHECER DA AÇÃO CAUTELAR INCIDENTAL. 4. CONFLITO NEGATIVO CONHECIDO PARA DECLARAR A COMPETÊNCIA DO JUÍZO TRABALHISTA PARA CONHECER E JULGAR A AÇÃO CAUTELAR DE ATENTADO. (...) 1.1 Firmada a competência da Justiça comum para o processamento de demandas ajuizadas contra entidades privadas de previdência oriundas do contrato de previdência complementar privada, entendeu-se por bem modular os efeitos da decisão, para reconhecer a competência da Justiça Federal do Trabalho para processar e julgar, até o trânsito em julgado e a correspondente execução, de todas as causas da espécie em que houver sido proferida sentença de mérito até a data

da conclusão, pelo Plenário do Supremo Tribunal Federal, do julgamento do presente recurso (20/2/2013). 2. Levando-se em conta, a um só tempo, a natureza instrumental e acessória do processo cautelar que, com raras exceções (os de cunho satisfativo), tem por propósito exclusivamente assegurar e viabilizar a utilidade do provimento jurisdicional a ser prolatado no processo principal, bem como a segurança jurídica perseguida pelo Supremo Tribunal Federal, ao modular os efeitos de sua decisão, tem-se por manifesta, na hipótese dos autos, a competência da Justiça Trabalhista para conhecer e julgar a ação cautelar de atentado, promovida incidentalmente à Reclamação Trabalhista. 2.1. Na espécie, remanesce válida a competência da Justiça Trabalhista para julgar a Reclamação Trabalhista, em que pese a controvérsia ali encerrada ser oriunda de contrato de previdência complementar privada, pois o feito fora sentenciado em maio de 2008, data anterior a 20/03/2013. Se assim é, a superveniente ação cautelar de atentado, destinada a assegurar e a viabilizar a utilidade do provimento jurisdicional a ser prolatado na Reclamação Trabalhista, o que, por si só, evidencia naturalmente a conexão entre os feitos, deve ser julgada, necessariamente, pelo mesmo Juízo trabalhista da ação principal (...) A robustecer o (inerente) vínculo de acessoriedade que a ação cautelar guarda com a ação principal, no específico caso da ação de atentado, a pretensão nela inserta tem por finalidade justamente restaurar o estado de fato inicial da lide principal, alegadamente comprometido por inovações ilegítimas das demandadas no curso da Reclamação Trabalhista. Nesse contexto, afigura-se manifesta a conexão dos feitos, a ensejar a competência do mesmo Juízo para deles conhecer e julgar. A racionalidade do sistema, assim como a segurança jurídica que deve emanar das decisões judiciais impõem que assim o seja. (...)." (CC 132.253/SP, Rel. Ministro MARCO AURÉLIO BELLIZZE, Segunda Seção, julgado em 25/03/2015, DJe. 31/03/2015).

> **Art. 62.** A competência determinada em razão da matéria, da pessoa ou da função é inderrogável por convenção das partes.

1. **Competência absoluta.** É inderrogável por convenção dos contendores a competência em razão da matéria, da pessoa ou da função. Apenas os critérios de distribuição da competência adstritos ao sistema de (in)*competência relativa* podem figuram como objeto de ajuste entre as partes.

> **Art. 63.** As partes podem modificar a competência em razão do valor e do território, elegendo foro onde será proposta ação oriunda de direitos e obrigações.
> § 1º A eleição de foro só produz efeito quando constar de instrumento escrito e aludir expressamente a determinado negócio jurídico.
> § 2º O foro contratual obriga os herdeiros e sucessores das partes.
> § 3º Antes da citação, a cláusula de eleição de foro, se abusiva, pode ser reputada ineficaz de ofício pelo juiz, que determinará a remessa dos autos ao juízo do foro de domicílio do réu.
> § 4º Citado, incumbe ao réu alegar a abusividade da cláusula de eleição de foro na contestação, sob pena de preclusão.

1. Foro de eleição. Competência relativa. A competência territorial (como regra), bem como aquela estabelecida com base no valor da causa, podem, porque adstritas ao sistema de (in)competência relativa, figurar como objeto de pactuação entre as partes, que deverão, se assim pretenderem, eleger, por escrito, o foro competente para a propositura da ação cujo objeto diga com as obrigações assumidas. Tal eleição, segundo o regime codificado, obriga os herdeiros e os sucessores das partes.

2. Da recusa oficiosa e da impugnação da cláusula de eleição de foro. O julgador está autorizado, deparando-se, antes de determinada a citação, com cláusula de eleição abusiva, a declará-la ineficaz, ocasião em que determinará, de ofício, a remessa dos autos ao foro de domicílio do réu, ou a outro eleito pelo legislador. Determinada, pois, a citação, incumbe ao demandado, pena de preclusão, suscitar o abuso perpetrado, em sede de (preliminares) contestação, pena de prorrogação da competência.

Seção III
Da Incompetência

Art. 64. A incompetência, absoluta ou relativa, será alegada como questão preliminar de contestação.

§ 1º A incompetência absoluta pode ser alegada em qualquer tempo e grau de jurisdição e deve ser declarada de ofício.

§ 2º Após manifestação da parte contrária, o juiz decidirá imediatamente a alegação de incompetência.

§ 3º Caso a alegação de incompetência seja acolhida, os autos serão remetidos ao juízo competente.

§ 4º Salvo decisão judicial em sentido contrário, conservar-se-ão os efeitos de decisão proferida pelo juízo incompetente até que outra seja proferida, se for o caso, pelo juízo competente.

1. O CPC/2015 extirpou do ordenamento jurídico a *exceção de incompetência* (relativa), prevista (como resposta típica do réu), outrora, pelo CPC/73. Violações a regra de competência adstrita ao *regime de (in)competência relativa* devem, doravante, ser suscitadas em preliminar de contestação (art. 337, II, do CPC/2015), pena de prorrogação. A matéria não pode, oficiosamente, ser enfrentada, dependendo, pois, de requerimento da parte interessada.

2. A incompetência absoluta, nada obstante deva ser suscitada pelo réu em preliminar de contestação (caso o julgador dela não se aperceba), pode ser alegada a qualquer tempo, independentemente do grau de jurisdição em que se encontre a demanda. Diferentemente da incompetência relativa, a absoluta não só pode, como deve, ser suscitada de ofício, uma vez que não se encontra adstrita ao regime de prorrogação da competência.

3. Arguida a incompetência (independentemente de sua natureza) e ouvida a parte contrária, o julgador deve, de imediato, enfrentá-la. O acolhimento da postulação da parte ou o reconhecimento oficioso da incompetência tem por consequência a remessa dos autos ao juízo competente para processar e julgar a causa, e não, como regra, sua extinção.

4. Ressalvados os casos em que houver pronunciamento judicial em sentido diverso, conservar-se-ão os efeitos "de decisão proferida pelo juízo incompetente até que outra seja proferida" pelo juízo competente.

> **Art. 65.** Prorrogar-se-á a competência relativa se o réu não alegar a incompetência em preliminar de contestação.
> Parágrafo único. A incompetência relativa pode ser alegada pelo Ministério Público nas causas em que atuar.

1. A inércia do demandado em atacar violação à regra de competência sujeita ao regime de (in)competência relativa importa, segundo o regime codificado, na prorrogação da mesma. O momento oportuno para a arguição da matéria é, pelo réu, a contestação. Admite-se, outrossim, nos casos em que o *parquet* venha atuar *in concreto*, seja por ele suscitada a incompetência relativa do juízo.

2. Há, no que tange à alegação da *incompetência relativa* do juízo, questão importante (quando mais do ponto de vista da experiência forense) a ser enfrentada. Consoante anotado acima, o momento próprio à alegação sob comento é, para o demandado, a contestação. A matéria, consoante expresso apontamento legal, deve ser suscitada em caráter preliminar (art. 337, II). Pois bem: sabe-se, primeiro, que a contestação, espécie de resposta do réu, encontra-se adstrita a regramento próprio, destacando-se, para o momento, o princípio da *concentração de defesa*; segundo, que o legislador pátrio optou, como política legislativa, por inaugurar o prazo para apresentação da resposta do demandado apenas após o "fracasso" na tentativa (obrigatória) de autocomposição do litígio; terceiro, que o fato se deve a uma constatação forense: o alcance da autocomposição é mais provável antes que venham aos autos os apontamentos processuais do demandado. O Código, contudo, ao menos textualmente, é taxativo: a alegação sob comento deve, pena de preclusão, aparecer em sede de contestação, podendo a mesma, inclusive, ser protocolizada perante o foro do domicílio do réu. As consequências processuais de sua ocorrência se encontram ditadas pelos parágrafos do artigo 340. Indaga-se: o demandado que pretender o reconhecimento da *incompetência relativa* do juízo haverá necessariamente de apresentar, desde logo, contestação? Do ponto de vista do direito legislado, ao que tudo indica, sim. Assim interpretado, como é intuitivo, o teor do art. 340 conduz a considerável inconsistência sistêmica. Ora, a tônica codificada ("bandeira branca") de "sentar os litigantes à mesa" para, apenas restando infrutífera a tentativa de autocomposição, dar prosseguimento ao tramite processual, parece, nesses casos, ao menos em parte, prejudicada. Nossa sugestão, aqui, é de que, no afã de preservá-la, a alegação de *incompetência relativa*, considerados seus efeitos processuais (vide, especialmente, o teor dos §§ 3º e 4º do artigo 340) possa ser feita por *petição simples*, respeitados, é claro, os requisitos materiais da alegação. Uma vez realizada, consoante prescreve o

Código, a audiência de autocomposição haverá de ser suspensa e, oportunamente, reaprazada, seja perante o juízo em que a demanda fora proposta, seja perante o juízo reconhecido como competente para processar e julgar a causa. Sem a existência de contestação (que deve trazer aquilo e tudo aquilo que interessa ao demandado), já nesse segundo momento, a autocomposição estará, ao menos em tese, mais próxima. Inexitosa, nenhum problema haverá em se iniciar o cômputo para a apresentação da resposta do réu. Em se tratando de feito em que, sequer em tese se admita a autocomposição, a aplicação da previsão legal não gerará maiores problemas, uma vez que o demandado será citado e, ato contínuo, intimado para, querendo, apresentar resposta, e não a comparecer à solenidade processual prevista pelo artigo 334.

Art. 66. Há conflito de competência quando:
I – 2 (dois) ou mais juízes se declaram competentes;
II – 2 (dois) ou mais juízes se consideram incompetentes, atribuindo um ao outro a competência;
III – entre 2 (dois) ou mais juízes surge controvérsia acerca da reunião ou separação de processos.
Parágrafo único. O juiz que não acolher a competência declinada deverá suscitar o conflito, salvo se a atribuir a outro juízo.

1. O conflito de competência pode ser *positivo* ou *negativo*. Diz-se *positivo*, quando dois ou mais juízes se declaram competentes para processar e julgar o mesmo feito; *negativo*, quando dois ou mais juízes se declaram incompetentes para processar e julgar a causa, "atribuindo um ao outro competência". Há conflito de competência, ainda, quando dois ou mais julgadores controvertem acerca da reunião ou separação de processos.

2. Compete ao julgador que renegar/desacolher a competência que lhe foi declinada, caso não a decline a juízo diverso, suscitar o conflito sob comento.

3. Acerca do procedimento e outras peculiaridades inerentes ao expediente processual destinado ao enfrentamento do *conflito de competência*, vide comentários aos artigos 951/959, constantes do segundo volume desse trabalho.

CAPÍTULO II
DA COOPERAÇÃO NACIONAL

Art. 67. Aos órgãos do Poder Judiciário, estadual ou federal, especializado ou comum, em todas as instâncias e graus de jurisdição, inclusive aos tribunais superiores, incumbe o dever de recíproca cooperação, por meio de seus magistrados e servidores.

1. No afã de promover a melhor prestação jurisdicional possível, os órgãos do Poder Judiciário deverão cooperar entre si, por intermédio de seus magistrados e servidores, seja mediante auxílio direto, reunião ou apensamento de processos, prestação de informações ou atos concertados entre os juízes cooperantes.

Art. 68. Os juízos poderão formular entre si pedido de cooperação para prática de qualquer ato processual.

1. Inexistem restrições, bem compreendida a afirmativa, quanto ao objeto de pedido de cooperação entre juízos.

Art. 69. O pedido de cooperação jurisdicional deve ser prontamente atendido, prescinde de forma específica e pode ser executado como:
I – auxílio direto;
II – reunião ou apensamento de processos;
III – prestação de informações;
IV – atos concertados entre os juízes cooperantes.
§ 1º As cartas de ordem, precatória e arbitral seguirão o regime previsto neste Código.
§ 2º Os atos concertados entre os juízes cooperantes poderão consistir, além de outros, no estabelecimento de procedimento para:
I – a prática de citação, intimação ou notificação de ato;
II – a obtenção e apresentação de provas e a coleta de depoimentos;
III – a efetivação de tutela provisória;
IV – a efetivação de medidas e providências para recuperação e preservação de empresas;
V – a facilitação de habilitação de créditos na falência e na recuperação judicial;
VI – a centralização de processos repetitivos;
VII – a execução de decisão jurisdicional.
§ 3º O pedido de cooperação judiciária pode ser realizado entre órgãos jurisdicionais de diferentes ramos do Poder Judiciário.

1. O pedido de cooperação jurisdicional, nada obstante a autonomia de cada juízo, deve, face ao compromisso com a prestação da melhor jurisdição possível (que é objetivo comum), ser atendida o quanto antes, prescindindo, consoante expresso apontamento legal, do respeito à forma específica.

2. O Código prevê, como técnica de cooperação jurisdicional, a realização de "atos concertados" entre os órgãos cooperantes. Há, na lei, um rol exemplificativo de atos que podem ser realizados mediante atuação "concertada". São eles: (I) a prática de citação, intimação ou notificação de ato; (II) a obtenção e apresentação de provas e a coleta de depoimentos; (III) a efetivação de tutela provisória; (IV) a efetivação de medidas e providências para recuperação e preservação de empresas; (V) a facilitação de habilitação de créditos na falência e na recuperação judicial; (VI) a centralização de processos repetitivos; (VII) a execução de decisão jurisdicional, sem prejuízo de outros compatíveis com a teleologia do instituto.

3. Acerca da cooperação internacional vide comentários aos arts. 26/41.

Livro III
DOS SUJEITOS DO PROCESSO

TÍTULO I
DAS PARTES E DOS PROCURADORES

CAPÍTULO I
DA CAPACIDADE PROCESSUAL

Art. 70. Toda pessoa que se encontre no exercício de seus direitos tem capacidade para estar em juízo.

1. Capacidade de ser parte. Fala-se em *capacidade de ser parte* no afã de responder a indagação, a saber: os litigantes (autor e réu) revelam-se *sujeitos* direito ou, tão somente, *objeto* de proteção do direito? Apenas as *pessoas* (sujeitos de direito), naturais ou ideais, possuem, em regra, tal capacidade. Inexiste, entre nós, a possibilidade de que um *objeto* de proteção do direito (por exemplo, um cachorro) figure na condição de parte.

2. A jurisprudência reconhece, para alguns entes despidos de personalidade jurídica, a denominada *personalidade/capacidade processual*, o que lhes permite, pois, figurar na condição de parte processual.

3. Capacidade de estar em juízo *versus* capacidade de ser parte. Não há confundir *capacidade de ser parte* (pertencente, via de regra, as pessoas – físicas ou jurídicas) e *capacidade de estar em juízo*, porque, embora toda pessoa tenha capacidade de figurar na condição de parte processual, nem toda possui capacidade para ir/estar em juízo de forma autônoma.

Art. 71. O incapaz será representado ou assistido por seus pais, por tutor ou por curador, na forma da lei.

1. Capacidade de estar em juízo (de forma autônoma). O tema, de maneira geral, espelha, no plano processual, o conteúdo dos artigos 3º e 4º da Lei 10.406/2002 (o Código Civil). Consoante o primeiro, são "absolutamente incapazes de exercer pessoalmente os atos da vida civil os menores de 16 (dezesseis) anos"; de acordo com o segundo, no que importa para o momento, "são incapazes, relativamente a certos atos ou à maneira de os exercer: (I) os maiores de dezesseis e menores de dezoito anos; (II) os ébrios habituais e os viciados em tóxico; (III) aqueles que, por causa transitória ou permanente, não puderem exprimir sua vontade; e, (IV) os pródigos. Tais pessoas apenas poderão demandar, ou ser demandadas, devidamente assistidos, face à, reitere-se, falta de *capacidade para estar em juízo de forma autônoma*.

2. A legislação federal (Lei 10.406/2002), no concernente, fora alterada pela Lei 13.146/2015.

> **Art. 72.** O juiz nomeará curador especial ao:
> I – incapaz, se não tiver representante legal ou se os interesses deste colidirem com os daquele, enquanto durar a incapacidade;
> II – réu preso revel, bem como ao réu revel citado por edital ou com hora certa, enquanto não for constituído advogado.
> Parágrafo único. A curatela especial será exercida pela Defensoria Pública, nos termos da lei.

1. Curador especial. O "incapaz", embora possua *capacidade de ser parte*, não possui *capacidade de estar em juízo de forma autônoma*, devendo, sempre, restar "representado". Encontrando-se, *in concreto*, despido da representação exigida por lei, ou, havendo incompatibilidade entre os interesses desse (o representante) e daquele (o representado), o juiz nomear-lhe-á *curador especial*.

2. Ao revel, preso ou citado fictamente, o juiz nomeará curador especial, até que o mesmo constitua, nos autos, patrono que lhe convenha.

3. Incumbe à Defensoria Pública, nos termos da lei, exercer a curadoria especial referida pelo artigo sob comento.

> **Art. 73.** O cônjuge necessitará do consentimento do outro para propor ação que verse sobre direito real imobiliário, salvo quando casados sob o regime de separação absoluta de bens.
> § 1º Ambos os cônjuges serão necessariamente citados para a ação:
> I – que verse sobre direito real imobiliário, salvo quando casados sob o regime de separação absoluta de bens;
> II – resultante de fato que diga respeito a ambos os cônjuges ou de ato praticado por eles;
> III – fundada em dívida contraída por um dos cônjuges a bem da família;
> IV – que tenha por objeto o reconhecimento, a constituição ou a extinção de ônus sobre imóvel de um ou de ambos os cônjuges.
> § 2º Nas ações possessórias, a participação do cônjuge do autor ou do réu somente é indispensável nas hipóteses de composse ou de ato por ambos praticado.
> § 3º Aplica-se o disposto neste artigo à união estável comprovada nos autos.

1. As relações matrimonias encontram-se, no âmbito patrimonial, sujeitas aos regimes desenhados pela legislação civil. Dentre eles o da *comunhão parcial de bens* (regime supletivo), o da *comunhão (total) de bens*, o da *participação final nos aquestos* e o da *separação de bens*. É apenas em relação ao último (que deve ser eleito mediante *pacto antenupcial*) que a formação do litisconsórcio entre os nubentes, nas ações que envolvam *direito real imobiliário,* restará dispensada. Justifica-se tal ressalva pelo fato de que, embora haja *vínculo conjugal* entre os nubente, inexiste entre ambos, bem compreendida a afirmativa, *sociedade matrimonial* (no que diz com as questões patrimoniais). Cada um, na hipótese, possui patrimônio exclusivo.

2. Da classificação do litisconsórcio. Classifica-se o litisconsórcio a partir de diversos critérios, alguns eleitos pela doutrina, outros pela própria legislação. Sem que se excluam (a exclusão é apenas interna a cada critério), cada qual cumpre, na verdade, com uma função processual. Por vezes alteram-se prazos, procedimento, possibilidade de desmembramento de ações, etc. Importa para o momento, contudo, destacar a classificação do litisconsórcio à luz de sua necessidade ou facultatividade. O litisconsórcio é *necessário* quando, obrigatoriamente, tenha de ser formado, seja porque alguma disposição de lei assim o imponha (exemplo: o próprio art. 73), seja porque a natureza da relação de direito material torne impossível o tratamento da situação litigiosa sem a presença de todos os interessados na causa. O litisconsórcio é facultativo, por sua vez, quando, a despeito de inexistir obrigação legal, ou lógica, de que duas ou mais pessoas demandem, ou sejam demandadas conjuntamente, mostre-se viável e aconselhável a sua formação. Trata-se, como o *nomen iuris* denuncia, de mera faculdade atribuída aos litigantes.

3. Consoante expressa previsão legal, os cônjuges serão necessariamente citados (caso de litisconsórcio necessário) quando (a) a ação versar sobre direito real imobiliário, considerada a exceção acima apontada; (b) nos casos em a demanda tenha por fundamento fático acontecimento que envolva ambos; (c) quando motivada pelo inadimplemento de dívida contraída a bem da família, ainda que em nome de apenas um dos nubentes e, por fim; (d) quando tenha por objeto o reconhecimento, a constituição ou a extinção de ônus sobre imóvel de um ou de ambos os cônjuges.

4. Tratando-se de *ação possessória* (cujo objeto diz com o *direito posse*, e jamais o direito de propriedade), a participação necessária do cônjuge ou do companheiro, restringe-se aos casos em que haja composse (ou seja, a posse *sub judice* envolva ambos) ou a *causa de pedir*, ou as *razões de defesa*, remetam a fato praticado pelo casal. Acerca da *ação possessória,* vide comentários aos artigos 554/568, parte integrante do volume II do presente estudo.

> **Art. 74.** O consentimento previsto no art. 73 pode ser suprido judicialmente quando for negado por um dos cônjuges sem justo motivo, ou quando lhe seja impossível concedê-lo.
> Parágrafo único. A falta de consentimento, quando necessário e não suprido pelo juiz, invalida o processo.

1. A ausência de consentimento marital ou outorga uxória para demandar, quando injustificada ou faticamente impossível de ser concedida, poderá ser suprida por manifestação judicial. Sua inexistência, não suprida (espontaneamente ou por decisão judicial), macula o feito.

2. "A presença singular do cônjuge no polo ativo das ações reais imobiliárias, sem autorização conjugal, acarreta incapacidade processual, isto é, falta de pressuposto processual. O juiz deverá assinar prazo razoável ao autor para suprir a falha (CPC 76), sob pena de declarar nulo o processo e extingui-lo sem resolução de mérito (CPC 485 IV)." (NERY JR, Nelson; NERY, Rosa Maria Andrade. *Comentários ao Código de Processo Civil*. São Paulo: RT, 2015. p. 391).

3. "AGRAVO DE INSTRUMENTO. OUTORGA UXÓRIA. SUPRIMENTO. Provada a exclusividade do bem, e provada a recusa da cônjuge em autorizar a sua alienação, é cabível de imediato o deferimento de suprimento da outorga uxória. Se o cônjuge é comprovadamente o proprietário exclusivo do bem, então a recusa da mulher em fazer a outorga uxória é evidentemente injusta. O proprietário exclusivo não necessita provar a justiça ou injustiça das razões que levaram o outro cônjuge a negar a autorização. Tal comprovação só seria necessária se o bem a ser alienado fosse comum. Agravo provido em monocrática." (Agravo de Instrumento nº 70059080002, Oitava Câmara Cível, Tribunal de Justiça do RS, Relator: Rui Portanova, Julgado em 27/03/2014).

Art. 75. Serão representados em juízo, ativa e passivamente:
I – a União, pela Advocacia-Geral da União, diretamente ou mediante órgão vinculado;
II – o Estado e o Distrito Federal, por seus procuradores;
III – o Município, por seu prefeito ou procurador;
IV – a autarquia e a fundação de direito público, por quem a lei do ente federado designar;
V – a massa falida, pelo administrador judicial;
VI – a herança jacente ou vacante, por seu curador;
VII – o espólio, pelo inventariante;
VIII – a pessoa jurídica, por quem os respectivos atos constitutivos designarem ou, não havendo essa designação, por seus diretores;
IX – a sociedade e a associação irregulares e outros entes organizados sem personalidade jurídica, pela pessoa a quem couber a administração de seus bens;
X – a pessoa jurídica estrangeira, pelo gerente, representante ou administrador de sua filial, agência ou sucursal aberta ou instalada no Brasil;
XI – o condomínio, pelo administrador ou síndico.
§ 1º Quando o inventariante for dativo, os sucessores do falecido serão intimados no processo no qual o espólio seja parte.
§ 2º A sociedade ou associação sem personalidade jurídica não poderá opor a irregularidade de sua constituição quando demandada.
§ 3º O gerente de filial ou agência presume-se autorizado pela pessoa jurídica estrangeira a receber citação para qualquer processo.
§ 4º Os Estados e o Distrito Federal poderão ajustar compromisso recíproco para prática de ato processual por seus procuradores em favor de outro ente federado, mediante convênio firmado pelas respectivas procuradorias.

1. Coube aos incisos do artigo sob comento determinar, expressamente, a quem incumbe à representação processual em determinadas situações pontuais. Trata-se, face à heterogeneidade dos apontamentos, de matéria que merece ser consultada "pontualmente", considerado o interesse do envolvidos.

> **Art. 76.** Verificada a incapacidade processual ou a irregularidade da representação da parte, o juiz suspenderá o processo e designará prazo razoável para que seja sanado o vício.
> § 1º Descumprida a determinação, caso o processo esteja na instância originária:
> I – o processo será extinto, se a providência couber ao autor;
> II – o réu será considerado revel, se a providência lhe couber;
> III – o terceiro será considerado revel ou excluído do processo, dependendo do polo em que se encontre.
> § 2º Descumprida a determinação em fase recursal perante tribunal de justiça, tribunal regional federal ou tribunal superior, o relator:
> I – não conhecerá do recurso, se a providência couber ao recorrente;
> II – determinará o desentranhamento das contrarrazões, se a providência couber ao recorrido.

1. Verificada *in concreto* irregularidade concernente à representação da parte, suspender-se-á o feito no afã de corrigi-la, no prazo arbitrado pelo julgador. Silente aquele que deva supri-la, e, sendo ele a parte autora, o feito será extinto; sendo a parte ré, declarar-se-á a sua revelia; sendo o terceiro, será tido por revel ou excluído da demanda, "dependendo do polo" em que funcione. O aludido regramento tem aplicação se o feito estiver tramitando na instância originária. Tramitando, por sua vez, em grau recursal, incumbirá ao relator, em se tratando de providência a ser adotada pelo recorrente, não conhecer do recurso, diante da não correção do vício; de providência tocante ao recorrido, determinar o desentranhamento das contrarrazões recursais, se houver, diligenciando no regular prosseguimento do pleito recursal.

2. "É dever do relator, e não faculdade, conceder prazo ao recorrente para sanar vício ou complementar a documentação exigível, antes de inadmitir qualquer recurso, inclusive os excepcionais." (Enunciado n. 82 do Fórum de Permanente de Processualistas).

CAPÍTULO II
DOS DEVERES DAS PARTES E DE SEUS PROCURADORES

Seção I
Dos Deveres

> **Art. 77.** Além de outros previstos neste Código, são deveres das partes, de seus procuradores e de todos aqueles que de qualquer forma participem do processo:
> I – expor os fatos em juízo conforme a verdade;
> II – não formular pretensão ou de apresentar defesa quando cientes de que são destituídas de fundamento;
> III – não produzir provas e não praticar atos inúteis ou desnecessários à declaração ou à defesa do direito;

IV – cumprir com exatidão as decisões jurisdicionais, de natureza provisória ou final, e não criar embaraços à sua efetivação;

V – declinar, no primeiro momento que lhes couber falar nos autos, o endereço residencial ou profissional onde receberão intimações, atualizando essa informação sempre que ocorrer qualquer modificação temporária ou definitiva;

VI – não praticar inovação ilegal no estado de fato de bem ou direito litigioso.

§ 1º Nas hipóteses dos incisos IV e VI, o juiz advertirá qualquer das pessoas mencionadas no *caput* de que sua conduta poderá ser punida como ato atentatório à dignidade da justiça.

§ 2º A violação ao disposto nos incisos IV e VI constitui ato atentatório à dignidade da justiça, devendo o juiz, sem prejuízo das sanções criminais, civis e processuais cabíveis, aplicar ao responsável multa de até vinte por cento do valor da causa, de acordo com a gravidade da conduta.

§ 3º Não sendo paga no prazo a ser fixado pelo juiz, a multa prevista no § 2º será inscrita como dívida ativa da União ou do Estado após o trânsito em julgado da decisão que a fixou, e sua execução observará o procedimento da execução fiscal, revertendo-se aos fundos previstos no art. 97.

§ 4º A multa estabelecida no § 2º poderá ser fixada independentemente da incidência das previstas nos arts. 523, § 1º, e 536, § 1º.

§ 5º Quando o valor da causa for irrisório ou inestimável, a multa prevista no § 2º poderá ser fixada em até 10 (dez) vezes o valor do salário-mínimo.

§ 6º Aos advogados públicos ou privados e aos membros da Defensoria Pública e do Ministério Público não se aplica o disposto nos §§ 2º a 5º, devendo eventual responsabilidade disciplinar ser apurada pelo respectivo órgão de classe ou corregedoria, ao qual o juiz oficiará.

§ 7º Reconhecida violação ao disposto no inciso VI, o juiz determinará o restabelecimento do estado anterior, podendo, ainda, proibir a parte de falar nos autos até a purgação do atentado, sem prejuízo da aplicação do § 2º.

§ 8º O representante judicial da parte não pode ser compelido a cumprir decisão em seu lugar.

1. Ao art. 77 coube, considerada a premissa de que o processo judicial representa instrumento ético destinado à obtenção da melhor prestação jurisdicional possível, apontar os deveres que permeiam os envolvidos com a demanda. Extrai-se, dele, que, aos "sujeitos do processo" (em sentido largo), incumba (a) expor os fatos em juízo conforme a verdade; (b) deixar de formular pretensão ou de apresentar defesa quando cientes de que são destituídas de fundamento; (c) não produzir provas e não praticar atos inúteis ou desnecessários à declaração ou à defesa do direito; (d) respeitar os mandamentos jurisdicionais, de natureza provisória ou final, sem criar embaraços à sua efetivação; (e) apontar, no primeiro momento que lhes couber falar nos autos, o endereço residencial ou profissional onde receberão intimações, atualizando-os ao longo da tramitação do feito, se necessário; (f) abster-se de praticar inovação ilegal no estado de fato de bem ou direito litigioso.

2. Segundo o CPC/2015, (a) o desrespeito às ordens judiciais ou a criação de entraves à sua efetivação, bem como, (b) a prática de inovação ilegal inerente ao estado de fato de bem ou direito litigioso, constituem ato atentatório à dignidade da justiça, devendo tais condutas, uma vez constatadas, serem sancionadas. O teor do §1º, ao que tudo indica, retrata a existência de requisito a ser observado antes da punição propriamente dita: a advertência. Na linha do processo colaborativo, não há "punir" sem antes alertar o potencial sancionado da necessidade de corrigir sua postura processual.

3. A aplicação da multa em epígrafe (que tem origem na prática de ato atentatório à dignidade da justiça) não exime o sujeito do processo de suportar outras sanções ("criminais, civis e processuais cabíveis"). Face à gravidade do fato, o julgador poderá (de maneira fundamentada), a título "punitivo", condenar, aquele que atenta à dignidade da justiça, ao pagamento de quantia que represente até 20% do valor da causa (ou, sendo o valor irrisório, ao pagamento de multa no aporte de até 10 vezes o valor do salário mínimo nacional). Segundo o regime codificado, o descumprimento da obrigação de pagar quantia (oriunda da multa) "será inscrita como dívida ativa da União ou do Estado após o trânsito em julgado da decisão que a fixou", observando-se os ditames aplicáveis à execução fiscal para cobrá-la. O valor da multa será revertido ao fundo de modernização do Poder Judiciário, previstos pelo art. 97. A multa não tem aplicabilidade aos advogados, públicos ou privados, aos membros da Defensoria Pública e do Ministério Público, que terão eventual responsabilidade disciplinar apurada pelo órgão de classe ou corregedoria pertinentes, quando oficiados pelo juiz.

4. A sanção aplicada por ocasião da constatação da prática de ato atentatório à dignidade da justiça não se confunde, nem prejudica, a aplicação de multa (diversa) por atraso no cumprimento da obrigação de pagar quantia, ou o arbitramento de sanção pecuniária realizado no afã de compelir o obrigado a cumprir obrigação de fazer/não fazer ou de entregar coisa (diversa de dinheiro).

5. A parte final do §7º, de duvidosa constitucionalidade, permite ao julgador "proibir a parte de falar nos autos até a purgação do atentado" quando reconhecida a prática de inovação ilegal no estado de fato. Ora, sendo o contraditório (como é!) mote do processo do século XXI, a permissão/legalização de "ordem de silêncio", independentemente do estágio em que se encontre o processo parece, em última análise, desalinhada com os fundamentos que subjazem a prestação jurisdicional pretendida pelo Estado Democrático de Direito.

6. O representante judicial da parte não pode, sob quaisquer hipóteses, ser compelido a cumprir a decisão em seu lugar.

Art. 78. É vedado às partes, a seus procuradores, aos juízes, aos membros do Ministério Público e da Defensoria Pública e a qualquer pessoa que participe do processo empregar expressões ofensivas nos escritos apresentados.

§ 1º Quando expressões ou condutas ofensivas forem manifestadas oral ou presencialmente, o juiz advertirá o ofensor de que não as deve usar ou repetir, sob pena de lhe ser cassada a palavra.

§ 2º De ofício ou a requerimento do ofendido, o juiz determinará que as expressões ofensivas sejam riscadas e, a requerimento do ofendido, determinará a expedição de certidão com inteiro teor das expressões ofensivas e a colocará à disposição da parte interessada.

1. Consoante dito alhures, o processo deve ser vislumbrado como meio ético para a composição dos conflitos sociais, de maneira que não se pode admitir o uso, por seus sujeitos, de expressões ofensivas, por escrito ou verbalmente, capazes de vilipendiar a honra ou a dignidade de quaisquer envolvidos (direta ou indiretamente) com a demanda. Ao juiz incumbe, deparando-se com tal situação, advertir o ofensor, pena, caso manifestadas oralmente, de lhe cassar a palavra. Localizando-as, pois, nos arrazoados constantes dos autos, deverá, *ex officio* (ou provocado), mandar riscá-las.

2. É direito do ofendido, mediante requerimento, obter certidão em que conste o inteiro teor das expressões (ofensivas) pelas quais se sentiu vitimado, para, de acordo com seus interesses, diligenciar na realização das medidas que entender cabíveis.

Seção II
Da Responsabilidade das Partes por Dano Processual

Art. 79. Responde por perdas e danos aquele que litigar de má-fé como autor, réu ou interveniente.

1. Da responsabilidade por danos processuais. Afirma-se, sem maiores controvérsias, que o processo judicial representa, em tese, o espaço democrático, e ético, destinado à prestação da melhor jurisdição possível. Por tal razão, o caminho a ser seguido, da postulação à efetiva entrega da jurisdição, deve ser trilhado, segundo o CPC/2015, em cooperação por todos os sujeitos do processo, no afã de se obter, em tempo razoável, decisão de mérito justa e efetiva (art. 6º). Para tanto, todos os envolvidos devem "comportar-se de acordo com a boa-fé" (art. 5º), pena de serem sancionados. Consoante se extrai do teor do art. 79 da Lei 13.105/2015, aqueles que incidirem em pelo menos uma das condutas previstas pelo art. 80 haverão de suportar, face à litigância inadequada, condenação pecuniária revertida à parte prejudicada.

Art. 80. Considera-se litigante de má-fé aquele que:
I – deduzir pretensão ou defesa contra texto expresso de lei ou fato incontroverso;
II – alterar a verdade dos fatos;
III – usar do processo para conseguir objetivo ilegal;
IV – opuser resistência injustificada ao andamento do processo;
V – proceder de modo temerário em qualquer incidente ou ato do processo;
VI – provocar incidente manifestamente infundado;
VII – interpuser recurso com intuito manifestamente protelatório.

1. Litigância de má-fé. Hipóteses. Consoante o CPC/2015, litiga de má-fé, e, portanto, sujeito a responder por eventuais danos processuais causados aos demais interessados, aquele que (a) deduzir pretensão ou defesa contra texto expresso de lei ou fato incontroverso; (b) alterar a verdade dos fatos; (c) usar do processo para obter vantagem ilegal; (d) opuser resistência injustificada ao

andamento do processo; (e) proceder de modo temerário em quaisquer de suas etapas; (f) provocar incidente processual infundado ou, ainda; (g) interpuser recurso com intuito manifestamente protelatório.

2. Nada obstante a boa intenção do legislador, ao menos o teor dos dois primeiros incisos se prestam a debates infindáveis. A uma, porque o próprio sistema que rotula de "má-fé" a pretensão deduzida contra "texto expresso de lei", permite, exemplificativamente, o controle difuso da constitucionalidade e, segundo importante parcela doutrinária, encontra-se fundado na premissa hermenêutica que distingue *texto* e *norma*; a duas, porque, consoante sabido aos quatro cantos, a verdade "real" (se é que existe – há quem afirme que não!) é, não raro, inatingível no âmbito processual. No mais das vezes, pois, não se provam fatos, mas, tão somente, versões fáticas sustentadas. Restou à margem da anotação legal, outrossim, o direito da parte de não produzir prova contra si. Indaga-se: deixar de confirmar algo (porque constituirá prova contra si) pode e/ou deve ser "lido" como litigância de má-fé?

> **Art. 81.** De ofício ou a requerimento, o juiz condenará o litigante de má-fé a pagar multa, que deverá ser superior a um por cento e inferior a dez por cento do valor corrigido da causa, a indenizar a parte contrária pelos prejuízos que esta sofreu e a arcar com os honorários advocatícios e com todas as despesas que efetuou.
> § 1º Quando forem 2 (dois) ou mais os litigantes de má-fé, o juiz condenará cada um na proporção de seu respectivo interesse na causa ou solidariamente aqueles que se coligarem para lesar a parte contrária.
> § 2º Quando o valor da causa for irrisório ou inestimável, a multa poderá ser fixada em até 10 (dez) vezes o valor do salário-mínimo.
> § 3º O valor da indenização será fixado pelo juiz ou, caso não seja possível mensurá-lo, liquidado por arbitramento ou pelo procedimento comum, nos próprios autos.

1. Dos limites da condenação por litigância de má-fé. A sanção pecuniária imposta àquele que atuar de acordo com uma das hipóteses anotadas pelos incisos do art. 80, não será inferior a 1%, nem superior a 10% do valor da causa atualizado. Revelando-se esse inexpressivo e, por consequência, irrisório o valor da sanção processual, o julgador poderá fixá-la em até 10 vezes o valor do salário-mínimo nacional, no afã de vê-la produzir os efeitos que dela se espera. A condenação visa a indenizar a parte "vitimada" pela litigância inadequada, de maneira que o montante condenatório sirva ao ressarcimento da integralidade das despesas processuais que suportou.

2. Honorários advocatícios. A quais honorários advocatícios se reporta o *caput* do art. 81? Cabe, desde logo, situar geograficamente o teor do art. 81: encontra assento na seção denominada "Da responsabilidade das partes pelos danos processuais" (seção II do Capítulo II do Título I do Livro III da Parte Geral). É conhecida, pois, a distinção entre verba honorária *contratual* e *sucumbencial*. No primeiro caso, deriva ela da contratação havida entre o advogado e seu cliente (ambiente em que, por definição, não cabe ao juiz interferir); no segundo, do princípio da causalidade, face à sucumbência da parte contrária (sublinhe-se, por oportuno, o art. 85, integrante da seção III do presente capítulo, denominada "Das Despesas, dos Honorários Advocatícios e das Multas", limita-se a disciplinar questão relativa à verba sucumbencial). Indaga-se: encontra-se autorizado o julgador a condenar o litigante de má-fé a arcar com a obrigação honorária contratual, assumida pela parte contrária, junto de seu patrono? É possível inseri-la, por exemplo, nas rubricas "prejuízos que esta sofreu" ou "todas as despesas que efetuou"? Extrai-se da parte final do artigo sob comento que, para além dos *honorários*, aquele que age de má-fé deve ser condenado a indenizar a parte contrária pelos prejuízos (segundo pensamos, processuais) experimentados, bem como a ressarci-la em relação às despesas (igualmente processuais) adiantadas. Como o legislador, por definição, não traz apontamentos inúteis, é preciso, antes de mais nada, sublinhar que a condenação ao pagamento da verba honorária, não pode, sob qualquer hipótese, ser baralhada com as demais rubricas. No mais,

3. A condenação prevista pelo *caput* do art. 81 não depende de requerimento (embora a parte prejudicada possa, entendendo oportuno, requerê-la), podendo, pois, ser aplicada de ofício.

4. Quando forem 2 (dois) ou mais os litigantes de má-fé, prescreve o CPC/2015: o magistrado condenará cada um "na proporção de seu respectivo interesse na causa" ou, solidariamente, aqueles que se coligaram para lesar a parte contrária.

5. Não sendo possível, por esta ou aquela razão, proceder-se na fixação imediata do valor devido à parte prejudicada pela litigância de má-fé, sua liquidação será, oportunamente (no momento em que se puder mensurá-la), realizada nos próprios autos em que tiver sido arbitrada.

Seção III
Das Despesas, dos Honorários Advocatícios e das Multas

Art. 82. Salvo as disposições concernentes à gratuidade da justiça, incumbe às partes prover as despesas dos atos que realizarem ou requererem no processo, antecipando-lhes o pagamento, desde o início até a sentença final ou, na execução, até a plena satisfação do direito reconhecido no título.

§ 1º Incumbe ao autor adiantar as despesas relativas a ato cuja realização o juiz determinar de ofício ou a requerimento do Ministério Público, quando sua intervenção ocorrer como fiscal da ordem jurídica.

§ 2º A sentença condenará o vencido a pagar ao vencedor as despesas que antecipou.

1. A prestação jurisdicional no Brasil é, via de regra, paga. Às partes, nessa quadra, incumbe adiantar o custeio dos atos processuais requeridos, dispensados da aludida obrigação, contudo, os que litigam sob o pálio da *gratuidade da justiça* (arts. 98 e seguintes), bem como os que, por expressa determinação legal, estiverem despidos da aludida obrigação.

2. Para além dos atos requeridos, ao autor toca, consoante expressa prescrição legal, adiantar o custeio dos atos determinados pelo julgador, a seu

critério ou a requerimento do *parquet*, quando atuar na condição de fiscal da ordem jurídica.

3. Havendo adiantamento de custas, o ato do juiz que pretenda pôr fim ao processo condenará o vencido a pagar ao vitorioso as despesas a que foi obrigado a antecipar.

Art. 83. O autor, brasileiro ou estrangeiro, que residir fora do Brasil ou deixar de residir no país ao longo da tramitação de processo prestará caução suficiente ao pagamento das custas e dos honorários de advogado da parte contrária nas ações que propuser, se não tiver no Brasil bens imóveis que lhes assegurem o pagamento.
§ 1º Não se exigirá a caução de que trata o *caput*:
I – quando houver dispensa prevista em acordo ou tratado internacional de que o Brasil faz parte;
II – na execução fundada em título extrajudicial e no cumprimento de sentença;
III – na reconvenção.
§ 2º Verificando-se no trâmite do processo que se desfalcou a garantia, poderá o interessado exigir reforço da caução, justificando seu pedido com a indicação da depreciação do bem dado em garantia e a importância do reforço que pretende obter.

1. No afã de garantir o adimplemento da obrigação sob comento (custeio das despesas processuais *lato sensu*: custas dos atos do processo + indenização de viagem + remuneração de assistente técnico + diária de testemunha + honorários sucumbenciais), o CPC/2015 exige do autor que resida fora do Brasil, ou que deixe de aqui residir ao largo da tramitação do feito, a prestação de caução idônea, caso não possua bens imóveis localizados em território nacional capazes de assegurar sua oportuna satisfação. A aludida caução restará dispensada (a) quando prevista (a dispensa) em acordo ou tratado internacional do qual o Brasil faça parte; (b) na execução fundada em título extrajudicial e no cumprimento de sentença, bem como (c) na reconvenção.

2. Depreciada a garantia sob comento (independentemente de seu fundamento), o interessado poderá, apontando-a e justificando o "reforço" caucionatório a que pretende ver o autor obrigado, requerer sua (re)adequação.

Art. 84. As despesas abrangem as custas dos atos do processo, a indenização de viagem, a remuneração do assistente técnico e a diária de testemunha.

1. Consideram-se "despesas processuais", o somatório dos gastos realizados pela parte que contemplem (a) as custas dos atos processuais propriamente ditas, (b) os gastos com deslocamento, (c) a remuneração devida ao assistente técnico contratado, bem como (d) a diária da testemunha devidamente arrolada que comparecer a juízo.

2. O rol apontado pelo artigo sob comento é, segundo pensamos, exemplificativo.

Art. 85. A sentença condenará o vencido a pagar honorários ao advogado do vencedor.

§ 1º São devidos honorários advocatícios na reconvenção, no cumprimento de sentença, provisório ou definitivo, na execução, resistida ou não, e nos recursos interpostos, cumulativamente.

§ 2º Os honorários serão fixados entre o mínimo de dez e o máximo de vinte por cento sobre o valor da condenação, do proveito econômico obtido ou, não sendo possível mensurá-lo, sobre o valor atualizado da causa, atendidos:

I – o grau de zelo do profissional;

II – o lugar de prestação do serviço;

III – a natureza e a importância da causa;

IV – o trabalho realizado pelo advogado e o tempo exigido para o seu serviço.

§ 3º Nas causas em que a Fazenda Pública for parte, a fixação dos honorários observará os critérios estabelecidos nos incisos I a IV do § 2º e os seguintes percentuais:

I – mínimo de dez e máximo de vinte por cento sobre o valor da condenação ou do proveito econômico obtido até 200 (duzentos) salários-mínimos;

II – mínimo de oito e máximo de dez por cento sobre o valor da condenação ou do proveito econômico obtido acima de 200 (duzentos) salários-mínimos até 2.000 (dois mil) salários-mínimos;

III – mínimo de cinco e máximo de oito por cento sobre o valor da condenação ou do proveito econômico obtido acima de 2.000 (dois mil) salários-mínimos até 20.000 (vinte mil) salários-mínimos;

IV – mínimo de três e máximo de cinco por cento sobre o valor da condenação ou do proveito econômico obtido acima de 20.000 (vinte mil) salários-mínimos até 100.000 (cem mil) salários-mínimos;

V – mínimo de um e máximo de três por cento sobre o valor da condenação ou do proveito econômico obtido acima de 100.000 (cem mil) salários-mínimos.

§ 4º Em qualquer das hipóteses do § 3º:

I – os percentuais previstos nos incisos I a V devem ser aplicados desde logo, quando for líquida a sentença; II – não sendo líquida a sentença, a definição do percentual, nos termos previstos nos incisos I a V, somente ocorrerá quando liquidado o julgado;

III – não havendo condenação principal ou não sendo possível mensurar o proveito econômico obtido, a condenação em honorários dar-se-á sobre o valor atualizado da causa;

IV – será considerado o salário-mínimo vigente quando prolatada sentença líquida ou o que estiver em vigor na data da decisão de liquidação.

§ 5º Quando, conforme o caso, a condenação contra a Fazenda Pública ou o benefício econômico obtido pelo vencedor ou o valor da causa for superior ao valor previsto no inciso I do § 3º, a fixação do percentual de honorários deve observar a faixa inicial e, naquilo que a exceder, a faixa subsequente, e assim sucessivamente.

§ 6º Os limites e critérios previstos nos §§ 2º e 3º aplicam-se independentemente de qual seja o conteúdo da decisão, inclusive aos casos de improcedência ou de sentença sem resolução de mérito.

§ 7º Não serão devidos honorários no cumprimento de sentença contra a Fazenda Pública que enseje expedição de precatório, desde que não tenha sido impugnada.

§ 8º Nas causas em que for inestimável ou irrisório o proveito econômico ou, ainda, quando o valor da causa for muito baixo, o juiz fixará o valor dos honorários por apreciação equitativa, observando o disposto nos incisos do § 2º.

§ 9º Na ação de indenização por ato ilícito contra pessoa, o percentual de honorários incidirá sobre a soma das prestações vencidas acrescida de 12 (doze) prestações vincendas.

§ 10. Nos casos de perda do objeto, os honorários serão devidos por quem deu causa ao processo.

§ 11. O tribunal, ao julgar recurso, majorará os honorários fixados anteriormente levando em conta o trabalho adicional realizado em grau recursal, observando, conforme o caso, o disposto nos §§ 2º a 6º, sendo vedado ao tribunal, no cômputo geral da fixação de honorários devidos ao advogado do vencedor, ultrapassar os respectivos limites estabelecidos nos §§ 2º e 3º para a fase de conhecimento.

§ 12. Os honorários referidos no § 11 são cumuláveis com multas e outras sanções processuais, inclusive as previstas no art. 77.

§ 13. As verbas de sucumbência arbitradas em embargos à execução rejeitados ou julgados improcedentes e em fase de cumprimento de sentença serão acrescidas no valor do débito principal, para todos os efeitos legais.

§ 14. Os honorários constituem direito do advogado e têm natureza alimentar, com os mesmos privilégios dos créditos oriundos da legislação do trabalho, sendo vedada a compensação em caso de sucumbência parcial.

§ 15. O advogado pode requerer que o pagamento dos honorários que lhe caibam seja efetuado em favor da sociedade de advogados que integra na qualidade de sócio, aplicando-se à hipótese o disposto no § 14.

§ 16. Quando os honorários forem fixados em quantia certa, os juros moratórios incidirão a partir da data do trânsito em julgado da decisão.

§ 17. Os honorários serão devidos quando o advogado atuar em causa própria.

§ 18. Caso a decisão transitada em julgado seja omissa quanto ao direito aos honorários ou ao seu valor, é cabível ação autônoma para sua definição e cobrança.

§ 19. Os advogados públicos perceberão honorários de sucumbência, nos termos da lei.

1. Honorários sucumbenciais. Trata-se de verba, de natureza alimentar e incompensável, devida pela parte sucumbente ao advogado da parte vitoriosa, inclusive, nos casos em que o advogado atue em causa própria. O crédito em tela será, sempre, objeto de pronunciamento judicial que deverá observar, na sua fixação, o percentual mínimo de 10% e o máximo de 20% sobre o valor da condenação ou do proveito econômico obtido pela parte vitoriosa. No afã de encontrar a "medida" remuneratória ideal, o julgador observará (a) o grau de zelo do profissional, (b) o lugar de prestação do serviço, (c) a natureza e a importância da causa, bem como o (d) trabalho realizado pelo advogado e (e) o tempo despendido para tanto. Não sendo possível mensurar o proveito econômico, respeitado de igual forma os percentuais mínimo e máximo, tomar-se-á o valor atualizado da causa por base para fixação da verba honorária.

2. Os honorários sob comento são devidos, inclusive, em sede de reconvenção, no cumprimento de sentença (provisório ou definitivo), no processo de execução (resistido ou não), bem como, de maneira cumulada, nos recursos interpostos (hipótese em que não há baralhar *fixação* e *majoração* de honorários).

3. Honorários em desfavor da Fazenda Pública. Regime diferenciado. Analisados (a) o grau de zelo do profissional, (b) o lugar de prestação do serviço, (c) a natureza e a importância da causa, bem como o (d) trabalho realizado pelo advogado e o tempo exigido para a realização do patrocínio, em se tratando de obrigação a ser suportada pela FP, observar-se-á na fixação dos honorários sucumbenciais os percentuais, a saber: (I) mínimo de dez e máximo de vinte por cento sobre o valor da condenação ou do proveito econômico obtido até 200 (duzentos) salários-mínimos; (II) mínimo de oito e máximo de dez por cento sobre o valor da condenação ou do proveito econômico obtido acima de 200 (duzentos) salários-mínimos até 2.000 (dois mil) salários-mínimos; (III) mínimo de cinco e máximo de oito por cento sobre o valor da condenação ou do proveito econômico obtido acima de 2.000 (dois mil) salários-mínimos até 20.000 (vinte mil) salários-mínimos; (IV) mínimo de três e máximo de cinco por cento sobre o valor da condenação ou do proveito econômico obtido acima de 20.000 (vinte mil) salários-mínimos até 100.000 (cem mil) salários-mínimos; (V) mínimo de um e máximo de três por cento sobre o valor da condenação ou do proveito econômico obtido acima de 100.000 (cem mil) salários-mínimos. O salário mínimo a ser observado enquanto base de cálculo para a aferição dos honorários devidos será aquele vigente ao tempo da prolação da sentença, quando líquida, ou, da decisão liquidatória, havendo necessidade. Tratando-se, todavia, de causa de valor inestimável, ou de irrisório proveito econômico ao vitorioso, o juiz fixará, no afã de remunerar suficientemente o patrono da causa, o valor dos honorários por "apreciação equitativa", observando, pois, os critérios prescritos nos incisos do § 2º.

4. O percentual de honorários devidos pela FP será, sendo líquida a sentença, desde logo definido; revelando-se ilíquida, a matéria será enfrentada ao tempo da liquidação do julgado, e deverá considerar, outrossim, o trabalho realizado pelo advogado ao longo da própria etapa processual (etapa liquidatória).

5. Quando, conforme o caso, a condenação contra a Fazenda Pública ou o benefício econômico obtido pelo vencedor ou o valor da causa for superior ao valor previsto no inciso I do § 3º, a fixação do percentual de honorários deve observar a faixa inicial e, naquilo que a exceder, a faixa subsequente, e assim sucessivamente. Exemplo: imagine-se que, em determinado caso concreto, a condenação, ou o proveito econômico obtido pela parte que litiga em face de Fazenda Pública tenha alcançado o montante de 300 salários-mínimos. Há de se observar, para fins de determinação do total devido a título de honorários sucumbenciais, o percentual de 10% a 20%, considerados os primeiros 200 salários devidos à parte vencedora; no que diz com os 100 restantes, pois, a incidência de percentual entre 8% e 10%.

6. Aplicam-se os limites e critérios estabelecidos pelos §§ 2º e 3º do art. 85, independentemente do conteúdo da decisão, sendo devida a verba honorária inclusive nos casos de improcedência ou de sentença terminativa. Não serão devidos honorários pela FP, contudo, no cumprimento de sentença que enseje expedição de precatório, inexistindo impugnação.

7. O CPC/2015, por opção legislativa, nada obstante o (novo) regramento aplicável à matéria, aduz que: "Na ação de indenização por ato ilícito contra pessoa, o percentual de honorários incidirá sobre a soma das prestações vencidas acrescida de 12 (doze) prestações vincendas" (§ 9°) e "Nos casos de perda do objeto, os honorários serão devidos por quem deu causa ao processo." (§ 10).

8. Ao enfrentar recurso, o tribunal competente, face ao trabalho adicional realizado pelo patrono da causa, majorará os honorários anteriormente fixados. Trata-se, bem compreendida, de regra processual que atende aos critérios legais para a fixação da verba honorária. Quanto mais trabalho, maior haverá de ser a verba honorária devida ao patrono da causa. Consoante o teor do enunciado 16 do ENFAM, contudo, "Não é possível majorar os honorários na hipótese de interposição de recurso no mesmo grau de jurisdição." (art. 85, § 11, do CPC/2015).

9. Honorários em sede recursal. Fixação *versus* majoração da verba honorária. Novidade expressiva trouxe o Código ao prever, em sede recursal, a possibilidade de majoração da verba honorária devida pelo sucumbente. O tema, do ponto de vista de sua *razão de ser*, tem o condão de gerar certa controvérsia. Explicamo-nos. É possível afirmar que a majoração da verba honorária por ocasião do enfrentamento recursal (em caso de manutenção da decisão impugnada) visa a remunerar o *"trabalho extra"* a que se submete o patrono da parte vencedora, tendo ele (embora não seja obrigação do recorrido) de desenvolver, por exemplo, contrarrazões recursais, de realizar sustentação oral (quando cabível) etc. A justificativa acerca da legitimidade da majoração da verba honorária, segundo tal corrente, é simples: o fato de ter de combater a tentativa promovida pela interposição de certo recurso conduz o patrono da causa a uma nova empreitada processual, quer dizer, submete-o a mais trabalho, que, segundo o Código, deve ser remunerado, de maneira cumulada aos honorários já estipulados, considerado o labor adicional realizado em grau recursal. Há quem sustente, pois, que adoção da possibilidade sob comento revela-se, também, ferramental destinado a coibir o oferecimento de pleitos recursais fadados ao insucesso, atribuindo à majoração ventilada, bem compreendida a afirmativa, caráter punitivo. Adiantemos: não nos parece esta a melhor interpretação, uma vez que o nosso ordenamento jurídico atribuiu à figura das *multas,* em sentido largo, tal tarefa (sancionatória).[12] Independentemente de nosso posicionamento, não ignoramos, à evidência, que, no dia a dia forense, esse sentimento se faça presente. Os honorários sucumbenciais, registre-se, pertencem ao advogado, e não à parte vencedora, consoante se extrai do teor do *caput* do art. 85, de maneira que, embora a possibilidade de majoração possa gerar influência no que diz com a promoção de novos pleitos recursais, não há negá-los enquanto "remuneração" ao *trabalho extraordinário e vitorioso* desenvolvido pelo patrono da causa. Excetuadas as demandas que

---

[12] Vide, exemplificativamente, o teor do art. 81 do CPC/2015.

envolvem a Fazenda Pública, os honorários são devidos "entre o mínimo de dez e o máximo de vinte por cento sobre o valor da condenação, do proveito econômico obtido ou, não sendo possível mensurá-lo, sobre o valor atualizado da causa", observados, na derradeira hipótese, os critérios legais. A limitação tem aplicabilidade tão somente "a fase cognitiva" do feito, consoante expresso apontamento legal (art. 85, § 11, *in fine*).[13] Os tribunais têm sustentado, até então, que, apenas em relação à verba honorária previamente fixada, é possível falar em majoração. Acerca disso, inclusive, manifestou-se a Quarta Turma do STJ: "(...) 3. Não cabe a majoração dos honorários advocatícios nos termos do § 11 do art. 85 do CPC de 2015 quando o recurso é oriundo de decisão interlocutória sem a prévia fixação de honorários" (AgInt no REsp 1507973/RS, Rel. Ministro João Otávio de Noronha, Terceira Turma, julgado em 19/05/2016, DJe 24/05/2016)." (EDcl no AgRg no AREsp 303.406/SP, Rel. Ministro LUIS FELIPE SALOMÃO, Quarta Turma, julgado em 28/06/2016, DJe 01/08/2016). O regramento, que não deixa dúvidas acerca da possibilidade de majoração da verba honorária em sede recursal, causa, considerada a tentativa de justificar a adoção do regramento sob comento, certo desconforto "teórico" em determinadas situações. Segundo pensamos, não há, primeiro, pensar em verba honorária sucumbencial de maneira a dissociá-la da remuneração (premiação) do patrono da parte vitoriosa; segundo, acreditamos que sua majoração, em sede recursal, se justifica/se legitima pelo "maior" trabalho a que se submeterá o profissional atuante no caso concreto. Tomando o acima exposto por ponto de partida, examinemos algumas situações rotineiras no dia a dia forense: (a) imagine-se, primeiro, que o autor tenha o seu pleito judicial acolhido, à integralidade, junto ao primeiro grau de jurisdição, havendo, inclusive, condenação do demandado ao pagamento de custas e honorários sucumbenciais, no aporte de 10% do valor da condenação; segundo, que, insatisfeito com o decisório, o réu apela, sem que o apelado, ao largo da tramitação do pleito recursal, abandone seu estado de inércia (leia-se: não apresenta contrarrazões, não sustenta oralmente, etc.); terceiro, que o tribunal, oportunamente, mantenha o pronunciamento judicial impugnado. Nesse caso, pois, legitimar-se-ia a majoração da verba honorária em benefício do patrono do autor/apelado? (b) pense-se, agora, em situação processual em que o demandante postule, já em sede inicial, a concessão de *tutela provisória de urgência antecipada*, de maneira incidental, obtendo êxito. O demandado, irresignado, agrava (art. 1.015, I). Intimado a apresentar contrarrazões, o autor, ora agravado, assim procede. Aprazado o julgamento do recurso, o patrono do agravado realiza sustentação oral (art. 937, VIII). A decisão atacada é mantida. E nesse, legitimar-se-ia a majoração da verba honorária em benefício do patrono do autor/agravado? Perceba-se que, segundo interpretação realizada pelos tribunais, a majoração da verba honorária seria devida no primeiro caso e indevida no segundo. Mas,

---

[13] "Art. 85. (...) § 2º Os honorários serão fixados entre o mínimo de dez e o máximo de vinte por cento sobre o valor da condenação, do proveito econômico obtido ou, não sendo possível mensurá-lo, sobre o valor atualizado da causa, atendidos: I – o grau de zelo do profissional; II – o lugar de prestação do serviço; III – a natureza e a importância da causa; IV – o trabalho realizado pelo advogado e o tempo exigido para o seu serviço.".

a verba honorária sucumbencial não serve a remuneração do "maior" trabalho a que se submete o patrono da parte a quem assiste razão? É intuitivo que, no primeiro caso, o patrono do autor, em sede recursal, manteve-se inerte; no segundo, houve toda uma atividade extraordinária, desenvolvendo o patrono do agravado atividade forense considerável. Mas, como dito, o primeiro terá sua "remuneração" majorada (ao menos em tese); o segundo, nem fixação, muito menos majoração, segundo a *praxe* forense. Nossa sugestão, pois, é no sentido de que a cada enfrentamento recursal, havendo atuação concreta do patrono da parte vitoriosa, haja, inexistindo verba honorária previamente fixada, condenação da parte derrotada em honorários advocatícios, uma vez que não há confundir *fixação de verba honorária em sede recursal* (base legal: art. 85, §1º, *in fine*), com a possibilidade de sua majoração (base legal: art. 85, §11). Ante o sucesso das pretensões do recorrente/recorrido, havendo verba prefixada em seu favor, a majoração é tarefa que se impõe, respeitados os limites legais; inexistindo, haverá o julgador, com fulcro nas razões já expostas, de fixá-la, independentemente do recurso *sub judice*. Assim, e somente assim, estar-se-ia, imediatamente, a remunerar o trabalho extraordinário desenvolvido pelo patrono da parte a quem assiste razão e, mediatamente, combatendo a interposição de pleitos recursais manifestamente infundados.

10. Para todos os efeitos legais, a verba honorária arbitrada em embargos à execução rejeitados ou julgados improcedentes e em fase de cumprimento de sentença serão acrescidas no valor do débito principal.

11. Sepultando debate outrora suscitado, o CPC/2015, em "alto e bom tom", visando a tutelar a dignidade da advocacia, prescreve, primeiro, pertencer ao advogado (e não à parte vitoriosa) os honorários sucumbenciais; segundo, que tal verba possui *natureza alimentar* (e remuneratória ao trabalho desenvolvido pelo advogado) e goza, sobretudo, dos (idênticos) privilégios atribuídos aos créditos oriundos da legislação laboral; terceiro, que são insuscetíveis de compensação, sob quaisquer hipóteses, em caso de sucumbência parcial entre os contendores.

12. Honorários. Fixação em quantia certa. Fixados os honorários em quantia certa, os juros moratórios devidos ao titular do crédito sucumbencial incidirão desde a data do trânsito em julgado da decisão que reconhecer a existência da obrigação, cessando sua incidência apenas por ocasião da satisfação efetiva do direito sob comento.

13. Ação autônoma para fixação e cobrança de honorários sucumbenciais. Como regra, e independentemente de pedido expresso (art. 332, § 1º, do CPC/2015), o juiz deve, ao dar por prestada a jurisdição cognitiva (ou a etapa do mesmo), arbitrar honorários sucumbenciais. Silente acerca do tema, estar-se-á, primeiramente, diante de hipótese de cabimento de embargos de declaração (art. 1.022, II, do CPC/2015). Nos casos, porém, em que, a despeito do silêncio do julgador (e do advogado da parte vitoriosa), a decisão deixar de reconhecer o direito aos honorários ou, reconhecendo-o, seja omissa em relação ao valor devido, é facultado ao titular do crédito promover ação judicial autônoma visando a obter sua definição e cobrança.

14. Os honorários sucumbenciais devidos aos advogados públicos são regulados por lei específica, não restando os mesmos, pois, sujeitos ao regime prescrito pelo art. 85, seus parágrafos e incisos.

> **Art. 86.** Se cada litigante for, em parte, vencedor e vencido, serão proporcionalmente distribuídas entre eles as despesas.
> Parágrafo único. Se um litigante sucumbir em parte mínima do pedido, o outro responderá, por inteiro, pelas despesas e pelos honorários.

1. Havendo sucumbência recíproca, as despesas processuais serão, observada a proporção da derrota processual de cada litigante, rateadas entre os mesmos. Restando, pois, inexpressiva a sucumbência de uma das partes, ou seja, ínfima em relação ao todo postulado, à parte contrária tocará arcar, à integralidade, com as despesas e os honorários sucumbenciais.

2. "APELAÇÃO CÍVEL. (...) 5. Sentença modificada em parte. 6. Em razão do decaimento mínimo da concessionária autora, condenação da a parte ré ao pagamento dos honorários advocatícios e das despesas processuais, conforme disciplina o artigo 86, parágrafo único, do CPC. RECURSO DA PARTE AUTORA PARCIALMENTE PROVIDO. RECURSO DA PARTE RÉ DESPROVIDO." (Apelação Cível nº 70072132855, Primeira Câmara Cível, Tribunal de Justiça do RS, Relator: Sergio Luiz Grassi Beck, Julgado em 05/04/2017).

> **Art. 87.** Concorrendo diversos autores ou diversos réus, os vencidos respondem proporcionalmente pelas despesas e pelos honorários.
> § 1º A sentença deverá distribuir entre os litisconsortes, de forma expressa, a responsabilidade proporcional pelo pagamento das verbas previstas no *caput*.
> § 2º Se a distribuição de que trata o § 1º não for feita, os vencidos responderão solidariamente pelas despesas e pelos honorários.

1. Ações litisconsorciais. Sucumbência. Os litisconsortes respondem, como regra, proporcionalmente pela sucumbência havida, devendo o julgador, na hipótese, delimitar, expressamente, a responsabilidade de cada um dos consorciados. Omisso o julgado (caso em que haverá espaço, à evidência, para o oferecimento de *embargos declaratórios*), os sucumbentes responderão *solidariamente* à totalidade das despesas, incluindo-se, aí, os honorários sucumbenciais, do que deriva a possibilidade de o advogado credor eleger de quem cobrará a satisfação de seu crédito (se de apenas um, de alguns, ou de todos os devedores). Reconhece-se, ao devedor solidário que arcar com as despesas processuais em sentido lato (de maneira espontânea ou compelido pela atuação do credor), o direito de regresso em face dos demais devedores solidários.

> **Art. 88.** Nos procedimentos de jurisdição voluntária, as despesas serão adiantadas pelo requerente e rateadas entre os interessados.

1. Partindo da premissa de que em sede de jurisdição voluntária inexiste conflito de interesses, o CPC/2015 estabelece, no que tange ao tema *despesas* *processuais*, regramento específico. Ao requerente incumbe, pois, adiantá-las, o que não significa dizer que terá, sozinho, de suportá-las. A responsabilidade pelo adimplemento das despesas processuais haverá, oportunamente, de ser rateada entre todos os interessados, reembolsando-se o requerente dos valores adiantados, excetuado o montante que lhe couber suportar.

> **Art. 89.** Nos juízos divisórios, não havendo litígio, os interessados pagarão as despesas proporcionalmente a seus quinhões.

1. Despesas processuais. Juízos divisórios. Nos juízos divisórios pacíficos, inexistindo pacto entre os interessados em sentido diverso, cada qual arcará com as despesas processuais na proporção de seu quinhão. A regra tem aplicação, exemplificativamente, em sede de partilha amigável promovida via *Arrolamento* (art. 659, CPC/2015).

> **Art. 90.** Proferida sentença com fundamento em desistência, em renúncia ou em reconhecimento do pedido, as despesas e os honorários serão pagos pela parte que desistiu, renunciou ou reconheceu.
> § 1º Sendo parcial a desistência, a renúncia ou o reconhecimento, a responsabilidade pelas despesas e pelos honorários será proporcional à parcela reconhecida, à qual se renunciou ou da qual se desistiu.
> § 2º Havendo transação e nada tendo as partes disposto quanto às despesas, estas serão divididas igualmente.
> § 3º Se a transação ocorrer antes da sentença, as partes ficam dispensadas do pagamento das custas processuais remanescentes, se houver.
> § 4º Se o réu reconhecer a procedência do pedido e, simultaneamente, cumprir integralmente a prestação reconhecida, os honorários serão reduzidos pela metade.

1. Quando a sentença acolher o pedido de desistência da ação (que deve ser formulado, pelo autor, antes da prolação da sentença – art. 485, § 5º do CPC/2015), renúncia ao direito sobre o qual se funda o pleito judicial, ou, reconhecimento da procedência do pedido, as despesas processuais haverão de ser suportadas pela parte que tenha tomado a iniciativa que serviu de fundamento à extinção do feito. Isto é, nas duas primeiras hipóteses, ao demandante; na derradeira, ao demandado, respeitados, todavia, os limites da desistência, da renúncia e do reconhecimento (que podem ser apenas parciais).

2. Transação. Responsabilidade pelas despesas processuais. Transacionado o litígio, inexistindo pacto entre os envolvidos acerca da responsabilidade em arcar com as despesas processuais, serão estas distribuídas proporcionalmente entre as partes. Quando a transação ocorrer antes da prolação da sentença, os contendores restarão, por expressa previsão legal, dispensados de pagar eventuais custas remanescentes.

3. Aduz o CPC/2015: se "o réu reconhecer a procedência do pedido e, simultaneamente, cumprir integralmente a prestação reconhecida, os honorários serão reduzidos pela metade". O quarto parágrafo do artigo 90 merece re-

flexão especial, considerada, pois, sua parte final. Cabe destacar, de um lado, que a fixação de honorários (ao menos no âmago da tutela cognitiva), consoante apontamento legal, depende da análise de alguns critérios (I – *o grau de zelo do profissional; II – o lugar de prestação do serviço; III – a natureza e a importância da causa; IV – o trabalho realizado pelo advogado e o tempo exigido para o seu serviço*). Perceba-se que, segundo o CPC/2015, a fixação da remuneração do advogado depende, em boa medida, do próprio desenrolar processual, por exemplo, para que se possa aferir *o grau de zelo profissional* (que não deve ser medido tão somente pela análise do petitório inicial) e o *tempo exigido do advogado in concreto* (que não se limita, à evidência, ao tempo para preparar o pleito judicial). Logo, é na decisão judicial que pretenda dar por prestada a jurisdição (ou a etapa dele) que, a rigor, se poderá mensurar, em atenção ao direito posto, a qualidade da atuação do causídico, atribuindo-lhe remuneração condizente; de outro, cumpre sublinhar que o reconhecimento da procedência do pedido pode, em tese, ser reconhecido, a qualquer tempo, antes do trânsito em julgado da causa. Nos casos em que o reconhecimento do pedido se dê de imediato, e esse parece ser o ponto enfocado pela regra sob comento (embora omisso o texto), parece-nos que a melhor solução para o enfrentamento do problema da "redução da verba honorária" passe por um pronunciamento judicial que fixe de antemão os honorários para o caso de reconhecimento da procedência do pedido, pena de o "cálculo" da "metade" (da verba honorária devida) não passar de mero discurso retórico. No mais, sustenta-se ilegítima a fixação de verba honorária em "metade" do mínimo, situação que corresponderia, à evidência, em flagrante burla à garantia estabelecida em benefício da classe dos advogados. O percentual de remuneração processual do advogado (exatamente por existir um mínimo) não pode, sob quaisquer hipóteses, nem mesmo no caso de reconhecimento imediato da procedência do pedido, ser inferior aos limites prescritos pelo *caput* do art. 85. Vale lembrar, ainda, que os honorários sucumbenciais possuem, segundo o próprio Código, natureza alimentar, razão pela qual o respeito ao piso remuneratório dos advogados com mais razão se impõe. A "metade" jamais poderá ser inferior ao mínimo. Ou, se afigura legítimo permitir ao empregador que, em caso de pagamento imediato dos salários devidos (verba alimentar) possam eles ser reduzidos à metade? O Código, "desavisadamente", segue, em certa medida, a fazer gentileza "com o chapéu alheio". A verba honorária, reitera-se, pertence ao advogado.

Art. 91. As despesas dos atos processuais praticados a requerimento da Fazenda Pública, do Ministério Público ou da Defensoria Pública serão pagas ao final pelo vencido.

§ 1º As perícias requeridas pela Fazenda Pública, pelo Ministério Público ou pela Defensoria Pública poderão ser realizadas por entidade pública ou, havendo previsão orçamentária, ter os valores adiantados por aquele que requerer a prova.

§ 2º Não havendo previsão orçamentária no exercício financeiro para adiantamento dos honorários periciais, eles serão pagos no exercício seguinte ou ao final, pelo vencido, caso o processo se encerre antes do adiantamento a ser feito pelo ente público.

1. Não se aplica à Fazenda Pública, ao *Parquet* e à Defensoria Pública o dever de adiantar o custeio dos atos processuais. Tais despesas (com atos processuais requeridos pelos aludidos órgãos) serão satisfeitas, pelo sucumbente, por ocasião do término do processo.

Art. 92. Quando, a requerimento do réu, o juiz proferir sentença sem resolver o mérito, o autor não poderá propor novamente a ação sem pagar ou depositar em cartório as despesas e os honorários a que foi condenado.

1. Extinto determinado feito por sentença *terminativa* (ou seja, em que inexiste enfrentamento meritório da causa), nada obsta, havendo interesse do autor, que demanda idêntica (mesmas partes, causa de pedir e pedido) seja "reexaminada", desde que liberta, sendo o caso, do vício que serviu de base à extinção do feito. O ordenamento pátrio, contudo, exige do demandante a comprovação de requisitos *extras* para o regular trâmite da "nova" demanda. Para além da presença dos demais requisitos de desenvolvimento válido do processo (subjetivos, objetivos e formais), haverá o autor de comprovar, previamente, a satisfação das despesas processuais inerentes à demanda antecedente, incluindo-se a comprovação de pagamento ou depósito dos honorários sucumbenciais a que foi condenado, pena de indeferimento da exordial e, consequentemente, de não apreciação do novo pleito judicial.

Art. 93. As despesas de atos adiados ou cuja repetição for necessária ficarão a cargo da parte, do auxiliar da justiça, do órgão do Ministério Público ou da Defensoria Pública ou do juiz que, sem justo motivo, houver dado causa ao adiamento ou à repetição.

1. Os custos relativos aos atos processuais que sem justo motivo tiverem de ser adiados correrão, consoante expressa previsão legal, às expensas de quem deu causa ao seu adiamento ou repetição.

Art. 94. Se o assistido for vencido, o assistente será condenado ao pagamento das custas em proporção à atividade que houver exercido no processo.

1. Assistência simples. O assistente, na proporção de sua "interferência" no feito, responderá pelo pagamento das custas processuais nos casos em que o assistido sucumbir. O assistente simples, por definição, não pode ser considerado parte. Acerca do tema (assistência), vide comentários aos artigos 121/124. Aplica-se, em relação à assistência litisconsorcial, o regime previsto para os litisconsortes, uma vez que o assistente, na hipótese, é, consoante entendimento majoritário, parte processual, não terceiro.

Art. 95. Cada parte adiantará a remuneração do assistente técnico que houver indicado, sendo a do perito adiantada pela parte que houver requerido a perícia ou rateada quando a perícia for determinada de ofício ou requerida por ambas as partes.

§ 1º O juiz poderá determinar que a parte responsável pelo pagamento dos honorários do perito deposite em juízo o valor correspondente.

§ 2º A quantia recolhida em depósito bancário à ordem do juízo será corrigida monetariamente e paga de acordo com o art. 465, § 4º.

§ 3º Quando o pagamento da perícia for de responsabilidade de beneficiário de gratuidade da justiça, ela poderá ser:

I – custeada com recursos alocados no orçamento do ente público e realizada por servidor do Poder Judiciário ou por órgão público conveniado;

II – paga com recursos alocados no orçamento da União, do Estado ou do Distrito Federal, no caso de ser realizada por particular, hipótese em que o valor será fixado conforme tabela do tribunal respectivo ou, em caso de sua omissão, do Conselho Nacional de Justiça.

§ 4º Na hipótese do § 3º, o juiz, após o trânsito em julgado da decisão final, oficiará a Fazenda Pública para que promova, contra quem tiver sido condenado ao pagamento das despesas processuais, a execução dos valores gastos com a perícia particular ou com a utilização de servidor público ou da estrutura de órgão público, observando-se, caso o responsável pelo pagamento das despesas seja beneficiário de gratuidade da justiça, o disposto no art. 98, § 2º.

§ 5º Para fins de aplicação do § 3º, é vedada a utilização de recursos do fundo de custeio da Defensoria Pública.

1. Compete a cada contendor, à evidência, adiantar a remuneração do assistente técnico que houver indicado para funcionar no caso concreto. A relação primária havida entre o *expert* e a parte que possui interesse na prestação de seus serviços, revela-se, embora motivada pela relação processual, relação jurídica inerente ao mundo do direito privado. Os honorários devidos ao perito nomeado pelo juízo, por sua vez, encontram-se submetidos a regime diverso: incumbe ao contendor que requereu a produção da prova técnica (admitida), adiantá-los; tratando-se de prova determinada *ex officio* ou requerida por ambos os contendores, a antecipação de seu custeio será rateado entre as partes. Em quaisquer dos casos, o juiz poderá determinar que a parte responsável pelo pagamento dos honorários periciais os deposite, imediatamente, em juízo.

2. Nos casos em que o dever de suportá-los (leia-se: os custos da perícia) recair sobre contendor que litigue albergado pela gratuidade de justiça, serão os mesmos custeados (a) com recursos alocados no orçamento do ente público e realizada por servidor do Poder Judiciário ou por órgão público conveniado; (b) com recursos alocados no orçamento da União, do Estado ou do Distrito Federal, no caso de ser realizada por particular, hipótese em que o valor será fixado conforme tabela do tribunal respectivo ou, em caso de omissão, do Conselho Nacional de Justiça. No derradeiro caso, pois, o julgador, por ocasião do trânsito em julgado da decisão final, oficiará a Fazenda Pública para promover, em face do condenado ao pagamento das despesas processuais, "a execução dos valores gastos com a perícia particular ou com a utilização de servidor público ou da estrutura de órgão público, observando-se, caso o responsável pelo pagamento das despesas seja beneficiário de gratuidade da justiça, o disposto no art. 98, § 2º".

Art. 96. O valor das sanções impostas ao litigante de má-fé reverterá em benefício da parte contrária, e o valor das sanções impostas aos serventuários pertencerá ao Estado ou à União.

1. O produto da sanção aplicada à parte por litigância de má-fé pertence, segundo expressa prescrição legal, ao seu adversário processual, excetuados os casos em que exista previsão em sentido contrário; as impostas aos serventuários (da justiça), por sua vez, ao Estado ou à União, respeitada a competência para processar e julgar o feito.

Art. 97. A União e os Estados podem criar fundos de modernização do Poder Judiciário, aos quais serão revertidos os valores das sanções pecuniárias processuais destinadas à União e aos Estados, e outras verbas previstas em lei.

1. Aos órgãos competentes para prestar a jurisdição é facultada a criação de "fundos de modernização do Poder Judiciário" que receberão, sendo o caso, os valores oriundos das sanções processuais que devam ser revertidas aos mesmos. Embora codificada, trata-se de matéria *jurídico-administrativo* que, por tal, merece maior atenção das "normas de organização e estruturação judiciária".

Seção IV
Da Gratuidade da Justiça

1. O modelo constitucional do processo civil brasileiro, para além da dita *assistência judiciária*, reconhece a todo e qualquer necessitado o *direito fundamental à assistência jurídica integral e gratuita*. Nada obstante seja possível afirmar que a previsão exceda em muito os limites do direito processual, nesse âmbito, o alto custo da prestação jurisdicional destaca-se como tema central. A previsão constitucional guarda estreita relação com o tema *acesso à justiça*. O objetivo maior é desonerar o *necessitado* de todo e qualquer custo oriundo do processo, de maneira a possibilitar que o economicamente frágil não deixe, pelo só fato, de defender suas posições jurídicas em juízo. Importa para o momento, pois, fixar a lição de que, independentemente da natureza do direito posto à prova, não é possível tolher o *maior acesso à justiça* mediante filtro de natureza econômica. Não se está a afirmar, registre-se, que derive do comando constitucional obrigação estatal de prestar jurisdição, em toda e qualquer situação, graciosamente. Longe disso! O comando maior ordena tão somente a graciosidade da atividade estatal para os necessitados *in concreto*. O núcleo da previsão deve ser compreendido no sentido de dela extrair-se o impedimento da constituição de quaisquer empecilhos, seja a título de taxa, de emolumento, de *garantia de juízo*, ou a que título for, capazes de afastar o jurisdicionado da promoção da defesa de seus interesses em juízo. A promoção do preceito revela-se, sem dúvida, *pedra de toque* para concretização do modelo constitucional do processo civil pátrio. O direito fundamental à assistência jurídica integral e gratuita integra a esfera jurídica de todos aqueles, pessoas físicas ou jurídicas (art. 98 do CPC/2015), que encontrem na falta de possibilidade econômica óbi-

ce ao *melhor acesso à justiça*, independentemente da *classe* que socialmente ocupem. Não há, constitucionalmente falando, qualquer nota capaz de reduzi-la pelo só fato de o requerente, necessitado, ocupar esta ou aquela posição social. O acesso ao Poder Judiciário não pode, nem deve, esbarrar na maior ou menor condição financeira de quem dele necessite.

Art. 98. A pessoa natural ou jurídica, brasileira ou estrangeira, com insuficiência de recursos para pagar as custas, as despesas processuais e os honorários advocatícios tem direito à gratuidade da justiça, na forma da lei.
§ 1º A gratuidade da justiça compreende:
I – as taxas ou as custas judiciais;
II – os selos postais;
III – as despesas com publicação na imprensa oficial, dispensando-se a publicação em outros meios;
IV – a indenização devida à testemunha que, quando empregada, receberá do empregador salário integral, como se em serviço estivesse;
V – as despesas com a realização de exame de código genético – DNA e de outros exames considerados essenciais;
VI – os honorários do advogado e do perito e a remuneração do intérprete ou do tradutor nomeado para apresentação de versão em português de documento redigido em língua estrangeira;
VII – o custo com a elaboração de memória de cálculo, quando exigida para instauração da execução;
VIII – os depósitos previstos em lei para interposição de recurso, para propositura de ação e para a prática de outros atos processuais inerentes ao exercício da ampla defesa e do contraditório;
IX – os emolumentos devidos a notários ou registradores em decorrência da prática de registro, averbação ou qualquer outro ato notarial necessário à efetivação de decisão judicial ou à continuidade de processo judicial no qual o benefício tenha sido concedido.
§ 2º A concessão de gratuidade não afasta a responsabilidade do beneficiário pelas despesas processuais e pelos honorários advocatícios decorrentes de sua sucumbência.
§ 3º Vencido o beneficiário, as obrigações decorrentes de sua sucumbência ficarão sob condição suspensiva de exigibilidade e somente poderão ser executadas se, nos 5 (cinco) anos subsequentes ao trânsito em julgado da decisão que as certificou, o credor demonstrar que deixou de existir a situação de insuficiência de recursos que justificou a concessão de gratuidade, extinguindo-se, passado esse prazo, tais obrigações do beneficiário.
§ 4º A concessão de gratuidade não afasta o dever de o beneficiário pagar, ao final, as multas processuais que lhe sejam impostas.
§ 5º A gratuidade poderá ser concedida em relação a algum ou a todos os atos processuais, ou consistir na redução percentual de despesas processuais que o beneficiário tiver de adiantar no curso do procedimento.
§ 6º Conforme o caso, o juiz poderá conceder direito ao parcelamento de despesas processuais que o beneficiário tiver de adiantar no curso do procedimento.

§ 7º Aplica-se o disposto no art. 95, §§ 3º a 5º, ao custeio dos emolumentos previstos no § 1º, inciso IX, do presente artigo, observada a tabela e as condições da lei estadual ou distrital respectiva.

§ 8º Na hipótese do § 1º, inciso IX, havendo dúvida fundada quanto ao preenchimento atual dos pressupostos para a concessão de gratuidade, o notário ou registrador, após praticar o ato, pode requerer, ao juízo competente para decidir questões notariais ou registrais, a revogação total ou parcial do benefício ou a sua substituição pelo parcelamento de que trata o § 6º deste artigo, caso em que o beneficiário será citado para, em 15 (quinze) dias, manifestar-se sobre esse requerimento.

1. O benefício é devido, respeitados os demais requisitos, tanto às pessoas naturais, como às pessoas ideais.

2. Coube ao primeiro parágrafo do art. 98 delimitar o âmbito de incidência do benefício. Encontram-se pela alcançadas gratuidade, consoante o CPC/2015: (a) as taxas ou as custas judiciais; (b) os selos postais; (c) despesas com publicação na imprensa oficial, dispensando-se a publicação em outros meios; (d) indenização devida à testemunha que, quando empregada, receberá do empregador salário integral, como se em serviço estivesse; (e) despesas com a realização de prova pericial; (f) honorários do advogado e do perito, bem como eventual remuneração devida a outros auxiliares da justiça; (g) os custos de elaboração de memória de cálculo, quando exigida para instauração da execução; (h) os depósitos previstos em lei para interposição de recurso, para propositura de ação e para a prática de outros atos processuais inerentes ao exercício da ampla defesa e do contraditório, sem prejuízo (i) dos emolumentos devidos a notários ou registradores em decorrência da prática de registro, averbação ou qualquer outro ato notarial necessário à efetivação de decisão judicial ou à continuidade de processo judicial no qual o benefício tenha sido concedido. Sustenta-se, ainda, não ser taxativo o rol de abrangência da gratuidade anunciado pelo legislador, de tal sorte que, embora silente, justificando-se a não realização de certo ato judicial na inexistência de condições econômicas do interessado, considerado o anseio constitucional, haverá o julgador de realizar interpretação mais larga, visando a evitar que o critério econômico figure, bem compreendida a afirmativa, como entrave à promoção/proteção de determinada posição jurídica.

3. Aquele que litiga sob o pálio da gratuidade não se encontra imune de arcar com as despesas oriundas de sua derrota processual. Sucumbindo, pois, será condenado a tanto. Ocorre, contudo, que a exigibilidade da condenação havida revela-se "sob condição suspensiva", de tal modo que, mantido o cenário de insuficiência econômica do beneficiário pelo período de cinco anos (a contar do trânsito em julgado da decisão que o condenou), não mais poderá o mesmo ser compelido a satisfazê-la. Trata-se, dada à anotação codificada, de prazo decadencial, uma vez que é a própria obrigação que se extingue pela passagem do aludido lapso temporal. Alterando-se, contudo, a capacidade econômica do condenado, ao credor competirá diligenciar na satisfação de eventual direito seu.

4. As multas processuais a que for condenado o beneficiário da justiça gratuita, derivadas, por exemplo, de sua conduta processual inadequada, não se encontram albergadas pelo manto da gratuidade, sendo exigíveis, pois, ao final do feito.

5. O benefício poderá ser total (abrangendo todos os atos processuais) ou, apenas, parcial (alcançando, tão somente, alguns deles); poderá, ainda, considerado o caso concreto, limitar-se a redução de percentual de despesas processuais que estiver o beneficiário obrigado a adiantar no transcorrer do procedimento. Considerando, de outro giro, as possibilidades do beneficiário, o julgador poderá, entendendo pertinente, conceder-lhe "parcelamento" que o permita satisfazer as despesas processuais de sua responsabilidade.

6. Permite-se ao notário e ao registrador, nos casos em que a gratuidade concedida à parte processual alcance sua esfera, "após praticar o ato" que lhe incumbe graciosamente, requerer ao juízo competente (para decidir questões notariais ou registrais), de maneira fundamentada, mediante propositura da ação pertinente, que se proceda na "revogação total ou parcial do benefício" ou, sendo o caso, "sua substituição pelo parcelamento" legal, citando-se o beneficiário, requerido, para, querendo, no prazo de 15 dias, apresentar resposta.

> **Art. 99.** O pedido de gratuidade da justiça pode ser formulado na petição inicial, na contestação, na petição para ingresso de terceiro no processo ou em recurso.
> § 1º Se superveniente à primeira manifestação da parte na instância, o pedido poderá ser formulado por petição simples, nos autos do próprio processo, e não suspenderá seu curso.
> § 2º O juiz somente poderá indeferir o pedido se houver nos autos elementos que evidenciem a falta dos pressupostos legais para a concessão de gratuidade, devendo, antes de indeferir o pedido, determinar à parte a comprovação do preenchimento dos referidos pressupostos.
> § 3º Presume-se verdadeira a alegação de insuficiência deduzida exclusivamente por pessoa natural.
> § 4º A assistência do requerente por advogado particular não impede a concessão de gratuidade da justiça.
> § 5º Na hipótese do § 4º, o recurso que verse exclusivamente sobre valor de honorários de sucumbência fixados em favor do advogado de beneficiário estará sujeito a preparo, salvo se o próprio advogado demonstrar que tem direito à gratuidade.
> § 6º O direito à gratuidade da justiça é pessoal, não se estendendo a litisconsorte ou a sucessor do beneficiário, salvo requerimento e deferimento expressos.
> § 7º Requerida a concessão de gratuidade da justiça em recurso, o recorrente estará dispensado de comprovar o recolhimento do preparo, incumbindo ao relator, neste caso, apreciar o requerimento e, se indeferi-lo, fixar prazo para realização do recolhimento.

1. O pedido de concessão do benefício da gratuidade deve ser realizado no primeiro momento em que couber ao interessado falar nos autos. Tratando-se a insuficiência econômica de fato superveniente (ocorrido após a primeira manifestação do interessado), a postulação deverá ser realizada mediante petição simples, direcionada ao próprio juiz da causa.

2. Na linha *flexibilizatória* adotada pelo CPC/2015, o julgador, entendendo ausentes os requisitos autorizadores da concessão da gratuidade, antes de indeferi-la, determinará a intimação do interessado para comprová-los.

3. Consoante expressa anotação legal, presume-se verdadeira a insuficiência econômica sustentada por pessoa natural, isto é, a afirmativa goza de presunção *juris tantum*. O fato de o requerente encontrar-se patrocinado por advogado particular em nada altera tal presunção, nem impede, presentes os requisitos legais, a concessão do benefício requerido.

4. Nos casos em que a parte (beneficiária da gratuidade) estiver patrocinada por advogado particular, o recurso mediante o qual se pretenda exclusivamente majorar *honorários sucumbenciais* haverá de ser preparado. A anotação legal, segundo pensamos, revela um paradoxo. A despeito do aceite jurisprudencial (acerca da possibilidade de oferecimento do recurso em nome da parte), destaque-se que, a rigor, a verba honorária sob comento pertence, segundo o próprio Código, ao advogado, não à parte. Com efeito, considerado o requisito de admissibilidade recursal intrínseco denominado *interesse recursal*, a admissão do pleito recursal, no caso, revela-se inviável, quando mais diante da expressa legitimidade atribuída ao terceiro interessado para recorrer (o próprio advogado pode recorrer em nome próprio). Segundo sustentamos (cientes de que o entendimento dos tribunais é diverso), na situação sob comento, o recurso apenas poderia ser manejado pelo próprio advogado (terceiro interessado, logo, legitimado). Seja como for, ofertado o recurso em nome da parte, salvo nos casos em que o próprio patrono comprove sua insuficiência econômica, o recolhimento das custas recursais (*lato sensu*) revela-se indispensável à admissão do pleito recursal.

5. O direito à gratuidade da justiça é personalíssimo, não se estendendo, portanto, aos litisconsortes ou ao(s) sucessor(es) do beneficiário, exceto por decisão judicial.

6. Nos casos em que o pedido de concessão do benefício for realizado em sede recursal, o recorrente restará dispensado de comprovar o preparo (que não será tido, ao menos num primeiro momento, como nota suficiente à inadmissibilidade recursal). Cabe ao relator, pois, apreciar o requerimento em atenção às peculiaridades do caso concreto. Indeferindo-o, fixará, necessariamente, prazo para realização e comprovação do recolhimento, agora sim, sob pena de inadmitir o pleito recursal.

Art. 100. Deferido o pedido, a parte contrária poderá oferecer impugnação na contestação, na réplica, nas contrarrazões de recurso ou, nos casos de pedido superveniente ou formulado por terceiro, por meio de petição simples, a ser apresentada no prazo de 15 (quinze) dias, nos autos do próprio processo, sem suspensão de seu curso.

Parágrafo único. Revogado o benefício, a parte arcará com as despesas processuais que tiver deixado de adiantar e pagará, em caso de má-fé, até o décuplo de seu valor a título de multa, que será revertida em benefício da Fazenda Pública estadual ou federal e poderá ser inscrita em dívida ativa.

1. Impugnação à concessão da gratuidade da justiça. À parte adversa é facultado, querendo, impugnar o deferimento do benefício sob comento no prazo de 15 dias. Postulado (o benefício) em sede de petição inicial, a impugnação deve ser suscitada em sede de contestação (art. 337, XIII, do CPC/2015); requerido em sede de contestação, na réplica; em sede recursal, nas contrarrazões. Tratando-se, contudo, de pedido "superveniente" ou formulado por terceiro, por petição simples, em igual prazo, a contar do deferimento do benefício.

2. A despeito do silêncio legal, não há negar a possibilidade da parte que litiga em face de quem goze da gratuidade sob comento, de descoberta a existência de potencial econômico *a posteriori* (ou seja, após os momentos relatados pelo direito legislado), insurgir-se à concessão, no mesmo prazo de 15 dias. No caso, à evidência, o impugnante deverá, para além de comprovar a existência de condições econômicas da parte contrária, demonstrar que, apenas nesse contexto histórico, teve acesso a tal informação, antes ignorada.

3. Acolhida à impugnação, exigir-se-á da parte (outrora beneficiária) que recolha as despesas processuais que tiver deixado de adiantar. Reconhecida, igualmente, má-fé na postulação revogada, o litigante que dela tiver gozado poderá ser condenado ao pagamento de multa, de até o décuplo do valor das custas não recolhidas por ocasião do deferimento indevido da gratuidade, que será revertida em benefício da Fazenda Pública.

> **Art. 101.** Contra a decisão que indeferir a gratuidade ou a que acolher pedido de sua revogação caberá agravo de instrumento, exceto quando a questão for resolvida na sentença, contra a qual caberá apelação.
>
> § 1º O recorrente estará dispensado do recolhimento de custas até decisão do relator sobre a questão, preliminarmente ao julgamento do recurso.
>
> § 2º Confirmada a denegação ou a revogação da gratuidade, o relator ou o órgão colegiado determinará ao recorrente o recolhimento das custas processuais, no prazo de 5 (cinco) dias, sob pena de não conhecimento do recurso.

1. A concessão do benefício da gratuidade depende, *in concreto*, de decisão judicial. Exceto nos casos em que o tema figure como objeto de apreciação sentencial, o recurso destinado a impugnar o pronunciamento judicial (que indefira o pleito ou acolha o pedido de revogação do mesmo) é o agravo de instrumento (art. 1.015, V), restando o recorrente dispensado, a princípio, do recolhimento das custas recursais até que o relator, preliminarmente ao julgamento do recurso, enfrente o tema, ocasião em que, sendo o caso, se intimará o agravante para, no prazo de cinco dias, recolhê-las, pena de inadmissão do recurso.

> **Art. 102.** Sobrevindo o trânsito em julgado de decisão que revoga a gratuidade, a parte deverá efetuar o recolhimento de todas as despesas de cujo adiantamento foi dispensada, inclusive as relativas ao recurso interposto, se houver, no prazo fixado pelo juiz, sem prejuízo de aplicação das sanções previstas em lei.
>
> Parágrafo único. Não efetuado o recolhimento, o processo será extinto sem resolução de mérito, tratando-se do autor, e, nos demais casos, não poderá ser

deferida a realização de nenhum ato ou diligência requerida pela parte enquanto não efetuado o depósito.

1. Resolvido em definitivo o pleito acerca da concessão/revogação do benefício (quer dizer: esgotadas as vias recursais ou preclusa a matéria por qualquer via oblíqua), nos casos em que prosperar a tese de sua não concessão, a parte prejudicada pelo decisório haverá de diligenciar, considerado o prazo fixado em juízo, no recolhimento e comprovação das despesas "de cujo adiantamento foi dispensada" pela decisão de outrora.

2. Cabendo ao demandante o recolhimento, inerte o mesmo, o feito será extinto sem resolução meritória; tocando a qualquer outro litigante (o demandado, o terceiro interveniente, etc.), o deferimento de quaisquer diligências postuladas pelos mesmos, bem como a realização dos atos processuais que lhe incumbam, ficarão vinculados à comprovação de cumprimento da obrigação sob comento.

CAPÍTULO III
DOS PROCURADORES

Art. 103. A parte será representada em juízo por advogado regularmente inscrito na Ordem dos Advogados do Brasil.
Parágrafo único. É lícito à parte postular em causa própria quando tiver habilitação legal.

1. Capacidade postulatória. As partes, como regra, não possuem capacidade postulatória, razão pela qual se farão representar em juízo, necessariamente, por quem a tenha. Os profissionais da área jurídica inscritos em definitivo junto à Ordem dos Advogados do Brasil a possuem (os advogados). O advogado que litigar em causa própria não necessita de representação diversa, sendo-lhe devidos, por ocasião do acolhimento de suas postulações, honorários sucumbenciais.

2. Também gozam de capacidade postulatória, à evidência, os demais profissionais da área jurídica regularmente inscritos junto aos quadros da Defensoria Pública, do Ministério Público, etc.

3. A lei, excepcionalmente, confere capacidade postulatória aos próprios contendores. Destaque-se, a título de exemplo, a possibilidade da parte, em processo que tramite perante os juizados especiais cíveis estaduais, cujo valor não supere 20 salários mínimos, litigar despido de advogado. Inteligência do art. 9º da Lei 9.099/95.

Art. 104. O advogado não será admitido a postular em juízo sem procuração, salvo para evitar preclusão, decadência ou prescrição, ou para praticar ato considerado urgente.
§ 1º Nas hipóteses previstas no *caput*, o advogado deverá, independentemente de caução, exibir a procuração no prazo de 15 (quinze) dias, prorrogável por igual período por despacho do juiz.

§ 2º O ato não ratificado será considerado ineficaz relativamente àquele em cujo nome foi praticado, respondendo o advogado pelas despesas e por perdas e danos.

1. Instrumento de procuração. Trata-se de documento que, como regra, deve acompanhar o petitório inicial. Apenas para evitar a preclusão, a decadência, a prescrição ou, no afã, de praticar ato considerado urgente, admitir-se-á a atuação do advogado despido de procuração, hipótese em que o patrono da causa, no prazo de 15 dias, obrigatoriamente, deverá acostá-la aos autos.

2. O ato praticado pelo advogado despido de procuração não produzirá efeitos em relação à parte em nome de quem fora praticado. O advogado, nestes casos, responderá "pelas despesas e por perdas e danos" oriundos do ato praticado.

3. "O CPC/73 (art. 37, parágrafo único) fala em 'inexistência' do ato não ratificado, quando praticado por advogado sem procuração. É a mesma expressão adotada pelo STJ na Súmula 115. A hipótese, no entanto, não é de inexistência, tampouco de invalidade, mas de ineficácia do ato em relação ao suposto representado. A posterior ratificação, portanto, é condição de eficácia e não pressuposto de existência do ato, até porque não há como se cogitar em ratificação de algo que sequer existe." (DONIZETTI, Elpídio. *Novo Código de Processo Civil Comentado*. São Paulo: Atlas, 2015. p. 92).

Art. 105. A procuração geral para o foro, outorgada por instrumento público ou particular assinado pela parte, habilita o advogado a praticar todos os atos do processo, exceto receber citação, confessar, reconhecer a procedência do pedido, transigir, desistir, renunciar ao direito sobre o qual se funda a ação, receber, dar quitação, firmar compromisso e assinar declaração de hipossuficiência econômica, que devem constar de cláusula específica.
§ 1º A procuração pode ser assinada digitalmente, na forma da lei.
§ 2º A procuração deverá conter o nome do advogado, seu número de inscrição na Ordem dos Advogados do Brasil e endereço completo.
§ 3º Se o outorgado integrar sociedade de advogados, a procuração também deverá conter o nome dessa, seu número de registro na Ordem dos Advogados do Brasil e endereço completo.
§ 4º Salvo disposição expressa em sentido contrário constante do próprio instrumento, a procuração outorgada na fase de conhecimento é eficaz para todas as fases do processo, inclusive para o cumprimento de sentença.

1. Cláusula *ad judicia* e *poderes especiais*. Como regra, a procuração firmada pela parte outorga ao advogado poderes para representá-la em todos os atos do processo. Não se incluem nos poderes gerais, contudo, *receber citação, confessar, reconhecer a procedência do pedido, transigir, desistir, renunciar ao direito sobre o qual se funda a ação, receber, dar quitação, firmar compromisso e assinar declaração de hipossuficiência econômica*. Tais poderes (ditos especiais) devem, sendo o caso, constar expressamente no instrumento de procuração.

2. Instrumento de procuração. Elementos. O instrumento de mandato deve apontar, para além dos poderes conferidos ao outorgado, a qualificação do outorgante, bem como o nome do advogado (outorgado), o número de inscrição junto à Ordem dos Advogados do Brasil e seu endereço profissional, completo. Quando o advogado integrar sociedade de advogados, o nome, o número de registro da mesma perante à OAB, e seu endereço necessariamente serão apontados.

3. Ressalvados os casos em que houver apontamento expresso em sentido contrário, o instrumento de procuração autoriza (com ou sem poderes especiais) a atuação do outorgado em todas as etapas do processo, sem exceção, de tal sorte que se revela ilegítimo, ressalvado situação extraordinária, o pedido de sua renovação pelo órgão julgador.

> **Art. 106.** Quando postular em causa própria, incumbe ao advogado:
> I – declarar, na petição inicial ou na contestação, o endereço, seu número de inscrição na Ordem dos Advogados do Brasil e o nome da sociedade de advogados da qual participa, para o recebimento de intimações;
> II – comunicar ao juízo qualquer mudança de endereço.
> § 1º Se o advogado descumprir o disposto no inciso I, o juiz ordenará que se supra a omissão, no prazo de 5 (cinco) dias, antes de determinar a citação do réu, sob pena de indeferimento da petição.
> § 2º Se o advogado infringir o previsto no inciso II, serão consideradas válidas as intimações enviadas por carta registrada ou meio eletrônico ao endereço constante dos autos.

1. O advogado que postular em causa própria, para além de anunciar sua condição de parte e advogado, tem o dever processual de, por ocasião do anúncio, informar seu endereço, número de inscrição junto à Ordem dos Advogados do Brasil e o nome da sociedade de advogados que integra, no afã de receber as intimações processuais oportunas, bem como comunicar ao juízo quaisquer alterações de endereço.

2. Quando o advogado figurar no polo ativo da relação, ignorado o conteúdo do primeiro inciso do artigo sob comento, o magistrado determinará sua intimação, antes de diligenciar na citação do demandado, para, no prazo de 5 dias, emendar a inicial, pena de indeferimento da mesma.

3. Ignorado o teor do segundo inciso, considerar-se-ão válidas as intimações endereçadas ao domicilio, eletrônico ou físico apontados pelo mesmo, a despeito de sua alteração.

> **Art. 107.** O advogado tem direito a:
> I – examinar, em cartório de fórum e secretaria de tribunal, mesmo sem procuração, autos de qualquer processo, independentemente da fase de tramitação, assegurados a obtenção de cópias e o registro de anotações, salvo na hipótese de segredo de justiça, nas quais apenas o advogado constituído terá acesso aos autos;

II – requerer, como procurador, vista dos autos de qualquer processo, pelo prazo de 5 (cinco) dias;

III – retirar os autos do cartório ou da secretaria, pelo prazo legal, sempre que neles lhe couber falar por determinação do juiz, nos casos previstos em lei.

§ 1º Ao receber os autos, o advogado assinará carga em livro ou documento próprio.

§ 2º Sendo o prazo comum às partes, os procuradores poderão retirar os autos somente em conjunto ou mediante prévio ajuste, por petição nos autos.

§ 3º Na hipótese do § 2º, é lícito ao procurador retirar os autos para obtenção de cópias, pelo prazo de 2 (duas) a 6 (seis) horas, independentemente de ajuste e sem prejuízo da continuidade do prazo.

§ 4º O procurador perderá no mesmo processo o direito a que se refere o § 3º se não devolver os autos tempestivamente, salvo se o prazo for prorrogado pelo juiz.

1. É direito do advogado (a) examinar, independentemente da existência de procuração em seu nome, "em cartório" autos de qualquer processo, a qualquer tempo, assegurados a obtenção de cópias e o registro de anotações, ressalvados os casos em que o feito tramitar em segredo de justiça; (b) obter, na condição de patrono da causa, vista dos autos, pelo prazo de 5 dias; (c) retirar os autos do cartório ou da secretaria, pelo prazo legal, sempre que neles lhe couber falar por determinação do juiz, ocasião em que, ao recebê-los, assinará carga em livro ou documento próprio.

2. Tratando-se de prazo comum aos contendores, os procuradores apenas poderão retirar os autos do "cartório" em conjunto ou mediante prévio ajuste, por petição nos autos. Tal situação não obsta, contudo, o direito (do patrono da causa) de retirá-los, independentemente de qualquer ajuste, para "cópia", pelo período de até 6 horas. O advogado que desrespeitar o prazo da denominada "carga rápida" perderá, no processo, o direito de retirar os autos do cartório havendo prazo comum, ressalvada disposição judicial em sentido contrário.

CAPÍTULO IV
DA SUCESSÃO DAS PARTES E DOS PROCURADORES

1. Cumpre destacar, desde já, que o CPC/2015 corrigiu equívoco operado pelo CPC/73 no que tange à nomenclatura atribuída à matéria. A Lei 5.869/73 abordou o tema sob o título "Da Substituição das Partes e dos Procuradores" quando, a rigor, em *substituição processual* não cabia falar. As hipóteses, tecnicamente, versam sobre *sucessão* e não *substituição processual*.

2. "A sucessão das partes impede, ademais, o desperdício da atividade processual já desenvolvida até a comunicação ao órgão judiciário do evento relevante do ponto de vista subjetivo. A transmissão do objeto litigioso, *causa mortis* ou *inter vivos*, há de ser recepcionada no juízo da causa, aproveitando-se os atos realizados, e, ao mesmo tempo, vinculando a eles o sucessor." (ASSIS, Araken de. *Processo Civil Brasileiro*. São Paulo: RT, 2015. v. II, t. I, p. 101, versão digital).

Art. 108. No curso do processo, somente é lícita a sucessão voluntária das partes nos casos expressos em lei.

1. *Perpetuatio legitimationes.* O comando legal diz com a denominada *perpetuatio legitimationes*, ou, ainda, com a estabilização subjetiva da demanda. A sucessão voluntária (oposto de sucessão forçada) é permitida apenas nos estritos limites legais.

2. "O processo se desenvolve no tempo, exigindo um interregno maior ou menor, por vezes até excessivo, para formular a regra jurídica concreta ou realizar o direito reconhecido ao autor no provimento judicial. Para atingir seus objetivos, a partir de um determinado momento a relação processual estabiliza-se, subjetiva e objetivamente. O princípio da estabilização subjetiva do processo se encontra formulado no art. 108. Ao vetar a sucessão voluntária das partes, salvo nos casos admitidos em lei, o art. 108 consagra o princípio da *perpetuatio legitimationis*. (...) A sucessão das partes envolve todos os sujeitos da relação processual. Além do(s) autor(es) e do(s) réu(s), os terceiros, após a intervenção no processo, não se mostram imunes aos fatos supervenientes. Podem acontecer: (a) a morte do assistente, hipótese em que, não sendo parte principal, extingue-se a assistência; (b) a aquisição do dever respeitante ao direito de regresso, que ensejou a denunciação da lide; e (c) a transformação da pessoa jurídica que ingressou coativamente no processo." (ASSIS, Araken de. Processo Civil Brasileiro. São Paulo: RT, 2015. v. II, t. I, p. 99/100 – versão digital).

> **Art. 109.** A alienação da coisa ou do direito litigioso por ato entre vivos, a título particular, não altera a legitimidade das partes.
> § 1º O adquirente ou cessionário não poderá ingressar em juízo, sucedendo o alienante ou cedente, sem que o consinta a parte contrária.
> § 2º O adquirente ou cessionário poderá intervir no processo como assistente litisconsorcial do alienante ou cedente.
> § 3º Estendem-se os efeitos da sentença proferida entre as partes originárias ao adquirente ou cessionário.

1. A alienação da coisa ou do direito litigioso por ato entre vivos (o que é possível!), a título particular, por si só, não altera a legitimidade das partes, ou seja, sua conformação (embora existente, válida e eficaz no plano material) não produz efeitos no plano processual (ao menos no que diz com a legitimidade), de tal sorte que não há suscitar, pelo só fato, a sucessão processual, seja do autor, seja do réu. É possível, contudo, mediante consentimento da parte contrária, que se opere, na hipótese, a sucessão sob comento.

2. Faculta-se ao adquirente, todavia, intervir no feito, independentemente de consentimento alheio, na condição de assistente litisconsorcial, uma vez que existirá, doravante, direito seu *sub judice*. Perceba-se que, na hipótese, não há, a rigor, falar em *sucessão processual*, mas, sim, na formação de litisconsórcio entre o alienante e o adquirente. Aquele que ingressa no feito na condição de assistente listisconsorcial, a despeito da nomenclatura legal, de assistente não se trata: atua, pois, na condição de parte.

3. O adquirente e o cessionário, independentemente de participação processual, serão alcançados, ainda que reflexamente, pelos efeitos da sentença prolatada no feito que lhe interessar. *A fortiori,* havendo intervenção, hipótese em que a incidência será direta, e não reflexa.

> **Art. 110.** Ocorrendo a morte de qualquer das partes, dar-se-á a sucessão pelo seu espólio ou pelos seus sucessores, observado o disposto no art. 313, §§ 1º e 2º.

1. Sucessão forçada. Sobrevindo o falecimento de quaisquer das partes, impõe-se, pois, a sucessão processual. Compete ao espólio ou aos sucessores do *de cujus*, observados os ditames legais, assumir a condição de parte. O falecimento da parte revela-se, consoante expressa anotação legal, causa suficiente para a suspensão do processo (art. 313, I, CPC).

2. A sucessão processual, na hipótese, consolidar-se-á mediante o ajuizamento da ação de habilitação (art. 687 do CPC/2015). Não ajuizada a aludida ação, ao tomar conhecimento da morte, o magistrado determinará a suspensão do feito, observando o que segue: (a) falecido o demandado, ordenará a intimação do autor para que promova a citação do respectivo espólio, de quem for o sucessor ou, se for o caso, dos herdeiros, no prazo que designar, de no mínimo 2 (dois) e no máximo 6 (seis) meses; (b) falecido o demandante, sendo transmissível o direito *sub judice*, determinará a intimação de seu espólio, de quem for sucessor ou, ainda, sendo o caso, dos herdeiros, pelos meios de divulgação que reputar mais adequados, para que manifestem interesse na sucessão processual e promovam a respectiva habilitação no prazo designado, pena de extinção do processo sem resolução de mérito.

> **Art. 111.** A parte que revogar o mandato outorgado a seu advogado constituirá, no mesmo ato, outro que assuma o patrocínio da causa.
> Parágrafo único. Não sendo constituído novo procurador no prazo de 15 (quinze) dias, observar-se-á o disposto no art. 76.

1. As partes, como regra, não possuem capacidade postulatória. Assim sendo, havendo a revogação dos poderes outorgados ao advogado atuante, incumbe à parte, "no mesmo ato", constituir profissional diverso para patrociná-lo no feito.

2. Constatada a irregularidade (face à inércia em constituir novo advogado após a revogação de poderes do advogado anterior), o juiz suspenderá o processo, designando prazo para que o vício seja sanado. Descumprida a determinação, caso o feito tramite na instância originária: (a) será extinto, se a providência couber ao autor; (b) será o réu considerado revel, se a providência lhe couber; (c) o terceiro será considerado revel ou excluído do processo, dependendo do polo em que se encontre.

3. Ignorada a determinação judicial para nomeação de novo advogado em fase recursal (seja no âmbito de jurisdição ordinária, seja no espectro de jurisdição extraordinária), o relator: (I) não conhecerá do recurso, se a providência

couber ao recorrente; (II) determinará o desentranhamento das contrarrazões, se a providência couber ao recorrido.

> **Art. 112.** O advogado poderá renunciar ao mandato a qualquer tempo, provando, na forma prevista neste Código, que comunicou a renúncia ao mandante, a fim de que este nomeie sucessor.
> § 1º Durante os 10 (dez) dias seguintes, o advogado continuará a representar o mandante, desde que necessário para lhe evitar prejuízo.
> § 2º Dispensa-se a comunicação referida no caput quando a procuração tiver sido outorgada a vários advogados e a parte continuar representada por outro, apesar da renúncia.

1. O advogado pode, a qualquer tempo, renunciar os poderes que lhe foram confiados pela parte. Ao fazê-lo, porém, haverá de comprovar nos autos que comunicou sua decisão à parte interessada, no afã de permitir-lhe, sem prejuízo, nomear patrono diverso. Na prática, o envio de "e-mail" ou de carta (tradicional), com confirmação de recebimento, têm utilização em larga escala, servindo, pois, à comprovação da atuação diligente do causídico.

2. Incumbe ao advogado renunciante, visando a evitar que a parte experimente qualquer prejuízo, representá-la no decêndio subsequente à renúncia por ele promovida, prazo razoável, segundo o CPC/2015, para que o contendor diligencie na constituição de outro profissional para patrocinar a defesa de seus interesses.

3. Constando do instrumento de procuração outros outorgados (os poderes foram conferidos não só ao advogado renunciante, mas, a outros profissionais), dispensa-se o renunciante de comprovar nos autos a comunicação de sua renúncia ao cliente. A dispensa tem fundamento na inexistência de irregularidade de patrocínio da parte, que, em havendo constituído outros patronos, não se sujeitará a quaisquer prejuízos, uma vez que seus interesses permanecerão sob patrocínio de outros profissionais.

TÍTULO II
DO LITISCONSÓRCIO

1. O Código admite a pluralidade de pessoas em um ou em ambos os polos da relação processual, observados os estritos limites por ele impostos. No sistema codificado, portanto, fala-se em relação litisconsorcial quando, duas ou mais pessoas, consorciadas, ocupam uma mesma posição processual, seja de demandante, seja de demandado.

2. Vale lembrar, por oportuno, a sempre atual doutrina de Ovídio A. Baptista da Silva: "É importante distinguir cumulação subjetiva de lides e litisconsórcio. Os conceitos, de um modo geral, vêm expostos sem distinção precisa. Pode haver, no entanto, pluralidade de partes num mesmo processo sem que as partes estejam litisconsorciadas entre si. Nos embargos de terceiro não se pode, igualmente, dizer que exequente e executado se litisconsorciaram contra o embargante; não obstante, ambos podem ser réus na ação de embargos de terceiro, porém não na mesma demanda, mas em demandas diferentes, caracterizadas por controvérsias e pedidos distintos." (SILVA. Ovídio Araújo Baptista. *Curso de Processo Civil*. p. 242).

3. Classifica-se o litisconsórcio a partir de diversos critérios, alguns eleitos pela doutrina, outros pelo próprio direito legislado. Sem que se excluam (a exclusão é apenas interna), cada um dos critérios cumpre com função processual distinta. As consequências, por assim dizer, são as mais variadas: alteram-se prazos, procedimentos, possibilidade de desmembramento de ações, etc., dependendo, pois, da classificação do litisconsórcio.

4. Litisconsórcio ativo/passivo/misto. O critério utilizado para classificar a pluralidade de consorciados, aqui, é o da identificação do polo processual em que ocorre o fenômeno. Havendo pluralidade de autores consorciados, fala-se em litisconsórcio ativo; de réus, passivo; e, em havendo consorciamento em ambos, considera-se misto o litisconsórcio.

5. Litisconsórcio inicial/ulterior. O critério utilizado para classificar o litisconsórcio em inicial ou ulterior diz com a observância do momento em que a pluralidade de consorciados aparece. Iniciando-se o feito com pluralidade de pessoas em pelo menos um dos polos da relação processual, estar-se-á, segundo o critério em destaque, diante de litisconsórcio inicial. Nos casos em que a relação processual se inicia despida dessa característica, contudo, ao longo de sua tramitação a adquire, fala-se em litisconsórcio ulterior/posterior.

6. Litisconsórcio unitário/simples. O critério eleito para diferenciar o litisconsórcio unitário do simples é, pois, o da indispensabilidade de que se decida, para os consorciados, de maneira idêntica. Havendo tal necessidade, pena de se pôr em xeque toda uma lógica jurídica, estar-se-á diante de litisconsórcio unitário; inexistindo, ou seja, sendo viável decidir-se de maneira diversa para os consorciados, de litisconsórcio simples.

7. Acerca da classificação do litisconsórcio em necessário/facultativo vide comentários ao art. 114.

Art. 113. Duas ou mais pessoas podem litigar, no mesmo processo, em conjunto, ativa ou passivamente, quando:

I – entre elas houver comunhão de direitos ou de obrigações relativamente à lide;

II – entre as causas houver conexão pelo pedido ou pela causa de pedir;

III – ocorrer afinidade de questões por ponto comum de fato ou de direito.

§ 1º O juiz poderá limitar o litisconsórcio facultativo quanto ao número de litigantes na fase de conhecimento, na liquidação de sentença ou na execução, quando este comprometer a rápida solução do litígio ou dificultar a defesa ou o cumprimento da sentença.

§ 2º O requerimento de limitação interrompe o prazo para manifestação ou resposta, que recomeçará da intimação da decisão que o solucionar.

1. Permite-se (e, por vezes, exige-se) o trâmite de demandas litisconsorciais quando (I) entre os litisconsortes houver comunhão de direitos ou de obrigações relativamente à lide, (II) entre as causas houver conexão pelo pedido ou pela causa de pedir, e, por fim, (III) quando existir afinidade de questões por um ponto comum, de fato ou de direito.

2. Segundo expressa disposição de lei, apenas o litisconsórcio facultativo pode, nos casos em que (a) comprometa a rápida solução do litígio, (b) dificulte o exercício do direito de defesa ou (c) o cumprimento da sentença, ser desmembrado em outros tantos, de ofício ou a requerimento. Visa-se, com tal medida, o respeito ao modelo constitucional do processo brasileiro, promovendo-se, em especial, os direitos fundamentais à duração razoável do processo, à tutela jurisdicional efetiva e adequada, ao contraditório e à ampla defesa.

3. O requerimento de limitação do litisconsórcio facultativo, que deve ser endereçado ao juiz da causa, interrompe, devidamente motivado, o prazo para "manifestação ou resposta" do requerente, que fluirá a partir da intimação da decisão que o solucionar, respeitada a regra do cômputo dos prazos processuais inserta no art. 224 do CPC/2015.

4. A decisão interlocutória que rejeitar o pedido de limitação de litisconsórcio é impugnável por agravo de Instrumento (art. 1.015, VIII, do CPC/2015). Acerca do tema, vide: TORRES, Artur. Sentença, Coisa Julgada e Recursos Cíveis Codificados: de acordo com as Leis 13.105/2015 e 13.256/2016. Porto Alegre: Livraria do Advogado, 2017. p. 123/129.

5. "A nova redação suprimiu o inciso II do art. 46 do CPC/73, que trata da hipótese de litisconsórcio quando os direitos e obrigações derivam do mesmo fundamento de fato ou de direito. A alteração seguiu entendimento doutrinário que considerava essa previsão desnecessária, já que a identidade acerca dos fundamentos (de fato ou de direito) é capaz de gerar conexão pela causa de pedir, hipótese já contemplada no inciso III, do art. 46, do CPC/73 (inciso II, art. 113, NCPC)." (DONIZETTI, Elpídio. *Novo Código de Processo Civil Comentado*. São Paulo: Atlas, 2015. p. 98/99).

Art. 114. O litisconsórcio será necessário por disposição de lei ou quando, pela natureza da relação jurídica controvertida, a eficácia da sentença depender da citação de todos que devam ser litisconsortes.

1. Litisconsórcio necessário/facultativo. Ao art. 114 coube corrigir a confusão redacional promovida pelo art. 47 da Lei 5.869/73. Previa o CPC/73: há "litisconsórcio necessário, quando, por disposição de lei ou pela natureza da relação jurídica, o juiz tiver de decidir a lide de modo uniforme para todas as partes". Destaque-se, por oportuno, que, para além de não ser possível decidir de maneira uniforme uma contenda para "todas" as partes, senão apenas para os consorciados, a necessidade de sua formação não se encontra, em última análise, adstrita à prolação de decisório que retrate resultado idêntico para todos os que desfrutam de igual posição processual, uma vez que nem todo litisconsórcio necessário é unitário. O artigo sob comento, corrigindo o aludido equívoco, fez constar, expressamente, o critério a ser analisado para o aferimento da *necessidade* ou da *falcultatividade* da formação do litisconsórcio: é necessário o litisconsórcio quando a eficácia da sentença, necessariamente, depender da citação dos interessados na causa, de maneira que, é possível conceituá-lo como aquele que deve obrigatoriamente ser formado, seja porque alguma disposição de lei o imponha, seja porque a natureza da relação de direito material *sub judice* torne impossível o tratamento da situação sem a presença de todos os interessados.

2. O litisconsórcio facultativo, por sua vez, é aquele que, ainda que inexista obrigação legal ou lógica de que duas ou mais pessoas demandem, ou sejam demandadas conjuntamente, mostre-se viável e aconselhável tal expediente. Trata-se, como o *nomen iuris* denuncia, de mera faculdade dos litigantes. No litisconsórcio *facultativo*, diferentemente do *necessário*, o juiz pode, presentes os requisitos autorizadores, determinar o desmembramento do mesmo.

> **Art. 115.** A sentença de mérito, quando proferida sem a integração do contraditório, será:
> I – nula, se a decisão deveria ser uniforme em relação a todos que deveriam ter integrado o processo;
> II – ineficaz, nos outros casos, apenas para os que não foram citados.
> Parágrafo único. Nos casos de litisconsórcio passivo necessário, o juiz determinará ao autor que requeira a citação de todos que devam ser litisconsortes, dentro do prazo que assinar, sob pena de extinção do processo.

1. "A consequência processual vai variar conforme o tipo de litisconsórcio. Tratando-se de litisconsórcio necessário e unitário, a sentença será nula. Nesse caso, ocorrerá a nulidade total do processo, não produzindo a sentença qualquer efeito, quer para o litisconsorte que efetivamente integrou a relação jurídica, quer para aquele que dela não participou, mas que deveria ter participado (inciso I). Tratando-se de litisconsórcio necessário e simples ou de litisconsórcio facultativo e simples, a sentença de mérito será ineficaz apenas para o litisconsorte não citado (inciso II)." (DONIZETTI, Elpídio. *Novo Código de Processo Civil Comentado*. São Paulo: Atlas, 2015. p. 100).

2. Nas hipóteses em que o litisconsórcio passivo se fizer necessário (sendo, pois, indispensável sua formação), deixando o autor de promover a citação dos que obrigatoriamente devam figurar no aludido polo, o magistrado, pena de prolação de *sentença terminativa*, assinará prazo para tanto. Acerca da classificação da sentença, vide: TORRES, Artur. Sentença, Coisa Julgada e Recursos Cíveis Codificados: de acordo com as Leis 13.105/2015 e 13.256/2016. Porto Alegre: Livraria do Advogado, 2017. p. 24/47.

> **Art. 116.** O litisconsórcio será unitário quando, pela natureza da relação jurídica, o juiz tiver de decidir o mérito de modo uniforme para todos os litisconsortes.

1. Litisconsórcio unitário. O critério eleito para diferenciar o litisconsórcio *unitário* do *simples* é o da indispensabilidade de que se decida para os consorciados de maneira idêntica. Havendo tal necessidade, pena de pôr-se em xeque toda lógica jurídica, estar-se-á diante de litisconsórcio unitário (ou seja: o resultado da demanda para os consorciados deve, por definição, ser o mesmo). O antônimo de litisconsórcio unitário é litisconsórcio simples, hipótese em que se encontra o julgador autorizado a decidir, para os consorciados, de forma diversa.

2. A decisão de mérito será nula (art. 115, I, do CPC/2015) quando, proferida sem a integração do contraditório, julgar demanda litisconsorcial unitária.

> **Art. 117.** Os litisconsortes serão considerados, em suas relações com a parte adversa, como litigantes distintos, exceto no litisconsórcio unitário, caso em que os atos e as omissões de um não prejudicarão os outros, mas os poderão beneficiar.

1. A despeito de haver pluralidade de pessoas consorciadas em um mesmo polo da relação processual, cada qual será, em relação ao ocupante do polo oposto, considerado em sua individualidade (ou seja, os litisconsortes devem ser considerados como litigantes distintos). Em sede de litisconsórcio unitário, embora litigantes distintos (a redação codificada, a rigor, é insuficiente no concernente), os atos praticados por um dos consorciados poderá beneficiar os demais (conduta alternativa), sem, jamais, prejudicá-los (conduta determinante).

2. "A circunstância de o litisconsórcio ser *unitário* ou *simples* definirá o modo como eles se relacionam reciprocamente. Sobre a influência que a conduta de um litisconsorte pode ter em relação ao outro, três são as regras básicas que devem ser seguidas. As diferenças de tratamento se justificam pelos regimes do litisconsórcio, se unitário ou simples. Antes de explicar as três regras, é necessário que se estabeleça a distinção entre condutas *determinantes* e condutas *alternativas*. Considera-se *determinante* a conduta da parte que a leva a uma situação desfavorável; é, por isso, potencialmente lesiva; são exemplos: a confissão, a revelia, o reconhecimento da procedência do pedido, a renúncia sobre o qual se funda a demanda e etc. A conduta *alternativa* é aquela pela qual a parte busca uma melhora da sua situação processual – é alternativa porque esse resultado almejado não ocorrerá necessariamente, mas é o que se busca. São exemplos: recorrer, contestar, alegar, produzir prova e etc. Feita a diferenciação, ei-las as regras. 1) A conduta determinante de um litisconsorte não pode prejudicar o outro, qualquer que seja o regime de litisconsórcio. No litisconsórcio unitário, a conduta determinante somente será eficaz se todos os litisconsortes consentirem. No litisconsórcio simples, a conduta determinante é eficaz para o litisconsorte que a praticou. 2) No litisconsórcio simples, a conduta alternativa de um litisconsorte não aproveita aos demais – art. 117, CPC. Cumpre apontar duas situações excepcionais, que merecem análise separada. De acordo com o princípio da aquisição processual ou da comunhão, a prova uma vez produzida passa a pertencer ao processo, independentemente do sujeito que a produziu (art. 371, CPC). Assim, a prova produzida por um litisconsorte simples pode ser aproveitada pelo outro, se houver fato que se queira provar comum a ambos. Prevê o art. 345, I, CPC, que a contestação apresentada por um litisconsorte elide as consequências da revelia do outro litisconsorte. Essa regra, que se refere a uma conduta alternativa (apresentar contestação), aplica-se sem ressalvas ao litisconsórcio unitário. Em relação ao litisconsórcio simples, é possível que a contestação de um beneficie o litisconsorte revel, se houver fato comum a ambos que tenha sido objeto da impugnação daquele que contestou. Ora, se o fato foi contestado por um, e esse fato também diz respeito àquele que foi revel, não poderia o magistrado considerar o fato como existente para um, em razão da presunção de veracidade decorrente da revelia (art. 344 do CPC), e não existente para o outro, que apresentou defesa. 3) No litisconsórcio unitário, em razão da necessidade de tratamento uniforme, a conduta alternativa de um litisconsorte estende seus efeitos aos demais (art. 117, CPC). Exemplo disso é a regra do *caput* do art. 1.005 do CPC, que amplia a eficácia subjetiva do recurso interposto por um litisconsorte para beneficiar os outros, se o caso for de litisconsórcio unitário. Convém lembrar, porém, que por opção legislativa, o recurso interposto por um devedor solidário estende seus efeitos aos demais (art. 1.005, pár. ún., CPC), mesmo sendo unitário o litisconsórcio – pois a solidariedade pode implicar litisconsórcio unitário ou simples, a depender da divisibilidade ou não do bem jurídico envolvido (arts. 257-263 do Código Civil)." (DIDIER JR., Fredie. *Curso de Direito Processual Civil*. 17. ed. Salvador: Juspodivm, 2015. p. 466/467).

Art. 118. Cada litisconsorte tem o direito de promover o andamento do processo, e todos devem ser intimados dos respectivos atos.

1. Os consorciados, independentes entre si, têm direito de promover o andamento do processo, de acordo com os seus interesses. Da aludida individualidade deriva, outrossim, o dever/direito de que cada um, singularmente, seja intimado acerca de cada um dos atos processuais, pena de violação ao devido processo de direito. Acerca da atual noção de *devido processo de direito*, vide: TORRES, Artur. Fundamentos de um Direito Processual Civil Contemporâneo (parte I). Porto Alegre: Arana, 2016. p. 120 e seguintes.

TÍTULO III
DA INTERVENÇÃO DE TERCEIROS

CAPÍTULO I
DA ASSISTÊNCIA

1. O tema, no sistema revogado (art. 50/54), dividia espaço com o *litisconsórcio*, não sendo, pelo menos formalmente, considerado espécie de *intervenção de terceiro*. O CPC/2015, acolhendo crítica doutrinária de outrora, o inclui, expressamente, no aludido rol. Quer dizer: a assistência, doravante, revela-se, também formalmente, hipótese de intervenção de terceiros.

Seção I
Disposições Comuns

Art. 119. Pendendo causa entre 2 (duas) ou mais pessoas, o terceiro juridicamente interessado em que a sentença seja favorável a uma delas poderá intervir no processo para assisti-la.

Parágrafo único. A assistência será admitida em qualquer procedimento e em todos os graus de jurisdição, recebendo o assistente o processo no estado em que se encontre.

1. A razão de ser do instituto é de longa data conhecida: havendo interesse jurídico na causa, aquele que não pertença à relação processual poderá, querendo, intervir no feito, a fim de assistir/auxiliar a parte que lhe convenha. A melhor compreensão do instituto passa, primeiro, pela identificação do conceito de terceiro; segundo, pela apreensão dos limites do interesse apto a legitimar a participação (do terceiro) em processo alheio.

2. Alcança-se o conceito de *terceiro*, processualmente falando, por exclusão ao de *parte*. É terceiro para o processo civil, portanto, o estranho à relação jurídica processual. Afigura-se imprescindível, para que o *terceiro* exerça legitimamente a função de assistente, que o mesmo justifique e comprove, *in concreto*, o seu *interesse jurídico* na causa.

3. *Interesse jurídico*. O interesse que legitima a intervenção alheia não é, pois, "um interesse altruísta (como o seria o de quem pretendesse intervir na causa visando, exclusivamente, demonstrar sua solidariedade com um amigo, ou o de quem agisse unicamente por um nobre desejo de cooperar com o triunfo da justiça), mas sim um interesse egoísta que tem sua base na própria vantagem que o interveniente espera da vitória da parte ajudada, ou na desvantagem que teme de sua derrota: vantagem e desvantagem que não devem ser meramente morais ou sentimentais (o contentamento de ver um amigo feliz pela vitória obtida; a satisfação de ver que a justiça acaba por triunfar) e, sim, devem ter um substrato jurídico, no sentido de que as consequências vantajosas ou não, que o interveniente espera ou tem para si, devem ser tais que repercutam, em sentido favorável ou desfavorável para ele, em uma relação jurídica da qual ele seja sujeito." (CALAMANDREI, Piero. *Instituições de Direito Processual Civil*. Campinas: Bookseller, 2003. v. III. p. 257).

4. Duas, segundo o legislador, são as espécies de assistência admitidas entre nós: *simples* e *litisconsorcial*. No derradeiro caso, sem prejuízo da nomenclatura utilizada pelo Código, não cabe, segundo pensamos, falar em assistência. Vide, sobre o tema, comentários ao artigo 124.

5. O pedido de assistência é cabível em qualquer procedimento (comum, especial, etc.)[14] e em todos os graus de jurisdição (ordinária ou extraordinária). O assistente, admitido, receberá o processo no estado em que se encontrar ao tempo da admissão. Como regra, nenhum ato processual será refeito pelo só fato de a intervenção sob comento ter ocorrido *a posteriori*.

Art. 120. Não havendo impugnação no prazo de 15 (quinze) dias, o pedido do assistente será deferido, salvo se for caso de rejeição liminar.

---

[14] Vale lembrar, por oportuno, o teor do art. 10 da Lei 9.099/95, que disciplina o procedimento especialíssimo dos juizados especiais cíveis: "Não se admitirá, no processo, qualquer forma de intervenção de terceiro nem de assistência. Admitir-se-á o litisconsórcio".

Parágrafo único. Se qualquer parte alegar que falta ao requerente interesse jurídico para intervir, o juiz decidirá o incidente, sem suspensão do processo.

1. Postulada a intervenção assistencial, não sendo caso de rejeição liminar (que decorre da flagrante inexistência de interesse jurídico do requerente), os contendores serão imediatamente intimados, no afã de dar-lhes ciência do pleito alheio. Intimadas, às partes tocará, sendo o caso, impugnar o pleito assistencial no prazo de 15 dias, presumindo-se, face ao eventual silêncio dos contendores, que não se opõem ao postulado, hipótese em que o magistrado determinará que se procedam os apontamentos registrais aptos a fazer constar a posição processual ocupada pelo, doravante, assistente. Impugnada a tentativa do terceiro, incumbe ao magistrado, sem suspender o andamento do feito, julgar o incidente.

2. O pronunciamento judicial (decisão interlocutória) que admitir ou inadmitir a intervenção de terceiros é impugnável por agravo de instrumento (art. 1.015, IX, do CPC/2015). No caso sob comento, negada a assistência postulada, estar-se-á diante da possibilidade aventada pelo teor do art. 996, que autoriza o *terceiro interessado* a recorrer.

Seção II
Da Assistência Simples

Art. 121. O assistente simples atuará como auxiliar da parte principal, exercerá os mesmos poderes e sujeitar-se-á aos mesmos ônus processuais que o assistido.
Parágrafo único. Sendo revel ou, de qualquer outro modo, omisso o assistido, o assistente será considerado seu substituto processual.

1. O *assistente simples* não é, segundo o regime codificado, parte processual. Funciona, única e exclusivamente, como *auxiliar* do assistido (denominado *parte principal*), embora sujeite-se aos mesmos ônus processuais da parte assistida. Nessa modalidade de *intervenção* sob análise, o papel do interveniente resume-se a (tentar) preservar, imediatamente, posição jurídica alheia (direito da parte assistida), e não direito próprio. Assistente e assistido unem-se, em última análise, para combater o interesse da parte contrária (o adversário do assistido).

2. Nos casos em que se admite intervenção *simples* há, como é intuitivo, relação jurídica substancial entre o assistente (*terceiro adjutor*) e o assistido (*parte assistida*) diversa da relação jurídica controvertida entre as partes processuais (*partes principais*, para o CPC/2015). Legitima-se a intervenção pelo fato de que, ainda que indiretamente, a relação substancial havida entre assistente e assistido possa, por ocasião da derrota processual desse último, ter de suportar os efeitos reflexos da sentença, prolatada na demanda que interessa, também, ao terceiro (assistente).

3. Inerte o assistido (independentemente da motivação), o assistente, embora, reitere-se, não figure na condição de parte processual, será, por ficção legal, considerado seu substituto processual.

4. Enquadra-se a assistência simples, por ocasião de sua iniciativa, no âmbito das intervenções voluntárias.

Art. 122. A assistência simples não obsta a que a parte principal reconheça a procedência do pedido, desista da ação, renuncie ao direito sobre o que se funda a ação ou transija sobre direitos controvertidos.

1. Em se tratando de direito alheio *sub judice*, o fato de um terceiro juridicamente interessado intervir no feito mediante *assistência simples*, não impede que a parte reconheça a procedência do(s) pedido(s) formulados em seu desfavor, desista da ação, renuncie ao direito sobre o que se funda a ação ou, ainda, transija sobre o direito objeto da demanda.

Art. 123. Transitada em julgado a sentença no processo em que interveio o assistente, este não poderá, em processo posterior, discutir a justiça da decisão, salvo se alegar e provar que:
I – pelo estado em que recebeu o processo ou pelas declarações e pelos atos do assistido, foi impedido de produzir provas suscetíveis de influir na sentença;
II – desconhecia a existência de alegações ou de provas das quais o assistido, por dolo ou culpa, não se valeu.

1. O só fato de inexistir direito do assistente *sub judice* o desautoriza, por falta de legitimidade, a "discutir", ainda que em demanda distinta, a "justiça da decisão". O Código, por sua vez, elenca duas possibilidades em que, em tese, a rediscussão da causa é facultada.

Seção III
Da Assistência Litisconsorcial

Art. 124. Considera-se litisconsorte da parte principal o assistente sempre que a sentença influir na relação jurídica entre ele e o adversário do assistido.

1. Na assistência *litisconsorcial*, o interveniente é considerado parte. Age ele, bem compreendida a afirmativa, visando a tutelar posição jurídica própria, em face do contendor a que se opõe (adversário do "assistido"). Sendo o interveniente *parte*, submete-se, pois, a integralidade do regramento processual aplicável aos contendores.

2. "Como titular do direito discutido, o assistente listisconsorcial ostenta interesse jurídico qualificado, por isso a lei lhe atribui o papel de litisconsorte da parte principal a que presta assistência (art. 124). Estabelece-se entre assistente e assistido, *in casu*, um litisconsórcio facultativo unitário, porquanto a relação jurídica material em disputa é uma só, apresentando-se como una e incindível entre os vários titulares reunidos no polo do processo em que se inseriu incidentalmente o assistente." (THEODORO JR., Humberto. *Curso de Direito Processual Civil*. 56. ed. Rio de Janeiro: Forense, 2015. p. 374. v. I – versão digital).

CAPÍTULO II
DA DENUNCIAÇÃO DA LIDE

1. O escopo da *denunciação à lide* é, objetivamente falando, o de evitar que, em processo alheio, ações regressivas ocupem a pauta judiciária. Nessa quadra, o ordenamento processual faculta ao sedizente titular de um direito de regresso postulá-lo em ação paralela (denunciação) com tramitação no mesmo processo em que demanda ou é demandado originariamente (ação principal).

2. O denunciante visa, com a utilização do expediente em tela, a obter, no mesmo processo, a condenação do denunciado (responsável, em tese, por ressarci-lo) por ocasião dos prejuízos que vier a experimentar em decorrência de sua sucumbência no pleito originário. Trata-se, pois, de espécie intervenção forçada, em contraponto, por exemplo, a assistência, espécie de intervenção voluntária.

3. "A denunciação da lide consiste em chamar o terceiro (denunciado), que mantém vínculo de direito com a parte (denunciante), para vir responder pela garantia do negócio jurídico, caso o denunciante saia vencido no processo." (THEODORO JR., Humberto. *Curso de Direito Processual Civil*. 56. ed. Rio de Janeiro: Forense, 2015. p. 385. v. I).

> **Art. 125.** É admissível a denunciação da lide, promovida por qualquer das partes:
> I – ao alienante imediato, no processo relativo à coisa cujo domínio foi transferido ao denunciante, a fim de que possa exercer os direitos que da evicção lhe resultam;
> II – àquele que estiver obrigado, por lei ou pelo contrato, a indenizar, em ação regressiva, o prejuízo de quem for vencido no processo.
> § 1º O direito regressivo será exercido por ação autônoma quando a denunciação da lide for indeferida, deixar de ser promovida ou não for permitida.
> § 2º Admite-se uma única denunciação sucessiva, promovida pelo denunciado, contra seu antecessor imediato na cadeia dominial ou quem seja responsável por indenizá-lo, não podendo o denunciado sucessivo promover nova denunciação, hipótese em que eventual direito de regresso será exercido por ação autônoma.

1. A denunciação à lide, consoante se extrai do *caput* do artigo sob comento, serve tanto ao *autor* como ao *réu*.

2. Hipóteses legais. A denunciação tem cabimento nos estritos limites da lei, o que representa dizer que, para além das hipóteses expressamente previstas pelo legislador, eventual pleito nesse sentido deve ser indeferido. Cabe denunciar o alienante imediato, no processo relativo à coisa cujo domínio fora transferido ao denunciante, bem como àquele que estiver obrigado, por lei ou pelo contrato, a indenizar, em ação regressiva, o prejuízo do que for vencido na ação principal.

3. O §1º do artigo 125 fulmina, expressamente, debate outrora travado em sede doutrinária e jurisprudencial acerca da *obrigatoriedade*, ou não, da denunciação à lide em determinados casos. À luz do texto vigente, não há dúvida: trata-se de mera faculdade posta a disposição da parte, que, optando em não se socorrer do expediente sob comento, poderá, em ação autônoma, postular o reconhecimento do direito de regresso que deixou de sustentar pela via sob comento.

4. O CPC/2015, de maneira inédita, limita o número de "denunciações sucessivas" a uma. O denunciado (originário) poderá, querendo, valer-se do expediente processual (da denunciação) para trazer aos autos seu antecessor imediato na cadeia dominial ou o responsável por indenizá-lo. Este (o *denunciado sucessivo* – denunciado pelo *denunciado originário*), por sua vez, não poderá promover "nova" denunciação, restando-lhe, pois, buscar o regresso, sendo o caso, em ação autônoma. Trata-se de medida que, bem compreendida, visa a impedir que a utilização da intervenção sob comento torne a tramitação do feito morosa e confusa, face à repetição sem fim de denunciações.

Art. 126. A citação do denunciado será requerida na petição inicial, se o denunciante for autor, ou na contestação, se o denunciante for réu, devendo ser realizada na forma e nos prazos previstos no art. 131.

1. Utilizando-se do expediente o *autor da ação originária*, a citação do denunciado será requerida conjuntamente com a do *demandado na ação originária*, ou seja, em sede inicial. Figurando o réu na condição de denunciante, o momento oportuno para *denunciar à lide* será à contestação.

2. "Sem embargo de figurar na petição inicial ao lado do réu, o denunciado será citado antes deste, para ter a oportunidade de eventualmente assumir a posição de litisconsorte do autor e aditar, se lhe convier, a petição inicial, com novos argumentos." (THEODORO JR., Humberto. *Curso de Direito Processual Civil*. 56. ed. Rio de Janeiro: Forense, 2015. p. 392. v. I).

Art. 127. Feita a denunciação pelo autor, o denunciado poderá assumir a posição de litisconsorte do denunciante e acrescentar novos argumentos à petição inicial, procedendo-se em seguida à citação do réu.

1. Realizada a denunciação, há de se compreender que, em tese, duas ações (ação principal e denunciação) tramitarão em um mesmo processo (um processo; duas ações). São partes na ação principal: autor e réu; na denunciação: denunciante (autor ou réu da ação principal) e denunciado (o terceiro). Como regra, o denunciado figurará na condição de assistente simples do denunciante na ação principal. Contudo, poderá assumir, nos casos em que a denunciação for feita pelo autor, a posição de litisconsorte em relação ao denunciante na ação principal, acrescendo fundamentos à inicial. Na ação reconvencional o denunciado, por definição, ocupará, sempre, a condição de réu.

2. Denunciação pelo autor. Exemplo. Imagine-se o caso em que determinada pessoa física é demandada por instituição hospitalar, em sede de ação monitória, que pretende receber quantia em dinheiro originada da realização de atividade cirúrgica em benefício do demandado. Idealize-se, agora, que a demandada possuía contrato com certo plano de saúde, que negou cobertura, injustificadamente, aos gastos oriundos da cirurgia a que se submeteu a ré (da ação monitória). Visando a defender-se da injusta cobrança, bem como no afã de ver reconhecida a obrigação do plano de saúde em arcar com os custos que lhe são cobrados pelo hospital demandante, a ré da ação monitória propõe Embargos Monitórios (ação na qual figura como embargante, isto é, ocupa o polo ativo dos Embargos) em face da instituição hospitalar (agora, embargado). Ao assim proceder, é facultado à autora (reitere-se: dos embargos monitórios), em sede inicial, promover a denunciação do plano de saúde. Acerca da possibilidade acima aventada, na jurisprudência, ainda sob vigência do CPC/73, vide: "APELAÇÃO CÍVEL. DIREITO PRIVADO NÃO ESPECIFICADO. AÇÃO MONITÓRIA. SERVIÇOS HOSPITALARES. DENUNCIAÇÃO DA LIDE. PLANO DE SAÚDE. I. Documentos aptos para embasar a ação monitória. Constatada a existência de início de prova, conforme artigo 1.102-A do CPC. Evidenciada divergência no valor dos materiais em relação ao que constou na requisição emitida à Unimed em relação à fatura emitida ao paciente. Determinada a limitação do valor. Juros de mora. Termo inicial. Data da citação, conforme artigo 219 do CPC. Correção monetária. Deve incidir desde a data da emissão da nota fiscal de cobrança, pois apenas representa a recomposição da moeda. Majoração dos honorários na ação monitória. Inviabilidade. Caso em que houve a observância dos requisitos insculpidos no artigo 20 do CPC. III. Denunciação da lide. Caso em que o plano de saúde não logrou êxito em demonstrar o cabimento da negativa de abrangência de materiais cobrados. NEGARAM PROVIMENTO AO RECURSO DA PARTE AUTORA E DERAM PARCIAL PROVIMENTO AO RECURSO DA RÉ/DENUNCIANTE. UNÂNIME." (Apelação Cível nº 70057732216, Décima Sexta Câmara Cível, Tribunal de Justiça do RS, Relator: Ergio Roque Menine, Julgado em 12/02/2015).

> **Art. 128.** Feita a denunciação pelo réu:
> I – se o denunciado contestar o pedido formulado pelo autor, o processo prosseguirá tendo, na ação principal, em litisconsórcio, denunciante e denunciado;
> II – se o denunciado for revel, o denunciante pode deixar de prosseguir com sua defesa, eventualmente oferecida, e abster-se de recorrer, restringindo sua atuação à ação regressiva;
> III – se o denunciado confessar os fatos alegados pelo autor na ação principal, o denunciante poderá prosseguir com sua defesa ou, aderindo a tal reconhecimento, pedir apenas a procedência da ação de regresso.
> Parágrafo único. Procedente o pedido da ação principal, pode o autor, se for o caso, requerer o cumprimento da sentença também contra o denunciado, nos limites da condenação deste na ação regressiva.

1. Nos casos em que o réu lança mão do expediente, a identificação da posição jurídica ocupada pelo denunciado na ação principal depende, segundo o CPC/2015, de averiguação complementar. Na hipótese de o denunciado impugnar a pretensão do autor da ação principal, pondo em xeque o acerto do acolhimento dos pedidos por ele formulados, figurará na condição de parte (ré) (também) na demanda principal, sem prejuízo da condição de demandado na ação de regresso (denunciação), inerente à própria razão de ser do instituto; caso não impugne formalmente os pedidos formulados pelo demandante (da ação principal), sua condição, na ação principal, será de mero assistente (simples).

2. A revelia do denunciado (na ação regressiva) autoriza o denunciante a concentrar esforços, única e exclusivamente, na denunciação à lide.

3. O fato de o denunciado confessar na ação principal, atuação que o faz parte na mesma, não obsta a que o demandado originário se insurja a versão fática sustentada pelo demandante.

4. Julgadas procedentes *ação principal* e *denunciação*, o Código autoriza, nos limites da condenação havida na ação de regresso, que o vitorioso na ação principal dirija o pedido de *cumprimento da sentença* ao denunciado.

5. "Inova, também, o NCPC, ao autorizar que o autor promova o cumprimento da sentença em face do denunciado, desde que nos limites da condenação deste na ação regressiva (parágrafo único). A novidade atende a garantia de efetividade e do devido (e justo) processo legal, porquanto foca na satisfação do credor." (DONIZETTI, Elpídio. *Novo Código de Processo Civil Comentado*. São Paulo: Atlas, 2015. p. 109).

Art. 129. Se o denunciante for vencido na ação principal, o juiz passará ao julgamento da denunciação da lide.

Parágrafo único. Se o denunciante for vencedor, a ação de denunciação não terá o seu pedido examinado, sem prejuízo da condenação do denunciante ao pagamento das verbas de sucumbência em favor do denunciado.

1. Ordem lógica de julgamento. A ação de regresso apenas será apreciada (no mérito) se, e somente se, o denunciante (seja ele autor; seja ele réu) restar vencido na ação principal; caso contrário, será extinta face à perda evidente de objeto, hipótese em que o denunciante haverá de ser condenado ao pagamento de honorários advocatícios e demais despesas oriundas da propositura da ação de regresso.

CAPÍTULO III
DO CHAMAMENTO AO PROCESSO

1. Visa-se, grosso modo, a possibilitar ao responsável (em face dos demais responsáveis ou do próprio devedor) e ao devedor solidário efetivamente demandado (em face dos demais devedores dessa natureza), trazer ao processo terceiro(s) para que, com ele (o chamante), responda(m), face ao autor, conjuntamente, na mesma relação processual, todos na condição de demandado(s).

Art. 130. É admissível o chamamento ao processo, requerido pelo réu:
I – do afiançado, na ação em que o fiador for réu;
II – dos demais fiadores, na ação proposta contra um ou alguns deles;
III – dos demais devedores solidários, quando o credor exigir de um ou de alguns o pagamento da dívida comum.

1. Trata-se, diferentemente da denunciação à lide, de faculdade endereçada exclusivamente ao demandado.

2. Respeitadas as hipóteses de cabimento, inventariadas pelos incisos do artigo 130, poderá o réu, querendo, exigir que terceiros (não demandados primitivamente) com ele dividam o polo passivo da relação processual, tornando-se partes no processo e, consequentemente, submetendo-se a integralidade de seus efeitos. Admite-se tal espécie de intervenção quando: (a) o demandante ajuizar ação apenas em face do(s) fiador(es) (responsáveis), deixando de demandar o afiançado (devedor); (b) embora proposta a ação em face de um ou mais fiadores, um, ou outros tantos, escapem à postulação; (c) o autor exija de um ou de alguns de seus devedores solidários, à integralidade, seu crédito, deixando de demandar os demais.

3. De posse da contestação (em que haja o chamamento – sendo esse, pois, o momento adequado para que o réu, querendo, dele se utilize – art. 131) deverá o magistrado, *incontinenti*, avaliar a possibilidade ventilada pelo demandado. Não sendo o caso de indeferimento imediato da espécie de intervenção pugnada, ordenará que se proceda à citação do terceiro (o chamado). No sistema revogado, ato contínuo (artigo 79 do CPC/73), suspendia-se o feito, no afã de possibilitar ao chamado prazo hábil à produção de sua defesa. O CPC/2015 é, em relação ao tema, silente.

4. "Só cabe o chamamento ao processo se, em face da relação material deduzida em juízo, o pagamento da dívida pelo chamante dê a este o direito de reembolso, total ou parcial, contra o chamado. Isso não quer dizer que o chamamento ao processo implique demanda regressiva (para buscar o quinhão que cabe a cada um na solidariedade passiva), à semelhança do que ocorre com a denunciação da lide." (DIDIER JR., Fredie. *Curso de Direito Processual Civil*. 17. ed. Salvador: Juspodivm, 2015. p. 509. v. I).

> **Art. 131.** A citação daqueles que devam figurar em litisconsórcio passivo será requerida pelo réu na contestação e deve ser promovida no prazo de 30 (trinta) dias, sob pena de ficar sem efeito o chamamento.
> Parágrafo único. Se o chamado residir em outra comarca, seção ou subseção judiciárias, ou em lugar incerto, o prazo será de 2 (dois) meses.

1. Optando o réu por valer-se da aludida faculdade, deverá, por determinação expressa de lei, exercê-la no prazo para contestar, momento em que requererá a citação do chamado, convocando-o a figurar na condição de demandado.

2. A citação do chamado que residir na comarca em que tramite o feito deve ser promovida no prazo de 30 dias; em comarca diversa, em até 2 meses.

3. "O NCPC não prevê mais a suspensão do processo enquanto estiver pendente a citação do denunciado ou do chamado. Ademais, ampliou os prazos para se efetivar a citação: a regra geral passa a ser de 30 dias; quando o denunciado ou o chamado residir em outra comarca, seção ou subseção judiciárias, o prazo será ampliado para dois meses. A não observância desses prazos torna sem efeito a denunciação ou o chamamento ao processo, sem prejuízo de posterior ação autônoma, prosseguindo o processo apenas em face daquele que denunciou (...) ou daquele que chamou o coobrigado." (DONIZETTI, Elpídio. *Novo Código de Processo Civil Comentado*. São Paulo: Atlas, 2015. p. 111).

> **Art. 132.** A sentença de procedência valerá como título executivo em favor do réu que satisfizer a dívida, a fim de que possa exigi-la, por inteiro, do devedor principal, ou, de cada um dos codevedores, a sua quota, na proporção que lhes tocar.

1. Caso um dos réus ((a)o demandado originário ou (b) um dos chamados) venha a satisfazer a pretensão do autor à integralidade (seja porque resolveu assim agir para livrar-se do fardo condenatório; seja porque o cumprimento do julgado fora direcionado apenas contra si), poderá, querendo, valer-se da mesma sentença que o condenou "como título judicial", agora, em seu favor. No primeiro caso, para exigir do devedor principal o ressarcimento integral do valor despendido; no segundo, de cada um dos codevedores ou corresponsáveis, proporcionalmente a responsabilidade de cada um.

2. Em suma, é possível afirmar que o chamamento ao processo faculta ao demandado trazer à relação jurídica processual, para que figurem na condição de parte, terceiros que, como ele, têm obrigação, por uma ou outra razão, de satisfazer o pleito proposto em seu desfavor (seja porque figuram como codevedores; seja porque funcionam como responsáveis). Trata-se, do ponto de vista processual, de expediente que privilegia o melhor aproveitamento e a concentração dos atos processuais, ampliando subjetivamente o feito.

CAPÍTULO IV
DO INCIDENTE DE DESCONSIDERAÇÃO DA PERSONALIDADE JURÍDICA

> **Art. 133.** O incidente de desconsideração da personalidade jurídica será instaurado a pedido da parte ou do Ministério Público, quando lhe couber intervir no processo.
> § 1º O pedido de desconsideração da personalidade jurídica observará os pressupostos previstos em lei.
> § 2º Aplica-se o disposto neste Capítulo à hipótese de desconsideração inversa da personalidade jurídica.

1. Incidente de desconsideração da personalidade jurídica. Visa-se, com a instauração do incidente, a obtenção de pronunciamento judicial que reconheça, *in concreto*, a possibilidade de satisfação de certo direito perante o patrimônio de quem, *a priori*, não se afigura devedor, nem responsável pela satisfação da obrigação "reclamada". Almeja-se, nos casos mais comuns, afastar a autonomia patrimonial das pessoas jurídicas (entes ideais) para alcançar o patrimônio das pessoas naturais (por vezes, administradores; por vezes, sócios, etc.) a ela subjacentes, no afã de satisfazer certas posições jurídicas.

2. Admite-se, sem prejuízo à regra, que o incidente sob comento seja instaurado para que se declare a desconsideração da personalidade às avessas, isto é, reconheça-se a responsabilidade de certo ente ideal, nos casos em que a responsabilidade primária pela satisfação de determinado direito pertença, *a priori*, a certa pessoa natural. "A desconsideração inversa da personalidade jurídica, não prevista no Código Civil, foi admitida pelo STJ" (STJ, 3ª T., REsp. 1.236.916/RS, Rel. Min. Nancy Andrighi, ac. 22.10.2013, DJe 28.10.2013). "Caracteriza-se ela 'pelo afastamento da autonomia patrimonial da para, contrariamente ao que ocorre na desconsideração da personalidade propriamente dita, atingir o ente coletivo e seu patrimônio social, de modo a responsabilizar a pessoa jurídica por obrigações do sócio controlador." (THEODORO JR., Humberto. *Curso de Direito Processual Civil*. 56. ed. Rio de Janeiro: Forense, 2015. p. 398. v. I).

3. Desconsideração às avessas. Exemplo. O condenado (provisória ou definitivamente) a pagar alimentos (pessoa natural) mascara sua real condição patrimonial ao manter os bens de que desfruta diuturnamente em nome de sociedade empresária da qual, embora não figure formalmente na condição de sócio, o é materialmente falando. Afigura-se plenamente possível, comprovada a existência de confusão patrimonial, o acolhimento do pedido de desconsideração da personalidade jurídica do devedor, pessoa física, visando-se a obter a satisfação do crédito sob comento junto ao patrimônio do ente ideal.

4. Legitimidade ativa. Incumbe à parte interessada, ou ao Ministério Público, nos estritos casos em que sua participação no feito cível revela-se obrigatória, requerer a instauração do incidente sob comento. Neste mesmo sentido, pois, já se afirmou, com razão, que "não há possibilidade de atuação jurisdicional sem o requerimento (...), ou seja, é vedado ao juiz, de ofício, determinar a inclusão de sócio ou do administrador no polo passivo da demanda, para fins de desconsideração da personalidade jurídica." (DONIZETTI, Elpídio. *Novo Código de Processo Civil Comentado*. São Paulo: Atlas, 2015. p. 112).

5. O sucesso do pleito (ou seja, seu deferimento) encontra-se, pois, adstrito a constatação da presença, *in concreto*, dos requisitos materiais que autorizam a desconsideração da personalidade jurídica. O tema encontra assento, no âmbito material, no art. 50 da Lei 10.406/2002 (Código Civil), bem como no art. 28 da Lei 8.078/90 (CDC). Acerca da matéria, com grande proveito, vide: COELHO, Fábio Ulhoa. Curso de Direito Comercial. São Paulo: Saraiva, 2002. p. 31/56.

6. "Em caso de abuso da personalidade jurídica, caracterizado pelo desvio de finalidade, ou pela confusão patrimonial, pode o juiz decidir, a requerimento da parte, ou do Ministério Público quando lhe couber intervir no processo, que os efeitos de certas e determinadas relações de obrigações sejam estendidos aos bens particulares dos administradores ou sócios da pessoa jurídica." (art. 50 da Lei 10.406/2002).

7. "O juiz poderá desconsiderar a personalidade jurídica da sociedade quando, em detrimento do consumidor, houver abuso de direito, excesso de poder, infração da lei, fato ou ato ilícito ou violação dos estatutos ou contrato social. A desconsideração também será efetivada quando houver falência, estado de insolvência, encerramento ou inatividade da pessoa jurídica provocados por má administração. § 1° (Vetado). § 2° As sociedades integrantes dos grupos societários e as sociedades controladas, são subsidiariamente responsáveis pelas obrigações decorrentes deste código. § 3° As sociedades consorciadas são solidariamente responsáveis pelas obrigações decorrentes deste código. § 4° As sociedades coligadas só responderão por culpa. § 5° Também poderá ser desconsiderada a pessoa jurídica sempre que sua personalidade for, de alguma forma, obstáculo ao ressarcimento de prejuízos causados aos consumidores." (art. 28 da Lei 8.078/1990).

8. "(...) a desconsideração da personalidade jurídica não pode ser utilizada sem critérios, simplesmente para que se satisfaça uma dívida; a desconsideração de personalidade irrestrita e abusiva causa danos ao mercado como um todo, na medida em que gera incerteza aos empreendedores acerca do risco que terão de suportar pelo insucesso de uma atividade. Assim, pertinente a regulamentação de um 'procedimento' de desconsideração pelo novo Código de Processo Civil, desde que respeitados os objetivos constantes da exposição de motivos do mesmo, qual seja, a garantia de ampla defesa e contraditório, bem como a segurança jurídica. A economia e, por consequência, o direito empresarial, precisam de certezas ... é bem-vindo o novo texto legal se ele atingir esta expectativa." (LUCAS, Laís Machado. A pertinência ou não da regulação da desconsideração da personalidade pelo Código de Processo Civil. *In*: BOECKEL, Fabrício Dani de; ROSA, Karin Regina Rick; SCARPARO, Eduardo. *Estudos sobre o novo Código de Processo Civil*. Porto Alegre: Livraria do Advogado, 2015. p. 244/245).

Art. 134. O incidente de desconsideração é cabível em todas as fases do processo de conhecimento, no cumprimento de sentença e na execução fundada em título executivo extrajudicial.

§ 1º A instauração do incidente será imediatamente comunicada ao distribuidor para as anotações devidas.

§ 2º Dispensa-se a instauração do incidente se a desconsideração da personalidade jurídica for requerida na petição inicial, hipótese em que será citado o sócio ou a pessoa jurídica.

§ 3º A instauração do incidente suspenderá o processo, salvo na hipótese do § 2º.

§ 4º O requerimento deve demonstrar o preenchimento dos pressupostos legais específicos para desconsideração da personalidade jurídica.

1. Desconsideração. Incidente. Momento processual. A instauração do incidente tem cabimento a qualquer tempo, antes, à evidência, de findo o processo. Uma vez postulado, o distribuidor será, de imediato, comunicado (devendo proceder às anotações devidas), e a demanda "principal" será, *ope legis*, suspensa, excetuados os casos em que o pedido de desconsideração restar formulado já em sede de petição inicial (caso em que se dispensa a instauração de incidente próprio à desconsideração da personalidade jurídica).

2. Havendo postulação (de desconsideração da personalidade jurídica) em sede exordial (ocasião em que o postulante deve, também, fundamentar tal requerimento), presentes, ao menos em estado de afirmação, os requisitos

materiais indispensáveis ao seu deferimento, a citação válida daquele que se pretende alcançar (com a desconsideração) revela-se, segundo o CPC/2015, suficiente ao regular prosseguimento do feito. Nesses casos, pois, entendendo o demandado ser parte ilegítima, deverá suscitar o tema em preliminares de contestação (vide comentários aos arts. 337, XI e 338, *infra*).

> **Art. 135.** Instaurado o incidente, o sócio ou a pessoa jurídica será citado para manifestar-se e requerer as provas cabíveis no prazo de 15 (quinze) dias.

1. Requerido. Prazo para resposta. Admitido o incidente, o requerido (àquele que se pretende alcançar com a desconsideração) poderá, querendo, insurgir-se ao sucesso do pleito, bem como requerer, entendendo oportuno, a produção de provas, no prazo de 15 dias.

2. "Trata-se de intervenção de terceiro, pois se provoca o ingresso de terceiro em juízo (...)." (DIDIER JR., Fredie. *Curso de Direito Processual Civil*. 17. ed. Salvador: Juspodivm, 2015. p. 514. v. I).

3. A decisão interlocutória que, em sede de tutela cognitiva, inadmite o incidente sob comento, espécie de intervenção que é, revela-se agravável, consoante previsão do art. 1.015, IX do CPC/2015. Acerca do tema, vide: TORRES, Artur. Sentença, *Coisa Julgada e Recursos Cíveis Codificados*: de acordo com as Leis 13.105/2015 e 13.256/2016. Porto Alegre: Livraria do Advogado, 2017. p. 123/129.

> **Art. 136.** Concluída a instrução, se necessária, o incidente será resolvido por decisão interlocutória.
> Parágrafo único. Se a decisão for proferida pelo relator, cabe agravo interno.

1. Trata-se de decisão interlocutória o pronunciamento judicial prolatado junto ao juízo singular que resolve/enfrenta o incidente de desconsideração da personalidade jurídica, razão pela qual, em atenção ao teor do 1.015, IV, o recurso hábil a impugná-la será, consoante expresso texto de lei, o agravo de instrumento. Vale um alerta: não há confundir a hipótese de cabimento recursal ora ventilada com aquela prevista pelo inciso IX do mesmo dispositivo legal. De outro giro, nos casos em que o incidente venha a tramitar perante órgão colegiado, sendo ele resolvido mediante julgamento monocrático, a impugnação deve, sendo o caso, ser promovida mediante oferecimento de agravo interno (arts. 1.021 e seguintes).

2. Não se pode perder de vista, pois, que o incidente sob comento tem espaço, também, no cumprimento de sentença e na execução fundada em título executivo extrajudicial (art. 134). Nestes casos, a inadmissão do incidente ou mesmo seu indeferimento meritório serão objeto de decisão interlocutória prolatado em cenário distinto do "processo de conhecimento". Embora o recurso hábil a impugnar os aludidos pronunciamentos judiciais seja o mesmo agravo de instrumento, a hipótese de cabimento recursal encontra assento no parágrafo único do art. 1.015, não nos incisos IV e IX do referido artigo.

Art. 137. Acolhido o pedido de desconsideração, a alienação ou a oneração de bens, havida em fraude de execução, será ineficaz em relação ao requerente.

1. "Dispõe o novo Código que a partir do acolhimento do pedido de desconsideração, a alienação ou oneração de bens, havida em fraude de execução, será considerada ineficaz em relação ao requerente (...). Por acolhimento, a lei não quer dizer decisão de procedência do incidente, mas simplesmente o deferimento do processamento do pedido de desconsideração. Ou seja, antes mesmo que se verifique a penhora, os credores serão acautelados com a presunção legal de fraude, caso ocorram alienações ou desvios de bens pelas pessoas corresponsabilizadas." (THEODORO JR., Humberto. *Curso de Direito Processual Civil*. 56. ed. Rio de Janeiro: Forense, 2015. p. 400/401. v. I).

2. "Quando a desconsideração de personalidade advier de ato que configure fraude à execução, ainda assim a via para a pronuncia da fraude e ineficácia do desvio patrimonial depende da propositura do incidente (art. 792, § 3º) que, não observado, suscitará embargos de terceiro (art. 674, § 2º, III)." (RODRIGUES, Ruy Zoch. *In: Novo Código de Processo Civil anotado*. Porto Alegre: OAB/RS, 2015. p. 144).

3. "Ineficácia de alienação ou oneração posterior. A intenção do dispositivo é punir a conduta do sócio ou administrador que aliena bens no curso do incidente de desconsideração. Todavia, parece mais correto considerar que a ineficácia da alienação ou oneração de bens ocorrida nessa situação incida apenas caso ocorram após a citação do sócio ou do administrador para responder aos termos do incidente, ou após algum fato que dê a entender que tais pessoas tinham ciência da instauração." (NERY JR, Nelson; NERY, Rosa Maria Andrade. *Comentários ao Código de Processo Civil*. São Paulo: RT, 2015. p. 575).

4. Aquele que, não tendo participado do incidente, sofrer constrição judicial de seus bens (por força de desconsideração da personalidade jurídica), tem legitimidade para, visando a desfazê-la, ofertar *embargos de terceiro*. Inteligência do art. 674, III, CPC/2015.

CAPÍTULO V
DO *AMICUS CURIAE*

1. Considerações preliminares. Origem. Desenvolvimento. "O instituto ora estudado encontra suas origens no direito romano antigo. Apesar de ter recebido desenvolvimento no direito inglês e posteriormente no direito norte-americano, a sua própria nomenclatura (*amicus curiae* é expressão latina para 'amigo da corte') remete aos primórdios romanos. Em primeiro plano, deve-se esclarecer que o direito romano não traçava uma distinção tão rígida entre o direito privado material e o direito processual, tendo esta concepção surgido posteriormente. Não se pode remeter a uma teoria sobre a intervenção de terceiros no direito romano, e nela localizar o procedimento da intervenção do amigo da corte. O que se pode verificar é que este terceiro interveniente atuava, originalmente, com imparcialidade e com o intuito de trazer informações técnicas sobre assuntos tratados no julgamento, tanto jurídicos quanto não-jurídicos.

A figura do *amicus* é identificada, em sua manifestação mais remota, na pessoa do *consillarius*, incumbido de auxiliar o juízo quando da tomada de decisões. O *consilium* se tratava de um corpo de consultores do magistrado, formado pelo senado, e que emitia pareceres formalmente não vinculantes, porém que influenciavam muito na decisão final. O órgão foi instituído na época arcaica romana, na primeira metade do século III a.C., e também é indicado como elemento formador da jurisprudência, rotulado como '*amigos de prestigio*'. De fato, a confiança investida no *consilium*, por parte do julgador (*iudex unus*), era a característica mais relevante deste órgão, vez que seus membros se restringiam, unicamente, a auxiliar o magistrado. É verdade que não foi no direito romano que a intervenção do *amicus curiae* recebeu mais desenvolvimento e regulação, tanto que há doutrina que aponta para o direito inglês arcaico como berço do instituto. Entretanto, não se pode negar a semelhança entre a função do então *consilium* com uma das que hoje o 'amigo da corte' exerce, qual seja a de ajudar o juízo com informações técnicas e jurídicas sobre o objeto da lide. Portanto, como a maioria dos institutos jurídicos deve a sua existência ao direito romano, podem-se identificar as raízes do *amicus curiae* na figura do *consilium* romano. O Direito alemão contribuiu com a formação da figura do *amicus curiae* a partir da prática do *Aktenversendung*, qual seja a remessa dos autos de processo que tramitasse perante o juiz para renomados professores de Universidades de Direito, a fim de que estes prestassem pareceres sobre o caso concreto. Consta que a prática referida tomou início por volta do século XVI, sendo que, nos casos em que os magistrados enfrentassem dúvidas sobre o teor do julgamento, a consulta aos professores teria caráter obrigatório, o que supostamente cessou em 1870. A consulta aos professores demonstrava a ênfase do direito alemão antigo na sistematização da ciência do direito com base no método dedutivo a partir de princípios gerais para regras específicas, característica própria do meio acadêmico, que era diretamente aplicada ao processo. Apesar da grande semelhança com o instituto do *amicus curiae*, já que se trata de consulta, pelos juízes, a terceiros com experiência e sabedoria, o 'tema' da consulta sempre se limitava à Ciência do Direito (já que os consultores se tratavam de professores de Direito), bem como consta que os professores efetivamente percebiam honorários para o desempenho da tarefa, características que destoam do amigo da corte. O *amicus curiae* foi incorporado ao direito inglês por volta do século XVII também com o propósito de auxiliar o juízo com informações específicas e com o intuito de evitar erros na decisão. Há notícia de intervenções de terceiros para auxílio no julgamento de certos casos ao longo dos séculos XV e XVI na Inglaterra, porém apenas no século seguinte o instituto passou a ser mais utilizado nos tribunais britânicos. Uma das várias mudanças procedimentais entre o *consilium* romano e o *amicus curiae* atual é a possibilidade de intervenção espontânea no processo, característica que foi agregada ao instituto nos primórdios do direito inglês, já que o *consilliarius* somente intervinha em prol do auxílio no julgamento se consultado pelo magistrado. (...) foi na Inglaterra que o *amicus curiae* deixou de ser identificado meramente como um terceiro desinteressado consultado pelo magistrado para solucionar dúvidas e trazer informações. Ao longo do tempo, passou a ser considerado como sujeito que pode requerer o seu ingresso, espontaneamente, nos procedimentos, ainda que conservando, em certos casos, a função histórica vinculada à necessidade do magistrado provocar a sua intervenção." (MIGLIAVACCA, Carolina Moraes. *A figura do "amicus curiae" e a sua utilização no processo civil brasileiro*, 2010. 219f. Dissertação (Mestrado em Direito) – Pontifícia Universidade Católica do Rio Grande do Sul, Porto Alegre, 2010. p. 45/47).

2. Trata-se de "figura" processual que, para além de excepcionar o argumento que, como regra, legitima a intervenção de terceiro em feito alheio (o interesse egoístico e direto no resultado da demanda), revela-se amplamente compatível com a matriz do denominado *Estado Democrático de Direito*. Tem-se por desiderato com a utilização da espécie de intervenção (se dê ela de maneira forçada ou provocada), grosso modo, obter contribuição de terceiro (conhecedor do assunto e/ou interessado nos efeitos mundanos da decisão) para a entrega da melhor jurisdição meritória possível.

> **Art. 138.** O juiz ou o relator, considerando a relevância da matéria, a especificidade do tema objeto da demanda ou a repercussão social da controvérsia, poderá, por decisão irrecorrível, de ofício ou a requerimento das partes ou de quem pretenda manifestar-se, solicitar ou admitir a participação de pessoa natural ou jurídica, órgão ou entidade especializada, com representatividade adequada, no prazo de 15 (quinze) dias de sua intimação.
>
> § 1º A intervenção de que trata o *caput* não implica alteração de competência nem autoriza a interposição de recursos, ressalvadas a oposição de embargos de declaração e a hipótese do § 3º.
>
> § 2º Caberá ao juiz ou ao relator, na decisão que solicitar ou admitir a intervenção, definir os poderes do *amicus curiae*.
>
> § 3º O *amicus curiae* pode recorrer da decisão que julgar o incidente de resolução de demandas repetitivas.

1. A intervenção do *amigo da corte* é admissível, à luz do CPC/2015, em qualquer grau de jurisdição, podendo ser suscitada de ofício ou a requerimento (das partes processuais ou do pretenso interveniente – que poderá ser pessoa natural ou ideal).

2. Considerada (1) a relevância da matéria *sub judice*, (2) sua especificidade ou, ainda, (3) a repercussão social da controvérsia, o juiz (nas causas em tramitação perante o primeiro grau de jurisdição) ou o relator (nas causas de competência originária ou recursal do tribunal competente para processar e julgar o caso concreto), por decisão irrecorrível, determinará (entendendo pertinente), atendendo a pedido de parte ou agindo *ex officio* (hipótese de postulação interna de intervenção), a participação de terceiro no feito (pessoa física ou jurídica, órgão ou entidade especializada), visando a tornar o mais democrático possível o processo, bem como a melhor compreender a matéria objeto da causa. Havendo postulação externa de intervenção (hipótese em que o terceiro pretende intervir, mesmo não tendo sido convocado para tanto – nesse caso deverá comprovar a conveniência da intervenção postulada) e, julgada legítima a mesma, o julgador admitirá (e não determinará) manifestação/contribuição alheia.

3. O prazo para a manifestação do terceiro interveniente é, consoante expresso apontamento legal, de 15 dias. Parece-nos plenamente possível, com destaque para os casos de *postulação interna de intervenção* (hipótese em que o "convocado" a participar do processo possa ser pego de surpresa), que, face à complexidade da manifestação que se espera, havendo postulação (justificada) nesse sentido, o aludido lapso temporal possa, mediante pronunciamento judicial, ser elastecido. Tal medida, inclusive, revela-se evidentemente compatível com o teor do art. 139, VI, *primeira parte*, do CPC/2015.

4. Nada obstante a participação do terceiro interveniente (em posição processual diversa) tenha, como regra, o condão de alterar/atrair/modificar a competência para processar e julgar a demanda (prevalecendo a competência em razão da pessoa), o ingresso no feito, na condição de *amigo da corte*, não implica alteração nesse cenário, mantendo-se intacta, pois, a competência do órgão julgador que determina ou admite sua participação.

5. A legitimidade recursal do *amigo da corte*, consoante expressa previsão legal, resume-se a possibilidade de oferecimento de *embargos de declaração* e a impugnação de decisão prolatada em sede de incidente de resolução de demandas repetitivas, desde que atue concretamente. Revela-se pertinente, contudo, a reflexão suscitada por Migliavacca: "(...) cumpre comentar a restrição de o *amicus curiae* apenas ter legitimidade recursal no caso de Embargos de Declaração ou contra decisão que julgar (...) (IRDR). É verdade que aqui o texto legal afinou-se com a jurisprudência, que tem entendido em maioria pela ausência de poder recursal do *amicus curiae*, porém questiona-se o seguinte: se a justificativa para a possibilidade recursal do interveniente em IRDR está na repercussão social que tais conflitos apresentam, será que em outros processos que não se tratem de IRDR esta mesma repercussão social não poderá, também, se fazer presente? Aliás, conforme o art. 138, a repercussão social é um dos critérios para a própria intervenção do *amicus curiae*, daí que não se verifica linearidade na exclusão da sua legitimidade recursal para algumas causas com repercussão e permissão, para outras. Ora, nada impediria que, caso a caso, o juízo de admissibilidade do recurso apresentado pelo *amicus curiae* renovasse a análise de seu interesse institucional e a conveniência e benefício da condução da demanda para o segundo grau a partir das razões que o sujeito apresentaria (...)." (MIGLIAVACCA, Carolina Moraes. In: *Novo Código de Processo Civil anotado*. Porto Alegre: OAB/RS, 2015. p. 148/149).

6. Incumbe ao julgador (juiz ou relator) que determinar ou admitir a intervenção do *amigo da corte* estabelecer, expressamente, os limites da intervenção (solicitada ou admitida).

7. Acerca do tema, indaga-se: é possível, à luz do CPC/2015, que o "amigo da corte" possua interesse direto no resultado da demanda? Eis, considerada a "cultura" pátria, debate que se impõe.

TÍTULO IV
DO JUIZ E DOS AUXILIARES DA JUSTIÇA

CAPÍTULO I
DOS PODERES, DOS DEVERES E DA RESPONSABILIDADE DO JUIZ

Art. 139. O juiz dirigirá o processo conforme as disposições deste Código, incumbindo-lhe:

I – assegurar às partes igualdade de tratamento;

II – velar pela duração razoável do processo;

III – prevenir ou reprimir qualquer ato contrário à dignidade da justiça e indeferir postulações meramente protelatórias;

IV – determinar todas as medidas indutivas, coercitivas, mandamentais ou sub-rogatórias necessárias para assegurar o cumprimento de ordem judicial, inclusive nas ações que tenham por objeto prestação pecuniária;

V – promover, a qualquer tempo, a autocomposição, preferencialmente com auxílio de conciliadores e mediadores judiciais;

VI – dilatar os prazos processuais e alterar a ordem de produção dos meios de prova, adequando-os às necessidades do conflito de modo a conferir maior efetividade à tutela do direito;

VII – exercer o poder de polícia, requisitando, quando necessário, força policial, além da segurança interna dos fóruns e tribunais;

VIII – determinar, a qualquer tempo, o comparecimento pessoal das partes, para inquiri-las sobre os fatos da causa, hipótese em que não incidirá a pena de confesso;

IX – determinar o suprimento de pressupostos processuais e o saneamento de outros vícios processuais;

X – quando se deparar com diversas demandas individuais repetitivas, oficiar o Ministério Público, a Defensoria Pública e, na medida do possível, outros legitimados a que se referem o art. 5º da Lei nº 7.347, de 24 de julho de 1985, e o art. 82 da Lei nº 8.078, de 11 de setembro de 1990, para, se for o caso, promover a propositura da ação coletiva respectiva.

Parágrafo único. A dilação de prazos prevista no inciso VI somente pode ser determinada antes de encerrado o prazo regular.

1. Dos poderes, deveres e da responsabilidade do juiz. Compete ao juiz de direito, por definição, presidir o processo. Os incisos do artigo 139 retratam, exemplificativamente, algumas das "tarefas" inerentes ao ofício judiciário, não restando a atividade e os poderes do julgador limitados a tanto.

2. Consoante o CPC/2015, o juiz, no desenvolvimento de seu ofício deve, dentre outros, (a) assegurar ao contendores tratamento isonômico; (b) velar pela duração razoável do processo; (c) prevenir ou reprimir a realização de atos que atentem à dignidade da justiça; (d) determinar todas as medidas indutivas, coercitivas, mandamentais ou sub-rogatórias necessárias a assegurar o cumprimento de comando judicial; (e) estimular, a qualquer tempo, a autocomposição; (f) dilatar prazos processuais (antes do encerramento do prazo regularmente previsto) e alterar a ordem de produção de prova, adequando-os às necessidades do conflito *sub judice*; (g) exercer poder de polícia; (h) determinar, a qualquer tempo, independentemente da fase ou natureza processual, o comparecimento pessoal das partes, para inquiri-las sobre os fatos da causa; (i) determinar o suprimento de pressupostos processuais e o saneamento de outros vícios de idêntica natureza, entre outros.

3. Dentre os poderes do julgador, a previsão contida no inciso IV do artigo 139 é a que tem, sem dúvida, causado maior divergência doutrinária e jurisprudencial. Segundo o CPC/2015, compete ao juiz "determinar todas as medidas indutivas, coercitivas, mandamentais ou sub-rogatórias necessárias para assegurar o cumprimento de ordem judicial, inclusive nas ações que tenham por objeto prestação pecuniária". Não há dúvida, pois, que a aludida regra encontra-se alinhada a tentativa de dar maior efetividade aos comandos judiciais. O ponto de "desconforto", como não poderia deixar de ser, diz com os limites "de um cheque em branco" entregue ao Poder Judiciário. Nos primeiros meses de vigência do CPC, exemplificativamente, devedores tiveram, dentre outros, permissão para dirigir cassadas, passaportes suspensos etc., tudo em nome da *efetividade*. Tais medidas, como regra, não encontraram guarida nos graus recursais. Ao que tudo indica, o processo pátrio inicia o trilho de um caminho diferente, escapando, pois, das limitações impostas pelas técnicas coercitivas conhecidas há muito. A porta de entrada: o teor do art. 139, IV, do CPC/2015, que, dentre outros, ao menos legislativamente, autoriza o julgador, inclusive nas obrigações que envolvam "prestação pecuniária", a se valer de todas as medidas legítimas capazes de conferir efeitos mundanos aos pronunciamentos judiciais. Em se tratando de majoração de poderes do julgador, uma indagação, sobretudo, se impõe: o limite é o céu? Acerca da polêmica, vide, com grande proveito: PEREIRA, Rafael Caselli. *A multa judicial (astreinte) e o CPC/2015*: visão teórica, prática e jurisprudencial. Salvador: Juspodivm, 2017. p. 139/150.

4. "O art. 139, IV, do CPC/2015 traduz um poder geral de efetivação, permitindo a aplicação de medidas atípicas para garantir o cumprimento de qualquer ordem judicial, inclusive no âmbito do cumprimento de sentença e no processo de execução baseado em títulos extrajudiciais." (Enunciado n. 48, ENFAM).

5. Processo Coletivo. Oficiamento. Dever do julgador. É tarefa do juiz, outrossim, oficiar os legitimados à propositura de Ação Civil Pública ou Ação Coletiva (ambas pertencentes ao mundo do Processo Coletivo) para que examinem a conveniência de promovê-las toda vez que, *in concreto*, se depare com flagrante lesão à direito essencialmente coletivo (ACP) ou, ainda, com diversas demandas individuais repetitivas (AC).

Art. 140. O juiz não se exime de decidir sob a alegação de lacuna ou obscuridade do ordenamento jurídico.
Parágrafo único. O juiz só decidirá por equidade nos casos previstos em lei.

1. Uma vez provocado, o Poder Judiciário deve decidir. Não é por outra razão que o artigo 140 do CPC/2015 fulmina a possibilidade de o magistrado deixar de cumprir com seu ofício (que é, como regra, enfrentar meritoriamente o conflito de interesses *sub judice*) mediante alegação de lacuna (normativa) ou obscuridade de apontamento legislativo. Trata-se, a rigor, de regra que denuncia, ao menos em uma de suas vertentes, a *indeclinabilidade* da jurisdição.

2. É pouco mais do que evidente que uma das notas caracterizadoras da jurisdição contemporânea é a juridicidade. O julgador, à evidência, não está vinculado tão somente ao direito legislado, mas, a todas as demais fontes jurígenas. O teor do parágrafo único, em tempos de "excesso de liberdade decisória" (o que, em alguma medida, passa a ser combatido pelo Código – vide, por exemplo, a adoção de um regime de técnicas processuais vinculativas – art. 927), representa, pois, certo "puxão de orelhas" na magistratura. O critério da "equidade", doravante, apenas deve ser aplicado nos casos expressamente previstos em lei. O *solipsismo judiciário*, gostemos ou não, é claramente repudiado pelo novel sistema processual.

> **Art. 141.** O juiz decidirá o mérito nos limites propostos pelas partes, sendo-lhe vedado conhecer de questões não suscitadas a cujo respeito a lei exige iniciativa da parte.

1. O teor do art. 141 mantém vigente a velha máxima de que *"juiz julga pedido"* e ponto final. Excetuados os casos expressamente previstos em lei, o julgador deve se limitar a enfrentá-lo(s). Fora dos limites estabelecidos pelas partes (leia-se: suas postulações), em não se tratando de questão de *ordem pública*, nada há para decidir. Adjetiva-se *ultra petita* a sentença que desrespeita os limites sob comento.

> **Art. 142.** Convencendo-se, pelas circunstâncias, de que autor e réu se serviram do processo para praticar ato simulado ou conseguir fim vedado por lei, o juiz proferirá decisão que impeça os objetivos das partes, aplicando, de ofício, as penalidades da litigância de má-fé.

1. O processo civil não tolera que as partes dele se valiam para legitimar ato simulado ou obter resultado vedado pelo ordenamento jurídico. Constatada *in concreto* tentativa nesse sentido, o julgador não só pode, como deve, agir oficiosamente para coibi-la, aplicando aos envolvidos as penalidades pertinentes à litigância de má-fé.

> **Art. 143.** O juiz responderá, civil e regressivamente, por perdas e danos quando:
> I – no exercício de suas funções, proceder com dolo ou fraude;
> II – recusar, omitir ou retardar, sem justo motivo, providência que deva ordenar de ofício ou a requerimento da parte.
> Parágrafo único. As hipóteses previstas no inciso II somente serão verificadas depois que a parte requerer ao juiz que determine a providência e o requerimento não for apreciado no prazo de 10 (dez) dias.

1. Da responsabilidade do juiz. O julgador, assim como os demais sujeitos do processo, deve se comportar adequadamente ao longo de sua participação no feito, respeitando as exigências de seu ofício. Atuando de maneira faltosa pode ser compelido a reparar "perdas ou danos" a que tenha experimentado a parte prejudicada por sua desídia.

2. Hipóteses. Consoante anotação codificada, o julgador pode ser responsabilizado quando (a) no exercício de suas atribuições, proceder com dolo ou fraude; bem como se (b) recusar, omitir ou retardar, sem justo motivo, providência que deva ordenar de ofício ou a requerimento da parte. Há de se destacar que, de acordo com o teor do art. 226, o julgador deve proferir (I) os despachos no prazo de 5 (cinco) dias; (II) as decisões interlocutórias no prazo de 10 (dez) dias; e, (III) as sentenças, no prazo de 30 (trinta) dias. A recusa, a omissão ou o retardamento de providência processual apenas conduzirá a responsabilização do julgador se, instado a manifestar-se acerca de certa situação, silenciar por prazo superior a 10 (dez) dias.

CAPÍTULO II
DOS IMPEDIMENTOS E DA SUSPEIÇÃO

1. O modelo constitucional do processo civil brasileiro garante a cada cidadão o direito, dentre outros, de ter os conflitos judiciais com os quais se envolva examinados (e efetivamente julgados) por *terceiro imparcial*, regularmente investido de poder para tanto. Trata-se, bem compreendida a afirmativa, de corolário do *direito fundamental ao juiz natural*. Daí decorre, grosso modo, a necessidade, no plano processual, de se inventariar as hipóteses em que se considera, ao menos tese, posta em risco tal posição jurídica. O expediente recusatório, que se estende para além da figura do julgador (pode se destinar a afastar um outro auxiliar da justiça do caso concreto), possui claro escopo: visa-se, mediante sua operacionalização, a manter hígido o dever de imparcialidade que reclama o modelo constitucional do processo civil brasileiro, em relação aos que, presentando ou auxiliando o Estado, atuam, ainda que *lato sensu*, para a conformação da melhor prestação jurisdicional.

2. Há situações em que o direito legislado *desconfia* que o julgador, ou algum auxiliar seu, pelas mais variadas razões (hipóteses do art. 145 do CPC/2015) não atuará, *in concreto*, com a imparcialidade que dele se exige; noutras, o legislador não desconfia: tem *certeza* (hipóteses do art. 144 do CPC/2015). No primeiro caso, fala-se nas hipóteses de *suspeição*; no segundo, de *impedimento*, sendo defeso ao julgador (ou ao auxiliar da justiça) atuar no caso concreto face à incidência da hipótese.

> **Art. 144.** Há impedimento do juiz, sendo-lhe vedado exercer suas funções no processo:
>
> I – em que interveio como mandatário da parte, oficiou como perito, funcionou como membro do Ministério Público ou prestou depoimento como testemunha;
>
> II – de que conheceu em outro grau de jurisdição, tendo proferido decisão;
>
> III – quando nele estiver postulando, como defensor público, advogado ou membro do Ministério Público, seu cônjuge ou companheiro, ou qualquer parente, consanguíneo ou afim, em linha reta ou colateral, até o terceiro grau, inclusive;

IV – quando for parte no processo ele próprio, seu cônjuge ou companheiro, ou parente, consanguíneo ou afim, em linha reta ou colateral, até o terceiro grau, inclusive;

V – quando for sócio ou membro de direção ou de administração de pessoa jurídica parte no processo;

VI – quando for herdeiro presuntivo, donatário ou empregador de qualquer das partes;

VII – em que figure como parte instituição de ensino com a qual tenha relação de emprego ou decorrente de contrato de prestação de serviços;

VIII – em que figure como parte cliente do escritório de advocacia de seu cônjuge, companheiro ou parente, consanguíneo ou afim, em linha reta ou colateral, até o terceiro grau, inclusive, mesmo que patrocinado por advogado de outro escritório;

IX – quando promover ação contra a parte ou seu advogado.

§ 1º Na hipótese do inciso III, o impedimento só se verifica quando o defensor público, o advogado ou o membro do Ministério Público já integrava o processo antes do início da atividade judicante do juiz.

§ 2º É vedada a criação de fato superveniente a fim de caracterizar impedimento do juiz.

§ 3º O impedimento previsto no inciso III também se verifica no caso de mandato conferido a membro de escritório de advocacia que tenha em seus quadros advogado que individualmente ostente a condição nele prevista, mesmo que não intervenha diretamente no processo.

1. Ao artigo 144 do CPC/2015 coube inventariar as hipóteses em que a atuação do magistrado no caso concreto não será admitida. Consoante expressa previsão legal, é defeso ao julgador atuar nos feitos em que: (a) atuou, outrora, na condição de mandatário da parte, oficiou como perito, funcionou como membro do Ministério Público ou prestou depoimento como testemunha, no caso concreto; (b) conheceu em outro grau de jurisdição, tendo proferido decisão; (c) quando figurar na condição de defensor público, advogado ou membro do Ministério Público, seu cônjuge ou companheiro, ou qualquer parente, consanguíneo ou afim, em linha reta ou colateral, até o terceiro grau, inclusive; (d) seja ele mesmo, seu cônjuge/companheiro, ou parente, consanguíneo ou afim, em linha reta ou colateral, até o terceiro grau, parte no processo; (e) figurar na condição de parte pessoa jurídica da qual seja sócio ou membro de direção ou de administração; (f) for herdeiro presuntivo, donatário ou empregador de qualquer das partes; (g) seja parte instituição de ensino com a qual tenha relação de emprego ou decorrente de contrato de prestação de serviços; (h) um dos contendores pertença a carteira de clientes do escritório de advocacia de seu cônjuge, companheiro ou parente, consanguíneo ou afim, em linha reta ou colateral, até o terceiro grau, inclusive, mesmo que patrocinado por advogado de outro escritório e, por fim; (i) esteja envolvido em ação na qual demande ou seja demandado pela parte ou por seu advogado.

2. O fato (superveniente) capaz de gerar a presunção de impedimento do julgador não será considerado mediante constatação de que sua ocorrência se deu, pois, com o especial fito de gerar o impedimento sob comento. Trata-se de

regra que visa a evitar que a parte, de maneira dissimulada, consiga, por vias oblíquas, "escolher" o julgador que lhe convém.

3. Verifica-se o impedimento previsto no inciso III do artigo 144 quando conferido mandato a "membro de escritório de advocacia que tenha em seus quadros advogado que individualmente ostente a condição" suficiente para gerar o impedimento, ainda que o aludido profissional (integrante do quadro de advogados) não atue concretamente no processo.

4. Tanto o *impedimento*, quando *a* suspeição do magistrado não só podem, como devem, ser suscitadas oficiosamente.

> **Art. 145.** Há suspeição do juiz:
> I – amigo íntimo ou inimigo de qualquer das partes ou de seus advogados;
> II – que receber presentes de pessoas que tiverem interesse na causa antes ou depois de iniciado o processo, que aconselhar alguma das partes acerca do objeto da causa ou que subministrar meios para atender às despesas do litígio;
> III – quando qualquer das partes for sua credora ou devedora, de seu cônjuge ou companheiro ou de parentes destes, em linha reta até o terceiro grau, inclusive;
> IV – interessado no julgamento do processo em favor de qualquer das partes.
> § 1º Poderá o juiz declarar-se suspeito por motivo de foro íntimo, sem necessidade de declarar suas razões.
> § 2º Será ilegítima a alegação de suspeição quando:
> I – houver sido provocada por quem a alega;
> II – a parte que a alega houver praticado ato que signifique manifesta aceitação do arguido.

1. Ao artigo 145, por sua vez, coube prescrever as hipóteses em que se *suspeita* da conduta imparcial do agente processual. Considera-se suspeito o julgador (a) quando amigo íntimo ou inimigo de qualquer das partes ou de seus advogados; (b) quando receber presentes de pessoas interessadas na causa antes ou depois de iniciado o feito; que aconselhar alguma das partes acerca do objeto da causa ou, ainda, que subministrar meios para atender às despesas do litígio; (c) qualquer das partes for sua credora ou devedora, de seu cônjuge ou companheiro ou de parentes destes, em linha reta até o terceiro grau, inclusive; ou, por fim, (d) quando interessado no resultado da contenda.

2. O magistrado que suscitar a impossibilidade de participar do julgamento do caso concreto restará dispensado de declarar as razões que lhe permitem concluir acerca de sua condição de *impedido* ou *suspeito*.

3. Impedimento. Suspeição. Convalescimento. O impedimento do magistrado não se convalesce. Uma vez impedido, sempre impedido; já a suspeição, dada a conduta processual da parte interessada na recusa do julgador (ou de outro auxiliar da justiça), encontra-se adstrita a regramento diverso. Não é por outra razão, pois, que o inciso II do § 2º do artigo sob comento prescreve: se a parte interessada (na declaração da suspeição) praticar "ato que signifique" a evidente aceitação do arguido, a alegação de suspeição a *posteriori* realizada deve tida por ilegítima.

Art. 146. No prazo de 15 (quinze) dias, a contar do conhecimento do fato, a parte alegará o impedimento ou a suspeição, em petição específica dirigida ao juiz do processo, na qual indicará o fundamento da recusa, podendo instruí-la com documentos em que se fundar a alegação e com rol de testemunhas.

§ 1º Se reconhecer o impedimento ou a suspeição ao receber a petição, o juiz ordenará imediatamente a remessa dos autos a seu substituto legal, caso contrário, determinará a autuação em apartado da petição e, no prazo de 15 (quinze) dias, apresentará suas razões, acompanhadas de documentos e de rol de testemunhas, se houver, ordenando a remessa do incidente ao tribunal.

§ 2º Distribuído o incidente, o relator deverá declarar os seus efeitos, sendo que, se o incidente for recebido:

I – sem efeito suspensivo, o processo voltará a correr;

II – com efeito suspensivo, o processo permanecerá suspenso até o julgamento do incidente.

§ 3º Enquanto não for declarado o efeito em que é recebido o incidente ou quando este for recebido com efeito suspensivo, a tutela de urgência será requerida ao substituto legal.

§ 4º Verificando que a alegação de impedimento ou de suspeição é improcedente, o tribunal rejeitá-la-á.

§ 5º Acolhida a alegação, tratando-se de impedimento ou de manifesta suspeição, o tribunal condenará o juiz nas custas e remeterá os autos ao seu substituto legal, podendo o juiz recorrer da decisão.

§ 6º Reconhecido o impedimento ou a suspeição, o tribunal fixará o momento a partir do qual o juiz não poderia ter atuado.

§ 7º O tribunal decretará a nulidade dos atos do juiz, se praticados quando já presente o motivo de impedimento ou de suspeição.

1. Consoante apontamento legal, o prazo para suscitar a recusa do julgador é de 15 (quinze) dias. O aludido prazo tem por termo inicial a data do conhecimento do fato (que, em tese, torna o julgador *impedido* ou *suspeito* para atuar no caso concreto), situação que, na prática, dá margem a amplo debate. Não há, a rigor, como, no mais das vezes, aferir exatamente o momento do conhecimento do fato.

2. A postulação de recusa do julgador deve ser realizada por escrito, e endereçada ao processo em que funciona o próprio recusado, indicando-se, de maneira precisa, o fundamento da recusa, bem como, sendo o caso, acostando-se aos autos os documentos em que se baseia o requerente, sem prejuízo da apresentação do rol das testemunhas que pretenda ouvir caso o julgador não acolha, de pronto, o pleito recusatório.

3. Acolhido o pleito recusatório na origem, o próprio juiz recusado, de imediato, ordenará a remessa dos autos a seu substituto legal, restabelecendo-se, pois, o grau de imparcialidade que se exige do Estado-juiz; entendendo de maneira diversa (ou seja, que não se encontra impedido e nem é suspeito para funcionar no caso concreto), o requerido determinará que o incidente seja autuado em apartado e, no prazo de 15 (quinze) dias, "apresentará suas razões, acompanhadas de documentos e de rol de testemunhas, se houver, ordenando a remessa do incidente ao tribunal". Compete ao tribunal a que o requerido/recusado estiver vinculado, por seu Regimento Interno, estatuir a competência interna para o enfrentamento do incidente, respeitados os ditames contidos no § 2º do art. 146.

4. O protocolo do pleito recusatório, nos termos do art. 313, III, suspende o processo, que, assim permanecerá, bem compreendida a afirmativa, até "segunda" ordem. Nos casos em que o juiz recusado acolher o pedido da parte, a estagnação do feito perdurará até que os autos estejam vinculados ao substituto legal do recusado, que, ao seu tempo, determinará as providências relativas ao prosseguimento regular do mesmo. De outra sorte, nos casos em que o recusado repudiar a alegação da parte, competirá ao relator, no tribunal, diante da suba dos autos (referentes à recusa), determinar se o processo (a causa principal) deva ou não permanecer suspenso até o julgamento do pleito incidental. Determinada a manutenção da suspensão do feito (ou no período anterior à manifestação do relator a respeito), sendo o caso, a competência para enfrentar pedido acerca de tutela provisória será do substituto legal do juiz recusado.

5. Desacolhido pelo tribunal o pleito recusatório, o processo prosseguirá sob a presidência do juiz recusado; acolhido, tratando-se de impedimento ou de "manifesta" suspeição, o tribunal condenará o juiz ao pagamento das custas, determinando, pois, a remessa dos autos ao seu substituto legal. O julgado apontará, ainda, expressamente, o momento processual a partir do qual a atuação do juiz recusado revelou-se indevida, declarando-se a nulidade dos atos processuais realizados nesse contexto.

Art. 147. Quando 2 (dois) ou mais juízes forem parentes, consanguíneos ou afins, em linha reta ou colateral, até o terceiro grau, inclusive, o primeiro que conhecer do processo impede que o outro nele atue, caso em que o segundo se escusará, remetendo os autos ao seu substituto legal.

1. A vinculação havida entre os julgadores, outrossim, figura como causa de impossibilidade de atuação do julgador no caso concreto. O julgador que perceber que algum parente seu (consanguíneo ou afim, em linha reta ou colateral, até o terceiro grau, inclusive) atuou/atua no julgamento da causa com a qual se depare, deve, por determinação legal, escusar-se de julgá-lo, determinando, pois, a remessa dos autos ao seu substituto legal.

Art. 148. Aplicam-se os motivos de impedimento e de suspeição:
I – ao membro do Ministério Público;
II – aos auxiliares da justiça;
III – aos demais sujeitos imparciais do processo.
§ 1º A parte interessada deverá arguir o impedimento ou a suspeição, em petição fundamentada e devidamente instruída, na primeira oportunidade em que lhe couber falar nos autos.
§ 2º O juiz mandará processar o incidente em separado e sem suspensão do processo, ouvindo o arguido no prazo de 15 (quinze) dias e facultando a produção de prova, quando necessária.

§ 3º Nos tribunais, a arguição a que se refere o § 1º será disciplinada pelo regimento interno.

§ 4º O disposto nos §§ 1º e 2º não se aplica à arguição de impedimento ou de suspeição de testemunha.

1. Embora se tenha, outrora, limitado o rol de sujeitos do processo às partes e ao julgador (ao menos no espectro científico), não há negar, hodiernamente, que um sem número de outros personagens revelam-se fundamentais à entrega da jurisdição constitucionalmente prometida, e, logo, merecem assento no aludido grupo. As partes, consoante denuncia a nomenclatura, são, por definição, parciais. O julgador e os demais auxiliares da justiça, não. Nessa quadra, pois, afigura-se pouco mais do que evidente que se qualquer auxiliar do juízo possuir, *lato sensu*, interesse na causa, sua atuação, *in concreto*, tem o condão de macular o regular prosseguimento do *devido processo de direito*. Não é por outra razão, sobretudo, que o art. 148 afirma que os motivos de impedimento e suspeição a eles alcançam.

2. A recusa ao auxiliar da justiça, seja ele qual for, deve ser arguida mediante petição simples, direcionada ao juiz da causa, "na primeira oportunidade", após a descoberta da motivação da recusa. Suscitada, o julgador determinará que se proceda na autuação em separado do incidente, "sem suspensão" do trâmite da ação em que a recusa foi suscitada, ocasião em que determinará a intimação do renegado para, querendo, manifestar-se acerca de sua condição, observado o prazo de 15 dias.

3. A contradita das testemunhas é disciplinada por sistema diverso. Vide, acerca do tema, os comentários ao teor do art. 457 do CPC/2015.

CAPÍTULO III
DOS AUXILIARES DA JUSTIÇA

1. "O juízo, para ter condições de atuação, não pode funcionar apenas com o juiz. Há *mister* auxiliares que o secretariem ou cumpram os atos por ele determinados (...). O novo Código de Processo Civil traz, em seu bojo, não só alterações procedimentais, mas, também, lança novos *standards* que devem ser obedecidos pelo contemporâneo Processo Civil. (...) De se notar que o capítulo destinado aos auxiliares da justiça não ficou infenso a tal mudança de paradigma. Ao contrário, teve que se moldar aos novos propósitos do Processo Civil brasileiro." (CARVALHO, Fabiano Aita. *In: Novo Código de Processo Civil anotado*. Porto Alegre: OAB/RS, 2015. p. 161).

Art. 149. São auxiliares da Justiça, além de outros cujas atribuições sejam determinadas pelas normas de organização judiciária, o escrivão, o chefe de secretaria, o oficial de justiça, o perito, o depositário, o administrador, o intérprete, o tradutor, o mediador, o conciliador judicial, o partidor, o distribuidor, o contabilista e o regulador de avarias.

1. O art. 149, sem prejuízo das anotações oriundas dos diplomas responsáveis por estabelecer regras de organização judiciária, elenca o rol de auxiliares

da justiça. São eles: o escrivão (Justiça Estadual), o chefe de secretaria (Justiça Federal), o oficial de justiça, o perito, o depositário, o administrador, o intérprete, o tradutor, o mediador, o conciliador judicial, o partidor, o distribuidor, o contabilista e o regulador de avarias. Trata-se, pois, de rol meramente exemplificativo.

2. Tratando-se de auxiliares da justiça, os elencados pelo artigo sob comento encontram-se adstritos às causas de *suspeição* e/ou *impedimento* (arts. 144/145) e suas consequências. Inteligência do art. 148, II, do CPC/2015.

Seção I
Do Escrivão, do Chefe de Secretaria e do Oficial de Justiça

Art. 150. Em cada juízo haverá um ou mais ofícios de justiça, cujas atribuições serão determinadas pelas normas de organização judiciária.

1. "O juízo representa a célula mínima de jurisdição que, no organograma do Estado, permite o exercício do poder jurisdicional (...). Trocando em miúdos: os ofícios de justiça são as secretarias ou os cartórios do juízo que, de acordo com suas respectivas varas (ou juntas de conciliação e julgamento), cumprem os serviços do foro judicial." (DELFINO, Lúcio. *In*: WAMBIER, Teresa Arruda Alvim; DIDIER JR., Fredie; TALAMINI, Eduardo; DANTAS, Bruno. (Coord.). *Breves Comentários ao Novo Código de Processo Civil*. São Paulo: RT, 2015. p. 487).

Art. 151. Em cada comarca, seção ou subseção judiciária haverá, no mínimo, tantos oficiais de justiça quantos sejam os juízos.

1. O CPC/2015 estabelece como regra que cada juízo existente (secretaria ou cartório) possua, no mínimo, um oficial de justiça. Acerca da responsabilidade e das funções a serem desempenhadas pelo *meirinho*, como é conhecido no dia a dia forense, vide comentários aos artigos 154 e 155.

Art. 152. Incumbe ao escrivão ou ao chefe de secretaria:
I – redigir, na forma legal, os ofícios, os mandados, as cartas precatórias e os demais atos que pertençam ao seu ofício;
II – efetivar as ordens judiciais, realizar citações e intimações, bem como praticar todos os demais atos que lhe forem atribuídos pelas normas de organização judiciária;
III – comparecer às audiências ou, não podendo fazê-lo, designar servidor para substituí-lo;
IV – manter sob sua guarda e responsabilidade os autos, não permitindo que saiam do cartório, exceto:
a) quando tenham de seguir à conclusão do juiz;
b) com vista a procurador, à Defensoria Pública, ao Ministério Público ou à Fazenda Pública;
c) quando devam ser remetidos ao contabilista ou ao partidor;

d) quando forem remetidos a outro juízo em razão da modificação da competência;

V – fornecer certidão de qualquer ato ou termo do processo, independentemente de despacho, observadas as disposições referentes ao segredo de justiça;

VI – praticar, de ofício, os atos meramente ordinatórios.

§ 1º O juiz titular editará ato a fim de regulamentar a atribuição prevista no inciso VI.

§ 2º No impedimento do escrivão ou chefe de secretaria, o juiz convocará substituto e, não o havendo, nomeará pessoa idônea para o ato.

1. Das atividades do chefe de secretaria e do escrivão. É inerente ao ofício dos aludidos auxiliares da justiça (a) redigir, na forma legal, os ofícios, os mandados, as cartas precatórias e os demais atos que pertençam ao seu ofício; (b) efetivar as ordens judiciais, realizar citações e intimações, bem como praticar todos os demais atos que lhe forem atribuídos pelas normas de organização judiciária; (c) comparecer às audiências ou, não podendo fazê-lo, designar servidor para substituí-lo; (d) manter sob sua guarda e responsabilidade os autos, não permitindo que saiam do cartório, exceto nos termos previstos pela legislação vigente; (e) fornecer certidão de qualquer ato ou termo do processo, independentemente de despacho, observadas as disposições referentes ao segredo de justiça; e (f) praticar, de ofício, os atos meramente ordinatórios, respeitado o teor do ato editado pelo juiz titular do ofício.

2. Os cartórios ou secretarias não podem, pena de violação ao ordenamento jurídico vigente, negarem-se, observadas as restrições inerentes aos feitos que tramitam em segredo de justiça, a fornecer certidões relativas aos atos ou termos processuais efetivamente havidos. A atividade é, pois, inerente ao ofício de seus gestores. Eventual negativa pode, inclusive, gerar penalidade administrativa aos mesmos.

Art. 153. O escrivão ou o chefe de secretaria atenderá, preferencialmente, à ordem cronológica de recebimento para publicação e efetivação dos pronunciamentos judiciais. (Redação dada pela Lei 13.256/2016)

§ 1º A lista de processos recebidos deverá ser disponibilizada, de forma permanente, para consulta pública.

§ 2º Estão excluídos da regra do caput:

I – os atos urgentes, assim reconhecidos pelo juiz no pronunciamento judicial a ser efetivado;

II – as preferências legais.

§ 3º Após elaboração de lista própria, respeitar-se-ão a ordem cronológica de recebimento entre os atos urgentes e as preferências legais.

§ 4º A parte que se considerar preterida na ordem cronológica poderá reclamar, nos próprios autos, ao juiz do processo, que requisitará informações ao servidor, a serem prestadas no prazo de 2 (dois) dias.

§ 5º Constatada a preterição, o juiz determinará o imediato cumprimento do ato e a instauração de processo administrativo disciplinar contra o servidor.

1. Ordem cronológica de publicações e efetivação de pronunciamentos judiciais. O auxiliar da justiça sob comento observará, preferencialmente, ordem cronológica de recebimento para publicação e efetivação dos pronunciamentos judiciais, devendo manter a lista dos processos recebidos (atualizada) disponível à consulta pública.

2. Considerando-se preterido (por ocasião de suposta violação à ordem de recebimento), o interessado poderá, nos próprios autos, por petição simples, reclamar ao juiz, que, de imediato, requisitará informações (que devem ser prestadas no prazo de 2 dias) ao responsável pelo ofício. Verificada "preterição" infundada, o julgador determinará que ela desapareça *incontinenti*, bem como, que se instaure, em desfavor do auxiliar da justiça, *processo administrativo disciplinar*.

3. Não se encontram sujeitos à ordem cronológica acima referida (a) os atos urgentes, assim reconhecidos pelo juiz no pronunciamento judicial a ser efetivado e (b) as preferências legais. As publicações e efetivações desses, sujeitam-se, pois, à ordem cronológica estabelecida em lista própria, que também deve ser disponibilizada à consulta pública.

4. A própria inexistência ou falta de divulgação das listas atualizadas representa violação à ordem jurídica, podendo, pois, gerar processo administrativo em desfavor do servidor responsável.

Art. 154. Incumbe ao oficial de justiça:
I – fazer pessoalmente citações, prisões, penhoras, arrestos e demais diligências próprias do seu ofício, sempre que possível na presença de 2 (duas) testemunhas, certificando no mandado o ocorrido, com menção ao lugar, ao dia e à hora;
II – executar as ordens do juiz a que estiver subordinado;
III – entregar o mandado em cartório após seu cumprimento;
IV – auxiliar o juiz na manutenção da ordem;
V – efetuar avaliações, quando for o caso;
VI – certificar, em mandado, proposta de autocomposição apresentada por qualquer das partes, na ocasião de realização de ato de comunicação que lhe couber.
Parágrafo único. Certificada a proposta de autocomposição prevista no inciso VI, o juiz ordenará a intimação da parte contrária para manifestar-se, no prazo de 5 (cinco) dias, sem prejuízo do andamento regular do processo, entendendo-se o silêncio como recusa.

1. Oficial de justiça. Incumbência. O art. 154 inventaria as atividades inerentes à função do *meirinho*. São elas: (a) realizar pessoalmente citações, prisões, penhoras, arrestos e demais diligências próprias do seu ofício, sempre que possível, segundo o CPC/2015, na presença de 2 (duas) testemunhas, certificando no mandado o ocorrido, com menção ao lugar, ao dia e à hora da diligência; (b) executar as ordens do juiz a que estiver subordinado; (c) entregar o mandado em cartório após seu cumprimento; (d) auxiliar o juiz na manutenção da ordem; (e) efetuar avaliações, quando ao seu alcance, dentre outros.

2. Deparando-se o oficial de justiça, por ocasião do cumprimento de certa diligência, com manifestação da parte (perante a qual cumpra o ato) que vise à obtenção de autocomposição, o mesmo, de imediato, certificando o ocorrido, noticiará ao julgador tal intenção. Este, por sua vez, determinará, sem que isso obstaculize o regular prosseguimento do feito, que se proceda à intimação da parte contrária para, querendo, no prazo de 05 cinco dias, manifestar-se acerca da proposta. O silêncio da parte intimada será tido, consoante prescreve o CPC/2015, como recusa a proposta de autocomposição ofertada.

3. O Código em diversas passagens refere-se as atribuições do *meirinho*, donde se extrai a elevada importância de sua atuação para a entrega do devido processo de direito. Prevê o art. 782 do CPC/2015, exemplificativamente: "Não dispondo a lei de modo diverso, o juiz determinará os atos executivos, e o oficial de justiça os cumprirá. § 1º O oficial de justiça poderá cumprir os atos executivos determinados pelo juiz também nas comarcas contíguas, de fácil comunicação, e nas que se situem na mesma região metropolitana".

Art. 155. O escrivão, o chefe de secretaria e o oficial de justiça são responsáveis, civil e regressivamente, quando:
I – sem justo motivo, se recusarem a cumprir no prazo os atos impostos pela lei ou pelo juiz a que estão subordinados;
II – praticarem ato nulo com dolo ou culpa.

1. Auxiliares da justiça. Responsabilidade civil. O escrivão, o chefe de secretaria e o oficial de justiça, quando, sem justo motivo, deixarem de realizar tempestivamente os atos inerentes ao seu ofício, ou os praticarem, por dolo ou culpa, de maneira a impor a decretação de sua nulidade, responderão pelas perdas e danos eventualmente experimentados pelas partes. Inteligência do art. 155 do CPC/2015.

Seção II
Do Perito

Art. 156. O juiz será assistido por perito quando a prova do fato depender de conhecimento técnico ou científico.
§ 1º Os peritos serão nomeados entre os profissionais legalmente habilitados e os órgãos técnicos ou científicos devidamente inscritos em cadastro mantido pelo tribunal ao qual o juiz está vinculado.
§ 2º Para formação do cadastro, os tribunais devem realizar consulta pública, por meio de divulgação na rede mundial de computadores ou em jornais de grande circulação, além de consulta direta a universidades, a conselhos de classe, ao Ministério Público, à Defensoria Pública e à Ordem dos Advogados do Brasil, para a indicação de profissionais ou de órgãos técnicos interessados.
§ 3º Os tribunais realizarão avaliações e reavaliações periódicas para manutenção do cadastro, considerando a formação profissional, a atualização do conhecimento e a experiência dos peritos interessados.
§ 4º Para verificação de eventual impedimento ou motivo de suspeição, nos termos dos arts. 148 e 467, o órgão técnico ou científico nomeado para realização da

perícia informará ao juiz os nomes e os dados de qualificação dos profissionais que participarão da atividade.

§ 5º Na localidade onde não houver inscrito no cadastro disponibilizado pelo tribunal, a nomeação do perito é de livre escolha pelo juiz e deverá recair sobre profissional ou órgão técnico ou científico comprovadamente detentor do conhecimento necessário à realização da perícia.

1. A função do perito (sempre um *expert*, que funcionará na condição de auxiliar da justiça) é assistir (auxiliar) o julgador quando a interpretação (e melhor compreensão) de determinado *cenário fático* depender de conhecimento técnico, emitindo parecer acerca das questões inerentes a sua especialidade.

2. "Tipos de perito. Considerando sua função, fala-se em dois tipos de perito: o percipiente e o judicante. O *perito percipiente* relata ou declara ciência do fatos, percebidos por seus sentidos e senso crítico. O *perito judicante*, além de relatá-los, enuncia opinião técnica sobre eles, de modo a caracterizá-los, apurar suas causas e consequências, apontar regras técnicas e científicas para investigá-los etc." (BRAGA, Paula Sarno. *In*: WAMBIER, Teresa Arruda Alvim; DIDIER JR., Fredie; TALAMINI, Eduardo; DANTAS, Bruno. (Coord.). *Breves Comentários ao Novo Código de Processo Civil*. São Paulo: RT, 2015. p. 503).

3. Da nomeação do perito. Os peritos serão nomeados, na linha do Código, dentre os profissionais legalmente habilitados e os órgãos técnicos ou científicos devidamente inscritos em cadastro mantido pelo tribunal competente para processar e julgar a causa. O profissional nomeado deverá, necessariamente, possuir formação "técnica" pertinente à seara a qual se pretenda produzir prova, pena de, materialmente, desaparecer a própria razão de ser de sua nomeação.

4. O juiz, por expressa previsão legal, encontra-se vinculado a lista de *experts* habilitados a prestar serviços na localidade. Apenas excepcionalmente é que o julgador poderá ignorá-la. O § 5º ventila, pois, uma das hipóteses: inexistência de profissional devidamente inscrito e habilitado tecnicamente na localidade em que sua "colaboração" com o juízo deva ocorrer.

Art. 157. O perito tem o dever de cumprir o ofício no prazo que lhe designar o juiz, empregando toda sua diligência, podendo escusar-se do encargo alegando motivo legítimo.

1. O *expert* se encontra obrigado a "cumprir o ofício", ou seja, realizar aquilo que lhe foi requerido, no prazo assinado pelo juiz. Poderá, contudo, justificando pedido nesse sentido, pugnar pelo elastecimento do prazo fixado, quando insuficiente para o cumprimento da tarefa que lhe toca ou, ainda, nos casos em que, por uma eventualidade qualquer, não for possível cumprir seu mister no lapso temporal fixado.

2. O perito poderá, alegando motivo legítimo, escusar-se do encargo para o qual foi convocado. Deverá, para tanto, apresentá-lo (o pedido de escusa devidamente motivado) no prazo de 15 dias, "contado da intimação, da suspeição ou do impedimento supervenientes, sob pena de renúncia ao direito a alegá-la".

3. O juízo organizará cadastro de *experts* interessados em prestar seus serviços no âmbito judicial, divulgando, pois, a documentação necessária à habilitação dos interessados.

Art. 158. O perito que, por dolo ou culpa, prestar informações inverídicas responderá pelos prejuízos que causar à parte e ficará inabilitado para atuar em outras perícias no prazo de 2 (dois) a 5 (cinco) anos, independentemente das demais sanções previstas em lei, devendo o juiz comunicar o fato ao respectivo órgão de classe para adoção das medidas que entender cabíveis.

1. O *expert* nomeado é responsável por seus atos. Responde ele, de maneira objetiva, pelos prejuízos que causar aos contendores, oriundos da prestação de informações inverídicas. Sem prejuízo das demais sanções previstas em lei, confirmado o fato, o juiz declarar-lhe-á inabilitado para atuar noutras causas pelo prazo de 2 a 5 anos, e comunicará ao órgão de classe ao qual pertença o ocorrido, para que diligencie na forma que entender devida.

2. O fato de o julgador, *in concreto*, decidir em desconsonância com a conclusão pericial (o que é plenamente viável), não enseja, por si só, a responsabilização do *expert*.

Seção III
Do Depositário e do Administrador

Art. 159. A guarda e a conservação de bens penhorados, arrestados, sequestrados ou arrecadados serão confiadas a depositário ou a administrador, não dispondo a lei de outro modo.

1. Tratam-se de auxiliares da Justiça que se dedicam, grosso modo, à conservação, guarda e manutenção (em sentido lato) do bens tornados indisponíveis, *in concreto,* pelo juízo.

2. "Os bens sobre os quais incida algum ato de apreensão judicial devem ser guardados e conservados pelo depositário (...). O administrador, como se afirma na doutrina, realiza operações tendentes 'à manutenção da atividade e da produção do estabelecimento': 'depositário é aquele cuja função seja preponderantemente de guarda e conservação, como o que recebe uma máquina para guardá-la e evitar sua deterioração, mas sem fazê-la trabalhar normalmente. Já o administrador tem função mais ativa, de manter em atividade e produção o estabelecimento penhorado'." (MEDINA, José Miguel Garcia. *Direito Processual Civil Moderno*. São Paulo: RT, 2015. p. 292).

3. O CPC/2015, mediante o teor dos incisos do art. 840, aponta quem, preferencialmente, deva figurar na condição de *depositário* dos bens penhorados.

4. A figura do *administrador* aparece, por exemplo, no âmbito das *penhoras especiais*. Acerca do tema, exemplificativamente, vide comentários aos artigos 861, 862, 863, 866, 868, 869, objeto do segundo volume do presente trabalho.

Art. 160. Por seu trabalho o depositário ou o administrador perceberá remuneração que o juiz fixará levando em conta a situação dos bens, ao tempo do serviço e às dificuldades de sua execução.
Parágrafo único. O juiz poderá nomear um ou mais prepostos por indicação do depositário ou do administrador.

1. Honorários. A remuneração dos auxiliares da justiça sob comento será fixada pelo julgador, que considerará as peculiaridades de cada caso concreto, observando, pois, os critérios objetivos definidos pelo próprio Código ((a) situação dos bens; (b) tempo empregado na realização do serviço; (c) dificuldades de sua execução).

2. Adiantamento de despesas. Vale, em relação ao tema, rememorar, à íntegra, o teor do art. 82, CPC/2015: "Salvo as disposições concernentes à gratuidade da justiça, incumbe às partes prover as despesas dos atos que realizarem ou requererem no processo, antecipando-lhes o pagamento, desde o início até a sentença final ou, na execução, até a plena satisfação do direito reconhecido no título. § 1º Incumbe ao autor adiantar as despesas relativas a ato cuja realização o juiz determinar de ofício ou a requerimento do Ministério Público, quando sua intervenção ocorrer como fiscal da ordem jurídica. § 2º A sentença condenará o vencido a pagar ao vencedor as despesas que antecipou". É possível afirmar, portanto, que os honorários fixados pelo julgador devem ser adiantados pelas partes, em respeito aos ditames estatuídos pelo artigo acima transcrito, bem como, que o acertamento final das despesas com o processo (a quem competirá suportá-las em definitivo) depende, ao fim e ao cabo, da sucumbência havida no caso concreto.

Art. 161. O depositário ou o administrador responde pelos prejuízos que, por dolo ou culpa, causar à parte, perdendo a remuneração que lhe foi arbitrada, mas tem o direito a haver o que legitimamente despendeu no exercício do encargo.
Parágrafo único. O depositário infiel responde civilmente pelos prejuízos causados, sem prejuízo de sua responsabilidade penal e da imposição de sanção por ato atentatório à dignidade da justiça.

1. Responsabilidade civil. Ambos os auxiliares da justiça (sob comento) têm, por ofício, "administrar" patrimônio alheio. Todo aquele que assim procede deve, como regra, fazê-lo com a probidade e a diligência que se espera tenha com seu próprio patrimônio. O Código, expressamente, não tolera que *depositários* e/ou *administradores* judiciais (remunerados que são) submetam à prejuízo aqueles que tenham seus bens por eles "administrados". A Lei 13.105/2015 é, em relação ao tema, enfática: responderão (depositários/administradores) "pelos prejuízos que, por dolo ou culpa" causarem às partes. E não para por aí! Sendo o caso, embora preservem o direto de reaver aquilo que legitimamente despenderam ao largo da realização de seu encargo, perdem o direito à remuneração que lhe garante a lei.

2. Disciplina o legislador, outrossim: o depositário infiel, para além da responsabilidade civil acima referida, não se exime da responsabilidade penal que lhe toca, e da imposição de sanção por ato atentatório à dignidade da justiça" oriunda de sua infidelidade.

Seção IV
Do Intérprete e do Tradutor

1. É obrigatório o uso do vernáculo em todos os atos e termos do processo. A juntada de documento redigido em língua diversa depende, pois, de tradução para a língua portuguesa elaborada por via diplomática ou "pela autoridade central", ou, ainda, firmada por tradutor juramentado. Inteligência do art. 192 do CPC/2015.

Art. 162. O juiz nomeará intérprete ou tradutor quando necessário para:
I – traduzir documento redigido em língua estrangeira;
II – verter para o português as declarações das partes e das testemunhas que não conhecerem o idioma nacional;
III – realizar a interpretação simultânea dos depoimentos das partes e testemunhas com deficiência auditiva que se comuniquem por meio da Língua Brasileira de Sinais, ou equivalente, quando assim for solicitado.

1. Ao artigo 162 coube, grosso modo, inventariar as hipóteses em que a nomeação do intérprete e/ou tradutor revela-se indispensável. Não se trata, pois, de rol exaustivo, podendo o julgador, nos casos em que entender oportuno, valer-se da contribuição dos profissionais em destaque visando a prestar a melhor jurisdição possível.

Art. 163. Não pode ser intérprete ou tradutor quem:
I – não tiver a livre administração de seus bens;
II – for arrolado como testemunha ou atuar como perito no processo;
III – estiver inabilitado para o exercício da profissão por sentença penal condenatória, enquanto durarem seus efeitos.

1. Ao art. 163, por sua vez, tocou a tarefa de inventariar em quais ocasiões *tradutor* e *intérprete* encontram-se proibidos de emprestar sua mão de obra ao caso concreto, nada obstante a deficitária redação atribuída ao *caput*. Seja como for, a ideia é de que não possam funcionar como auxiliar da justiça (na especial função sob comento) os que (a) não gozem da livre administração de seus bens; (b) forem arrolados como testemunha ou atuem como perito nomeado pelo juízo no caso concreto, bem como (c) aqueles que se encontrem inabilitados ao exercício da profissão (de tradutor ou intérprete) por sentença penal (ao longo da duração dos efeitos condenatórios). Referimo-nos a "deficitária redação", uma vez que, como é intuito, ninguém pode ser impedido, ao menos nesse cenário, de "ser" intérprete ou tradutor. Trata-se, pois, de hipóteses em que certo *expert* não poderá atuar no caso concreto, não sendo correto afirmar, portanto, que "não possa ser" profissional da área. Eis o equívoco redacional. A título de sugestão, a utilização das expressões "funcionar" ou "atuar" em substituição a expressão "ser", dentre outras, retratariam de maneira mais clara a *ratio* legislativa.

> **Art. 164.** O intérprete ou tradutor, oficial ou não, é obrigado a desempenhar seu ofício, aplicando-se-lhe o disposto nos arts. 157 e 158.

1. Aos auxiliares da justiça sob comento aplica-se, no que for pertinente à execução das tarefas que lhe tocam, o teor do artigos 157 e 158.

2. "Art. 157. O perito tem o dever de cumprir o ofício no prazo que lhe designar o juiz, empregando toda sua diligência, podendo escusar-se do encargo alegando motivo legítimo. § 1º A escusa será apresentada no prazo de 15 (quinze) dias, contado da intimação, da suspeição ou do impedimento supervenientes, sob pena de renúncia ao direito a alegá-la. § 2º Será organizada lista de peritos na vara ou na secretaria, com disponibilização dos documentos exigidos para habilitação à consulta de interessados, para que a nomeação seja distribuída de modo equitativo, observadas a capacidade técnica e a área de conhecimento".

3. "Art. 158. O perito que, por dolo ou culpa, prestar informações inverídicas responderá pelos prejuízos que causar à parte e ficará inabilitado para atuar em outras perícias no prazo de 2 (dois) a 5 (cinco) anos, independentemente das demais sanções previstas em lei, devendo o juiz comunicar o fato ao respectivo órgão de classe para adoção das medidas que entender cabíveis".

Seção V
Dos Conciliadores e Mediadores Judiciais

1. "A conciliação e a mediação são métodos alternativos de resolução de conflitos, que vêm ganhando força nos ordenamentos jurídicos modernos, pois buscam retirar do Poder Judiciário a exclusividade na composição das lides. Ninguém melhor do que as próprias partes para alcançar soluções mais satisfatórias para suas contendas, chegando à autocomposição, por meio da *alternative dispute resolution* (ADR), na linguagem do direito norte-americano." (THEODORO JR., Humberto. *Curso de Direito Processual Civil*. Rio de Janeiro: Forense, 2015. v. I. p. 445).

> **Art. 165.** Os tribunais criarão centros judiciários de solução consensual de conflitos, responsáveis pela realização de sessões e audiências de conciliação e mediação e pelo desenvolvimento de programas destinados a auxiliar, orientar e estimular a autocomposição.
>
> § 1º A composição e a organização dos centros serão definidas pelo respectivo tribunal, observadas as normas do Conselho Nacional de Justiça.
>
> § 2º O conciliador, que atuará preferencialmente nos casos em que não houver vínculo anterior entre as partes, poderá sugerir soluções para o litígio, sendo vedada a utilização de qualquer tipo de constrangimento ou intimidação para que as partes conciliem.

§ 3º O mediador, que atuará preferencialmente nos casos em que houver vínculo anterior entre as partes, auxiliará aos interessados a compreender as questões e os interesses em conflito, de modo que eles possam, pelo restabelecimento da comunicação, identificar, por si próprios, soluções consensuais que gerem benefícios mútuos.

1. Os tribunais, observadas as diretrizes da Resolução 125 do CNJ, criarão *centros judiciários* destinados à *solução consensual* de conflitos, aos quais tocará a realização das audiências de conciliação e mediação (art. 334), bem como o desenvolvimento de programas destinados a promover, em sentido largo, a autocomposição dos litígios.

2. Conciliador *v.* Mediador. O conciliador atuará, preferencialmente, nos casos em que inexista vínculo prévio entre os contendores, sugerindo soluções para que se extinga o litígio; o mediador, por sua vez, funcionará nos casos em que houver vínculo anterior entre as partes, auxiliando os interessados na compreensão das questões que subjazem ao conflito, "de modo que eles possam, pelo restabelecimento da comunicação, identificar, por si próprios, soluções consensuais que gerem benefícios mútuos".

3. "A relação dos dois parágrafos conduz a duas diferenças fundamentais: a primeira é a preferencialidade de atuação do mediador na busca da solução de conflitos continuados. Os conflitos mais adequados a serem objeto de mediação são aqueles que apresentam relações não eventuais e autônomas. Aqueles nos quais a emoção é o foco e o direito é apenas o efeito, muitas vezes. O restabelecimento do diálogo é a função do mediador (Spengler, 2010). Daí, pode-se exemplificar como aptos à mediação os dilemas derivados do direito de família e sucessões, em geral. A conciliação, por outro lado, pode ser mais bem apropriada para os conflitos instantâneos, que surgem muitas vezes sem qualquer vínculo anterior envolvendo os litigantes. Ainda, cuja solução, ocorra ela pela forma que for, não os vinculará. Afeita, portanto, aos conflitos comerciais ou de cunho eminentemente material. A segunda diferença que o artigo aponta é a forma de atuação do mediador e do conciliador. E aqui reside, como já antes tratado, o elemento de fundamental diferença entre as duas formas. Enquanto o mediador deve aproximar os litigantes em busca do restabelecimento das relações que deram origem ao conflito, sem interferência na disposição de vontades, o conciliador possui um grau de interferência mais acentuado. Ou seja, a conciliação é mais invasiva do que a mediação (...)." (SPENGLER NETO, Theobaldo; ZUCHETTO, Tiago Maculan; FERREIRA, Vanessa Gomes. In: SPLENGLER, Fabiana Marion; SPENGLER NETO, Theobaldo (Org.). *Mediação, Conciliação e arbitragem*: artigo por artigo de acordo com a Lei n. 13.140/2015, Lei n. 9.307/1996, Lei n. 13.105/2015 e com a Resolução n. 125/2010 do CNJ (emendas I e II). Rio de Janeiro: FGV Editora, 2016. p. 268/269).

Art. 166. A conciliação e a mediação são informadas pelos princípios da independência, da imparcialidade, da autonomia da vontade, da confidencialidade, da oralidade, da informalidade e da decisão informada.

Art. 166

§ 1º A confidencialidade estende-se a todas as informações produzidas no curso do procedimento, cujo teor não poderá ser utilizado para fim diverso daquele previsto por expressa deliberação das partes.

§ 2º Em razão do dever de sigilo, inerente às suas funções, o conciliador e o mediador, assim como os membros de suas equipes, não poderão divulgar ou depor acerca de fatos ou elementos oriundos da conciliação ou da mediação.

§ 3º Admite-se a aplicação de técnicas negociais, com o objetivo de proporcionar ambiente favorável à autocomposição.

§ 4º A mediação e a conciliação serão regidas conforme a livre autonomia dos interessados, inclusive no que diz respeito à definição das regras procedimentais.

1. Princípios. O sistema de autocomposição desenhado pelo CPC/2015 encontra-se estruturado, consoante previsão do art. 166, a partir dos princípios, a saber: independência, imparcialidade, autonomia da vontade, confidencialidade, oralidade, informalidade e decisão informada.

2. Princípio da independência. Os conciliadores e mediadores, no exercício de seu mister, devem atuar livres de quaisquer pressões e à margem de qualquer subordinação, inclusive, os que pertençam ao quadro funcional de tribunal.

3. Princípio da imparcialidade. Os conciliadores e mediadores, enquanto auxiliares da justiça que são, não podem ter interesse pessoal no resultado do conflito, submetendo-se, pois, as hipóteses de suspeição e impedimento previstas pelo CPC/2015.

4. Princípio da autonomia da vontade. Os interessados *in concreto* têm ampla liberdade tanto para estabelecer a forma como se darão as tratativas entre eles (respeitados, à evidência, os limites legais), como, para, ao cabo do aludido expediente, "acordar" ou não, sendo vedado aos auxiliares da justiça sob comento a utilização de quaisquer meios de constrangimento e intimidação dos litigantes. O âmbito da autonomia sob comento alcança, inclusive, o poder das partes eleger o conciliador, o mediador (que, sequer, necessitam estar cadastrados junto ao tribunal competente) ou a câmara privada de conciliação e de mediação, que querem ver funcionando em seu caso concreto.

5. Princípio da confidencialidade. As propostas, informações e quaisquer outros atos inerentes a tentativa de autocomposição do litígio devem ser mantidos entre os envolvidos *in concreto* (tanto partes, como auxiliares da justiça). A confidencialidade, segundo expresso texto de lei, inclusive, estende-se à integralidade das informações produzidas no curso do procedimento, "cujo teor não poderá ser utilizado para fim diverso daquele previsto por expressa deliberação das partes". Como corolário do princípio sob comento, o legislador veda, outrossim, a possibilidade de que conciliadores e mediadores, ou integrantes de suas equipes, deponham acerca de "fatos ou elementos oriundos da conciliação ou da mediação".

6. Princípio da oralidade. As tratativas devem ocorrer, preferencialmente, a partir do contato pessoal entre os interessados, "presidido" por conciliadores ou mediadores.

7. **Princípio da informalidade.** A "negociação" não se encontra adstrita ao respeito de qualquer ritualismo, devendo se desenvolver da maneira mais informal possível.

8. **Princípio da decisão informada.** Norteia o regime desenhado pelo CPC/2015 a premissa de que os envolvidos *in concreto*, antes de tomar qualquer decisão, estejam cientes de todos os seus reflexos. Cabe ao mediador ou ao conciliador esclarecê-los antes de dar por finda sua atuação.

> **Art. 167.** Os conciliadores, os mediadores e as câmaras privadas de conciliação e mediação serão inscritos em cadastro nacional e em cadastro de tribunal de justiça ou de tribunal regional federal, que manterá registro de profissionais habilitados, com indicação de sua área profissional.
>
> § 1º Preenchendo o requisito da capacitação mínima, por meio de curso realizado por entidade credenciada, conforme parâmetro curricular definido pelo Conselho Nacional de Justiça em conjunto com o Ministério da Justiça, o conciliador ou o mediador, com o respectivo certificado, poderá requerer sua inscrição no cadastro nacional e no cadastro de tribunal de justiça ou de tribunal regional federal.
>
> § 2º Efetivado o registro, que poderá ser precedido de concurso público, o tribunal remeterá ao diretor do foro da comarca, seção ou subseção judiciária onde atuará o conciliador ou o mediador os dados necessários para que seu nome passe a constar da respectiva lista, a ser observada na distribuição alternada e aleatória, respeitado o princípio da igualdade dentro da mesma área de atuação profissional.
>
> § 3º Do credenciamento das câmaras e do cadastro de conciliadores e mediadores constarão todos os dados relevantes para a sua atuação, tais como o número de processos de que participou, o sucesso ou insucesso da atividade, a matéria sobre a qual versou a controvérsia, bem como outros dados que o tribunal julgar relevantes.
>
> § 4º Os dados colhidos na forma do § 3º serão classificados sistematicamente pelo tribunal, que os publicará, ao menos anualmente, para conhecimento da população e para fins estatísticos e de avaliação da conciliação, da mediação, das câmaras privadas de conciliação e de mediação, dos conciliadores e dos mediadores.
>
> § 5º Os conciliadores e mediadores judiciais cadastrados na forma do *caput*, se advogados, estarão impedidos de exercer a advocacia nos juízos em que desempenhem suas funções.
>
> § 6º O tribunal poderá optar pela criação de quadro próprio de conciliadores e mediadores, a ser preenchido por concurso público de provas e títulos, observadas as disposições deste Capítulo.

1. **Câmaras privadas de autocomposição *x* Centros Judiciários de Solução Consensual de Conflitos.** O "programa" de solução alternativa de conflitos desenhado pelo CPC/2015 prevê distintas "figuras" as quais atribui, dentre outras, a função de promover a autocomposição. Não há confundir, porém, os *centros judiciários de solução consensual de conflitos*, órgão estatal, com as *câmaras privadas*, que, consoante denuncia sua própria graça, revela-se entidade pertencente ao campo da iniciativa privada.

2. **Do cadastramento dos auxiliares da justiça. Cadastro nacional. Cadastro de tribunal.** O CNJ e os tribunais manterão cadastros de profissionais

previamente habilitados a exercer as funções de conciliador e mediador (indicando sua área de atuação profissional), bem como das câmaras privadas (constituídas para tal fito), credenciando-as à pratica de tal atividade. O banco de dados apontará "todos os dados relevantes para a sua atuação" tais como, o número de processos de que participou (ou submetidos à Câmara), o sucesso ou insucesso na obtenção da autossolução do litígio, as matérias sobre as quais versaram as controvérsias em que funcionaram, sem prejuízo de outros que o órgão cadastrante entender oportunos. Tais dados "serão classificados sistematicamente" e publicados ao menos uma vez por ano, visando a dar conhecimento à população, servindo, outrossim, para fins estatísticos e "de avaliação da conciliação, da mediação, das câmaras privadas de conciliação e de mediação, dos conciliadores e dos mediadores".

3. Requisitos mínimos para exercer as funções de conciliador e/ou mediador. Os que pretenderem exercer tais funções deverão obter capacitação mínima, que, consoante critério objetivo eleito pelo CPC/2015, será verificado mediante a comprovação de realização de curso ofertado por entidade credenciada para tanto. Trata-se, pois, de requisito essencial à obtenção de inscrição regular junto aos cadastros oficiais.

4. Os tribunais poderão, querendo, realizar certame público autorizativo de inscrição em seus cadastros oficiais.

5. Quando advogados, os conciliadores e mediadores cadastrados, estarão impedidos de exercer a advocacia nos juízos em que desempenhem suas funções. "O impedimento dos conciliadores e mediadores advogados nos juízos em que desempenham suas funções, por certo, é mediada salutar. Entretanto, apresenta evidente conflito de normas quando comparado com a também novel Lei 13.140/2015, de Mediação. Esta trata, no seu art. 6°, do impedimento do mediador tão somente em relação à atuação na representação das partes e, ainda assim, pelo prazo de um ano, omitindo-se quanto à atuação do advogado, no juízo da demanda. Portanto, mais benéfica aos profissionais do direito que atual, possibilitando, por outro lado, indesejável captação de clientela em razão da função." (SPENGLER NETO, Theobaldo; ZUCHETTO, Tiago Maculan; FERREIRA, Vanessa Gomes. *In:* SPLENGLER, Fabiana Marion; SPENGLER NETO, Theobaldo (Org.). *Mediação, Conciliação e arbitragem*: artigo por artigo de acordo com a Lei n. 13.140/2015, Lei n. 9.307/1996, Lei n. 13.105/2015 e com a Resolução n. 125/2010 do CNJ (emendas I e II). Rio de Janeiro: FGV Editora, 2016. p. 271/272).

> **Art. 168.** As partes podem escolher, de comum acordo, o conciliador, o mediador ou a câmara privada de conciliação e de mediação.
> § 1º O conciliador ou mediador escolhido pelas partes poderá ou não estar cadastrado no tribunal.
> § 2º Inexistindo acordo quanto à escolha do mediador ou conciliador, haverá distribuição entre aqueles cadastrados no registro do tribunal, observada a respectiva formação.
> § 3º Sempre que recomendável, haverá a designação de mais de um mediador ou conciliador.

1. A eleição daquele que presidirá a tentativa de autocomposição do litígio pode ser objeto de convenção (ou negócio jurídico, como prefere parte da doutrina) processual, sendo essa a opção primeira eleita pelo CPC/2015. Inexistindo, pois, acordo no concernente, o nome (do auxiliar da justiça – mediador e/ou conciliador) deverá ser sorteado entre os profissionais cadastrados junto ao tribunal competente para processar e julgar a causa, observando-se, sempre, a formação exigida para exercer a tarefa sob comento (art. 167, § 1º). Sendo oportuno, as próprias partes, ou o juiz, poderão nomear mais de um mediador ou conciliador para o caso concreto.

> **Art. 169.** Ressalvada a hipótese do art. 167, § 6º, o conciliador e o mediador receberão pelo seu trabalho remuneração prevista em tabela fixada pelo tribunal, conforme parâmetros estabelecidos pelo Conselho Nacional de Justiça.
> § 1º A mediação e a conciliação podem ser realizadas como trabalho voluntário, observada a legislação pertinente e a regulamentação do tribunal.
> § 2º Os tribunais determinarão o percentual de audiências não remuneradas que deverão ser suportadas pelas câmaras privadas de conciliação e mediação, com o fim de atender aos processos em que deferida gratuidade da justiça, como contrapartida de seu credenciamento.

1. Os auxiliares da justiça não integrantes de quadro pertencente ao próprio tribunal receberão, nos termos da tabela fixada pelo tribunal tomador de seu serviço, remuneração por seu trabalho, sendo facultado, todavia, a atuação voluntária por parte de conciliador ou mediador, "observada a legislação pertinente e a regulamentação do tribunal".

2. As *câmaras privadas* suportarão, enquanto contrapartida à seu credenciamento junto aos tribunais, percentual de audiências não remuneradas, com a finalidade primeira de atender os casos concretos em que deferida a gratuidade da justiça. A definição do aludido percentual compete aos tribunais.

> **Art. 170.** No caso de impedimento, o conciliador ou mediador o comunicará imediatamente, de preferência por meio eletrônico, e devolverá os autos ao juiz do processo ou ao coordenador do centro judiciário de solução de conflitos, devendo este realizar nova distribuição.
> Parágrafo único. Se a causa de impedimento for apurada quando já iniciado o procedimento, a atividade será interrompida, lavrando-se ata com relatório do ocorrido e solicitação de distribuição para novo conciliador ou mediador.

1. Assim como o juiz, conciliadores e mediadores, *impedidos* de atuar no caso concreto, haverão de noticiar tal situação ao juízo, de ofício e imediatamente. Se a constatação for feita antes do início de sua efetiva atuação no caso, proceder-se-á na *incontinenti* redistribuição do feito para tais fins; descoberta, porém, após iniciado o procedimento de tentativa de autocomposição, a atividade será, de pronto, interrompida, remetendo-se os autos ao órgão competente para, *incontinenti*, redistribui-los (remetê-los a outros auxiliares da justiça aptos a funcionar no caso concreto).

2. "Conciliadores e mediadores submetem-se às regras de suspeição e impedimento inflingidas aos juízes (...). O artigo em comento trata do impedimento, especificando a forma de comunicação. Ao tratar da preferencialidade do meio eletrônico, aponta para a celeridade necessária para que não haja solução de continuidade. Os atos praticados pelo terceiro impedido prosseguem válidos, devendo ser relatados em ata." (SPENGLER NETO, Theobaldo; ZUCHETTO, Tiago Maculan; FERREIRA, Vanessa Gomes. *In*: SPLENGLER, Fabiana Marion; SPENGLER NETO, Theobaldo (Org.). *Mediação, Conciliação e arbitragem*: artigo por artigo de acordo com a Lei n. 13.140/2015, Lei n. 9.307/1996, Lei n. 13.105/2015 e com a Resolução n. 125/2010 do CNJ (emendas I e II). Rio de Janeiro: FGV Editora, 2016. p. 273).

Art. 171. No caso de impossibilidade temporária do exercício da função, o conciliador ou mediador informará o fato ao centro, preferencialmente por meio eletrônico, para que, durante o período em que perdurar a impossibilidade, não haja novas distribuições.

1. A impossibilidade de atuação de conciliadores e mediadores, ainda que momentânea, deverá, preferencialmente por meio eletrônico, ser comunicada ao órgão gestor da distribuição dos processos para tais fins. O objetivo, convergente com a diretriz de reduzir o tempo de tramitação processual, é o de evitar que atos inúteis (no caso, remessa de autos a auxiliares impossibilitados) prejudiquem a tutela do direito fundamental à duração razoável do processo.

Art. 172. O conciliador e o mediador ficam impedidos, pelo prazo de 1 (um) ano, contado do término da última audiência em que atuaram, de assessorar, representar ou patrocinar qualquer das partes.

1. Visando a evitar, dentre outros, que a atuação na condição de conciliador e/ou mediador tenha por objetivo a *"captação de clientes"*, o CPC/2015 impede o auxiliar da justiça (conciliadores e mediadores) que atuar *in concreto*, antes de transcorrido o prazo de 1 ano (computado do "término" da derradeira audiência em que atuou envolvendo "potenciais" clientes), de assessorar, representar ou patrocinar qualquer das partes envolvidas no litigio, pena de punição administrativa (inclusive, exclusão cadastral), sem prejuízo de outras previstas em lei.

Art. 173. Será excluído do cadastro de conciliadores e mediadores aquele que:
I – agir com dolo ou culpa na condução da conciliação ou da mediação sob sua responsabilidade ou violar qualquer dos deveres decorrentes do art. 166, §§ 1º e 2º;
II – atuar em procedimento de mediação ou conciliação, apesar de impedido ou suspeito.
§ 1º Os casos previstos neste artigo serão apurados em processo administrativo.
§ 2º O juiz do processo ou o juiz coordenador do centro de conciliação e mediação, se houver, verificando atuação inadequada do mediador ou conciliador,

poderá afastá-lo de suas atividades por até 180 (cento e oitenta) dias, por decisão fundamentada, informando o fato imediatamente ao tribunal para instauração do respectivo processo administrativo.

1. Conciliadores. Mediadores. Exclusão de quadro. Desabilitação. Causas. É passível de exclusão do quadro de profissionais habilitados a promover a tentativa de autocomposição aquele que (a) agir com dolo ou culpa na condução da conciliação ou da mediação sob sua responsabilidade ou violar o princípio da confidencialidade, acima enfrentado; (b) atuar, deixando de apontar seu impedimento ou suspeição para atuar no caso concreto.

2. "O juiz do processo ou o juiz coordenador do centro de conciliação e mediação, se houver, verificando atuação inadequada do mediador ou conciliador, poderá afastá-lo de suas atividades por até 180 (cento e oitenta) dias, por decisão fundamentada". Nestes casos, pois, o magistrado deverá informar o fato imediatamente ao tribunal ao qual se encontra vinculado o auxiliar da justiça afastado para instauração do respectivo processo administrativo, espaço em que se decidirá acerca da existência ou não de violação ao ordenamento jurídico.

> **Art. 174.** A União, os Estados, o Distrito Federal e os Municípios criarão câmaras de mediação e conciliação, com atribuições relacionadas à solução consensual de conflitos no âmbito administrativo, tais como:
> I – dirimir conflitos envolvendo órgãos e entidades da administração pública;
> II – avaliar a admissibilidade dos pedidos de resolução de conflitos, por meio de conciliação, no âmbito da administração pública;
> III – promover, quando couber, a celebração de termo de ajustamento de conduta.

1. O CPC/2015 atribui ao "Estado", um dos maiores litigantes, em todas as suas esferas, a tarefa de criar "câmaras de mediação e conciliação", cujas atribuições encontram limite à tentativa de solucionar conflitos inerentes ao campo administrativo. A tais Câmaras compete, segundo o Código, (a) dirimir conflitos envolvendo órgãos e entidades da administração pública; (b) avaliar a admissibilidade dos pedidos de resolução de conflitos, por meio de conciliação, no âmbito da administração pública e, ainda, (c) promover, quando couber, a celebração de termo de ajustamento de conduta.

2. "O artigo incentiva busca pela solução de conflitos no âmbito administração pública, o que acarretará a desnecessidade de busca pela tutela jurisdicional posterior. Entretanto, em ritmo de direito processual civil, cria regra de direito administrativo, afetando na livre disposição do Poder Executivo." (SPENGLER NETO, Theobaldo; ZUCHETTO, Tiago Maculan; FERREIRA, Vanessa Gomes. *In:* SPLENGLER, Fabiana Marion; SPENGLER NETO, Theobaldo (Org.). *Mediação, Conciliação e arbitragem*: artigo por artigo de acordo com a Lei n. 13.140/2015, Lei n. 9.307/1996, Lei n. 13.105/2015 e com a Resolução n. 125/2010 do CNJ (emendas I e II). Rio de Janeiro: FGV Editora, 2016. p. 275).

Art. 175. As disposições desta Seção não excluem outras formas de conciliação e mediação extrajudiciais vinculadas a órgãos institucionais ou realizadas por intermédio de profissionais independentes, que poderão ser regulamentadas por lei específica.

Parágrafo único. Os dispositivos desta Seção aplicam-se, no que couber, às câmaras privadas de conciliação e mediação.

1. Embora enfrente de forma pormenorizado o tema da autocomposição (incluindo a institucionalização de seus "personagens" – por exemplo, as figuras de conciliadores e mediadores), o CPC/2015 é enfático ao afirmar que a tentativa de compor os conflitos de interesses não se limita, primeiro, a esfera judicial e, segundo, não se exaure na atuação das pessoas por ele referidas. O teor do art. 175, bem compreendido, é convidativo à construção e desenvolvimento de outros meios de composição de divergências, que devem atuar à margem do Poder Judiciário.

2. O CPC/2015 é enfático ao asseverar a aplicabilidade das diretrizes previstas pela seção (V) sob comento às câmaras privadas de autocomposição.

3. "Trata-se de disposição que salvaguarda a aplicação da logo após também sancionada Lei de Mediação. A Lei 13.140/2015, que também regra a mediação judicial, é mais ampla, (...), pelo que deve necessariamente haver conversa com o regramento trazido pelo novo Código de Processo Civil." (SPENGLER NETO, Theobaldo; ZUCHETTO, Tiago Maculan; FERREIRA, Vanessa Gomes. *In:* SPLENGLER, Fabiana Marion; SPENGLER NETO, Theobaldo (Org.). *Mediação, Conciliação e arbitragem*: artigo por artigo de acordo com a Lei n. 13.140/2015, Lei n. 9.307/1996, Lei n. 13.105/2015 e com a Resolução n. 125/2010 do CNJ (emendas I e II). Rio de Janeiro: FGV Editora, 2016. p. 276).

4. Acerca do tema, igualmente, com grande proveito: PINHO, Humberto Dalla Bernardina de. *In:* RIBEIRO, Darci Guimarães; JOBIM, Marco Félix (Org.). *Desvendando o novo CPC*. Porto Alegre: Livraria do Advogado, 2015. p. 67/85.

TÍTULO V
DO MINISTÉRIO PÚBLICO

1. A instituição encontra-se, em suas linhas mestras, disciplinada pelo teor dos artigos 127/130 da CF/88.

2. "O Ministério Público é, na sociedade moderna, a instituição destinada à preservação dos valores fundamentais do Estado enquanto comunidade. Define-o a Constituição como 'instituição permanente, essencial à função jurisdicional do Estado, incumbindo-lhe a defesa da ordem jurídica, do regime democrático e dos interesses sociais e individuais indisponíveis." (CINTRA, Antonio Carlos de Araújo; GRINOVER, Ada Pellegrini; DINAMARCO, Cândido Rangel. Teoria Geral do Processo. 20. ed. São Paulo: Malheiros, 2004. p. 210).

3. Dispositivos infraconstitucionais pertinentes: Lei Orgânica Nacional do Ministério Público (8.625/93); Lei Orgânica do Ministério Público da União (LC 75/93); Leis Orgânicas Estaduais do Ministério Público.

Art. 176. O Ministério Público atuará na defesa da ordem jurídica, do regime democrático e dos interesses e direitos sociais e individuais indisponíveis.

1. "Em relação às hipóteses de atuação como parte (órgão agente) – (...), tratou o legislador de 2015 de reeditar a legitimação do MP como poder-dever (ônus ou incumbência), e não como um direito, direcionando-o para a defesa da ordem jurídica, do regime democrático e dos interesses e direitos sociais e individuais indisponíveis, legitimidade a ser exercida somente dentro do espectro das suas atribuições constitucionais (...)." (PEREIRA, Miguel Bandeira. In: *Novo Código de Processo Civil anotado*. Porto Alegre: OAB/RS, 2015. p. 169).

Art. 177. O Ministério Público exercerá o direito de ação em conformidade com suas atribuições constitucionais.

1. O art. 177 enfatiza os limites a serem observados pelo *parquet* referentes ao exercício do direito de ação. O Ministério Público, enquanto instituição de direito, encontra limite em sua atuação judicial nos exatos termos prescritos pelo legislador constitucional. Segundo o art. 129 da CF/88, considera-se função institucional do MP (I) promover, privativamente, a ação penal pública, na forma da lei; (II) zelar pelo efetivo respeito dos Poderes Públicos e dos serviços de relevância pública aos direitos assegurados na Constituição, promovendo as medidas necessárias a sua garantia; (III) promover o inquérito civil e a ação civil pública, para a proteção do patrimônio público e social, do meio ambiente e de outros interesses difusos e coletivos; (IV) promover a ação de inconstitucionalidade ou representação para fins de intervenção da União e dos Estados, nos casos previstos pela Constituição; (V) defender judicialmente os direitos e interesses das populações indígenas; (VI) expedir notificações nos procedimentos administrativos de sua competência, requisitando informações e documentos para instruí-los, na forma da lei complementar respectiva; (VII) exercer o controle externo da atividade policial, na forma da lei complementar mencionada no artigo 128; (VIII) requisitar diligências investigatórias e a instauração de inquérito policial, indicados os fundamentos jurídicos de suas manifestações processuais; (IX) exercer outras funções que lhe forem conferidas, desde que compatíveis com sua finalidade, sendo-lhe vedada a representação judicial e a consultoria jurídica de entidades públicas.

Art. 178. O Ministério Público será intimado para, no prazo de 30 (trinta) dias, intervir como fiscal da ordem jurídica nas hipóteses previstas em lei ou na Constituição Federal e nos processos que envolvam:
I – interesse público ou social;
II – interesse de incapaz;
III – litígios coletivos pela posse de terra rural ou urbana.
Parágrafo único. A participação da Fazenda Pública não configura, por si só, hipótese de intervenção do Ministério Público.

1. Ao art. 178 coube delimitar as hipóteses, à luz do CPC/2015, em que se faz necessária a intimação do MP. Para além das previstas em legislação esparsa, havendo (a) interesse público ou social na causa, (b) interesse de incapaz *sub judice* ou, ainda, (c) tratando-se de litígio coletivos pela posse da terra (rural ou urbana), o *parquet* deve, obrigatoriamente, ser intimado para atuar na condição de *custos legis*.

2. O próprio CPC/2015 faz referência a participação obrigatória do Ministério Público em outros casos específicos. Sublinhe-se, exemplificativamente, a hipótese prevista pelo teor do art. 976, §2º, referente ao *incidente de resolução de demandas repetitivas*, analisado, minuciosamente, no segundo volume do presente estudo.[15]

3. "A necessidade de intervenção do Ministério Público em ação que envolva interesse de incapaz pode ser originária, em ação desde logo movida por ou contra incapaz, ou pode surgir no curso do processo e também em seu curso desaparecer." (MEDINA, José Miguel Garcia. *Direito Processual Civil Moderno*. São Paulo: RT, 2015. p. 259).

4. O só fato de a Fazenda Pública figurar como parte em demanda judicial não legitima (ou autoriza) a intervenção do órgão ministerial. Inteligência do art. 178, parágrafo único do CPC/2015.

Art. 179. Nos casos de intervenção como fiscal da ordem jurídica, o Ministério Público:

I – terá vista dos autos depois das partes, sendo intimado de todos os atos do processo;

II – poderá produzir provas, requerer as medidas processuais pertinentes e recorrer.

1. Nos casos em que atue na condição de *custos legis*, o órgão ministerial tem direito, dentre outros, de (a) ter vista dos autos depois após concedida às partes, (b) de ser intimado da integralidade dos atos processuais; (c) de instruir o feito e de (d) postular a concessão das *medidas processuais* que entender pertinentes ao caso concreto.

2. O Ministério Público, independentemente da posição processual que ocupe, possui legitimidade para recorrer. Inteligência dos arts. 179, II e 996, ambos do CPC/2015. Acerca do tema, vide: TORRES, Artur. Sentença, Coisa Julgada e Recursos Cíveis Codificados: de acordo com as Leis 13.105/2015 e 13.256/2016. Porto Alegre: Livraria do Advogado, 2017. p. 77/78.

3. No que diz com a produção da prova testemunhal, vale salientar que a "intimação" das testemunhas, doravante, "será feita pela via judicial" apenas excepcionalmente. Um desses casos, conforme o teor do § 4º, IV, do art. 455, diz com o arrolamento realizado pelo Ministério Público.

---

[15] "É cabível a instauração do incidente de resolução de demandas repetitivas quando houver, simultaneamente: (...) § 2º Se não for o requerente, o Ministério Público intervirá obrigatoriamente no incidente e deverá assumir sua titularidade em caso de desistência ou de abandono." (art. 976 da Lei 13.105/2015).

Art. 180. O Ministério Público gozará de prazo em dobro para manifestar-se nos autos, que terá início a partir de sua intimação pessoal, nos termos do art. 183, § 1º.

§ 1º Findo o prazo para manifestação do Ministério Público sem o oferecimento de parecer, o juiz requisitará os autos e dará andamento ao processo.

§ 2º Não se aplica o benefício da contagem em dobro quando a lei estabelecer, de forma expressa, prazo próprio para o Ministério Público.

1. Manifestação processual. Prazo. Inexistindo apontamento legal em sentido diverso, o prazo para manifestação processual do órgão ministerial será computado em dobro. Toma-se por termo inicial para o seu cômputo, pois, o primeiro dia útil subsequente à data da intimação pessoal do órgão competente para atuar *in concreto*.

2. Meio de notificação. O MP será, como regra, intimado pessoalmente, na figura do promotor/procurador competente para atuar no caso concreto.

Art. 181. O membro do Ministério Público será civil e regressivamente responsável quando agir com dolo ou fraude no exercício de suas funções.

1. Agindo com "dolo ou fraude" no exercício de suas atribuições, o membro do *parquet*, assim como qualquer outro auxiliar da justiça, poderá ser responsabilizado civil e regressivamente pelos danos causados aos interessados.

TÍTULO VI
DA ADVOCACIA PÚBLICA

1. "A Advocacia Pública é a instituição que, na forma da lei, defende e promove os interesses públicos da União, dos Estados, do Distrito Federal e dos Municípios. Cada ente federativo constituirá sua Advocacia-Geral, que será responsável pela representação judicial, em todos os âmbitos federativos, das pessoas jurídicas de direito público que integram a administração direta e indireta (...)." (THEODORO JR., Humberto. *Curso de Direito Processual Civil*. Rio de Janeiro: Forense, 2015. v. I. p. 459).

2. "A Constituição Federal de 1988, já não era sem tempo, rompeu a tradição existente da representação judicial da União ser exercida pelo Ministério Público, transformando-o em defensor da sociedade e criando uma instituição diretamente ligada ao Poder Executivo para exercer esse importante mister. A Advocacia-Geral da União tem por chefe o Advogado-Geral da União, de livre nomeação pelo Presidente da República, entre os cidadãos maiores de trinta e cinco anos, de notável saber jurídico e reputação ilibada, prevendo a necessária relação de confiança entre representado (Presidente, como Chefe do Executivo Federal) e representante, que justifica a livre escolha." (MORAES, Alexandre de. *Curso de Direito Constitucional*. 13. ed. São Paulo: Atlas, 2003. p. 518).

Art. 182. Incumbe à Advocacia Pública, na forma da lei, defender e promover os interesses públicos da União, dos Estados, do Distrito Federal e dos Municípios, por meio da representação judicial, em todos os âmbitos federativos, das pessoas jurídicas de direito público que integram a administração direta e indireta.

1. "DA ADVOCACIA PÚBLICA. Art. 131. A Advocacia-Geral da União é a instituição que, diretamente ou através de órgão vinculado, representa a União, judicial e extrajudicialmente, cabendo-lhe, nos termos da lei complementar que dispuser sobre sua organização e funcionamento, as atividades de consultoria e assessoramento jurídico do Poder Executivo. § 1º A Advocacia-Geral da União tem por chefe o Advogado-Geral da União, de livre nomeação pelo Presidente da República dentre cidadãos maiores de trinta e cinco anos, de notável saber jurídico e reputação ilibada. § 2º O ingresso nas classes iniciais das carreiras da instituição de que trata este artigo far-se-á mediante concurso público de provas e títulos. § 3º Na execução da dívida ativa de natureza tributária, a representação da União cabe à Procuradoria-Geral da Fazenda Nacional, observado o disposto em lei. Art. 132. Os Procuradores dos Estados e do Distrito Federal, organizados em carreira, na qual o ingresso dependerá de concurso público de provas e títulos, com a participação da Ordem dos Advogados do Brasil em todas as suas fases, exercerão a representação judicial e a consultoria jurídica das respectivas unidades federadas. Parágrafo único. Aos procuradores referidos neste artigo é assegurada estabilidade após três anos de efetivo exercício, mediante avaliação de desempenho perante os órgãos próprios, após relatório circunstanciado das corregedorias." (CF/88).

Art. 183. A União, os Estados, o Distrito Federal, os Municípios e suas respectivas autarquias e fundações de direito público gozarão de prazo em dobro para todas as suas manifestações processuais, cuja contagem terá início a partir da intimação pessoal.
§ 1º A intimação pessoal far-se-á por carga, remessa ou meio eletrônico.
§ 2º Não se aplica o benefício da contagem em dobro quando a lei estabelecer, de forma expressa, prazo próprio para o ente público.

1. Prazo. Os prazos processuais para as pessoas jurídicas de direito público interno, suas autarquias e fundações, são, excetuados os casos em que a lei estabeleça prazo próprio, contados em dobro, não se iniciando o seu cômputo, senão mediante intimação pessoal de seu representante jurídico, ato que se realiza mediante carga, remessa ou notificação por meio eletrônico.

2. Os tribunais, considerado o âmbito de atuação das integrantes da advocacia pública, devem manter bancos de dados que apontem o endereço eletrônico em que a PJDP (Pessoa Jurídica de Direito Público) deva ser notificada, quando necessário. Trata-se de expediente em total consonância, em especial, com o direito fundamental à duração razoável do processo, uma vez que o dia a dia forense segue a denunciar a falência do "sistema de carga e remessa de autos físicos" como termo inicial para o cômputo de prazos processuais. Sob a alegação da "elevada quantidade de processos em tramitação", é comum, pois, que os autos de processos que envolvam interesse das PJDP se eternizem nas prateleiras, seja porque o juízo não os remete ao procurador competente, seja porque as cargas não são realizadas como deveriam. Tal "prática", não raro, gera evidente prejuízo ao adversário processual do "Estado", uma vez que os prazos processuais pertinentes não se inauguram. Eis uma triste realidade forense!

Art. 184. O membro da Advocacia Pública será civil e regressivamente responsável quando agir com dolo ou fraude no exercício de suas funções.

1. Agindo com "dolo ou fraude" no exercício de suas atribuições, o membro da advocacia pública poderá ser responsabilizado civil e regressivamente pelos danos causados aos interessados.

TÍTULO VII
DA DEFENSORIA PÚBLICA

1. "A Defensoria Pública é instituição permanente, essencial à função jurisdicional do Estado, incumbindo-lhe, como expressão e instrumento do regime democrático, fundamentalmente, a orientação jurídica, a promoção dos direitos humanos e a defesa, em todos os graus, judicial e extrajudicial, dos direitos individuais e coletivos, de forma integral e gratuita, aos necessitados, na forma do inciso LXXIV do art. 5º desta Constituição Federal." (art. 134 da CF/ 88).

2. "A Defensoria Pública é instituição essencial à função jurisdicional do Estado, a quem a Constituição Federal incumbiu a orientação jurídica e a defesa, em todos os graus, dos necessitados (CF, art. 134)." (THEODORO JR., Humberto. *Curso de Direito Processual Civil*. Rio de Janeiro: Forense, 2015. v. I. p. 460).

Art. 185. A Defensoria Pública exercerá a orientação jurídica, a promoção dos direitos humanos e a defesa dos direitos individuais e coletivos dos necessitados, em todos os graus, de forma integral e gratuita.

1. Reproduzindo o teor do art. 134 da CF/88, coube ao artigo sob comento, no âmbito infraconstitucional, inventariar as atribuições da instituição no âmbito do processo civil. São elas: a orientação jurídica, a promoção dos direitos humanos e a defesa dos direitos individuais e coletivos dos necessitados, em todos os graus de jurisdição, de forma integral e gratuita, sem prejuízo de outras igualmente apontadas pelo legislador.

2. Vale destacar, exemplificativamente, o comando contido no teor do art. 71, em relação ao qual afirmamos alhures: "(...) Ao revel, preso ou citado fictamente, o juiz nomeará curador especial, até que o mesmo constitua, nos autos, patrono que lhe convenha. (...) Incumbe à Defensoria Pública, nos termos da lei, exercer a curadoria especial referida pelo artigo sob comento".

Art. 186. A Defensoria Pública gozará de prazo em dobro para todas as suas manifestações processuais.
§ 1º O prazo tem início com a intimação pessoal do defensor público, nos termos do art. 183, § 1º.
§ 2º A requerimento da Defensoria Pública, o juiz determinará a intimação pessoal da parte patrocinada quando o ato processual depender de providência ou informação que somente por ela possa ser realizada ou prestada.

§ 3º O disposto no caput aplica-se aos escritórios de prática jurídica das faculdades de Direito reconhecidas na forma da lei e às entidades que prestam assistência jurídica gratuita em razão de convênios firmados com a Defensoria Pública.

§ 4º Não se aplica o benefício da contagem em dobro quando a lei estabelecer, de forma expressa, prazo próprio para a Defensoria Pública.

1. Defensoria Pública. Prazos. Os prazos processuais, para a Defensoria, os escritórios de prática jurídica das faculdades de direito e às entidades que a eles estejam vinculados por convênio (desde que prestem assistência jurídica graciosa), são, excetuados os casos em que a lei estabeleça prazo próprio, contados em dobro, não se iniciando o seu cômputo, para a Defensoria, antes da intimação pessoal do defensor, ato que se realiza mediante carga, remessa ou notificação por meio eletrônico.

2. O juiz, a requerimento da Defensoria, determinará a intimação pessoal da parte por ela patrocinada nos casos em que o ato processual depender de providência ou informação que somente a parte possa realizar ou prestar. A aludida regra não tem aplicabilidade, à evidência, nos casos em que a Defensoria exercer o mister que lhe incumbe o teor do art. 71 do CPC/2015, ao menos no que diz com o revel citado fictamente.

3. No que diz com a produção da prova testemunhal, vale salientar que a "intimação" das testemunhas, doravante, "será feita pela via judicial" apenas excepcionalmente. Um desses casos, conforme o § 4º, IV, do art. 455, diz com o arrolamento realizado pela Defensoria.

Art. 187. O membro da Defensoria Pública será civil e regressivamente responsável quando agir com dolo ou fraude no exercício de suas funções.

1. Agindo com dolo ou fraude no exercício de suas atribuições, o membro da Defensoria poderá ser responsabilizado civil e regressivamente.

Livro IV
DOS ATOS PROCESSUAIS

TÍTULO I
DA FORMA, DO TEMPO E DO LUGAR DOS ATOS PROCESSUAIS

CAPÍTULO I
DA FORMA DOS ATOS PROCESSUAIS

Seção I
Dos Atos em Geral

1. "Dizem-se atos jurídicos processuais os que têm importância jurídica em respeito à relação processual, isto é, os atos que têm por consequência imediata a *constituição*, a *conservação*, o *desenvolvimento*, a *modificação* ou a *definição* de uma relação processual. Podem proceder de um ou de outro dos sujeitos da relação processual, a saber: a) *atos de parte*, b) *atos dos órgãos jurisdicionais*. O principal ato processual da parte é o ato constitutivo da relação (demanda judicial) e o principal ato processual dos órgãos públicos é o ato que define a relação (sentença); no entanto, entre o primeiro e o segundo flui uma série de variados atos processuais. De um lado, os atos de impulso processual de parte (...). De outro, as provisões do juiz (...). Todos esses atos são atos jurídicos da relação processual, ou, mais brevemente, atos processuais ou 'atos de processo' (...)." (CHIOVENDA, Giusseppe. *Instituições de Direito Processual Civil*. p. 963/964).

2. "A idéia de processo implica a de movimento, a partir de um determinado ponto inicial e orientado para um fim determinado. O movimento que possibilita a realização desse percurso tem como causa a atividade de pessoas que participam da relação processual, praticando atos jurídicos das mais diversas naturezas e finalidades. Estes atos dizem-se processuais, quando pertençam ao processo e exerçam um efeito jurídico direto e imediato sobre uma determinada relação processual, servindo para constituí-la, modificá-la ou extingui-la (...)." (BAPTISTA DA SILVA, Ovídio A. *Curso de processo civil*. Rio de Janeiro: Forense, 2004. v. I. p. 181).

3. O perito, o avaliador, o oficial de justiça, o leiloeiro, o escrivão, etc., também praticam, segundo pensamos, atos processuais, nada obstante, tradicionalmente, sequer sejam inclusos como integrantes da categoria dos *sujeitos* *processuais* (há, ainda hoje, quem considere que somente as partes e o juiz possam insertos no grupo dos sujeitos do processo – não é, pois, o nosso caso).

> **Art. 188.** Os atos e os termos processuais independem de forma determinada, salvo quando a lei expressamente a exigir, considerando-se válidos os que, realizados de outro modo, lhe preencham a finalidade essencial.

1. Princípio da instrumentalidade das formas. Finalidade. Os atos (promovidos pelas partes) e os termos (pelos serventuários da justiça em geral) não dependem de forma determinada para sua prática, excetuados os casos expressos em lei. De toda sorte, havendo previsão acerca do modo como se deva praticar determinado ato ou termo, ainda que realizados de maneira diversa, devem eles ser considerados válidos, uma vez cumprida, sem prejuízo aos interessados, sua finalidade.

2. "APELAÇÃO CÍVEL. DIREITO PRIVADO NÃO ESPECIFICADO. AÇÃO DECLARATÓRIA CUMULADA COM PEDIDO DE INDENIZAÇÃO. PROTESTO INDEVIDO. AGRAVO RETIDO. TESTEMUNHA. COMPROMISSO. NULIDADE PROCESSUAL NÃO VERIFICADA. Princípio da finalidade ou instrumentalidade das formas. *O ato processual deve ser considerado válido se atingir seu objetivo ainda que realizado de forma diversa*. Princípio do não prejuízo. A nulidade dos atos processuais não deve ser declarada quando o vício não causar prejuízo às partes. No caso concreto, aplicando-se os princípios supramencionados, inexiste nulidade na oitiva de funcionários da requerida com a dispensa de compromisso. (...)." (Apelação Cível nº 70069730182, Décima Nona Câmara Cível, Tribunal de Justiça do RS, Relator: Marco Antonio Angelo, Julgado em 06/04/2017).

> **Art. 189.** Os atos processuais são públicos, todavia tramitam em segredo de justiça os processos:
> I – em que o exija o interesse público ou social;
> II – que versem sobre casamento, separação de corpos, divórcio, separação, união estável, filiação, alimentos e guarda de crianças e adolescentes;
> III – em que constem dados protegidos pelo direito constitucional à intimidade;
> IV – que versem sobre arbitragem, inclusive sobre cumprimento de carta arbitral, desde que a confidencialidade estipulada na arbitragem seja comprovada perante o juízo.
> § 1º O direito de consultar os autos de processo que tramite em segredo de justiça e de pedir certidões de seus atos é restrito às partes e aos seus procuradores.
> § 2º O terceiro que demonstrar interesse jurídico pode requerer ao juiz certidão do dispositivo da sentença, bem como de inventário e de partilha resultantes de divórcio ou separação.

1. Os atos processuais, e o processo propriamente dito, são, via de regra, públicos, ressalvados os casos que o feito, em homenagem as prescrições constitucionais, deva tramitar em segredo de justiça. Dispõe o texto constitucional acerca do tema: "todos os julgamentos dos órgãos do Poder Judiciário serão

públicos, e fundamentadas todas as decisões, sob pena de nulidade, podendo a lei limitar a presença, em determinados atos, às próprias partes e a seus advogados, ou somente a estes, em casos nos quais a preservação do direito à intimidade do interessado no sigilo não prejudique o interesse público à informação." (art. 93, IX, da CF/88).

2. Ao art. 189 coube, bem compreendida a afirmativa, reproduzir no âmbito infraconstitucional, esclarecendo-as, as hipóteses em que se impõe o trâmite do feito em "segredo de justiça". O acesso aos autos, nesses casos, fica limitado às partes e seus procuradores. Tramitarão sob o regime do "segredo de justiça", pois, as demandas que: (a) o interesse público ou social assim exija; (b) versem sobre casamento, separação de corpos, divórcio, separação, união estável, filiação, alimentos e guarda de crianças e adolescentes; (c) contenham dados protegidos pelo direito constitucional à intimidade; bem como as que (d) versem sobre arbitragem, inclusive sobre cumprimento de carta arbitral, desde que a confidencialidade estipulada (em sede de arbitragem) reste comprovada judicialmente. Destaque-se, sem prejuízo das anotações acima, que, em relação aos contendores e seus advogados, inexiste falar em "segredo de justiça", visando a privá-los de acesso aos autos. O "segredo", bem compreendido, diz, tão somente, com o acesso de terceiros.

3. O acesso de terceiros, com flagrante interesse jurídico na causa, aos autos do processo que tramite com observância ao regime do "segredo de justiça" dependerá, sempre, de autorização judicial. Nada obstante o apontamento legislativo (que se limita a referir a obtenção de certidão relativa ao *dispositivo* da sentença, ou ao teor da partilha resultante de divórcio ou separação), parece-nos impossível tratá-las como hipóteses taxativas, uma vez que, consoante sabido aos quatro cantos, diversas outras situações (em que o acesso de terceiros ao teor do processo) costumam se legitimar no dia a dia forense.

Art. 190. Versando o processo sobre direitos que admitam autocomposição, é lícito às partes plenamente capazes estipular mudanças no procedimento para ajustá-lo às especificidades da causa e convencionar sobre os seus ônus, poderes, faculdades e deveres processuais, antes ou durante o processo.

Parágrafo único. De ofício ou a requerimento, o juiz controlará a validade das convenções previstas neste artigo, recusando-lhes aplicação somente nos casos de nulidade ou de inserção abusiva em contrato de adesão ou em que alguma parte se encontre em manifesta situação de vulnerabilidade.

1. Direito fundamental à tutela adequada. A noção de *adequação* da tutela jurisdicional (ou direito fundamental à tutela adequada) guarda estrita relação com as questões *procedimentais*. A adequação da tutela, bem compreendida, concretiza-se a partir da edificação de "ritos especiais com níveis de cognição adequados, com provimentos adequados, dotados de técnicas processuais conformes às necessidades do caso", devendo ser levada a cabo de forma *abstrata* (pelo legislador), *concreta* (atuação do magistrado no caso concreto) ou, ainda, pela própria vontade das partes, com mais razão a partir da vigência do CPC/2015. O teor do artigo sob comento deu ensejo à "explosão", na doutrina pátria, do tema usualmente denominado *convenções* ou *negócios jurídicos processuais*.

2. A *convenção* firmada entre os sujeitos de direito (ainda que em momento precedente à existência do processo), que será "controlada e fiscalizada" pelo julgador oportunamente (no afã de evitar abusos e nulidades processuais), vincula as partes e aqueles que os sucederem na relação (material e/ou processual). Tais convenções, consoante anunciado a cima, podem ser objeto de negociação prévia ou concomitante a existência/tramitação do processo judicial em que, "homologadas", devam produzir efeitos.

3. Requisito *subjetivo*. Validação dos negócios jurídicos processuais. A capacidade plena dos contratantes é indispensável, segundo o texto codificado, para que o pacto sob comento possa, oportunamente, ser validado em juízo. Sabe-se, contudo, que no cenário processual a expressão *capacidade* possui inúmeros significados. Por vezes, em relação aos contendores, importa verificar haver, ou não, *capacidade de ser parte*; por vezes, a denominada *capacidade postulatória* ou, ainda, existir, ou não, *capacidade de estar em juízo*. Em relação à derradeira, por exemplo, impõe-se uma reflexão: imagine-se situação em que um relativamente incapaz, em juízo, devidamente assistido, afirme-se titular de determinado crédito. A parte processual autora, no caso, haverá de ser, à evidência, o relativamente incapaz (e não seu assistente), cuja *capacidade de estar em juízo* será verificada exatamente pela constatação da adequação da referida assistência. A rigor, o autor não é parte "plenamente capaz", embora capacitado (pela assistência) a figurar como contendor. Pergunta-se, então: eventual contratação que envolva os temas sugeridos pelo art. 190, poderá, considerado o requisito subjetivo legal, ser validada?

4. O CPC/2015 prevê um sem número de questões em relação as quais, por expressa previsão legal, os denominados *negócios jurídicos processuais* são admitidos. O desafio doutrinário e jurisprudencial, doravante, consistirá, bem compreendida a afirmativa, na identificação dos limites relativos aos pactos processuais *atípicos*, ou seja, sobre os quais o legislador não se manifestou quanto a possibilidade. Os enunciados aprovados pela ENFAM sugerem que, a "regra do art. 190 do CPC/2015 não autoriza às partes a celebração de negócios jurídicos processuais atípicos que afetem poderes e deveres do juiz, tais como os que: a) limitem seus poderes de instrução ou de sanção à litigância ímproba; b) subtraiam do Estado/juiz o controle da legitimidade das partes ou do ingresso de *amicus curiae*; c) introduzam novas hipóteses de recorribilidade, de rescisória ou de sustentação oral não previstas em lei; d) estipulem o julgamento do conflito com base em lei diversa da nacional vigente; e) estabeleçam prioridade de julgamento não prevista em lei" (Enunciado n. 36, ENFAM); "Por compor a estrutura do julgamento, a ampliação do prazo de sustentação oral não pode ser objeto de negócio jurídico entre as partes" (Enunciado n. 41, ENFAM); "Somente partes absolutamente capazes podem celebrar convenção pré-processual atípica (arts. 190 e 191 do CPC/2015)" (Enunciado n. 38, ENFAM); "Não é válida convenção pré-processual oral (art. 4º, § 1º, da Lei n. 9.307/1996 e 63, § 1º, do CPC/2015)" (Enunciado n. 39, ENFAM); "São nulas, por ilicitude do objeto, as convenções processuais que violem as garantias constitucionais do processo, tais como as que: a) autorizem o uso de prova ilícita; b) limitem a publicidade do processo para além das hipóteses expressamente previstas em lei; c) modifiquem o regime de competência absoluta; e d) dispensem o dever de motivação." (Enunciado n. 37, ENFAM).

5. Negócios jurídicos processuais. Classificação. Típicos. Atípicos. "Há negócios processuais bilaterais típicos, assim entendidos os que estão previstos no Código (por exemplo, pacto de suspensão do processo, pacto de convenção sobre regras da mediação, pacto para não realização de audiência de conciliação ou sessão de mediação, acordo de avaliação do bem penhorado, acordo de escolha do meio expropriatório, pacto de escolha dos penhoráveis, pacto para afastar a execução provisória, acordo de saneamento do processo, acordo de renúncia do prazo processual, pacto sobre a distribuição do ônus da prova etc.). Existe também a possibilidade de celebração de negócios atípicos, isto é, aqueles não previamente contemplados no ordenamento, mas admissíveis como resultado do legítimo exercício do poder de autorregramento da vontade pelos interessados (acordo de redução ou ampliação de prazos processuais, acordo de renúncia prévia a recursos, acordo de ajustes no procedimento, acordo para estipulação ou exclusão de honorários de sucumbência etc.)." (NOGUEIRA, Pedro Henrique. *In:* WAMBIER, Teresa Arruda Alvim; DIDIER JR., Fredie; TALAMINI, Eduardo; DANTAS, Bruno. (Coord.). *Breves Comentários ao Novo Código de Processo Civil*. São Paulo: RT, 2015. p. 593).

6. "Os negócios jurídicos processuais são instrumentos da autonomia privada e, também, poderosos instrumentos de flexibilização procedimental (de gestão do procedimento pelas partes), na medida em que permite a elas, em diferentes perspectivas, construírem o procedimento adequado às necessidades do caso concreto." (RAATZ, Igor. *Autonomia privada, (de)limitação dos poderes do juiz e flexibilização procedimental: da insuficiência normativa do 'princípio dispositivo' à construção compartilhada do caso concreto*, 2016. 681f. Tese (Doutorado em Direito) – Unisinos, São Leopoldo, 2016. p. 521).

> **Art. 191.** De comum acordo, o juiz e as partes podem fixar calendário para a prática dos atos processuais, quando for o caso.
> § 1º O calendário vincula as partes e o juiz, e os prazos nele previstos somente serão modificados em casos excepcionais, devidamente justificados.
> § 2º Dispensa-se a intimação das partes para a prática de ato processual ou a realização de audiência cujas datas tiverem sido designadas no calendário.

1. Na linha da *cooperação* preconizada pelo art. 6º, o Código prevê a elaboração, em conjunto, pelos principais atores processuais (no caso, juiz e partes) de um cronograma ("o calendário", segundo o CPC/2015) vinculativo para a realização dos atos do processo. A ideia consiste, grosso modo, na criação de um cenário processual *customizado*, ou seja, peculiar à demanda específica, visando o melhor aproveitamento de todos os atos e do tempo do processo. O calendário, devidamente debatido e acordado, deve ser respeitado à integralidade, de maneira que, ressalvadas hipóteses excepcionalíssimas, não será alterado. Os atos processuais nele previstos dispensam, consoante expressa previsão legal, intimação das partes para a sua prática.

> **Art. 192.** Em todos os atos e termos do processo é obrigatório o uso da língua portuguesa.
> Parágrafo único. O documento redigido em língua estrangeira somente poderá ser juntado aos autos quando acompanhado de versão para a língua portuguesa tramitada por via diplomática ou pela autoridade central, ou firmada por tradutor juramentado.

1. É obrigatório o uso do vernáculo em todos os atos e termos do processo. A admissão, nos autos, de documento redigido em língua diversa (do português) depende, pois, de tradução para a língua oficial pátria, pena de não poder compor o universo de valoração da prova a ser, oportunamente, realizada pelo julgador. Acostado, *in concreto*, documento desacompanhado das traduções exigidas por lei, o julgador, ainda que não suscitada a questão pela parte contrária (portanto, de ofício), não só pode, como deve, deixar de "conhecer" o documento, determinando, pois, o imediato desentranhamento dos autos, pena de frontal violação à lei federal vigente.

2. "Nessas circunstâncias, à margem das discussões acerca dos efetivos ganhos do alimentante junto ao seu atual empregador, sustentando a autora, por um lado, que ultrapassariam os R$ 400.000,00 mensais (fls. 455/460), sendo insuficiente para aclarar a pontual controvérsia o contrato de trabalho acostado às fls. 462/468, *uma vez que se trata de documento em língua estrangeira, pelo que dele não conheço,* tenho que, não obstante, possui o genitor amplas condições financeiras para continuar prestando auxílio à filha no valor que vigora por força da tutela antecipada no limiar da demanda".[16]

Seção II
Da Prática Eletrônica de Atos Processuais

> **Art. 193.** Os atos processuais podem ser total ou parcialmente digitais, de forma a permitir que sejam produzidos, comunicados, armazenados e validados por meio eletrônico, na forma da lei.
> Parágrafo único. O disposto nesta Seção aplica-se, no que for cabível, à prática de atos notariais e de registro.

1. O processo judicial, assim como os demais setores da vida contemporânea, encontra-se envolto ao fenômeno da evolução tecnológica e, ainda que o Código preveja a documentação de atos processuais de forma física ou a realização dos mesmos apenas parcialmente digitais, imagina-se que, em curto espaço de tempo, os denominados "autos físicos" farão, tão somente, parte da historiografia do processo judicial, não mais existindo no dia a dia forense. A afirmativa, inclusive, já é realidade em certos setores da prestação jurisdicio-

---

[16] A decisão ora parafraseada fora prolatada em processo que tramitou sob o regime do segredo de justiça, acima examinado, razão pela qual optamos por ocultar os dados de identificação da demanda.

nal. Os atos processuais, portanto, podem ser *produzidos, comunicados, armazenados e validados*, segundo o CPC/2015, exclusivamente de maneira eletrônica, respeitadas eventuais exigências legais.

2. "O art. 193 do CPC/2015 dispõe sobre a possibilidade de prática eletrônica de atos processuais, remetendo à lei a disciplina do tema. (...) A informatização do processo judicial é regulada pela Lei 11.419/2006, que dispõe sobre 'o uso de meio eletrônico na tramitação de processos judiciais, comunicação de atos e transmissão de peças processuais' (cf. art. 1º da referida Lei). MEDINA, José Miguel Garcia. *Direito Processual Civil Moderno*. São Paulo: RT, 2015. p. 325.

3. "A Lei que continua aplicável é a já referida Lei 11.419/2006, com os acréscimos do novo CPC." (THEODORO JR.; Humberto. *Curso de Direito Processual Civil*. 56. ed. Rio de Janeiro: Forense, 2015. v.1. p. 4760.

4. Colhemos de nossa experiência forense, pois, exemplo digno de nota, especialmente no que diz com a realização de ato processual pela via eletrônica. Em audiência de instrução e julgamento havida na cidade de Porto Alegre/RS, no mês de julho de 2016, junto à Vara de Família e Sucessões do Foro Regional do Alto Petrópolis, requeremos ao julgador, que acolheu tal postulação, que o réu, que participava da solenidade processual pelo Skype, uma vez que reside fora do Brasil, fosse, naquele ato, citado acerca de nova demanda promovida em seu desfavor. O ato citatório foi realizado pelo julgador, entregando-se aos procuradores do demandado, presentes à audiência, cópia do petitório inicial.

Art. 194. Os sistemas de automação processual respeitarão a publicidade dos atos, o acesso e a participação das partes e de seus procuradores, inclusive nas audiências e sessões de julgamento, observadas as garantias da disponibilidade, independência da plataforma computacional, acessibilidade e interoperabilidade dos sistemas, serviços, dados e informações que o Poder Judiciário administre no exercício de suas funções.

1. O meio pelo qual se processam os atos do processo (se físico ou virtual) não altera a essência da prestação jurisdicional, de maneira que os direitos fundamentais de que gozam as partes envolvidas com o feito não podem, sob quaisquer hipóteses, sofrer ranhuras. Os sistemas desenvolvidos para tanto (e essa pluralidade traz, em boa medida, desconforto aos homens do foro – são inúmeros, ainda hoje, os sistemas e cada qual com suas peculiaridades – revelando-se, indispensável, pois, uma uniformização imediata) atentarão, necessariamente, às "garantias processuais", observando-se, pois, as diretrizes da disponibilidade, independência da plataforma computacional, acessibilidade, interoperabilidade dos sistemas, serviços, dados e informações que o Poder Judiciário administre no exercício de suas funções.

2. "A intenção do legislador, e também do Conselho Nacional de Justiça, é uniformizar o processo digital, estabelecendo um sistema nacional, criado por aquele próprio órgão, a ser utilizado por todos os tribunais pátrios, ao contrário do que ocorre atualmente, com cada Estado adotando um sistema próprio, sem qualquer padronização." (THEODORO JR.; Humberto. *Curso de Direito Processual Civil*. 56. ed. Rio de Janeiro: Forense, 2015. v. 1. p. 477).

> **Art. 195.** O registro de ato processual eletrônico deverá ser feito em padrões abertos, que atenderão aos requisitos de autenticidade, integridade, temporalidade, não repúdio, conservação e, nos casos que tramitem em segredo de justiça, confidencialidade, observada a infraestrutura de chaves públicas unificada nacionalmente, nos termos da lei.

1. "Trata-se de mais uma norma voltada a definir o modo de ser dos sistemas processuais, trazendo para a lei processual, com certo exagero, vários conceitos técnicos-informáticos, especialmente alguns relacionados à segurança da informação." (MARCACINI, Augusto Tavares Rosa. *In:* WAMBIER, Teresa Arruda Alvim; DIDIER JR., Fredie; TALAMINI, Eduardo; DANTAS, Bruno. (Coord.). *Breves Comentários ao Novo Código de Processo Civil*. São Paulo: RT, 2015. p. 608).

> **Art. 196.** Compete ao Conselho Nacional de Justiça e, supletivamente, aos tribunais, regulamentar a prática e a comunicação oficial de atos processuais por meio eletrônico e velar pela compatibilidade dos sistemas, disciplinando a incorporação progressiva de novos avanços tecnológicos e editando, para esse fim, os atos que forem necessários, respeitadas as normas fundamentais deste Código.

1. Ao CNJ incumbe regulamentar a prática e a comunicação dos atos processuais que tramitem por meio eletrônico. Os tribunais, subsidiariamente, possuem idêntica competência. A disciplina sob comento deve considerar os avanços tecnológicos havidos (com o passar do tempo), de modo a, oportunamente, atualizar o regramento aplicável e a utilização de novas técnicas que se afigurem compatíveis com os ideais do processo eletrônico.

> **Art. 197.** Os tribunais divulgarão as informações constantes de seu sistema de automação em página própria na rede mundial de computadores, gozando a divulgação de presunção de veracidade e confiabilidade.
> Parágrafo único. Nos casos de problema técnico do sistema e de erro ou omissão do auxiliar da justiça responsável pelo registro dos andamentos, poderá ser configurada a justa causa prevista no art. 223, *caput* e § 1º.

1. As informações acerca dos processos em tramitação perante cada um dos tribunais serão divulgadas em página da *internet* vinculada ao tribunal competente para processar e julgar o feito. O conteúdo publicizado goza, como não poderia deixar ser, segundo expresso apontamento legal, de presunção de veracidade e confiabilidade, não podendo os interessados *in concreto* restarem prejudicados por eventual falha do sistema ou erro na publicização de informações.

2. "Decorrido o prazo, extingue-se o direito de praticar ou de emendar o ato processual, independentemente de declaração judicial, ficando assegurado, porém, à parte provar que não o realizou por justa causa. § 1º Considera-se justa causa o evento alheio à vontade da parte e que a impediu de praticar o ato por si ou por mandatário. § 2º Verificada a justa causa, o juiz permitirá à parte a prática do ato no prazo que lhe assinar." (art. 223 da Lei 13.105/2015).

> **Art. 198.** As unidades do Poder Judiciário deverão manter gratuitamente, à disposição dos interessados, equipamentos necessários à prática de atos processuais e à consulta e ao acesso ao sistema e aos documentos dele constantes.
> Parágrafo único. Será admitida a prática de atos por meio não eletrônico no local onde não estiverem disponibilizados os equipamentos previstos no *caput*.

1. Impõe-se aos tribunais (em sentido largo) o dever de disponibilizar aos interessados os equipamentos necessários (e adequados) à prática dos atos processuais eletrônicos, bem como à consulta processual (*lato sensu*), não podendo a tramitação de um processo pela plataforma eletrônica figurar como empecilho ao pleno acesso à informação processual ou ao adequado manejo dos autos. A utilização do meio eletrônico, reitere-se, vai incorporada ao sistema judicial com o claro escopo de facilitar e não de dificultar ou prejudicar o acesso à melhor jurisdição.

> **Art. 199.** As unidades do Poder Judiciário assegurarão às pessoas com deficiência acessibilidade aos seus sítios na rede mundial de computadores, ao meio eletrônico de prática de atos judiciais, à comunicação eletrônica dos atos processuais e à assinatura eletrônica.

1. Aos tribunais incumbe, outrossim, garantir aos cidadãos portadores de quaisquer "deficiências", acesso irrestrito à informação e à prática de atos processuais processual. Trata-se, como é intuitivo, de regramento preocupado com a *inclusão*, impensável em cenários forenses pretéritos.

2. "A acessibilidade é um dos parâmetros pelos quais o processo informatizado deve se pautar, e este artigo nada mais é do que um desdobramento do CPC 194, bem como do Lei 7.853/89, art. 2º. Partindo desse pressuposto, é de se esperar que as pessoas com deficiência (especialmente visual e auditiva) tenham tratamento especial, de forma que possam acessar os sistemas do Poder Judiciário." (NERY JR, Nelson; NERY, Rosa Maria Andrade. *Comentários ao Código de Processo Civil*. São Paulo: RT, 2015. p. 711/712).

Seção III
Dos Atos das Partes

1. "Os atos das partes são de duas classes: de postulação e constitutivos: atos de postulação (*Erwirkungsshandlungen*) são os que têm por finalidade uma resolução judicial de determinado conteúdo, mediante influências psíquicas exercidas sobre o juiz. Atos dessa classe são os requerimentos, afirmações (alegações) e apresentações de provas; e atos constitutivos (*Bewirkungshandlungem*) são todos os demais. Estes atos estão sempre numa relação de finalidade com os atos de postulação já realizados, ou que deverão ser realizados (...)." (GOLDSCHMIDT, James. *Direito Processual Civil*. p. 269/270).

Art. 200. Os atos das partes consistentes em declarações unilaterais ou bilaterais de vontade produzem imediatamente a constituição, modificação ou extinção de direitos processuais.
Parágrafo único. A desistência da ação só produzirá efeitos após homologação judicial.

1. As partes podem, mediante declaração (unilateral ou bilateral) constituir, modificar ou extinguir direitos processuais. Tais declarações, como regra, produzem efeitos (no processo em que forem feitas) "imediatamente", ressalvada a desistência da ação, que apenas produzirá efeitos mediante homologação judicial.

2. Nada obstante os *negócios jurídicos processuais* revelem-se "declarações" bilaterais, há quem sustente, de um lado, que sua eficácia, face à existência de disciplina própria, não se sujeita a regra da produção imediata de efeitos prevista pelo artigo sob comento. Tal corrente encontra fundamento no teor do parágrafo único do art. 190 (destinado a regular o tema). Segundo o dispositivo legal, "o juiz controlará a validade das convenções" processuais, "recusando-lhes aplicação somente nos casos de nulidade ou de inserção abusiva em contrato de adesão ou em que alguma parte se encontre em manifesta situação de vulnerabilidade". De outro, há quem sustente que, sem a expressa validação do julgador *in concreto*, o pactuado entre os contendores (acerca dos ônus, poderes, faculdades e deveres processuais a ele inerentes) não se sobrepõe às disposições processuais legisladas.

Art. 201. As partes poderão exigir recibo de petições, arrazoados, papéis e documentos que entregarem em cartório.

1. É direito da parte obter, em relação a todo e qualquer protocolo realizado, "recibo" de sua realização (trate-se de processo físico ou eletrônico). Embora silente o Código, a confirmação de recebimento deverá apontar, necessariamente, a data em que o protocolo fora realizado.

Art. 202. É vedado lançar nos autos cotas marginais ou interlineares, as quais o juiz mandará riscar, impondo a quem as escrever multa correspondente à metade do salário-mínimo.

1. Os autos (ou melhor, os documentos nele constantes) não devem, sob quaisquer hipóteses, ser informalmente glosados, revelando-se defesa a realização, por quaisquer sujeitos do processo, de anotações marginais ou paralelas. O magistrado, deparando-se com tal cenário, ordenará que sejam suprimidas, impondo ao anotador multa processual, considerados os limites legais.

Seção IV
Dos Pronunciamentos do Juiz

Art. 203. Os pronunciamentos do juiz consistirão em sentenças, decisões interlocutórias e despachos.

§ 1º Ressalvadas as disposições expressas dos procedimentos especiais, sentença é o pronunciamento por meio do qual o juiz, com fundamento nos arts. 485 e 487, põe fim à fase cognitiva do procedimento comum, bem como extingue a execução.

§ 2º Decisão interlocutória é todo pronunciamento judicial de natureza decisória que não se enquadre no § 1º.

§ 3º São despachos todos os demais pronunciamentos do juiz praticados no processo, de ofício ou a requerimento da parte.

§ 4º Os atos meramente ordinatórios, como a juntada e a vista obrigatória, independem de despacho, devendo ser praticados de ofício pelo servidor e revistos pelo juiz quando necessário.

1. Segundo o ordenamento processual vigente, os atos processuais (típicos) praticáveis pelo julgador, no âmbito do juízo singular, são: os *despachos*, as *decisões interlocutórias* e a *sentença*. O pronunciamento, colegiado, proferido pelos tribunais, denomina-se *acórdão*; o pronunciamento do relator prolatado em sede de juízo colegiado, via de regra, decisão monocrática.

2. Sentença. Considerações Iniciais. Já se afirmou, outrora (CARNELUTTI, Francesco. Direito e Processo. Direito Processual Civil. Campinas: Péritas, 2001. *passim*), revelar-se o ato sentencial *atividade silogística* realizada pelo julgador, a quem incumbe, por definição, responder à provocação das partes. Segundo tal linha de raciocínio, o julgador fixa, pois, uma *premissa menor* (geralmente vinculada a dimensão fática da causa – extraindo-a do contexto probatório que guarnece os autos) e, investigando o ordenamento jurídico como um todo (e não apenas a lei), uma *premissa maior*. O juízo acerca da incidência, ou não, de determinado ditame que possa conduzir à consequência jurídica desejada pelos postulantes, desnuda, em última análise, a razão de ser da sentença (e até mesmo da própria prestação jurisdicional). O pronunciamento (do juiz) que externa tal reflexão, *com o objetivo primeiro de fulminar dúvida acerca do litígio a que foi chamado a decidir (dizendo*, em "definitivo", *o direito aplicável ao caso concreto)*, denomina-se *sentença*, nada obstante esse mesmo pronunciamento possa, excepcionalmente, limitar-se a extinguir uma relação processual sem, em última análise, enfrentar o mérito da causa.

3. A Lei 13.105/2015, adequando a velha lição doutrinária de que *sentença é o ato do juiz que, pautado em juízo de certeza, pretende pôr fim ao processo* (oriunda de ocasião em que não se cogitava acerca de um *processo sincrético*, como regra), elegeu, enquanto critérios à sua identificação, *cumulativamente*, (a) o conteúdo do pronunciamento propriamente dito, bem como (b) a intenção do órgão prolator (em dar por prestada à jurisdição cognitiva *in concreto*). Segundo expressa disposição legal, em relação ao primeiro critério, é salutar observar que o pronunciamento (judicial) deverá, necessariamente, refletir o teor dos arts. 485 ou 487 do CPC/2015 (o que, por si só, não o faz uma sentença); no que tange ao segundo, tratar-se de *pronunciamento final*, com o qual o julgador vise a extinguir a relação processual em sua etapa cognitiva (reitere-se, dando por prestada a jurisdição, ainda que parcialmente). É sentença, segundo a *literalidade* do CPC/2015, também, o pronunciamento judicial que pretenda pôr fim a execução. Trata-se, pois, de conceito restritivo, uma vez comparado ao conceito de *decisão interlocutória*. Não se pode perder de vista, porém, que o próprio *caput* do artigo sob comento flexibiliza a noção de sentença, aludindo aos casos especiais previstos em lei.

4. Decisões interlocutórias. Considera-se *interlocutório*, de outro giro, o pronunciamento judicial que, no curso do feito, *resolve questão* (inclusive meritória), *sem o escopo de* pôr fim ao processo ou *dar por prestada, em definitivo, a jurisdição sobre a matéria* (nota que, à evidência, a diferencia da sentença). Diferentemente dos *despachos*, as *interlocutórias* carregam consigo, conforme prega o próprio nome atribuído à categoria, elevada carga *decisória*. Historicamente, diz-se que tais pronunciamentos derivam de *cognição* pautada em juízo de verossimilhança (e não de *certeza* – afirmação que, à luz do CPC/2015, talvez mereça maior reflexão), fundamento que legitimou, pois, a *tese* de que podem ser revogadas, até mesmo pelo órgão prolator, a qualquer tempo. O CPC/2015, contudo, parece, em alguma medida, exigir alteração nas linhas mestras do raciocínio pretérito, uma vez que outros dogmas referentes ao tema, ao menos num primeiro olhar, parecem desabar.

5. "A sentença, no CPC/73, é definida pelo momento processual em que é proferida (já que 'põe fim' ao processo ou a 'fase' processual) e também pelo conteúdo, cumulativamente; a decisão interlocutória, por sua vez, não mais se vincula à ideia de 'questão incidente' resolvida no curso do processo, pois, no novo Código, é considerada interlocutória qualquer decisão que não seja sentença (...). Cresce em importância e amplitude a decisão interlocutória, no contexto do CPC/2015. (...) Desde já, convém dizer que o conceito legal de sentença é relevante para a definição do recurso cabível (...) mas não o é, por exemplo, para saber se houve coisa julgada, se cabe ação rescisória, se se está diante de título executivo (...) Isso porque, de acordo com a dicção legal, o mérito não é julgado, necessariamente, por uma sentença, mas por uma decisão. Assim, p. ex., é a decisão de mérito que faz coisa julgada (art. 502 do CPC/2015), é a decisão de mérito título executivo (art. 515, I, do CPC/2015) e é a decisão de mérito que pode ser rescindida (art. 966 do CPC/2015), trate-se de decisão final (sentença) de mérito ou de interlocutória de mérito." (MEDINA, José Miguel Garcia. *Direito Processual Civil Moderno*. São Paulo: RT, 2015. p. 338/339).

6. Despacho. Chega-se ao conceito de *despacho*, na linha do Código, por exclusão aos demais pronunciamentos típicos do juiz. Denomina-se *despacho*, "os *demais* atos do juiz praticados no processo, de ofício ou a requerimento da parte". O aludido parágrafo vem precedido pelos que "conceituam", bem compreendida a afirmativa, *sentença* e *decisão interlocutória*. Sabe-se, de um lado, que, no direito brasileiro, a demanda civil, por definição, encontra-se adstrita ao *princípio da demanda*. Logo, não há imaginar que o julgador possa, oficiosamente, dar ensejo a formação de uma relação processual (art. 2º, CPC/2015), excetuados os pontuais casos previstos em lei. De outro, consoante denuncia a parte final do aludido artigo, que esta mesma relação processual desenvolve-se, bem compreendida a expressão, por impulso oficial. O *despacho*, meio de manifestação do magistrado *despido de carga decisória* (ao menos relevante), encontra-se amplamente afinado a tal mister. É mediante manifestação de tal natureza (*despacho*) que o magistrado age para impulsionar o andamento do processo (que, à evidência, também é impulsionado mediante prolação de *decisões*). Tratando-se de questões meramente ordinatórias, "como a juntada e a vista obrigatória", o impulso oficial dispensa ato do juiz, podendo ser praticado, consoante preceitua o texto da lei, "de ofício pelo servidor", sendo revisto, quando necessário.

7. Com maior profundidade, acerca dos pronunciamentos judiciais e de questões polêmicas a eles inerentes, vide: TORRES, Artur. Sentença, Coisa Julgada e Recursos Cíveis Codificados: de acordo com as Leis 13.105/2015 e 13.256/2016. Porto Alegre: Livraria do Advogado, 2017.

Art. 204. Acórdão é o julgamento colegiado proferido pelos tribunais.

1. O pronunciamento, com carga decisória, independentemente da tentativa de pôr fim ao processo ou a fase dele, proferido por órgão colegiado (de maneira colegiada), denomina-se *acórdão*. A decisão proferida por relator (integrante de órgão colegiado), de maneira singular, no gozo das atribuições de sua função (vide funções/poderes do relator – art. 932, CPC/2015), denomina-se, por sua vez, *decisão monocrática*.

Art. 205. Os despachos, as decisões, as sentenças e os acórdãos serão redigidos, datados e assinados pelos juízes.
§ 1º Quando os pronunciamentos previstos no caput forem proferidos oralmente, o servidor os documentará, submetendo-os aos juízes para revisão e assinatura.
§ 2º A assinatura dos juízes, em todos os graus de jurisdição, pode ser feita eletronicamente, na forma da lei.
§ 3º Os despachos, as decisões interlocutórias, o dispositivo das sentenças e a ementa dos acórdãos serão publicados no Diário de Justiça Eletrônico.

1. Os pronunciamentos judiciais, independentemente de sua natureza, serão redigidos, datados e assinados (permitida a firma eletrônica) pelo julgador. Nos casos em que pronunciamento for proferido oralmente, o servidor competente documentar-lhe-á, submetendo-o ao magistrado, oportunamente, para revisão e assinatura.

2. Os despachos e as decisões interlocutórias serão, à integralidade, publicadas junto ao Diário de Justiça Eletrônico; tratando-se de sentença, publicar-se-á no aludido órgão de comunicação, tão somente o capítulo *dispositivo* (art. 489, III) da mesma (capítulo da sentença em que o julgador efetivamente decide – dizendo o direito aplicável ao caso concreto); tratando-se de acórdão, ou, embora silente o Código, de decisão monocrática, apenas sua *ementa*.

Seção V
Dos Atos do Escrivão ou do Chefe de Secretaria

Art. 206. Ao receber a petição inicial de processo, o escrivão ou o chefe de secretaria a autuará, mencionando o juízo, a natureza do processo, o número de seu registro, os nomes das partes e a data de seu início, e procederá do mesmo modo em relação aos volumes em formação.

1. Incumbe ao escrivão ou ao chefe de secretaria, a título "cartorário", proceder na correta individualização dos feitos. Assim sendo, ao receber o petitório inicial, o servidor deverá autuá-lo adequadamente, fazendo constar no rosto dos autos informações referentes ao juízo em que tramitará o feito, a natureza da demanda, o número de registro, bem como o nome das partes e a data inicial de sua tramitação.

Art. 207. O escrivão ou o chefe de secretaria numerará e rubricará todas as folhas dos autos.
Parágrafo único. À parte, ao procurador, ao membro do Ministério Público, ao defensor público e aos auxiliares da justiça é facultado rubricar as folhas correspondentes aos atos em que intervierem.

1. Tratando-se de autos que tramitem pela plataforma física, revela-se ofício do escrivão e/ou do chefe de secretaria diligenciar, manualmente, na numeração e rubrica de todas as folhas que integrem o processo.
2. É facultado aos "sujeitos" do processo, no afã de certificar sua participação em certos atos processuais, rubricar as folhas correspondentes a sua documentação.

Art. 208. Os termos de juntada, vista, conclusão e outros semelhantes constarão de notas datadas e rubricadas pelo escrivão ou pelo chefe de secretaria.

1. Incumbe ao escrivão e/ou ao chefe de secretaria, ainda, apor nos autos, notas, datadas e rubricadas, que identifiquem a ocorrência de juntada, vistas, conclusão e outros. Tal registro, pois, revela-se indispensável, por exemplo, para o aferimento da tempestividade da prática de certos atos processuais.

Art. 209. Os atos e os termos do processo serão assinados pelas pessoas que neles intervierem, todavia, quando essas não puderem ou não quiserem firmá-los, o escrivão ou o chefe de secretaria certificará a ocorrência.
§ 1º Quando se tratar de processo total ou parcialmente documentado em autos eletrônicos, os atos processuais praticados na presença do juiz poderão ser produzidos e armazenados de modo integralmente digital em arquivo eletrônico inviolável, na forma da lei, mediante registro em termo, que será assinado digitalmente pelo juiz e pelo escrivão ou chefe de secretaria, bem como pelos advogados das partes.
§ 2º Na hipótese do § 1º, eventuais contradições na transcrição deverão ser suscitadas oralmente no momento de realização do ato, sob pena de preclusão, devendo o juiz decidir de plano e ordenar o registro, no termo, da alegação e da decisão.

1. Como regra, as pessoas que praticarem, ou intervirem, em ato ou termo processual devem assiná-lo. Não o fazendo, o escrivão ou o chefe de secretaria, independentemente da razão, certificarão nos próprios autos tal negativa (ou impossibilidade).

2. Tratando-se de processo que tramite, total ou parcialmente, por meio eletrônico, o registro e o armazenamento dos atos poderão ser realizado integralmente dessa forma (em arquivo eletrônico inviolável), mediante assinatura (também eletrônica) dos profissionais jurídicos que dele participaram. Em se tratando de autos físicos, o registro, por exemplo, do teor da audiência poderá ser eletrônico. É comum, nesses casos, que os presentes assinem termo que descreva a ocorrência da solenidade, bem como as presenças constatadas, tão somente. O acesso ao conteúdo do ato fica postergado, no dia a dia forense, à obtenção de cópia do registro eletrônico do mesmo junto ao órgão cartorário.

3. Quando o registro eletrônico do ato depender de transcrição, havendo inconformidade da parte em relação ao conteúdo que o julgador tenha mandado apor no termo, deverá a mesma, de imediato e oralmente, pena de preclusão, suscitá-la. Nesses casos, pois, ao julgador tocará, *incontinenti*, enfrentar o questionamento, decidindo acerca do que deva ser registrado.

Art. 210. É lícito o uso da taquigrafia, da estenotipia ou de outro método idôneo em qualquer juízo ou tribunal.

1. A despeito da evidente evolução (tecnológica) dos meios de registro e armazenamento de atos ou fatos (processuais ou não), o CPC/2015 legitima a utilização de técnicas outras, tais como a taquigrafia, a estenotipia e etc. A rigor, a técnica ideal para melhor traduzir (e eternizar) o efetivamente ocorrido naqueles atos cuja a oralidade prepondere, é o seu registro mediante gravação de áudio e vídeo. Atualmente, exceto eventual dificuldade financeira para estruturar os tribunais nesse sentido (aquisição de ferramental para tanto), inexistem razões suficientes, e legítimas, para não utilizá-la. Um registro: os tribunais brasileiros, na sua quase integralidade, já registram tais atos em *áudio e vídeo*.

Art. 211. Não se admitem nos atos e termos processuais espaços em branco, salvo os que forem inutilizados, assim como entrelinhas, emendas ou rasuras, exceto quando expressamente ressalvadas.

1. Os termos e atos processuais devem ser documentados, em sua dimensão escrita, despidos de espaços em branco, de anotações entre linhas, emendas ou rasuras, válidas, se existentes, tão somente, mediante expressa ressalva também documentada.

CAPÍTULO II
DO TEMPO E DO LUGAR DOS ATOS PROCESSUAIS

Seção I
Do Tempo

Art. 212. Os atos processuais serão realizados em dias úteis, das 6 (seis) às 20 (vinte) horas.

§ 1º Serão concluídos após as 20 (vinte) horas os atos iniciados antes, quando o adiamento prejudicar a diligência ou causar grave dano.

§ 2º Independentemente de autorização judicial, as citações, intimações e penhoras poderão realizar-se no período de férias forenses, onde as houver, e nos feriados ou dias úteis fora do horário estabelecido neste artigo, observado o disposto no art. 5º, inciso XI, da Constituição Federal.

§ 3º Quando o ato tiver de ser praticado por meio de petição em autos não eletrônicos, essa deverá ser protocolada no horário de funcionamento do fórum ou tribunal, conforme o disposto na lei de organização judiciária local.

1. O Código estabelece que os atos processuais, como regra, serão realizados no período que se compreende entre 06 e 20 horas, admitindo-se, contudo, que, para evitar prejuízo a diligência ou grave dano, sejam finalizados após o horário normal.

2. É legal a realização de citação, intimação ou penhora, em dias úteis e feriados (forenses ou não), fora do lapso temporal apontado no *caput*, respeitado o teor do dispositivo constitucional referido pelo parágrafo segundo, assim redigido: "a casa é asilo inviolável do indivíduo, ninguém nela podendo penetrar sem consentimento do morador, salvo em caso de flagrante delito ou desastre, ou para prestar socorro, ou, durante o dia, por determinação judicial".

3. Peticionamento. Tempestividade. A prática do ato processual de responsabilidade da parte, para que seja considerada tempestiva sua atuação, deve ser realizado, tramitando o feito pela plataforma física, em observância ao horário de funcionamento do órgão competente para processar e julgar a causa. Tramitando, de outro giro, em autos eletrônicos, sua realização poderá ser estendida até as 24 horas da data fatal para a sua realização. Inteligência dos artigos 212, § 3º, e 213 do CPC/2015.

Art. 213. A prática eletrônica de ato processual pode ocorrer em qualquer horário até as 24 (vinte e quatro) horas do último dia do prazo.

Parágrafo único. O horário vigente no juízo perante o qual o ato deve ser praticado será considerado para fins de atendimento do prazo.

1. É tempestiva a prática do ato, em processo eletrônico, realizada até as 24 horas do dia em que se encerra o prazo para tanto, devendo ser considerado, para fins de averiguação de sua adequação temporal, o horário vigente na localidade em que se deva praticá-lo.

Art. 214. Durante as férias forenses e nos feriados, não se praticarão atos processuais, excetuando-se:
I – os atos previstos no art. 212, § 2º;
II – a tutela de urgência.

1. Durante as férias e feriados forenses é vedada, como regra, a prática de atos processuais, excetuadas às citações, intimações e penhoras, bem como os atos relativos a tutela de urgência. A derradeira ressalva codificada, como é intuitivo, se justifica pela própria razão existencial: a urgência da tutela. Acerca do tema, vide, abaixo, comentários ao Livro V da Parte Geral do CPC/2015.

Art. 215. Processam-se durante as férias forenses, onde as houver, e não se suspendem pela superveniência delas:
I – os procedimentos de jurisdição voluntária e os necessários à conservação de direitos, quando puderem ser prejudicados pelo adiamento;
II – a ação de alimentos e os processos de nomeação ou remoção de tutor e curador;
III – os processos que a lei determinar.

1. Encontram-se imunes aos efeitos das férias forenses, (a) os procedimentos de jurisdição voluntária e os necessários à conservação de direitos, quando puderem ser prejudicados pelo adiamento; (b) a ação de alimentos (incluindo-se aqui, à evidência, os pleitos executivos concernentes) e os processos de nomeação ou remoção de tutor e curador; bem como, os demais casos prescritos em lei.

Art. 216. Além dos declarados em lei, são feriados, para efeito forense, os sábados, os domingos e os dias em que não haja expediente forense.

1. Os finais de semana (sábado + domingo), bem como os dias em que inexista expediente forense, são considerados feriados (leia-se: não úteis) para fins processuais.

Seção II
Do Lugar

Art. 217. Os atos processuais realizar-se-ão ordinariamente na sede do juízo, ou, excepcionalmente, em outro lugar em razão de deferência, de interesse da justiça, da natureza do ato ou de obstáculo arguido pelo interessado e acolhido pelo juiz.

1. Os atos processuais, como regra, realizam-se na sede do juízo.
2. "Prevê o art. 217 exceção à regra de que os atos se devem realizar na sede do juízo, em razão de: (a) deferência; (b) interesse da justiça; (c) natureza do ato; ou (d) obstáculo arguido pelo interessado e acolhido pelo juiz. Exemplo de ato praticado fora da sede do juízo, pelo critério da deferência, é o da tomada de depoimento do Presidente da República (...) e demais pessoas gradas

constantes do art. 453, as quais são inquiridas em sua residência, ou no local em que exercem a sua função. Ato praticado fora do juízo por interesse da Justiça é, *v.g.*, a inspeção judicial *in loco* (...). Exemplo de ato praticado fora do juízo por sua natureza é a perícia, em todas as suas modalidades, especialmente aquelas relacionadas com a divisão e demarcação de terras (...). Em razão do obstáculo, o ato pode ser levado a efeito em lugar estranho à sede do juízo, em hipótese como a de inquirição de interditando incapaz de locomover-se ou de ser conduzido à presença do juiz (...), e a do cumprimento do mandado de arrombamento no caso de resistência do executado à realização da penhora (...)." (THEODORO JR., Humberto. *Curso de Direito Processual Civil*. 56. ed. Rio de Janeiro: Forense, 2015. v. I. p. 521 – versão digital).

CAPÍTULO III
DOS PRAZOS

Seção I
Disposições Gerais

Art. 218. Os atos processuais serão realizados nos prazos prescritos em lei.

§ 1º Quando a lei for omissa, o juiz determinará os prazos em consideração à complexidade do ato.

§ 2º Quando a lei ou o juiz não determinar prazo, as intimações somente obrigarão a comparecimento após decorridas 48 (quarenta e oito) horas.

§ 3º Inexistindo preceito legal ou prazo determinado pelo juiz, será de 5 (cinco) dias o prazo para a prática de ato processual a cargo da parte.

§ 4º Será considerado tempestivo o ato praticado antes do termo inicial do prazo.

1. Compete ao legislador, como regra, estabelecer o prazo para a realização dos atos processuais. Sendo ele omisso, pois, ao julgador, considerada à complexidade do ato a ser praticado. Silentes ambos, o prazo para a realização dos atos processuais inerentes às parte será de 05 dias.

2. É tempestivo, consoante expresso apontamento legal, o ato praticado antes de iniciado o cômputo do prazo para a sua realização. Inteligência do art. 218, § 4º, do CPC/2015.

Art. 219. Na contagem de prazo em dias, estabelecido por lei ou pelo juiz, computar-se-ão somente os dias úteis.

Parágrafo único. O disposto neste artigo aplica-se somente aos prazos processuais.

1. O teor do art. 219 atende a antiga postulação da classe dos advogados. Nos prazos estabelecidos em dias (*ope legis* ou *iudicis*), computar-se-ão, doravante, apenas os dias úteis, considerado o teor do art. 216 do CPC/2015.

2. A regra sob comento tem aplicação tão somente em relação aos prazos de natureza processual. Prazos de natureza diversa, que, não raro, interessam ao processo, não se encontram adstritos à regra do cômputo apenas dos dias úteis (exemplo: prescrição, decadência, etc.).

> **Art. 220.** Suspende-se o curso do prazo processual nos dias compreendidos entre 20 de dezembro e 20 de janeiro, inclusive.
> § 1º Ressalvadas as férias individuais e os feriados instituídos por lei, os juízes, os membros do Ministério Público, da Defensoria Pública e da Advocacia Pública e os auxiliares da Justiça exercerão suas atribuições durante o período previsto no caput.
> § 2º Durante a suspensão do prazo, não se realizarão audiências nem sessões de julgamento.

1. O curso dos prazos processuais, nos termos do art. 220 do CPC/2015, suspendem-se, *ope legis*, por ocasião do denominado *recesso de final de ano*. O período da suspensão se compreende entre 20 de dezembro de um ano e 20 de janeiro do ano subsequente, inclusive. Vale lembrar, pois, que por se tratar de hipótese de *suspensão* de prazo (e não *interrupção*), prosseguir-se-á no cômputo, já em 21 de janeiro, sendo ele dia útil, considerando-se o prazo transcorrido (por exemplo, se o prazo fora suspenso no seu quinto dia, retomar-se-á sua contagem, findo o recesso, a partir do sexto dia do mesmo).

2. No período da suspensão disciplinada pelo artigo sob comento, os juízes, os membros do Ministério Público, da Defensoria Pública e da Advocacia Pública, bem como os demais auxiliares da Justiça, exercerão suas atribuições, ressalvados os casos de férias individuais e feriados instituídos por lei. Nesse período, contudo, não serão realizadas nem audiências, nem sessões de julgamento nos tribunais.

> **Art. 221.** Suspende-se o curso do prazo por obstáculo criado em detrimento da parte ou ocorrendo qualquer das hipóteses do art. 313, devendo o prazo ser restituído por tempo igual ao que faltava para sua complementação.
> Parágrafo único. Suspendem-se os prazos durante a execução de programa instituído pelo Poder Judiciário para promover a autocomposição, incumbindo aos tribunais especificar, com antecedência, a duração dos trabalhos.

1. Prevê o art. 313: "Suspende-se o processo: I – pela morte ou pela perda da capacidade processual de qualquer das partes, de seu representante legal ou de seu procurador; II – pela convenção das partes; III – pela arguição de impedimento ou de suspeição; IV – pela admissão de incidente de resolução de demandas repetitivas; V – quando a sentença de mérito: a) depender do julgamento de outra causa ou da declaração de existência ou de inexistência de relação jurídica que constitua o objeto principal de outro processo pendente; b) tiver de ser proferida somente após a verificação de determinado fato ou a produção de certa prova, requisitada a outro juízo; VI – por motivo de força maior; VII – quando se discutir em juízo questão decorrente de acidentes e fatos da navegação de competência do Tribunal Marítimo; VIII – nos demais casos que este Código regula". Nesses casos, bem como, naqueles em que se constatar o

surgimento de obstáculo que impeça a parte de cumpri-lo, considerar-se-ão suspensos os prazos, que, mediante o desaparecimento da causa, serão restituídos por tempo idêntico ao que faltava para a sua complementação.

2. Os programas instituídos pelo Poder Judiciário na tentativa de alcançar a autocomposição do litígio (tais como a "Semana da Conciliação", "Semana da mediação", etc.) figuram, segundo expresso apontamento legal, como causa de suspensão dos prazos processuais. Nesses casos, incumbe à autoridade responsável pela implementação do programa especificar, detalhada e antecipadamente, no afã de evitar eventuais prejuízos aos interessados, o período pelo qual perdurará a suspensão sob comento.

> **Art. 222.** Na comarca, seção ou subseção judiciária onde for difícil o transporte, o juiz poderá prorrogar os prazos por até 2 (dois) meses.
> § 1º Ao juiz é vedado reduzir prazos peremptórios sem anuência das partes.
> § 2º Havendo calamidade pública, o limite previsto no caput para prorrogação de prazos poderá ser excedido.

1. O CPC/2015 elenca, enquanto causa legítima para o elastecimento de prazos processuais, a dificuldade de transporte, limitando-o, num primeiro olhar, a até 02 (dois) meses. O segundo parágrafo do artigo sob comento, contudo, autoriza dilação superior em caso de calamidade pública.

2. Nem na hipótese prevista pelo *caput* do art. 222, nem em qualquer outra, segundo pensamos, é facultado ao julgador, sem a anuência das partes, reduzir prazos peremptórios. Vale lembrar: consideram-se peremptórios os prazos que, uma vez transcorridos, impedem a realização de certo ato processual, não estando sujeitos, como regra, a prorrogação (vide art. 223).

> **Art. 223.** Decorrido o prazo, extingue-se o direito de praticar ou de emendar o ato processual, independentemente de declaração judicial, ficando assegurado, porém, à parte provar que não o realizou por justa causa.
> § 1º Considera-se justa causa o evento alheio à vontade da parte e que a impediu de praticar o ato por si ou por mandatário.
> § 2º Verificada a justa causa, o juiz permitirá à parte a prática do ato no prazo que lhe assinar.

1. Denomina-se *preclusão* a perda do direito de praticar (ou emendar) ato processual. A preclusão pode ser *temporal, consumativa* ou *lógica*. Incide, no mais das vezes, sobre atos que devam ser praticados pelas partes; por vezes, nos que competem ao próprio julgador.

2. Preclusão *temporal*. Fala-se em *preclusão temporal* quando o "falecimento" do direito de praticar certo ato processual encontra fundamento na perda (transcorrência *in albis*) do prazo para a sua realização.

3. Preclusão *consumativa*. Quando a perda do direito de praticar certo ato processual deriva de sua já realização, a preclusão é adjetivada de *consumativa*. Imagine-se que o demandado, inexitosa a tentativa de autocomposição, protocoliza sua contestação no 5º dia do prazo para resposta do réu. Alguns dias depois, exemplificativamente, certo da deficiência dos fundamentos apresentados, ainda que dentro dos 15 dias previstos em lei, protocoliza nova contestação. O segundo ato, por ocasião da consumação do primeiro (protocolo da contestação), não produzirá o efeito desejado, uma vez que a resposta do réu (no caso, a contestação) já fora apresentada.

4. Preclusão *lógica*. Diz-se *lógica* a preclusão quando a perda do direito de praticar certo ato processual encontra assento na realização, pela parte, de outro ato processual com ele incompatível. Exemplo: os contendores realizam acordo em audiência, e o mesmo, respeitados os limites da transação, é homologado por sentença. Embora as sentenças desafiem, como regra, o recurso de apelação, no caso, encontra-se preclusa tal possibilidade aos contendores, uma vez que a oferta de recurso revela-se incompatível com o ato (a transação em si) realizado no processo.

5. Os efeitos da preclusão, consoante expresso texto de lei, podem ser ilididos mediante comprovação de justa causa. Considera-se justa causa, na linha do CPC/2015, o evento alheio à vontade da parte e que a impediu de praticar o ato por si ou por mandatário. Comprovada a justa causa, "o juiz permitirá à parte a prática do ato no prazo que lhe assinar".

Art. 224. Salvo disposição em contrário, os prazos serão contados excluindo o dia do começo e incluindo o dia do vencimento.
§ 1º Os dias do começo e do vencimento do prazo serão protraídos para o primeiro dia útil seguinte, se coincidirem com dia em que o expediente forense for encerrado antes ou iniciado depois da hora normal ou houver indisponibilidade da comunicação eletrônica.
§ 2º Considera-se como data de publicação o primeiro dia útil seguinte ao da disponibilização da informação no Diário da Justiça eletrônico.
§ 3º A contagem do prazo terá início no primeiro dia útil que seguir ao da publicação.

1. Do cômputo dos prazos processuais. Regra geral. O art. 224 reproduziu a regra observada pelo sistema pretérito. Exclui-se o dia do começo, incluindo-se, no cômputo, o do vencimento. Um exemplo, de pronto, auxiliará na compreensão da previsão codificada. Imagine-se, pois, que, em determinado processo, manifeste-se o julgador indagando os contendores acerca do interesse na produção de outras provas, no prazo de 10 dias. O pronunciamento judicial, no exemplo, fora disponibilizado no DJE em 06/05/2016, sexta-feira. Consoante aplicação do direito legislado, o cômputo efetivo do prazo apenas se iniciará em 10/05/2016 (a uma, porque considerar-se-á publicado o pronunciamento judicial em epígrafe apenas no primeiro dia útil após sua disponibilização (no exemplo, 09/05/2016, segunda-feira); a duas, porque o dia do começo (a data da publicação, no caso, deve ser excluído do cômputo). Considerando-se, de outro giro, o teor do art. 219 (que determina o cômputo apenas dos dias úteis, nos prazos fixados em dia), a data fatal para protocolo tempestivo da manifestação dos contendores será 23/05/2016 (segunda-feira), inclusive (porque se inclui, no cômputo, o dia do vencimento).

Art. 225. A parte poderá renunciar ao prazo estabelecido exclusivamente em seu favor, desde que o faça de maneira expressa.

1. Quando o destinatário do prazo for exclusivamente uma das partes, poderá ela, desde que o faça expressamente, renunciar ao mesmo.

Art. 226. O juiz proferirá:
I – os despachos no prazo de 5 (cinco) dias;
II – as decisões interlocutórias no prazo de 10 (dez) dias;
III – as sentenças no prazo de 30 (trinta) dias.

1. Dos prazos do juiz. Coube ao art. 226 do CPC/2015, no âmbito do juízo singular, definir o prazo para a realização dos pronunciamentos do julgador. Os despachos (pronunciamento despido de carga decisória, ao menos significativa) deverão ser lançados em até 05 dias; as interlocutórias (pronunciamento que, embora dotado de carga decisória, não pretende dar por prestada a jurisdição em definitivo), no interregno de até 10 dias; por fim, as sentenças (pronunciamento dotado de carga decisória com o qual o magistrado, com ou sem resolução meritória, pretende dar por prestada a jurisdição), no prazo de 30 dias.

2. Indaga-se: qual o *dies a quo* para o cômputo dos prazos previstos pelo art. 226?

Art. 227. Em qualquer grau de jurisdição, havendo motivo justificado, pode o juiz exceder, por igual tempo, os prazos a que está submetido.

1. Os prazos a que está submetido o juiz são, consoante o teor do art. 227, considerados *dilatórios*. Representa dizer que, mediante apresentação de justificação legítima, o julgador poderá excedê-los, segundo o Código, "por igual tempo", ou seja, episodicamente, os despachos poderão ser lançados em 10, as decisões interlocutórias em 20 e as sentenças em até 60 dias.

2. Registre-se, pois, que o dia a dia forense denuncia, "como regra", a não observância dos prazos previstos pelo art. 226. A justificativa, não raro, limita-se ao exacerbado volume de trabalho (face à multiplicidade de processos em tramitação) a que está submetido o juízo.

Art. 228. Incumbirá ao serventuário remeter os autos conclusos no prazo de 1 (um) dia e executar os atos processuais no prazo de 5 (cinco) dias, contado da data em que:
I – houver concluído o ato processual anterior, se lhe foi imposto pela lei;
II – tiver ciência da ordem, quando determinada pelo juiz.

§ 1º Ao receber os autos, o serventuário certificará o dia e a hora em que teve ciência da ordem referida no inciso II.

§ 2º Nos processos em autos eletrônicos, a juntada de petições ou de manifestações em geral ocorrerá de forma automática, independentemente de ato de serventuário da justiça.

1. Ao artigo sob comento coube fixar os prazos processuais a serem observados pelos serventuários da justiça. O prazo para fazer concluso os autos é de 1 (um) dia; para execução dos atos processuais, 5 (cinco) dias. O dia a dia forense segue a denunciar a flagrante violação à legislação federal. As secretarias e cartórios, por expediente *interna corporis,* não raro sob a alegação de "excesso de processos em tramitação" e "falta de servidores", ignoram, por completo, o regramento sob comento, gerando, pois, evidente prejuízo à operacionalização do modelo constitucional do processo civil pátrio.

2. Tem-se por "dia do começo" do prazo (que, como visto, deve ser excluído do cômputo) (a) aquele em que o serventuário houver concluído o ato processual anterior, se lhe foi imposto pela lei; (b) aquele em que tomar ciência da ordem, quando determinada pelo juiz.

3. Exemplo: imagine-se que o juiz determine a expedição de alvará eletrônico para saque dos valores depositados em conta judicial vinculada ao feito. Segundo o CPC/2015, recebidos os autos pelo "cartório", computar-se-á, a partir do primeiro dia útil subsequente, o prazo de 5 dias para o cumprimento da ordem. Excepcionalmente (mediante interpretação extensiva do teor do art. 227), o alvará poderá ser expedido em até 10 dias. Fora daí, pois, há violação à legislação federal, independentemente da existência de ato, portaria ou resolução local que prescreva em sentido contrário.

4. Tratando-se de demanda que tramite em autos físicos, é obrigação do serventuário, ao receber os autos, certificar o dia e a hora em que se deparou com a ordem judicial a que deva dar cumprimento, para o especial fito de inaugurar-se o cômputo do prazo inerente a tarefa. Tramitando, pois, em autos eletrônicos, a certificação de ciência do serventuário será registrada de maneira automática, dispensando-se qualquer anotação do servidor nesse sentido.

Art. 229. Os litisconsortes que tiverem diferentes procuradores, de escritórios de advocacia distintos, terão prazos contados em dobro para todas as suas manifestações, em qualquer juízo ou tribunal, independentemente de requerimento.

§ 1º Cessa a contagem do prazo em dobro se, havendo apenas 2 (dois) réus, é oferecida defesa por apenas um deles.

§ 2º Não se aplica o disposto no *caput* aos processos em autos eletrônicos.

1. Ações litisconsorciais. Prazo. Os litisconsortes cujo patrocínio se der por procuradores distintos (leia-se: "de escritórios de advocacia distintos" – que não pertençam a uma mesma sociedade de advogados), terão os prazos contados em dobro para a integralidade de suas manifestações, em qualquer juízo ou tribunal, independentemente de requerimento. A dobra legal se justifica, con-

soante interpretação sistemática do artigo sob comento, na dificuldade de manuseio dos autos, derivado da atuação *in concreto* de profissionais autônomos entre si. Chega-se a tal conclusão a partir do teor do § 2º do mesmo dispositivo legal, uma vez que, tramitando o feito por plataforma eletrônica (hipótese em que os autos podem ser acessados ao mesmo tempo pelos consorciados, sem qualquer prejuízo), a ampliação dos prazos não tem aplicabilidade.

> **Art. 230.** O prazo para a parte, o procurador, a Advocacia Pública, a Defensoria Pública e o Ministério Público será contado da citação, da intimação ou da notificação.

1. "Como forma de complementar as novas regras constantes dos arts. 180, 183 e 186, o NCPC estabeleceu o termo *a quo* para o início da contagem dos prazos para o Ministério Público, a Advocacia Pública e a Defensoria Pública." (DONIZETTI, Elpídio. *Novo Código de Processo Civil Comentado*. São Paulo: Atlas, 2015. p. 185).

2. "(...) Tendo em vista, porém, as notórias dificuldades de ordem burocrática que se notam no funcionamento dos serviços jurídicos da Administração Pública, manda o art. 183 que sejam computados em dobro o prazo para manifestar-se nos autos, quando a parte for a União, os Estados, o Distrito Federal, os Municípios e suas respectivas autarquias e fundações de direito público (...). Da mesma forma, o art. 180, *caput*, assegura que também o Ministério Público gozará de prazo em dobro para suas manifestações processuais. (...) A contagem em dobro dos prazos processuais beneficia igualmente a Defensoria Pública (art. 186, *caput*) (...)." (THEODORO JR., Humberto. *Curso de Direito Processual Civil*. 56. ed. Rio de Janeiro: Forense, 2015. v. I. p. 536 – versão digital).

> **Art. 231.** Salvo disposição em sentido diverso, considera-se dia do começo do prazo:
> I – a data de juntada aos autos do aviso de recebimento, quando a citação ou a intimação for pelo correio;
> II – a data de juntada aos autos do mandado cumprido, quando a citação ou a intimação for por oficial de justiça;
> III – a data de ocorrência da citação ou da intimação, quando ela se der por ato do escrivão ou do chefe de secretaria;
> IV – o dia útil seguinte ao fim da dilação assinada pelo juiz, quando a citação ou a intimação for por edital;
> V – o dia útil seguinte à consulta ao teor da citação ou da intimação ou ao término do prazo para que a consulta se dê, quando a citação ou a intimação for eletrônica;
> VI – a data de juntada do comunicado de que trata o art. 232 ou, não havendo esse, a data de juntada da carta aos autos de origem devidamente cumprida, quando a citação ou a intimação se realizar em cumprimento de carta;
> VII – a data de publicação, quando a intimação se der pelo Diário da Justiça impresso ou eletrônico;
> VIII – o dia da carga, quando a intimação se der por meio da retirada dos autos, em carga, do cartório ou da secretaria.

Art. 231

§ 1º Quando houver mais de um réu, o dia do começo do prazo para contestar corresponderá à última das datas a que se referem os incisos I a VI do *caput*.

§ 2º Havendo mais de um intimado, o prazo para cada um é contado individualmente.

§ 3º Quando o ato tiver de ser praticado diretamente pela parte ou por quem, de qualquer forma, participe do processo, sem a intermediação de representante judicial, o dia do começo do prazo para cumprimento da determinação judicial corresponderá à data em que se der a comunicação.

§ 4º Aplica-se o disposto no inciso II do caput à citação com hora certa.

1. Ao art. 231, complementando o disposto no artigo anterior, coube estabelecer o termo inicial para a contagem dos prazos processuais. Tratando-se de citação ou intimação realizada pela via postal ou por mandado, considerar-se-á, para o especial fito de identificar o "dia do começo", a conhecida "regra da juntada". Nesses casos, pois, o escrivão ou o secretário, recebendo o aviso de recebimento ou cópia do mandado cumprido, haverá de certificar nos autos sua juntada, apontando, pois, a data de sua ocorrência. O cômputo efetivo do prazo terá início no primeiro dia útil subsequente ao aludido fato, consoante a sistemática adotada pelo CPC/2015. O regramento acima exposto tem aplicação para o caso de citação por hora certa.

2. Nos casos em que se fizer necessária a citação editalícia (cabível, tão somente, em última hipótese por se tratar de *citação ficta*), considerar-se-á "dia do começo" o dia útil seguinte ao fim da dilação assinada pelo juiz. Imagine-se, pois, que o prazo estabelecido pelo julgador para a perfectibilização do ato citatório pela via em destaque seja, *in concreto*, de 60 dias, e, que, o derradeiro caia numa quarta-feira. A quinta-feira próxima, não sendo feriado, será tido por "dia do começo", de tal sorte que o prazo processual propriamente dito terá o seu cômputo efetivamente iniciado na sexta-feira, sendo ela, obviamente, dia útil forense.

3. Tratando-se de pleito judicial que tramite em plataforma eletrônica, considera-se "dia do começo" o primeiro dia útil seguinte à consulta ao teor da citação ou da intimação ou ao término do prazo para que a consulta ocorra, quando a citação ou a intimação for eletrônica. Os sistemas de processo eletrônico controlam o acesso à manifestação judicial a ser comunicada. Uma vez acessada, registrar-se-á a data do ocorrido, tomando-se a mesma como marco processual; os sistemas de processo eletrônico, outrossim, registram, em determinados casos, a data até a qual o pronunciamento judicial deva ser consultado, pena de considerá-lo feito. Transcorrendo *in albis* tal prazo, considerar-se-á "dia do começo" o primeiro dia útil subsequente ao termo final para consulta do pronunciamento judicial objeto de comunicação. Se, por exemplo, o acesso ao pronunciamento tivesse de ocorrer até o dia 15, terça-feira, e não ocorreu, o dia 16 será tido por "dia do começo", contando-se o prazo, efetivamente, a partir do dia 17.

4. Nos casos em que a comunicação do ato processual for feita mediante publicação no Diário de Justiça, o "dia do começo" será a própria data da publicação, iniciando-se o cômputo efetivo do prazo processual no primeiro dia útil a ela subsequente.

5. Pendente notificação processual, a data em que a parte ou seu procurador acessar os autos "no balcão", como se diz no dia a dia forense, considerar-se-á "dia do começo". A certificação do acesso é de responsabilidade dos servidores do cartório ou da secretaria. Caso o interessado pretenda apenas "olhar" os autos, a certificação haverá de ser feita pelo serventuário, nas próprias páginas do processo; caso o interessado faça "carga" dos autos, seu registro servirá à constatação do "dia do começo".

6. No processo de conhecimento, como regra, o réu é citado e, ato contínuo, intimado a comparecer à audiência de autocomposição, iniciando-se o prazo para oferecimento da resposta do réu tão somente em face do insucesso da tentativa de amistosamente solucionar o litígio. Havendo desinteresse na realização da audiência acima aludida, as partes, desde que o façam à unanimidade, poderão preterir a realização da solenidade processual, tomando-se a data da comunicação do desinteresse em sua realização como "dia do início" para a manifestação do demandado. Nos casos em que, ao menos em tese, se admita a autocomposição, e que exista litisconsórcio passivo, desde que o tenha feito o autor, os demandados poderão manifestar seu desinteresse na realização da audiência em destaque, nada obstante seu dezaprazamento dependa do desinteresse de todos. Assim sendo, o "dia do começo" para cada consorciado será a data do protocolo da petição de desinteresse. Mas, nem todo pleito civil admite autocomposição. Para tais casos é que tem aplicação o teor do §1º do artigo sob comento: havendo mais de um demandado, nos casos em que a autocomposição não se afigure admissível sequer em tese, o "dia do começo" do prazo para a apresentação tempestiva da resposta do réu corresponderá "à última das datas a que se referem os incisos I a VI" do *caput* do art. 231 do CPC/2015.

7. O prazo para manifestação tempestiva das partes, existindo mais de um intimado, é contado individualmente.

8. Quando o ato tiver de ser praticado diretamente pela parte ou por quem, de qualquer forma, participe do processo, sem a intermediação de representante judicial, aduz o Código, o "dia do começo" do prazo para cumprimento da determinação judicial "corresponderá à data em que se der a comunicação".

9. "Quando for deferida tutela provisória a ser cumprida diretamente pela parte, o prazo recursal conta a partir da juntada do mandado de intimação, do aviso de recebimento ou da carta precatória; o prazo para o cumprimento da decisão inicia-se a partir da intimação da parte." (Enunciado n. 271 do Fórum de Permanente de Processualistas).

Art. 232. Nos atos de comunicação por carta precatória, rogatória ou de ordem, a realização da citação ou da intimação será imediatamente informada, por meio eletrônico, pelo juiz deprecado ao juiz deprecante.

1. O juiz deprecado (aquele que "executa" o ato) deve, em relação aos atos processuais comunicatórios que devam ser realizados por meio de carta precatória, rogatória ou de ordem, comunicar, *incontinenti*, sua realização, por meio eletrônico, ao juízo deprecante (aquele que "pugna" pelo cumprimento do ato). Nesses casos, tem-se por "dia do começo" para o cômputo dos prazos processuais (a) a data de juntada do comunicado eletrônico ao processo a que interessa a realização do ato ou, inexistindo a aludida comunicação, (b) a data de juntada da carta aos autos de origem, devidamente cumprida.

Seção II
Da Verificação dos Prazos e das Penalidades

Art. 233. Incumbe ao juiz verificar se o serventuário excedeu, sem motivo legítimo, os prazos estabelecidos em lei.

§ 1º Constatada a falta, o juiz ordenará a instauração de processo administrativo, na forma da lei.

§ 2º Qualquer das partes, o Ministério Público ou a Defensoria Pública poderá representar ao juiz contra o serventuário que injustificadamente exceder os prazos previstos em lei.

1. O serventuário da justiça se encontra sujeito à observância dos prazos legais (ou, por vezes, judiciais) no que diz com a realização de seu ofício. Ao juiz toca, pois, a verificação de serem os mesmos rigorosamente cumpridos e, uma vez constatada sua inobservância, ordenar a instauração de processo administrativo em face do serventuário que não os houver observado.

2. As partes, o *parquet* e a Defensoria têm legitimidade para, inobservados os prazos para a realização dos atos processuais que lhe interessem, representar ao juiz contra o serventuário, denunciando-o no que diz com a má administração de seu ofício.

Art. 234. Os advogados públicos ou privados, o defensor público e o membro do Ministério Público devem restituir os autos no prazo do ato a ser praticado.

§ 1º É lícito a qualquer interessado exigir os autos do advogado que exceder prazo legal.

§ 2º Se, intimado, o advogado não devolver os autos no prazo de 3 (três) dias, perderá o direito à vista fora de cartório e incorrerá em multa correspondente à metade do salário-mínimo.

§ 3º Verificada a falta, o juiz comunicará o fato à seção local da Ordem dos Advogados do Brasil para procedimento disciplinar e imposição de multa.

§ 4º Se a situação envolver membro do Ministério Público, da Defensoria Pública ou da Advocacia Pública, a multa, se for o caso, será aplicada ao agente público responsável pelo ato.

§ 5º Verificada a falta, o juiz comunicará o fato ao órgão competente responsável pela instauração de procedimento disciplinar contra o membro que atuou no feito.

1. Os advogados, públicos ou privados, devem devolver os autos ao cartório no prazo do ato a ser praticado. Imagine-se que a carga dos fora realizada no prazo para o demandado apresentar resposta (regra, 15 dias). O que se

pretende com o teor do artigo sob comento é esclarecer que, apresentada ou não a manifestação da parte, os autos devem ser devolvidos de imediato, conjuntamente com o petitório ou, sem ele, no prazo limite para a realização do ato, visando a permitir o regular prosseguimento do feito.

2. Na hipótese de o causídico, devidamente intimado, deixar de devolver os autos ao cartório no prazo de 3 dias, perderá este o direito à vista fora do ambiente cartorário (ou seja, não mais poderá "levar os autos em carga" – podendo, apenas, consultá-lo no "balcão") e será, concomitantemente, condenado ao pagamento de multa correspondente à metade do salário-mínimo vigente ao tempo da infração, sem prejuízo de comunicação do ocorrido à OAB, para que tome as providencias que entender cabíveis. Trata-se de regra, à evidência, aplicável tão somente aos processos que tramitem via plataforma física.

3. Qualquer dos interessados no feito possui legitimidade para requerer ao juiz que intime aquele que se encontra na posse dos autos, superado o prazo da carga, para devolvê-los ao cartório imediatamente.

> **Art. 235.** Qualquer parte, o Ministério Público ou a Defensoria Pública poderá representar ao corregedor do tribunal ou ao Conselho Nacional de Justiça contra juiz ou relator que injustificadamente exceder os prazos previstos em lei, regulamento ou regimento interno.
>
> § 1º Distribuída a representação ao órgão competente e ouvido previamente o juiz, não sendo caso de arquivamento liminar, será instaurado procedimento para apuração da responsabilidade, com intimação do representado por meio eletrônico para, querendo, apresentar justificativa no prazo de 15 (quinze) dias.
>
> § 2º Sem prejuízo das sanções administrativas cabíveis, em até 48 (quarenta e oito) horas após a apresentação ou não da justificativa de que trata o § 1º, se for o caso, o corregedor do tribunal ou o relator no Conselho Nacional de Justiça determinará a intimação do representado por meio eletrônico para que, em 10 (dez) dias, pratique o ato.
>
> § 3º Mantida a inércia, os autos serão remetidos ao substituto legal do juiz ou do relator contra o qual se representou para decisão em 10 (dez) dias.

1. Os juízes, consoante expressa previsão legal, devem observar os prazos estipulados pelo legislador, ou pelos regimentos internos a que estão adstritos, no exercício de seu ofício. Exemplificativamente, os despachos devem ser proferidos em até 5 dias; as interlocutórias, em até 10 dias; as sentenças, em até 30 dias. Os julgadores que atuam no tribunal, por sua vez, encontram-se adstritos ao respeito de um sem número de prazos prescritos em capítulo específico, bem como aos estipulados em sede regimental (cada Tribunal com o seu!). Vilipendiados tais prazos, quaisquer dos interessados *in concreto* têm, à evidência, legitimidade para representar ao corregedor do tribunal ou ao Conselho Nacional de Justiça, requerendo providências em face do julgador contra o qual representaram.

2. Procedimento. Distribuída a representação ao órgão competente e ouvido previamente o juiz, não sendo caso de arquivamento liminar, instaurar-se-á expediente para apuração da responsabilidade do julgador. O mesmo

será intimado, por meio eletrônico para, querendo, manifestar-se no prazo de 15 (quinze) dias. Consoante expressa anotação legal, sem prejuízo das sanções administrativas cabíveis, em até 48 (quarenta e oito) horas após a apresentação ou não da manifestação do representado, o corregedor do tribunal ou o relator no Conselho Nacional de Justiça determinará a intimação do julgador/representado, por meio eletrônico, para praticar, no prazo de 10 dias, o ato processual que serviu de base à representação. Inerte o representado, os autos serão remetidos ao substituto legal deste para que pratique o ato processual no decêndio legal.

TÍTULO II
DA COMUNICAÇÃO DOS ATOS PROCESSUAIS

CAPÍTULO I
DISPOSIÇÕES GERAIS

Art. 236. Os atos processuais serão cumpridos por ordem judicial.

§ 1º Será expedida carta para a prática de atos fora dos limites territoriais do tribunal, da comarca, da seção ou da subseção judiciárias, ressalvadas as hipóteses previstas em lei.

§ 2º O tribunal poderá expedir carta para juízo a ele vinculado, se o ato houver de se realizar fora dos limites territoriais do local de sua sede.

§ 3º Admite-se a prática de atos processuais por meio de videoconferência ou outro recurso tecnológico de transmissão de sons e imagens em tempo real.

1. Atos processuais. "Dizem-se atos jurídicos processuais os que têm importância jurídica em respeito à relação processual, isto é, os atos que têm por consequência imediata a *constituição,* a *conservação,* o *desenvolvimento,* a *modificação* ou a *definição* de uma relação processual. Podem proceder de um ou de outro dos sujeitos da relação processual, a saber: a) *atos de parte,* b) *atos dos órgãos jurisdicionais.* O principal ato processual da parte é o ato constitutivo da relação (demanda judicial) e o principal ato processual dos órgãos públicos é o ato que define a relação (sentença); no entanto, entre o primeiro e o segundo flui uma série de variados atos processuais. De um lado, os atos de impulso processual de parte (...). De outro, as provisões do juiz (...). Todos esses atos são atos jurídicos da relação processual, ou, mais brevemente, atos processuais ou 'atos de processo' (...)." (CHIOVENDA, Giusseppe. *Instituições de Direito Processual Civil.* p. 963/964).

2. "Ao juiz compete dirigir o processo e determinar os atos que as partes e serventuários haverão de praticar. Mas a autoridade do juiz, pelas regras de competência, se restringe aos limites de sua circunscrição territorial. Assim, quando o ato tiver de ser praticado em território de outra comarca, o juiz da causa não poderá ordená-lo diretamente aos serventuários do juízo; terá, então, de requisitá-lo por carta à autoridade judiciária competente (...)." (THEODORO JR., Humberto. *Curso de Direito Processual Civil.* 56ª ed. Rio de Janeiro: Forense, 2015. v. I. p. 532/533).

3. Os atos processuais a serem cumpridos nos limites territoriais do tribunal, da comarca, da seção ou da subseção judiciárias, o serão por ordem judicial; os que tiverem de ser praticados para além de seus limites territoriais (ou seja, fora da circunscrição territorial inerente a competência do juízo interessado na realização do ato), ressalvada expressa prescrição legal, por carta.

4. Denomina-se *deprecante, rogante* ou *ordenante,* o juízo que remeteu a carta; *deprecado, rogado* ou *ordenado,* seu destinatário. A nomenclatura considera, pois, a natureza da comunicação judicial (se *precatória, rogatória* ou *ordenatória*).

5. O teor do § 3º do artigo 236, na linha do festejado desenvolvimento tecnológico, admite e legitima, de maneira geral, a prática de atos processuais por meio de quaisquer recursos de transmissão de sons e imagens em tempo real. De maneira específica, exemplificativamente, o art. 385, § 3º, prevê que o depoimento pessoal da parte que resida em comarca, seção ou subseção judiciária diversa daquela em que tramita o processo pode ser colhido por meio de recurso tecnológico (de transmissão de sons e imagens) em tempo real, "inclusive, durante a realização da audiência de instrução e julgamento".

Art. 237. Será expedida carta:
I – de ordem, pelo tribunal, na hipótese do § 2º do art. 236;
II – rogatória, para que órgão jurisdicional estrangeiro pratique ato de cooperação jurídica internacional, relativo a processo em curso perante órgão jurisdicional brasileiro;
III – precatória, para que órgão jurisdicional brasileiro pratique ou determine o cumprimento, na área de sua competência territorial, de ato relativo a pedido de cooperação judiciária formulado por órgão jurisdicional de competência territorial diversa;
IV – arbitral, para que órgão do Poder Judiciário pratique ou determine o cumprimento, na área de sua competência territorial, de ato objeto de pedido de cooperação judiciária formulado por juízo arbitral, inclusive os que importem efetivação de tutela provisória.
Parágrafo único. Se o ato relativo a processo em curso na justiça federal ou em tribunal superior houver de ser praticado em local onde não haja vara federal, a carta poderá ser dirigida ao juízo estadual da respectiva comarca.

1. Das distintas espécies de Carta. Carta de ordem. Nos casos em que o ato processual (determinado pelo próprio tribunal) houver de ser cumprido à margem dos limites territoriais em que se encontra situada sua sede, ao mesmo competirá expedir *carta de ordem,* tendo como destinatário órgão judiciário a ele vinculado, determinando, pois, a realização de certo ato inerente ao processo. Trata-se de expediente que, em última análise, para além da *vinculação* anunciada como requisito à expedição da carta, considera a relação hierárquica havida entre os órgãos: um (hierarquicamente superior) manda; outro (hierarquicamente inferior) obedece.

2. Das distintas espécies de Carta. Carta rogatória. A prestação jurisdicional de um país, como regra, encontra limite na extensão de sua soberania. Há, contudo, situações em que o sucesso de um ato processual, inerente a demanda com tramitação entre nós, impõe a realização de atividade (inerente ao processo) em território estrangeiro. A *carta rogatória* é o instrumento mediante o qual um juiz nacional, sendo o caso, requisitará a órgão jurisdicional estrangeiro a prática de ato que interessa ao processo em curso perante autoridade judiciária brasileira. Acerca da *cooperação internacional* vide comentários aos artigos 68/99, acima.

3. Das distintas espécies de Carta. Carta precatória. Consoante expressa previsão legal, a carta precatória deve ser expedida no afã de que órgão jurisdicional pátrio pratique, ou determine o cumprimento, no âmbito de sua competência territorial, de ato processual relativo "a pedido de cooperação judiciária formulado por órgão jurisdicional de competência territorial diversa". O pedido de "cooperação", no que diz com a natureza do ato a ele inerente, pode ser *citatório, intimatório, probatório*, etc.

4. Das distintas espécies de Carta. Carta arbitral. Denomina-se *arbitral*, segundo o Código, a carta "para que órgão do Poder Judiciário pratique ou determine o cumprimento, na área de sua competência territorial, de ato objeto de pedido de cooperação judiciária formulado por juízo arbitral, inclusive os que importem efetivação de tutela provisória".

5. "Apesar da redação mais minuciosa, a novidade é apenas a introdução da carta arbitral, porquanto as demais (rogatória, de ordem e precatória) já estavam disciplinadas no CPC/73. A carta arbitral simplifica o procedimento para que os tribunais arbitrais solicitem aos órgãos do Poder Judiciário o cumprimento de determinadas medidas, inclusive daquelas referentes à tutela antecipada. A ideia segue o entendimento doutrinário e jurisprudencial. Essa carta deve conter o pedido de cooperação para que o órgão jurisdicional pratique o determine o cumprimento, na área de sua competência territorial, de ato solicitado pelo juízo arbitral. Assim, por exemplo, se uma testemunha não comparecer à audiência no juízo arbitral, o árbitro poderá solicitar, por carta arbitral, ao juízo competente, que determine a condução coercitiva da testemunha (art. 22, § 2º, da Lei n. 9.307/1996). Para que o juiz possa atender ao pedido contido na carta arbitral, deverá ser demonstrada a legitimidade da solicitação, com a comprovação da existência de convenção de arbitragem e com as provas da nomeação do árbitro e de sua aceitação na função (art. 260, § 3º)." (DONIZETTI, Elpídio. *Novo Código de Processo Civil Comentado*. São Paulo: Atlas, 2015. p. 191/192).

CAPÍTULO II
DA CITAÇÃO

Art. 238. Citação é o ato pelo qual são convocados o réu, o executado ou o interessado para integrar a relação processual.

1. Trata-se, grosso modo, de ato processual que tem por finalidade dar ciência a um sujeito de direito (pessoa física ou jurídica) que, por ocasião da propositura de demanda por outrem, passa ele a ocupar o polo passivo da aludida relação processual. A falta ou a nulidade do ato citatório, tamanha sua importância, revela-se, inclusive, vício transrescisório para o direito brasileiro.[17]

> **Art. 239.** Para a validade do processo é indispensável a citação do réu ou do executado, ressalvadas as hipóteses de indeferimento da petição inicial ou de improcedência liminar do pedido.
> § 1º O comparecimento espontâneo do réu ou do executado supre a falta ou a nulidade da citação, fluindo a partir desta data o prazo para apresentação de contestação ou de embargos à execução.
> § 2º Rejeitada a alegação de nulidade, tratando-se de processo de:
> I – conhecimento, o réu será considerado revel;
> II – execução, o feito terá seguimento.

1. Requisito de desenvolvimento processual válido. Ressalvados os diminutos casos em que há expressa disposição de lei afastando sua necessidade, o vício citatório invalida a relação processual em relação ao demandado, que não se submete aos efeitos processuais senão após a perfectibilização do ato sob comento. Inteligência do art. 312, *in fine*.

2. Rejeitada a nulidade do ato citatório, considerar-se-á o demandado, no processo de conhecimento, revel (acerca da revelia, vide comentários aos artigos 344/346); na execução, o julgador determinará o regular prosseguimento do feito.

3. "A citação não é pressuposto de existência do processo. A citação é uma condição de eficácia em relação ao réu (art. 312, CPC) e, além disso, requisito de validade dos atos processuais que lhe seguirem (art. 239, CPC)." (DIDIER JR., Fredie. *Curso de Direito Processual Civil*. 17. ed. Salvador: Juspodivm, 2015. v. I. p. 607).

4. O comparecimento espontâneo do demandado em juízo supre eventual falta ou nulidade do ato citatório. Como é intuitivo, tomando-se por base a finalidade da citação, face ao aludido comparecimento, resta inequívoca a ciência, para o demandado, tanto da existência do processo, como de sua condição de sujeito "passivo" no mesmo. A data do comparecimento espontâneo será tomada por *dies a quo* para o cômputo do prazo para apresentação da resposta do réu (que pode ser uma contestação, uma reconvenção, ou ambas), em se tratando de *"processo de conhecimento"*; em se tratando de demanda executiva autônoma, como termo inicial para o oferecimento de embargos à execução, independentemente da natureza da obrigação executada; em se tratando de demanda executiva destinada à satisfação de obrigação de pagar quantia, a data do comparecimento será, outrossim, tomada por termo inicial para pagamento ("cumprimento espontâneo da obrigação exequenda"), que deve ocorrer, por expressa disposição legal, no prazo de 03 (três) dias, a contar da citação. Acerca do *processo autônomo de execução*, vide comentários ao Livro II da Parte Especial do CPC/2015, objeto do segundo volume do presente estudo.

---

[17] Acerca dos vícios transrescisórios vide, com grande proveito: TESHEINER, José Maria Rosa; THAMAY, Rennan Faria Kruger. *Teoria Geral do Processo*. São Paulo: RT, 2015. p. 169/172.

Art. 240. A citação válida, ainda quando ordenada por juízo incompetente, induz litispendência, torna litigiosa a coisa e constitui em mora o devedor, ressalvado o disposto nos arts. 397 e 398 da Lei no 10.406, de 10 de janeiro de 2002 (Código Civil).

§ 1º A interrupção da prescrição, operada pelo despacho que ordena a citação, ainda que proferido por juízo incompetente, retroagirá à data de propositura da ação.

§ 2º Incumbe ao autor adotar, no prazo de 10 (dez) dias, as providências necessárias para viabilizar a citação, sob pena de não se aplicar o disposto no § 1º.

§ 3º A parte não será prejudicada pela demora imputável exclusivamente ao serviço judiciário.

§ 4º O efeito retroativo a que se refere o § 1º aplica-se à decadência e aos demais prazos extintivos previstos em lei.

1. Citação válida. Efeitos. Ainda quando ordenada por juízo incompetente, a citação válida (a) serve ao reconhecimento de litispendência, (b) torna litigiosa a coisa e (c) constitui em mora o devedor. A interrupção da prescrição, por sua vez, dá-se por ocasião do pronunciamento judicial que ordena a realização do ato citatório, considerando-se ter o autor abandonado seu estado de inércia à data da propositura da demanda (que se dá com o protocolo da petição inicial – art. 312).

2. O CPC/2015 alterou o conteúdo da Lei 10.406, fazendo constar, nos artigos abaixo apontados, redação, a saber: "Art. 397. O inadimplemento da obrigação, positiva e líquida, no seu termo, constitui de pleno direito em mora o devedor. Parágrafo único. Não havendo termo, a mora se constitui mediante interpelação judicial ou extrajudicial. Art. 398. Nas obrigações provenientes de ato ilícito, considera-se o devedor em mora, desde que o praticou". Nesses casos, pois, a mora do devedor decorre de situação diversa, não influindo, no tema, a realização válida do ato citatório.

3. Incumbe ao autor, aduz o Código, adotar, no prazo de 10 (dez) dias, todas as providências necessárias a viabilizar a citação do demandado, pena de inocorrência da interrupção da prescrição.

4. O efeito retroativo a que se refere o § 1º do art. 240 (considerar como data de *atuação/abandono do estado de inércia* da parte o dia em que promoveu a demanda), aplica-se à integralidade dos prazos extintivos previstos em lei.

Art. 241. Transitada em julgado a sentença de mérito proferida em favor do réu antes da citação, incumbe ao escrivão ou ao chefe de secretaria comunicar-lhe o resultado do julgamento.

1. Transcorrido *in albis* o prazo para impugnar a sentença meritória que beneficiou o demandado, sem a necessidade de sua citação (casos em que o julgador tenha aplicado o instituto da *improcedência liminar do pedido* – art. 332, CPC/2015), é tarefa do escrivão ou do chefe de secretaria, notificar-lhe acerca da existência do feito, bem como do resultado nele alcançado.

Art. 242. A citação será pessoal, podendo, no entanto, ser feita na pessoa do representante legal ou do procurador do réu, do executado ou do interessado.

§ 1º Na ausência do citando, a citação será feita na pessoa de seu mandatário, administrador, preposto ou gerente, quando a ação se originar de atos por eles praticados.

§ 2º O locador que se ausentar do Brasil sem cientificar o locatário de que deixou, na localidade onde estiver situado o imóvel, procurador com poderes para receber citação será citado na pessoa do administrador do imóvel encarregado do recebimento dos aluguéis, que será considerado habilitado para representar o locador em juízo.

§ 3º A citação da União, dos Estados, do Distrito Federal, dos Municípios e de suas respectivas autarquias e fundações de direito público será realizada perante o órgão de Advocacia Pública responsável por sua representação judicial.

1. A citação, como regra, deve ser feita diretamente à pessoa do demandado. Admite o legislador pátrio, contudo, seja realizada, excepcionalmente, na pessoa do procurador ou do representante legal do mesmo.

2. A citação das pessoas jurídicas de direito público interno, inclusive, suas autarquias e fundações, dar-se-á mediante notificação dos órgãos de Advocacia Pública responsáveis por representá-las em juízo.

3. Considera-se validamente citado o locador que houver deixado o país sem nomear procurador para receber citação na localidade em que se encontre o imóvel locado, mediante notificação feita ao administrador da locação, ou seja, à pessoa (física ou jurídica) encarregada de receber, em nome do locador, os alugueres.

4. O administrador da locação, consoante expresso apontamento legal, é considerado "habilitado" a representar, em juízo, o locador.

Art. 243. A citação poderá ser feita em qualquer lugar em que se encontre o réu, o executado ou o interessado.

Parágrafo único. O militar em serviço ativo será citado na unidade em que estiver servindo, se não for conhecida sua residência ou nela não for encontrado.

1. O ato citatório, respeitadas as ressalvas legais, independe de lugar específico para a sua realização.

2. O CPC/2015, em relação ao militar em "serviço ativo", traz apontamento expresso: nada obstante deva ser citado em sua residência (como qualquer outro demandado), o será, subsidiariamente, na unidade em que estiver servindo.

Art. 244. Não se fará a citação, salvo para evitar o perecimento do direito:
I – de quem estiver participando de ato de culto religioso;
II – de cônjuge, de companheiro ou de qualquer parente do morto, consanguíneo ou afim, em linha reta ou na linha colateral em segundo grau, no dia do falecimento e nos 7 (sete) dias seguintes;
III – de noivos, nos 3 (três) primeiros dias seguintes ao casamento;
IV – de doente, enquanto grave o seu estado.

1. O CPC/2015, tal e qual previa o CPC/73, inventaria ocasiões em que, exceto para evitar o perecimento de direito, a realização do ato citatório deve ser postergado. Tais hipóteses, embora não declarado expressamente, parecem, bem compreendida a afirmativa, promover o elemento estruturante do sistema (a dignidade da pessoa humana). Há, portanto, de se postergar a citação (a) daqueles que estiverem participando de quaisquer cultos religiosos; (b) do cônjuge, do companheiro ou de qualquer parente do falecido nos 7 dias seguintes ao falecimento; (c) dos noivos, nos 3 primeiros dias seguintes ao casamento e, por fim (d) do enfermo, enquanto grave o seu estado.

Art. 245. Não se fará citação quando se verificar que o citando é mentalmente incapaz ou está impossibilitado de recebê-la.
§ 1º O oficial de justiça descreverá e certificará minuciosamente a ocorrência.
§ 2º Para examinar o citando, o juiz nomeará médico, que apresentará laudo no prazo de 5 (cinco) dias.
§ 3º Dispensa-se a nomeação de que trata o § 2º se pessoa da família apresentar declaração do médico do citando que ateste a incapacidade deste.
§ 4º Reconhecida a impossibilidade, o juiz nomeará curador ao citando, observando, quanto à sua escolha, a preferência estabelecida em lei e restringindo a nomeação à causa.
§ 5º A citação será feita na pessoa do curador, a quem incumbirá a defesa dos interesses do citando.

1. O ato citatório deixará de ser cumprido, a despeito de ordem judicial, quando o citando revelar-se mentalmente incapaz de compreender a essência do ato sob comento ou mostrar-se impossibilitado de recebê-lo. Nestes casos, pois, incumbe ao oficial de justiça relatar "minuciosamente" a ocorrência, apontando sua percepção em relação à situação fática presenciada.

2. Informado pelo oficial de justiça a verificação de hipótese que o impede de, validamente, cumprir a determinação judicial, o julgador, visando a confirmar a percepção do serventuário da justiça, nomeará profissional capacitado a atestar tal ocorrência (o laudo deve ser apresentado em juízo até cinco dias após o exame do feito no citando). Tal expediente apenas deixará de ser realizado se algum familiar do citando apresentar, em juízo, declaração médica que ateste a incapacidade do mesmo em receber ou compreender o teor e a importância do ato. Reconhecida a impossibilidade, o juiz nomeará curador ao citando. Assim sendo, a perfectibilização do ato citatório dar-se-á perante o curador nomeado, a quem incumbirá promover a defesa dos interesses do citando *in concreto*.

Art. 246. A citação será feita:
I – pelo correio;
II – por oficial de justiça;
III – pelo escrivão ou chefe de secretaria, se o citando comparecer em cartório;
IV – por edital;

V – por meio eletrônico, conforme regulado em lei.

§ 1º Com exceção das microempresas e das empresas de pequeno porte, as empresas públicas e privadas são obrigadas a manter cadastro nos sistemas de processo em autos eletrônicos, para efeito de recebimento de citações e intimações, as quais serão efetuadas preferencialmente por esse meio.

§ 2º O disposto no § 1º aplica-se à União, aos Estados, ao Distrito Federal, aos Municípios e às entidades da administração indireta.

§ 3º Na ação de usucapião de imóvel, os confinantes serão citados pessoalmente, exceto quando tiver por objeto unidade autônoma de prédio em condomínio, caso em que tal citação é dispensada.

1. O art. 246 estabelece "ordem" em relação ao meio como o ato citatório deve ser realizado. Para a etapa cognitiva do processo sincrético, o demandado, como regra, será citado "pelo correio" (ou seja, pela via postal – art. 247, CPC, primeira parte). Poderá, contudo, o ser (b) por oficial de justiça (quando a lei assim determinar ou o autor, justificadamente, assim o requerer); (c) pelo escrivão ou chefe de secretaria, quando comparecer em cartório; (d) por edital, quando presentes os requisitos legais autorizadores ou; (e) por meio eletrônico, nos termos da lei.

2. **Citação por meio eletrônico. Cadastro. Exigência legal.** Excetuadas as microempresas (ME) e as empresas de pequeno porte (EPPs) (na verdade, as sociedades empresárias sujeitas ao aludido enquadramento jurídico), as demais (públicas ou privadas), sem prejuízo das pessoas jurídicas de direito público interno, encontram-se obrigadas, consoante expressa determinação legal, a cadastrarem-se (e manter os dados atualizados) nos sistemas de processo em autos eletrônicos, para o especial fito de receber notificações (citações e intimações) mediante envio de mensagem eletrônica aos endereços (também eletrônicos) previamente cadastrados.

Art. 247. A citação será feita pelo correio para qualquer comarca do país, exceto:
I – nas ações de estado, observado o disposto no art. 695, § 3º;
II – quando o citando for incapaz;
III – quando o citando for pessoa de direito público;
IV – quando o citando residir em local não atendido pela entrega domiciliar de correspondência;
V – quando o autor, justificadamente, a requerer de outra forma.

1. Ao artigo sob comento coube inventariar as hipóteses em que a citação não poderá ser feita pela via postal. Pautado em critérios heterogêneos, o CPC/2015 deslegitima a citação "pelo correio" (a) nas ações de estado de pessoa; (b) nos casos em que o citando revele-se incapaz; (c) quando demandada pessoa jurídica de direito público; (d) quando o citando residir em local não atendido pela entrega domiciliar de correspondência.

2. "O CPC/73 trata o processo de execução como hipótese em que a citação é realizada por oficial de justiça, excepcionando, assim, a regra da citação

pelo correio. De acordo com o NCPC, tratando-se de processo de conhecimento ou de execução, a regra é que o citando deve ser cientificado do processo através do correio, o que já era previsto para a citação no processo de execução fiscal regulado pela Lei n. 6.830/80 (art. 8º, I)." (DONIZETTI, Elpídio. *Novo Código de Processo Civil Comentado*. São Paulo: Atlas, 2015. p. 200).

> **Art. 248.** Deferida a citação pelo correio, o escrivão ou o chefe de secretaria remeterá ao citando cópias da petição inicial e do despacho do juiz e comunicará o prazo para resposta, o endereço do juízo e o respectivo cartório.
> § 1º A carta será registrada para entrega ao citando, exigindo-lhe o carteiro, ao fazer a entrega, que assine o recibo.
> § 2º Sendo o citando pessoa jurídica, será válida a entrega do mandado a pessoa com poderes de gerência geral ou de administração ou, ainda, a funcionário responsável pelo recebimento de correspondências.
> § 3º Da carta de citação no processo de conhecimento constarão os requisitos do art. 250.
> § 4º Nos condomínios edilícios ou nos loteamentos com controle de acesso, será válida a entrega do mandado a funcionário da portaria responsável pelo recebimento de correspondência, que, entretanto, poderá recusar o recebimento, se declarar, por escrito, sob as penas da lei, que o destinatário da correspondência está ausente.

1. A correspondência enviada ao citando deverá conter, em regra, (a) cópia da petição inicial, bem como (b) do pronunciamento do juiz *in concreto*, donde constarão informações referentes à tramitação do feito. A carta citatória atenderá aos requisitos previstos pelo art. 250 do CPC/2015 (devendo apontar (I) os nomes do autor e do citando e seus respectivos domicílios ou residências; (II) a finalidade da citação, com todas as especificações constantes da petição inicial, bem como a menção do prazo para contestar, sob pena de revelia, ou para embargar a execução; (III) a aplicação de sanção para o caso de descumprimento da ordem, se houver; (IV) se for o caso, a intimação do citando para comparecer, acompanhado de advogado ou de defensor público, à audiência de conciliação ou de mediação, com a menção do dia, da hora e do lugar do comparecimento; (V) a cópia da petição inicial, do despacho ou da decisão que deferir tutela provisória e; (VI) a assinatura do escrivão ou do chefe de secretaria e a declaração de que o subscreve por ordem do juiz). A responsabilidade pelo envio da correspondência é do escrivão ou do chefe de secretaria do órgão em que tramitar o feito.

2. A correspondência citatória será entregue ao destinatário mediante assinatura de documento que confirme o seu recebimento. Tratando-se de citação de pessoa jurídica, considerar-se-á válida a entrega do mandado a pessoa com poderes de gerência geral ou de administração ou, ainda, a funcionário responsável pelo recebimento de correspondências. A derradeira presunção de validade do ato citatório aplica-se, outrossim, às pessoas físicas cujo endereço apontado seja condomínio edilício ou loteamentos com controle de acesso.

Art. 249. A citação será feita por meio de oficial de justiça nas hipóteses previstas neste Código ou em lei, ou quando frustrada a citação pelo correio.

1. Para além das hipóteses prescritas em lei, a citação por oficial de justiça figura como o meio eleito pelo legislador para que se (re)pratique a tentativa citatória nos casos em que não se obtiver êxito na tentativa pela via postal.

Art. 250. O mandado que o oficial de justiça tiver de cumprir conterá:
I – os nomes do autor e do citando e seus respectivos domicílios ou residências;
II – a finalidade da citação, com todas as especificações constantes da petição inicial, bem como a menção do prazo para contestar, sob pena de revelia, ou para embargar a execução;
III – a aplicação de sanção para o caso de descumprimento da ordem, se houver;
IV – se for o caso, a intimação do citando para comparecer, acompanhado de advogado ou de defensor público, à audiência de conciliação ou de mediação, com a menção do dia, da hora e do lugar do comparecimento;
V – a cópia da petição inicial, do despacho ou da decisão que deferir tutela provisória;
VI – a assinatura do escrivão ou do chefe de secretaria e a declaração de que o subscreve por ordem do juiz.

1. O art. 250 prescreve, exaustivamente, os apontamentos que devem constar do mandado citatório a ser cumprido por oficial de justiça. Os mesmos requisitos, pois, devem restar estampados na carta citatória, quando sua tentativa ocorrer pelo correio.

2. Para além dos nomes e endereços das partes processuais, o mandado citatório, que estará acompanhado de cópia do petitório inicial, deve esmiuçar a finalidade da citação e peculiaridades processuais inerentes ao feito *in concreto* (se for o caso, a intimação do citando para comparecer, acompanhado de advogado ou de defensor público, à audiência de conciliação ou de mediação, com a menção do dia, hora e lugar do comparecimento; transcrição do pronunciamento judicial que, sendo o caso, deferir tutela provisória (tratando-se de tutela provisória de urgência, satisfativa, e requerida em caráter antecedente, a anotação de que o não oferecimento do recurso cabível no prazo legal ensejará a "estabilização" dos efeitos do pronunciamento judicial), bem como, da manifestação judicial que impuser sanção para o caso de descumprimento da ordem, se houver; anotação, do prazo para contestar, sob pena de revelia, ou para embargar a execução, sendo o caso).

Art. 251. Incumbe ao oficial de justiça procurar o citando e, onde o encontrar, citá-lo:
I – lendo-lhe o mandado e entregando-lhe a contrafé;
II – portando por fé se recebeu ou recusou a contrafé;
III – obtendo a nota de ciente ou certificando que o citando não a apôs no mandado.

1. Citação por oficial de justiça. Prática do ato citatório pelo serventuário da justiça. É tarefa do oficial de justiça, para além de localizar o citando no endereço constante dos autos, ler e entregar ao destinatário cópia do mandado, registrando, outrossim, se o mesmo o recebeu (ou o recusou), por meio de obtenção de nota de ciência ou mediante apontamento de que o demandado se negou a realizá-la.

> **Art. 252.** Quando, por 2 (duas) vezes, o oficial de justiça houver procurado o citando em seu domicílio ou residência sem o encontrar, deverá, havendo suspeita de ocultação, intimar qualquer pessoa da família ou, em sua falta, qualquer vizinho de que, no dia útil imediato, voltará a fim de efetuar a citação, na hora que designar.
> Parágrafo único. Nos condomínios edilícios ou nos loteamentos com controle de acesso, será válida a intimação a que se refere o caput feita a funcionário da portaria responsável pelo recebimento de correspondência.

1. Citação por hora certa. Suspeita de ocultação. Face ao insucesso em localizar pessoalmente o destinatário da ordem judicial (o citando) em duas distintas oportunidades, havendo "suspeita" (melhor seria a utilização da expressão "indício") de ocultação do mesmo para evitar a perfeita realização do ato processual, o oficial de justiça intimará qualquer familiar, ou, "em sua falta", vizinho seu, de que retornará à localidade, no afã de cumprir o mandado, no dia útil subsequente, no horário determinado. O aludido aviso (de retorno, com hora marcada, para cumprir o mandado), nos casos em que a citação deva ocorrer em localidade em que exista controle de acesso (exemplo: condomínios fechados), poderá ser feita ao próprio porteiro, responsável pelo recebimento de correspondências.

> **Art. 253.** No dia e na hora designados, o oficial de justiça, independentemente de novo despacho, comparecerá ao domicílio ou à residência do citando a fim de realizar a diligência.
> § 1º Se o citando não estiver presente, o oficial de justiça procurará informar-se das razões da ausência, dando por feita a citação, ainda que o citando se tenha ocultado em outra comarca, seção ou subseção judiciárias.
> § 2º A citação com hora certa será efetivada mesmo que a pessoa da família ou o vizinho que houver sido intimado esteja ausente, ou se, embora presente, a pessoa da família ou o vizinho se recusar a receber o mandado.
> § 3º Da certidão da ocorrência, o oficial de justiça deixará contrafé com qualquer pessoa da família ou vizinho, conforme o caso, declarando-lhe o nome.
> § 4º O oficial de justiça fará constar do mandado a advertência de que será nomeado curador especial se houver revelia.

1. Em cumprimento à notificação (feita a familiar ou vizinho do citando), independentemente de nova manifestação judicial, o oficial retornará ao local onde a citação deva ser realizada. Ausente o citando, informando-se o oficial acerca das razões da mesma, dar-se-á por realizado validamente o ato citatório. Não é por outra razão, pois, que a citação por hora certa tem assento no rol das denominadas citações fictas. O oficial de justiça deixará contrafé do ocorrido com qualquer pessoa da família ou vizinho, "declarando-lhe o nome". O fato de o familiar ou o vizinho se negar a recebê-la, ou, a própria ausência dos mesmos, em nada prejudicará a válida realização do ato.

2. O oficial de justiça, nesses casos, fará constar, no mandado, a advertência de que ao réu, revel, citado por hora certa, será nomeado curador especial.

> **Art. 254.** Feita a citação com hora certa, o escrivão ou chefe de secretaria enviará ao réu, executado ou interessado, no prazo de 10 (dez) dias, contado da data da juntada do mandado aos autos, carta, telegrama ou correspondência eletrônica, dando-lhe de tudo ciência.

1. Realizada a citação pela via sob comento (hora certa), dar-se-á, no prazo de 10 dias, ciência (também ficta) ao citando, mediante envio de correspondência (tarefa do escrivão/chefe de secretaria), eletrônica ou física, acerca do ocorrido, tomando-se por termo inicial a data da juntada do mandado aos autos (regra da juntada),

> **Art. 255.** Nas comarcas contíguas de fácil comunicação e nas que se situem na mesma região metropolitana, o oficial de justiça poderá efetuar, em qualquer delas, citações, intimações, notificações, penhoras e quaisquer outros atos executivos.

1. A limitação territorial para atuação do oficial de justiça, presentes os requisitos legais, vai excepcionada. Consideram-se válidas, deste ponto de vista, as citações, intimações, notificações, penhoras e quaisquer outros atos executivos realizados pelo *meirinho* nas comarcas "contíguas" ou nas que integrem a região metropolitana em que estiver lotado.

> **Art. 256.** A citação por edital será feita:
> I – quando desconhecido ou incerto o citando;
> II – quando ignorado, incerto ou inacessível o lugar em que se encontrar o citando;
> III – nos casos expressos em lei.
> § 1º Considera-se inacessível, para efeito de citação por edital, o país que recusar o cumprimento de carta rogatória.
> § 2º No caso de ser inacessível o lugar em que se encontrar o réu, a notícia de sua citação será divulgada também pelo rádio, se na comarca houver emissora de radiodifusão.
> § 3º O réu será considerado em local ignorado ou incerto se infrutíferas as tentativas de sua localização, inclusive mediante requisição pelo juízo de informações sobre seu endereço nos cadastros de órgãos públicos ou de concessionárias de serviços públicos.

1. Citação por edital. Citação ficta. Assim como a citação por hora certa, insere-se no rol das citações fictas a realizada pela via editalícia. Trata-se, por tal razão, de expediente que deve ser deferido (presentes, *in concreto,* os requisitos legais (art. 257, CPC/2015)), apenas em última hipótese.

2. Hipóteses. A citação por edital tem espaço quando (a) desconhecido ou incerto o citando; (b) ignorado, incerto ou inacessível o lugar em que se encontrar o citando (considerando-se *inacessível,* para o especial fim, o país que recusar o cumprimento de rogatória) e; (c) nos demais casos autorizados por lei.

3. Consoante expressa previsão legal, quando a citação por edital fundar-se na inacessibilidade do lugar em que se encontre o citando, "a notícia de sua citação será divulgada também pelo rádio, se na comarca houver emissora de radiodifusão".

4. Local incerto ou ignorado. Citação editalícia. Considera-se presente a hipótese autorizativa prevista pelo art. 256, II, quando a tentativa de localização do demandado resta frustrada após a requisição de informações, feita pelo juízo, aos órgãos com os quais mantêm convênio, acerca do endereço do citando.

> **Art. 257.** São requisitos da citação por edital:
> I – a afirmação do autor ou a certidão do oficial informando a presença das circunstâncias autorizadoras;
> II – a publicação do edital na rede mundial de computadores, no sítio do respectivo tribunal e na plataforma de editais do Conselho Nacional de Justiça, que deve ser certificada nos autos;
> III – a determinação, pelo juiz, do prazo, que variará entre 20 (vinte) e 60 (sessenta) dias, fluindo da data da publicação única ou, havendo mais de uma, da primeira;
> IV – a advertência de que será nomeado curador especial em caso de revelia.
> Parágrafo único. O juiz poderá determinar que a publicação do edital seja feita também em jornal local de ampla circulação ou por outros meios, considerando as peculiaridades da comarca, da seção ou da subseção judiciárias.

1. Revelam-se requisitos ao deferimento e validação do ato citatório pela via editalícia (a) haver, nos autos, afirmação do autor ou certidão do oficial informando a presença das circunstâncias autorizadoras (art. 256, I, II ou III); (b) a publicação do edital na rede mundial de computadores, no sítio do respectivo tribunal e na plataforma de editais do Conselho Nacional de Justiça, que deve ser certificada nos autos; (c) o arbitramento de prazo (para que se considere perfeito o ato) em atenção aos limites legais; (d) a anotação, em sede de publicação, de que se o citando não contestar lhe será nomeado curador especial, face ao caráter ficto da citação.

2. A publicação do edital nos meios de comunicação oficial revela-se suficiente à validação do ato citatório. O julgador poderá, contudo, consideradas as peculiaridades do caso concreto, determinar sua publicação em meios de comunicação distintos. Apenas quando determinado *in concreto* é que sua não verificação conduz à invalidade do ato citatório.

> **Art. 258.** A parte que requerer a citação por edital, alegando dolosamente a ocorrência das circunstâncias autorizadoras para sua realização, incorrerá em multa de 5 (cinco) vezes o salário-mínimo.
> Parágrafo único. A multa reverterá em benefício do citando.

1. O pedido para que a citação ocorra pela via editalícia formulado de má-fé é passível sanção pecuniária. A multa, cujo valor será revertido em favor do citando, encontra limite legal. Será ele de até 5 vezes o valor do salário-mínimo nacional.

> **Art. 259.** Serão publicados editais:
> I – na ação de usucapião de imóvel;
> II – na ação de recuperação ou substituição de título ao portador;
> III – em qualquer ação em que seja necessária, por determinação legal, a provocação, para participação no processo, de interessados incertos ou desconhecidos.

1. É indispensável a publicação de editais citatórios nos processos em que a participação de interessados incertos ou desconhecidos, ao menos em tese, seja possível.

2. "A ação de anulação e substituição de títulos ao portador foi extinta como procedimento especial (arts. 907 a 913, CPC/73). Tal demanda agora será submetida ao procedimento comum, sendo necessária a citação do detentor do título e, por edital, dos terceiros interessados para contestarem o pedido." (DONIZETTI, Elpídio. *Novo Código de Processo Civil Comentado*. São Paulo: Atlas, 2015. p. 208).

CAPÍTULO III
DAS CARTAS

> **Art. 260.** São requisitos das cartas de ordem, precatória e rogatória:
> I – a indicação dos juízes de origem e de cumprimento do ato;
> II – o inteiro teor da petição, do despacho judicial e do instrumento do mandato conferido ao advogado;
> III – a menção do ato processual que lhe constitui o objeto;
> IV – o encerramento com a assinatura do juiz.
> § 1º O juiz mandará trasladar para a carta quaisquer outras peças, bem como instruí-la com mapa, desenho ou gráfico, sempre que esses documentos devam ser examinados, na diligência, pelas partes, pelos peritos ou pelas testemunhas.
> § 2º Quando o objeto da carta for exame pericial sobre documento, este será remetido em original, ficando nos autos reprodução fotográfica.
> § 3º A carta arbitral atenderá, no que couber, aos requisitos a que se refere o *caput* e será instruída com a convenção de arbitragem e com as provas da nomeação do árbitro e de sua aceitação da função.

1. Consoante acima afirmado, os atos processuais a serem cumpridos nos limites territoriais do tribunal, da comarca, da seção ou da subseção judiciárias, o serão por ordem judicial; os que, por sua vez, tiverem de ser praticados para além de seus limites territoriais (ou seja, fora da circunscrição territorial inerente a competência do juízo interessado na realização do ato), ressalvada expressa prescrição legal, por carta. O art. 260 disciplina, pois, o que deva minimamente constar na *carta*. Deve ela, necessariamente, apontar (a) o juízo deprecante e o deprecado, sendo precatória, ou, tratando-se de rogatória, os juízos rogante e rogado; (b) contemplar o inteiro teor da petição, do despacho judicial e do instrumento do mandato conferido ao advogado; (c) delimitar o ato processual a que tem por objeto e, por fim, (d) restar assinada, física ou eletronicamente, pelo juiz.

2. O julgador determinará que se reproduzam, para instruir a carta, sendo o caso, quaisquer outras peças que se revelem indispensáveis a obtenção do resultado almejado com a diligência (inteligência do § 1º do art. 260). Quando o objeto da carta disser com a realização de exame pericial sobre documento, instruir-se-á a mesma com o original a ser periciado, "ficando nos autos" apenas cópia deste.

3. Carta arbitral. Peculiaridades. Segundo o Código, denomina-se *a arbitral* a carta "para que órgão do Poder Judiciário pratique ou determine o cumprimento, na área de sua competência territorial, de ato objeto de pedido de cooperação judiciária formulado por juízo arbitral, inclusive os que importem efetivação de tutela provisória". Para além dos elementos comuns às demais cartas, a carta arbitral será necessariamente instruída com a convenção de arbitragem, prova de nomeação do árbitro e da aceitação, pelo mesmo, da função.

4. Acerca do tema vide, também, comentários aos arts. 237 e seguintes.

Art. 261. Em todas as cartas o juiz fixará o prazo para cumprimento, atendendo à facilidade das comunicações e à natureza da diligência.
§ 1º As partes deverão ser intimadas pelo juiz do ato de expedição da carta.
§ 2º Expedida a carta, as partes acompanharão o cumprimento da diligência perante o juízo destinatário, ao qual compete a prática dos atos de comunicação.
§ 3º A parte a quem interessar o cumprimento da diligência cooperará para que o prazo a que se refere o caput seja cumprido.

1. É tarefa do julgador deprecante, rogante ou ordenante, fixar prazo para o cumprimento da tarefa requerida. O prazo há de ser fixado, pois, considerando-se a maior ou menor complexidade de seu objeto, bem como, outros elementos que, *in concreto*, possam retardar o efetivo cumprimento da diligência.

2. As partes serão intimadas, inclusive, acerca da expedição da carta, sendo-lhes assegurado, outrossim, o acompanhamento da diligência perante o juízo destinatário, que disponibilizará aos interessados informações acerca dos fatos processuais pertinentes.

Art. 262. A carta tem caráter itinerante, podendo, antes ou depois de lhe ser ordenado o cumprimento, ser encaminhada a juízo diverso do que dela consta, a fim de se praticar o ato.

Parágrafo único. O encaminhamento da carta a outro juízo será imediatamente comunicado ao órgão expedidor, que intimará as partes.

1. Cumprimento de diligência. Carta. Princípio da finalidade. Itinerância. Considerando que a expedição de carta tem fundamento sempre na realização de certa diligência processual, bem como, que, adequadamente compreendida a afirmativa, o que importa para o processo, nesse cenário, é a obtenção de resultado prático em relação a mesma, o art. 262 do CPC/2015 destaca o "caráter itinerante" das cartas sob comento, sublinhando que, sendo o caso, no afã de se alcançar o resultado a que se destina, o juízo deprecado, rogado ou ordenado poderá encaminhá-la a juízo capaz de, do ponto de vista fático, satisfazê-la. Nesses casos, pois, o juízo destinatário originário comunicará o ocorrido, imediatamente, ao juízo expedidor (deprecante, rogante ou ordenante), dando o mesmo ciência do ocorrido aos demais interessados.

Art. 263. As cartas deverão, preferencialmente, ser expedidas por meio eletrônico, caso em que a assinatura do juiz deverá ser eletrônica, na forma da lei.

1. Nada obstante possam ser expedidas de maneira física, o CPC/2015, na linha do desenvolvimento tecnológico, dá preferência ao meio eletrônico.

2. "Em busca de celeridade, o NCPC estabelece regra segundo a qual se deve dar preferência à expedição das cartas por meio eletrônico." (DONIZETTI, Elpídio. *Novo Código de Processo Civil Comentado*. São Paulo: Atlas, 2015. p. 211).

Art. 264. A carta de ordem e a carta precatória por meio eletrônico, por telefone ou por telegrama conterão, em resumo substancial, os requisitos mencionados no art. 250, especialmente no que se refere à aferição da autenticidade.

1. As cartas de ordem e precatória, consoante teor do art. 264, poderão ser transmitidas por meio eletrônico, por telefone ou telegrama, sem prejuízo de validade. Nesses casos, pois, embora o legislador faça referência ao art. 250 (referente ao conteúdo da carta), destaca que, assim transmitida, a carta deverá conter um "resumo substancial", dispensando-se o juízo expedidor de se ater a maiores formalidades.

Art. 265. O secretário do tribunal, o escrivão ou o chefe de secretaria do juízo deprecante transmitirá, por telefone, a carta de ordem ou a carta precatória ao juízo em que houver de se cumprir o ato, por intermédio do escrivão do primeiro ofício da primeira vara, se houver na comarca mais de um ofício ou de uma vara, observando-se, quanto aos requisitos, o disposto no art. 264.

§ 1º O escrivão ou o chefe de secretaria, no mesmo dia ou no dia útil imediato, telefonará ou enviará mensagem eletrônica ao secretário do tribunal, ao escrivão ou ao chefe de secretaria do juízo deprecante, lendo-lhe os termos da carta e solicitando-lhe que os confirme.

§ 2º Sendo confirmada, o escrivão ou o chefe de secretaria submeterá a carta a despacho.

1. "(...) quando se tratar de transmissão telefônica da carta de ordem ou da carta precatória, o escrivão ou o chefe de secretaria do juízo deprecante transmitirá ao juízo de cumprimento, por intermédio do primeiro ofício da primeira vara, caso mais de uma haja em observância aos requisitos do art. 264 do CPC/2015. O escrivão ou o chefe de secretaria deverá registrar os termos da carta e, em comunicação com o escrivão ou o chefe de secretaria do juízo deprecante, obter a confirmação dos termos da carta (...), que, estando conforme, deverá ser submetida ao juiz deprecado (...)." (FLACH, Daisson. *In: Novo Código de Processo Civil anotado*. Porto Alegre: OAB/RS, 2015. p. 217).

Art. 266. Serão praticados de ofício os atos requisitados por meio eletrônico e de telegrama, devendo a parte depositar, contudo, na secretaria do tribunal ou no cartório do juízo deprecante, a importância correspondente às despesas que serão feitas no juízo em que houver de praticar-se o ato.

1. No processo civil pátrio, consoante afirmado alhures, o adiantamento do custo das diligências postuladas pelas partes incumbe, como regra, ao requerente. A regra, pois, tem aplicação no cenário sob comento. A parte a quem interessar a realização da diligência objeto de carta transmitida por meio eletrônico ou por telegrama, deverá depositar, junto ao "cartório" do juízo expedidor, o montante suficiente ao custeio da prática dos atos processuais requeridos.

Art. 267. O juiz recusará cumprimento a carta precatória ou arbitral, devolvendo-a com decisão motivada quando:
I – a carta não estiver revestida dos requisitos legais;
II – faltar ao juiz competência em razão da matéria ou da hierarquia;
III – o juiz tiver dúvida acerca de sua autenticidade.
Parágrafo único. No caso de incompetência em razão da matéria ou da hierarquia, o juiz deprecado, conforme o ato a ser praticado, poderá remeter a carta ao juiz ou ao tribunal competente.

1. Cartas precatória e arbitral. Recusa de cumprimento. Causas. Considera-se legítima a negativa de cumprimento quando (a) a mesma não respeitar os requisitos legais; (b) o juiz revelar-se incompetente, de maneira absoluta, à prática da providência requerida; (c) quando o juízo notificado revelar-se incompetente em razão da matéria ou da hierarquia à realização do ato; (d) houver dúvida acerca da autenticidade da carta. A devolução da carta, nesses casos, haverá de ser motivada, não bastando, pois, mero apontamento da hipótese legal em que se funda a negativa.

2. Quando a impossibilidade de cumprimento da carta estiver fundada em uma das hipóteses previstas pelo inciso II do art. 267 (incompetência absoluta do juízo), é facultado ao juízo deprecado, ao invés de devolver a carta sem cumprimento ao juízo expedidor, remetê-la ao juízo competente para cumpri-la, considerado o caráter itinerante da mesma. Feito isso, o juízo deprecado originário haverá de observar o teor do parágrafo único do art. 262, dando ciência ao juízo expedidor da ocorrência.

> **Art. 268.** Cumprida a carta, será devolvida ao juízo de origem no prazo de 10 (dez) dias, independentemente de traslado, pagas as custas pela parte.

1. Devidamente cumprida a diligência processual que motivou a expedição da carta, será esta, no decêndio posterior, devolvida ao juízo de origem, independentemente de cópia. Eventuais custas serão suportadas pela parte a quem interessar, em tese, a realização do ato processual.

2. "Devolução da carta. Uma vez cumprida a carta precatória, rogatória ou de ordem, e pagas as custas, deve ser devolvida ao juízo ou ao país de origem dentro do prazo de dez dias, sob pena de falta disciplinar do serventuário. Somente depois de pagas as custas pelas partes é que a carta estará em termos para a devolução. Cabe ao serventuário a intimação da parte para recolher as verbas relativas a custas, a despesas (CPC 266) efetuadas com o cumprimento da carta." (NERY JR, Nelson; NERY, Rosa Maria Andrade. *Comentários ao Código de Processo Civil*. São Paulo: RT, 2015. p. 808).

CAPÍTULO IV
DAS INTIMAÇÕES

> **Art. 269.** Intimação é o ato pelo qual se dá ciência a alguém dos atos e dos termos do processo.
> § 1º É facultado aos advogados promover a intimação do advogado da outra parte por meio do correio, juntando aos autos, a seguir, cópia do ofício de intimação e do aviso de recebimento.
> § 2º O ofício de intimação deverá ser instruído com cópia do despacho, da decisão ou da sentença.
> § 3º A intimação da União, dos Estados, do Distrito Federal, dos Municípios e de suas respectivas autarquias e fundações de direito público será realizada perante o órgão de Advocacia Pública responsável por sua representação judicial.

1. Trata-se de ato (processual) cujo objetivo maior é dar ciência às partes ou a terceiros acerca de outros atos e termos inerentes ao processo. A *intimação* não se confunde com a *citação* uma vez que essa (a citação) tem por finalidade dar ciência a alguém (pessoa física ou jurídica) de que, como decorrência da propositura de demanda por outrem, passa ela a figurar no polo passivo de determinada relação processual.

2. "Entre os atos de comunicação processual, o novo Código só conhece a *intimação* dos atos do processo, a qual, tecnicamente, tem o objetivo de dar ciência de um ato ou termo processual. Trata-se de ato de comunicação processual da mais relevante importância, pois é da intimação que começam a fluir os prazos para que as partes exerçam os direitos e as faculdades processuais." (THEODORO JR., Humberto. *Curso de Direito Processual Civil*. 56. ed. Rio de Janeiro: Forense, 2015. v. I. p. 559).

3. "Intimação do advogado *x* intimação da parte. Importante distinguir intimação da parte através de seu advogado de intimação pessoal da própria parte. Os atos processuais em geral são comunicados ao advogado e não à parte, restando esta intimada por meio de seu advogado, exceto quando a lei expressamente estabelece o contrário como, por exemplo, quando determina a intimação pessoal da parte para prestar depoimento pessoal sob pena de confissão (...) Nestes casos é a própria parte e não o advogado quem deverá ser intimado." (AMENDOEIRA JR., Sidnei. *In:* WAMBIER, Teresa Arruda Alvim; DIDIER JR., Fredie; TALAMINI, Eduardo; DANTAS, Bruno. (Coord.). *Breves Comentários ao Novo Código de Processo Civil*. São Paulo: RT, 2015. p. 722).

4. O teor do § 1º do art. 269 prescreve, inegavelmente, novidade digna de nota. Há, doravante, a possibilidade de que os patronos da causa, entre si, notifiquem-se acerca dos atos processuais, à margem da atividade estatal. Merece destaque o comando legal que, para além do ineditismo entre nós, é capaz, dentre outros, de dar maior celeridade ao processo, combatendo o denominado "prazo morto" (prazo que se dá, exemplificativamente, entre a data do pronunciamento judicial e a de sua publicação perante o DJE). Segundo o legislador de 2015, ofício de intimação deverá ser instruído, necessariamente, com a cópia integral do pronunciamento judicial que se pretende dar ciência à parte contrária. Nesses casos, o prazo para a prática do ato processual objeto da notificação direta tem por *dies a quo* a data em que certificado nos autos a juntada do aviso de recebimento fruto da recepção da notificação remetida ao advogado da parte contrária.

5. "O CPC traz uma novidade provavelmente engendrada com o fito de acelerar a marcha do processo, facultando ao advogado que proceda à intimação do advogado da parte contrária pelo correio, comprometendo-se aquele que procede à intimação a informar o juízo acerca do envio do ofício de citação. Não obstante as boas intenções dessa iniciativa, ressoa nela a ideia de transferir ao particular um ônus que é do Judiciário o que se nos afigura incorreto, visto que o juízo é quem deve trabalhar em prol da efetivação dos atos processuais de intimação, atos esses que são de natureza pública." (NERY JR, Nelson; NERY, Rosa Maria Andrade. *Comentários ao Código de Processo Civil*. São Paulo: RT, 2015. p. 809).

6. As pessoas jurídicas de direito público interno serão consideradas validamente intimadas por ocasião da concretização da comunicação do acontecimento processual ao órgão de Advocacia Pública responsável por sua representação em juízo, que deverá ocorrer, preferencialmente, pela via eletrônica.

Art. 270. As intimações realizam-se, sempre que possível, por meio eletrônico, na forma da lei.

Parágrafo único. Aplica-se ao Ministério Público, à Defensoria Pública e à Advocacia Pública o disposto no § 1º do art. 246.

1. O CPC/2015 elegeu, expressamente, a intimação eletrônica como meio preferencial à comunicação dos atos processuais.

2. Dispõe a Lei 11.419/2006 (que disciplina a informatização do processo judicial), que, no processo eletrônico, as "intimações serão feitas por meio eletrônico em portal próprio aos que se cadastrarem (...), dispensando-se a publicação no órgão oficial, inclusive eletrônico. (...) Considerar-se-á realizada a intimação no dia em que o intimando efetivar a consulta eletrônica ao teor da intimação, certificando-se nos autos a sua realização" e "nos casos em que a consulta se dê em dia não útil, a intimação será considerada como realizada no primeiro dia útil seguinte". A consulta referida nos §§ 1º e 2º do art. 5º da Lei sob comento, "deverá ser feita em até 10 (dez) dias corridos contados da data do envio da intimação, sob pena de considerar-se a intimação automaticamente realizada na data do término desse prazo". "Em caráter informativo, poderá ser efetivada remessa de correspondência eletrônica, comunicando o envio da intimação e a abertura automática do prazo processual", aos que manifestarem interesse por esse serviço. "Nos casos urgentes em que a intimação feita na forma deste artigo possa causar prejuízo a quaisquer das partes ou nos casos em que for evidenciada qualquer tentativa de burla ao sistema, o ato processual deverá ser realizado por outro meio que atinja a sua finalidade, conforme determinado pelo juiz". "As intimações feitas na forma deste artigo, inclusive da Fazenda Pública, serão consideradas pessoais para todos os efeitos legais." (art. 5º, §§ 1º, 2º, 3º, 4º, 5º e 6º, da Lei 11.419/2006).

Art. 271. O juiz determinará de ofício as intimações em processos pendentes, salvo disposição em contrário.

1. Incumbe ao magistrado, oficiosamente, determinar as intimações nos processos pendentes. A exigência deriva, à evidência, do dever Estatal de impulsionar o andamento do feito, tal e qual preconiza o teor do art. 2º do CPC/2015.

Art. 272. Quando não realizadas por meio eletrônico, consideram-se feitas as intimações pela publicação dos atos no órgão oficial.

§ 1º Os advogados poderão requerer que, na intimação a eles dirigida, figure apenas o nome da sociedade a que pertençam, desde que devidamente registrada na Ordem dos Advogados do Brasil.

§ 2º Sob pena de nulidade, é indispensável que da publicação constem os nomes das partes e de seus advogados, com o respectivo número de inscrição na Ordem dos Advogados do Brasil, ou, se assim requerido, da sociedade de advogados.

§ 3º A grafia dos nomes das partes não deve conter abreviaturas.

§ 4º A grafia dos nomes dos advogados deve corresponder ao nome completo e ser a mesma que constar da procuração ou que estiver registrada na Ordem dos Advogados do Brasil.

§ 5º Constando dos autos pedido expresso para que as comunicações dos atos processuais sejam feitas em nome dos advogados indicados, o seu desatendimento implicará nulidade.

§ 6º A retirada dos autos do cartório ou da secretaria em carga pelo advogado, por pessoa credenciada a pedido do advogado ou da sociedade de advogados, pela Advocacia Pública, pela Defensoria Pública ou pelo Ministério Público implicará intimação de qualquer decisão contida no processo retirado, ainda que pendente de publicação.

§ 7º O advogado e a sociedade de advogados deverão requerer o respectivo credenciamento para a retirada de autos por preposto.

§ 8º A parte arguirá a nulidade da intimação em capítulo preliminar do próprio ato que lhe caiba praticar, o qual será tido por tempestivo se o vício for reconhecido.

§ 9º Não sendo possível a prática imediata do ato diante da necessidade de acesso prévio aos autos, a parte limitar-se-á a arguir a nulidade da intimação, caso em que o prazo será contado da intimação da decisão que a reconheça.

1. Consideram-se realizadas as intimações, quando não realizadas por meio eletrônico, mediante publicação do ato no órgão oficial, devendo constar, pena de nulidade, os nomes das partes e de seus respectivos advogados, sem abreviaturas, seguido do número de inscrição dos profissionais junto à Ordem dos Advogados do Brasil (ou, se assim requerido, da sociedade de advogados).

2. Havendo pedido nos autos de que as comunicações processuais sejam realizadas em nome de profissional específico, o desatendimento de tal providência implicará, segundo expresso apontamento legal, na nulidade do ato comunicatório. Tais vícios (nulidade de ato comunicatório) devem ser suscitados "em capítulo preliminar do próprio ato que lhe caiba praticar" ou, não sendo "possível a prática imediata do ato" face à necessidade de acesso prévio aos autos para sua adequada realização, mediante manifestação específica, por petição simples. Acolhida tal alegação, nesse último caso, o prazo processual reivindicado será contado da data intimação da decisão que reconheça a nulidade do ato comunicatório.

3. Realizada "carga" dos autos (ainda que para "cópia" – na linguagem forense: "carga rápida") pelo advogado, por pessoa credenciada a pedido do mesmo ou da sociedade de advogados (*o credenciamento do terceiro, a pedido do profissional e/ou da sociedade que atue na causa, é imprescindível para que o efeito sob comento se faça sentir*), pela Advocacia Pública, pela Defensoria ou pelo Ministério Público, considerar-se-á realizada a intimação da integralidade das decisões havidas no processo, ainda que não publicadas junto ao órgão oficial.

Art. 273. Se inviável a intimação por meio eletrônico e não houver na localidade publicação em órgão oficial, incumbirá ao escrivão ou chefe de secretaria intimar de todos os atos do processo os advogados das partes:
I – pessoalmente, se tiverem domicílio na sede do juízo;

II – por carta registrada, com aviso de recebimento, quando forem domiciliados fora do juízo.

1. Ao art. 273 coube disciplinar a forma mediante a qual se procederá na intimação dos interessados nos casos em que a notificação pelo meio preferencial (eletrônico) revelar-se inviável e, na localidade em que se deva praticar o ato, inexista publicação em órgão oficial. O CPC/2015 tomou por critério o *domicílio dos patronos*. O "escrivão" intimará os advogados das partes (a) pessoalmente, *se domiciliados na sede do juízo* ou (b) pelo correio, mediante envio de carta registrada, com aviso de recebimento, quando *domiciliados fora do juízo*.

Art. 274. Não dispondo a lei de outro modo, as intimações serão feitas às partes, aos seus representantes legais, aos advogados e aos demais sujeitos do processo pelo correio ou, se presentes em cartório, diretamente pelo escrivão ou chefe de secretaria.
Parágrafo único. Presumem-se válidas as intimações dirigidas ao endereço constante dos autos, ainda que não recebidas pessoalmente pelo interessado, se a modificação temporária ou definitiva não tiver sido devidamente comunicada ao juízo, fluindo os prazos a partir da juntada aos autos do comprovante de entrega da correspondência no primitivo endereço.

1. As partes, bem como seus advogados, encontram-se, por disposição legal, obrigados a informar ao juízo o endereço em que receberão as notificações processuais. É obrigação de ambos, ainda, informar eventuais alterações de endereço havidas no decorrer do processo. Visando a evitar "manobras" processuais, não raro protelatórias, o CPC/2015 presume válida a intimação dirigida ao endereço informado nos autos. O fato de a mesma não ser recebida pessoalmente pelo interessado em nada afeta a aludida presunção, que apenas quedará diante da comprovação de que a modificação (de endereço) fora acusada no processo tempestivamente.

2. A parte final do artigo sob comento é, a rigor, despicienda. Se inexiste invalidade no ato intimatório realizado pelo correio (endereçado à localidade informada pelo destinatário nos autos), revela-se pouco mais do que evidente que o cômputo do prazo processual pertinente deva observar a regra aplicável ao sistema como um todo. Certificado o retorno aos autos do aviso de recebimento, o prazo, a partir do primeiro dia útil ao acontecimento cartorário, passará a fluir normalmente.

Art. 275. A intimação será feita por oficial de justiça quando frustrada a realização por meio eletrônico ou pelo correio.
§ 1º A certidão de intimação deve conter:
I – a indicação do lugar e a descrição da pessoa intimada, mencionando, quando possível, o número de seu documento de identidade e o órgão que o expediu;
II – a declaração de entrega da contrafé;
III – a nota de ciente ou a certidão de que o interessado não a apôs no mandado.
§ 2º Caso necessário, a intimação poderá ser efetuada com hora certa ou por edital.

1. A intimação poderá (e, em alguns casos, deverá) ser realizada por oficial de justiça. O CPC/2015 prevê, já no *caput* do art. 275, função "subsidiária" cumprida pela espécie. Segundo o legislador de 2015, as intimações devem, preferencialmente, ser realizadas de maneira eletrônica. Não sendo possível, pela via postal. Observada tal ordem, mas, ainda, frustrada a tentativa intimatória, a comunicação haverá de ser realizada mediante atuação do *meirinho*.

2. A certidão intimatória conterá, pois, (a) informação acerca do lugar e da descrição da pessoa intimada, mencionando, sempre que possível, o número de seu documento de identidade e o órgão que o expediu; (b) declaração referente a entrega da contrafé; (c) nota de ciência ou certidão de que o interessado negou-se a realizá-la.

3. Sendo oportuna, respeitadas as hipóteses de admissão, a intimação poderá ser realizada "com hora certa" ou por edital.

TÍTULO III
DAS NULIDADES

1. O sistema de nulidades processuais civis encontra-se fundado nos pilares, a saber: (a) princípio antitorpeza, (b) da finalidade, (c) antiprejuízo e (d) do melhor aproveitamento dos atos processuais.

2. "Não será declarada a nulidade sem que tenha sido demonstrado o efetivo prejuízo por ausência de análise de argumento deduzido pela parte." (Enunciado n. 42, ENFAM).

Art. 276. Quando a lei prescrever determinada forma sob pena de nulidade, a decretação desta não pode ser requerida pela parte que lhe deu causa.

1. Princípio antitorpeza. O processo judicial é, por definição, meio idôneo a provocar o Estado-juiz à prestação jurisdicional. Revela-se inerente à noção de "meio idôneo" que o processo não possa servir à legitimação da torpeza de quaisquer dos contendores. Assim sendo, não pode a parte que deu causa ao fato capaz de, em tese, conduzir a nulidade processual, suscitá-lo em benefício próprio.

Art. 277. Quando a lei prescrever determinada forma, o juiz considerará válido o ato se, realizado de outro modo, lhe alcançar a finalidade.

1. Princípio da finalidade do ato. Os atos processuais, à integralidade, são pensados e praticados visando a obtenção de certo resultado. Eventual deslize na forma a ser observada para a sua prática deve, à luz do CPC/2015, ser superado, se o ato, ainda que realizado de maneira diversa daquela prevista em lei, alcançar, sem prejuízo aos interessados, o resultado que com sua realização se almejava.

Art. 278. A nulidade dos atos deve ser alegada na primeira oportunidade em que couber à parte falar nos autos, sob pena de preclusão.
Parágrafo único. Não se aplica o disposto no caput às nulidades que o juiz deva decretar de ofício, nem prevalece a preclusão provando a parte legítimo impedimento.

1. Invalidades precluíveis. Alguns dos vícios processuais encontram-se adstritos ao regime preclusivo; outros, não. Aqueles, pois, devem ser alegados pela parte interessada (desde que não os tenha dado causa) na primeira oportunidade de se manifestar nos autos. Silente o interessado, preclusa restará a matéria, ressalvados os casos em que, justificadamente, a parte a quem aproveite a declaração de invalidade comprove o legítimo impedimento em realizá-la.

2. Invalidades não precluíveis. Há uma categoria de vícios processuais que, para além de terem de ser suscitadas oficiosamente (o que não exclui a possibilidade de alegação pelas partes), não se encontram adstritos ao regime da preclusão, isto é, não se convalescem, podendo ser examinadas a qualquer tempo, antes de findo o processo.

Art. 279. É nulo o processo quando o membro do Ministério Público não for intimado a acompanhar o feito em que deva intervir.

§ 1º Se o processo tiver tramitado sem conhecimento do membro do Ministério Público, o juiz invalidará os atos praticados a partir do momento em que ele deveria ter sido intimado.

§ 2º A nulidade só pode ser decretada após a intimação do Ministério Público, que se manifestará sobre a existência ou a inexistência de prejuízo.

1. Consoante preconiza o teor do artigo 178 do CPC/2015, há hipóteses em que o *parquet* deve, necessariamente, ser intimado para, exercendo seu ofício, intervir no feito, na condição de fiscal da ordem jurídica. São elas: (a) nas causas que envolvam interesse público ou social; (b) nas que envolvam interesse de incapaz; (c) nas que versem sobre litígios coletivos pela posse de terra rural ou urbana; e, (d) nas demais hipóteses prescritas em lei. Nesses casos, *a priori*, inexistindo intimação do MP, o processo, naquilo que fora realizado à margem de sua fiscalização, é nulo.

2. Nulidade. Decretação. Violação ao dever intimatório do MP. Prejuízo. A nulidade por falta de intimação do Ministério Público (nos casos em deva atuar na condição de fiscal da ordem jurídica) apenas será decretada se, intimado para tanto, o *parquet* alegar, e comprovar, *in concreto*, a ocorrência de prejuízo à prestação da melhor jurisdição. Fora daí, a despeito da inexistência de intimação prévia, não há, segundo pensamos, declarar a nulidade processual por mero "capricho". Trata-se de conclusão que toma por base, dentre outros, o princípio do melhor aproveitamento dos atos processuais.

Art. 280. As citações e as intimações serão nulas quando feitas sem observância das prescrições legais.

1. O CPC/2015 destina tópico específico para disciplinar a forma mediante a qual os contendores serão citados (ato processual que tem por objetivo dar ciência a alguém de que uma demanda fora proposta em seu desfavor) e intimados (notificação acerca dos acontecimentos processuais). A inobservância do aludido regramento impõe, segundo expressa previsão legal, a declaração da invalidade do ato, ressalvados os casos em que se mantiverem intocados os "pilares" do sistema de nulidades desenhado pelo CPC/2015.

> **Art. 281.** Anulado o ato, consideram-se de nenhum efeito todos os subsequentes que dele dependam, todavia, a nulidade de uma parte do ato não prejudicará as outras que dela sejam independentes.

1. O reconhecimento do vício processual (anulação do ato) torna os atos processuais (posteriores) a ele vinculados ineficazes.

2. Preocupou-se o legislador, novamente em homenagem ao princípio do melhor aproveitamento dos atos processuais, em destacar importa alerta: "a nulidade de uma parte do ato não prejudicará as outras que dela sejam independentes".

> **Art. 282.** Ao pronunciar a nulidade, o juiz declarará que atos são atingidos e ordenará as providências necessárias a fim de que sejam repetidos ou retificados.
> § 1º O ato não será repetido nem sua falta será suprida quando não prejudicar a parte.
> § 2º Quando puder decidir o mérito a favor da parte a quem aproveite a decretação da nulidade, o juiz não a pronunciará nem mandará repetir o ato ou suprir-lhe a falta.

1. A decisão judicial que reconhecer determinada nulidade processual informará, justificadamente, quais atos por ela se encontram alcançados, esclarecendo, de imediato, as providências a serem tomadas afim de supri-los (repeti-los ou retificá-los), sendo o caso.

2. O CPC/2015, em homenagem a primazia do julgamento meritório, não exitou ao determinar que o julgador, ao se deparar com determinada nulidade, realize juízo de conveniência em relação a sua decretação. Sendo o caso de julgar no mérito (procedente ou improcedente), a favor daquele que, *a priori*, se beneficiaria com a aludida decretação (seja ela qual for), o legislador de 2015 impõe ao juiz que a "ignore", pronunciando-se, pois, de maneira a dar por prestada a jurisdição em "definitivo", evitando-se, grosso modo, que de idêntica demanda venha a se ocupar (no futuro) o Poder Judiciário.

> **Art. 283.** O erro de forma do processo acarreta unicamente a anulação dos atos que não possam ser aproveitados, devendo ser praticados os que forem necessários a fim de se observarem as prescrições legais.
> Parágrafo único. Dar-se-á o aproveitamento dos atos praticados desde que não resulte prejuízo à defesa de qualquer parte.

1. Inexistindo real prejuízo de entrega, aos contendores, do devido processo de direito, não há falar na anulação dos atos processuais derivados de eventual *error in procedendo*.

TÍTULO IV
DA DISTRIBUIÇÃO E DO REGISTRO

Art. 284. Todos os processos estão sujeitos a registro, devendo ser distribuídos onde houver mais de um juiz.

1. Consoante o teor do artigo 312 do CPC/2015, considera-se proposta a demanda por ocasião do protocolo da petição inicial. Nesse exato momento, ressalvados os casos em que, por questões de organização judiciária, preexista registro do feito, a demanda deve ter sua existência devidamente anotada no sistema de gestão do órgão judiciário competente, destacando-se, pois, os elementos que a individualizam.

2. Havendo mais de um órgão com idêntica competência na localidade em que a demanda fora ofertada, ressalvados os casos de prevenção do juízo, o feito há de ser distribuído, respeitados, dentre outros, os critérios eleitos pelo art. 285.

Art. 285. A distribuição, que poderá ser eletrônica, será alternada e aleatória, obedecendo-se rigorosa igualdade.
Parágrafo único. A lista de distribuição deverá ser publicada no Diário de Justiça.

1. A distribuição dos feitos cíveis obedece, como regra, os critérios da *alternatividade* e da *aleatoriedade*. O legislador de 2015 estabelece, outrossim, a obrigatoriedade de publicação da mesma (lista de distribuição) junto ao Diário de Justiça, com o claro intuito permitir o controle externo dos feitos em tramitação.

Art. 286. Serão distribuídas por dependência as causas de qualquer natureza:
I – quando se relacionarem, por conexão ou continência, com outra já ajuizada;
II – quando, tendo sido extinto o processo sem resolução de mérito, for reiterado o pedido, ainda que em litisconsórcio com outros autores ou que sejam parcialmente alterados os réus da demanda;
III – quando houver ajuizamento de ações nos termos do art. 55, § 3º, ao juízo prevento.
Parágrafo único. Havendo intervenção de terceiro, reconvenção ou outra hipótese de ampliação objetiva do processo, o juiz, de ofício, mandará proceder à respectiva anotação pelo distribuidor.

1. Distribuição. Dependência. Impõe-se, em determinadas situações, que a postulação judicial seja endereçada a juízo previamente conhecido, independentemente da natureza da causa. Nesses casos, o peticionante deve, ao endereçar o petitório, informar os dados relativos ao feito que tornou o juízo prevento, tais como a vara e o número do processo atrativo.

2. Justifica-se a dependência, no mais das vezes, face à preexistência de demanda (ação atrativa) que, parcial ou totalmente, possui alto grau de vinculação com a demanda *a posteriori* ofertada (ação atraída). Com tal exigência,

visa-se, dentre outros, a evitar que demandas relacionadas entre si alcancem soluções distintas (e conflitantes), bem como que haja duplicidade de ações ou, ainda, nos casos em que a lei permita a (re)propositura da ação, que dela se ocupe julgador distinto do que conheceu a demanda anteriormente extinta. Trata-se de medida legal comprometida, ao fim e ao cabo, com a melhor e mais expedita prestação jurisdicional.

> **Art. 287.** A petição inicial deve vir acompanhada de procuração, que conterá os endereços do advogado, eletrônico e não eletrônico.
> Parágrafo único. Dispensa-se a juntada da procuração:
> I – no caso previsto no art. 104;
> II – se a parte estiver representada pela Defensoria Pública;
> III – se a representação decorrer diretamente de norma prevista na Constituição Federal ou em lei.

1. Dentre os documentos que necessariamente devem acompanhar o petitório inicial, encontra-se o instrumento de *procuração* que, consoante expresso apontamento legal, para além de qualificar outorgante e outorgado, delimitará os poderes conferidos ao último, apontando, outrossim, os endereços (eletrônico e físico) do outorgado.

2. Dispensa-se, contudo, a apresentação imediata do instrumento de procuração (1) nos casos em que o advogado peticione visando a evitar a preclusão, a prescrição, a decadência, ou, ainda, a realizar ato considerado urgente (caso em que a procuração deverá ser apresentada em até 15 dias, prorrogável, mediante decisão judicial, por mais 15 dias); (2) estando a parte representada pela Defensoria Pública, bem como (3) nos casos em que a representação judicial da parte decorra de expresso texto de lei (por exemplo, a Fazenda Pública).

> **Art. 288.** O juiz, de ofício ou a requerimento do interessado, corrigirá o erro ou compensará a falta de distribuição.

1. Visando o melhor aproveitamento dos atos processuais, ao julgador incumbe, de ofício ou a requerimento, corrigir ou compensar erros inerentes ao registro ou a distribuição do feito.

> **Art. 289.** A distribuição poderá ser fiscalizada pela parte, por seu procurador, pelo Ministério Público e pela Defensoria Pública.

1. Todos os atos do processo, ressalvadas episódicas hipóteses, são públicos. Revelando-se a *distribuição* ato processual, faculta-se aos juridicamente interessados, querendo, fiscalizá-la.

> **Art. 290.** Será cancelada a distribuição do feito se a parte, intimada na pessoa de seu advogado, não realizar o pagamento das custas e despesas de ingresso em 15 (quinze) dias.

1. Consoante dito alhures, o processo civil pátrio é, por definição, pago. Incumbe ao requerente, como regra, adiantar as despesas processuais pertinentes. A distribuição do feito, ignorado o aludido dever processual, será, após intimação do advogado da parte responsável pelo recolhimento dos valores, cancelada, caso o vício (nesse caso, sanável) não seja sanado no prazo de 15 dias, indeferindo-se, em definitivo, o petitório inicial.

TÍTULO V
DO VALOR DA CAUSA

Art. 291. A toda causa será atribuído valor certo, ainda que não tenha conteúdo econômico imediatamente aferível.

1. Trata-se de elemento essencial da petição inicial (art. 319, V, do CPC/2015). O autor, no âmbito cível, tem a obrigação de atribuir a toda e qualquer demanda um valor "certo", compatível, grosso modo, com sua dimensão econômica.

2. O valor da causa serve de base à resolução de um sem número de questões processuais, tais como (a) o cálculo das despesas processuais, (b) dos honorários sucumbenciais devidos ao patrono do réu nos casos de improcedência da ação, (c) definição de competência, etc.

Art. 292. O valor da causa constará da petição inicial ou da reconvenção e será:
I – na ação de cobrança de dívida, a soma monetariamente corrigida do principal, dos juros de mora vencidos e de outras penalidades, se houver, até a data de propositura da ação;
II – na ação que tiver por objeto a existência, a validade, o cumprimento, a modificação, a resolução, a resilição ou a rescisão de ato jurídico, o valor do ato ou o de sua parte controvertida;
III – na ação de alimentos, a soma de 12 (doze) prestações mensais pedidas pelo autor;
IV – na ação de divisão, de demarcação e de reivindicação, o valor de avaliação da área ou do bem objeto do pedido;
V – na ação indenizatória, inclusive a fundada em dano moral, o valor pretendido;
VI – na ação em que há cumulação de pedidos, a quantia correspondente à soma dos valores de todos eles;
VII – na ação em que os pedidos são alternativos, o de maior valor;
VIII – na ação em que houver pedido subsidiário, o valor do pedido principal.
§ 1º Quando se pedirem prestações vencidas e vincendas, considerar-se-á o valor de umas e outras.
§ 2º O valor das prestações vincendas será igual a uma prestação anual, se a obrigação for por tempo indeterminado ou por tempo superior a 1 (um) ano, e, se por tempo inferior, será igual à soma das prestações.
§ 3º O juiz corrigirá, de ofício e por arbitramento, o valor da causa quando verificar que não corresponde ao conteúdo patrimonial em discussão ou ao proveito econômico perseguido pelo autor, caso em que se procederá ao recolhimento das custas correspondentes.

1. Na sistemática pátria, o legislador elege, mediante anunciação de algumas "fórmulas", o valor a ser atribuído a cada causa. Inexistindo previsão legal, pois, o demandante não fica dispensado de atribuir à demanda um valor "certo". Nesses casos, há de se apontar, ainda que hipoteticamente, valor que, ao menos em tese, retrate a representatividade pecuniária da contenda.

2. Da correção do valor da causa. Nos casos em que o valor apontado pelo demandante deixar de refletir a real dimensão econômica da demanda, ao magistrado incumbe, oficiosamente, corrigi-lo, mediante arbitramento do valor adequado.

3. Art. 292, §§ 2º e 3º. Parcelas vencidas e vincendas. Valor da causa. Consoante expressa anotação legal, nos casos em que a demanda tenha por fundamento cobrança de prestações vencidas e vincendas, o autor observará regramento específico para atribuir valor à causa. Aduz a fórmula: se a obrigação perdurar por tempo indeterminado, ou por período superior a um ano, o demandante deverá somar ao montante já vencido, valor correspondente a uma prestação anual, relativa as parcelas a se vencer. Imagine-se, exemplificativamente, uma ação de cobrança de contribuições condominiais, cujo valor de cada uma consiste, mensalmente, em R$ 600,00. Partindo da premissa de que o demandando seja devedor das últimas três parcelas, que, atualizadas (correção, juros, multa), somam, no exemplo, R$ 2.100,00, o autor haverá de adicionar a essa importância o valor de uma prestação anual (R$ 600,00 x 12= 7.200,00) relativas as parcelas vincendas, uma vez que a obrigação do condômino, em relação as cotas condominiais, perdura por prazo indeterminado. Logo, aplicando-se a fórmula codificada, o valor a ser atribuído à causa será, no exemplo, R$ 9.300,00 (R$ 2.100,00 (obrigações já vencidas) + 7.200,00 (prestação anual das parcelas a se vencer).

4. Havendo readequação do valor da causa, exigir-se-á do autor que complemente o adiantamento das custas processuais, pena de indeferimento da inicial.

5. "Valor da causa na reconvenção. Como ação que é, a reconvenção apresenta-se por petição inicial, obedecendo aos mesmos requisitos desta, entre os quais se insere o valor da causa." (DONIZETTI, Elpídio. *Novo Código de Processo Civil Comentado*. São Paulo: Atlas, 2015. p. 227).

Art. 293. O réu poderá impugnar, em preliminar da contestação, o valor atribuído à causa pelo autor, sob pena de preclusão, e o juiz decidirá a respeito, impondo, se for o caso, a complementação das custas.

1. Silente o magistrado, faculta-se ao demandado, sendo o caso, suscitar, em preliminar de contestação (art. 337, III), a inadequação do valor atribuído à causa pelo autor, pena de preclusão. Acolhida a alegação do réu, o juiz determinará que o demandante diligencie na complementação das custas processuais pendentes (fruto da diferença entre o valor correto – àquele que deveria ter sido apontado pelo autor – e o valor corrigido – seja por atuação oficiosa do julgador, seja por provocação do demandado).

2. O teor do art. 293 denuncia, com clareza ímpar, o abandono da técnica processual utilizada pelo legislador de 1973 para a impugnação do valor atribuído à causa. O CPC/73 previa incidente próprio para tanto. Tal alegação não era, pois, realizada em sede de contestação. Doravante, basta que o demandado, em sede de resposta, preliminarmente, suscite a matéria.

Livro V
DA TUTELA PROVISÓRIA

TÍTULO I
DISPOSIÇÕES GERAIS

1. A matéria encontra-se disciplinada, ao menos do ponto de vista codificado, pelos artigos 294/311. O CPC/2015, rompendo com a linha expositiva utilizada pelo sistema revogado, criou livro próprio para disciplina-la. As novidades, contudo, não se limitaram a isso. Dentre outras, o Código incorporou ao sistema pátrio o regime da *estabilização dos efeitos da tutela provisória de urgência*, bem como "redefiniu" padrões relativos a concessão da denominada tutela *da evidência*. Esses e outros temas (dos mais espinhosos) foram insertos no livro sob comento.

2. Diz-se *definitiva*, tradicionalmente, a prestação jurisdicional pautada em juízo de certeza (denominada, do ponto de vista da profundidade da cognição experimentada, *exauriente*), que, bem compreendida a afirmativa, no mais das vezes, visa a regular o conflito de interesses para a eternidade (e o faz, não raro, mediante incidência da coisa julgada material); *provisória*, de outro giro, a tutela prestada de maneira precária (calcada, sob idêntico ângulo, em juízo de verossimilhança – cognição sumária), sujeita a pronta revogabilidade. Para fins didáticos é possível afirmar, desde logo: a noção de *tutela provisória* é, por definição, antagônica a de *tutela definitiva*.

> **Art. 294.** A tutela provisória pode fundamentar-se em urgência ou evidência.
> Parágrafo único. A tutela provisória de urgência, cautelar ou antecipada, pode ser concedida em caráter antecedente ou incidental.

1. A tutela provisória, consoante o CPC/2015, classifica-se em (a) tutela de urgência e (b) tutela da evidência (ambas, espécies do mesmo gênero).

2. A tutela de urgência pode ser *satisfativa* (o Código a ela se refere como *tutela antecipada*) ou não satisfativa (*cautelar*). Toma-se por critério concessivo, em relação a primeira, *o perigo da demora* (demora, aqui, oriunda da sujeição da análise do caso concreto ao rito ordinário); em relação a segunda (reitere-se:

por definição não satisfativa), o *perigo de dano iminente e irreparável*,[18] capaz de frustrar a tutela efetiva de determinada posição jurídica material.

3. A concessão da tutela da evidência, espécie de tutela provisória, encontra amparo na *acentuada probabilidade da existência do direito alegado pelo demandante*, podendo, outrossim, ser deferida com fundamento no *abuso do direito de defesa exercido pelo demandado* (acerca do tema, vide comentários ao art. 311).

4. Do ponto de vista *do momento de sua postulação* (e eventual concessão), classifica-se a tutela provisória, ainda, em *antecedente* e *incidental*. Considera-se *incidental* a postulação nos casos em que o pedido principal já exista (há, pois, uma demanda judicial em curso). Sua análise, e potencial concessão, ocorre simultaneamente à tramitação da postulação principal, quer dizer: de maneira incidente; diz-se *antecedente* a postulação, por sua vez, quando requerida/formulada anteriormente ao ajuizamento do pleito principal.

> **Art. 295.** A tutela provisória requerida em caráter incidental independe do pagamento de custas.

1. O processo civil brasileiro é, por definição, pago. A propositura de determinada demanda exige do autor a antecipação (e comprovação de recolhimento) das custas processuais em sentido largo, ressalvadas pontuais exceções legais. Ao promover a demanda principal, o autor, via de regra, haverá de comprovar o recolhimento das custas relativas a mesma. Se, por ventura, incidentalmente, vier a requerer a concessão de tutela provisória não necessitará, independentemente de sua natureza (antecipada, cautelar ou de evidência), recolher custas diversas. O enfrentamento do pleito incidental destinado à obtenção de tutela provisória, consoante expressa previsão legislativa, não depende "do pagamento de custas" autônomas/próprias.

> **Art. 296.** A tutela provisória conserva sua eficácia na pendência do processo, mas pode, a qualquer tempo, ser revogada ou modificada.
> Parágrafo único. Salvo decisão judicial em contrário, a tutela provisória conservará a eficácia durante o período de suspensão do processo.

1. Precariedade. Revogabilidade. Tanto a *precariedade*, quanto a *revogabilidade*, despontam como notas características da tutela provisória. Não é por outra razão, inclusive, que, segundo expresso apontamento legal, a tutela provisória concedida pode, a qualquer tempo, ser *revogada* ou *modificada*.

2. Inexistindo *revogação* ou *modificação* do decisório que a conceda, a tutela provisória (incidentalmente concedida) conserva sua eficácia na pendência do processo (leia-se: ao longo de sua tramitação), incluindo-se, nesse cenário, o período em que o feito estiver suspenso.

---

[18] Nesse sentido, SILVA, Ovídio Araújo Baptista da Silva. *Curso de Processo Civil*. 2. ed. São Paulo: RT, 1998. p. 41 e ss.

3. "A tutela provisória, por ser também precária, poderá ser revogada ou modificada a qualquer tempo, por decisão motivada do juiz (arts. 296 e 298, CPC). Ressalvada a revogação ou modificação que decorram da rejeição do pedido na decisão final, corolários do julgamento definitivo, o juiz somente pode revogar ou modificar a tutela provisória após provocação da parte interessada." (DIDIER JR., Fredie; BRAGA, Paula Sarno; OLIVEIRA, Rafael Alexandria. *Curso de Direito Processual Civil*. Salvador: Juspodivm, 2015. p. 585).

Art. 297. O juiz poderá determinar as medidas que considerar adequadas para efetivação da tutela provisória.
Parágrafo único. A efetivação da tutela provisória observará as normas referentes ao cumprimento provisório da sentença, no que couber.

1. Ao utilizar-se do dizer "efetivação da tutela provisória", refere-se o Código ao *direito fundamental à tutela efetiva*. É efetiva a tutela jurisdicional prestada, do ponto de vista de seus efeitos mundanos, o mais rente possível à promessa perpetrada pelo direito material. O artigo em tela permite ao magistrado, dando-lhe certa liberdade de atuação, determinar quais medidas (*que, necessariamente, atenderão ao critério da razoabilidade*), ao menos em tese, revelam-se adequadas a ensejar o fiel cumprimento do comando judicial, ainda que de maneira forçada.

2. O *cumprimento* do decisório (no sentido de tutela executiva) que concede tutela provisória rege-se, no que couber, pelas disposições aplicáveis ao *cumprimento provisório da sentença*. Acerca do tema, vide, adiante, comentários aos artigos 520/522.

3. Apesar do silêncio legislativo, ao menos no título sob comento, considerando o teor dos arts. 513, 771 e 778, todos do CPC/2015, bem como o princípio dispositivo (amplamente aplicado ao campo das demandas cíveis), vale lembrar que ao julgador, de ofício, é facultado, apenas, determinar as medidas "necessárias" ao cumprimento do comando judicial. Não há confundir tal faculdade com a possibilidade de dar início, oficiosamente, à tutela executiva propriamente dita. Essa, em última análise, dependerá, sempre, de requerimento do beneficiado pelo pronunciamento judicial, ou dos demais legitimados para tanto (vide rol do art. 778).

Art. 298. Na decisão que conceder, negar, modificar ou revogar a tutela provisória, o juiz motivará seu convencimento de modo claro e preciso.

1. Trata-se de comando infraconstitucional que visa a operacionalizar o *direito fundamental à motivação* (art. 93, IX, CF/88). Inexiste, no processo civil brasileiro, ato decisório despido de motivação que se legitime. Revela-se pouco mais do que evidente que as razões do convencimento judicial tenham, pena de violação ao preceito constitucional sob comento, de ser apresentadas de "modo claro e preciso". A decisão judicial, independentemente de sua natureza, deve eliminar quaisquer dúvidas acerca de seu objeto, bem como das razões pelas quais o julgador decide, *in concreto*, dessa ou daquela maneira. Acerca do tema vide: TORRES, Artur. Fundamentos de um Direito Processual Civil Contemporâneo (parte I). Porto Alegre: Arana, 2016. p. 69/71.

2. Persuasão racional. Adota-se, entre nós, enquanto sistema de avaliação/valoração da prova, *o regime do livre convencimento motivado do juiz*, ou, como prefere parte da doutrina, o sistema da persuasão racional, que se enquadra, bem compreendido, como solução intermediária entre os sistemas da *prova tarifada* e o do *livre convencimento* (ou da convicção íntima do juiz). "Os sistemas probatórios modernos não seguem, como princípio prevalente, nenhum dos sistemas anteriormente descritos, nem o sistema da prova legal nem o seu oposto, o sistema do livre convencimento, é sim (...) um sistema misto, que aproveita ao mesmo tempo elementos dos outros dois. A este sistema intermediário dá-se o nome de sistema de persuasão racional. O sistema da persuasão racional da prova, embora aceite em geral a tese do livre convencimento, impõe certas restrições à legitimidade da formação do convencimento judicial. Fundamentalmente, impõe ao juiz a observância de regras lógicas e das máximas de experiência comum, considerando ilegítima, por exemplo, uma convicção que o juiz haja formado exclusivamente com base numa intuição pessoal, incapaz de ser justificada segundo regras lógicas e de senso comum. A distinção fundamental entre este sistema e o denominado sistema de livre convencimento está em que, naquele, o juiz tem o dever de fundamentar sua decisão, indicando os motivos e as circunstâncias que o levaram a admitir a veracidade dos fatos em que o mesmo baseara a decisão. Cumpre-lhe indicar, na sentença, os elementos de prova com que formou sua convicção, de tal modo que a conclusão sentencial guarde coerência lógica com a prova constante dos autos. Esta exigência limita a completa liberdade que o sistema de livre conhecimento lhe daria." (BAPTISTA DA SILVA, Ovídio A. *Curso de processo civil*. Rio de Janeiro: Forense, 2004. v. I. p. 332). Consoante o sistema adotado pelo ordenamento pátrio, pena de nulidade, todas as decisões proferidas pelo Poder Judiciário hão de ser fundamentadas (instrumento de implementação do sistema da persuasão racional). O artigo 93, IX, da CF/88 é, inclusive, expresso acerca do tema.

> **Art. 299.** A tutela provisória será requerida ao juízo da causa e, quando antecedente, ao juízo competente para conhecer do pedido principal.
> Parágrafo único. Ressalvada disposição especial, na ação de competência originária de tribunal e nos recursos a tutela provisória será requerida ao órgão jurisdicional competente para apreciar o mérito.

1. Competência. Juízo singular. O pedido de concessão de tutela provisória, quando incidental, deve ser endereçado ao juiz da causa (já em tramitação); se antecedente, ao juízo competente para processar e julgar o pleito principal.

2. Juízo de admissibilidade e juízo meritório recursal. A análise do pedido de concessão de tutela provisória em sede recursal pertence ao órgão competente para apreciar, meritoriamente, o mesmo, ainda que, eventualmente, outro seja o juízo competente para admiti-lo.

TÍTULO II
DA TUTELA DE URGÊNCIA

CAPÍTULO I
DISPOSIÇÕES GERAIS

Art. 300. A tutela de urgência será concedida quando houver elementos que evidenciem a probabilidade do direito e o perigo de dano ou o risco ao resultado útil do processo.

§ 1º Para a concessão da tutela de urgência, o juiz pode, conforme o caso, exigir caução real ou fidejussória idônea para ressarcir os danos que a outra parte possa vir a sofrer, podendo a caução ser dispensada se a parte economicamente hipossuficiente não puder oferecê-la.

§ 2º A tutela de urgência pode ser concedida liminarmente ou após justificação prévia.

§ 3º A tutela de urgência de natureza antecipada não será concedida quando houver perigo de irreversibilidade dos efeitos da decisão.

1. Tutela (provisória) de urgência. *Fumus boni iuris*. A concessão da tutela de urgência depende da comprovação, *in concreto*, da (considerável) probabilidade de acolhimento do pleito principal formulado (ou a ser formulado – para os casos de postulação e concessão em caráter antecedente) pelo requerente. Destaque-se que o juízo cognitivo realizado pelo julgador diz, no concernente, com a *probabilidade* de que o direito alegado, ainda não examinado mediante cognição exauriente, venha a se confirmar. Vale lembrar, pela peculiaridade, lição outrora sustentada por Piero Calamandrei, para quem, em relação a *probabilidade* exigida para a concessão da tutela provisória, não há cognição sumária, mas, exauriente, no sentido de que o juiz que a concede, embora não tenha certeza acerca do direito a ser adiante examinado (o pleito principal), o tem em relação a *necessidade de tutelá-lo*, ainda que precariamente, de imediato.[19]

2. Tutela (provisória) de urgência. *Periculum* (da demora ou de dano? Depende...). Nada obstante a "simplificada" redação legal, o tema serviu (e ainda serve) doutrinariamente a debate espinhosíssimo. Consoante sustentou Ovídio A. Baptista da Silva, a "locução *periculum in mora* não é incorreta, mas é ambígua. Na verdade, a tutela cautelar legitima-se porque o direito, carente de proteção imediata, poderia sofrer um dano irreparável, se tivesse de submeter-se às exigências do *procedimento ordinário*. (...) Como procuramos mostrar (...) as circunstâncias geradoras de uma situação de urgência, que reclame uma forma de tutela imediata, coloca o Estado (...) entre duas alternativas igualmente insatisfatórias, impondo uma opção sempre perigosa, entre proteger a *aparência*, correndo o risco de oferecer proteção a quem, depois, se verifique não ser titular do direito que o magistrado inicialmente supôs existente, provocando incômodos e prejuízos àquele que haja sofrido a *proteção imediata da aparência*;

---

[19] Segundo o autor, a *provisoriedade* afigura-se inerente a todo e qualquer provimento cautelar. Rememore-se que para Calamandrei, o que hoje conhecemos por tutela antecipada, também pertencia ao campo da tutela cautelar (grupo "c" – provimentos provisionais). CALAMANDREI, Piero. *Introdução ao Estudo Sistemático dos Procedimentos Cautelares*. Carla Roberta Andreasi Bassi (Trad.). Campinas: Servanda, 2000. *passim*.

ou então, preferindo o ordenamento jurídico seguir a outra alternativa, recusando a tutela imediata com base apenas no provável direito protegido, para somente decidir quando o julgador dispuser de todos os elementos capazes de propiciar-lhe um juízo de certeza sobre a existência do direito de quem pede proteção jurisdicional, certamente fará com que a sentença se tenha tornado inútil e tardia, dado que o direito, que exigia proteção imediata, por estar disposto a um dano irreparável, ao encerrar-se a demanda, provavelmente não terá mais condições de realizar-se concretamente. Se no entanto, estivermos a imaginar um remédio contra a demora (*periculum in mora*), provavelmente seremos levados a conceber algum meio de *antecipar* a proteção jurisdicional, outorgando, desde logo, a tutela que somente seria outorgada no final do *procedimento ordinário*." (BAPTISTA DA SILVA, Ovídio A. *Curso de processo civil*. São Paulo: RT, 1998. v. III. p. 41).

3. Atento à distinção entre "satisfação fática" e "satisfação jurídica", o Código veda a concessão de tutela antecipada (satisfativa, por definição) quando, a despeito da presença dos demais requisitos (no caso, acentuada probabilidade e perigo da demora) houver risco de irreversibilidade dos efeitos (fáticos) da decisão.

4. No afã de preservar a esfera jurídica do requerido, o magistrado *pode*, atento às peculiaridades do caso concreto, exigir que o requerente preste caução idônea, capaz de garantir o ressarcimento de potenciais danos a que venha experimentar o requerido por ocasião da concessão, "equivocada", de tutela de urgência (satisfativa ou não). Trata-se do tema conhecido, doutrinariamente, por "contracautela", de natureza eminentemente cautelar.

5. A tutela (provisória) de urgência (satisfativa ou não) pode ser concedida *liminarmente* ou *mediante justificação prévia*, consoante redação atribuída ao parágrafo segundo do artigo 300. A rigor, aquilo e tudo aquilo que, antes do momento adequado para tanto, é conferido à parte, revela-se, em última análise, *liminarmente* concedido. A expressão, historicamente, encontra vinculação ao critério cronológico de concessão do provimento postulado, ao menos no cenário sob comento. Considera-se *liminarmente* concedida a tutela provisória, segundo o CPC/2015, nos casos em que o pleito seja acolhido sem a necessidade de "justificação prévia". Nossa afirmativa deriva do cotejo realizado pelo próprio texto da lei, que se refere a "justificação prévia" como critério excludente de concessão liminar (vide a expressão "ou" – ou *liminarmente* ou *mediante justificação*). Com efeito, não há negar que, ainda que mediante justificação prévia, uma vez acolhido o pedido de tutela de urgência satisfativa antes da sentença, estar-se-á, em última análise, diante de concessão liminar de provimento judicial. A razão é simples: aquilo que deveria ser entregue à parte apenas mediante prolação do ato sentencial, lhe é alcançado antecipadamente, isto é, liminarmente. Ao que tudo indica, o Código lançou mão da expressão "liminarmente" noutro sentido, pretendo dizer que a concessão da tutela de urgência é "liminar" se deferida sem a necessidade de justificação diversa da que aparelha o petitório em que se pleiteia sua concessão. Trata-se, ao fim e ao cabo, de concessão *inaudita altera pars*. Optando, de outro giro, o magistrado por ouvir o requerente antes da análise do pedido de tutela provisória (de

urgência), diz-se, na linguagem codificada, que eventual concessão virá após *justificação prévia*.

6. "Decisão liminar deve ser entendida como aquela concedida *in limine litis*, isto é, no início do processo, sem que tenha ainda a citação ou a oitiva da parte contrária." (DIDIER JR., Fredie; BRAGA, Paula Sarno; OLIVEIRA, Rafael Alexandria. *Curso de Direito Processual Civil*. Salvador: Juspodivm, 2015. p. 578).

7. A tutela provisória antecipada (leia-se: *satisfativa*) não pode ser deferida, segundo o Código, nos casos em que o perigo de irreversibilidade dos efeitos da decisão que a conceder se fizerem presentes. Tal diretriz, constante, também, do CPC/73 gerou, e ainda gera, certo desconforto doutrinário e jurisprudencial em relação a certos casos. Talvez o mais conhecido deles diga com o direito à saúde, constitucionalmente garantido, em especial nos casos em que o Estado é compelido (mediante prolação de decisão precária) a arcar com altos custos derivados de tratamentos medicamentosos ou até mesmo de procedimentos cirúrgicos que beneficiam pessoas economicamente hipossuficientes. Acerca do tema, manifestou-se Leonardo Greco, em recente ensaio, nos seguintes termos: "Cumpre observar (...) que o artigo 300 do Código de 2015 reproduz a capciosa regra do § 2º do art. 273 do Código anterior, que parece vedar a concessão da tutela antecipada de urgência, quando houver perigo de irreversibilidade dos efeitos da decisão. Interpretada literalmente, essa posição representaria verdadeira afronta à garantia constitucional da tutela jurisdicional efetiva (...). (...) A doutrina e a jurisprudência se encarregaram de dar à irreversibilidade o sentido de um juízo de ponderação entre o perigo de dano alegado pelo requerente e aquele a que ficaria sujeito o requerido caso concedida a medida de urgência. Assim, deverá seguir sendo interpretado o dispositivo do Código." (GRECO, Leonardo. A tutela da urgência e a tutela da evidência no Código de Processo Civil de 2015. *In:* RIBEIRO, Darci Guimarães; JOBIM, Marco Félix (Org.). *Desvendando o novo CPC*. Porto Alegre: Livraria do Advogado, 2015. p. 117/118).

8. "A vedação da concessão de tutela de urgência cujos efeitos possam ser irreversíveis (art. 300, § 3º, do CPC/2015) pode ser afastada no caso concreto com base na garantia do acesso à Justiça (art. 5º, XXXV, da CRFB)." (Enunciado n. 25, ENFAM).

Art. 301. A tutela de urgência de natureza cautelar pode ser efetivada mediante arresto, sequestro, arrolamento de bens, registro de protesto contra alienação de bem e qualquer outra medida idônea para asseguração do direito.

1. O CPC/2015 não reproduziu o CPC/73 no que diz com a destinação de um Livro próprio para disciplinar "o processo cautelar", situação que, à evidência, não pode ser confundida com a suposta extirpação dos provimentos dessa natureza do sistema pátrio. Os provimentos cautelares, pois, foram incorporados ao tópico sob análise.

2. A tutela de urgência pode ser *satisfativa* ou *não satisfativa*. No segundo caso (tutela cautelar), efetiva-se mediante a determinação de medidas idôneas a asseguração (acautelamento) do direito perseguido (ou a ser perseguido) em juízo. O Código, exemplificativamente, suscita institutos de outrora conhecidos pelo processo civil pátrio, tais como o arresto, o sequestro, o arrolamento de bens, o registro de protesto contra alienação de bem, sem, contudo, regulamentá-los em minúcias do ponto de vista procedimental, tal como realizado pelo sistema revogado (o que é, diga-se de passagem, plenamente compatível com o *direito fundamental à tutela adequada* e com a sistemática adotada pelo legislador de 2015). O aludido rol, à evidência, revela-se exemplificativo, considerado o teor da parte final do artigo sob comento.

> **Art. 302.** Independentemente da reparação por dano processual, a parte responde pelo prejuízo que a efetivação da tutela de urgência causar à parte adversa, se:
> I – a sentença lhe for desfavorável;
> II – obtida liminarmente a tutela em caráter antecedente, não fornecer os meios necessários para a citação do requerido no prazo de 5 (cinco) dias;
> III – ocorrer a cessação da eficácia da medida em qualquer hipótese legal;
> IV – o juiz acolher a alegação de decadência ou prescrição da pretensão do autor.
> Parágrafo único. A indenização será liquidada nos autos em que a medida tiver sido concedida, sempre que possível.

1. Recai sobre o requerente, segundo o CPC/2015, o ônus de arcar não só com a reparação por dano processual experimentado pelo requerido, mas, também, dos prejuízos que derivarem da concessão da tutela de urgência nos casos em que (a) a decisão final desfavorecer o requerente; (b) deixar o mesmo, havendo concessão de tutela provisória antecedente, de fornecer os meios necessários à citação do requerido no quinquídio legal; (c) houver a cassação da tutela provisória; (d) acolher-se a alegação de decadência ou prescrição da pretensão do demandante. Trata-se, pois, de responsabilidade objetiva anunciada pelo Código.

2. O tema, como regra, será enfrentado nos próprios autos em que a tutela provisória tiver sido concedida.

CAPÍTULO II
DO PROCEDIMENTO DA TUTELA ANTECIPADA REQUERIDA EM CARÁTER ANTECEDENTE

1. O procedimento do qual se ocupa o presente Capítulo (um dos mais controvertidos do CPC/2015) tem, ao menos de acordo com o direito legislado, aplicabilidade limitada aos casos de requerimento de tutela provisória *satisfativa* (antecipada, na linguagem do Código) formulado de maneira antecedente (ou seja, não incidental). Há quem questione, pois, o porquê de sua não aplicação ao âmbito da tutela da evidência.

> **Art. 303.** Nos casos em que a urgência for contemporânea à propositura da ação, a petição inicial pode limitar-se ao requerimento da tutela antecipada e à indicação

do pedido de tutela final, com a exposição da lide, do direito que se busca realizar e do perigo de dano ou do risco ao resultado útil do processo.

§ 1º Concedida a tutela antecipada a que se refere o caput deste artigo:

I – o autor deverá aditar a petição inicial, com a complementação de sua argumentação, a juntada de novos documentos e a confirmação do pedido de tutela final, em 15 (quinze) dias ou em outro prazo maior que o juiz fixar;

II – o réu será citado e intimado para a audiência de conciliação ou de mediação na forma do art. 334;

III – não havendo autocomposição, o prazo para contestação será contado na forma do art. 335.

§ 2º Não realizado o aditamento a que se refere o inciso I do § 1º deste artigo, o processo será extinto sem resolução do mérito.

§ 3º O aditamento a que se refere o inciso I do § 1º deste artigo dar-se-á nos mesmos autos, sem incidência de novas custas processuais.

§ 4º Na petição inicial a que se refere o caput deste artigo, o autor terá de indicar o valor da causa, que deve levar em consideração o pedido de tutela final.

§ 5º O autor indicará na petição inicial, ainda, que pretende valer-se do benefício previsto no *caput* deste artigo.

§ 6º Caso entenda que não há elementos para a concessão de tutela antecipada, o órgão jurisdicional determinará a emenda da petição inicial em até 5 (cinco) dias, sob pena de ser indeferida e de o processo ser extinto sem resolução de mérito.

1. Da petição inicial. Os elementos essenciais da *petição inicial* encontram-se inventariados pelo teor artigo 319 do CPC/2015. Como regra, a exordial (comum, por assim dizer) deve indicar, à integralidade, os itens apontados nos incisos do aludido dispositivo legal, pena de inadmissibilidade. Nos casos em que "a urgência for contemporânea à propositura da ação", ou melhor, nas hipóteses em que a *tutela de urgência satisfativa*, face à peculiaridade do caso concreto, for postulada de maneira *antecedente*, ter-se-á, segundo o sistema codificado, flexibilização à regra. Nesses casos, pois, o petitório exordial poderá limitar-se a expor o *requerimento de tutela antecipada* (à evidência, devidamente fundamentado) e a *indicação do pedido de tutela final*, com breve *exposição da lide* e do direito que, ao fim e ao cabo, se busca realizar, sem prejuízo da comprovação *do perigo da demora* (dano eminente e irreparável – noção de tardança) que, segundo a tese sustentada pelo requerente, advenha da necessidade de se percorrer *toda linha de desenvolvimento natural da tutela cognitiva* (*o procedimento comum*). Trata-se, uma vez comparado ao petitório inicial "comum", de arrazoado enxuto, cuja "simplicidade" se legitima, sobretudo, em razão da urgência de sua apresentação em juízo.

2. Aquele que se utilizar do "benefício" sob comento (leia-se: do petitório simplificado) deve, ao apontar o valor da causa, tomar por base a dimensão econômica do pedido final, e não, apenas, do pedido referente à tutela provisória, caso se afigurem distintos. Outrossim, o requerente, ao fazer uso da petição "simplificada", deve expressamente alertar o juízo de que faz uso do benefício sob comento, pena de eventual indeferimento da inicial (uma vez que elementos essenciais à petição inicial "padrão", como é intuitivo, não constarão do petitório protocolizado).

3. Deferido pedido de tutela provisória sob comento (no caso, antecipada), o Código determina que o requerente, uma vez utilizado o benefício da simplificação do petitório inicial, deva aditá-la, adequando-a a integralidade das exigências oriundas do art. 319. Inerte o autor (quanto ao aditamento da exordial – que deve ser promovido (a) no prazo de 15 dias ou (b) no *lapso temporal determinado pelo julgador*), o feito haverá, segundo o CPC/2015, de ser extinto sem resolução de mérito, cessando, todavia, os efeitos da decisão que tenha acolhido, provisoriamente, a pretensão do autor. A regra sob comento (exigência de aditamento), segundo sustentamos, não há de ser observada nos casos em que, antes da transcorrência do prazo para a complementação da exordial, houver "estabilização" da tutela sob comento. O Código, segundo pensamos, dificultou a melhor compreensão do cenário sob comento ao eleger a ordem de exposição da matéria pertinente, especialmente por postergar o enfrentamento do tema estabilizatório. Vide, acerca do tema, comentários ao art. 305.

4. O requerido, por sua vez, será citado e, ato contínuo, intimado a comparecer à audiência de autocomposição (desde logo aprazada), bem como a cumprir o comando judicial antecipatório (considere-se, por exemplo, caso em que o pedido seja deferido *inaudita altera pars* – liminarmente, na linguagem do Código). A decisão que (des)acolhe o pedido de tutela urgência (assim como da evidência), vale destacar, é impugnável por *agravo de instrumento* (art. 1.015, I, do CPC/2015), hipótese em que, inclusive, se admite, havendo interesse, que os patronos da causa sustentem oralmente suas razões recursais (art. 937, VIII, do CPC/2015).

5. O cômputo do prazo para o oferecimento do agravo de instrumento, consoante o teor do art. 1.003, §2º, deve observar o regramento previsto pelo art. 231, I a VI, do CPC/2015. Aduz o aludido artigo: "Salvo disposição em sentido diverso, considera-se dia do começo do prazo: I – a data de juntada aos autos do aviso de recebimento, quando a citação ou a intimação for pelo correio; II – a data de juntada aos autos do mandado cumprido, quando a citação ou a intimação for por oficial de justiça; III – a data de ocorrência da citação ou da intimação, quando ela se der por ato do escrivão ou do chefe de secretaria; IV – o dia útil seguinte ao fim da dilação assinada pelo juiz, quando a citação ou a intimação for por edital; V – o dia útil seguinte à consulta ao teor da citação ou da intimação ou ao término do prazo para que a consulta se dê, quando a citação ou a intimação for eletrônica; VI – a data de juntada do comunicado de que trata o art. 232 ou, não havendo esse, a data de juntada da carta aos autos de origem devidamente cumprida, quando a citação ou a intimação se realizar em cumprimento de carta;".

6. Indeferido o pedido de tutela provisória satisfativa antecedente (leia-se: formulado de maneira antecedente), o magistrado determinará a intimação do requerente para, querendo, aditar o petitório inicial simplificado no prazo de 5 dias, pena de indeferimento do mesmo, e consequente extinção do feito, sem apreciação meritória. Cumpre destacar, a título de alerta, que, nada obstante a onda uniformizadora de prazos processuais promovida pelo CPC/2015, no concernente, uma vez *deferido* o pedido de tutela provisória sob comento, o prazo para aditamento do petitório exordial será de 15 dias (ou maior, dependendo, no caso, de pronunciamento judicial específico); *indeferido*, o lapso temporal "encolhe", passando para apenas 5 dias. Em ambos, pois, serão computados apenas os dias úteis.

7. Sugere-se, no afã de reduzir ao máximo a realização de atos processuais inúteis, que o julgador, deparando-se com o expediente sob comento, arbitre, *ope iudicis*, em caso de acolhimento do pleito de tutela provisória satisfativa antecedente, *dies a quo* distinto do previsto em lei para o aditamento da inicial. A experiência forense denuncia que, no mais das vezes, nada obstante possa o autor ter interesse na estabilização da tutela antecipada deferida, o prazo para o oferecimento do *agravo de instrumento* pelo réu estará em curso ao tempo do dia fatal para o aditamento da inicial, obrigando-se o autor, pena de extinção do feito (assim prevê o comando legal), a produzir ato processual que, ante a inércia do demandado (e sendo do interesse do autor) revelar-se-á inútil. Segundo pensamos, "providência sustentável" seria a adoção de medida nos seguintes termos: "(...) Deferido o pleito antecipatório requerido em caráter antecedente (como o foi no caso em tela), fica o autor, desde logo, intimado a aditar o petitório exordial (art. 303, § 1º, I, do CPC/2015), havendo interesse, no prazo de 15 dias, a contar do primeiro dia útil subsequente a preclusão temporal do recurso hábil a impedir a estabilização da tutela deferida. Silentes as partes, o feito será extinto, por sentença, sem prejuízo da manutenção dos efeitos da tutela deferida, em atendimento ao teor do art. 304, §1º do mesmo diploma legal, hipótese em que não se realizará a audiência abaixo aprazada. Cite-se e, ato continuo, intime-se o requerido para (a) cumprir o comando judicial provisório ora deferido, bem como (b) para comparecer à audiência de autocomposição a realizar-se em __/__/__, às __ horas, na sala de audiências desta vara, ressalvado segunda ordem".

8. O pronunciamento judicial acima proposto é, segundo pensamos, compatível tanto com a ideia de "estabilização da tutela provisória", quanto com a de melhor aproveitamento dos atos processuais, na medida em que, inexistindo interesse do requerente, evita a incidência do instituto. Parece-nos "contraproducente" (para dizer o menos) que a demanda seja extinta sem julgamento de mérito apesar do interesse do requerente em prosseguir com a marcha processual no afã de alcançar pronunciamento meritório calcado em cognição exauriente, sendo ele forçado, para tanto, a promover a ação antiestabilizatória (ou seja, outra demanda – art. 304, §2º) pelo só fato de o requerido não reagir a sua postulação primeira.

> **Art. 304.** A tutela antecipada, concedida nos termos do art. 303, torna-se estável se da decisão que a conceder não for interposto o respectivo recurso.
> § 1º No caso previsto no *caput*, o processo será extinto.
> § 2º Qualquer das partes poderá demandar a outra com o intuito de rever, reformar ou invalidar a tutela antecipada estabilizada nos termos do caput.
> § 3º A tutela antecipada conservará seus efeitos enquanto não revista, reformada ou invalidada por decisão de mérito proferida na ação de que trata o § 2º.

§ 4º Qualquer das partes poderá requerer o desarquivamento dos autos em que foi concedida a medida, para instruir a petição inicial da ação a que se refere o § 2º, prevento o juízo em que a tutela antecipada foi concedida.

§ 5º O direito de rever, reformar ou invalidar a tutela antecipada, previsto no § 2º deste artigo, extingue-se após 2 (dois) anos, contados da ciência da decisão que extinguiu o processo, nos termos do § 1º.

§ 6º A decisão que concede a tutela não fará coisa julgada, mas a estabilidade dos respectivos efeitos só será afastada por decisão que a revir, reformar ou invalidar, proferida em ação ajuizada por uma das partes, nos termos do § 2º deste artigo.

1. Da estabilização da tutela provisória. Ao menos num primeiro momento, a decisão que enfrenta e concede a *tutela provisória antecipada antecedente* é, consoante denuncia sua graça, provisória. Uma das novidades do CPC/2015 diz, pois, com a possibilidade de sua estabilização. O tema, certamente, revela-se um dos mais espinhosos enfrentados pelo legislador de 2015.

2. Citado e, ato contínuo, intimado o requerido acerca do deferimento do pedido de tutela provisória antecipada requerida de maneira antecedente, inaugura-se, nos termos da lei, prazo para interposição recursal: no caso, o *agravo de instrumento* (art. 1.015, I, do CPC/2015). Inerte o requerido (ou seja, deixando ele de interpor o recurso cabível), tornar-se-ão estáveis, segundo o Código, os efeitos da decisão que venha a acolher o pedido do requerente, impondo-se a imediata extinção do feito.

3. Os efeitos do pronunciamento judicial que acolhe o pedido de tutela antecipada se farão sentir enquanto a decisão não for revista, reformada ou invalidada por decisão de mérito proferida em ação própria (a *ação antiestabilizatória* – art. 304, § 2º do CPC/2015) que tramitará, sendo o caso, em autos apartados.

4. *Ação antiestabilizatória*. Competência. Considera-se prevento para processar e julgar a *ação antiestabilizatória*, o juízo que acolher o pedido de *tutela antecipada antecedente*.

5. A possibilidade de *rever, reformar ou invalidar a tutela antecipada* alcançada pela *estabilização* sob comento, extingue-se, consoante expresso apontamento legal, em dois (02) anos, contados da *ciência da decisão que extinguiu o processo em que fora deferida*. Trata-se, pois, de prazo decadencial.

6. O CPC/2015 é enfático ao asseverar que a decisão (objeto de estabilização), não comporta a incidência de coisa julgada material (art. 304, § 6º, do CPC/2015). A afirmativa legal, embora induvidosa, deu ensejo a um dos mais palpitantes debates doutrinários da atualidade. Em linhas gerais a doutrina tem se perguntado: *transcorrido in albis o prazo para o oferecimento da ação antiestabilizatória, considerada a (previsão expressa de) inexistência de coisa julgada material, admitir-se-á o exame meritório de demanda idêntica?* A reflexão tem dividido a doutrina. Há, de um lado, (1) corrente que, *considerando a natureza do pronunciamento que concede a tutela provisória satisfativa antecedente* (decisão interlocutória), afirma estar ele despido de elementos indispensáveis para a regulação do conflito de interesses em definitivo, admitindo, pois, a propositura e o enfrentamento meritório de demanda idêntica, antes de transcorrido o prazo prescricional concernente ao direito *sub judice* (ainda que superados os dois anos previstos pelo CPC). Destacam-se dentre os principais argumentos suscitados (a) *a alegação de tratar-se (o pronunciamento antecipatório) de decisão calcada em cognição sumária (juízo de verossimilhança; logo, precária)*; (b) *a inexistência de enfrentamento meritório*, geralmente fundado no apego a natureza jurídica da decisão que extingue o feito em que a tutela antecipada fora concedida (trata-se, segundo o Código, de *sentença terminativa*) e, por fim; (c) o próprio texto legal que, expressamente, nega a incidência da coisa julgada material. De outro, (2) quem, como nós, sustente que, transcorrido o prazo legal para o oferecimento da *ação antiestabilizatória* (dois anos – contados da intimação das partes acerca da extinção do feito), torne-se tal pronunciamento, em total consonância com a dicção legal, imodificável (embora, de fato, não caiba falar em *coisa julgada material)*, com fulcro nos fundamentos expostos no tópico a abaixo.

7. A complexidade do tema exige, pois, comentário detalhado. Deve-se destacar, primeiro, que, como regra, o pronunciamento interlocutório que acolhe o pedido de concessão de tutela provisória de urgência antecedente, ainda que prolatado mediante exercício de *cognição sumária* (ou seja, menos aprofundada, calcada em juízo de verossimilhança – ao menos em relação ao direito à tutela do direito), enfrenta, bem compreendida a afirmativa, o *meritum causae*; segundo, que o legislador pátrio oferta ao jurisdicionado, inerte num primeiro momento, instrumento hábil a satisfazer o *direito fundamental ao contraditório* de maneira *eventual* (mediante propositura da ação antiestabilizatória); terceiro, que o instituto da coisa julgada (aqui, material) não é o único destinado a pôr, em definitivo, um ponto final ao conflito de interesses (real ou virtual). Em relação ao derradeiro tópico, vale lembrar a consagrada/conhecida figura do *ne bis in idem*, que, nada obstante possa ser vislumbrado, com clareza, ao menos no âmbito do denominado *efeito negativo* da coisa julgada, possui, à evidência, vida própria, com ela não se confundindo (aparece, por exemplo, por ocasião da preclusão de uma matéria qualquer – não objeto de sentença – ao longo da tramitação processual). Iniciemos assim: a "verdadeira" estabilização da tutela provisória se dá apenas no derradeiro estágio (art. 304, § 5º), quer dizer, após a transcorrência *in albis* do prazo para o oferecimento da ação antiestabilizatória, e não, segundo pensamos, pela simples extinção do feito em que a tutela provisória antecipada antecedente fora concedida (pena de laborarmos com *espúria "estabilização"*). Seja como for, superado o prazo de 02 (dois) anos, a contar da ciência da decisão que extinguiu o feito em que a tutela provisória fora deferida sem resistência da parte sobre a qual recaiu o peso da aludida decisão (o requerido), o *ne bis in idem*, a despeito da não incidência da coisa julgada, se fará sentir. É ele, e não a coisa julgada, que impedirá a reapreciação de demanda idêntica após o aludido lapso temporal. Para que se expurguem quaisquer dúvidas, vale lembrar: segundo expresso apontamento legislativo a "decisão que concede a tutela" na forma sob comento "só será afastada por decisão que a revir, reformar ou invalidar, proferida em ação" antiestabilizatória "ajuizada por uma das partes" (art. 304, § 6º). A *ratio legis* é, em última análise, cristalina: caso aquele que tenha de suportar o peso da tutela provisória concedida não

abandone seu estado de inércia, aquilo que, *a priori*, fora decidido com base (a) em cognição sumária, no que tange ao direito alegado, e (b) cognição exauriente em relação ao perigo da tardança, servirá, por eleição legislativa, a regular o caso concreto para a eternidade (mesmo sem a incidência, sobre ele, da coisa julgada). Quer dizer: face às contingências do caso concreto, o provisório tornar-se-á definitivo. Fora daí, não há, como é intuitivo, falar em "estabilização" da tutela jurisdicional.

8. O elemento que legitima a *estabilização da tutela provisória em tela* é, indubitavelmente, a inércia do requerido. Nada obstante limite-se o Código a prever a não interposição do *recurso cabível* (o agravo de instrumento) como elemento suficiente à extinção do feito em que a mesma fora concedida, parece-nos, primeiro, que inexista, nesse cenário, falar em estabilização (da prestação jurisdicional) propriamente dita; segundo, que, segundo pensamos, qualquer outra conduta do demandado que revele a falta de aquiescência ao comando judicial (petição simples, apresentação de contrarrazões em agravo de instrumento ofertado pelo requerente, etc.) *deslegitima* (e, do ponto de vista processual, impede) a extinção imediata do feito tal e qual preconiza o *caput* do art. 304, e, por consequência, a estabilização da tutela provisória (que só ocorre verdadeiramente, reitere-se, após a superação do prazo previsto no art. 304, § 5º).

9. Direito comparado. Advertência. Tornou-se comum, desde a entrada em vigor do CPC/2015, buscar soluções para a "estabilização da tutela provisória" pátria em institutos processuais "alienígenas". O *référé* francês, sem dúvida, é um dos mais citados. Vale o lembrete: institutos "supostamente" importados, nada obstante à influência cultural que os tenha motivado na origem, devem ser trabalhados, obrigatoriamente, à luz do contexto jurídico em que se lhe pretenda dar aplicação. Nada obstante eventuais influências externas, a *estabilização da tutela provisória de urgência satisfativa antecedente* revela-se, doravante, instituto processual pertencente ao ordenamento jurídico brasileiro, e deve, sobretudo, ser aplicado de acordo com o contexto jurídico pátrio. Conhecer a origem da "ideia" que (supostamente) motivou seu arquitetamento (e eventuais debates acerca de sua aplicação no estrangeiro), embora aconselhável, mostra-se, como é intuitivo, insuficiente ao adequado manejo do instituto entre nós.

10. "Na estabilização da tutela antecipada, o réu ficará isento do pagamento das custas e os honorários deverão ser fixados no percentual de 5% sobre o valor da causa (art. 304, *caput*, c/c o art. 701, *caput*, do CPC/2015)." (Enunciado n. 18, ENFAM).

11. "Caso a demanda destinada a rever, reformar ou invalidar a tutela antecipada estabilizada seja ajuizada tempestivamente, poderá ser deferida em caráter liminar a antecipação dos efeitos da revisão, reforma ou invalidação pretendida, na forma do art. 296, parágrafo único, do CPC/2015, desde que demonstrada a existência de outros elementos que ilidam os fundamentos da decisão anterior." (Enunciado n. 26, ENFAM).

12. Consoante enunciados aprovados pela ENFAM, "Não é cabível ação rescisória contra decisão estabilizada na forma do art. 304 do CPC/2015"

(Enunciado n. 27); "Admitido o recurso interposto na forma do art. 304 do CPC/2015, converte-se o rito antecedente em principal para apreciação definitiva do mérito da causa, independentemente do provimento ou não do referido recurso." (Enunciado n. 28).

CAPÍTULO III
DO PROCEDIMENTO DA TUTELA CAUTELAR REQUERIDA EM CARÁTER ANTECEDENTE

Art. 305. A petição inicial da ação que visa à prestação de tutela cautelar em caráter antecedente indicará a lide e seu fundamento, a exposição sumária do direito que se objetiva assegurar e o perigo de dano ou o risco ao resultado útil do processo.
Parágrafo único. Caso entenda que o pedido a que se refere o caput tem natureza antecipada, o juiz observará o disposto no art. 303.

1. Requisitos. Petição inicial. Tutela (provisória) cautelar requerida em caráter antecedente. A petição inicial que visa à obtenção de provimento *não satisfativo* destinado a garantir, de maneira antecedente (antônimo de incidental), o resultado útil da demanda principal (no sentido de promoção da tutela dos direitos) deve apontar (a) a lide, seu fundamento e a exposição sumária do direito, *in concreto*, que se objetiva assegurar, bem como (b) justificativa acerca do risco de "esterilidade" da ação principal em relação à tutela "prometida" pelo direito material. Os elementos essenciais da petição inicial encontram-se, consoante afirmado alhures, inventariados no artigo 319 do CPC/2015. Como regra, a exordial deve indicar à integralidade dos itens apontados nos incisos do aludido dispositivo legal. Nesses casos, pois, poderá o requerente limitar-se a apresentar os elementos acima apontados, informando, pois, que faz uso do petitório simplificado. Eis o petitório inicial simplificado.

2. Entendendo o magistrado que a postulação formulada pelo requerente traduz, a despeito da titulação a ela conferida, pedido de concessão (antecedente) de *tutela provisória de urgência antecipada* (satisfativa, portanto), e não cautelar, incumbirá ao julgador, de ofício, no afã de enfrentá-lo, observar os requisitos e o procedimento aplicáveis àquela (arts. 303/304), ignorando o conteúdo do presente capítulo.

Art. 306. O réu será citado para, no prazo de 5 (cinco) dias, contestar o pedido e indicar as provas que pretende produzir.

1. O requerido será citado, consoante o novel sistema, e intimado para, querendo, no prazo de cinco dias, opor-se a postulação formulada pelo requerente (a contestação diz respeito *ao pedido de concessão de provimento cautelar antecedente*, tão somente), indicando, caso se insurja à tese sustentada pelo autor, os meios de prova que se pretende valer.

2. Aplica-se, aqui, o teor do art. 434 do CPC/2015.

Art. 307. Não sendo contestado o pedido, os fatos alegados pelo autor presumir-se-ão aceitos pelo réu como ocorridos, caso em que o juiz decidirá dentro de 5 (cinco) dias.
Parágrafo único. Contestado o pedido no prazo legal, observar-se-á o procedimento comum.

1. Silente o requerido, presumir-se-á aceita a versão fática sustentada pelo requerente (reitere-se, para o específico fim de concessão de provimento cautelar antecedente). Nada impede que o julgador, face à falta de verossimilhança, insurja-se ao contexto fático narrado e não impugnado ou, mesmo sem insurgir-se, indefira o pleito formulado de maneira antecedente, caso entenda que a proteção cautelar postulada é dispensável para o caso concreto, ao menos no contexto histórico examinado.

2. O magistrado decidirá o caso concreto (objeto: acolhimento ou não do provimento cautelar pleiteado) no prazo de cinco dias, contados da conclusão dos autos, nos casos em que o requerido não apresentar contestação.

Art. 308. Efetivada a tutela cautelar, o pedido principal terá de ser formulado pelo autor no prazo de 30 (trinta) dias, caso em que será apresentado nos mesmos autos em que deduzido o pedido de tutela cautelar, não dependendo do adiantamento de novas custas processuais.
§ 1º O pedido principal pode ser formulado conjuntamente com o pedido de tutela cautelar.
§ 2º A causa de pedir poderá ser aditada no momento de formulação do pedido principal.
§ 3º Apresentado o pedido principal, as partes serão intimadas para a audiência de conciliação ou de mediação, na forma do art. 334, por seus advogados ou pessoalmente, sem necessidade de nova citação do réu.
§ 4º Não havendo autocomposição, o prazo para contestação será contado na forma do art. 335.

1. Pedido principal. Prazo. Pena. "Efetivada" a tutela cautelar, aduz o Código: o pedido principal (mediante protocolo de petição que contenha, à integralidade, os elementos inerentes à "inicial" e o pedido de tutela jurisdicional que se pretendeu garantir com o provimento cautelar requerido) será formulado, nos mesmos autos, sem a necessidade do adiantamento de custas processuais próprias, no prazo de 30 dias.

2. O cômputo do trintídio para a formulação do pedido principal inicia-se, segundo expresso texto de lei, por ocasião da *efetivação da medida cautelar*. A data do acolhimento do pedido (de tutela cautelar) é, para os fins disciplinados pelo art. 308, irrelevante, exceto nos casos em que o mesmo independa de atividade mundana (por exemplo, o acolhimento do pleito cautelar determina a suspensão de outra(s) demanda(s) em curso – sua publicação, por si só, já produz o efeito cautelar desejado).

3. O legislador pátrio permite a formulação de pedido de tutela cautelar desacompanhado de pedido principal, nada obstante ambos possam ser realizados conjuntamente (tutela cautelar incidente). Nesses casos, pois, não parece adequado falar em *tutela provisória cautelar antecedente*, já que tal expressão, na linha do Código, significa, em si, a formulação de *pedido de tutela provisória em momento anterior à formulação do pedido principal*. Sendo ambos formulados conjuntamente, postulação antecedente, a rigor, inexiste. Trata-se, ao fim e ao cabo, de tutela cautelar requerida em caráter incidental.

4. Formulado tempestivamente o pedido principal, as partes serão intimadas a comparecer à audiência de autocomposição, na pessoa de seus advogados ou pessoalmente, dispensada a realização de novo ato citatório. Não se admitindo sequer em tese a realização de autocomposição (isto é, o direito *sub judice* não a comporta), não cabe, à evidência, falar no aprazamento da solenidade processual acima referida.

5. O cômputo do prazo para a oferta da *contestação* destinada a impugnar o pedido principal dar-se-á em observância aos ditames aplicáveis ao procedimento comum (vide comentários ao Livro I da Parte Especial do CPC/2015). Em se tratando de postulação que antecede *processo de execução*, não há falar em prazo para contestação na demanda principal, uma vez que a "resposta" do executado obedece a regime processual diverso.

> **Art. 309.** Cessa a eficácia da tutela concedida em caráter antecedente, se:
> I – o autor não deduzir o pedido principal no prazo legal;
> II – não for efetivada dentro de 30 (trinta) dias;
> III – o juiz julgar improcedente o pedido principal formulado pelo autor ou extinguir o processo sem resolução de mérito.
> Parágrafo único. Se por qualquer motivo cessar a eficácia da tutela cautelar, é vedado à parte renovar o pedido, salvo sob novo fundamento.

1. O art. 309 aponta as hipóteses em que cessa a eficácia do decisório que acolheu o pedido de concessão de tutela cautelar formulado e deferido em caráter antecedente. O provimento concedido de maneira antecedente (em relação à formulação do pedido final) "desaparece do mundo jurídico" se (a) o pedido principal não for deduzido no prazo legal (30 dias a contar da efetivação da medida cautelar); (b) não se efetivar dentro de 30 (trinta) dias; (c) quando julgado improcedente o pedido principal ou, ainda, (d) quando a ação principal for extinta sem resolução de mérito.

2. É defeso à parte que da tutela cautelar tenha se beneficiado, considerada a perda de sua eficácia, renovar o pedido de concessão de provimento assemelhado (de idêntica natureza – *não satisfativo*) ao anteriormente deferido, salvo se a (nova) postulação se justificar por fundamento diverso.

> **Art. 310.** O indeferimento da tutela cautelar não obsta a que a parte formule o pedido principal, nem influi no julgamento desse, salvo se o motivo do indeferimento for o reconhecimento de decadência ou de prescrição.

1. Excetuados os casos em que o indeferimento da tutela cautelar encontre amparo no reconhecimento da *decadência* (do direito que se pretende ver satisfeito na demanda principal) ou da *prescrição* (da própria demanda), ambos considerados *mérito* para o direito pátrio, o "resultado" alcançado na etapa processual sob comento não interfere, ou impede, que a parte interessada formule o pedido principal. A análise do pedido de natureza cautelar requerido em caráter antecedente, embora considere, em certa medida, a "fumaça do bom direito" referente ao pleito principal porvir, limita-se a proteger, bem compreendida a afirmativa, o resultado útil da prestação jurisdicional futura, do que decorre sua insuficiência, ressalvadas as hipóteses legais, para desenhar o resultado da questão "principal" que deu azo a sua postulação.

TÍTULO III
DA TUTELA DA EVIDÊNCIA

1. "A necessidade de *tutela adequada* aos direitos impõe ao legislador infraconstitucional não só o dever de viabilizar a técnica antecipatória diante do *perigo na demora*, isto é, nos casos em que a tutela jurisdicional deve ser prestada de forma *urgente*, mas, também nos casos em que a *evidência do direito* postulado em juízo não justifica qualquer retardo na sua realização. E isso porque, a uma, é profundamente injusto fazer com que a parte aguarde para a fruição de um direito evidente à luz do direito fundamental à tempestividade da tutela jurisdicional (...), e, a duas, quem deve *pagar pelo tempo da instrução do processo* não é a parte que muito provavelmente tem razão em sua postulação, mas a parte que dela precisa para mostrar que tem razão nas suas alegações, sob pena de invariavelmente o tempo do processo ser jogado nas costas do autor, independentemente de quão provável seja sua posição processual, com evidente afronta à igualdade no processo (...)." (MITIDIERO, Daniel. *Antecipação da Tutela*: da tutela cautelar à técnica antecipatória. 2. ed. São Paulo: RT, 2014. p. 135).

> **Art. 311.** A tutela da evidência será concedida, independentemente da demonstração de perigo de dano ou de risco ao resultado útil do processo, quando:
> I – ficar caracterizado o abuso do direito de defesa ou o manifesto propósito protelatório da parte;
> II – as alegações de fato puderem ser comprovadas apenas documentalmente e houver tese firmada em julgamento de casos repetitivos ou em súmula vinculante;
> III – se tratar de pedido reipersecutório fundado em prova documental adequada do contrato de depósito, caso em que será decretada a ordem de entrega do objeto custodiado, sob cominação de multa;
> IV – a petição inicial for instruída com prova documental suficiente dos fatos constitutivos do direito do autor, a que o réu não oponha prova capaz de gerar dúvida razoável.
> Parágrafo único. Nas hipóteses dos incisos II e III, o juiz poderá decidir liminarmente.

1. A tramitação do processo destinado à tutela cognitiva respeita, como regra, uma linha de desenvolvimento natural, que se inicia, bem compreendida, com a etapa postulatória e se extingue pela denominada fase decisória. Tal travessia, naturalmente, demanda tempo. Há casos, porém, em que embora inexista *periculum in mora*, o *fumus boni iuris* inerente às postulações formuladas pelo autor é tamanho que, presente pelo menos uma das hipóteses prescritas pelos incisos do artigo 311, há de se conceder ao demandante, de imediato, ainda que precariamente, a tutela jurisdicional requerida. Tal concessão retrata, sobremaneira, *tutela da evidência* e, vale sublinhar, depende de postulação expressa da parte.

2. "A tutela da evidência não se confunde, na estrutura do novo Código, com o julgamento antecipado da lide. A medida é deferida sumariamente, em alguns casos de maior urgência, até mesmo sem a audiência de parte contrária, mas não impede o prosseguimento do feito, para completar-se o contraditório e a instrução probatória. A *provisoriedade* da tutela da evidência é, aliás, o traço comum que o novo Código adotou para qualificar as tutelas de urgência e da evidência como espécies do mesmo gênero, ao qual se atribui o *nomem iuris* de *tutelas provisórias*." (THEODORO JR.; Humberto. *Curso de Direito Processual Civil*. 56. ed. Rio de Janeiro: Forense, 2015. v. 1. p. 685 – versão digital). "Seu objetivo é redistribuir o ônus que advém do tempo necessário para transcurso de um processo e a concessão de tutela definitiva. Isso é feito mediante a concessão de uma tutela imediata e provisória para a parte que revela o elevado grau de probabilidade de suas alegações (devidamente provadas), em detrimento da parte adversa e a improbabilidade de êxito em sua resistência – mesmo após a instrução processual". Posiciona-se, contudo, Fredie Didier Jr., com ares de advertência: a *"evidência* é fato jurídico processual. É o estado processual em que as afirmações de fato estão comprovadas. A evidência, enquanto fato processual, pode ser tutelada em juízo. Perceba-se que a evidência não é um tipo de tutela jurisdicional. A evidência é fato jurídico processual que autoriza que se conceda tutela jurisdicional, mediante técnica de tutela diferenciada. Evidência é um pressuposto fático de uma técnica processual para a obtenção de tutela. Somente há sentido em dar 'tutela da evidência' como técnica processual. É uma técnica processual, que diferencia o procedimento, em razão da evidência com que determinadas alegações se apresentem em juízo. Qualquer espécie de tutela jurisdicional, encarada como resultado prático da decisão, pode, em tese, ser beneficiada por essa técnica." (DIDIER JR., Fredie; BRAGA, Paula Sarno; OLIVEIRA, Rafael Alexandria. *Curso de Direito Processual Civil*. 10. ed. Salvador: Juspodivm, 2015. p. 617/618).

3. Tutela da evidência. Conveniência. A tutela da evidência tem lugar nos casos em que: (a) ficar caracterizado o abuso do direito de defesa ou o manifesto propósito protelatório da parte requerida; (b) as alegações de fato puderem ser provadas apenas pela via documental e houver tese firmada em julgamento de casos repetitivos ou em súmula vinculante; (c) o pedido reipersecutório encontre-se amparado por prova documental do contrato de depósito; (d) a inicial restar instruída com prova documental suficiente à comprovação da versão fática suscitada pelo autor, a que o réu não oponha (porque é improvável que exista) prova capaz de gerar dúvida razoável acerca da existência do direito objeto da demanda.

4. O inciso III do artigo sob comento justifica a ausência, no título dos *procedimentos especiais* de jurisdição contenciosa, da revogada Ação de Depósito (art. 901) prevista pelo CPC/73.

5. "Para a concessão da tutela de evidência prevista no art. 311, III, do CPC/2015, o pedido reipersecutório deve ser fundado em prova documental do contrato de depósito e também da mora." (Enunciado n. 29, ENFAM); "É possível a concessão da tutela de evidência prevista no art. 311, II, do CPC/2015 quando a pretensão autoral estiver de acordo com orientação firmada pelo Supremo Tribunal Federal em sede de controle abstrato de constitucionalidade ou com tese prevista em súmula dos tribunais, independentemente de caráter vinculante." (Enunciado n. 30, ENFAM); "A concessão da tutela de evidência prevista no art. 311, II, do CPC/2015 independe do trânsito em julgado da decisão paradigma." (Enunciado n. 31, ENFAM).

6. O perigo da demora não é, em qualquer de suas dimensões, requisito para a concessão de tutela da evidência.

Livro VI
DA FORMAÇÃO, DA SUSPENSÃO E DA EXTINÇÃO DO PROCESSO

TÍTULO I
DA FORMAÇÃO DO PROCESSO

Art. 312. Considera-se proposta a ação quando a petição inicial for protocolada, todavia, a propositura da ação só produz quanto ao réu os efeitos mencionados no art. 240 depois que for validamente citado.

1. Dentre as diversas teorias inerentes ao tema *processo*, uma delas, amplamente conhecida entre os processualistas, vislumbrou-o enquanto *relação jurídica*. O pedido de tutela jurisdicional, segundo tal linha de raciocínio, desencadeia o surgimento de uma relação (jurídica) que tem como sujeitos o autor, o Estado-juiz e, validamente citado, o réu. Trata-se, pois, de relação jurídica de natureza pública, que possui *pressupostos de existência* e *requisitos de desenvolvimento válido* próprios, e que não se confunde com a *relação jurídica de direito material* que se lhe possa servir de objeto. Segundo o sistema codificado, o protocolo do petitório inicial revela-se ato suficiente à formação da relação jurídica de direito processual.

2. Diz-se, de longa data, que a *"angularização"* da relação processual decorre da citação válida (à evidência, do demandado), revelando-se, pois, *regra* no direito pátrio que, deferido o petitório inicial, proceda-se na citação do demandado e, ato contínuo, à intimação do mesmo para comparecer à audiência de autocomposição (conciliação ou mediação, dependendo do caso concreto). Consoante expresso texto de lei, "a citação válida, ainda quando ordenada por juízo incompetente, induz litispendência, torna litigiosa a coisa e constitui em mora o devedor", ressalvado o disposto nos artigos 397 e 398 da Lei nº 10.406, de 10 de janeiro de 2002 (o Código Civil). A citação válida vincula o réu ao feito, que estará, doravante, submetido a todos os seus efeitos.

TÍTULO II
DA SUSPENSÃO DO PROCESSO

Art. 313. Suspende-se o processo:
I – pela morte ou pela perda da capacidade processual de qualquer das partes, de seu representante legal ou de seu procurador;

II – pela convenção das partes;
III – pela arguição de impedimento ou de suspeição;
IV – pela admissão de incidente de resolução de demandas repetitivas;
V – quando a sentença de mérito:
a) depender do julgamento de outra causa ou da declaração de existência ou de inexistência de relação jurídica que constitua o objeto principal de outro processo pendente;
b) tiver de ser proferida somente após a verificação de determinado fato ou a produção de certa prova, requisitada a outro juízo;
VI – por motivo de força maior;
VII – quando se discutir em juízo questão decorrente de acidentes e fatos da navegação de competência do Tribunal Marítimo;
VIII – nos demais casos que este Código regula.
IX – pelo parto ou pela concessão de adoção, quando a advogada responsável pelo processo constituir a única patrona da causa; (Redação dada pela Lei 13.363/2016)
X – quando o advogado responsável pelo processo constituir o único patrono da causa e tornar-se pai. (Redação dada pela Lei 13.363/2016)

§ 1º Na hipótese do inciso I, o juiz suspenderá o processo, nos termos do art. 689.

§ 2º Não ajuizada ação de habilitação, ao tomar conhecimento da morte, o juiz determinará a suspensão do processo e observará o seguinte:

I – falecido o réu, ordenará a intimação do autor para que promova a citação do respectivo espólio, de quem for o sucessor ou, se for o caso, dos herdeiros, no prazo que designar, de no mínimo 2 (dois) e no máximo 6 (seis) meses;

II – falecido o autor e sendo transmissível o direito em litígio, determinará a intimação de seu espólio, de quem for o sucessor ou, se for o caso, dos herdeiros, pelos meios de divulgação que reputar mais adequados, para que manifestem interesse na sucessão processual e promovam a respectiva habilitação no prazo designado, sob pena de extinção do processo sem resolução de mérito.

§ 3º No caso de morte do procurador de qualquer das partes, ainda que iniciada a audiência de instrução e julgamento, o juiz determinará que a parte constitua novo mandatário, no prazo de 15 (quinze) dias, ao final do qual extinguirá o processo sem resolução de mérito, se o autor não nomear novo mandatário, ou ordenará o prosseguimento do processo à revelia do réu, se falecido o procurador deste.

§ 4º O prazo de suspensão do processo nunca poderá exceder 1 (um) ano nas hipóteses do inciso V e 6 (seis) meses naquela prevista no inciso II.

§ 5º O juiz determinará o prosseguimento do processo assim que esgotados os prazos previstos no § 4º.

§ 6º No caso do inciso IX, o período de suspensão será de 30 (trinta) dias, contado a partir da data do parto ou da concessão da adoção, mediante apresentação de certidão de nascimento ou documento similar que comprove a realização do parto, ou de termo judicial que tenha concedido a adoção, desde que haja notificação ao cliente.

§ 7º No caso do inciso X, o período de suspensão será de 8 (oito) dias, contado a partir da data do parto ou da concessão da adoção, mediante apresentação de certidão de nascimento ou documento similar que comprove a realização do parto, ou de termo judicial que tenha concedido a adoção, desde que haja notificação ao cliente.

1. O processo, do ponto de vista do *vínculo havido entre os seus sujeitos*, revela-se, consoante afirmado acima, uma relação jurídica (de natureza processual). Do ponto de vista de seu desenvolvimento, é possível afirmar que o processo, em sua essência, nada mais é, intrinsecamente falando, do que um *procedimento em contraditório*.

2. A regra no processo civil brasileiro, bem compreendida a afirmativa, é a de que, promovida determinada demanda, essa se desenvolva, respeitado o *devido processo de direito*, por impulso oficial (art. 2º do CPC/2015), seguindo-se um contínuo de atos até que o Poder competente a prestar a jurisdição responda, em definitivo, a provocação que lhe fora feita. Independentemente do que se possa ter por *tramite ideal* para uma relação processual, é imperioso reconhecer a existência de situações mundanas que, à evidência, impõem seja o *iter* processual brecado, suspendendo-se o feito. Isso se dá por uma razão simples: o processo civil não está blindado aos acontecimentos inerentes à espécie humana. Assim sendo, o CPC/2015 determina a suspensão do feito (a) por ocasião do falecimento ou perda da capacidade processual de qualquer das partes, de seu representante legal ou de seu procurador; (b) por convenção havida entre as partes; (c) face à arguição de impedimento ou suspeição do órgão julgador (que se dá de maneira diversa da forma prevista pelo CPC/73 – agora, em preliminar de contestação ou por petição simples); (d) quando a prolação de sentença de mérito (d.1) depender do julgamento de outra causa ou da declaração da existência ou da inexistência da relação jurídica que constitua o objeto principal de outro processo pendente ou (d.2) tiver de ser proferida somente após a verificação de determinado fato ou a produção de certa prova, requisitada a outro juízo, ou, ainda, (e) por motivo de força maior.

3. Comparado ao sistema pretérito, o CPC/2015 contempla novas hipóteses de suspensão do feito. São elas: (f) a admissão do incidente de resolução de demandas repetitivas (acerca do tema vide, no segundo volume desta obra, comentários ao arts. 976/987) e (g) quando *sub judice* questão decorrente de acidentes e fatos da navegação da competência de tribunal marítimo.

4. Extrai-se do § 1º do artigo 313 que, em caso de morte ou perda da capacidade processual das partes ou de seus representantes legais, suspende-se o processo por ocasião da promoção do expediente de Habilitação (arts. 687 e seguintes). Segundo o *caput* do artigo 689, proceder-se-á "à habilitação nos autos do processo principal, na instância em que estiver (...)". Trata-se (a Habilitação), na linha do Código, de procedimento especial disciplinado a partir do artigo 687 (no CPC/73 o expediente encontrava amparo nos artigos 1.055 e seguintes). Se, e somente se, houver necessidade de dilação probatória para além da prova produzida junto à exordial, é que o julgador deverá determinar sua autuação em apenso (ou seja, fora dos autos principais). A habilitação tramitará, regularmente, nos autos principais, suspendendo-se a ação principal (em que a sucessão processual se impõe) até o trânsito em julgado da sentença de habilitação (art. 692, *primeira parte*). O exercício da habilitação, à evidência, exige que um dos legitimados abandone o seu estado de inércia (vide art. 688). Silentes, o juiz, ao tomar ciência de fato que imponha a sucessão processual, suspenderá oficiosamente o feito. Diante da descoberta, (1) tendo falecido o demandado, ordenará a intimação do autor para que promova a citação do respectivo espólio, de quem for o sucessor ou, se for o caso, dos herdeiros, no prazo designado, que não poderá ser inferior a dois, nem superior a seis meses; (2) face ao falecimento do demandante, determinará a intimação de seu espólio, de quem for o sucessor ou, se for o caso, dos herdeiros, pelos meios de divulgação que reputar mais adequados, para que manifestem interesse na sucessão processual e promovam a respectiva habilitação no prazo designado, pena de extinção do processo sem resolução do mérito. Aplica-se a hipótese apenas nos casos em que o direito *sub judice* revele-se transmissível. Sendo ele intransmissível, impõe-se, como é intuitivo, a extinção do feito.

5. Tratando-se de falecimento do procurador de quaisquer das partes, o magistrado determinará que o "desamparado" constitua novo mandatário, observado o prazo de quinze dias. Restando "desamparado" o autor, o feito, ignorado o comando judicial, será extinto sem resolução de mérito; no caso do réu, o processo prosseguirá, bem compreendida a afirmativa, à sua revelia.

6. Figurando como causa de suspensão do processo (leia-se, da ação principal) a impossibilidade da prolação de sentença meritória, seja por que *pende julgamento de causa diversa que constitua o objeto principal de demanda diversa*, seja por que *a decisão apenas possa ser proferida após a verificação de determinado fato ou produção de certa prova, requisitada a outro juízo*, ou, ainda, por que se discuta em juízo questão decorrente de acidentes e fatos da navegação da competência do tribunal marítimo, o prazo de suspensão não poderá exceder a um ano; se, todavia, derivar de *convenção das partes*, não superará a seis meses.

7. O artigo 76 do CPC/2015 determina a suspensão do feito quando verificada *incapacidade processual* ou *irregularidade* na representação da parte. Trata-se de exemplo que se enquadra na prescrição do inciso VIII do artigo 313.

8. A Lei 13.363/2016 (de 25 de novembro) alterou o CPC/2015 criando, pois, os incisos IX e X, e os §§ 6º e 7º, todos do art. 313. Trata-se, grosso modo, da inserção de novas hipóteses de suspensão do processo judicial, vinculadas a maternidade/paternidade, biológica ou jurídica, experimentadas pelos patronos da causa. Suspende-se o trâmite processual, doravante, por ocasião do parto ou da adoção, sendo o advogado o único a patrocinar os interesses da parte, pelo período de 30 dias, no caso de maternidade ou 8 dias, no caso de paternidade, a contar da data do parto ou da concessão da adoção, que deverão ser comprovados mediante prova documental. Em ambos os casos, a notificação do "cliente" (parte) revela-se *conditio sine qua non* para a suspensão do feito.

> **Art. 314.** Durante a suspensão é vedado praticar qualquer ato processual, podendo o juiz, todavia, determinar a realização de atos urgentes a fim de evitar dano irreparável, salvo no caso de arguição de impedimento e de suspeição.

1. Em relação à vedação de se realizar atos processuais no período em que o feito estiver suspenso, o CPC/2015 traz, textualmente, importante novidade. O CPC/73, assim como o novel sistema, permitia, excepcionalmente, a realização de atos nesse interregno, destacando o escopo de evitar a ocorrência de danos irreparáveis aos contendores (art. 266 do CPC/73). O Código atual, por sua vez, exclui tal possibilidade, expressamente, quando na ação principal houver alegação de que o julgador, *in concreto*, não está apto (por ocasião da *suspeição* ou *impedimento* alegados) a presidir o feito na condição de "terceiro imparcial".

> **Art. 315.** Se o conhecimento do mérito depender de verificação da existência de fato delituoso, o juiz pode determinar a suspensão do processo até que se pronuncie a justiça criminal.
>
> § 1º Se a ação penal não for proposta no prazo de 3 (três) meses, contado da intimação do ato de suspensão, cessará o efeito desse, incumbindo ao juiz cível examinar incidentemente a questão prévia.
>
> § 2º Proposta a ação penal, o processo ficará suspenso pelo prazo máximo de 1 (um) ano, ao final do qual aplicar-se-á o disposto na parte final do § 1º.

1. Há casos em que a cognição acerca da ocorrência, ou não, de fato delituoso, revela-se nuclear ao enfrentamento da causa cível. Nesses casos, nada obsta que o julgador (do processo de natureza não criminal) determine a suspensão do feito que preside no afã de aguardar o resultado da cognição criminal, com o que evitará, em última análise, que decisões incompatíveis entre si sejam prolatadas (exemplo: na cognição criminal se reconhece a veracidade de determinada versão fática, enquanto no juízo cível, tem-se por inocorrida a mesma).

2. A suspensão processual cível (fundada no aguardo da decisão criminal) não poderá perdurar por mais de ano.

3. O juiz cível é competente, respeitadas as hipóteses legais, para enfrentar a *questão prévia*, ainda que de natureza criminal, de maneira incidente, visando a impulsionar o trâmite da demanda que preside.

TÍTULO III
DA EXTINÇÃO DO PROCESSO

> **Art. 316.** A extinção do processo dar-se-á por sentença.

1. O Título III (*Da extinção do processo*) do Livro VI da Parte Geral do CPC/2015 é, pelo menos do ponto de vista textual, sintético em relação ao Capítulo do CPC/73 que se ocupou da matéria. Embora se pudesse extrair do sistema pretérito o textualmente afirmado pelo artigo 316 do novel diploma processual (a extinção do processo dá-se mediante a prolação de sentença), o tópico de idêntica nomenclatura previsto outrora apontava, dentre outros, os casos em que se considerava enfrentado, ou não, o mérito da causa (sentenças definitivas; sentenças terminativas). A matéria fora, no sistema vigente, deslocada para contexto diverso (Capítulo denominado *Da sentença e da coisa julgada*, integrante do Título I – *Do procedimento comum*, do Livro I – *Do processo de conhecimento e do cumprimento de sentença*, inserto na Parte Especial do CPC/2015).

2. Acerca do tema *sentença*, para além dos comentários abaixo: TORRES, Artur. *Sentença, Coisa Julgada e Recursos Cíveis Codificados*. Porto Alegre: Livraria do Advogado, 2017.

Art. 317. Antes de proferir decisão sem resolução de mérito, o juiz deverá conceder à parte oportunidade para, se possível, corrigir o vício.

1. Para além da afirmativa de que o ato processual hábil a pôr fim ao processo é, por definição, a sentença (leia-se: em sentido *lato*), o CPC/2015 salienta, já em seu artigo 317, diretriz digna de nota: tendendo o órgão jurisdicional a fulminar determinado feito sem enfrentá-lo meritoriamente, mostrando-se o vício (que serve de fundamento à prolação de uma sentença terminativa) passível de correção, facultar-se-á à parte a quem incumba corrigi-lo, necessariamente, oportunidade para tanto. O objetivo é evidente: sendo possível o enfrentamento meritório *in concreto*, apenas como derradeira opção é que o magistrado, diante da inércia da parte intimada para atuar na solução do problema, deve extingui-lo. O regramento em destaque vai ao encontro da diretriz que, dentre outras, serviu de base ao arquitetamento do novel modelo processual: o do *melhor aproveitamento dos atos processuais*.

2. Aplica-se a premissa acima relatada, inclusive, no cenário recursal, ordinário e extraordinário.

PARTE ESPECIAL

Livro I
DO PROCESSO DE CONHECIMENTO E DO CUMPRIMENTO DE SENTENÇA

TÍTULO I
DO PROCEDIMENTO COMUM

CAPÍTULO I
DISPOSIÇÕES GERAIS

Art. 318. Aplica-se a todas as causas o procedimento comum, salvo disposição em contrário deste Código ou de lei.

Parágrafo único. O procedimento comum aplica-se subsidiariamente aos demais procedimentos especiais e ao processo de execução.

1. Procedimento. No processo judicial de conhecimento (ou como preferem alguns, atualmente, na etapa cognitiva do processo sincrético) os atos processuais se desenvolvem de maneira a viabilizar o percurso de uma fase *postulatória* a uma *decisória*, visando, sempre, à entrega, aos interessados, da jurisdição postulada. Do ponto "a" (postulação) ao ponto "b" (pronunciamento judicial que pretende, *in concreto*, dar por prestada a jurisdição) percorre-se, pois, um "caminho". Dependendo da situação *sub judice*, o "caminho" a ser trilhado mostrar-se-á diverso. É exatamente neste sentido que se deve compreender a noção de procedimento: *o iter a ser percorrido no deslocamento do ponto "a" (postulação) para o ponto "b" (decisão).*

2. Etapa postulatória. A atividade jurisdicional civil, adstrita ao princípio da demanda, deve, em regra, ser provocada pelo sedizente titular de um direito *violado* ou *na iminência de sê-lo*, admitindo-se, episodicamente, que uma pessoa natural ou ideal demande em nome próprio, mas em benefício alheio (legitimidade extraordinária). Ressalvados os casos prescritos em lei, em que ao interessado na tutela jurisdicional é permitido promover, desde logo, *atividade executiva*, sua caminhada na busca da certificação judicial da posição jurídica sustentada se inicia pela via processual *cognitiva* (a etapa cognitiva). Ao interessado incumbe, de um lado, *postular* perante o Poder competente o acolhimento dos pedidos que vier a formular. Para que obtenha o sucesso pretendido, o demandante deverá, dentre outros, trazer à baila os fundamentos *de fato* e *de direito* que, pelo menos em tese, amparam a versão por ele sustentada. Diante do *agir* do demandante, em respeito ao *modelo constitucional do processo* *civil brasileiro* (em especial ao direito fundamental ao contraditório), faculta-se ao demandado, por sua vez, reagir ao pleito em seu desfavor realizado. A ele (demandado) competirá, querendo, assim como o fez o demandante, apresentar os fundamentos *de fato* e *de direito* capazes de impor, segundo tese de defesa, o não acolhimento dos pedidos formulados pelo autor. É nesse específico sentido que se pode afirmar, bem compreendida a expressão, que, na etapa inicial do processo judicial cognitivo contencioso, tanto o *autor*, como o *réu*, realizam, perante o juízo, *postulações*. Um (o autor), *postula* o sucesso de seu pleito; outro (o réu), o insucesso das postulações formuladas em seu desfavor.

3. Etapa saneadora. A relação jurídica que se forma por conta do *agir* (processual) do autor submete-se, pois, a um regramento jurídico específico, objeto de construção e estudo do Direito Processual Civil. O juízo acerca do (des)respeito a tal regramento, que deve ser aferido para que se assegure aos envolvidos o trâmite de um *processo justo*, representa, em boa medida, o objeto da etapa processual em destaque. Diz-se "em boa medida", porque não se limita a atividade saneadora, pressupondo-se uma leitura sistemática do modelo brasileiro, a apuração da regularidade formal do feito. Há, para além de uma atividade saneadora *retrospectiva*, um saneamento *prospectivo*, isto é, para o futuro. Para que a relação processual se desenvolva sem ranhuras, incumbe ao magistrado (em relação a alguns temas, de ofício; outros, a requerimento dos interessados) determinar, primeiramente, que sejam *"aparadas as arestas aparáveis"*. Deparando-se, de um lado, com vícios processuais sanáveis, capazes de macular a lisura que se exige do fenômeno processual, compete ao julgador exigir, antes de determinar o prosseguimento do feito, que se efetive a "cura processual". Trata-se de atividade denominada *saneamento retrospectivo*. Constatando, por outro, a presença de vícios insanáveis, ao magistrado incumbirá, por sentença, impedir que o processo siga o seu *iter*. Inexistindo vícios, ou, sanados os identificados, não sendo o caso de *julgar-se* o feito *conforme o estado do processo*, o magistrado atuará, em colaboração com advogados, defensores, promotores e demais envolvidos *in concreto*, no afã de sanear *prospectivamente* o feito. A ideia, nesse plano, diz com a organização dos atos processuais porvir, trabalhando-se para que, bem compreendida a expressão, não se "perca o rumo", delimitando-se, por exemplo, (a) o objeto da prova a ser produzida, (b) dinamizando-se o ônus probante, etc. Trata-se, pois, de medida que visa a organizar o feito para o futuro, estabelecendo-se "o quê", doravante, colaborará efetivamente para a entrega da melhor prestação jurisdicional. *Sanear* o feito representa, nesse contexto, *estabilizar a relação processual*, curando-a em relação aos vícios sanáveis e preparando-a para que a atividade processual pendente se realize no interesse de uma prestação jurisdicional efetiva, adequada, tempestiva e, sobretudo, humana (ou seja, que o conflito de interesses seja apreciado meritoriamente). (TORRES, Artur. *Constitucionalização e humanização do processo*: a dimensão processual da dignidade como decorrência sistêmica da concepção, constitucional e democrática, do direito de agir para o Brasil no XXI. 179f. Tese (Doutorado em Direito) – PUCRS, Porto Alegre, 2014).

4. Etapa instrutória. Denomina-se *instrutória*, tradicionalmente, o terceiro momento da *cognição judicial*. Instruir, nessa quadra, significa produzir *prova*.

Nada obstante exista *atividade probatória* em momento processual anterior, é na etapa sob comento que se concentram boa parte dos atos destinados a *instrução* do feito. Ao largo da *etapa instrutória*, exemplificativamente, realizam-se *perícias, inspeções judiciais*, tomam-se *depoimentos*, ouvem-se *testemunhas* e outros. Trata-se de etapa comprometida com a *comprovação das versões fáticas* suscitadas de lado a lado que não possam ser provadas, desde logo, mediante a simples produção de prova documental.

5. O caminho a ser percorrido, no processo civil, para que se obtenha a regular prestação jurisdicional alcança o fim da linha, pelo menos no que tange à dimensão cognitiva do fenômeno, na denominada etapa *decisória*. Estando o feito maduro para enfrentamento, o magistrado encerrará a fase instrutória e, ato contínuo, passará à etapa em destaque. Não que inexistam atos processuais, com carga decisória, proferidos em momento anterior. Eles existem e disso não se dúvida. O que se pretende com a denominação ora apresentada é, a rigor, assinalar que, diante das postulações de autor e réu, saneado e devidamente instruído o feito, haverá o Estado-juiz de (pelo menos tentar) pôr fim ao litígio. Alcança-se a *etapa decisória*, em regra, apenas após a superação das demais, que servem, consoante acima anunciado, a preparar o terreno à atuação "substitutiva" do juiz. A despeito de o sistema processual vigente albergar institutos capazes de ensejar, excepcionalmente, o julgamento imediato da causa, alterando-se, assim, a marcha natural do conhecimento, é na aludida etapa que, por definição, deve o magistrado *sentenciar*.

6. Para além do acima exposto, o processo judicial exigirá, conforme o caso, a conformação de *fases* diversas. De um lado, não é raro, ainda que não seja esta a regra do processo civil brasileiro, por exemplo, que sentenças sejam prolatadas de maneira ilíquida, ou seja, sem que se possa identificar, despido da realização de atividade processual complementar, o *quantum debeatur*. Nesses casos, à evidência, impõe-se a realização de atividade jurisdicional cognitiva extraordinária: a liquidação do julgado (art. 509, CPC/2015). Trata-se, pois, de *fase* processual eventual, denominada pelo Código *"Liquidação de sentença"*, destinada, a rigor, ao complemento do rol de itens a serem examinados pelo julgador. Observada a manifestação judicial, tudo estará resolvido; ignorada ou apenas cumprida parcialmente, o obrigado dará causa a novo pedido, por parte do interessado, de tutela jurisdicional. Nesses casos, como é evidente, é defeso àquele que viu o seu pedido de tutela jurisdicional cognitivo prosperar, por suas próprias mãos, fazê-lo valer. Inexistindo cumprimento espontâneo do pronunciamento judicial (nos casos que em que não se mostre autosatisfativo o mesmo), ao beneficiário da decisão incumbirá, querendo, postular prestação jurisdicional *executiva*.

7. O CPC/2015 deixou de reproduzir a distinção procedimental adotada pelo sistema revogado. O CPC/73, para além da admissão dos denominados *procedimentos especiais* (mantido pelo CPC/2015), admitia e distinguia os procedimentos comum *ordinário* e *sumário*. O Código, atualmente, limita-se a disciplinar um *procedimento comum*, aplicável, salvo disposição expressa de lei, a todas as causas cíveis, e uma diversidade de *procedimentos especiais* (alguns de jurisdição contenciosa; outros, de jurisdição voluntária). Não mais existe distinção, no âmbito do procedimento comum, em *ordinário* e *sumário*.

8. O procedimento comum, estruturado para servir à tutela cognitiva, tem aplicação *subsidiária* tanto aos procedimentos especiais, como à tutela executiva.

9. As Leis 9.099/95 (Juizados Especiais Estaduais) e 10.259/2001 (Juizados Especiais Federais) disciplinam o denominado *procedimento especialíssimo* dos Juizados Especiais, aos quais se aplica, subsidiariamente, as disposições deste Código.

CAPÍTULO II
DA PETIÇÃO INICIAL

Seção I
Dos Requisitos da Petição Inicial

Art. 319. A petição inicial indicará:

I – o juízo a que é dirigida;

II – os nomes, os prenomes, o estado civil, a existência de união estável, a profissão, o número de inscrição no Cadastro de Pessoas Físicas ou no Cadastro Nacional da Pessoa Jurídica, o endereço eletrônico, o domicílio e a residência do autor e do réu;

III – o fato e os fundamentos jurídicos do pedido;

IV – o pedido com as suas especificações;

V – o valor da causa;

VI – as provas com que o autor pretende demonstrar a verdade dos fatos alegados;

VII – a opção do autor pela realização ou não de audiência de conciliação ou de mediação.

§ 1º Caso não disponha das informações previstas no inciso II, poderá o autor, na petição inicial, requerer ao juiz diligências necessárias a sua obtenção.

§ 2º A petição inicial não será indeferida se, a despeito da falta de informações a que se refere o inciso II, for possível a citação do réu.

§ 3º A petição inicial não será indeferida pelo não atendimento ao disposto no inciso II deste artigo se a obtenção de tais informações tornar impossível ou excessivamente oneroso o acesso à justiça.

1. Petição Inicial. Definição. A petição inicial pode ser conceituada como a peça processual mediante a qual o autor, abandonando seu estado de inércia, requer ao poder competente (o Poder Judiciário) uma providência jurisdicional. É mediante o seu protocolo que se forma um vínculo jurídico (de natureza processual), limitado, num primeiro momento, ao(s) demandante(s) e o Estado-juiz. A petição inicial tem por principal função explicitar as razões, de fato e de direito, que conduzem o demandante a postular em juízo o acolhimento do(s) pedido(s) nela contido(s).

2. Incumbe ao autor, em sede de petição inicial, apontar: (I) o juízo a que é dirigida; (II) os nomes, os prenomes, o estado civil, a existência de união estável, a profissão, o número no cadastro de pessoas físicas ou no cadastro nacional de pessoas jurídicas, o endereço eletrônico, o domicílio e a residência do autor e do réu; (III) o fato e os fundamentos jurídicos do pedido; (IV) o pedido com as suas especificações; (V) o valor da causa; (VI) as provas com que pretende demonstrar a verdade dos fatos alegados; (VII) a opção do autor pela realização ou não de audiência de conciliação.

3. O adequado cumprimento da eleição do órgão destinatário exigirá do autor, de acordo com o caso concreto, atenção às regras de competência previamente estipuladas pelo ordenamento pátrio. Vide, acerca do tema, comentários aos artigos 42/63.

4. Ao demandante impende *customizar* a relação processual de um ponto de vista subjetivo, qualificando os contendores, em regra, ao seu extremo, para que a eles se limitem os efeitos processuais. É a própria lei, contudo, em atividade claramente desburocratizante, que, prevendo algumas dificuldades de ordem prática, admite a flexibilização no apontamento das minúcias requeridas pelo inciso II do artigo 319, prescrevendo que, não dispondo o demandante da integralidade das informações exigidas pelo Código, poderá requerer ao magistrado, no próprio petitório inaugural, o deferimento de diligências necessárias à complementação da qualificação do demandado.

5. Na mesma linha desburocratizante, o CPC/2015 prevê, ainda, que a petição inicial "não será indeferida se, a despeito da falta de informações a que se refere o inciso II, for possível a citação do réu", bem como que a petição inicial não deixará de ser deferida, pelo não atendimento do disposto no inciso II do artigo 319 quando a obtenção de tais informações tornar impossível ou excessivamente oneroso, para o autor, o acesso à justiça.

6. O terceiro inciso do artigo 319 do CPC/2015 impõe ao autor, como fizera no sistema pretérito o artigo 282, III, o dever de apontar os *fatos* e os *fundamentos* jurídicos que justificam o pedido de tutela jurisdicional formulado, inserindo a denominada *causa de pedir* no rol dos elementos essenciais da petição inicial. Embora inexista divergência doutrinária acerca da principal função desempenhada pela *causa petendi* (*apresentação, pelo autor, dos fundamentos de fato e de direito que embasam a versão processual por ele sustentada e que, em tese, devem servir de base ao deferimento de seu pedido*), bem como, no que diz com a adoção, pelo direito pátrio, da teoria da *substanciação*, debate-se, ainda hoje, acerca da melhor nomenclatura a ser atribuída a cada uma das dimensões da causa de pedir (fática e jurídica). Há, de um lado, quem sustente que ao fundamento fático da demanda se deva atribuir o *nomen iuris "causa de pedir próxima"* e ao seu fundamento jurídico, *"causa de pedir remota"*. De outro, quem assevere que a nomenclatura ora anunciada deva, rigorosamente, ser aplicada às avessas. Cientes da importância de distinguir ambos (os fundamentos de fato dos fundamentos de direito), porém, visando a evitar debate infrutífero, recorremos, para divorciá-los, a expediente diverso. Não há dúvida, consoante se extrai do texto legal, que a causa de pedir, no âmbito do direito pátrio, possua dupla dimensão: uma fática; outra, jurídica. A exigência legal, ao fim e ao cabo, diz com a necessidade de que o demandante, preparando o terreno para o pedido que formulará ao fim de sua narrativa, apresente ao julgador, primeiro, a premissa

fática em que se pauta sua atuação; segundo, o fundamento jurídico em que se funda seu pedido. A lição que deve prosperar é, sobretudo, a de que, a rigor, a causa de pedir nada mais é do que a razão pela qual o demandante bate às portas do Poder Judiciário requerendo sua atuação, ou seja, é o fundamento que justifica o comparecimento do demandante em juízo. Esse "fundamento", é verdade, possui uma esfera fática e outra jurídica. Tudo quanto mais, inclusive o debate sobre a nomenclatura a ser atribuída às distintas dimensões, revela-se irrelevante. Simples assim.

7. Denomina-se *causa de pedir* o fundamento que, segundo a tese sustentada pelo autor, serve de base ao deferimento dos pedidos por ele formulados. Trata-se de elemento essencial da petição inicial que possui, bem compreendida, uma dimensão fática e uma dimensão jurídica.

8. Do pedido. Afigura-se pouco mais do que óbvio que todo aquele que bate às portas do Poder Judiciário o faz com o propósito de *pedir-lhe, lato sensu,* uma providência jurisdicional. O autor inicia sua empreitada, como visto, por dirigir seu petitório ao juízo competente. Depois, por exigência legal, qualifica os contendores. Ato contínuo, pois, deve expor quais os fundamentos, de fato e de direito, o fazem abandonar seu estado de inércia (causa de pedir), preparando, à evidência, o terreno para, ao cabo, *pedir, postular* algo. O pedido, segundo expresso texto de lei, deve ser certo e determinado, devendo ser interpretado à luz do conjunto da postulação formulada, observando-se, sobretudo, o princípio da boa-fé.

9. Valor da Causa. Acerca do tema vide comentários aos artigos 291/293.

10. Ao autor também incumbe, em sede exordial, inventariar os meios de prova que pretende utilizar para provar a versão processual sustentada. A exigência legal, neste estágio do processo (inicial), diz apenas com a informação acerca dos meios probatórios pretendidos, o que não pode ser baralhado, tecnicamente, com a produção da prova em si.

11. Dada à alteração procedimental prevista pelo Código (o réu é citado e, como regra, intimado a comparecer à audiência de autocomposição, e não mais notificado para apresentar resposta no prazo da lei), inseriu-se como requisito da petição inicial e exigência de informação acerca do interesse do autor na realização da aludida solenidade processual, uma vez que sua inocorrência, nos casos em que a autocomposição revele-se (ao menos em tese) possível, depende da opção, por escrito, da integralidade dos contendores.

Art. 320. A petição inicial será instruída com os documentos indispensáveis à propositura da ação.

1. Documentos indispensáveis ao regular processamento do pleito judicial. Exige-se, em atenção ao direito *sub judice*, por força de lei, que o demandante acoste aos autos certos documentos considerados imprescindíveis ao processamento da causa. Na ação de divórcio, exemplificativamente, mostra-se indispensável a juntada aos autos da *certidão do casamento* que se pretende desconstituir. De outro giro, há documentos indispensáveis que, bem compreendida a afirmativa, não dizem com o objeto do litígio em si, mas, com exigências inerentes ao campo processual. O instrumento de procuração conferido aos patronos da causa é, por exemplo, um deles; o comprovante de adiantamento de custas, sendo o caso, outro.

Art. 321. O juiz, ao verificar que a petição inicial não preenche os requisitos dos arts. 319 e 320 ou que apresenta defeitos e irregularidades capazes de dificultar o julgamento de mérito, determinará que o autor, no prazo de 15 (quinze) dias, a emende ou a complete, indicando com precisão o que deve ser corrigido ou completado.
Parágrafo único. Se o autor não cumprir a diligência, o juiz indeferirá a petição inicial.

1. *Atividade saneadora inaugural*: do (in)deferimento da petição inicial. A petição inicial em si deve, após individuar os contendores e apontar a autoridade competente para processar e julgar o feito, transmitir ao Estado-juiz as razões, de fato e de direito, que motivaram o autor a demandar. Tais razões servirão de base ao pedido porvir. A petição inicial, vista do ângulo do julgador, servirá de base à averiguação da presença de outros tantos elementos indispensáveis ao regular prosseguimento do feito. O primeiro contato do magistrado com o petitório formulado pelo autor exige-lhe, pois, a realização de *atividade saneadora* (que não se confunde, a rigor, com a denominada *fase saneadora*). O raciocínio é de fácil compreensão: ou a petição inicial traduz, pelo menos em tese, a viabilidade de proceder-se no regular prosseguimento da relação processual (situação em que se determinará a citação do réu) ou, (a) incumbirá ao magistrado, diante da constatação de vícios sanáveis, determinar que o autor proceda de maneira a saná-los ou, (b) deparando-se com vícios intransponíveis (que revelem a impossibilidade absoluta de se prosseguir com o feito), indeferir, em definitivo, a inicial, sentenciando o feito (no caso, sem resolução de mérito).

2. O artigo 321 (antigo art. 284 do CPC/73) traz à baila nota digna de destaque: bastava, no passado, que o magistrado, diante de irregularidade a ser sanada, determinasse a intimação da parte para corrigi-la, "sem maiores detalhes". Era comum, pois, encontrarmos no dia a dia forense manifestação judicial (genérica) nos seguintes termos: "Ao autor, no prazo da lei, para que emende a inicial". O CPC/2015, por sua vez, determina que, constatadas irregularidades ou defeitos capazes de dificultar a apreciação meritória, incumbe ao julgador apontá-los "com precisão", informando, detalhadamente, o que deva ser corrigido. Trata-se, sem dúvida, de corolário à diretriz assumida pelo Código em respeito à Constituição Federal: toda e qualquer decisão judicial deve ser fundamentada, pena de nulidade (art. 93, IX, CF/88).

Seção II
Do Pedido

Art. 322. O pedido deve ser certo.
§ 1º Compreendem-se no principal os juros legais, a correção monetária e as verbas de sucumbência, inclusive os honorários advocatícios.

§ 2º A interpretação do pedido considerará o conjunto da postulação e observará o princípio da boa-fé.

1. Pedido imediato e Pedido mediato. O *caput* do artigo 322 do CPC/2015 é enfático: "o pedido deve ser certo". O artigo 324, por sua vez, prescreve que o pedido "deve ser determinado". O novel diploma processual acolheu crítica há muito consolidada em doutrina e jurisprudência, corrigindo o equívoco legislativo perpetrado pelo teor do artigo 283 da Lei 5.869/73. Atualmente, inexiste dúvida de que o *pedido deva ser certo e, via de regra, determinado*.

2. Diz-se, de longa data, que o requisito da *certeza* está vinculado à dimensão *imediata* da postulação, que corresponde, segundo a melhor técnica, sempre, *a um pedido de tutela jurisdicional*, dentre as admitidas entre nós (tutela *declaratória, constitutiva, condenatória, mandamental* ou *executiva lato sensu*).

3. Compreendem-se inerentes ao pedido principal, os juros legais, a correção monetária e as verbas de sucumbência, incluindo-se aí a condenação ao pagamento de honorários advocatícios, que não mais precisa ser realizada expressamente.

4. Vale sublinhar, outrossim, que os honorários advocatícios (de titularidade do advogado, e não das partes) não mais se encontram sujeitos ao regime da "compensação", sendo vedada sua realização segundo expresso texto de lei (art. 85, § 14, do CPC/2015).

5. O pedido imediato, que corresponde ao tipo de provimento jurisdicional almejado pelo demandante (declaratório, constitutivo, condenatório, etc.), será formulado, sempre, de maneira certa; o pedido mediato, que deverá ser apresentado, em regra, de maneira determinada, e que corresponde ao *bem da vida* que se pretende mediante o sucesso da demanda, admite, respeitadas as hipóteses legais, formulação genérica.

Art. 323. Na ação que tiver por objeto cumprimento de obrigação em prestações sucessivas, essas serão consideradas incluídas no pedido, independentemente de declaração expressa do autor, e serão incluídas na condenação, enquanto durar a obrigação, se o devedor, no curso do processo, deixar de pagá-las ou de consigná-las.

1. Nas ações em que se tiver por objeto cumprimento de prestações sucessivas, serão estas consideradas incluídas no pedido, independentemente de apontamento expresso do autor. Deixando o devedor de cumpri-las ou de consigná-las, aduz o Código, serão as mesmas insertas na condenação, enquanto perdurar a obrigação. Exemplo: ação promovida para a cobrança de cotas condominiais em atraso.

Art. 324. O pedido deve ser determinado.
§ 1º É lícito, porém, formular pedido genérico:
I – nas ações universais, se o autor não puder individuar os bens demandados;

II – quando não for possível determinar, desde logo, as consequências do ato ou do fato;

III – quando a determinação do objeto ou do valor da condenação depender de ato que deva ser praticado pelo réu.

§ 2º O disposto neste artigo aplica-se à reconvenção.

1. A despeito de revelar-se *regra* a *determinação* do pedido, afigura-se lícita, em hipóteses especiais, sua formulação genérica. O requisito da *determinação* diz com a dimensão *mediata* do pedido, identificando-se com a descrição do *bem da vida* pretendido pelo demandante. Há casos, pois, em que não é possível, de pronto, esquadrinhá-lo em definitivo. O Código, sensível a tal realidade, admite, excepcionalmente, que o *pedido mediato* seja formulado de maneira genérica, nos exatos limites do artigo sob comento.

2. Pedido mediato. Exemplo. "Digne-se V. Exa. a ordenar *a suspensão da atividade empresarial no horário que se compreende entre 22h de um dia e 08h de outro, todos os dias da semana*". No exemplo, o autor, a título de pedido imediato, requer uma ordem; do ponto de vista mediato, a suspensão da atividade empresarial no período acima apontado. Esse último, pois, o "bem da vida" pretendido.

Art. 325. O pedido será alternativo quando, pela natureza da obrigação, o devedor puder cumprir a prestação de mais de um modo.

Parágrafo único. Quando, pela lei ou pelo contrato, a escolha couber ao devedor, o juiz lhe assegurará o direito de cumprir a prestação de um ou de outro modo, ainda que o autor não tenha formulado pedido alternativo.

1. Aduz-se ao pedido alternativo, na linha do Código, vinculando-o às obrigações (de direito material) em que o obrigado possa, por definição, desincumbir-se da prestação que lhe toca "de mais de um modo". O tema, em última análise, representa o reflexo, no âmbito processual, das denominadas "Obrigações Alternativas" previstas pela Lei 10.406/02, o Código Civil Brasileiro.

2. Há, nesses casos, vínculo único entre os sujeitos da obrigação *sub judice*. A alternatividade a que se alude diz respeito à prestação a ser realizada. Segundo o ordenamento material pátrio, "se outra coisa não se estipulou", a escolha do bem da vida apto a libertar o obrigado, caberá ao devedor (art. 252 do CC/02). Assim sendo, realizando o devedor ao menos uma das prestações pactuadas (distintas e independentes entre si), considera-se satisfeito o direito do credor. O pedido alternativo contempla dois ou mais objetos mediatos.

3. Exemplo de *obrigação alternativa*: João (empresário) contrata os serviços de Mauro (empreiteiro) para construir sua nova residência. Mauro, para além de erguê-la, compromete-se, ao cabo, ou (1) a providenciar a colocação do piso ou (2) a providenciar sua pintura interna. Construída a moradia, Mauro (contratado) dá por finalizado o serviço (e cumprida sua obrigação), sem, contudo, realizar quaisquer das prestações complementares acima referidas. João, diante da resistência de Mauro, demanda-o. Tocando a escolha da prestação complementar/alternativa a Mauro, João, em atenção ao entabulado no plano material, deverá realizar *pedido alternativo*, requerendo ao Estado-juiz que o empreiteiro seja compelido a cumprir pelo menos uma das obrigações (ou *providenciar a colocação do piso* ou a *pintura interna da casa construída*). Caso Mauro cumpra pelo menos uma delas, nada mais deverá a João.

4. O CPC/2015 é expresso, ainda, ao garantir ao devedor de obrigação alternativa, quando a ele tocar a escolha da prestação, a despeito de inexistir formulação de pedido alternativo pelo demandante, livrar-se da mesma cumprindo-a de um ou outro modo. Nos casos em que a relação material *sub judice* reflita uma *obrigação alternativa*, cabendo o direito de escolha ao credor, e sendo ele o autor, deverá este individualizá-la já na formulação da peça inicial, dispensando-se a formulação de pedido alternativo.

5. "O pedido é, em regra, *fixo*, ou seja, visa a um único objeto *imediato e a um único objeto mediato*. Poderá, porém, ser alternativo, isto é, ter dois ou mais objetos mediatos 'quando pela natureza da obrigação, o devedor puder cumprir a prestação de mais de um modo' (...); ou, em termos mais exatos, quando a obrigação puder cumprir-se mediante uma de duas ou mais prestações (obrigações alternativas, obrigações com prestação facultativa ou com faculdade de substituição)." (BARBOSA MOREIRA, José Carlos. *O novo processo civil brasileiro*. 25. ed. Rio de Janeiro: Forense, 2007. p. 13).

6. Não há confundir, pois, os conceitos de *pedido alternativo* (ora em destaque) e *cumulação alternativa* (espécie de cumulação eventual de pedidos), adiante enfrentada.

> **Art. 326.** É lícito formular mais de um pedido em ordem subsidiária, a fim de que o juiz conheça do posterior, quando não acolher o anterior.
> Parágrafo único. É lícito formular mais de um pedido, alternativamente, para que o juiz acolha um deles.

1. Admite o CPC/2015, respeitados certos pressupostos (art. 327), a cumulação de pedidos.

2. Classifica-se a cumulação de pedidos, tradicionalmente, em *cumulação simples* e *cumulação eventual*, subdividindo-se a derradeira em *eventual sucessiva* e *eventual alternativa*.

3. Há *cumulação (eventual) sucessiva* quando dois ou mais pedidos são formulados para que, na eventualidade do acolhimento do antecedente, seja apreciado o subsequente. A título de exemplo é possível pensar na possibilidade de se cumular os pedidos de *reconhecimento de paternidade* e *condenação ao pagamento de verba alimentar*. Negado o vínculo biológico suscitado, à evidência, não há falar no dever de prestar alimentos. Do ponto de vista processual, desacolhido o primeiro pedido (de reconhecimento do vínculo biológico), a postulação subsequente (alimentos) revelar-se-á prejudicada. Se, e somente se, acolhido o pedido de reconhecimento do vínculo em epígrafe é que se avançará na análise meritória do pedido subsequente.

4. Há *cumulação (eventual) alternativa*, por sua vez, quando dois ou mais pedidos são formulados para que, na eventualidade do não acolhimento do antecedente, seja apreciado o subsequente. A cumulação em tela dá-se, pois, mediante formulação de pedido *subsidiário* (art. 326, *caput*). O primeiro requisito apontado pelo art. 327 para a admissão da cumulação de pedidos (isto é, a compatibilidade dos pedidos entre si) não é exigível para os casos de *cumulação eventual alternativa*.

> **Art. 327.** É lícita a cumulação, em um único processo, contra o mesmo réu, de vários pedidos, ainda que entre eles não haja conexão.
> § 1º São requisitos de admissibilidade da cumulação que:
> I – os pedidos sejam compatíveis entre si;
> II – seja competente para conhecer deles o mesmo juízo;
> III – seja adequado para todos os pedidos o tipo de procedimento.
> § 2º Quando, para cada pedido, corresponder tipo diverso de procedimento, será admitida a cumulação se o autor empregar o procedimento comum, sem prejuízo do emprego das técnicas processuais diferenciadas previstas nos procedimentos especiais a que se sujeitam um ou mais pedidos cumulados, que não forem incompatíveis com as disposições sobre o procedimento comum.
> § 3º O inciso I do § 1º não se aplica às cumulações de pedidos de que trata o art. 326.

1. Cumulação simples. Enquadram-se, no primeiro grupo, os casos em que dois ou mais pedidos são formulados em desfavor de um mesmo demandado, num mesmo processo, a despeito de inexistir entre eles qualquer vínculo de conexidade, a ponto de a decisão sobre um não interferir na decisão a ser tomada sobre outro. O acolhimento de um, a rigor, independe do provimento do outro e vice-versa. Imagine-se, por exemplo, a cobrança simultânea de duas ou mais dívidas oriundas de negócios jurídicos diversos perante o mesmo devedor.

2. A viabilidade da cumulação de pedidos encontra limite na observância de certos requisitos legais. Segundo o Código, revelam-se requisitos indispensáveis à sua *admissibilidade* (a) que sejam os mesmos compatíveis entre si; (b) que seja competente para deles conhecer o mesmo juízo e, por fim, (c) que o procedimento aplicável a todos se equivalha.

3. Duas ponderações se afiguram pertinentes: primeiro, que o requisito da *compatibilidade*, por razões que se justificam, não se mostra exigível para o caso de *cumulação eventual alt*ernativa, acima enfrentada; segundo, no que diz com o empecilho inerente ao derradeiro requisito (identidade procedimental), admitir-se-á a cumulação se o autor empregar o procedimento comum, sem prejuízo do emprego das técnicas processuais diferenciadas previstas nos procedimentos especiais a que se sujeitam um ou mais pedidos cumulados, desde que compatíveis com as disposições inerentes ao procedimento comum.

> **Art. 328.** Na obrigação indivisível com pluralidade de credores, aquele que não participou do processo receberá sua parte, deduzidas as despesas na proporção de seu crédito.

1. "Art. 258. A obrigação é indivisível quando a prestação tem por objeto uma coisa ou um fato não suscetível de divisão, por sua natureza, por motivo de ordem econômica, ou dada a razão determinante do negócio jurídico; Art. 259. Se, havendo dois ou mais devedores, a prestação não for divisível, cada um será obrigado pela dívida toda. Parágrafo único. O devedor, que paga a dívida, sub-roga-se no direito do credor em relação aos outros coobrigados; Art. 260. Se a pluralidade for dos credores, poderá cada um destes exigir a dívida inteira; mas o devedor ou devedores se desobrigarão, pagando: I – a todos conjuntamente; II – a um, dando este caução de ratificação dos outros credores; Art. 261. Se um só dos credores receber a prestação por inteiro, a cada um dos outros assistirá o direito de exigir dele em dinheiro a parte que lhe caiba no total; Art. 262. Se um dos credores remitir a dívida, a obrigação não ficará extinta para com os outros; mas estes só a poderão exigir, descontada a quota do credor remitente. Parágrafo único. O mesmo critério se observará no caso de transação, novação, compensação ou confusão; Art. 263. Perde a qualidade de indivisível a obrigação que se resolver em perdas e danos. § 1º Se, para efeito do disposto neste artigo, houver culpa de todos os devedores, responderão todos por partes iguais. § 2º Se for de um só a culpa, ficarão exonerados os outros, respondendo só esse pelas perdas e danos." (Lei 10.406/2002).

2. O artigo sob comento retrata o reflexo, na seara processual, dos apontamentos legislativos oriundos do Código Civil brasileiro (em especial, os que se compreendem entre os artigos 258/263). Nos casos em que o direito *sub judice* revele-se indivisível, os credores que não figurarem como parte processual, serão alcançados por efeito processual reflexo, podendo exigir de seus pares (àqueles credores que participaram da relação processual), com base em sentença prolatada em feito alheio, a satisfação de seu direito.

> **Art. 329.** O autor poderá:
> I – até a citação, aditar ou alterar o pedido ou a causa de pedir, independentemente de consentimento do réu;
> II – até o saneamento do processo, aditar ou alterar o pedido e a causa de pedir, com consentimento do réu, assegurado o contraditório mediante a possibilidade de manifestação deste no prazo mínimo de 15 (quinze) dias, facultado o requerimento de prova suplementar.
> Parágrafo único. Aplica-se o disposto neste artigo à reconvenção e à respectiva causa de pedir.

1. O autor pode, antes da citação, independentemente do consentimento do demandado, modificar o(s) pedido(s) formulado(s) e/ou a causa de pedir. Parte-se da premissa que, pendente a citação válida do réu, o processo, bem compreendida a afirmativa, não o vincula prejudicialmente, inexistindo razão para que se peça a ele autorização para a realização das alterações pretendidas. Devidamente citado, no entanto, impõe-se aplicação de regra diversa.

2. No lapso processual que se compreende entre a citação válida do demandado e o saneamento da relação processual, admite-se alteração do *pedido* e/ou da *causa de pedir*, mediante anuência do réu, sem prejuízo da abertura de prazo adicional ao mesmo, não inferior a 15 dias, para que produza a defesa que entender necessária.

3. Saneada a relação processual, dar-se-á por *estabilizada a contenda*, não mais se permitindo alterações dessa ordem.

Seção III
Do Indeferimento da Petição Inicial

Art. 330. A petição inicial será indeferida quando:
I – for inepta;
II – a parte for manifestamente ilegítima;
III – o autor carecer de interesse processual;
IV – não atendidas as prescrições dos arts. 106 e 321.
§ 1º Considera-se inepta a petição inicial quando:
I – lhe faltar pedido ou causa de pedir;
II – o pedido for indeterminado, ressalvadas as hipóteses legais em que se permite o pedido genérico;
III – da narração dos fatos não decorrer logicamente a conclusão;
IV – contiver pedidos incompatíveis entre si.
§ 2º Nas ações que tenham por objeto a revisão de obrigação decorrente de empréstimo, de financiamento ou de alienação de bens, o autor terá de, sob pena de inépcia, discriminar na petição inicial, dentre as obrigações contratuais, aquelas que pretende controverter, além de quantificar o valor incontroverso do débito.
§ 3º Na hipótese do § 2º, o valor incontroverso deverá continuar a ser pago no tempo e modo contratados.

1. A petição inicial deve ser indeferida, segundo o CPC/2015, quando: (I) inepta; (II) a parte for manifestamente ilegítima; (III) o autor carecer de interesse processual; (IV) não forem atendidas as prescrições dos artigos 106 (inerentes a atuação em causa própria) e 321 (o autor deixar de emendar a inicial nos termos requeridos pelo julgador).

2. Inépcia da Inicial. Considera-se inepta inicial (ou seja, inapta a cumprir com sua função processual) quando: (I) faltar-lhe pedido ou causa de pedir; (II) o pedido for indeterminado, ressalvadas as hipóteses legais autorizativas; (III) da narração dos fatos não decorrer logicamente a conclusão (violação ao princípio da congruência), ou, ainda, (IV) nos casos em que contiver pedidos incompatíveis entre si (exceto em se tratando de *cumulação eventual sucessiva* de pedidos).

3. O *pedido* e a *causa de pedir* representam, por definição, elementos indispensáveis à petição inicial. Sua razão de ser não é outra senão a de apresentar ao Estado-juiz as razões, de fato e de direito, que motivaram o postulante a demandar outrem. Não apresentadas tais razões ou, apresentadas, porém, desacompanhas de um pedido expresso de tutela jurisdicional (em sentido lato), perde o petitório sua própria essência, deixando de cumprir com o seu mister. Idêntica sorte, pois, merece o petitório inicial se não se consegue, minimamente, compreender a *causa petendi* e/ou o pedido inerentes à demanda ofertada.

4. Afirmamos acima que o pedido deve ser *certo* e, via de regra, *determinado*, bem como que, nas tópicas hipóteses prescritas pelo Código, admite-se a formulação de pedido (mediato) genérico. À margem das aludidas hipóteses (art. 324, § 1º, I, II e III), é defeso ao autor ignorar a regra. Caso o faça, o petitório deve ser considerado inapto a cumprir com sua função processual.

5. O indeferimento do petitório inaugural (*por inépcia*) dá-se, outrossim, nos casos em que haja desrespeito ao princípio da congruência. Nenhuma surpresa pode causar, dada sua logicidade, a afirmativa de que entre *causa de pedir* e *pedido*, pelo menos em tese, afigure-se indispensável haver compatibilidade. Parte-se da premissa de que os fundamentos de fato e direito suscitados pelo autor conduzam, pelo menos em tese, a consequência jurídica postulada. Nada obsta, ressalte-se, que o autor postule com base em determinada causa de pedir e que sua postulação venha a ser julgada improcedente, seja por que não se desincumbiu do ônus probatório, seja por que os fatos provados, segundo o ordenamento pátrio, não conduzem ao efeito jurídico pretendido. Deve haver, contudo, um mínimo de compatibilidade entre ambos, isto é, pelo menos a dúvida acerca da possibilidade de, comprovado o contexto fático aludido, alcançar-se a procedência do pedido. Inexistindo, ou seja, havendo evidente incongruência entre a causa de pedir e o pedido, cumprirá ao juiz, desde logo, indeferir a inicial.

6. Tratando-se de ação em que se tenha cumulado pedidos em sua dimensão *simples* ou *eventual sucessiva*, havendo incompatibilidade entre eles, a petição inicial, necessariamente, deve ser indeferida.

7. Ações revisionais. Nas ações que tenham por objeto a revisão de obrigação decorrente de empréstimo, financiamento ou alienação de bens, o demandante, pena de indeferimento (por inépcia), deve apontar, já em sede inicial, as obrigações contratuais as quais se opõe, quantificando o valor que entende devido, importância que deverá ser satisfeita no tempo e modo contratados.

8. Legitimidade *ad causam*. *La titolarità (ativa e passiva) dell'azione*. Trata-se, segundo tradição engendrada no direito pátrio, do elemento verificador da pertinência subjetiva da ação. A legitimação indica para cada processo as justas partes, as partes legítimas, ou seja, as pessoas que devem estar presentes para que o juiz possa enfrentar, meritoriamente, determinado caso concreto. Inexistindo tal pertinência, o petitório inicial não só pode, como deve, ser indeferido.

9. Interesse de agir. Na tradição pátria, dada à influência da doutrina professada por Enrico Tullio Liebman, é possível afirmar que o conceito de *interesse de agir* identifica-se com a lição sustentada pelo renomado jurista. Consuma-se o *interesse processual* mediante a verificação da *necessidade* e da *utilidade* da tutela jurisdicional requerida. Verificado, já em estado de afirmação, sua ausência, a petição inicial deve ser indeferida.

10. Atuação em causa própria. Ao advogado incumbe, ao atuar em causa própria, declarar, na petição inicial ou na contestação, seu endereço, número de inscrição junto à Ordem dos Advogados do Brasil e o nome da sociedade de advogados a qual pertence, para o recebimento de intimações. Descumprindo tal requisito, o juiz ordenará que se supra a omissão, no prazo de cinco dias, antes de determinar a citação do réu. Insatisfeita tal ordem, a petição inicial deve, consoante o legislador de 2015, ser indeferida.

11. Correção de defeitos ou irregularidades. Visando a "salvar" o processo, o Código determina que o julgador, em sede de *atividade saneadora inicial*, deparando-se com "defeitos" ou "irregularidades" capazes de dificultar o enfrentamento meritório da causa, determine a intimação da parte para saná-los. O apontamento legislativo sob comento diz, em última análise, com momento processual posterior a tal intimação. O silêncio do intimado ou a não correção do que deva ser corrigido, impõe, pois, o indeferimento da petição inicial.

Art. 331. Indeferida a petição inicial, o autor poderá apelar, facultado ao juiz, no prazo de 5 (cinco) dias, retratar-se.
§ 1º Se não houver retratação, o juiz mandará citar o réu para responder ao recurso.
§ 2º Sendo a sentença reformada pelo tribunal, o prazo para a contestação começará a correr da intimação do retorno dos autos, observado o disposto no art. 334.
§ 3º Não interposta a apelação, o réu será intimado do trânsito em julgado da sentença.

1. Na linha do Código, indeferir a inicial em caráter definitivo representa dizer que o magistrado *sentenciou* o feito sem enfrentar o mérito. Da sentença, pois, cabe apelação (art. 1.009). Ofertado o recurso, que deve ser protocolizado perante o juízo *a quo*, é facultado ao julgador, no prazo de cinco dias, retratar-se.

2. Havendo retratação, o juiz determinará a citação do réu e, como regra, sua intimação para comparecer à audiência de autocomposição (art. 334); inexistindo, ordenará a citação do réu (agora, recorrido) e, ato contínuo, sua intimação para, querendo, apresentar contrarrazões recursais.

3. Provido o recurso ofertado em face da decisão que indeferiu a petição inicial, a data de intimação do retorno dos autos ao juízo *a quo* servirá de termo inicial ao cômputo do prazo para protocolo tempestivo da resposta do réu.

4. Não impugnada a decisão terminativa, o demandado será intimado do trânsito em julgado da decisão.

CAPÍTULO III
DA IMPROCEDÊNCIA LIMINAR DO PEDIDO

Art. 332. Nas causas que dispensem a fase instrutória, o juiz, independentemente da citação do réu, julgará liminarmente improcedente o pedido que contrariar:
I – enunciado de súmula do Supremo Tribunal Federal ou do Superior Tribunal de Justiça;
II – acórdão proferido pelo Supremo Tribunal Federal ou pelo Superior Tribunal de Justiça em julgamento de recursos repetitivos;
III – entendimento firmado em incidente de resolução de demandas repetitivas ou de assunção de competência;
IV – enunciado de súmula de tribunal de justiça sobre direito local.

§ 1º O juiz também poderá julgar liminarmente improcedente o pedido se verificar, desde logo, a ocorrência de decadência ou de prescrição.

§ 2º Não interposta a apelação, o réu será intimado do trânsito em julgado da sentença, nos termos do art. 241.

§ 3º Interposta a apelação, o juiz poderá retratar-se em 5 (cinco) dias.

§ 4º Se houver retratação, o juiz determinará o prosseguimento do processo, com a citação do réu, e, se não houver retratação, determinará a citação do réu para apresentar contrarrazões, no prazo de 15 (quinze) dias.

1. Improcedência liminar do pedido. O artigo 332 possui, *mutatis mutandis*, essência assemelhada à contida no art. 285-A do CPC/73.

2. Diz-se, de longa data, que a angularização da relação processual decorre da citação válida do demandado, revelando-se *"regra"* no direito pátrio que, deferida a inicial, proceda-se à notificação do réu para comparecer à audiência de autocomposição. Restando infrutífera tal tentativa, segue-se, como caminho natural, de uma etapa *postulatória* a uma *decisória*, enfrentando-se, entre uma e outra, para além de uma etapa saneadora, a denominada etapa *instrutória*, destinada, por definição, à produção da prova.

3. Há casos, porém, em que o legislador, atento a desnecessidade da realização da etapa *instrutória* (por versar o caso concreto, por exemplo, acerca de questão única e exclusivamente de direito), obriga o julgador a sentenciar meritoriamente, de imediato, antes mesmo de determinar a citação do réu. O instituto tem aplicabilidade apenas para os casos de improcedência da demanda, inexistindo, pois, aplicá-lo para acolher os pedidos formulados pelo autor (hipótese em que haveria flagrante violação ao direito fundamental ao contraditório), pena de frontal agressão ao *devido processo de direito*.

4. Na linha do respeito às "técnicas processuais vinculantes" (art. 927), a aplicação do instituto revela-se oportuna quando o pedido formulado pelo demandante contrariar tese contida em (I) enunciado de súmula do Supremo Tribunal Federal ou do Superior Tribunal de Justiça; (II) acórdão proferido pelo Supremo Tribunal Federal ou pelo Superior Tribunal de Justiça em julgamento de recursos repetitivos; (III) entendimento firmado em incidente de resolução de demandas repetitivas ou de assunção de competência ou, ainda, (IV) em enunciado de súmula de tribunal de justiça sobre direito local. Aplica-se o instituto, também, nos casos em que o julgador identificar a ocorrência de prescrição ou decadência.

5. Sustentamos, pois, indispensável, a despeito da previsão contida no art. 487, parágrafo único, do CPC/2015, em homenagem ao *modelo constitucional do processo civil* pátrio, a intimação do autor, inexistindo considerações em sede inicial acerca da decadência do direito ou da prescrição da ação, antes da prolação da sentença, no afã de permitir-lhe gozar do direito fundamental ao contraditório (faculdade de influir eficazmente na construção da norma jurídica aplicável ao caso concreto). Trata-se de medida que se impõe em homenagem ao *modelo constitucional do processo civil brasileiro* e respeito ao teor do art. 9º do CPC/2015.

6. O magistrado, ao julgar imediatamente o feito (com base no art. 332), prolata sentença meritória. Da sentença cabe apelação. Impugnado o pronunciamento sentencial, o juízo *a quo* poderá, entendendo conveniente, retratar-se no prazo de cinco dias, determinando que se proceda, pois, na citação do demandado; inexistindo retratação, determinará a citação do réu e, ato contínuo, sua intimação para, querendo, apresentar contrarrazões recursais; mantendo-se inerte o autor, ou seja, não apelando, o demandado será intimado tão somente do trânsito em julgado da decisão.

7. "O art. 332 do CPC/2015 se aplica ao sistema de juizados especiais e o inciso IV também abrange os enunciados e súmulas dos seus órgãos colegiados competentes." (Enunciado n. 43, ENFAM).

CAPÍTULO IV
DA CONVERSÃO DA AÇÃO INDIVIDUAL EM AÇÃO COLETIVA

Art. 333. (VETADO).

1. Razões do veto. "Da forma como foi redigido, o dispositivo poderia levar à conversão de ação individual em ação coletiva de maneira pouco criteriosa, inclusive em detrimento do interesse das partes. O tema exige disciplina própria para garantir a plena eficácia do instituto. Além disso, o novo Código já contempla mecanismos para tratar demandas repetitivas. No sentido do veto manifestou-se também a Ordem dos Advogados do Brasil – OAB".

2. *Redação vetada:* "Art. 333. Atendidos os pressupostos da relevância social e da dificuldade de formação do litisconsórcio, o juiz, a requerimento do Ministério Público ou da Defensoria Pública, ouvido o autor, poderá converter em coletiva a ação individual que veicule pedido que: I – tenha alcance coletivo, em razão da tutela de bem jurídico difuso ou coletivo, assim entendidos aqueles definidos pelo art. 81, parágrafo único, incisos I e II, da Lei nº 8.078, de 11 de setembro de 1990 (Código de Defesa do Consumidor), e cuja ofensa afete, a um só tempo, as esferas jurídicas do indivíduo e da coletividade; II – tenha por objetivo a solução de conflito de interesse relativo a uma mesma relação jurídica plurilateral, cuja solução, por sua natureza ou por disposição de lei, deva ser necessariamente uniforme, assegurando-se tratamento isonômico para todos os membros do grupo. § 1º Além do Ministério Público e da Defensoria Pública, podem requerer a conversão os legitimados referidos no art. 5º da Lei nº 7.347, de 24 de julho de 1985, e no art. 82 da Lei nº 8.078, de 11 de setembro de 1990 (Código de Defesa do Consumidor). § 2º A conversão não pode implicar a formação de processo coletivo para a tutela de direitos individuais homogêneos. § 3º Não se admite a conversão, ainda, se: I – já iniciada, no processo individual, a audiência de instrução e julgamento; ou II – houver processo coletivo pendente com o mesmo objeto; ou III – o juízo não tiver competência para o processo coletivo que seria formado. § 4º Determinada a conversão, o juiz intimará o autor do requerimento para que, no prazo fixado, adite ou emende a petição inicial, para adaptá-la à tutela coletiva. § 5º Havendo aditamento ou emenda da petição inicial, o juiz determinará a intimação do réu para, querendo, manifestar-se no prazo de 15 (quinze) dias. § 6º O autor originário da ação individual atuará na condição de litisconsorte unitário do legitimado para condução do processo coletivo. § 7º O autor originário não é responsável por nenhuma despesa processual decorrente da conversão do processo individual em coletivo. § 8º Após a conversão, observar-se-ão as regras do processo coletivo. § 9º A conversão poderá ocorrer mesmo que o autor tenha cumulado pedido de natureza estritamente individual, hipótese em que o processamento desse pedido dar-se-á em autos apartados. § 10. O Ministério Público deverá ser ouvido sobre o requerimento previsto no *caput*, salvo quando ele próprio o houver formulado".

CAPÍTULO V
DA AUDIÊNCIA DE CONCILIAÇÃO OU DE MEDIAÇÃO

Art. 334. Se a petição inicial preencher os requisitos essenciais e não for o caso de improcedência liminar do pedido, o juiz designará audiência de conciliação ou de mediação com antecedência mínima de 30 (trinta) dias, devendo ser citado o réu com pelo menos 20 (vinte) dias de antecedência.

§ 1º O conciliador ou mediador, onde houver, atuará necessariamente na audiência de conciliação ou de mediação, observando o disposto neste Código, bem como as disposições da lei de organização judiciária.

§ 2º Poderá haver mais de uma sessão destinada à conciliação e à mediação, não podendo exceder a 2 (dois) meses da data de realização da primeira sessão, desde que necessárias à composição das partes.

§ 3º A intimação do autor para a audiência será feita na pessoa de seu advogado.

§ 4º A audiência não será realizada:

I – se ambas as partes manifestarem, expressamente, desinteresse na composição consensual;

II – quando não se admitir a autocomposição.

§ 5º O autor deverá indicar, na petição inicial, seu desinteresse na autocomposição, e o réu deverá fazê-lo, por petição, apresentada com 10 (dez) dias de antecedência, contados da data da audiência.

§ 6º Havendo litisconsórcio, o desinteresse na realização da audiência deve ser manifestado por todos os litisconsortes.

§ 7º A audiência de conciliação ou de mediação pode realizar-se por meio eletrônico, nos termos da lei.

§ 8º O não comparecimento injustificado do autor ou do réu à audiência de conciliação é considerado ato atentatório à dignidade da justiça e será sancionado com multa de até dois por cento da vantagem econômica pretendida ou do valor da causa, revertida em favor da União ou do Estado.

§ 9º As partes devem estar acompanhadas por seus advogados ou defensores públicos.

§ 10. A parte poderá constituir representante, por meio de procuração específica, com poderes para negociar e transigir.

§ 11. A autocomposição obtida será reduzida a termo e homologada por sentença.

§ 12. A pauta das audiências de conciliação ou de mediação será organizada de modo a respeitar o intervalo mínimo de 20 (vinte) minutos entre o início de uma e o início da seguinte.

1. Trata-se de solenidade processual que, bem compreendida a afirmativa, desponta como uma das novidades inerentes ao novel sistema processual. Diz-se "bem compreendida a afirmativa", pois, no sistema do CPC/73 (art. 277), havia, ao menos no espectro do *procedimento comum sumário*, previsão legislativa acerca de ato assemelhado. O CPC/2015 optou, como dito alhures, por fulminar a dicotomia *procedimento comum ordinário – procedimento comum sumário*, da qual se valia o revogado diploma processual, prevendo, para além dos *procedimentos especiais*, apenas um *procedimento comum*, cujo trato é inaugurado pelo Título I, do Livro I, da Parte Especial do novo Código. No sistema pretérito, considerado o *procedimento comum ordinário*, o demandado era citado e, de imediato, intimado para, no prazo da lei, querendo, apresentar resposta. Eventual audiência, que também servia, em parte, ao propósito de "conciliar" os litigantes, figurava como ato processual posterior. O atual sistema inverteu, acertadamente, tal ordem.

2. Deferida a inicial, e não sendo caso de *improcedência liminar* dos pedidos formulados pelo autor, isto é, hipótese de aplicação do teor do art. 332 (em que o julgador deve, de imediato, refutar, no mérito, as postulações do demandante), aprazar-se-á, como regra, audiência de autocomposição, devendo o demandado ser citado e, ato contínuo, intimado a comparecer à solenidade processual sob comento. Tal intimação deve ocorrer, segundo o CPC/2015, com pelo menos vinte dias de antecedência em relação a data aprazada para tanto.

3. Intimação do autor. O demandante será, acerca da data e horário da solenidade, intimado na pessoa de seu advogado.

4. A audiência sob comento será, onde houver, presidida por conciliadores ou mediadores, outra novidade albergada pelo CPC/2015.

5. No processo civil brasileiro, esclareça-se, a regra, doravante, é a de que se realize a audiência em destaque nos processos em que se admita, ao menos em tese, a autocomposição. Excepcionalmente, o ato poderá ser preterido, exigindo-se para tanto que ambos os contendores, expressamente, manifestem desinteresse pela ocorrência da solenidade. O autor, sendo o caso, deve manifestar seu desinteresse já em sede inicial; o réu, por sua vez, em petição simples, que deve ser protocolizada até dez dias antes da data aprazada para a solenidade processual em epígrafe. Havendo litisconsórcio, o desinteresse deve ser manifestado pela integralidade dos litisconsortes.

6. As partes devem comparecer à audiência acompanhadas de seus defensores, públicos ou privados, sendo-lhes facultado constituir procurador para tal fim, desde que investidos de poderes suficientes para transigir.

7. O não comparecimento injustificado de uma das partes à audiência é considerado pelo CPC/2015 ato atentatório à dignidade da justiça, e deve ser sancionada com multa de até 2% da vantagem econômica pretendida ou do valor da causa, revertida em favor da União ou do Estado. Consoante o enunciado de n. 61 da ENFAM, "Somente a recusa expressa de ambas as partes impedirá a realização da audiência de conciliação ou mediação prevista no art. 334 do CPC/2015, não sendo a manifestação de desinteresse externada por uma das partes justificativa para afastar a multa de que trata o art. 334, § 8º".

8. Admite-se, no afã de efetivamente alcançar a autocomposição, sendo o caso, o aprazamento de mais de uma sessão destinada a tal fim. O intervalo entre uma e outra, segundo o Código, não pode exceder dois meses. O CPC/2015 admite, na linha da evolução tecnológica, que a solenidade processual sob comento, inclusive, realize-se por meio eletrônico, nos termos da lei.

9. Exitosa a tentativa, a transação será reduzida a termo e homologada por sentença; inexitosa, proceder-se-á, pois, no regular prosseguimento do feito, com a abertura da contagem do prazo para a apresentação da resposta do réu.

10. "Nas atas das sessões de conciliação e mediação, somente serão registradas as informações expressamente autorizadas por todas as partes." (Enunciado n. 56 da ENFAM).

11. "A autocomposição judicial pode envolver sujeito estranho ao processo e versar sobre relação jurídica que não tenha sido deduzida em juízo." (art. 515, § 2º, do CPC/2015).

CAPÍTULO VI
DA CONTESTAÇÃO

1. É inerente à ideia de *devido processo de direito* que o demandado tenha a oportunidade de, querendo, se defender em juízo. A afirmativa não pode surpreender sequer os leigos. Diante das postulações formuladas pelo autor, afigura-se indispensável, na linha do *modelo constitucional do processo civil brasileiro*, que se dê "voz" ao réu para que "postule", bem compreendida a expressão, dentre outros, o insucesso do pleito em seu desfavor formulado.

2. A *contestação* está para o demandado tal e qual a *petição inicial* para o autor. Ao demandante incumbe, como vimos, em sede exordial, apontar os fundamentos de fato e de direito (causa de pedir) aptos a ensejar a procedência do(s) pedido(s) por ele formulado(s). Ao réu, em sede de *contestação*, sustentar, às avessas, os fundamentos fáticos e jurídicos que sirvam ao insucesso do pleito realizado em seu desfavor. Trata-se, em tese, do ato processual que faculta ao réu, querendo, opor-se à *tese inicial*.

3. Acerca da distinção entre *defesa meritória direta* e *indireta*, indispensável à melhor compreensão do cenário em tela, vide comentários ao art. 350.

Art. 335. O réu poderá oferecer contestação, por petição, no prazo de 15 (quinze) dias, cujo termo inicial será a data:

I – da audiência de conciliação ou de mediação, ou da última sessão de conciliação, quando qualquer parte não comparecer ou, comparecendo, não houver autocomposição;

II – do protocolo do pedido de cancelamento da audiência de conciliação ou de mediação apresentado pelo réu, quando ocorrer a hipótese do art. 334, § 4º, inciso I;

III – prevista no art. 231, de acordo com o modo como foi feita a citação, nos demais casos.

§ 1º No caso de litisconsórcio passivo, ocorrendo a hipótese do art. 334, § 6º, o termo inicial previsto no inciso II será, para cada um dos réus, a data de apresentação de seu respectivo pedido de cancelamento da audiência.

§ 2º Quando ocorrer a hipótese do art. 334, § 4º, inciso II, havendo litisconsórcio passivo e o autor desistir da ação em relação a réu ainda não citado, o prazo para resposta correrá da data de intimação da decisão que homologar a desistência.

1. O CPC/2015 rompeu, em certa medida, com a regulamentação dada pelo sistema pretérito ao tema *defesa do réu*. O diploma processual revogado previa, em sede de procedimento ordinário, fosse o réu citado para, no prazo de quinze dias, observada a "regra da juntada", apresentar defesa, devidamente advertido dos efeitos de sua inércia. Apenas após o oferecimento da mesma, ou da transcorrência *in albis* do prazo para tanto, é que se aprazava, em alguns casos, a audiência do antigo artigo 331 (audiência preliminar), visando-se, em primeiro plano, a autocomposição do litígio. O CPC/2015 alterou a ordem dos atos processuais, especialmente no que diz com o momento oportuno para a apresentação de defesa escrita. A melhor compreensão da alteração legislativa passa, segundo pensamos, pela seguinte lembrança: no novel sistema, tem-se por regra, primeiro, o aprazamento de audiência para a tentativa "conciliatória". Laborando a partir do aludido marco, o réu, agora, é citado e, em ato contínuo, intimado a comparecer a tal solenidade, e não mais, em regra, para, de pronto, opor-se a versão sustentada pelo demandante.

2. Na nova sistemática, pois, toma-se por *principal marco* para o cômputo do prazo para o oferecimento tempestivo da resistência escrita do demandado, o insucesso da tentativa conciliatória. O prazo de 15 dias, computado de acordo com a regra comum, tem por termo inicial (a) *a data da audiência de autocomposição* ou, (b) a data *da derradeira sessão "conciliatória"* (quando houver mais de uma), quando quaisquer das partes deixar de comparecer ao evento processual ou, comparecendo, não se lograr êxito na empreitada.

3. Inocorrência da audiência de autocomposição. Resposta do réu. Prazo. Prescreve o § 4º do artigo 334 em seu inciso I, a possibilidade de uma vez demonstrado o desinteresse de "todos" os contendores, desmarcar-se a audiência sob comento. Nesse caso, pois, tomar-se-á por termo inicial para o cômputo do prazo para o protocolo tempestivo da resposta do réu, *a data de protocolo da petição, promovida pelo demandado, que informa ao juízo seu desinteresse na realização da solenidade processual*.

4. Embora diminutas, existem no processo civil, de um lado, causas que inadmitem a autocomposição; de outro, situações em que, embora se admita (a autocomposição), a realização da audiência inicial resta prejudicada, por exemplo, porque o demandado não fora localizado. Nesses casos, há de se observar, segundo expresso apontamento legal, regra diversa para a identificação do *dies a quo* para o protocolo tempestivo da resposta do réu. Salvo disposição em sentido contrário, considera-se dia do começo do prazo quando: (I) a citação ou a intimação for pelo correio, a data de juntada aos autos do aviso de recebimento; (II) a citação ou a intimação for por oficial de justiça, a data de juntada aos autos do mandado cumprido; (III) a citação ou a intimação se der por ato do escrivão ou do chefe de secretaria, a data da sua ocorrência; (IV) a citação ou intimação for por edital, o dia útil seguinte ao fim da dilação assinada pelo juiz; (V) a citação ou a intimação for eletrônica, o dia útil seguinte à consulta ao seu teor ou ao término do prazo para que a consulta se dê; (VI) a citação ou a intimação se realizar em cumprimento de carta, a data de juntada do comunicado de que trata o art. 230, ou, não havendo este, da juntada da carta aos autos de origem devidamente cumprida; (VII) a intimação se der pelo Diário da Justiça impresso ou eletrônico, a data da publicação; (VIII) a intimação se der por meio da retirada dos autos em carga, o dia de sua realização (realização da carga).

5. Havendo litisconsórcio passivo (pluralidade de consorciados que ocupam o polo demandado) e desinteresse de todos na realização da audiência de autocomposição, o termo inicial para a contagem do prazo para a apresentação da resposta do réu, aduz o Código, será, para cada um deles, a data do protocolo do "respectivo pedido de cancelamento da audiência". Nesses casos, o litisconsorte que postular a não realização da audiência deve, por precaução, independentemente da posição dos demais litisconsortes, no prazo da lei (que, presentes os requisitos legais, poderá ser dobrado na hipótese – vide comentários ao art. 229), a contar de sua manifestação, protocolizar sua resposta, pena de, havendo manifestação semelhante de todos os demais consorciados (ou seja, pugnando, todos, pela inocorrência da audiência), ver preclusa temporalmente tal possibilidade.

Art. 336. Incumbe ao réu alegar, na contestação, toda a matéria de defesa, expondo as razões de fato e de direito com que impugna o pedido do autor e especificando as provas que pretende produzir.

1. Princípio da concentração de defesa. O demandado, obedecendo à ordem legal (*preliminares – mérito*), exporá "toda a matéria de defesa" pertinente (princípio da concentração da defesa), especificando, ainda, os meios de prova que se pretende valer para comprovar as alegações fáticas suscitadas.

Art. 337. Incumbe ao réu, antes de discutir o mérito, alegar:
I – inexistência ou nulidade da citação;
II – incompetência absoluta e relativa;
III – incorreção do valor da causa;
IV – inépcia da petição inicial;
V – perempção;
VI – litispendência;
VII – coisa julgada;
VIII – conexão;
IX – incapacidade da parte, defeito de representação ou falta de autorização;
X – convenção de arbitragem;
XI – ausência de legitimidade ou de interesse processual;
XII – falta de caução ou de outra prestação que a lei exige como preliminar;

XIII – indevida concessão do benefício de gratuidade de justiça.

§ 1º Verifica-se a litispendência ou a coisa julgada quando se reproduz ação anteriormente ajuizada.

§ 2º Uma ação é idêntica a outra quando possui as mesmas partes, a mesma causa de pedir e o mesmo pedido.

§ 3º Há litispendência quando se repete ação que está em curso.

§ 4º Há coisa julgada quando se repete ação que já foi decidida por decisão transitada em julgado.

§ 5º Excetuadas a convenção de arbitragem e a incompetência relativa, o juiz conhecerá de ofício das matérias enumeradas neste artigo.

§ 6º A ausência de alegação da existência de convenção de arbitragem, na forma prevista neste Capítulo, implica aceitação da jurisdição estatal e renúncia ao juízo arbitral.

1. Exige-se do demandado, de maneira lógica, que, antes de insurgir-se ao mérito da causa, suscite, sendo o caso, questões prejudiciais ao regular prosseguimento da relação processual, em capítulo (da contestação) usualmente denominado *preliminares de contestação*. Nessa quadra, deve o demandado alegar: (I) a inexistência ou nulidade de citação, (II) a incompetência absoluta ou relativa do juízo, (III) incorreção no valor da causa, (IV) a inépcia da inicial, (V) haver perempção, (VI) litispendência, (VII) coisa julgada ou (VIII) conexão, (IX) a incapacidade da parte, defeito de representação ou falta de autorização, (X) a convenção de arbitragem, (XI) ausência de legitimidade ou interesses processual ("antigas" condições da ação), (XII) a falta de caução ou de outra prestação que a lei exige para o trâmite da ação e, por fim, (XIII) combater o direito de o demandante litigar sob o benefício da *justiça gratuita*. Há, a rigor, uma razão de ser. É que o acolhimento de quaisquer das *preliminares* impedirá, grosso modo, o magistrado de prosseguir, de imediato, na análise do mérito (causa de pedir + pedido). Visa-se, com tal medida (ordem de apresentação de matérias), acertadamente, a evitar o desperdício de atividade estatal.

2. O CPC/2015 mantém vigente entre nós, para fins de averiguação de identidade entre demandas, o critério da *tríplice identidade*. Duas ou mais relações processuais revelam-se idênticas, segundo a teoria adotada, quando possuem as mesmas *partes, causa de pedir* e *pedido*. Proposta demanda idêntica a outra ainda em tramitação, tem-se *litispendência*; promovida demanda idêntica a outra já julgada meritoriamente e com trânsito em julgado, como regra, *coisa julgada*.

3. A matéria objeto de *alegação preliminar* não só pode, como deve, ser suscitada oficiosamente. Escapam à regra tão somente a *convenção de arbitragem* e a *incompetência relativa*, que só podem ser enfrentadas a requerimento da parte interessada. Ambas, à luz do novel sistema, devem ser suscitadas em preliminares de contestação.

4. A ausência de alegação da existência de convenção de arbitragem importa, segundo o Código, na aceitação da jurisdição estatal, em detrimento do juízo arbitral ao qual se submeteram, outrora, os contendores.

Art. 338. Alegando o réu, na contestação, ser parte ilegítima ou não ser o responsável pelo prejuízo invocado, o juiz facultará ao autor, em 15 (quinze) dias, a alteração da petição inicial para substituição do réu.

Parágrafo único. Realizada a substituição, o autor reembolsará as despesas e pagará os honorários ao procurador do réu excluído, que serão fixados entre três e cinco por cento do valor da causa ou, sendo este irrisório, nos termos do art. 85, § 8º.

1. A previsão do art. 338 traduz, *mutatis mutandis*, a essência da revogada *nomeação à autoria*, hipótese de *intervenção de terceiro* prevista pelo CPC/73, destinada, grosso modo, a corrigir o polo passivo de ações promovidas em face do mero detentor ou de quem, a mando de outrem, realizou o ato que serviu de fundamento ao ajuizamento do pleito.

2. Alegada, em sede contestação, a ilegitimidade passiva, o magistrado facultará ao demandante, no prazo de quinze dias, alterar o petitório inaugural, direcionando o feito a quem, *in concreto*, deva estar presente, segundo tese sustentada pelo demandado, para que se possa enfrentar o conflito de interesses no mérito. Optando pela alteração sugerida pelo réu, o autor será condenado a arcar com eventuais despesas suportadas pelo demandado originário, bem como ao pagamento de honorários advocatícios em favor dos patronos do réu originário, observados os limites legais (fixação, como regra, entre 3 e 5% do valor atribuído à causa).

Art. 339. Quando alegar sua ilegitimidade, incumbe ao réu indicar o sujeito passivo da relação jurídica discutida sempre que tiver conhecimento, sob pena de arcar com as despesas processuais e de indenizar o autor pelos prejuízos decorrentes da falta de indicação.

§ 1º O autor, ao aceitar a indicação, procederá, no prazo de 15 (quinze) dias, à alteração da petição inicial para a substituição do réu, observando-se, ainda, o parágrafo único do art. 338.

§ 2º No prazo de 15 (quinze) dias, o autor pode optar por alterar a petição inicial para incluir, como litisconsorte passivo, o sujeito indicado pelo réu.

1. Especificação do legitimado passivo. Ao demandado originário não basta, em sede de contestação, afirmar sua ilegitimidade. A ele incumbe, ao assim proceder, como regra, indicar, sempre que souber, quem deveria figurar como réu na ação em que fora equivocadamente demandado.

2. Diante da alegação do réu originário, nada impede que o demandante opte, ao invés de exclui-lo (hipótese 01), por mantê-lo no polo passivo da relação processual, doravante, em litisconsórcio (passivo) com o sujeito por ele apontado (hipótese 02). Pode o autor, entendendo oportuno, optar, ainda, por manter no processo as partes originárias, simplesmente, ignorando a "sugestão" do demandado originário (hipótese 03).

Art. 340. Havendo alegação de incompetência relativa ou absoluta, a contestação poderá ser protocolada no foro de domicílio do réu, fato que será imediatamente comunicado ao juiz da causa, preferencialmente por meio eletrônico.

§ 1º A contestação será submetida a livre distribuição ou, se o réu houver sido citado por meio de carta precatória, juntada aos autos dessa carta, seguindo-se a sua imediata remessa para o juízo da causa.

§ 2º Reconhecida a competência do foro indicado pelo réu, o juízo para o qual for distribuída a contestação ou a carta precatória será considerado prevento.

§ 3º Alegada a incompetência nos termos do *caput*, será suspensa a realização da audiência de conciliação ou de mediação, se tiver sido designada.

§ 4º Definida a competência, o juízo competente designará nova data para a audiência de conciliação ou de mediação.

1. Exceção de incompetência relativa. O CPC/2015 extirpou do ordenamento processual pátrio a denominada *exceção de incompetência*, disciplinada, outrora, pelo art. 112 do CPC/73. A incompetência relativa, à luz do novel sistema, deve ser alegada em preliminares de contestação, que poderá ser protocolizada no foro do domicílio do réu, comunicando-se, *incontinenti*, o juiz da causa.

2. Suscitada a incompetência do juízo, suspender-se-á, uma vez aprazada, a realização da audiência de autocomposição, que será remarcada, oportunamente, sendo o caso, pelo juízo competente para processar e julgar o feito.

3. Ao demandado incumbe indicar o foro que entende competente para processar e julgar a demanda.

4. Acolhida a alegação, os autos serão remetidos ao juízo competente. Considera-se prevento o foro para o qual fora distribuída a contestação ou a carta precatória; desacolhida, o feito tramitará perante o foro eleito pelo autor. A incompetência relativa não pode ser alegada de ofício, muito menos pelo demandante, que, ao fim e ao cabo, elegeu o foro para a tramitação de seu pleito.

5. A sistemática anunciada, embora bem-intencionada, revela uma encruzilhada. Explicamo-nos: (a) como regra, o prazo para o protocolo tempestivo da resposta do réu apenas se inaugura mediante o insucesso da tentativa de autocomposição do litígio; (b) extrai-se, tanto do teor do art. 337, II, como do artigo sob comento, que a alegação de incompetência deve ser realizada em sede contestacional; (c) uma vez alegada a incompetência, a audiência (do 334) deve ser suspensa e, oportunamente, reaprazada. Pergunta-se: a parte que pretender sustentar a incompetência do juízo (relativa ou absoluta), haverá de observar o princípio da *concentração de defesa*, apresentando, na ocasião, todos os fundamentos capazes de conduzir ao insucesso do pleito formulado em seu desfavor? Em sendo positiva a resposta, tal conduta não vai de encontro (leia-se: em sentido contrário) ao próprio fundamento de legitimou a alteração da ordem dos atos processuais no âmbito do procedimento comum (o legislador preferiu, antes de instaurar o "conflito processual real" entre os contendores – que se inicia, não raro, quando o demandante toma ciência das alegações do réu – que ambos "sentassem à mesa" para um conversa)?

Art. 341. Incumbe também ao réu manifestar-se precisamente sobre as alegações de fato constantes da petição inicial, presumindo-se verdadeiras as não impugnadas, salvo se:

I – não for admissível, a seu respeito, a confissão;
II – a petição inicial não estiver acompanhada de instrumento que a lei considerar da substância do ato;
III – estiverem em contradição com a defesa, considerada em seu conjunto.
Parágrafo único. O ônus da impugnação especificada dos fatos não se aplica ao defensor público, ao advogado dativo e ao curador especial.

1. Ônus da impugnação específica. Ao demandado incumbe impugnar uma a uma as alegações fáticas sustentadas pelo autor, presumindo-se verdadeiras as não refutadas. A presunção de veracidade não se aplica, todavia, às alegações acerca das quais (a) não se admita confissão ou, (b) considerado o conjunto da defesa do réu, hajam sido impugnadas tacitamente.

2. A presunção de veracidade não se aplica, outrossim, aos casos em que a petição inicial estiver desacompanhada de instrumento a que a lei considere da substância do ato. Exemplo: a divorcianda afirma que o matrimônio do casal fora regido pelo regime da comunhão (universal) de bens, contudo, não acosta aos autos nem o *pacto antenupcial*, nem a respectiva *certidão de casamento*.

3. Não cabe falar, consoante expresso apontamento legal, em *ônus da impugnação específica* para a Defensoria Pública, o advogado dativo e o curador especial, consideradas as peculiaridades da atividade que desenvolvem.

Art. 342. Depois da contestação, só é lícito ao réu deduzir novas alegações quando:
I – relativas a direito ou a fato superveniente;
II – competir ao juiz conhecer delas de ofício;
III – por expressa autorização legal, puderem ser formuladas em qualquer tempo e grau de jurisdição.

1. Aquilo e tudo aquilo (fundamentos de fato e de direito) que possa servir à defesa do réu, deve, necessariamente, ser apresentado ao juízo em sede de contestação. Admitir-se-á, porém, a dedução de novas alegações por parte do demandado nas hipóteses previstas pelos incisos do art. 342.

CAPÍTULO VII
DA RECONVENÇÃO

Art. 343. Na contestação, é lícito ao réu propor reconvenção para manifestar pretensão própria, conexa com a ação principal ou com o fundamento da defesa.
§ 1º Proposta a reconvenção, o autor será intimado, na pessoa de seu advogado, para apresentar resposta no prazo de 15 (quinze) dias.
§ 2º A desistência da ação ou a ocorrência de causa extintiva que impeça o exame de seu mérito não obsta ao prosseguimento do processo quanto à reconvenção.
§ 3º A reconvenção pode ser proposta contra o autor e terceiro.
§ 4º A reconvenção pode ser proposta pelo réu em litisconsórcio com terceiro.
§ 5º Se o autor for substituto processual, o reconvinte deverá afirmar ser titular de direito em face do substituído, e a reconvenção deverá ser proposta em face do autor, também na qualidade de substituto processual.
§ 6º O réu pode propor reconvenção independentemente de oferecer contestação.

1. Afigura-se viável ao réu manifestar pretensão própria, desde que *conexa com a ação principal* ou com o *fundamento de sua defesa*, mediante *reconvenção*, no mesmo processo em que é demandado. Trata-se, bem compreendido o instituto, de postulação promovida pelo réu/reconvinte, no feito em que fora demandado, em desfavor do autor/reconvindo, facultado, à luz da Lei 13.105/2015, o elastecimento subjetivo do feito (inteligência dos §§ 3º e 4º do artigo sob comento).

2. Enquanto o CPC/73 exigia a apresentação de *contestação* e *reconvenção* em peças distintas, o CPC/2015 autoriza o manejo de ambas em petitório único. Apesar da dicção legal, que, de maneira atabalhoada, prescreve que se possa reconvir na "contestação", não há confundir, enquanto *respostas do réu*, contestação e reconvenção. Qualifica-se de "atabalhoada" a redação legal à luz da intenção legislativa: pretendeu-se, em última análise, a permitir que ambas as espécies de resposta (do réu) constassem de petição una. Assim sendo, tecnicamente falando, não se oferta reconvenção em sede de contestação. Sustentamos, pois, que, em sede de *resposta do réu* (gênero), é facultado ao demandado apresentar manifestação de mais de uma espécie (*contestação* e *reconvenção* revelam-se, pois, espécies do gênero *resposta do réu*, cumprindo cada qual com função processual diversa). Logo, em peça que preferimos denominar *resposta do réu*, cumula-se *contestação* e reconvenção. Seja como for, *agindo* o reconvinte, o reconvindo será intimado, na pessoa de seu advogado, para, querendo, apresentar resposta no prazo de quinze dias. Havendo elastecimento subjetivo no polo passivo da reconvenção, consoante permite o CPC/2015, os demais demandados serão citados, em observância aos ditames ordinários (como regra, haverão de ser citados pela via postal, uma vez que não são partes na demanda originária, não possuindo, como é intuitivo, procuradores constituídos nos autos).

3. A *reconvenção*, respeitados os requisitos legais, possui "vida própria", ou seja, embora exija-se para o seu "cabimento" a existência de um liame entre *ação principal* e *reconvenção*, essa não é, bem compreendida a afirmativa, acessória àquela. O "falecimento" da ação principal (independentemente da motivação) não obsta o prosseguimento da reconvenção, que possui natureza de ação.

4. Substituição processual. Legitimação extraordinária. Há substituição processual quando um sujeito de direito litiga em nome próprio, mas, em benefício alheio. Trata-se, pois, de exceção à regra albergada pelo processo civil *individual*. A reconvenção, nesses casos, deve ter por objeto posição jurídica que se possa exigir do substituído, nada obstante deva o substituto (processual) figurar como parte na mesma.

5. Nada obstante a autorização/exigência de que contestação e reconvenção sejam manejadas em peça única, o novel sistema manteve, para os casos em que o réu opte por não se insurgir à tese sustentada pelo demandante (razão de ser da contestação – ou seja, não conteste), a possibilidade de oferecimento autônomo da reconvenção.

6. A reconvenção, embora manejada em petição conjunta (ou seja, também destinada a contestação), dada sua natureza (revela-se, ao fim e ao cabo, ação promovida pelo réu da ação principal), encontra-se adstrita à observância dos elementos essenciais da petição inicial, inclusive, no que diz com a atribuição de valor à causa.

CAPÍTULO VIII
DA REVELIA

Art. 344. Se o réu não contestar a ação, será considerado revel e presumir-se-ão verdadeiras as alegações de fato formuladas pelo autor.

1. A falta de contestação torna o réu revel, o que não significa, de antemão, a decretação de sua derrota processual. Deixando o demandado de insurgir-se ao pleito realizado pelo autor (e a isto serve, por definição, a contestação), tempestivamente (a contestação oferecida de forma intempestiva se equivale a não contestação), reputar-se-ão verdadeiros os fatos afirmados pelo autor em sede inicial, sendo esse o principal efeito da revelia. Trata-se, à evidência, de presunção que admite prova em contrário.

Art. 345. A revelia não produz o efeito mencionado no art. 344 se:
I – havendo pluralidade de réus, algum deles contestar a ação;
II – o litígio versar sobre direitos indisponíveis;
III – a petição inicial não estiver acompanhada de instrumento que a lei considere indispensável à prova do ato;
IV – as alegações de fato formuladas pelo autor forem inverossímeis ou estiverem em contradição com prova constante dos autos.

1. A falta de contestação, episodicamente, não conduzirá a incidência do principal efeito da revelia (a presunção de veracidade fática). Segundo expressa determinação legal, não se fará sentir a *confissão ficta* quando (I) havendo pluralidade de réus, algum deles reagir à tese exordial; (II) o litígio versar sobre direitos indisponíveis e, (III) se a petição inicial estiver desacompanhada do instrumento público que a lei considere indispensável à prova da alegação.

2. O quarto inciso do artigo sob comento traz, uma vez comparado ao teor do art. 320 do Código revogado (silente em relação ao tema), importante esclarecimento: o fato de inexistir contestação não pode, por óbvio, obrigar o julgador a tomar por verídica versão fática inverossímil ou em contradição com a prova produzida nos autos. Quer dizer: a despeito da inexistência de oposição do demandado, a narrativa sustentada pelo demandante deve, para que possa ser considerada "fictamente verdadeira", revelar discurso razoável em relação aos acontecimentos mundanos, valendo-se o julgador, como critério, das máximas de experiência e da prova carreada ao autos para confirmar a ocorrência da *confissão ficta*. Tratando-se de versão "estapafúrdia" ou em total desconsonância com a prova produzida, o magistrado deve, em homenagem ao *devido processo de direito*, sendo o caso, apontar quais provas devem vir aos

autos para que a versão sustentada pelo autor possa ser tomada por verídica (art. 370 do CPC/2015).

Art. 346. Os prazos contra o revel que não tenha patrono nos autos fluirão da data de publicação do ato decisório no órgão oficial.
Parágrafo único. O revel poderá intervir no processo em qualquer fase, recebendo-o no estado em que se encontrar.

1. O cômputo dos prazos processuais que aproveitam ao revel que não tenha patrono constituído nos autos inicia-se, respeitada à regra comum de contagem dos prazos processuais, a partir da data de publicação de cada ato processual junto ao órgão oficial. É possível afirmar, com certa tranquilidade, que a dispensa de intimação pessoal do demandado revel, face ao teor do artigo sob comento, figure, embora não seja o principal deles, na condição de efeito da revelia.

2. Não se pode confundir, como é intuitivo, *revelia* e *inacessibilidade ao processo* para o demandado que deixar de apresentar contestação (o revel). Sem prejuízo da incidência dos efeitos acima narrados, o revel, querendo, poderá intervir no feito em qualquer fase, recebendo-o, contudo, no estado em que se encontre. O que o Código pretende com tal afirmativa é, registre-se, deixar claro que os atos processuais anteriormente realizados manter-se-ão intactos, independentemente do momento em que o réu validamente citado optar por manifestar-se nos autos.

3. Diz-se que a *revelia* não compromete por si só o resultado do feito para o demandado, uma vez que, a despeito de se ter por verídica a versão fática apresentada pelo demandante (principal efeito da revelia), esta pode não conduzir à consequência jurídica por ele desejada.

CAPÍTULO IX
DAS PROVIDÊNCIAS PRELIMINARES E DO SANEAMENTO

Art. 347. Findo o prazo para a contestação, o juiz tomará, conforme o caso, as providências preliminares constantes das seções deste Capítulo.

1. A relação jurídica que se forma por ocasião do *agir* (processual) do demandante encontra-se sujeita a regramento específico, objeto, em última análise, de construção e estudo do Direito Processual Civil. O juízo acerca do (des)respeito aos ditames processuais ocupa lugar de destaque na referida etapa processual.

2. Cabe, aqui, um alerta: não há confundir *fase saneadora* e *atividade saneadora*, que, como se viu, realiza-se desde o primeiro contato do magistrado com o feito (juízo acerca do (in)deferimento da inicial e do cabimento da citação).

3. *Sanear* representa, no aludido contexto, *estabilizar a relação processual*, "curando-a" em relação a vícios sanáveis, e preparando-a para que a atividade processual pendente se desenvolva, no trilho da promessa constitucional, de forma efetiva, adequada, tempestiva e "humana".

4. Providências preliminares. Transcorrido *in albis* o prazo para a apresentação da defesa ou, oferecida esta, os autos irão conclusos ao magistrado para que, no prazo legal, pontue acerca das providências preliminares a serem observadas.

Seção I
Da Não Incidência dos Efeitos da Revelia

> **Art. 348.** Se o réu não contestar a ação, o juiz, verificando a inocorrência do efeito da revelia previsto no art. 344, ordenará que o autor especifique as provas que pretenda produzir, se ainda não as tiver indicado.

1. O principal efeito da revelia é, sem dúvida, o de se considerar verdadeira a versão fática sustentada pelo demandante. Há casos, pois, em que, a despeito da inexistência de contestação, o principal efeito da revelia não se faz sentir (hipóteses do art. 345). Assim sendo, o magistrado ordenará, de pronto, a intimação do autor para que, ciente da inocorrência do principal efeito da revelia, diga se tem interesse na produção de outras provas. O expediente toma por base a premissa de que ao autor toca, por definição, provar o fato constitutivo do direito alegado.

2. Apesar do silêncio do art. 348, o magistrado não só pode, como deve, para além de "indagar" o demandante acerca das provas que pretende produzir, determinar/apontar as que entenda indispensáveis à comprovação da versão fática suscitada pelo autor. Inteligência dos artigos 348 e 370 do CPC/2015.

> **Art. 349.** Ao réu revel será lícita a produção de provas, contrapostas às alegações do autor, desde que se faça representar nos autos a tempo de praticar os atos processuais indispensáveis a essa produção.

1. O revel, querendo, poderá intervir no feito a qualquer tempo, recebendo-o no estágio em que se encontra. Partindo da aludida premissa, o CPC/2015 prevê que, havendo representação do revel ao tempo da produção probatória, nada obsta que o mesmo pugne pela produção de prova destinada a atacar a versão fática sustentada pelo demandante, no afã de ver quedar a presunção legal que deriva sua "condição" processual.

Seção II
Do Fato Impeditivo, Modificativo ou Extintivo do Direito do Autor

> **Art. 350.** Se o réu alegar fato impeditivo, modificativo ou extintivo do direito do autor, este será ouvido no prazo de 15 (quinze) dias, permitindo-lhe o juiz a produção de prova.

1. Defesa meritória *direta* e defesa meritória *indireta*. A defesa meritória, por conta do conceito de mérito albergado pelo Código, realiza-se, em dupla dimensão: *direta* e *indireta*. Fala-se, tradicionalmente, em defesa meritória *direta* toda vez que o réu (a) *nega o fato constitutivo do direito do autor* ou, (b) *sem negá-lo, resiste à incidência dos efeitos jurídicos pretendidos pelo demandante*. Diz-se, por outro lado, haver *defesa meritória indireta* por ocasião da alegação, pelo réu, de fato *impeditivo, modificativo* ou *extintivo* do direito do autor. Imagine-se, primeiro, que José (mutuante) tenha proposto ação de cobrança em desfavor de Marco (mutuário). Ao contestar a tese inicial, que o afirma devedor, Marco assevera que jamais realizou com José o negócio jurídico que serve de fundamento ao pedido formulado pelo autor, negando, portanto, o *fato constitutivo do direito do demandante*; segundo, pense-se em defesa que, apesar de não negar o recebimento do dinheiro por José, descaracterize a natureza da narrativa suscitada pelo autor, afirmando tratar-se de doação, e não de mútuo, o negócio entabulado entre as partes. Neste trilho, estaria José a *resistir à incidência dos efeitos jurídicos pretendidos pelo demandante*. Em ambas as situações, a *defesa* meritória revela-se *direta*; de outro giro, imagine-se que, diante do mesmo cenário, afirme José estar sendo cobrado pela segunda vez, uma vez que, segundo sustenta, já satisfez, outrora, tal obrigação. Perceba-se que o réu, ao defender-se, alega ter realizado o *pagamento* (forma natural de extinção das obrigações) e, consequentemente, sustenta haver *fato extintivo* do crédito suscitado pelo autor; idealize-se, agora, que, a despeito de não negar a contratação do mútuo, Mauro (mutuário/demandado) suscita, por seu representante legal, que continua interditado (e já o era ao tempo da contratação), razão pela qual não podia obrigar-se. Ao assim agir assevera, em última análise, pender fato *impeditivo* do direito do autor; por fim, imagine-se que, sem negar o fato constitutivo suscitado pelo autor, Mauro aduz que, conforme acordo entabulado *a posteriori* pelos envolvidos (renegociação da dívida), estipulou-se termo diverso para quitação da dívida, ainda não alcançado. Suscita o demandado, nessa quadra, que o crédito pretendido pelo autor não se mostra exigível. Ao assim agir assevera, em última análise, pender fato *modificativo* do direito do autor.

2. Segundo o ordenamento jurídico pátrio, o direito de produzir *prova*, na linha acima referida, não se confunde com o ônus de produzi-la. O encargo de produzi-la incumbe (I) *ao autor, no que tange ao fato constitutivo do direito alegado* e (II) *ao réu, em relação ao fato impeditivo, modificativo ou extintivo do direito afirmado pelo demandante* (art. 373). Atribui-se ao dispositivo legal, historicamente, natureza de *regra de julgamento*, no sentido de que, consideradas as versões sustentadas pelos litigantes, sua aplicação deva realizar-se ao tempo da prolação da decisão judicial, verificando o magistrado ter, ou não, a parte a quem incumbia o *encargo*, dele se desincumbido. O ônus da prova ao tempo da propositura da demanda pertence, por definição, ao autor, e assim será caso não seja dinamizado. Deve o demandante, inicialmente, diligenciar na produção probatória capaz de atestar a versão fática que dá amparo ao pedido de tutela jurisdicional por ele formulado. Oportunamente, pois, facultar-se-á ao demandado o direito de apresentar resposta. Ao formulá-la, valendo-se de *defesa meritória indireta* (inerente aos casos em que o réu sustenta fato *extintivo, impeditivo* ou *modificativo* em relação ao direito afirmado pelo autor), atrairá, para si, o *encargo* de provar a versão suscitada.

3. Suscitada, pelo réu, *defesa meritória indireta*, o autor será intimado, em respeito ao direito fundamental ao contraditório, para, querendo, no prazo de 15 dias, produzir prova em sentido contrário.

Seção III
Das Alegações do Réu

Art. 351. Se o réu alegar qualquer das matérias enumeradas no art. 337, o juiz determinará a oitiva do autor no prazo de 15 (quinze) dias, permitindo-lhe a produção de prova.

1. Contestação. Ordem de apresentação da matéria. *Preliminares* de contestação (defesa formal). *Mérito* (defesa material). O réu, ao contestar, deve obedecer à ordem legal de exposição das matérias. Suscitada *defesa formal* (matéria prescrita pelos incisos do art. 337), o magistrado, de pronto, determinará a intimação do autor para, querendo, no prazo de 15 dias, apresentar, na linguagem forense, *réplica*, facultando-se-lhe, pois, a produção da prova pertinente à alegação preliminar da qual se defende.

Art. 352. Verificando a existência de irregularidades ou de vícios sanáveis, o juiz determinará sua correção em prazo nunca superior a 30 (trinta) dias.

1. Saneamento retrospectivo. Superada a primeira dimensão da *fase postulatória* (que diz respeito à atuação processual do autor), exige-se do magistrado reflexão acerca (i) da *regularidade formal da relação processual*, bem como (ii) da *admissibilidade da ação* proposta. Sem o "ok" do juízo (em relação a ambas as situações) não se procederá na citação do demandado. Incumbe ao juiz, num primeiro contato com os autos, consoante afirmado alhures, verificar se não está diante de um petitório que deva, de pronto, ser indeferido. Perceba-se que a atividade *saneadora retrospectiva inicial* ocorre ao tempo do primeiro contato do magistrado com a petição inicial, ocasião em que inexiste qualquer manifestação do réu nos autos, uma vez que sequer foi deferida sua citação. A complementação da referida atividade (saneadora retrospectiva) dá-se em momento processual diverso. O réu, oportunamente, poderá, como se viu, arguir qualquer dos vícios que o magistrado deveria ter vislumbrado de ofício, e não o fez. Por tal razão, impõe-se, após a manifestação do demandado, uma segunda verificação acerca da regularidade do processo e do cabimento da ação intentada pelo autor à qual se atribui o *nomen iuris atividade saneadora complementar*. Verificadas eventuais irregularidades sanáveis, o magistrado determinará, a quem competir, que as corrija, em prazo não superior a trinta dias.

Art. 353. Cumpridas as providências preliminares ou não havendo necessidade delas, o juiz proferirá julgamento conforme o estado do processo, observando o que dispõe o Capítulo X.

1. Saneado retrospectivamente o feito (resultado da superação das atividades saneadora *inicial* e *complementar*), e/ou restando ele em perfeitas condições de forma, incumbirá ao julgador, atento ao *direito fundamental à duração razoável do processo*, examinar a conveniência, ou não, de implementação da fase instrutória. Nos casos prescritos no capítulo abaixo, estar-se-á diante do momento adequado à entrega da jurisdição, sem mais delongas.

CAPÍTULO X
DO JULGAMENTO CONFORME O ESTADO DO PROCESSO

1. O tema é disciplinado pelos artigos 354 ("Da Extinção do Processo"), 355 ("Do Julgamento Antecipado do Mérito") e 356 ("Do Julgamento Antecipado Parcial do Mérito), todos do CPC/2015.

Seção I
Da Extinção do Processo

Art. 354. Ocorrendo qualquer das hipóteses previstas nos arts. 485 e 487, incisos II e III, o juiz proferirá sentença.
Parágrafo único. A decisão a que se refere o caput pode dizer respeito a apenas parcela do processo, caso em que será impugnável por agravo de instrumento.

1. Aplica-se o instituto por ocasião da ocorrência de quaisquer das hipóteses previstas pelos artigos 485 e 487, II e III do CPC/2015. Nos casos em que o feito for extinto com base numa das causas apontadas pelo artigo 485, o será sem resolução de mérito; nas demais hipóteses (art. 487, II e III), considerar-se-á enfrentado o mérito da causa.

2. O magistrado deve sentenciar o feito sem enfrentá-lo meritoriamente quando: (I) indeferir a petição inicial; (II) o processo ficar parado durante mais de um ano por negligência das partes; (III) por não promover os atos e as diligências que lhe incumbir, o autor abandonar a causa por mais de trinta dias; (IV) verificar a ausência de pressupostos de constituição e de desenvolvimento válido e regular do processo; (V) reconhecer a existência de perempção, de litispendência ou de coisa julgada; (VI) verificar ausência de legitimidade ou de interesse processual; (VII) acolher a alegação de existência de convenção de arbitragem ou quando o juízo arbitral reconhecer sua competência; (VIII) homologar a desistência da ação; (IX) em caso de morte da parte, a ação for considerada intransmissível por disposição legal; e, (X) nos demais casos prescritos neste Código.

3. Impõe-se a aplicação do instituto (*julgamento conforme o estado do processo* – na dimensão da extinção imediata), outrossim, (a) mediante o reconhecimento da decadência do direito objeto da demanda ou da prescrição ação, bem como (b) quando o juiz homologar (1) o reconhecimento da procedência do pedido formulado na ação ou na reconvenção; (2) a transação; (3) a renúncia à pretensão formulada na ação ou na reconvenção.

4. O julgamento conforme o estado do processo pode ter por objeto apenas parte do pleiteado em juízo. A decisão que, mediante aplicação do instituto em tela, extingue parcialmente o feito, a despeito do debate acerca de sua natureza jurídica, comporta, agravo de instrumento, não apelação.

Seção II
Do Julgamento Antecipado do Mérito

Art. 355. O juiz julgará antecipadamente o pedido, proferindo sentença com resolução de mérito, quando:

I – não houver necessidade de produção de outras provas;

II – o réu for revel, ocorrer o efeito previsto no art. 344 e não houver requerimento de prova, na forma do art. 349.

1. A aplicação do instituto impõe-se, num segundo momento, presentes as hipóteses de *julgamento antecipado do mérito*. O juiz deverá enfrentar imediatamente o(s) pedido(s) formulado(s) pelo autor, proferindo sentença, quando (I) *inexistir a necessidade de se produzir outras provas* (quer dizer: seja despiciendo percorrer a etapa instrutória do feito) ou (II) quando *a revelia produzir o seu principal efeito* (reputarem-se verdadeiros os fatos narrados pelo autor), silente o réu em relação à produção probatória destinada a combater a presunção sob comento.

2. "O pedido fundado em tese aprovada em IRDR deverá ser julgado procedente, respeitados o contraditório e a ampla defesa, salvo se for o caso de distinção ou se houver superação do entendimento pelo tribunal competente." (Enunciado n. 20, ENFAM).

Seção III
Do Julgamento Antecipado Parcial do Mérito

Art. 356. O juiz decidirá parcialmente o mérito quando um ou mais dos pedidos formulados ou parcela deles:

I – mostrar-se incontroverso;

II – estiver em condições de imediato julgamento, nos termos do art. 355.

§ 1º A decisão que julgar parcialmente o mérito poderá reconhecer a existência de obrigação líquida ou ilíquida.

§ 2º A parte poderá liquidar ou executar, desde logo, a obrigação reconhecida na decisão que julgar parcialmente o mérito, independentemente de caução, ainda que haja recurso contra essa interposto.

§ 3º Na hipótese do § 2º, se houver trânsito em julgado da decisão, a execução será definitiva.

§ 4º A liquidação e o cumprimento da decisão que julgar parcialmente o mérito poderão ser processados em autos suplementares, a requerimento da parte ou a critério do juiz.

§ 5º A decisão proferida com base neste artigo é impugnável por agravo de instrumento.

1. Cumulação de pedidos. Aquilo e tudo aquilo que for objeto de postulação judicial, mostrando-se incontroversa a obrigação suscitada pela parte, não só pode, como deve, em nome do *direito fundamental à duração razoável do processo*, ser julgado, ainda que parcialmente, o quanto antes.

2. É possível, de acordo com o direito legislado, que, havendo cumulação de pedidos ou de ações, alguns(umas) revelem-se em condições de julgamento antes dos(as) demais. Nada obsta, consoante a prescrição do art. 356, II, do CPC/2015, que as que se mostrarem em condições de serem imediatamente julgadas, assim o sejam, ainda que parcialmente, deixando-se para o futuro o enfrentamento das postulações que mereçam (do ponto de vista fático e/ou jurídico) análise mais detida.

3. A decisão parcial pode reconhecer obrigação *líquida* ou *ilíquida*. Retratando obrigação *líquida* e, inexistindo cumprimento espontâneo da mesma, faculta-se ao autor, independentemente de caução, executá-la de imediato, ainda que penda recurso sobre a mesma (o recurso cabível é o *agravo de instrumento;* a execução, nesse caso, é *provisória*). Desprovido o recurso, a execução *provisória* tornar-se-á *definitiva*. A decisão parcial que reconhecer a existência de obrigação *ilíquida* terá, à evidência, de ser previamente liquidada para que o interessado possa ter acesso à tutela executiva.

4. Extrai-se da redação atribuída ao §3º do art. 356 que a *liquidação* e a *execução* da *sentença parcial*, como regra, devam ocorrer nos autos em que prolatada. Faculta-se, contudo, o seu trâmite em autos suplementares, a requerimento da parte ou a critério do julgador, no afã de evitar eventuais inconvenientes processuais.

5. "No julgamento antecipado parcial de mérito, o cumprimento provisório da decisão inicia-se independentemente de caução (art. 356, § 2º, do CPC/2015), sendo aplicável, todavia, a regra do art. 520, IV" (Enunciado n. 49, ENFAM), que prevê que "o levantamento de depósito em dinheiro e a prática de atos que importem transferência de posse ou alienação de propriedade ou de outro direito real, ou dos quais possa resultar grave dano ao executado, dependem de caução suficiente e idônea, arbitrada de plano pelo juiz e prestada nos próprios autos".

6. A decisão prolatada com fulcro no artigo sob comento é agravável.

7. Nada obstante o cabimento do recurso acima referido (agravo de instrumento – §5º do art. 356), indaga-se: qual a natureza jurídica do pronunciamento judicial ("decisão", na linguagem do Código) prolatado com base no teor do art. 356? Decisão interlocutória ou sentença? Acerca do tema, vide: TORRES, Artur. Sentença, Coisa Julgada e Recursos Cíveis Codificados: de acordo com as Leis 13.105/2015 e 13.256/2016. Porto Alegre: Livraria do Advogado, 2017.

8. O art. 356, sepultando controvérsia doutrinária de outrora, autoriza, expressamente, o *julgamento antecipado parcial de mérito*. A aplicação do instituto tem espaço, segundo o Código, "quando um ou mais dos pedidos formulados ou parcela deles" "mostrar-se incontroverso" ou "estiver em condições de imediato julgamento". Subjaz a ideia, traduzindo em miúdos, a necessidade de que a demanda, ao menos em parte, se encontre *madura* para julgamento. Trata-se o *julgamento antecipado parcial do mérito* de técnica processual comprometida, dentre outros, com o direito fundamental à duração razoável do processo. Embora louvável a intenção do legislador, uma primeira crítica, segundo pensamos, deva recair sob a *nomenclatura utilizada*, uma vez que, se ao menos em parte o feito mostra-se apto para ser julgado, inexiste, na linha do *modelo constitucional do processo civil pátrio,* qualquer espécie de antecipação (nada será julgado antes do momento adequado), sendo este mesmo o espaço próprio à composição do conflito de interesses, ainda que parcialmente. Não se pode perder de vista, jamais, que o instituto sob comento representa hipótese de *julgamento conforme o estado do processo.* Seja como for, considerado o que importa para o momento, cumpre destacar o teor do § 5º do art. 356, assim redigido: "A decisão proferida com base neste artigo é impugnável por agravo de instrumento". Causa estranhamento, desde logo, que o legislador, nada obstante tenha apontado as *sentenças,* as *decisões interlocutórias* e os *despachos* como pronunciamentos judiciais típicos inerentes ao campo da jurisdição singular (art. 203), refira-se ao julgado proferido com base no art. 356 como "decisão", uma vez que, consoante sabido aos quatro cantos, a existência de *carga decisória* revela-se critério insuficiente para afastar as sentenças das decisões interlocutórias (ambas são decisões). Deriva daí, pois, uma dúvida: o pronunciamento judicial proferido com base no art. 356 é *decisão interlocutória* ou *sentença*? Consideradas premissas pretéritas, e fixando olhares no recurso hábil a impugnar o pronunciamento sob comento (o agravo de instrumento), o intérprete é conduzido, num primeiro momento, a tratá-lo como *decisão interlocutória.* É que à luz do CPC/73, rememore-se, bastava, para descobrir o recurso cabível, "desvendar" a natureza jurídica da decisão singular que se pretendia impugnar. Em se tratando de *decisão interlocutória,* o cabimento do agravo era certo. A forma de sua tramitação (se instrumental ou retida) é que dependia, por assim dizer, de critério diverso.

9. Corrobora com tal entendimento, outrossim, o fato de que, como regra, não se admitia, pois, a fragmentação do pronunciamento final (era inaceitável, ao menos à luz do sistema buzaidiano – anterior às modificações inauguradas já no início dos anos noventa do século passado), a noção de sentença parcial de mérito). Parcela da doutrina, por fim, dá-se por satisfeita mediante o apontamento contido no art. 1.015, II, do CPC/2015. Não é, registre-se, o nosso caso. Parece-nos indispensável ao enfrentamento da indagação, sobretudo, examinar, ainda que brevemente, as características do ato judicial em epígrafe. Primeiro, as hipóteses autorizativas de aplicação do instituto, ao que tudo indica, apontam para a realização, do ponto de vista de sua profundidade, de cognição exauriente, uma vez que o julgamento oriundo da aplicação do instituto (art. 356) deverá, necessariamente, estar calcado em juízo de certeza, vale dizer, ou a questão sub judice é incontroversa, ou, não sendo, haverá o julgador de entender que se encontra madura (pronta) para julgamento.[20] Segundo, não nos parece viável crer que, uma vez prolatado, o juiz, mediante provocação feita por petição simples nos próprios autos, possa, simplesmente, expurgar o pronunciamento judicial oriundo da aplicação do artigo sob comento do mundo jurídico. Há, consoante denuncia o texto legal, uma forma adequada a combatê-lo: a interposição do agravo de instrumento. Terceiro, ao que transparece,

---

[20] Acerca do tema, com grande proveito, WATANABE, Kazuo. *Da cognição no processo civil.* 4. ed. São Paulo: RT, 2012; PORTO, Sérgio Gilberto. *Cidadania Processual*: Processo constitucional e o novo processo civil. Porto Alegre: Livraria do Advogado, 2016. p. 71/78.

o legislador, ao admitir o instituto, permitiu ao julgador que, no concernente, julgue em definitivo a questão, dando por prestada a jurisdição. À espécie de pronunciamento, inclusive, atribuiu-se, outrora, o *nomen iuris* Sentenças Provisionais. Suscitando lição de James Goldshmidt referente ao Teilurteil do direito alemão, Piero Calamandrei, ao explicar em quais acepções se pode utilizar o termo provisional, esclarece: "(...) Em segundo lugar, a provisional pode ser concebida, não como provimento provisório cautelar, mas como pronúncia definitiva parcial (Teiluteil do direito alemão) naquela porção do crédito a respeito do qual o juiz já tenha elementos probatórios suficientes para decidir com cognição plena; enquanto sobre o resto do pedido é necessário o cumprimento de ulteriores atos instrutórios, na espera dos quais a decisão definitiva sobre a parte residual do crédito deva ser necessariamente adiada para um momento posterior do mesmo processo, ou, quem sabe, para um processo diferente. Aqui a sentença denominada provisional faltam as características essenciais do provimento cautelar e sobretudo aquele caráter hipotético que o distingue: a respeito de questão decidida se forma uma verdadeira e própria declaração, idônea a adquirir em si e por si a eficácia de coisa julgada, e independente do resultado sobre outras questões reservadas. Estamos, portanto, diante de uma aplicação do princípio, segundo o qual o juiz, na cognição ordinária, tem o poder de pronunciar-se com eficácia definitiva sobre as questões já em grau de decisão, e de adiar a decisão sobre aquelas a respeito das quais seja ainda necessária a continuação da instrutória." (CALAMANDREI, Piero. *Introdução ao Estudo Sistemático dos Procedimentos Cautelares*. Carla Roberta Andreasi Bassi (Trad.). Campinas: Servanda, 2000. p. 148/149).

10. Ao que tudo indica, gostemos ou não, o pronunciamento judicial prolatado com base no art. 356 possui, como se tem dito por aí, no mínimo, "alma" de sentença! Parece faltar à doutrina coragem para admitir que, de acordo com o CPC/2015, é possível falar não só em *decisões interlocutórias apeláveis,* mas, também, em *sentenças agraváveis.* Sentenças agraváveis? E o que há de errado nisso? À evidência, nada, excetuado o acentuado apego ao sistema revogado! Tanto a apelação, como o agravo de instrumento, consoante abaixo explicado, enquadram-se no grupo dos *recursos de jurisdição ordinária* e se destinam, imediatamente, à operacionalização do duplo grau de jurisdição, isto é, possuem idêntica função. A eleição do agravo de instrumento como recurso hábil a impugnar o pronunciamento fundado na aplicação do art. 356, em nada altera sua natureza (a natureza do pronunciamento). Trata-se, pois, de política legislativa que considerou a dificuldade de exame imediato das razões recursais, uma vez que os autos do processo (ao menos daqueles que tramitam pela plataforma física) haverão de ser mantidos perante o juízo *a quo.* Evitou-se, apenas, a criação de algo na linha de uma "apelação de instrumento" para que se mantivesse, ao menos num primeiro olhar, certa identidade com o rol de recursos de outrora (o novo assusta!). Vindo a prosperar tal tese, é verdade que ajustes, ao regime do agravo de instrumento, far-se-ão necessários. Por exemplo, a admissão de sustentação oral também nesses casos, dentre outros, é medida que se impõe. O debate, pois, encontra-se inaugurado. Tudo quando mais, espera-se, será objeto de evolução.

Seção IV
Do Saneamento e da Organização do Processo

Art. 357. Não ocorrendo nenhuma das hipóteses deste Capítulo, deverá o juiz, em decisão de saneamento e de organização do processo:

I – resolver as questões processuais pendentes, se houver;

II – delimitar as questões de fato sobre as quais recairá a atividade probatória, especificando os meios de prova admitidos;

III – definir a distribuição do ônus da prova, observado o art. 373;

IV – delimitar as questões de direito relevantes para a decisão do mérito;

V – designar, se necessário, audiência de instrução e julgamento.

§ 1º Realizado o saneamento, as partes têm o direito de pedir esclarecimentos ou solicitar ajustes, no prazo comum de 5 (cinco) dias, findo o qual a decisão se torna estável.

§ 2º As partes podem apresentar ao juiz, para homologação, delimitação consensual das questões de fato e de direito a que se referem os incisos II e IV, a qual, se homologada, vincula as partes e o juiz.

§ 3º Se a causa apresentar complexidade em matéria de fato ou de direito, deverá o juiz designar audiência para que o saneamento seja feito em cooperação com as partes, oportunidade em que o juiz, se for o caso, convidará as partes a integrar ou esclarecer suas alegações.

§ 4º Caso tenha sido determinada a produção de prova testemunhal, o juiz fixará prazo comum não superior a 15 (quinze) dias para que as partes apresentem rol de testemunhas.

§ 5º Na hipótese do § 3º, as partes devem levar, para a audiência prevista, o respectivo rol de testemunhas.

§ 6º O número de testemunhas arroladas não pode ser superior a 10 (dez), sendo 3 (três), no máximo, para a prova de cada fato.

§ 7º O juiz poderá limitar o número de testemunhas levando em conta a complexidade da causa e dos fatos individualmente considerados.

§ 8º Caso tenha sido determinada a produção de prova pericial, o juiz deve observar o disposto no art. 465 e, se possível, estabelecer, desde logo, calendário para sua realização.

§ 9º As pautas deverão ser preparadas com intervalo mínimo de 1 (uma) hora entre as audiências.

1. A denominada *atividade saneadora* desenvolvida pelo magistrado (doravante, ao menos em uma de suas vertentes, em cooperação com os contendores) se faz sentir em mais de um momento processual (e não só na etapa saneadora do feito). Constata-se, pois, que, já na etapa postulatória, ao tempo do (in)deferimento da petição inicial, incumbe ao julgador, deparando-se com vícios sanáveis, determinar que se proceda, sendo o caso, em sua correção. Trata-se, consoante se convencionou chamar, de *atividade saneadora inicial*, em que o julgador, no afã de garantir, ao menos em tese, a viabilidade da concretização do *devido processo de direito*, realiza análise acerca de estarem presentes, pelo menos aparentemente, os *requisitos de desenvolvimento válido do processo*.

2. A despeito da *atividade* acima referida, há, na linha de desenvolvimento natural da tutela cognitiva, momento destinado à complementação do juízo de regularidade processual (complementar em relação a *atividade saneadora inicial*), mas que, bem compreendido, a tanto não se limita: a *etapa saneadora*.

3. "A atividade de saneamento do processo consiste em curar ou sanar seus vícios, para que ele possa seguir validamente, caminhando em direção à sentença. Claramente não se trata de um único ato, praticado apenas na fase ordinatória do processo, mas de uma sucessão de atos através dos quais busca o juiz determinar a correção de irregularidades existentes e organizar o processo para o seu desfecho final." (FERNANDES, Luís Eduardo Simardi. *In*: WAMBIER, Teresa Arruda Alvim; DIDIER JR., Fredie; TALAMINI, Eduardo; DANTAS, Bruno. (Coord.). *Breves Comentários ao Novo Código de Processo Civil*. São Paulo: RT, 2015. p. 969).

4. Saneamento retrospectivo. O regular prosseguimento de um processo judicial, independentemente de sua natureza, encontra-se adstrito ao respeito dos denominados *requisitos processuais de desenvolvimento válido* (subjetivos, objetivos e formais). Depara-se o julgador, ao tempo do juízo de (in)deferimento da petição inicial, apenas, com as anotações processuais formuladas pelo autor, razão pela qual sua atividade (saneadora) *inicial*, limita-se, bem compreendida a afirmativa, a tais considerações. Deferida a inicial (porque, ao menos em estado de afirmação, inexistem vícios processuais capazes de impedir que se proceda na citação do demandado), e, restando inexitosa a tentativa de autocomposição (audiência do art. 334), abrir-se-á ao demandado prazo para, querendo, apresentar resposta. Consoante anotado alhures, tal "resposta" pode denunciar (preliminarmente) a existência de vícios processuais (desrespeito aos requisitos processuais de desenvolvimento válido), por vezes, sanáveis, por vezes, insanáveis. Diante (agora, também) das anotações processuais formuladas pelo réu (oriundas de sua resposta), afigura-se evidente que o julgador (que, anteriormente, conhecia apenas os apontamentos formulados pelo demandante) necessite refazer o juízo de regularidade acerca do respeito aos requisitos processuais de desenvolvimento válido. Verificando haver vícios sanáveis, determinará, de imediato, que se procedam às correções necessárias; deparando-se, pois, com vícios insanáveis, o processo deverá ser extinto (art. 354 c/c art. 485), não sem antes, na linha do CPC/2015, facultar-se aos contendores o gozo do *direito fundamental ao contraditório*, ainda que em relação as ditas questões formais. A essa *dupla* verificação (atividade saneadora *inicial* e atividade saneadora *complementar* – reitere-se, mediante a qual o julgador verifica o respeito aos requisitos de desenvolvimento válido do processo), atribuiu-se o *nomen iuris* de *saneamento retrospectivo*, uma vez que seu escopo paira sobre a averiguação de restarem presentes (do ponto de vista processual) aquilo, e tudo aquilo que, em tese, revela-se indispensável ao regular prosseguimento da prestação jurisdicional. Saneado retrospectivamente o feito, ou seja, aparadas as arestas necessárias, é chegado o momento de "prepará-lo" para o porvir.

5. Saneamento prospectivo. Consoante denuncia o teor dos incisos II a V, do art. 357, superado o saneamento retrospectivo (objeto do inciso I), haverá o julgador de se pronunciar acerca do "porvir", "organizando", pois, a ativi-

dade processual futura. Não sendo caso de julgar o feito no estado em que se encontra (*julgamento conforme o estado do processo*), o magistrado, após resolver as questões processuais pendentes, haverá de incluir em seu pronunciamento (*decisão de saneamento*), manifestação que (a) delimite o *thema probandum*, especificando os meios de prova admitidos *in concreto*; (b) dinamize, sendo o caso, e observado o teor art. 373, o ônus da prova; (c) especifique as questões de direito relevantes ao enfrentamento meritório da causa e, por fim, verificada a necessidade da produção de prova oral, (e) apraze audiência para tanto (deferida a prova oral, o magistrado notificará as partes para que apresentem, em prazo não superior a 15 dias, o rol das testemunhas a serem ouvidas em juízo). Perceba-se que, no aludido cenário, o objeto da manifestação judicial diz respeito ao "porvir" processual, razão pela qual, para fins didáticos, denomina-se a atividade em tela, *saneamento prospectivo*. Visa-se, com a atividade sob comento, a evitar, grosso modo, o desvio do melhor caminho para o trâmite processual, em atenção, dentre outros, ao direito fundamental à tutela adequada.

6. Prolatada a decisão saneadora, faculta-se aos interessados, no prazo de cinco dias, formular pedido de esclarecimento ou de ajuste em relação ao seu conteúdo. Silente os contendores, considerar-se-á estável a decisão, prosseguindo-se no processo.

7. O CPC/2015, pautado no "controvertido" princípio colaborativo, faculta aos contendores a apresentação, para homologação, de "delimitação consensual das questões de fato e de direito" que figurarão como *objeto do debate* (acerca da distinção entre *objeto do processo* e *objeto do debate*, na doutrina pátria, vide: RIBEIRO, Darci Guimarães. Objeto do processo e objeto do debate: dicotomia essencial para uma adequada compreensão do novo CPC. *In*: RIBEIRO, Darci Guimarães; JOBIM, Marco Félix (Orgs.). *Desvendando o novo CPC*. Porto Alegre: Livraria do Advogado, 2015. p. 17/41). Homologada tal proposta, a ela estarão vinculados *partes* e *juiz*.

8. Considerado o elevado grau de complexidade do feito, o magistrado, ao invés de formular pronunciamento judicial saneador "solitário" (da solidão de seu gabinete), poderá, querendo, aprazar data para a realização de audiência com o especial fito. O saneamento prospectivo do feito será realizado, nesses casos, em cooperação com os litigantes, "oportunidade em que o juiz", entendendo oportuno, "convidará as partes a integrar ou esclarecer suas alegações". Aprazada tal solenidade, uma vez postulada a produção de prova testemunhal, o rol de testemunhas deverá ser apresentado, pela parte interessada, por ocasião de sua realização, sob pena de preclusão. Consoante expressa previsão legal, o número de testemunhas arroladas não poderá ser superior a 10 (dez), "sendo 3 (três), no máximo, para a prova de cada fato". Retomaremos, oportunamente, o debate acerca do tema *prova testemunhal*.

9. O saneamento prospectivo, bem compreendida a atividade, revela-se uma das mais importantes para o processo almejado pelo CPC/2015. É nele, pois, que o julgador (por vezes, em colaboração com as partes) tem a real possibilidade de ajustar o trâmite processual aos interesses do caso concreto, ofertando aos jurisdicionados uma tutela jurisdicional *adequada*, em homenagem ao modelo constitucional do processo civil pátrio. Acerca do tema *direito fundamental à tutela jurídica adequada* vide: TORRES, Artur. *Fundamentos de um Direito Processual Civil Contemporâneo*. Porto Alegre: Arana, 2015. p. 72/73. v. I.

CAPÍTULO XI
DA AUDIÊNCIA DE INSTRUÇÃO E JULGAMENTO

1. A *audiência* em destaque é, por definição, ato processual (complexo) destinado, precipuamente, à produção da prova oral, não podendo ser baralhada nem (a) com a denominada *audiência de autocomposição* (conciliação ou mediação), muito menos (b) com a audiência cujo objeto gira, grosso modo, em torno do *saneamento prospectivo* do feito. Trata-se, pois, de solenidade pública, ou seja, de ato que deve ser realizado de "portas abertas" ao público em geral, ressalvadas especiais hipóteses.

2. Diz-se *"complexa"* a solenidade sob comento uma vez que, estruturalmente, fora pensada para comportar a realização de diversos atos processuais, cumpridos, como regra, de maneira concentrada: um primeiro, em que os esforços se concentram na tentativa de obtenção da autocomposição; um segundo, destinado à colheita da prova oral propriamente dita; um terceiro, para que as *razões finais orais* sejam sustentadas e, por fim, um quarto, destinado ao julgamento da causa.

> **Art. 358.** No dia e na hora designados, o juiz declarará aberta a audiência de instrução e julgamento e mandará apregoar as partes e os respectivos advogados, bem como outras pessoas que dela devam participar.

1. Da condução da audiência. A solenidade processual sob comento é presidida pelo juiz de direito competente, que, no dia e hora aprazados, declarará iniciada a solenidade, determinando que se apregoe as partes e os respectivos advogados, sem prejuízo dos demais "participantes" da solenidade.

2. O *pregão*, para fazer uso de nomenclatura pacificamente admitida no dia a dia forense, nada mais é do que a anunciação, pública, *in loco*, de que a solenidade processual sob comento está iniciando.

> **Art. 359.** Instalada a audiência, o juiz tentará conciliar as partes, independentemente do emprego anterior de outros métodos de solução consensual de conflitos, como a mediação e a arbitragem.

1. Declarada aberta a sessão, o juiz, em se tratando de causa que a admita, promoverá a tentativa de autocomposição do litígio. Obtendo sucesso em sua empreitada, determinará, de imediato, que o acordo alcançado seja redigido a termo e, uma vez assinado pelos contendores, homologar-lhe-á para que produza efeito similar ao de uma sentença meritória com trânsito em julgado. Inexitosa a tentativa, o magistrado passará à colheita da prova pertinente.

2. Aos contendores é facultado, havendo interesse mútuo, submeterem-se a distintos meios de solução conflitos, a qualquer tempo no processo. Sendo essa a opção das partes, o feito, consoante expresso apontamento legal, restará suspenso (art. 313, II).

> **Art. 360.** O juiz exerce o poder de polícia, incumbindo-lhe:
> I – manter a ordem e o decoro na audiência;
> II – ordenar que se retirem da sala de audiência os que se comportarem inconvenientemente;
> III – requisitar, quando necessário, força policial;
> IV – tratar com urbanidade as partes, os advogados, os membros do Ministério Público e da Defensoria Pública e qualquer pessoa que participe do processo;
> V – registrar em ata, com exatidão, todos os requerimentos apresentados em audiência.

1. Nesse âmbito incumbe ao julgador, de igual modo, zelar pela manutenção da ordem e do decoro no transcorrer da solenidade processual, ordenando, se for caso, que se retirem do ambiente os que se comportarem em desacordo com a boa conduta, valendo-se para tanto, se necessário, do uso da força policial.

2. Deveres do juiz. É dever do magistrado, à evidência, tratar todos os participantes da solenidade sob comento de acordo com as normas de boa convivência entre os homens (com "urbanidade"), especialmente as partes, os advogados, os membros do *parquet* e da Defensoria Pública.

3. Registro em ata dos requerimentos. Os fatos havidos em audiência devem, por definição, ser reduzidos a termo. Num passado nem tão distante, um auxiliar do juízo, a mando do magistrado, digitava, palavra por palavra, o ocorrido, dando "vida" à ata de audiência. Nesse cenário, pois, o registro em ata, com exatidão dos requerimentos formulados em audiência gozava de importância ímpar. Atualmente, boa parte do Poder Judiciário realiza o registro do ocorrido em audiência em mídia eletrônica (ora de imagem e som; ora apenas de som), posteriormente degravada (havendo necessidade). Perceba-se que, dada à aludida prática, aquilo e tudo aquilo que figurar como objeto de postulação já constará da ata (ainda que virtual). Seja como for, é direito das partes que todos os requerimentos realizados em audiência sejam formalmente registrados, não podendo o julgador, face à requerimento expresso, negar-se a tanto.

> **Art. 361.** As provas orais serão produzidas em audiência, ouvindo-se nesta ordem, preferencialmente:
> I – o perito e os assistentes técnicos, que responderão aos quesitos de esclarecimentos requeridos no prazo e na forma do art. 477, caso não respondidos anteriormente por escrito;
> II – o autor e, em seguida, o réu, que prestarão depoimentos pessoais;
> III – as testemunhas arroladas pelo autor e pelo réu, que serão inquiridas.
> Parágrafo único. Enquanto depuserem o perito, os assistentes técnicos, as partes e as testemunhas, não poderão os advogados e o Ministério Público intervir ou apartear, sem licença do juiz.

1. Da colheita da prova propriamente dita. Destina-se a *audiência* em destaque, após a tentativa de autocomposição do litígio, à produção da prova oral. A colheita da prova obedecerá a ordem, a saber: (a) sendo o caso, serão ouvidos, em primeiro lugar, os peritos e os assistentes técnicos; (b) haverá a tomada dos depoimentos pessoais; (c) serão inquiridas as testemunhas arroladas (primeiro as do autor; depois, as do réu).

2. É vedada a intervenção dos advogados e do Ministério Público quando os inquiridos estiverem emprestando seu conhecimento ao juízo. É facultado ao magistrado, mediante postulação dos mesmos, dar-lhes a palavra oportunamente.

Art. 362. A audiência poderá ser adiada:
I – por convenção das partes;
II – se não puder comparecer, por motivo justificado, qualquer pessoa que dela deva necessariamente participar;
III – por atraso injustificado de seu início em tempo superior a 30 (trinta) minutos do horário marcado.
§ 1º O impedimento deverá ser comprovado até a abertura da audiência, e, não o sendo, o juiz procederá à instrução.
§ 2º O juiz poderá dispensar a produção das provas requeridas pela parte cujo advogado ou defensor público não tenha comparecido à audiência, aplicando-se a mesma regra ao Ministério Público.

1. Causas de adiamento da audiência. Para além da convenção entre as partes, a audiência será adiada (a) se qualquer pessoa que dela necessariamente deva participar não puder comparecer, por motivo justificado, desde que comprovado até a abertura da solenidade; ou (b) face ao injustificado atraso no horário de seu início, considerando-se, para tais fins, prazo superior a 30 (trinta) minutos do horário marcado. Considerando-se que, na prática, outros tantos empecilhos podem se fazer sentir, parece-nos que o rol do art. 362 deva, por prudência, ser considerado meramente exemplificativo.

2. A ausência do patrono da parte em audiência (advogado público ou privado), bem como a do órgão do Ministério Público, autoriza o magistrado, segundo o CPC/2015, a "dispensar a produção" da prova requerida. Embora compatível com o escopo do melhor aproveitamento dos atos processuais, o teor do segundo parágrafo do artigo sob comento revela-se de "duvidosa" legitimidade perante o *modelo constitucional do processo civil brasileiro*, que, dentre outros, reconhece às partes o *direito fundamental à produção da prova* (obtida de maneira lícita, e sendo ela *pertinente, controversa* e *relevante* à compreensão da versão fática sustentada). A nosso sentir, a despeito de eventual prejuízo à celeridade de tramitação do feito, a parte não pode (pela só ausência de seu patrono, ainda que injustificado) ter posição jurídica *fundamental* vilipendiada. Há, em última análise, de se dar interpretação branda ao aludido dispositivo legal, determinando-se, considerada a relevância da prova frustrada, nova data para a sua produção.

Art. 363. Havendo antecipação ou adiamento da audiência, o juiz, de ofício ou a requerimento da parte, determinará a intimação dos advogados ou da sociedade de advogados para ciência da nova designação.

1. Alterada a data de realização da audiência de instrução e julgamento, os advogados serão, obrigatoriamente, intimados acerca da nova data designada para a sua realização.

Art. 364. Finda a instrução, o juiz dará a palavra ao advogado do autor e do réu, bem como ao membro do Ministério Público, se for o caso de sua intervenção, sucessivamente, pelo prazo de 20 (vinte) minutos para cada um, prorrogável por 10 (dez) minutos, a critério do juiz.

§ 1º Havendo litisconsorte ou terceiro interveniente, o prazo, que formará com o da prorrogação um só todo, dividir-se-á entre os do mesmo grupo, se não convencionarem de modo diverso.

§ 2º Quando a causa apresentar questões complexas de fato ou de direito, o debate oral poderá ser substituído por razões finais escritas, que serão apresentadas pelo autor e pelo réu, bem como pelo Ministério Público, se for o caso de sua intervenção, em prazos sucessivos de 15 (quinze) dias, assegurada vista dos autos.

1. Colhida a prova, o juiz oferecerá a *palavra* aos advogados (tanto do autor como do réu), sem prejuízo da manifestação do Ministério Público (nos casos em que sua atuação revele-se indispensável), para que apresentem, querendo, *razões finais orais*. Trata-se de prazo (20 minutos) concedido aos profissionais que atuam no caso concreto para que finalizem o discurso com o qual pretendem convencer o magistrado do acerto em acolher suas postulações (de procedência ou improcedência).

2. A função do *advogado*, nesse contexto, é, geralmente, a de conciliar o conteúdo da prova produzida (*não só na audiência sob comento,* mas, ao longo de toda tramitação do feito) com a versão por ele sustentada. Em outras palavras, provocar o magistrado a refletir acerca de uma ou outra prova existente nos autos, no afã de ver prosperar o interesse da parte que patrocina. A aludida atividade processual encontra amparo, como de fácil percepção, no denominado *princípio da oralidade*, sendo, pois, a regra (do ponto de vista do direito legislado) para o processo civil pátrio.

3. Há, contudo, segundo o sistema codificado, a *possibilidade* de que se substitua a apresentação das *razões finais orais* por manifestação escrita (na linguagem forense: *memoriais*) quando a causa apresentar questões complexas, de fato ou de direito. Sendo esse o cenário processual enfrentado, cumprirá ao magistrado fazer constar em ata tal situação, consignando, ainda, a concessão de prazos sucessivos às partes (e ao *parquet*), assegurado o acesso aos autos. Lançando-se mão do referido expediente, restará prejudicada, à evidência, a possibilidade de que a sentença seja prolatada em audiência.

4. Já nos últimos anos de vigência do CPC/73, a substituição das *razões finais orais* pela entrega de memoriais mostrou-se, inadvertidamente, aceita nos tribunais, para além das hipóteses prescritas pelo Código revogado (*um percen-*

tual muito alto de feitos que poderiam ser, desde logo, sentenciados, não o eram por força da situação em tela – prática forense lamentável, no mais das vezes), contribuindo com a criticada lentidão/morosidade na prestação jurisdicional. A regra (sentença prolatada em audiência) virou, infelizmente, na prática, exceção.

Art. 365. A audiência é una e contínua, podendo ser excepcional e justificadamente cindida na ausência de perito ou de testemunha, desde que haja concordância das partes.
Parágrafo único. Diante da impossibilidade de realização da instrução, do debate e do julgamento no mesmo dia, o juiz marcará seu prosseguimento para a data mais próxima possível, em pauta preferencial.

1. A audiência de instrução e julgamento, embora estruturada para compreender mais de um ato, é, por definição "una", no sentido de que, sendo faticamente possível, todos os atos (tentativa de autocomposição; colheita de prova; razões finais; sentença) devem ocorrer de maneira contínua, ininterrupta.

2. Admite-se, excepcionalmente, a segmentação da audiência sob comento. Por ocasião da ausência de perito ou testemunha, concordando os contendores, ou, mediante a impossibilidade fática de conclui-la na mesma data, o magistrado aprazará seu prosseguimento, em pauta preferencial, para o quanto antes.

Art. 366. Encerrado o debate ou oferecidas as razões finais, o juiz proferirá sentença em audiência ou no prazo de 30 (trinta) dias.

1. A regra, no processo civil pátrio, é de que a *sentença* seja prolatada em audiência, ato contínuo ao encerramento da etapa instrutória do feito, razão pela qual recebe o nome de *"audiência de instrução e julgamento"*. A prolação de sentença em *gabinete* (como se diz no foro) revela-se, tecnicamente falando, exceção à regra.

2. Consoante expressa previsão legal, o julgamento do feito deve, não sendo prolatado em audiência, respeitar o lapso temporal de 30 dias. O Código, nada obstante o intento de estabelecer prazo para a realização do pronunciamento judicial em destaque, não prevê quaisquer sanções ao seu descumprimento, tornando a previsão, bem compreendida a afirmativa, vazia. Na prática, não raro, o "volume de demandas em tramitação" serve à justificação da inobservância legal.

Art. 367. O servidor lavrará, sob ditado do juiz, termo que conterá, em resumo, o ocorrido na audiência, bem como, por extenso, os despachos, as decisões e a sentença, se proferida no ato.
§ 1º Quando o termo não for registrado em meio eletrônico, o juiz rubricar-lhe-á as folhas, que serão encadernadas em volume próprio.

§ 2º Subscreverão o termo o juiz, os advogados, o membro do Ministério Público e o escrivão ou chefe de secretaria, dispensadas as partes, exceto quando houver ato de disposição para cuja prática os advogados não tenham poderes.

§ 3º O escrivão ou chefe de secretaria trasladará para os autos cópia autêntica do termo de audiência.

§ 4º Tratando-se de autos eletrônicos, observar-se-á o disposto neste Código, em legislação específica e nas normas internas dos tribunais.

§ 5º A audiência poderá ser integralmente gravada em imagem e em áudio, em meio digital ou analógico, desde que assegure o rápido acesso das partes e dos órgãos julgadores, observada a legislação específica.

§ 6º A gravação a que se refere o § 5º também pode ser realizada diretamente por qualquer das partes, independentemente de autorização judicial.

1. Presta-se o termo de audiência a retratar o havido por ocasião da realização da solenidade processual sob comento.

2. O aludido termo será, quando físico, rubricado pelo juiz (todas as folhas) e firmado pelos profissionais jurídicos com a atuação na causa, exceto os quando houver ato de disposição para cuja prática os advogados não tenham poderes, ocasião em que a assinatura das partes será obrigatória.

3. Compete ao escrivão, ou chefe de secretaria, o quanto antes, trasladar para os autos (plataforma física) cópia autêntica do termo de audiência.

4. Processo com tramitação em plataforma eletrônica. Tramitando o feito em autos exclusivamente eletrônicos, observar-se-á o disposto neste Código, em legislação específica e nas normas internas dos tribunais. Permite-se, pois, que o registro da audiência seja "integralmente" realizado de maneira digital (atualmente, o mais recomendável), assegurado, porém, "o rápido acesso das partes e dos órgãos julgadores" a mídia registradora.

5. Fulminando dúvida outrora existente, o Código, em "alto e bom tom", aduz: a gravação da solenidade pode ser realizada por quaisquer das partes, independentemente de autorização judicial. Trata-se, pois, de direito da parte, não podendo o Poder Judiciário, sob quaisquer fundamentos, a isso se opor.

Art. 368. A audiência será pública, ressalvadas as exceções legais.

1. Trata-se (a audiência de instrução e julgamento) de solenidade pública, ou seja, de ato que deve ser realizado, ressalvadas especiais hipóteses, de "portas abertas" ao público em geral.

2. "(...) todos os julgamentos dos órgãos do Poder Judiciário serão públicos, e fundamentadas todas as decisões, sob pena de nulidade, podendo a lei limitar a presença, em determinados atos, às próprias partes e a seus advogados, ou somente a estes, em casos nos quais a preservação do direito à intimidade do interessado no sigilo não prejudique o interesse público à informação." (art. 93, IX, da CF/88).

CAPÍTULO XII
DAS PROVAS

1. "É comum dizer que a verdade absoluta é algo inatingível, que é utópico imaginar que se possa, com o processo, atingir a verdade real sobre determinado acontecimento. Realmente, não se pode dizer, de um fato, que ele é verdadeiro ou falso; a rigor, ou o fato existiu, ou não. O que se pode adjetivar de verdadeiro ou falso é o que se diz sobre esse fato, a proposição que se faz sobre ele. O algo pretérito está no campo ôntico, do ser: existiu ou não. A verdade, por seu turno, está no campo axiológico, da valoração: as afirmações é que podem ser verdadeiras ou falsas. No processo, discutem-se as afirmações que são feitas acerca dos fatos – ou seja, as valorações, as impressões que as pessoas têm deles. Parafraseando João Ubaldo Ribeiro, o negócio é o seguinte: no processo, não existem fatos, só existem histórias; só existem alegações. Ou como diriam os Titãs, 'existem provas de amor, apenas; não existe amor' (...) a verdade com que se deve preocupar a ciência e também o processo é sempre relativa e contextual (...)." (DIDIER JR., Fredie; BRAGA, Paula Sarno; OLIVEIRA, Rafael Alexandria. *Curso de Direito Processual Civil*. Salvador: Juspodivm, 2015. p. 46).

2. Verdade e Processo. Quantos tacos existem na imagem abaixo?

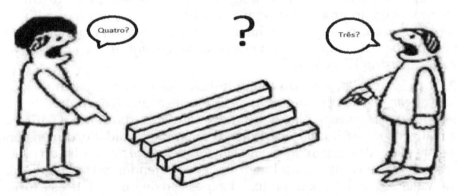

O cenário acima aludido ilustra, em boa medida, o corriqueiro contexto com o qual, *partes* e *juízes*, deparam-se no processo civil. No mais das vezes, de boa-fé, cada contendor crê, o que se compreende, na *veracidade* de suas versões. Diz-se *compreensível*, pois, parece-nos absolutamente normal que, presenciada determinada situação, dependendo do grau de atenção do observador (em relação ao ocorrido), cada um extrairá, do fato, um sentimento, uma sensação diversa. Algumas questões, a partir desse raciocínio, revelam-se pertinentes: há uma verdade única? Sendo positiva a resposta, é possível alcançá-la, processualmente falando? Com qual verdade trabalhamos para o *conhecimento* da causa? As indagações, à evidência, esgarçam em muito o contexto jurídico. Ao presente estudo importa restringir o espectro de abordagem do tema ao campo do *direito* e, em especial, do *direito processual civil*, com o singelo objetivo de auxiliar o profissional jurídico a (com)portar-se adequadamente, ao largo da tramitação do feito em que esteja envolvido, no que tange à formação do contexto probatório. A *verdade* a que se alude no processo civil é, sublinhe-se, uma *verdade processual*, ou seja, aquela que deriva da prova (direta ou indireta) produzida no afã de confirmar as versões sustentadas pelos contendores. Tudo quanto mais, bem compreendida a expressão, desborda do horizonte em tela. O "jogo do processo" exige, em última análise, habilidade do operador no que tange aos passos (cada um deles) a serem dados no seu desenrolar. Traçar uma *estratégia* que compatibilize a versão sustentada (aquela que considera verídica!) com as provas possíveis, revela-se, não raro, o diferencial entre o sucesso e o insucesso de um pleito. Destaque-se, por fim, que tal formulação *(estratégica)* deve observar, sempre, do ponto de vista da conduta do profissional jurídico, os limites ético-profissionais a ele impostos.

3. Acerca do tema, com grande proveito, vide: RIBEIRO, Darci Guimarães. Questões relevantes da prova no novo Código de Processo Civil. In: BOECKEL, Fabrício Dani de; ROSA, Karin Regina Rick; SCARPARO, Eduardo. *Estudos sobre o novo Código de Processo Civil*. Porto Alegre: Livraria do Advogado, 2015. p. 133/148.

Seção I
Disposições Gerais

1. Etapa instrutória. Denomina-se, tradicionalmente, *etapa* instrutória, o terceiro momento do processo de conhecimento. Instruir, nessa quadra, significa produzir *prova*. A despeito de haver *atividade probatória* em momento processual anterior, é na etapa sob comento que se concentram boa parte dos atos destinados à *instrução* do feito.

2. A prova e o sucesso do pleito judicial. Comecemos assim: *não basta, em juízo, alegar, sendo, pois, indispensável aos contendores (com)provar as versões processualmente sustentadas*. Nada obstante o caráter introdutório da afirmativa acima realizada, a partir dela já se pode, com ampla facilidade, dimensionar o importante papel desempenhado pelo *Direito Probatório* no âmbito do processo civil. A cada parte compete, ao longo do feito, defender determinada *posição jurídica*. Valem-se ambas, para tanto, da exposição de razões fáticas e jurídicas destinadas ao convencimento do julgador no que tange ao acerto em decidir de acordo com os seus interesses. Como *alegar* não basta (no sentido de apenas formular *discurso* acerca dos acontecimentos mundanos), aos contendores incumbe produzir prova capaz de legitimar suas alegações. É, grosso modo, a partir da comprovação das "realidades" fáticas afirmadas, de lado a lado, que o julgador, valorando o contexto probatório produzido, acolherá ou rejeitará os pedidos formulados em juízo.

3. O "jogo" da produção probatória a ser enfrentando ao longo da tramitação do processo revela-se, em última análise, espécie de "quebra-cabeça", com regras próprias, que "mal jogado" conduz, não raro, ao insucesso dos pleitos judicialmente formulados. Mais do que isso: na derrota dos que, fora do cenário judiciário, pouco se duvida acerca da titularidade do direito postulado. Não é por outra razão que se afirmou outrora: "a 'arte do processo não é essencialmente outra coisa senão a arte de administrar provas'." (BENTHAM,

Jeremias. *Tratado de las pruebas judiciales*. Buenos Aires: Valletta Ediciones Jurídicas Europa-América, 1971. p.10, v.1.

4. Direito fundamental à prova. Extrai-se, da realização de interpretação *contrario sensu* do conteúdo do artigo 5º, LVI da CF/88, haver, em benefício de todo e qualquer jurisdicionado, o *direito fundamental* de produzir *a prova obtida de maneira lícita*. Diz-se "interpretação *contrario sensu*", uma vez que o aludido dispositivo é enfático ao asseverar que "são inadmissíveis, no processo, as provas obtidas por meios ilícitos". Extrai-se daí uma conclusão: pode-se afirmar que as obtidas *de forma não agressiva ao direito*, não podem, pela só vontade do julgador, serem afastadas da análise processual. Uma vez qualificada (a prova obtida por meio *lícito*) como *pertinente, controversa* e *relevante*, não há vedar, em respeito ao ditame constitucional, sua produção em juízo. Já se disse, outrora, e com razão, que a "alegação de fato é *pertinente* quando concerne ao mérito da causa. É *controversa* quando sobre ela pendem duas ou mais versões nos autos. É *relevante* quando idônea a promover a compreensão da alegação de fato". (ALVARO DE OLIVEIRA, Carlos Alberto. MITIDIERO, Daniel. Curso de Processo Civil. p. 45). Presentes tais qualificadoras, face à importância da atividade probatória para o sucesso da parte em seu pleito judicial, não há negar, reitere-se, pena de violação ao modelo constitucional do processo civil brasileiro, sua produção. Revelando-se o processo como o derradeiro meio para a satisfação forçada dos direitos, é dado às partes agir, dentro do moralmente admissível, com todas as suas armas. Negar atividade probatória, ou seja, a possibilidade de que os contendores comprovem as versões processuais suscitadas, representa, ao fim e ao cabo, ressalvadas as próprias limitações constitucionais, forte atentado ao desenvolvimento do *devido processo de direito*. Didier, Braga e Oliveira afirmam, por sua vez, tratar-se o *direito fundamental* sob comento de direito de "conteúdo complexo", composto, pois, pelas situações jurídicas, a saber: a) o direito à adequada oportunidade de requerer provas; b) o direito de produzir provas; c) o direito de participar da produção da prova; d) o direito de manifestar-se sobre a prova produzida; e) direito ao exame, pelo órgão julgador, da prova produzida." (DIDIER JR., Fredie; BRAGA, Paula Sarno; OLIVEIRA, Rafael Alexandria. *Curso de Direito Processual Civil*. Salvador: Juspodivm, 2015. p. 41)

5. Juízo de *admissibilidade versus valoração da prova*. Os juízos acerca da *admissibilidade* e da *valoração da prova em si* não podem, tecnicamente falando, ser confundidos. Tratam-se de juízos que possuem função e objetivos diversos e, mormente, são realizados em momentos distintos. *Admitir* uma prova significa, grosso modo, aceitá-la no processo, isto é, abrir-lhe às portas da relação processual, mediante apresentação da credencial – presumida – da licitude de sua obtenção; *valorá-la*, de outro giro, significa atribuir-lhe, em concreto, determinada eficácia probatória. A *admissão* da prova é, em última análise, pressuposto lógico à sua valoração.

6. O *modelo constitucional do processo civil brasileiro* é enfático ao asseverar que não serão toleradas, no processo, provas *obtidas* mediante atividade contrária ao direito. Em suma, não é dado ao julgador *admitir* prova que derive de atividade torpe de quem a pretenda produzir, uma vez que o processo deve, sobretudo, revelar-se *meio* ético à solução dos conflitos sociais. Documentos furtados ou obtidos maliciosamente, por exemplo, devem ser repudiados pelo julgador. *A prova obtida por meio ilícito deve ser tida por não produzida,* razão pela qual, a despeito de formalmente ingressar no processo, não poderá ser valorada pelo julgador.

7. *Valorar*, por sua vez, significa atribuir à prova produzida (*desde que obtida de maneira lícita*) determinada eficácia *in concreto*. Trata-se, por definição, de atividade a ser realizada, única e exclusivamente, em momento posterior à admissão da prova. Entre nós, enquanto *sistema* de avaliação/valoração da prova, produz efeitos o regime do *livre convencimento motivado*, ou *sistema da persuasão racional* que se revela, bem compreendido, solução intermediária entre os sistemas da *prova tarifada* e da *convicção íntima do juiz*.

8. Classificação da prova. Quanto ao objeto. Prova direta. Prova indireta. Adotamos, nada obstante a existência de entendimento doutrinário em sentido diverso, a reflexão de proposta, outrora, por Francesco Carnelutti (CARNELUTTI, Francesco. *A prova civil*. Lisa Pary Scarpa (Trad.). 2. ed. Campinas: Bookseller, 2002. *passim*). Toda vez que o *meio utilizado para a produção da prova* permitir que o julgador, diretamente, examine o objeto da prova (o fato que se pretende provar), estar-se-á diante de *prova direta*. Exemplo: Inspeção judicial (inspeciona-se, exemplificativamente, ter, ou não, determinado prédio sido vitimado por um incêndio – *no caso, o julgador, com seus próprios olhos verifica a ocorrência*; se, porém, a percepção sobre o fato probante derivar de atividade probatória diversa da análise direta do fato, como ocorre, por exemplo, na colheita da prova testemunhal (a testemunha afirmou que o fato ocorreu desta ou daquela forma), estar-se-á, pois, diante de *prova indireta*.

9. Classificação da prova. Quanto à fonte. Classifica-se a prova como *pessoal* ou *real*, considerando-se a fonte donde extraída. Oriunda de afirmação pessoal, diz-se que a prova é pessoal; oriunda, por sua vez, da observância de fatos (um cenário qualquer), ou coisas (análise de um bem da vida qualquer), afirma-se, pois, tratar-se de prova *real*.

10. Classificação da prova. Quanto à forma de sua produção. Denomina-se *oral* a prova produzida a partir de afirmação pessoal oral perante o órgão julgador. São exemplos: o depoimento pessoal e a prova testemunhal; denomina-se, de outro giro, *documentada* a prova que não tem origem na produção pessoal oral diante do julgador. Exemplo: prova documental.

11. Meios de prova e modelos de constatação. Quais *meios de prova* são admitidos pelo ordenamento pátrio? Consoante expresso apontamento legal, *todos os meios legais, bem como os moralmente legítimos*, são hábeis a provar a veracidade das alegações. Não é de hoje, pois, que a doutrina classifica os *meios de prova* em *típicos* e *atípicos*, inserindo, no primeiro grupo (*provas típicas*), os meios disciplinados pelo Código (*depoimento pessoal, prova documental, prova pericial,* etc.) e no segundo, os não disciplinados, que, em atenção à abertura legislativa, enquadram-se na ideia de *moralmente legítimos* (*provas atípicas*), dos quais são exemplos os *fatos notórios*, as *presunções*, as *regras de experiência,* a *prova emprestada,* o *comportamento processual da parte,* etc. (acerca do tema vide, com grande proveito: RIBEIRO, Darci Guimarães. *Provas atípicas*. Porto Alegre: Livraria do Advogado, 1998). No que tange aos *modelos de constatação* (da "verdade"), aduz-se, grosso modo, ao predomínio de duas concepções, a saber: (a) um modelo *demonstrativo* e (b) um modelo *persuasivo*. Assevera-se, em relação ao primeiro (*modelo demonstrativo*), que, "a prova tem por finalidade reconstruir o fato no processo, para, depois, separadamente, resolver-se a questão de direito. Seu *ponto de partida* é a *autonomia do mundo fático*. Supõe viável uma atividade empírica que introduza a verdade nos autos. (...) seu ponto de chegada é a apreensão do mundo fenomênico, a denominada 'verdade real' ou 'verdade total': são os fatos como eles ocorreram, em sua inteireza". De outra banda, diz-se, em relação ao segundo, que, o "modelo *persuasivo* tem outro ponto de partida. Duvida-se da apregoada autonomia do mundo fenomênico e, consequentemente, da possibilidade de reconstruir os fatos como eles ocorreram para, depois, resolver a questão jurídica. (...) deve-se buscar um convencimento que previna o erro (...) Assim, outro é o seu ponto de chegada: busca-se uma reconstrução próxima da realidade, mas não a própria realidade, valorizando-se o diálogo das partes na formação da questão de fato." (KNIJNIK, Danilo. *A Prova nos Juízos Cível, Penal e Tributário*. p. 11/12). O debate acerca da "verdade" que se pretende (ou é viável) com a cognição processual, bem como o estudo da sua própria existência (*enquanto verdade una*) é tema dos mais espinhosos, não só no âmbito judiciário, a ponto de já se ter afirmado, com todas as letras, ser ela "inatingível dentro e fora do processo." (MARINONI, Luiz Guilherme; MITIDIERO, Daniel. *Código de Processo Civil comentado artigo por artigo*. p. 334).

> **Art. 369.** As partes têm o direito de empregar todos os meios legais, bem como os moralmente legítimos, ainda que não especificados neste Código, para provar a verdade dos fatos em que se funda o pedido ou a defesa e influir eficazmente na convicção do juiz.

1. Admite-se, no processo judicial, a utilização de todos os meios legítimos (ainda que despidos de previsão legal específica) à comprovação das versões fáticas sustentadas pelos interessados. O patrimônio jurídico de todo e qualquer jurisdicionado é composto, dentre outros, pelo *direito fundamental à prova* (art. 5º, LVI, da CF/88) que, compreendido nos termos acima referidos, revela-se nuclear à entrega, aos envolvidos *in concreto*, do devido processo de direito.

2. A parte final do art. 369 traz à baila, bem compreendida, o entrelaçamento havido entre os diversos *direitos fundamentais* de aplicação *no* e *em razão* do processo. A permissão de gozo, em juízo, do denominado direito fundamental à prova revela-se, em última análise, elemento indispensável à consecução do direito fundamental ao contraditório (direito de influir eficazmente na convicção do julgador), ambos integrantes do *modelo constitucional do processo civil pátrio*.

3. "O contraditório é condição de validade das provas, porque toda e qualquer atividade instrutória há de ser produzida em contraditório. (...) oportuno

destacar agora, a aplicação deste princípio quando a prova for documental ou testemunhal, pois as provas *documentais* são essencialmente *pré-constituídas* (*Evidence existing before the trial, Vorbereiteter Beweis*). O que equivale dizer que um documento, uma prova documental é criada, constituída fora dos autos, razão pela qual o contraditório somente se estabelece em virtude da obrigatória comunicação à parte contrária para, querendo, impugná-la mediante os mecanismos legais, vale dizer, o contraditório não se estabelece no plano da existência, no plano da criação da prova, mas sim no plano da validade desta em juízo. Jamais uma prova documental será construída dentro do processo com base no contraditório (...)." (RIBEIRO, Darci Guimarães. Questões relevantes da prova no novo Código de Processo Civil. *In*: BOECKEL, Fabrício Dani; ROSA, Karin Regina Rick; SCARPARO, Eduardo (Org.). *Estudos sobre o novo Código de Processo Civil*. Porto Alegre: Livraria do Advogado, 2015. p. 135/136).

> **Art. 370.** Caberá ao juiz, de ofício ou a requerimento da parte, determinar as provas necessárias ao julgamento do mérito.
>
> Parágrafo único. O juiz indeferirá, em decisão fundamentada, as diligências inúteis ou meramente protelatórias.

1. Delimitação do *thema probandum*. Revela-se pouco mais do que evidente que a produção probatória deva, por razão lógica, mas também em homenagem ao *direito fundamental* à *duração razoável do processo*, limitar-se ao objeto fático controvertido, evitando-se, assim, a realização de atos processuais dispensáveis ao enfrentamento da causa. É nesse sentido, sobretudo, que o CPC/2015 atribui poderes ao magistrado para, mediante decisão fundamentada, indeferir a realização de diligências inúteis ou meramente protelatórias. A delimitação do denominado *thema probandum* compete ao magistrado, que, em colaboração com as partes, deve sanear prospectivamente o feito, no afã de prestar, de maneira otimizada, a melhor jurisdição possível.

2. Não há baralhar, pois, o poder (do julgador) de *determinar* quais provas deverão ser produzidas ao longo da tramitação do feito para que cada um dos litigantes se desincumba de seus ônus, com a produção probatória propriamente dita, nada obstante haja quem sustente estar o julgador comprometido com a melhor prestação jurisdicional possível (jurisdição *formal* e *materialmente* qualificada), e, portanto, autorizado a diligenciar, mantido o grau de imparcialidade que se lhe exige o modelo constitucional, na obtenção das provas que lhe permitam a melhor compreensão fática do litígio *sub judice*.

3. "Os destinatários da prova são aqueles que dela poderão fazer uso, sejam juízes, partes ou demais interessados, não sendo a única função influir eficazmente na convicção do juiz." (Enunciado n. 50 do Fórum Permanente de Processualistas Civis).

4. "O juiz não poderá revogar a decisão que determinou a produção de prova de ofício sem que consulte as partes a respeito." (Enunciado n. 514 do Fórum Permanente de Processualistas Civis).

Art. 371. O juiz apreciará a prova constante dos autos, independentemente do sujeito que a tiver promovido, e indicará na decisão as razões da formação de seu convencimento.

1. É inerente a atividade do julgador, ao seu tempo, apreciar o contexto probatório carreado aos autos. Pertencendo a prova ao processo, independentemente de quem a tenha produzido, o julgador a tomará, sendo o caso, por base, seja para acolher os pedidos formulados pelo demandante, seja para desacolhê-los.

2. Toda e qualquer decisão judicial, à luz do sistema processual pátrio, deve, pena de nulidade, ser fundamentada.

3. "Para que se considere fundamentada a decisão sobre fatos, o juiz deverá analisar todas as provas capazes, em tese, de infirmar a conclusão adotada." (Enunciado n. 516 do Fórum Permanente de Processualistas).

Art. 372. O juiz poderá admitir a utilização de prova produzida em outro processo, atribuindo-lhe o valor que considerar adequado, observado o contraditório.

1. Prova "emprestada". Não há impedimento à admissão de prova produzida em processo distinto, garantindo-se, sobretudo, no feito em que se pretenda vê-la produzir efeitos, o contraditório em relação a mesma.

2. O tema (prova emprestada), ao menos no âmbito do processo civil pátrio, jamais "navegou por mares tranquilos". Face ao silêncio do CPC/73, doutrina e jurisprudência inventariaram certos requisitos à sua legitimação, não raro preocupados em trasladar *não a prova em si*, mas, a *valoração probatória preexistente* para feito diverso. Parte da doutrina, ainda hoje, a despeito do acenar jurisprudencial mais recente (por exemplo, STJ, EResp 617.428/SP, DJE 17/06/2014), mantêm-se vinculada a orientação pretérita, estabelecendo como critérios validadores, *verbi gratia*, (a) identidade de partes em ambos os processos, (b) semelhança do objeto da prova, (c) participação do contraditório na construção da prova que se pretende importar, etc.[21] Exemplificativamente, nessa linha de raciocínio, aduz Nery Jr: a "condição mais importante para que se dê validade e eficácia à prova emprestada é a sujeição às pessoas dos litigantes, cuja consequência primordial é a obediência ao contraditório. Vê-se, portanto, que a prova emprestada do processo realizado entre terceiros é *res inter alios* e não produz qualquer efeito senão para aquelas partes." (NERY JR, Nelson; NERY, Rosa Maria Andrade. *Comentários ao Código de Processo Civil*. São Paulo: RT, 2015. p. 993). O CPC/2015, por sua vez, ao admitir a figura da "prova emprestada", ignorou a construção dogmática de outrora, valendo-se, com razão, de regramento diverso. "O contraditório exigido no art. 372 do NCPC não é, necessariamente, o acontecido ao tempo da produção da prova no outro

---

[21] Nesse sentido, por exemplo, o Enunciado n. 52 do Fórum Permanente de Processualistas: "Para a utilização da prova emprestada, faz-se necessária a observância do contraditório no processo de origem, assim como no processo de destino, considerando-se que, neste último, a prova mantenha a sua natureza originária".

processo. Refere-se ao direito da parte contra quem o documento é produzido de contradizê-lo no processo atual, inclusive com contra prova. É natural que um documento formado sem participação alguma do novo litigante se apresente muito mais frágil que o produzido em sua presença. Isso, contudo, não o anula aprioristicamente como meio de prova. Apenas será avaliado pelo juiz nos moldes do art. 372, ou seja, 'atribuindo-lhe o valor que considerar adequado' nas circunstâncias no novo processo'." (THEODORO JR.; Humberto. *Curso de Direito Processual Civil*. 56. ed. Rio de Janeiro: Forense, 2015. v. 1. p. 909).

3. Sistema da persuasão racional. Prova emprestada. A despeito da admissão da prova emprestada no processo civil pátrio, a *valoração* da mesma deve ser (re)feita pelo julgador que a admitiu no processo que a tomou "emprestada", inexistindo, pois, qualquer vinculação desse às eventuais conclusões alcançadas pelo julgador do feito em que a prova fora originariamente produzida.

Art. 373. O ônus da prova incumbe:

I – ao autor, quanto ao fato constitutivo de seu direito;

II – ao réu, quanto à existência de fato impeditivo, modificativo ou extintivo do direito do autor.

§ 1º Nos casos previstos em lei ou diante de peculiaridades da causa relacionadas à impossibilidade ou à excessiva dificuldade de cumprir o encargo nos termos do caput ou à maior facilidade de obtenção da prova do fato contrário, poderá o juiz atribuir o ônus da prova de modo diverso, desde que o faça por decisão fundamentada, caso em que deverá dar à parte a oportunidade de se desincumbir do ônus que lhe foi atribuído.

§ 2º A decisão prevista no § 1º deste artigo não pode gerar situação em que a desincumbência do encargo pela parte seja impossível ou excessivamente difícil.

§ 3º A distribuição diversa do ônus da prova também pode ocorrer por convenção das partes, salvo quando:

I – recair sobre direito indisponível da parte;

II – tornar excessivamente difícil a uma parte o exercício do direito.

§ 4º A convenção de que trata o § 3º pode ser celebrada antes ou durante o processo.

1. Ônus da prova. Não basta, em sede de processo judicial, como regra, afirmar. É preciso, para além disso, provar a veracidade das alegações realizadas. O teor do artigo sob comento, outrora lido tão somente como regra de julgamento (hoje, a nosso sentir, regra de instrução) (pré)define a tarefa probatória de cada um dos contendores (sujeita, por razões de conveniência, a alterações).

2. Ônus, em matéria de prova, do autor. Ao demandante incumbe provar o fato constitutivo de seu direito. O autor deve, ao abandonar o seu estado de inércia, apontar ao Judiciário as razões de fato e de direito que justificam seu requerimento de tutela estatal. Perceba-se, pois, que a atuação do demandante estará lastreada, como regra, na afirmação da ocorrência de certas circunstâncias fáticas. Essa versão dos fatos, ou seja, aquilo e tudo aquilo que, nessa quadra, houver motivado sua atuação, haverá de, por ele autor, ser provado em juízo, pena de não se desincumbir do *ônus* a ele, em matéria de prova, atribuído.

3. Ônus, em matéria de prova, do réu. Ao demandado incumbe, caso venha a alegar, a prova de fato impeditivo, modificativo ou extintivo do direito do autor. O ônus da prova, como regra, pertence ao demandante (fato constitutivo do direito postulado), podendo, por ocasião da manifestação do réu, bem compreendida a afirmativa, mudar "de mãos". Consoante anotado alhures, inexitosa a tentativa de autocomposição, abrir-se-á ao demandado, como regra, prazo para apresentação de resposta. Ao formulá-la, valendo-se de defesa meritória indireta (casos em que o réu sustenta fato extintivo, impeditivo ou modificativo, capaz de fulminar o acolhimento do pleito realizado em seu desfavor), atrairá, para si, o encargo de provar a versão fática suscitada.

4. Defesa meritória indireta. Ônus da prova. Há defesa (meritória) indireta por conta da alegação, pelo réu, de fato impeditivo, modificativo ou extintivo do direito do autor. Partamos, para exemplificar tais categorias, do caso, a saber: José e Marco contrataram, entre si, um mútuo. Marco, mutuário, obrigou-se a entregar a quantia que lhe foi emprestada por José, mutuante, no prazo de 60 dias, a contar de sua efetiva disponibilização. Imagine-se, à guisa de exemplo, que José (mutuante) tenha proposto ação de cobrança em desfavor de Marco (mutuário). Ao contestar a tese inicial, que o afirma devedor, Marco assevera, primeiro, que jamais realizou com José o negócio jurídico que serve de fundamento ao pedido formulado pelo autor, negando, portanto, o fato constitutivo do direito do demandante. Segundo, pense-se em defesa que, apesar de não negar o recebimento do dinheiro por Marco, descaracterize a natureza do ato pretendido pelo autor, afirmando tratar-se de doação, e não de mútuo, o negócio entabulado pelas partes, resistindo o réu à incidência dos efeitos jurídicos pretendidos pelo demandante. Em ambas as situações a defesa apresentada pelo demandado revela-se *meritória direta*, razão pela qual não há falar em inversão do ônus da prova; de outro giro, pois, imagine-se que, diante do mesmo cenário processual, Marco afirma estar sendo cobrado pela segunda vez, pois que, segundo sustenta, já cumpriu, outrora, tal obrigação. Perceba-se que o réu, ao defender-se, alega ter realizado o pagamento (forma natural de extinção das obrigações) e, consequentemente, sustenta haver um *fato extintivo* do crédito suscitado pelo autor; idealize-se, agora, que, a despeito de não negar a contratação do mútuo, o demandado suscita, por seu representante legal, que continua interditado (e já o era ao tempo da contratação), razão pela qual não podia obrigar-se. Ao assim agir assevera, em última análise, haver *fato impeditivo* do direito do autor; por fim, imagine-se que, ainda sem negar o fato constitutivo suscitado pelo autor, Mauro aduz que, conforme acordo entabulado pelos envolvidos (renegociação da dívida), estipulou-se prazo de vencimento diverso para o cumprimento da obrigação, ainda não alcançado. Suscita o demandado, nessa quadra, que o crédito pretendido pelo autor não se mostra exigível, atualmente, à integralidade, mas apenas em parte. Ao assim agir assevera, ao fim e ao cabo, pender *fato modificativo* do direito do autor.

Nas três derradeiras hipóteses, segundo o Código, a prova do fato (extintivo, impeditivo ou modificativo do direito do autor) compete ao demandado.

5. Dinamização do ônus probante. Consideradas, *in concreto*, à impossibilidade ou à excessiva dificuldade de a parte cumprir com encargo probatório prescrito pelo Código, ou, identificada, também em concreto, "à maior facilidade de obtenção da prova do fato contrário", o juiz poderá "distribuir" o ônus da prova de modo diverso, desde que não se revele *diabólica* tal determinação (ou seja, de desincumbência impossível ou excessivamente difícil), mediante decisão fundamentada (todas as decisões no processo civil pátrio devem ser fundamentadas sob pena de nulidade), oportunizando à parte, materialmente, desincumbir-se do ônus que lhe foi atribuído.

6. A distribuição diversa do ônus da prova (isto é, à margem da previsão contida nos incisos do art. 397) também pode, segundo o CPC/2015, antes ou durante o trâmite do feito, ocorrer por convenção das partes, excetuados os casos em que (a) recair sobre direito indisponível ou (b) tornar excessivamente difícil a uma parte o exercício do direito.

7. Dinamização. Momento oportuno. Como regra, a dinamização do ônus *probandi*, sendo o caso, deve ser objeto do pronunciamento saneador (ou, assim sendo, de enfrentamento em sede de audiência destinada ao saneamento prospectivo do feito). Nada obsta, contudo, que, antes de sentenciado o feito (desde que se conceda à parte a possibilidade de dele se desincumbir) e, respeitada a impossibilidade de se atribuir ônus diabólico a um dos contendores, possa o julgador, de ofício ou a requerimento, valer-se do instituto, de maneira fundamentada. Disso, pois, deriva a conclusão de que a alteração do ônus legal pré-concebido deverá, independentemente da situação em que ocorra, ser compreendido como regra de instrução e, jamais, enquanto regra de julgamento, pena de frontal violação ao *modelo constitucional do processo civil pátrio*.

8. "INVERSÃO DO ÔNUS DA PROVA. REGRA DE INSTRUÇÃO. A Seção, por maioria, decidiu que a inversão do ônus da prova de que trata o art. 6°, VIII, do CDC é regra de instrução, devendo a decisão judicial que determiná-la ser proferida preferencialmente na fase de saneamento do processo ou, pelo menos, assegurar à parte a quem não incumbia inicialmente o encargo a reabertura de oportunidade para manifestar-se nos autos. EREsp 422.778-SP, Rel. originário Min. João Otávio de Noronha, Rel. para o acórdão Min. Maria Isabel Gallotti (art. 52, IV, *b*, do RISTJ), julgados em 29/2/2012." (Informativo 0492, STJ).

Art. 374. Não dependem de prova os fatos:
I – notórios;
II – afirmados por uma parte e confessados pela parte contrária;
III – admitidos no processo como incontroversos;
IV – em cujo favor milita presunção legal de existência ou de veracidade.

1. A atividade probatória é destinada, por definição, à comprovação de versões fáticas. Apenas excepcionalmente, e por determinação judiciária, cabe provar "direito". Não dependem de prova, contudo, os fatos considerados *notórios, confessados, incontroversos* (ao menos do ponto de vista processual) e *em cujo favor milita presunção legal de existência ou de veracidade*.

Art. 375. O juiz aplicará as regras de experiência comum subministradas pela observação do que ordinariamente acontece e, ainda, as regras de experiência técnica, ressalvado, quanto a estas, o exame pericial.

1. A integração do homem a certo contexto mundano (seja ele qual for – político, econômico, religioso, profissional e etc.) o conduz a algumas percepções sensoriais. Pode-se dizer que, dada à (con)vivência humana, o homem passa a "conhecer" aquilo que o circunda, independentemente da natureza do presenciado. Diz-se, nessa quadra, ser inerente ao homem médio a elaboração de juízos hipotéticos de conteúdo geral. O julgador (homem social como qualquer outro) desfruta de idêntica prerrogativa, ou seja, pauta seu "conhecimento", ao menos em parte, nas máximas de experiência.

2. Segundo o ordenamento processual, as máximas de experiência (aquilo que ordinariamente ocorre em determinadas situações mundanas), tanto *comuns* como *técnicas*, não só podem, como devem, ser consideradas pelo julgador no afã de prestar a melhor jurisdição possível, submetendo-as, à evidência, ao prévio contraditório (diretriz inerente ao processo do século XXI).

3. Há, em relação a aplicação das regras de experiência *técnica*, de se fazer um alerta: a constatação mundana (que tenha espaço no âmbito das percepções do homem médio) técnica, deve respeitar, embora por vezes de difícil identificação, o limite entre aquilo que é uma constatação técnica integrada/consolidada diante do senso comum, daquilo que, necessariamente, deva figurar, por sua complexidade, como objeto de análise de um *expert*. No derradeiro caso, pois, a espécie de prova cabível é a pericial, não devendo o julgador aventurar-se a decidir com base, única e exclusivamente, em sua compreensão experimental generalizada.

Art. 376. A parte que alegar direito municipal, estadual, estrangeiro ou consuetudinário provar-lhe-á o teor e a vigência, se assim o juiz determinar.

1. Consoante afirmado alhures, provam-se, em juízo, versões fáticas, não "direito". Excepcionalmente, pois, a parte haverá, instada a tanto (por manifestação judicial), de provar o teor (no sentido de conteúdo) e a vigência do "direito" que pretende ver aplicado ao caso concreto.

Art. 377. A carta precatória, a carta rogatória e o auxílio direto suspenderão o julgamento da causa no caso previsto no art. 313, inciso V, alínea "b", quando, tendo sido requeridos antes da decisão de saneamento, a prova neles solicitada for imprescindível.

Parágrafo único. A carta precatória e a carta rogatória não devolvidas no prazo ou concedidas sem efeito suspensivo poderão ser juntadas aos autos a qualquer momento.

1. Quando a sentença de mérito não puder ser proferida antes da verificação de determinado fato ou produção de certa prova requisitada a outro juízo, mediante carta precatória, rogatória ou auxílio direto, o feito será suspenso, face à averiguação dos requisitos, a saber: a) a prova solicitada revela-se nuclear à composição do conflito; b) as cartas ou o auxílio tenham sido postulados antes do saneamento do caso concreto.

Art. 378. Ninguém se exime do dever de colaborar com o Poder Judiciário para o descobrimento da verdade.

1. Ao artigo sob comento (378 do CPC/2015) coube destacar que é dever de todos (partes e terceiros) colaborar com o "descobrimento da verdade", visando-se à entrega da melhor jurisdição possível. Exclui-se do aludido "dever colaborativo", contudo, o direito de não produzir prova contra si mesmo, expressamente previsto pelo art. 379 do CPC/2015.

Art. 379. Preservado o direito de não produzir prova contra si própria, incumbe à parte:
I – comparecer em juízo, respondendo ao que lhe for interrogado;
II – colaborar com o juízo na realização de inspeção judicial que for considerada necessária;
III – praticar o ato que lhe for determinado.

1. Aos contendores incumbe, ressalvado o direito de não produzir conteúdo probatório que o prejudique, (a) comparecer em juízo, quando intimado para tanto, respondendo ao que lhe for perguntado; (b) cooperar, em todos os aspectos, para o sucesso da inspeção judicial, sendo o caso, e; (c) cumprir as determinações judiciais que lhe forem atribuídas, independentemente de sua natureza. Trata-se de apontamento legal atrelado à diretriz colaborativa encartada nas linhas (e entrelinhas) do CPC/2015.

Art. 380. Incumbe ao terceiro, em relação a qualquer causa:
I – informar ao juiz os fatos e as circunstâncias de que tenha conhecimento;
II – exibir coisa ou documento que esteja em seu poder.
Parágrafo único. Poderá o juiz, em caso de descumprimento, determinar, além da imposição de multa, outras medidas indutivas, coercitivas, mandamentais ou sub-rogatórias.

1. Aos terceiros, por sua vez, tocam os deveres de (a) informar, intimados para tanto, os fatos e as circunstâncias pertinentes ao feito de que tenham ciência, bem como, (b) exibir coisa ou documento, essencial à composição do litígio, que detenha. O descumprimento, pelo terceiro, das determinações judiciais acima referidas autoriza o julgador a impor-lhe multa, podendo, ainda, determinar a realização de outras medidas (indutivas, coercitivas, mandamentais ou sub-rogatórias) capazes de promover a efetivação do auxílio requerido.

Seção II
Da Produção Antecipada da Prova

1. O processo de conhecimento, do ponto de vista de sua linha de desenvolvimento natural, prevê uma etapa *instrutória*, cuja função precípua é, sobretudo, a produção probatória. Nessa quadra, a prova judicial deve ser produzida, como regra, ao seu tempo. A seção sob comento, contudo, disciplina a possibilidade da propositura de ação autônoma, prévia a propositura da ação principal (que, inclusive, pode não ser promovida), destinada, única e exclusivamente, à produção da prova. Trata-se de pleito judicial que se esgota com a mera produção da prova, sem que haja valoração de seu conteúdo.

2. Natureza jurídica. Há, de um lado, quem sustente tratar-se de jurisdição voluntária, destacando a impossibilidade de se atribuir natureza cautelar ao pleito, por inúmeras razões (DIDIER JR., Fredie; BRAGA, Paulo Sarno; OLIVEIRA, Rafael Alexandria de. *Curso de Direito Processual Civil*. 10. ed. Salvador: Juspodivm, 2015. p. 138/139); de outro, quem sustente revelar-se ferramenta processual destinada, tão somente, a "asseguração de prova", ou seja, "tem por finalidade assegurar futura e eventual produção de determinada prova", não tendo "por objetivo" produzi-la "desde logo" (MARINONI, Luiz Guilherme; MITIDIERO, Daniel. *Código de Processo Civil Comentado*. São Paulo: RT, 2008. p. 782). Seja como for, vale lembrar que, à luz do sistema revogado, à *produção antecipada da prova* encontrava assento no Livro dos provimentos cautelares (Livro III, Título único, Capítulo II, Seção VI), mais especificamente a partir do artigo 846, limitando-se a realização de "interrogatório da parte, inquirição de testemunhas e exame pericial".

Art. 381. A produção antecipada da prova será admitida nos casos em que:
I – haja fundado receio de que venha a tornar-se impossível ou muito difícil a verificação de certos fatos na pendência da ação;
II – a prova a ser produzida seja suscetível de viabilizar a autocomposição ou outro meio adequado de solução de conflito;
III – o prévio conhecimento dos fatos possa justificar ou evitar o ajuizamento de ação.
§ 1º O arrolamento de bens observará o disposto nesta Seção quando tiver por finalidade apenas a realização de documentação e não a prática de atos de apreensão.
§ 2º A produção antecipada da prova é da competência do juízo do foro onde esta deva ser produzida ou do foro de domicílio do réu.
§ 3º A produção antecipada da prova não previne a competência do juízo para a ação que venha a ser proposta.

§ 4º O juízo estadual tem competência para produção antecipada de prova requerida em face da União, de entidade autárquica ou de empresa pública federal se, na localidade, não houver vara federal.

§ 5º Aplica-se o disposto nesta Seção àquele que pretender justificar a existência de algum fato ou relação jurídica para simples documento e sem caráter contencioso, que exporá, em petição circunstanciada, a sua intenção.

1. **Hipóteses legais.** Consoante expresso apontamento legislativo, a propositura da ação (para produzir antecipadamente à prova – na linguagem do Código) tem cabimento quando: (a) haja fundado receio de que a produção de determinada prova pretendida venha a se tornar impossível ou de difícil consecução, ao longo da tramitação do feito em que se pretende vê-la valorada; (b) a prova a ser produzida seja suscetível de viabilizar a autocomposição ou outro meio adequado de solução de conflito ou, ainda, quando (c) o prévio conhecimento dos fatos possa justificar ou evitar o ajuizamento de ação.

2. **Receio de impossibilidade ou de dificuldade da produção da prova.** Há casos, pois, em que a passagem do tempo, por inúmeras razões, poderá prejudicar a produção da prova pretendida. Imagine-se o caso em que a oitiva de certa testemunha, na iminência de falecer, revele-se essencial; ou, ainda, o registro de determinado cenário fático que se encontre ameaçado de destruição. A hipótese pressupõe, por definição, urgência na produção da prova.

3. O legislador, confiando que a solução de certo conflito de interesse "dependa" do resultado da ação sob comento (art. 381, II e III, parte final) traz inovação digna de nota ao sistema codificado. A esperança consiste em que, processado tal pleito, os envolvidos despertem para falta de conveniência em promover demanda contenciosa, ou, mesmo, os conduza a tentativa de composição do litígio por vias oblíquas.

4. **Competência e prevenção.** O CPC/2015, em relação à produção da prova antecipada, lança mão de regra competência territorial, em tese, concorrente, entre o *foro em que a mesma deva ser produzida* e o do *domicílio do réu*. A utilização do expediente judicial, contudo, não torna prevento, para processar e julgar o feito em que se pretenda vê-la valorada, o juízo mediante o qual tramitou a ação para a produção antecipada da prova.

5. **Justiça estadual. Competência supletiva.** Inexistindo vara federal na localidade, considera-se competente o juízo estadual para processar a produção antecipada da prova que envolva interesse da União, de entidades autárquicas ou empresas públicas sujeitas a competência da Justiça Federal.

6. Aplicam-se os ditames pertinentes ao instituto sob comento aos que, ainda que sem caráter contencioso, pretenderem "judicialmente documentar" a existência de fato ou relação jurídica. Exige-se, para tanto, que o interessado exponha as razões de sua atuação, no afã de legitimar sua pretensão.

7. "Os destinatários da prova são aqueles que dela poderão fazer uso, sejam juízes, partes ou demais interessados, não sendo a única função influir eficazmente na convicção do juiz." (Enunciado n. 50 do Fórum Permanente de Processualistas Civis).

Art. 382. Na petição, o requerente apresentará as razões que justificam a necessidade de antecipação da prova e mencionará com precisão os fatos sobre os quais a prova há de recair.

§ 1º O juiz determinará, de ofício ou a requerimento da parte, a citação de interessados na produção da prova ou no fato a ser provado, salvo se inexistente caráter contencioso.

§ 2º O juiz não se pronunciará sobre a ocorrência ou a inocorrência do fato, nem sobre as respectivas consequências jurídicas.

§ 3º Os interessados poderão requerer a produção de qualquer prova no mesmo procedimento, desde que relacionada ao mesmo fato, salvo se a sua produção conjunta acarretar excessiva demora.

§ 4º Neste procedimento, não se admitirá defesa ou recurso, salvo contra decisão que indeferir totalmente a produção da prova pleiteada pelo requerente originário.

1. O petitório do requerente deve expor *o porquê* e, "com precisão", *qual o objeto* da atividade probatória pretendida, determinando o magistrado, após verificada a viabilidade de acolhimento do pleito, a citação dos demais "interessados na produção da prova ou no fato a ser provado", ressalvada a hipótese de inexistir caráter contencioso na utilização do expediente processual sob comento.

2. Consoante ressaltado alhures, o expediente judicial não serve, sob quaisquer hipóteses, à valoração da prova produzida. Limita-se, pois, a colhê-la. Não é por outra razão, inclusive, que o Código é expresso em afirmar que o juiz não se pronunciará, emitindo juízo de valor, acerca da (in)ocorrência do fato em si, muito menos sobre eventuais consequências jurídicas.

3. Na linha do *melhor aproveitamento dos atos processuais* (em sentido largo, é claro), há autorização legal para que os interessados postulem, desde que vinculadas ao mesmo fato, a produção de outras provas. Trata-se, bem compreendida a afirmativa, de espécie de "contrapedido" que tem assento na conveniência de se alargar o aproveitamento do expediente em tramitação. Aos requerentes ulteriores caberá, pois, justificar o pedido e identificar com precisão o objeto da prova pretendida. O deferimento do "contrapedido" probatório deve esbarrar, sendo o caso, na constatação de que seu trâmite acarretará excessiva demora à conclusão do pleito originário.

4. Segundo o § 4º do art. 382, o expediente processual (de produção antecipada da prova) não comporta (é incompatível com a) produção de defesa ou oferecimento de pleito recursal, exceto face à prolação de julgado que indeferir "totalmente" a produção da prova pleiteada, segundo o texto da lei, "pelo requerente originário".

Art. 383. Os autos permanecerão em cartório durante 1 (um) mês para extração de cópias e certidões pelos interessados.

Parágrafo único. Findo o prazo, os autos serão entregues ao promovente da medida.

1. O expediente processual sob comento tem por destinatários o requerente originário, e, concorrentemente, o requerido originário que realizar "contrapedido" probatório, e não o juízo propriamente dito. Assim sendo, concluída a diligência probatória, os autos (quando tramitarem na plataforma física) permanecerão por um mês, em cartório, à disposição de todos os interessados, período em que lhes será permitindo a extração de cópias e certidões pertinentes.

2. Superado o aludido lapso temporal (1 mês em cartório), os autos serão entregues, em definitivo, ao seu(s) destinatário(s): o(s) requerente(s) (do pedido originário e, sendo o caso, em cópia, do contrapedido).

Seção III
Da Ata Notarial

Art. 384. A existência e o modo de existir de algum fato podem ser atestados ou documentados, a requerimento do interessado, mediante ata lavrada por tabelião.
Parágrafo único. Dados representados por imagem ou som gravados em arquivos eletrônicos poderão constar da ata notarial.

1. Ata Notarial. Nenhum espanto pode causar a afirmativa, ainda que legal, de que a existência e o modo de existir dos fatos possam ser atestados ou documentados, a requerimento do interessado, mediante ata lavrada por tabelião. A inovação perpetrada pelo Código, pois, limita-se a positivação do aludido instrumento público no rol de provas que podem ser utilizadas para fins judiciais.

2. Segundo o Código, não só declarações, mas, também, imagens ou sons gravados em arquivos eletrônicos (quaisquer mídias) poderão ser objeto de documentação pela via notarial, atestando-se sua existência ou modo de existir.

3. Exemplo: determinada corporação contrata plano de dados para utilização de *internet* via celular. Interessando ao contratante registrar (no sentido de produzir prova) sua inacessibilidade ao objeto da contratação, pode ele requerer ao tabelião que, por exemplo, com o aparelho em mãos o teste, e relate o ocorrido, ao tentar acessar o serviço contratado, lavrando ata (notarial) acerca de sua constatação.

4. "Atualmente já é possível utilizar a ata notarial como prova evidente da existência de certa informação no ambiente eletrônico, cabendo ao tabelião descrever os fatos e, na hipótese de o conteúdo a ser materializado estar em sítio da internet, imprimir as páginas acessadas, fazendo-as compor o instrumento notarial. Ao ampliar a sua adequação às imagens e aos gravados em arquivos eletrônicos, o legislador evita o esvaziamento do instituto." (DONIZETTI, Elpídio. *Novo Código de Processo Civil Comentado*. São Paulo: Atlas, 2015. p. 309).

Seção IV
Do Depoimento Pessoal

1. Trata-se, grosso modo, de meio probatório *típico* mediante o qual um dos contendores pretende, em última análise, obter, da parte adversa, na audiência de *instrução e julgamento,* confissão (provocada).

> **Art. 385.** Cabe à parte requerer o depoimento pessoal da outra parte, a fim de que esta seja interrogada na audiência de instrução e julgamento, sem prejuízo do poder do juiz de ordená-lo de ofício.
> § 1º Se a parte, pessoalmente intimada para prestar depoimento pessoal e advertida da pena de confesso, não comparecer ou, comparecendo, se recusar a depor, o juiz aplicar-lhe-á a pena.
> § 2º É vedado a quem ainda não depôs assistir ao interrogatório da outra parte.
> § 3º O depoimento pessoal da parte que residir em comarca, seção ou subseção judiciária diversa daquela onde tramita o processo poderá ser colhido por meio de videoconferência ou outro recurso tecnológico de transmissão de sons e imagens em tempo real, o que poderá ocorrer, inclusive, durante a realização da audiência de instrução e julgamento.

1. Parcela doutrinária, à luz do sistema pretérito, costumava distinguir *interrogatório* e *depoimento pessoal,* utilizando-se, para tanto, do *critério da iniciativa oficiosa em indagar pelo menos uma das partes* em audiência. Determinando o magistrado, *de ofício,* o comparecimento dos contendores, com o específico fim de inquiri-los, estar-se-ia, segundo tal corrente, diante do *interrogatório.* Apenas quando a iniciativa partisse da parte contrária, pois, é que se deveria falar em *depoimento pessoal.* O art. 385, do Código vigente, destaca competir à parte tal iniciativa (manifestar interesse em ouvir a parte adversa em juízo), facultando-se ao julgador (trata-se de um poder que se atribui ao mesmo) determinação oficiosa nesse sentido.

2. O depoente será intimado *pessoalmente* acerca da intenção de seu adversário processual, ou do juiz, de indagá-lo em audiência de instrução e julgamento. Devidamente *advertido* das consequências processuais de seu silêncio ou de sua ausência, caso não compareça à solenidade processual ou, comparecendo, recuse-se a depor, presumir-se-ão confessados os fatos contra ela alegados. Atribui-se à anunciada consequência processual o *nomen juris* de "*pena de confesso*".

3. Visando a evitar o benefício de um dos depoentes em detrimento do outro (no que tange à construção de um raciocínio lógico pautado no depoimento alheio), é defeso à parte que ainda não depôs assistir a manifestação alheia. O réu, portanto, haverá de deixar o recinto, a mando do juiz, antes do início do depoimento do autor (o primeiro a ser ouvido), retornando à sala de audiência após o término da inquirição.

4. Na linha do desenvolvimento tecnológico, o CPC/2015 faz constar de forma expressa a possibilidade de se tomar o depoimento dos contendores, caso residam em local distinto daquele em que tramita o feito, mediante utilização de técnica capaz de reproduzir, em tempo real, a transmissão de sons e imagens. A diligência pode, ou não, ocorrer concomitantemente a realização da audiência presencial.

> **Art. 386.** Quando a parte, sem motivo justificado, deixar de responder ao que lhe for perguntado ou empregar evasivas, o juiz, apreciando as demais circunstâncias e os elementos de prova, declarará, na sentença, se houve recusa de depor.

1. Havendo recusa injustificada da parte em depor (deixar de responder o que lhe for perguntado; silenciando ou empregando evasivas), competirá ao julgador, constatada a mesma, fazê-la constar em sentença.

2. Vale lembrar que o CPC/2015 garante ao contendor o direito de não produzir prova contra si (art. 379). Entre a aplicação da "pena de confesso", por exemplo, pautado no silêncio do interrogado, e o direito acima referido, parece haver certa incompatibilidade. Imagine-se situação em que o julgador, ou advogado da parte contrária, realize indagação à parte cuja resposta seja capaz de produzir prova contra si (excluídos aqueles previstos pelo art. 388). Respondendo, a parte "confessará"; silenciando, estará sujeita à "pena de confesso". Algo na linha Ney Matogrosso: "se correr o bicho pega, se ficar o bicho come". Como resolver a aludida antinomia?

> **Art. 387.** A parte responderá pessoalmente sobre os fatos articulados, não podendo servir-se de escritos anteriormente preparados, permitindo-lhe o juiz, todavia, a consulta a notas breves, desde que objetivem completar esclarecimentos.

1. O *depoente* responderá acerca do que lhe for indagado sem auxílio de terceiros, revelando-se defeso, inclusive, valer-se de anotações para tanto. Apenas excepcionalmente, mediante autorização judicial, poderá o depoente, para o exclusivo fim de "completar esclarecimentos", consultar "notas breves".

> **Art. 388.** A parte não é obrigada a depor sobre fatos:
> I – criminosos ou torpes que lhe forem imputados;
> II – a cujo respeito, por estado ou profissão, deva guardar sigilo;
> III – acerca dos quais não possa responder sem desonra própria, de seu cônjuge, de seu companheiro ou de parente em grau sucessível;
> IV – que coloquem em perigo a vida do depoente ou das pessoas referidas no inciso III.
> Parágrafo único. Esta disposição não se aplica às ações de estado e de família.

1. Há situações em que o sistema processual desautoriza, a despeito da diretriz geral de que ninguém possa se escusar de contribuir para a prestação da melhor jurisdição possível, a aplicação da aludida "pena de confesso", isentando o *depoente* da obrigação de depor sobre certos fatos.

2. Quando as indagações versarem sobre fatos (a) *delituosos ou torpes que lhe forem imputados*; (b) que *por estado ou profissão deva guardar sigilo*; (c) quando não for possível respondê-las sem exposição de sua honra (de seu cônjuge, companheiro ou de parentes) escapará ao *depoente* tal obrigatoriedade, ressalvada a exceção prevista pelo parágrafo único do próprio artigo 388.

Seção V
Da Confissão

Art. 389. Há confissão, judicial ou extrajudicial, quando a parte admite a verdade de fato contrário ao seu interesse e favorável ao do adversário.

1. A *confissão*, por definição, é ato prejudicial aos interesses do confitente e, por consequência, favorável à parte contrária.

2. A confissão pode ser realizada no âmbito judicial (de maneira provocada ou espontânea), bem como, na esfera extrajudicial (por exemplo, mediante *ata notarial*).

3. Nas ações litisconsorciais, a confissão feita por um dos consorciados (conduta *determinante*) não alcança a esfera jurídica dos demais (art. 391, CPC/2015).

Art. 390. A confissão judicial pode ser espontânea ou provocada.
§ 1º A confissão espontânea pode ser feita pela própria parte ou por representante com poder especial.
§ 2º A confissão provocada constará do termo de depoimento pessoal.

1. Denomina-se *confissão espontânea* aquela em que a própria parte, ou procurador constituído com poderes para tanto, reconhece, voluntariamente, a veracidade de versão fática capaz de, considerados os limites do litígio, prejudicá-la.

2. Denomina-se, de outro giro, *confissão provocada*, aquela obtida mediante *depoimento pessoal do confitente*. Respondendo às indagações promovidas por seu adversário processual ou pelo juiz, o depoente, ciente ou não, admite como verdadeira a versão processual prejudicial aos seus interesses.

Art. 391. A confissão judicial faz prova contra o confitente, não prejudicando, todavia, os litisconsortes.
Parágrafo único. Nas ações que versarem sobre bens imóveis ou direitos reais sobre imóveis alheios, a confissão de um cônjuge ou companheiro não valerá sem a do outro, salvo se o regime de casamento for o de separação absoluta de bens.

1. A confissão judicial revela-se, bem compreendida, conduta *determinante*. As condutas determinantes (ou seja, as que prejudicam o contendor – no caso, o confitente) não se espraiam, como regra, à esfera jurídica do(s) litisconsorte(s).

2. No que diz com a *ratio* da regra contida no parágrafo único do artigo sob comento, Nelson Nery Jr. e Rosa Maria de Andrade Nery asseveram que a "preocupação do legislador" deu-se "no sentido de que não possa o cônjuge, por vias transversas, burlar o preceito legal contido no CC 1647 I, prejudicando a sociedade conjugal" (NERY JR, Nelson; NERY, Rosa Maria Andrade. *Comentários ao Código de Processo Civil*. São Paulo: RT, 2015. p. 1024). Tal regramento, embora silente o Código, tem aplicação, consoante sustentado, também, aos companheiros (ou seja, no âmbito da união estável)

3. "Ressalvado o disposto no art. 1.648, nenhum dos cônjuges pode, sem autorização do outro, exceto no regime da separação absoluta: I – alienar ou gravar de ônus real os bens imóveis; II – pleitear, como autor ou réu, acerca desses bens ou direitos; III – prestar fiança ou aval; IV – fazer doação, não sendo remuneratória, de bens comuns, ou dos que possam integrar futura meação. Parágrafo único. São válidas as doações nupciais feitas aos filhos quando casarem ou estabelecerem economia separada." (art. 1.647 da Lei 10.406/2002).

> **Art. 392.** Não vale como confissão a admissão, em juízo, de fatos relativos a direitos indisponíveis.
> § 1º A confissão será ineficaz se feita por quem não for capaz de dispor do direito a que se referem os fatos confessados.
> § 2º A confissão feita por um representante somente é eficaz nos limites em que este pode vincular o representado.

1. A confissão apenas é eficaz se o confitente tem o poder de dispor do direito a que alude o(s) fato(s) confessado(s). Fora daí, o reconhecimento de fato prejudicial não possui eficácia confessória, embora não só possa, como deva, tratando-se de revelação nuclear à entrega da melhor jurisdição possível, integrar o juízo valorativo judicial.

2. A confissão feita por representante vincula a parte nos limites dos poderes por ela, a ele, conferidos.

3. "Não tem eficácia a confissão se provém de quem não é capaz de dispor do direito a que se referem os fatos confessados. Parágrafo único. Se feita a confissão por um representante, somente é eficaz nos limites em que este pode vincular o representado." (art. 213 da Lei 10.406/2002).

> **Art. 393.** A confissão é irrevogável, mas pode ser anulada se decorreu de erro de fato ou de coação.
> Parágrafo único. A legitimidade para a ação prevista no caput é exclusiva do confitente e pode ser transferida a seus herdeiros se ele falecer após a propositura.

1. "A confissão é irrevogável, mas pode ser anulada se decorreu de erro de fato ou de coação." (art. 214 da Lei 10.406/2002).

2. A confissão é, por definição, *irrevogável* (art. 393) e *indivisível* (art. 395). Diz-se *irrevogável*, porque tão somente poderá ter seus efeitos obstados nos casos em que derive de *erro* ou de *coação*, mediante pronunciamento judicial. Diz-se *indivisível*, porque o beneficiado não pode aceitá-la no tópico que a beneficiar e rejeitá-la no que lhe for desfavorável. Eis o posicionamento doutrinário clássico. Acerca do tema *indivisibilidade*, contudo, vide crítica apontada nos comentários ao art. 395.

3. O direito de postular a anulação de confissão pertence, exclusivamente, ao confitente. Trata-se de pleito personalíssimo. Vindo, contudo, o confitente a falecer após ter abandonado o estado de inércia em relação ao tema (ou seja, após a propositura do pleito capaz de invalidar sua confissão), seus herdeiros serão chamados a sucedê-lo, processualmente falando.

4. Tramitando o feito em que a *confissão* fora feita, far-se-á a sua revogação, sendo o caso, mediante a propositura de *ação anulatória*; transitada em julgado a sentença meritória (prolatada no feito em que fora feita a confissão), mediante *ação rescisória*. "Se já houver coisa julgada, o caso deverá subsumir-se a alguma das hipóteses de ação rescisória, instrumento típico para o desfazimento da coisa julgada – na hipótese do inciso VI do art. 966 do CPC, por exemplo, que se relaciona à prova falsa, ou na do inciso II, que se relaciona à coação ou ao dolo da parte vencedora (...). Neste caso, a ação será ajuizada contra a decisão *transitada em julgado*, e não contra a confissão. Uma ação anulatória ajuizada contra a confissão, quando já há coisa julgada, é inócua (...)". (DIDIER JR., Fredie; BRAGA, Paula Sarno; OLIVEIRA, Rafael Alexandria de. *Curso de Direito Processual Civil*. 10. ed. Salvador: Juspodivm, 2015. p. 172).

Art. 394. A confissão extrajudicial, quando feita oralmente, só terá eficácia nos casos em que a lei não exija prova literal.

1. A confissão extrajudicial pode ser feita por escrito ou oralmente. No derradeiro caso, encontra-se limitada aos casos em que a lei não exija prova literal. Consoante sustentam Marinoni e Mitidiero, a "previsão refere-se às hipóteses em que se faz necessária prova substancial, que é aquela que integra o ato jurídico no plano do direito material (...). Quando o direito material exige forma determinada para a validade de um ato, esse é inválido em não existindo o instrumento que corporifique essa forma. Assim, no caso em que se exigir uma determinada forma para a confissão, é lógico que ela não poderá ter eficácia" caso deixe de observá-la.

Art. 395. A confissão é, em regra, indivisível, não podendo a parte que a quiser invocar como prova aceitá-la no tópico que a beneficiar e rejeitá-la no que lhe for desfavorável, porém cindir-se-á quando o confitente a ela aduzir fatos novos, capazes de constituir fundamento de defesa de direito material ou de reconvenção.

1. Consoante o teor do art. 389, há "confissão" apenas "quando a parte admite a verdade de fato contrário ao seu interesse e favorável ao do adversário". Tal afirmativa é imprescindível à compreensão da tese abaixo sustentada. O artigo sob comento, pois, destaca a *indivisibilidade* da confissão e, ato contínuo, mergulha, a nosso sentir, em evidente contradição. Segundo o Código, a parte que "quiser" invocá-la não pode valer-se apenas do que lhe interessa, fracionando-a. Ocorre, consoante acima apontado, que, segundo o teor do art. 389, não há falar em confissão em relação a fatos que prejudiquem o adversário processual do confitente. Legalmente, apenas há confissão em razão dos fatos (admitidos) que beneficiem a parte contrária. Aquilo que, oriundo de afirmativa do "confitente" (judicial ou extrajudicial) vier a beneficiá-lo, de confissão, a rigor, não se trata.

Seção VI
Da Exibição de Documento ou Coisa

1. A matéria disciplinada pelos artigos 396/404 do CPC/2015 versa sobre *expediente processual* do qual se pode valer a parte que pretenda, visando a comprovar a versão fática sustentada, trazer aos autos *documento* ou *coisa* que se encontre em poder de outrem, ou seja, em posse alheia. O *expediente*, pelo menos *a priori*, não é a prova em si (*a prova em si é o* documento *ou a* coisa *que se pretende trazer aos autos mediante sua utilização*).

2. No que tange aos *documentos*, por exemplo, perceba-se que, como regra, devem eles ser acostados aos autos pelo contendor que possui interesse na sua análise (o autor em sede inicial; o réu em sede de "defesa"). Não é raro, pois, que embora haja *interesse na produção de certa prova*, o contendor interessado não tem acesso a mesma. Basta pensar em situação na qual o *documento* (ou a coisa) encontre-se na posse da *parte adversa,* ou de *terceiro,* que, considerada sua posição processual, não possua interesse em sua aparição. Para tais casos, em última análise, é que o *expediente* sob comento interessa.

3. "Do dever que incumbe às partes e aos terceiros de colaborar com o Poder Judiciário 'para o descobrimento da verdade' (CPC/2015, arts. 378 a 380), decorre para o juiz o poder de determinar a exibição de documento ou coisa que se ache na posse das referidas pessoas, sempre que o exame desses bens for útil ou necessário para a instrução do processo. A exibição pode ser feita como prova direta do fato litigioso (ex.: o recibo de um pagamento controvertido; uma cópia do contrato em poder do litigante e etc.) ou como instrumento de prova indireta ou circunstancial (a exibição de um veículo acidentado para submeter-se à perícia; ou de certa escrita contábil do litigante quando se queria demonstrar que entre as partes houve outros negócios além do litigioso e que as quitações dos autos estariam ligadas àqueles e não ao objeto da lide)." (THEODORO JR.; Humberto. *Curso de Direito Processual Civil.* 56. ed. Rio de Janeiro: Forense, 2015. v. 1. p. 936).

Art. 396. O juiz pode ordenar que a parte exiba documento ou coisa que se encontre em seu poder.

1. Pautado na premissa de que ninguém pode se eximir de contribuir para a prestação da melhor jurisdição possível (*sequer os contendores* – art. 378 do CPC/2015), é facultado ao julgador ordenar que quaisquer das partes traga ao processo *documento* ou *coisa* que se encontre em seu poder, pena de ter o contendor obrigado a tanto de suportar as consequências processuais de sua desobediência.

2. Pedido idêntico, outrossim, pode ser realizado pela parte, em face de seu adversário processual ou, ainda, de terceiro.

Art. 397. O pedido formulado pela parte conterá:
I – a individuação, tão completa quanto possível, do documento ou da coisa;
II – a finalidade da prova, indicando os fatos que se relacionam com o documento ou com a coisa;
III – as circunstâncias em que se funda o requerente para afirmar que o documento ou a coisa existe e se acha em poder da parte contrária.

1. A parte que postular a utilização do expediente deverá (a) individuar, tanto quanto possível, o documento ou a coisa que pretenda seja trazida aos autos (para que a ordem judicial, existindo, possa ser cumprida adequadamente); (b) explicitar, indicando os fatos relacionados, o resultado que pretende com a empreitada (ou seja, justificar a *relevância* da prova pretendida); (c) esmiuçar as razões pelas quais entende estar o "objeto" almejado na posse da parte contrária (ou, sendo o caso, do terceiro demandado).

Art. 398. O requerido dará sua resposta nos 5 (cinco) dias subsequentes à sua intimação.
Parágrafo único. Se o requerido afirmar que não possui o documento ou a coisa, o juiz permitirá que o requerente prove, por qualquer meio, que a declaração não corresponde à verdade.

1. O requerido, em homenagem ao *direito fundamental ao contraditório*, será intimado para, no prazo de 05 dias, manifestar-se acerca da postulação (exibitória). Uma vez cumprida a ordem, o expediente sob comento terá alcançado êxito; não cumprida, haverá o julgador de determinar a intimação do requerente para o especial fito de, grosso modo, demonstrar a ilegitimidade da recusa, facultando-se-lhe, sendo o caso, a produção de prova acerca de estar o objeto da exibição pretendida na posse do requerido.

Art. 399. O juiz não admitirá a recusa se:
I – o requerido tiver obrigação legal de exibir;
II – o requerido tiver aludido ao documento ou à coisa, no processo, com o intuito de constituir prova;
III – o documento, por seu conteúdo, for comum às partes.

1. Recusa ilegítima por parte requerido. Consoante expresso apontamento legal, a recusa em apresentar o *documento* ou a *coisa* suscitada revela-se ilegítima quando: o requerido (a) tiver a obrigação legal de exibi-lo(a); (b) tenha aludido ao documento ou à coisa (objeto da exibição), no processo, com o intuito de constituir prova a seu favor; ou, ainda, quando (c) o documento, por seu conteúdo, for comum às partes.

2. Não se pode perder de vista, a despeito do tema sob comento, que, consoante o teor do art. 379 do CPC/2015, as partes têm o direito de não produzir prova contra si mesmo.

Art. 400. Ao decidir o pedido, o juiz admitirá como verdadeiros os fatos que, por meio do documento ou da coisa, a parte pretendia provar se:
I – o requerido não efetuar a exibição nem fizer nenhuma declaração no prazo do art. 398;
II – a recusa for havida por ilegítima.
Parágrafo único. Sendo necessário, o juiz pode adotar medidas indutivas, coercitivas, mandamentais ou sub-rogatórias para que o documento seja exibido.

1. O Código prevê como "pena" ao requerido que deixe de cumprir com o dever colaborativo, a admissão "como verdadeiros" dos fatos que se pretendia (com)provar mediante utilização do expediente em tela, se (a) o requerido deixar de cumprir o comando judicial, nada declarando no prazo da lei (5 dias – art. 398), ou, ainda, (b) se a recusa for, *in concreto*, considerada ilegítima.

2. O magistrado tem liberdade, bem compreendida a afirmativa, para adotar quaisquer medidas (indutivas, coercitivas, mandamentais ou sub-rogatórias) para tornar eficaz, do ponto de vista mundano, a exibição do documento ou da coisa deferidos.

Art. 401. Quando o documento ou a coisa estiver em poder de terceiro, o juiz ordenará sua citação para responder no prazo de 15 (quinze) dias.

1. Restando o objeto da exibição na posse de terceiro (àquele que não é parte processual), o mesmo será citado para, no prazo de quinze dias, responder ao requerimento exibitório.

Art. 402. Se o terceiro negar a obrigação de exibir ou a posse do documento ou da coisa, o juiz designará audiência especial, tomando-lhe o depoimento, bem como o das partes e, se necessário, o de testemunhas, e em seguida proferirá decisão.

1. Audiência Especial. Havendo resistência/impossibilidade do terceiro em apresentar o objeto da exibição (seja porque nega o dever de exibi-lo; seja porque afirma não possuir o bem da vida), aprazar-se-á solenidade processual para ouvi-lo, na presença das partes, que, sendo o caso, poderão postular à oitiva de testemunhas capazes de confirmar as versões fáticas de lado a lado, acerca da posse do objeto do pleito exibitório.

2. Finda a instrução do expediente exibitório cumpre ao juiz, de imediato, posicionar-se acerca do dever do terceiro.

Art. 403. Se o terceiro, sem justo motivo, se recusar a efetuar a exibição, o juiz ordenar-lhe-á que proceda ao respectivo depósito em cartório ou em outro lugar designado, no prazo de 5 (cinco) dias, impondo ao requerente que o ressarça pelas despesas que tiver.

Parágrafo único. Se o terceiro descumprir a ordem, o juiz expedirá mandado de apreensão, requisitando, se necessário, força policial, sem prejuízo da responsabilidade por crime de desobediência, pagamento de multa e outras medidas indutivas, coercitivas, mandamentais ou sub-rogatórias necessárias para assegurar a efetivação da decisão.

1. Recusando-se o terceiro, ilegitimamente, a contribuir com o sucesso da exibição requerida, incumbe ao julgador ordenar que, no quinquídio próximo, a coisa ou o documento sejam postos à disposição do juízo.

2. O requerido haverá de ser ressarcido, pelo requerente, no aporte das despesas que experimentar em cumprimento à ordem judicial.

3. Descumprida tal ordem (de exibição, do *documento* ou da *coisa*), o julgador, no afã de assegurar a efetivação de seu comando, determinará a expedição de mandado de apreensão, requerendo, caso necessário para o seu fiel cumprimento, força policial.

Art. 404. A parte e o terceiro se escusam de exibir, em juízo, o documento ou a coisa se:
I – concernente a negócios da própria vida da família;
II – sua apresentação puder violar dever de honra;
III – sua publicidade redundar em desonra à parte ou ao terceiro, bem como a seus parentes consanguíneos ou afins até o terceiro grau, ou lhes representar perigo de ação penal;
IV – sua exibição acarretar a divulgação de fatos a cujo respeito, por estado ou profissão, devam guardar segredo;
V – subsistirem outros motivos graves que, segundo o prudente arbítrio do juiz, justifiquem a recusa da exibição;
VI – houver disposição legal que justifique a recusa da exibição.
Parágrafo único. Se os motivos de que tratam os incisos I a VI do *caput* disserem respeito a apenas uma parcela do documento, a parte ou o terceiro exibirá a outra em cartório, para dela ser extraída cópia reprográfica, de tudo sendo lavrado auto circunstanciado.

1. Coube ao art. 404 do CPC/2015 inventariar as hipóteses em que se considera legítima a não exibição da coisa ou do documento requeridos.

2. Recusa. Possibilidades. Revela-se *legítima* a recusa por parte do requerido quando o documento ou a coisa (a) versarem sobre negócios da própria vida familiar; (b) sua apresentação tiver o potencial de violar dever de honra; (c) a publicidade, do objeto da exibição, redundar em desonra à parte ou ao terceiro (os requeridos), bem como, a seus parentes consanguíneos ou afins até o terceiro grau, ou lhes representar perigo de ação penal; (d) acarretar a divulgação de fatos acerca dos quais, por estado ou profissão, deva o requerido guardar segredo; (e) subsistirem outros motivos graves que, segundo o entendimento do juiz, justifiquem a recusa da exibição (razões atípicas); e, por fim, quando a lei assim o autorize a agir (leia-se: casos legais com assento fora do artigo sob comento – exemplo: art. 206 da Lei 9.279/96 – "Na hipótese de serem reveladas, em juízo, para a defesa dos interesses de qualquer das partes, informações que se caracterizem como confidenciais, sejam segredo de indústria ou de comércio, deverá o juiz determinar que o processo prossiga em segredo de justiça, vedado o uso de tais informações também à outra parte para outras finalidades.").

3. Nos casos em que a legitimidade da não exibição se limite a parcela do que se postulou fosse exibido, o restante (sobre o qual não se legitima a recusa), deve, necessariamente, ser exibido, como regra, em cartório, lavrando-se, acerca do ocorrido, auto circunstanciado.

Seção VII
Da Prova Documental

1. Os ditames legislativo-processuais concernentes à *prova documental*, objeto de seção própria, encontram-se distribuídos nas três subseções, a saber: (I) *Da força Probante dos Documentos*, (II) *Da Arguição de Falsidade* e (III) *Da produção da Prova Documental*.[22]

2. *Documento*, em sentido amplo, "é toda representação material destinada a reproduzir determinada manifestação do pensamento" (CHIOVENDA, Giuseppe. *Instituições de Direito Processual Civil*. p. 1091), ou seja, "todas as coisas capazes de, por si mesmas, representarem algum fato." (BAPTISTA DA SILVA, Ovídio A. *Curso de Processo Civil*. 7. ed. Rio de Janeiro: Forense, 2005. p. 358. v. I). Segundo tal linha de pensamento, toda representação material de um determinado contexto fático corresponde, em última análise, a um expediente dessa natureza. Documentar, bem compreendida a afirmativa, significa, pois, registrar um acontecimento qualquer. Conceitua-se *prova documental*, portanto, como aquela que, destinada a promover a comprovação de determinada versão sustentada nos autos, toma por base um *documento* (um *escrito*, uma *fotografia*, uma *filmagem* etc.).

3. Toda *prova documental* tem por base um *documento*, mas, nem todo documento *serve, processualmente falando, à produção de prova documental*. Os documentos obtidos por meio ilícito, por exemplo, bem ilustram tal assertiva.

4. Prevê a Lei 10.406/2002: "TÍTULO V. Da Prova. Art. 212. Salvo o negócio a que se impõe forma especial, o fato jurídico pode ser provado mediante: I – confissão; II – documento; III – testemunha; IV – presunção; V – perícia".

Subseção I
Da Força Probante dos Documentos

1. "Cabe aqui uma brevíssima reflexão: por qual razão, numa sociedade com uma pluralidade tão diversa de relações, gerando toda a sorte de documentos, teria o legislador, em detrimento da regra geral abstrata do livre convencimento motivado do magistrado, optado por regulamentar especificamente a força probante dessa específica modalidade de prova documental,

---

[22] Diz-se "legislativo-processuais" porque o Código Civil Brasileiro de 2002, por sua vez, também legisla acerca do tema.

mantendo-se praticamente na integralidade a disciplina que já vigorava no regime anterior do CPC/1973? Talvez a resposta a essa indagação esteja, ao menos em parte, em dispositivo do Código Penal (CP, art. 297, § 2º), que, para fins de enquadramento no tipo falsificação de documento público, equipara os livros 'mercantis' a um documento público, disso acarretando ao infrator uma pena potencialmente mais grave do que aquela a que se submete quem falsifica um documento particular (CP, art. 298). Aliando-se a isso regras próprias inerentes ao sistema contábil que deve ser mantido pelo empresário e pela sociedade empresária (CC, arts. 1.179 e seguintes, e legislação especial), com escrituração, regida por solenidades especiais, que deve ser realizada e conservada por força legal, constata-se uma espécie diferenciada – ou especial – de documento particular a justificar um tratamento normativo também diferenciado (instrumentalidade)." (GARCIA, André Almeida. *In*: *Código de Processo Civil anotado*. CRUZ E TUCCI, José Rogério *et al*. (Coord.). São Paulo: AASP, 2015. p. 680).

Art. 405. O documento público faz prova não só da sua formação, mas também dos fatos que o escrivão, o chefe de secretaria, o tabelião ou o servidor declarar que ocorreram em sua presença.

1. O documento público, do ponto de sua *força probante*, goza de considerável vantagem em relação aos documentos elaborados à margem dos entes públicos legitimados para tanto. Diz-se "considerável vantagem" porque, embora se trate de presunção de veracidade que admite prova em contrário, como regra, o documento público faz prova do fato nele atestado, desde que ocorrido na presença do *longa manus* estatal.

2. "A escritura pública, lavrada em notas de tabelião, é documento dotado de fé pública, fazendo prova plena. § 1º Salvo quando exigidos por lei outros requisitos, a escritura pública deve conter: I – data e local de sua realização; II – reconhecimento da identidade e capacidade das partes e de quantos hajam comparecido ao ato, por si, como representantes, intervenientes ou testemunhas; III – nome, nacionalidade, estado civil, profissão, domicílio e residência das partes e demais comparecentes, com a indicação, quando necessário, do regime de bens do casamento, nome do outro cônjuge e filiação; IV – manifestação clara da vontade das partes e dos intervenientes; V – referência ao cumprimento das exigências legais e fiscais inerentes à legitimidade do ato; VI – declaração de ter sido lida na presença das partes e demais comparecentes, ou de que todos a leram; VII – assinatura das partes e dos demais comparecentes, bem como a do tabelião ou seu substituto legal, encerrando o ato. § 2º Se algum comparecente não puder ou não souber escrever, outra pessoa capaz assinará por ele, a seu rogo. § 3º A escritura será redigida na língua nacional. § 4º Se qualquer dos comparecentes não souber a língua nacional e o tabelião não entender o idioma em que se expressa, deverá comparecer tradutor público para servir de intérprete, ou, não o havendo na localidade, outra pessoa capaz que, a juízo do tabelião, tenha idoneidade e conhecimento bastantes. § 5º Se algum dos comparecentes não for conhecido do tabelião, nem puder identificar-se por documento, deverão participar do ato pelo menos duas testemunhas que o conheçam e atestem sua identidade." (art. 215 da Lei 10.406/2002).

Art. 406. Quando a lei exigir instrumento público como da substância do ato, nenhuma outra prova, por mais especial que seja, pode suprir-lhe a falta.

1. Nos casos em que a lei exija instrumento público "como da substância do ato", sua ausência não pode ser suprida por prova de natureza diversa.

2. Segundo Nery Jr. e Maria Andrade Nery, o "direito material cuida da matéria no CC 212 a 232, e o CPC 406 deixa evidenciada a necessidade de a prova seguir o que determina o CC, nos casos que especifica. O princípio do livre convencimento motivado do juiz (CPC 371) encontra limite nas provas legais (...). Se a prova legal existir validamente, o juiz não poderá deixar de lhe atribuir o valor probante que a lei lhe confere. Apesar de viger no processo civil o princípio da verdade formal, o legislador optou pela adoção de princípio mais rígido e seguro, no que toca à prova legal." (NERY JR, Nelson; NERY, Rosa Maria Andrade. *Comentários ao Código de Processo Civil*. São Paulo: RT, 2015. p. 1062).

Art. 407. O documento feito por oficial público incompetente ou sem a observância das formalidades legais, sendo subscrito pelas partes, tem a mesma eficácia probatória do documento particular.

1. O documento "público" elaborado por oficial incompetente é, bem compreendida a afirmativa, um não documento público e, portanto, não goza da presunção de fazer a prova assinalada pelo art. 405.

Art. 408. As declarações constantes do documento particular escrito e assinado ou somente assinado presumem-se verdadeiras em relação ao signatário.
Parágrafo único. Quando, todavia, contiver declaração de ciência de determinado fato, o documento particular prova a ciência, mas não o fato em si, incumbindo o ônus de prová-lo ao interessado em sua veracidade.

1. Presumem-se verdadeiras, em relação ao signatário, as anotações constantes de documento particular por ele firmado.

2. Havendo, no documento particular, declaração acerca da ciência de determinado fato, provado restará, por ocasião da assinatura do declarante, apenas sua ciência, não o fato em si.

3. O *onus probandi*. Toca ao interessado na confirmação judicial da versão fática retratada pelo documento particular o ônus de prová-lo.

4. "As declarações constantes de documentos assinados presumem-se verdadeiras em relação aos signatários. Parágrafo único. Não tendo relação direta, porém, com as disposições principais ou com a legitimidade das partes, as declarações enunciativas não eximem os interessados em sua veracidade do ônus de prová-las." (art. 219 da Lei 10.406/2002).

Art. 409. A data do documento particular, quando a seu respeito surgir dúvida ou impugnação entre os litigantes, provar-se-á por todos os meios de direito.

Parágrafo único. Em relação a terceiros, considerar-se-á datado o documento particular:

I – no dia em que foi registrado;

II – desde a morte de algum dos signatários;

III – a partir da impossibilidade física que sobreveio a qualquer dos signatários;

IV – da sua apresentação em repartição pública ou em juízo;

V – do ato ou do fato que estabeleça, de modo certo, a anterioridade da formação do documento.

1. Afiguram-se legítimos a provar a data de um documento particular, quando os litigantes controverterem acerca do aludido termo, todos os meios de prova admitidos em direito (típicos e atípicos).

2. Presume-se datado o documento particular, quando o termo interessar a terceiros, (a) no dia em que foi registrado; (b) na data da morte do signatário falecido; (c) na data a partir da qual sobreveio a impossibilidade física do signatário assiná-lo; (d) no dia de sua apresentação, em repartição pública ou em juízo, e, por fim; (e) a contar de ato ou fato que estabeleça, de modo certo, a anterioridade da formação do documento.

3. Tal presunção, à evidência, é *juris tantum*.

Art. 410. Considera-se autor do documento particular:

I – aquele que o fez e o assinou;

II – aquele por conta de quem ele foi feito, estando assinado;

III – aquele que, mandando compô-lo, não o firmou porque, conforme a experiência comum, não se costuma assinar, como livros empresariais e assentos domésticos.

1. Coube ao artigo 410 do CPC/2015 atribuir a "paternidade" dos documentos particulares. Presume-se autor do documento particular, na linha do Código, (a) aquele que o fez e o assinou; (b) aquele por conta de quem ele foi feito, estando assinado e; (c) aquele que, mandando compô-lo, não o firmou porque, conforme a experiência comum, não se costuma assinar, como livros empresariais e assentos domésticos.

2. "Autoria é um conceito mais amplo que o de subscrição, com ela não se confundindo. A subscrição é apenas um dos meios de identificação da autoria. A autoria diz respeito à elaboração do documento, que pode ser material, quando o próprio autor o produz, ou intelectual, quando seu conteúdo é produzido por determinada pessoa e formalizado por outra. Por sua vez, subscrição é a assinatura do documento, não sendo necessária a coincidência entre o subscritor, aquele que assina o documento, e seu autor, o que o elabora." (RODRIGUES, Marco Antonio dos Santos; GISMONDI, Rodrigo. *In:* STRECK, Lenio Luiz *et al. Comentários ao Código de Processo Civil*. São Paulo: Saraiva, 2016. p. 599).

Art. 411. Considera-se autêntico o documento quando:

I – o tabelião reconhecer a firma do signatário;

II – a autoria estiver identificada por qualquer outro meio legal de certificação, inclusive eletrônico, nos termos da lei;

III – não houver impugnação da parte contra quem foi produzido o documento.

1. Segundo o sistema codificado, goza da presunção de autenticidade (*juris tantum*) o documento quando (a) o tabelião reconhecer a firma de quem o assina; (b) quando a autoria puder ser verificada mediante diverso meio de certificação; ou, ainda, quando (c) inexistir impugnação da parte contra quem o documento fora produzido.

2. "Terão a mesma força probante os traslados e as certidões, extraídos por tabelião ou oficial de registro, de instrumentos ou documentos lançados em suas notas." (art. 217 da Lei 10.406/2002).

3. "Os traslados e as certidões considerar-se-ão instrumentos públicos, se os originais se houverem produzido em juízo como prova de algum ato." (art. 218 da Lei 10.406/2002).

4. Acerca da *arguição de falsidade documental* vide comentários aos artigos 430 e seguintes do CPC/2015.

Art. 412. O documento particular de cuja autenticidade não se duvida prova que o seu autor fez a declaração que lhe é atribuída.

Parágrafo único. O documento particular admitido expressa ou tacitamente é indivisível, sendo vedado à parte que pretende utilizar-se dele aceitar os fatos que lhe são favoráveis e recusar os que são contrários ao seu interesse, salvo se provar que estes não ocorreram.

1. O documento particular tido por autêntico se limita a produzir prova de que o seu autor realizou a declaração nele constante, o que não pode ser confundido, a rigor, com a prova do fato em si.

2. A parte que pretenda se valer do teor de certo documento particular como prova em seu favor, não poderá, face à indivisibilidade do mesmo (nota que o caracteriza, segundo o CPC/2015), aceitá-lo tão somente em relação aos fatos que lhe são benéficos, recusando-o em tudo quanto mais.

3. Havendo interesse da parte em recusá-lo parcialmente, terá a mesma de provar, em juízo, que o relato pertinente ao contexto recusado, verdadeiramente, inexistiu.

Art. 413. O telegrama, o radiograma ou qualquer outro meio de transmissão tem a mesma força probatória do documento particular se o original constante da estação expedidora tiver sido assinado pelo remetente.

Parágrafo único. A firma do remetente poderá ser reconhecida pelo tabelião, declarando-se essa circunstância no original depositado na estação expedidora.

1. Considerando algumas das modalidades de transmissão de dados, o legislador, partindo da premissa de que o autor (do documento) o tenha firmado na origem (firmado o documento que serviu de base à transmissão realizada), atribui, à cópia (produto da transmissão), força probante idêntica a da via original.

Art. 414. O telegrama ou o radiograma presume-se conforme com o original, provando as datas de sua expedição e de seu recebimento pelo destinatário.

1. O produto da transmissão (o telegrama, o radiograma etc.), provando-se as datas de expedição e recebimento, presume-se de teor idêntico ao original.

2. "O telegrama, quando lhe for contestada a autenticidade, faz prova mediante conferência com o original assinado." (art. 222 da Lei 10.406/2002).

Art. 415. As cartas e os registros domésticos provam contra quem os escreveu quando:
I – enunciam o recebimento de um crédito;
II – contêm anotação que visa a suprir a falta de título em favor de quem é apontado como credor;
III – expressam conhecimento de fatos para os quais não se exija determinada prova.

1. Os apontamentos informais (tais como cartas, bilhetes, mensagens (inclusive, eletrônicas), etc.) produzem prova em desfavor de quem os escreveu quando (a) sinalizam o recebimento de um crédito; (b) traduzem a tentativa de suprir a falta de título em favor de quem é apontado como credor; bem como (c) quando expressam conhecimento acerca de fatos para os quais não se exija meio de prova próprio/específico a sua comprovação.

Art. 416. A nota escrita pelo credor em qualquer parte de documento representativo de obrigação, ainda que não assinada, faz prova em benefício do devedor.
Parágrafo único. Aplica-se essa regra tanto para o documento que o credor conservar em seu poder quanto para aquele que se achar em poder do devedor ou de terceiro.

1. Imagine-se, por exemplo, que o credor de determinada quantia em dinheiro, representada por nota promissória, glose-a, diante da impossibilidade de o devedor satisfazer imediatamente o seu direito, anotando, à sua margem, nova data de vencimento para a obrigação nela retratada. Embora despida de assinatura do credor, o apontamento, mediante cobrança anterior à (nova) data lançada pelo titular do crédito, servirá de prova, ao devedor, da inexistência de pretensão material no caso concreto.

Art. 417. Os livros empresariais provam contra seu autor, sendo lícito ao empresário, todavia, demonstrar, por todos os meios permitidos em direito, que os lançamentos não correspondem à verdade dos fatos.

1. A despeito da existência de anotações formais contidas em escriturações empresariais, é facultado ao empresário demonstrar que os lançamentos (existentes) não condizem com à verdade fática.

2. O teor do artigo 417 retrata, à evidência, presunção *juris tantum*.

3. "Os livros e fichas dos empresários e sociedades provam contra as pessoas a que pertencem, e, em seu favor, quando, escriturados sem vício extrínseco ou intrínseco, forem confirmados por outros subsídios. Parágrafo único. A prova resultante dos livros e fichas não é bastante nos casos em que a lei exige escritura pública, ou escrito particular revestido de requisitos especiais, e pode ser ilidida pela comprovação da falsidade ou inexatidão dos lançamentos." (art. 226 da Lei 10.406/2002).

Art. 418. Os livros empresariais que preencham os requisitos exigidos por lei provam a favor de seu autor no litígio entre empresários.

1. Os apontamentos empresariais realizados com atenção à legislação pertinente gozam de presunção de veracidade e, por consequência, fazem prova em benefício de seu autor, em se tratando de conflito de interesses existente entre empresários.

Art. 419. A escrituração contábil é indivisível, e, se dos fatos que resultam dos lançamentos, uns são favoráveis ao interesse de seu autor e outros lhe são contrários, ambos serão considerados em conjunto, como unidade.

1. A escrituração contábil, na linha do Código, revela-se indivisível, devendo ser compreendida à luz de uma unidade, ou seja, como representação documental tanto dos fatos que beneficiam seu autor, como daqueles que o prejudicam.

Art. 420. O juiz pode ordenar, a requerimento da parte, a exibição integral dos livros empresariais e dos documentos do arquivo:
I – na liquidação de sociedade;
II – na sucessão por morte de sócio;
III – quando e como determinar a lei.

1. Mediante requerimento, (a) na liquidação societária, (b) na sucessão por morte de sócio, bem como (c) nos demais casos previstos em lei, o magistrado pode determinar a exibição integral dos apontamentos empresariais (livros, documentos do arquivo e etc.).

2. Nada obstante o silêncio legal, sustentamos que, em se tratando de prova indispensável à melhor prestação jurisdicional, pode o julgador, *ex officio*, determinar a juntada aos autos (a cargo de quem os detenha – parte ou terceiro) dos documentos anunciados pelo *caput* do artigo sob comento. A questão do "todo" ou "parte", na verdade, depende da *pertinência, da controvérsia* e *relevância da prova* que deva vir aos autos. Escapando desse cenário, nem os "livros empresariais", nem os "documentos do arquivo", nem quaisquer outras provas servirão ao deslinde feito, mostrando-se, eventual ordem, diligência inútil. De outro giro, servindo a tanto, não nos parece legítimo impedir, à luz das premissas que subjazem o processo do século XXI, a atuação oficiosa do julgador, nada obstante o teor dos artigos 1.190 e 1.191 da Lei 10.406/2002.

3. Não há confundir a iniciativa de "autoridade, juiz ou tribunal", *inexistindo processo judicial em curso*, para verificar "se o empresário ou a sociedade empresária observam, ou não, em seus livros e fichas, as formalidades prescritas em lei" (*o que é vedado pelo ordenamento material* – art. 1.190 da Lei 10.406/2002), com a conveniência de se obter, no caso concreto, acesso ao integral teor dos apontamentos empresariais, no intuito de enfrentar/julgar, da melhor maneira possível, o conflito de interesses sujeito à apreciação judiciária.

4. Acerca do regramento aplicável à *exibição de documento ou coisa*, vide comentários aos artigos 396/404.

> **Art. 421.** O juiz pode, de ofício, ordenar à parte a exibição parcial dos livros e dos documentos, extraindo-se deles a suma que interessar ao litígio, bem como reproduções autenticadas.

1. Segundo expresso apontamento legal, a exibição parcial dos livros e/ou documentos não depende de requerimento da parte, podendo, pois, ser ordenada de ofício. Inexiste, segundo pensamos, qualquer motivo para que o acesso integral aos apontamentos empresariais, desde que pertinentes à causa *sub judice*, sejam, da mesma forma, determinados oficiosamente.

2. Comentando o CPC/73, de idêntica redação (art. 382), afirmaram Marinoni e Mitidiero: "No caso em que a parte requer a apresentação integral de documentos empresariais da outra parte ou de terceiro e o juiz entende que basta a exibição parcial de qualquer deles, essa deve ser determinada nessa exata medida (...)." (MARINONI, Luiz Guilherme; MITIDIERO, Daniel. *Código de Processo Civil comentado artigo por artigo*. São Paulo: RT, 2008. p. 375).

> **Art. 422.** Qualquer reprodução mecânica, como a fotográfica, a cinematográfica, a fonográfica ou de outra espécie, tem aptidão para fazer prova dos fatos ou das coisas representadas, se a sua conformidade com o documento original não for impugnada por aquele contra quem foi produzida.
> § 1º As fotografias digitais e as extraídas da rede mundial de computadores fazem prova das imagens que reproduzem, devendo, se impugnadas, ser apresentada a respectiva autenticação eletrônica ou, não sendo possível, realizada perícia.
> § 2º Se se tratar de fotografia publicada em jornal ou revista, será exigido um exemplar original do periódico, caso impugnada a veracidade pela outra parte.
> § 3º Aplica-se o disposto neste artigo à forma impressa de mensagem eletrônica.

1. Os registros fotográficos, cinematográficos, fonográficos e outros, inexistindo impugnação da parte adversa, fazem prova daquilo que neles estiver representado. Havendo, admite-se, por parte de quem os inseriu no processo, comprovação de que o contexto retratado é verídico.

2. **Correspondência eletrônica impressa**. O teor do art. 422 tem aplicação às mensagens eletrônicas impressas (e-mail; mensagens de celular e similares).

3. "As reproduções fotográficas, cinematográficas, os registros fonográficos e, em geral, quaisquer outras reproduções mecânicas ou eletrônicas de fatos ou de coisas fazem prova plena destes, se a parte, contra quem forem exibidos, não lhes impugnar a exatidão." (art. 225 da Lei 10.406/2002).

Art. 423. As reproduções dos documentos particulares, fotográficas ou obtidas por outros processos de repetição, valem como certidões sempre que o escrivão ou o chefe de secretaria certificar sua conformidade com o original.

1. A certificação, realizada pelo escrivão ou pelo chefe de secretaria, de que a cópia de determinado documento particular está em conformidade com o original, tem o condão de dar-lhe (à cópia) força de certidão.

2. "Farão a mesma prova que os originais as certidões textuais de qualquer peça judicial, do protocolo das audiências, ou de outro qualquer livro a cargo do escrivão, sendo extraídas por ele, ou sob a sua vigilância, e por ele subscritas, assim como os traslados de autos, quando por outro escrivão consertados." (art. 216 da Lei 10.406/2002).

Art. 424. A cópia de documento particular tem o mesmo valor probante que o original, cabendo ao escrivão, intimadas as partes, proceder à conferência e certificar a conformidade entre a cópia e o original.

1. Na linha da desburocratização processual, o CPC/2015 atribui idêntica força probante à cópia dos documentos particulares, conferida, pelo escrivão ou pelo chefe de secretaria, sua similitude com os originais.

Art. 425. Fazem a mesma prova que os originais:
I – as certidões textuais de qualquer peça dos autos, do protocolo das audiências ou de outro livro a cargo do escrivão ou do chefe de secretaria, se extraídas por ele ou sob sua vigilância e por ele subscritas;
II – os traslados e as certidões extraídas por oficial público de instrumentos ou documentos lançados em suas notas;
III – as reproduções dos documentos públicos, desde que autenticadas por oficial público ou conferidas em cartório com os respectivos originais;
IV – as cópias reprográficas de peças do próprio processo judicial declaradas autênticas pelo advogado, sob sua responsabilidade pessoal, se não lhes for impugnada a autenticidade;
V – os extratos digitais de bancos de dados públicos e privados, desde que atestado pelo seu emitente, sob as penas da lei, que as informações conferem com o que consta na origem;

VI – as reproduções digitalizadas de qualquer documento público ou particular, quando juntadas aos autos pelos órgãos da justiça e seus auxiliares, pelo Ministério Público e seus auxiliares, pela Defensoria Pública e seus auxiliares, pelas procuradorias, pelas repartições públicas em geral e por advogados, ressalvada a alegação motivada e fundamentada de adulteração.

§ 1º Os originais dos documentos digitalizados mencionados no inciso VI deverão ser preservados pelo seu detentor até o final do prazo para propositura de ação rescisória.

§ 2º Tratando-se de cópia digital de título executivo extrajudicial ou de documento relevante à instrução do processo, o juiz poderá determinar seu depósito em cartório ou secretaria.

1. Consoante expresso apontamento legal, (a) as certidões textuais de qualquer peça dos autos, do protocolo das audiências ou de outro livro a cargo do escrivão ou do chefe de secretaria, se extraídas por ele ou sob sua vigilância e por ele subscritas; (b) os traslados e as certidões extraídas por oficial público de instrumentos ou documentos lançados em suas notas; (c) as reproduções dos documentos públicos, desde que autenticadas por oficial público ou conferidas em cartório com os respectivos originais; (d) as cópias reprográficas de peças do próprio processo judicial declaradas autênticas pelo advogado, sob sua responsabilidade pessoal, se não lhes for impugnada a autenticidade; (e) os extratos digitais de bancos de dados públicos e privados, desde que atestado pelo seu emitente, sob as penas da lei, que as informações conferem com o que consta na origem; bem como, (f) as reproduções digitalizadas de qualquer documento público ou particular, quando juntadas aos autos pelos órgãos da justiça e seus auxiliares, pelo Ministério Público e seus auxiliares, pela Defensoria Pública e seus auxiliares, pelas procuradorias, pelas repartições públicas em geral e por advogados, ressalvada a alegação motivada e fundamentada de adulteração, possuem força probante idêntica a dos originais.

2. Os originais, digitalizados, mencionados no inciso VI, do art. 425, deverão ser preservados por quem os detiver, segundo o CPC/2015, pelo menos até o final do prazo para propositura de ação rescisória (que se extingue em 02 anos, contados do trânsito em julgado da última decisão proferida no processo em que fora prolatado o julgado que se pretenda expurgar do mundo jurídico – art. 975 do CPC/2015).

3. O juiz pode determinar, sendo o caso, que a cópia digital de título executivo extrajudicial ou de documento relevante à instrução do processo, seja depositado em juízo.

Art. 426. O juiz apreciará fundamentadamente a fé que deva merecer o documento, quando em ponto substancial e sem ressalva contiver entrelinha, emenda, borrão ou cancelamento.

1. A existência de entrelinha, emenda, borrão ou cancelamento em ponto substancial do documento produzido como prova no processo, figurará como

objeto de exame fundamentado do julgador que, segundo seu convencimento, considerará, ou não, merecedora de "fé" tal anotação.

> **Art. 427.** Cessa a fé do documento público ou particular sendo-lhe declarada judicialmente a falsidade.
> Parágrafo único. A falsidade consiste em:
> I – formar documento não verdadeiro;
> II – alterar documento verdadeiro.

1. Falsidade documental. Conceito. Consequência. Considera-se falso (a) o documento não verdadeiro, bem como (b) o verdadeiro, que, submetido a alteração, passa a retratar cenário diverso do que retratava antes de sua modificação.

2. Declarada judicialmente a falsidade de um documento, público ou particular, cessa sua "fé".

> **Art. 428.** Cessa a fé do documento particular quando:
> I – for impugnada sua autenticidade e enquanto não se comprovar sua veracidade;
> II – assinado em branco, for impugnado seu conteúdo, por preenchimento abusivo.
> Parágrafo único. Dar-se-á abuso quando aquele que recebeu documento assinado com texto não escrito no todo ou em parte formá-lo ou completá-lo por si ou por meio de outrem, violando o pacto feito com o signatário.

1. O documento particular tem sua "fé" cessada por ocasião da ocorrência de certos fatos previstos em lei. Segundo o art. 428, (a) havendo impugnação a sua autenticidade, o documento particular, enquanto não se comprovar sua veracidade, tem sua fé cessada. Cessa a sua fé, de outro giro, quando (b) assinado em branco, for impugnado seu conteúdo, por preenchimento abusivo. Diz-se abusivo o preenchimento do documento particular, na linha do Código, quando aquele que o recebeu assinado com texto não escrito no todo ou em parte, formá-lo ou completá-lo por si ou por meio de outrem, violando o pactuado com o signatário.

> **Art. 429.** Incumbe o ônus da prova quando:
> I – se tratar de falsidade de documento ou de preenchimento abusivo, à parte que a arguir;
> II – se tratar de impugnação da autenticidade, à parte que produziu o documento.

1. Impugnação à prova documental. Ônus da prova. Tratando-se de alegação de falsidade de documento ou de preenchimento abusivo, compete à parte que a arguir provar a falsidade ou o preenchimento abusivo; suscitada a não autenticidade do documento, o ônus pertence à parte que produziu o documento.

Subseção II
Da Arguição de Falsidade

1. Cumpre destacar, desde logo, que não há confundir *impugnação à prova* documental e *arguição de falsidade documental*. No primeiro caso (estranho à subseção sob comento), a parte a quem interessar poderá, em homenagem ao direito fundamental ao contraditório, *impugnar o conteúdo* de certa prova documental produzida nos autos, no sentido de influenciar no que diz com a valoração que a ela se deva dar *in concreto*; no segundo, a alegação é de que o documento é falso, considerados os critérios previsto em lei (art. 427, CPC/2015).

2. "Noção de falsidade. Ainda que seja humanamente impossível saber quando se está atingindo a verdade, o processo judicial, como atividade cognitiva, não renuncia ao ideal de buscá-la. Falsa é toda prova que não retrata, não representa, a realidade (i. e., aquilo que melhor se apurou como tal). O documento é um objeto sensorialmente perceptível (fato representativo) que traz em si a representação de um fato pretérito (fato representado). O documento é falso quando o fato nele representado não corresponde à realidade." (TALAMINI, Eduardo. *In:* STRECK, Lenio Luiz et al. *Comentários ao Código de Processo Civil*. São Paulo: Saraiva, 2016. p. 615).

Art. 430. A falsidade deve ser suscitada na contestação, na réplica ou no prazo de 15 (quinze) dias, contado a partir da intimação da juntada do documento aos autos.
Parágrafo único. Uma vez arguida, a falsidade será resolvida como questão incidental, salvo se a parte requerer que o juiz a decida como questão principal, nos termos do inciso II do art. 19.

1. "A nova legislação processual contempla três hipóteses de reconhecimento da falsidade de documento. A primeira hipótese é a arguição no curso da lide, conforme prevê o artigo 430 acima, podendo ser manifestada nos mesmos autos ou em autos apartados. A segunda hipótese consiste na propositura de uma demanda autônoma (art. 19, II, do CPC) e a terceira hipótese consiste no aproveitamento do reconhecimento de falsidade documental apurado no juízo penal, transportando a decisão penal para a esfera cível (art. 315 do CPC)." (PORTO, Éderson Garin. *In: Novo Código de Processo Civil anotado*. Porto Alegre: OAB/RS, 2015. p. 333).

2. Considera-se falso, consoante expresso apontamento legal, o documento (a) não verdadeiro, bem como (b) o verdadeiro, que, submetido a alteração, passe a retratar cenário diverso do que retratava antes de sua modificação (art. 427, CPC/2015).

3. Arguição de falsidade incidental. Momento processual. Forma. Nos casos em que o documento que se pretenda atacar acompanhe o petitório inicial (prova documental produzida pelo autor), ao réu incumbirá, querendo, suscitar sua falsidade em sede de contestação; produzido pelo demandado em sede de contestação (momento apropriado para que o réu produza a prova documental que entender adequada), a arguição deverá ser realizada na réplica; produzido por qualquer das partes em momento processual diverso, no prazo de 15 dias, mediante petição simples. No derradeiro caso, o "documento" a que alude o legislador é, à evidência, o "documento novo", considerada a acepção processual da expressão, o único que pode ser, a qualquer tempo, acostado aos autos.

4. Salvo pedido expresso da parte que arguir a falsidade documental, a questão será enfrentada como questão incidental, sem que a decisão proferida acerca do tema possa ser alcançada pela *coisa julgada material*; havendo, de outro giro, postulação do interessado no sentido de que arguição seja examinada enquanto questão principal, respeitar-se-á o teor do art. 443.

> **Art. 431.** A parte arguirá a falsidade expondo os motivos em que funda a sua pretensão e os meios com que provará o alegado.

1. Ao requerente incumbe, arguindo a falsidade documental, expor as razões em que se ampara para pôr sob suspeita a autenticidade do documento carreado aos autos. Toca ao requerente, ainda, o dever de apontar os meios pelos quais pretende demonstrar a veracidade da versão sustentada.

> **Art. 432.** Depois de ouvida a outra parte no prazo de 15 (quinze) dias, será realizado o exame pericial.
> Parágrafo único. Não se procederá ao exame pericial se a parte que produziu o documento concordar em retirá-lo.

1. Em homenagem ao direito fundamental ao contraditório, uma vez arguida a falsidade, a parte contrária será, necessariamente, intimada acerca do pleito, sendo-lhe facultado, no prazo de 15 dias, manifestar-se a respeito. Ato contínuo, ressalvada a hipótese em que a parte que produziu o documento sob o qual pesa a alegação de falsidade (leia-se: o requerido) concorde com seu imediato desentranhamento, proceder-se-á em exame técnico, que terá por objeto, em última análise, a verificação da autenticidade do documento recusado.

> **Art. 433.** A declaração sobre a falsidade do documento, quando suscitada como questão principal, constará da parte dispositiva da sentença e sobre ela incidirá também a autoridade da coisa julgada.

1. Nos casos em que, a requerimento, o pleito alusivo à falsidade documental for enfrentado na condição de questão principal, a manifestação judicial que enfrente tal controvérsia aparecerá, pois, no dispositivo da sentença. Decorre, daí, uma consequência processual importantes: vindo o aludido pronunciamento judicial a transitar em julgado, a matéria sob comento restará alcançada pelo manto coisa julgada (material), tornando-se imodificável o entendimento judicial acerca da matéria examinada.

Subseção III
Da Produção da Prova Documental

Art. 434. Incumbe à parte instruir a petição inicial ou a contestação com os documentos destinados a provar suas alegações.

Parágrafo único. Quando o documento consistir em reprodução cinematográfica ou fonográfica, a parte deverá trazê-lo nos termos do caput, mas sua exposição será realizada em audiência, intimando-se previamente as partes.

1. A prova documental pretendida pelo autor deve acompanhar a petição inicial; a do réu, a contestação; sendo este, pois, o momento adequado à sua produção.

2. Nos casos em que a prova documental consista em gravação de áudio e/ou vídeo, o arquivo deve ser acostado aos autos em idêntico momento (pelo autor, em sede inicial; pelo réu, em sede de contestação), contudo, sua exposição (reprodução da mídia) ocorrerá, tão somente, em sede de audiência. Acerca da ocorrência prevista, as partes previamente intimadas.

Art. 435. É lícito às partes, em qualquer tempo, juntar aos autos documentos novos, quando destinados a fazer prova de fatos ocorridos depois dos articulados ou para contrapô-los aos que foram produzidos nos autos.

Parágrafo único. Admite-se também a juntada posterior de documentos formados após a petição inicial ou a contestação, bem como dos que se tornaram conhecidos, acessíveis ou disponíveis após esses atos, cabendo à parte que os produzir comprovar o motivo que a impediu de juntá-los anteriormente e incumbindo ao juiz, em qualquer caso, avaliar a conduta da parte de acordo com o art. 5º.

1. É possível a produção de prova documental fora do contexto ordinário (inicial para o demandante; contestação para o réu) quando destinada a comprovação de fatos havidos após os previamente articulados. Outrossim, admite-se a juntada de "documentos novos" para contrapor os que foram acostados aos autos em desfavor da versão fática sustentada pela parte.

2. A produção da prova documental é autorizada, ainda, em relação aos documentos "formados após" o momento ordinário para a produção da espécie de prova. Admite-se, igualmente, a produção de prova documental relativa a "documentos antigos" que se tornaram conhecidos, acessíveis ou disponíveis à parte apenas em momento posterior ao previsto pelo art. 434, sendo, nesses casos, indispensável à sua admissibilidade que o interessado comprove as razões pelas quais deixou de produzi-la anteriormente.

3. O processo judicial, na linha do Código, revela-se ambiente que exige dos envolvidos comportamento ético, comprometido, em última análise, com a obtenção da melhor prestação jurisdicional possível. Nessa linha, pois, prevê o art. 5º: "Aquele que de qualquer forma participa do processo deve comportar-se de acordo com a boa-fé". O comportamento do contendor que acostar aos autos documento em momento diverso daquele previsto pelo art. 434 deve ser analisado a partir da premissa em destaque.

Art. 436. A parte, intimada a falar sobre documento constante dos autos, poderá:
I – impugnar a admissibilidade da prova documental;
II – impugnar sua autenticidade;
III – suscitar sua falsidade, com ou sem deflagração do incidente de arguição de falsidade;
IV – manifestar-se sobre seu conteúdo.
Parágrafo único. Nas hipóteses dos incisos II e III, a impugnação deverá basear-se em argumentação específica, não se admitindo alegação genérica de falsidade.

1. Acostado aos autos prova documental, as partes serão, em homenagem ao direito fundamental ao contraditório, intimadas acerca de sua existência para, querendo, manifestarem-se, podendo (a) impugnar-lhe a admissibilidade, (b) a autenticidade, (c) reputar-lhe falsa (com ou sem deflagração do incidente de arguição de falsidade), bem como (d) impugnar-lhe o conteúdo.

2. O enfrentamento das alegações de *falta de autenticidade* e *falsidade documental* dependem, consoante expressa previsão legal, de apresentação de "argumentação específica", ou seja, revela-se indispensável ao alegante esmiuçar as razões em que se funda, *in concreto*, a impugnação, pena de sequer ser analisada sua alegação.

Art. 437. O réu manifestar-se-á na contestação sobre os documentos anexados à inicial, e o autor manifestar-se-á na réplica sobre os documentos anexados à contestação.
§ 1º Sempre que uma das partes requerer a juntada de documento aos autos, o juiz ouvirá, a seu respeito, a outra parte, que disporá do prazo de 15 (quinze) dias para adotar qualquer das posturas indicadas no art. 436.
§ 2º Poderá o juiz, a requerimento da parte, dilatar o prazo para manifestação sobre a prova documental produzida, levando em consideração a quantidade e a complexidade da documentação.

1. Ao réu incumbe, querendo, opor-se, na contestação, ao teor da prova documental produzida em sede inicial; ao autor, por sua vez, faculta-se tal oposição, em relação aos documentos acostados em sede de contestação, mediante o oferecimento de réplica. Fora daí, sempre que produzida nos autos prova documental, os contendores serão intimados para, querendo, manifestarem-se no prazo de 15 dias. Considerados a complexidade e o volume da documentação acostada aos autos, o juiz poderá, a requerimento, elastecer, justificadamente, o prazo para a manifestação do interessado.

Art. 438. O juiz requisitará às repartições públicas, em qualquer tempo ou grau de jurisdição:
I – as certidões necessárias à prova das alegações das partes;
II – os procedimentos administrativos nas causas em que forem interessados a União, os Estados, o Distrito Federal, os Municípios ou entidades da administração indireta.

§ 1º Recebidos os autos, o juiz mandará extrair, no prazo máximo e improrrogável de 1 (um) mês, certidões ou reproduções fotográficas das peças que indicar e das que forem indicadas pelas partes, e, em seguida, devolverá os autos à repartição de origem.

§ 2º As repartições públicas poderão fornecer todos os documentos em meio eletrônico, conforme disposto em lei, certificando, pelo mesmo meio, que se trata de extrato fiel do que consta em seu banco de dados ou no documento digitalizado.

1. O julgador, sendo pertinente, requisitará às repartições públicas, (a) as certidões indispensáveis à prova das versões suscitadas pelas partes, bem como (b) os autos dos processos administrativos, para extração das cópias desejadas (que serão realizadas no prazo improrrogável de 01 mês – lapso temporal após o qual os autos deverão ser devolvidos à repartição de origem), nas causas em que figurem como interessados a União, os Estados membros, o Distrito Federal, os Municípios ou entidades da administração indireta.

2. É facultado à repartição pública requerida fornecer o objeto do requerimento, exclusivamente, por meio eletrônico.

Seção VIII
Dos Documentos Eletrônicos

Art. 439. A utilização de documentos eletrônicos no processo convencional dependerá de sua conversão à forma impressa e da verificação de sua autenticidade, na forma da lei.

1. O documento eletrônico, embora admitido como prova documental, depende, como regra, nos processos que tramitem em plataforma física, de conversão à forma impressa (nos casos, à evidência, em que seja ela possível – não se consegue, por exemplo, imprimir um vídeo gravado), restando sua admissibilidade, ainda, sujeita à verificação de autenticidade.

2. Vale, por oportuna, destacar a crítica suscita por Rafael Alexandria de Oliveira: "Trata-se de dispositivo desnecessário; além disso, pode induzir a uma interpretação equivocada. Isso porque dele se podem extrair conclusões precipitadas, que desfavoreçam a utilização (e a importância) dos documentos eletrônicos. Ao dizer que a utilização do documento eletrônico nos processos em autos de papel *dependerá* da sua conversão à forma impressa, o legislador parece sugerir que, nessas hipóteses, a parte *só poderá utilizá-lo* se fizer tal conversão – como se, para além da eficácia probatória, a própria admissibilidade do documento eletrônico dependesse, no caso, de estar impresso. Isso é errado, naturalmente. O dispositivo reduz a noção de documentos eletrônicos àqueles passíveis de impressão – textos e fotografias, por exemplo –, esquecendo-se de que há documentos eletrônicos insuscetíveis de conversão para a forma impressa. Basta pensar que a gravação audiovisual é um documento eletrônico (...). Não há *como imprimi-la*." (OLIVEIRA, Rafael Alexandria. *In:* STRECK, Lenio Luiz *et al. Comentários ao Código de Processo Civil.* São Paulo: Saraiva, 2016. p. 632).

Art. 440. O juiz apreciará o valor probante do documento eletrônico não convertido, assegurado às partes o acesso ao seu teor.

1. É facultado ao julgador, excepcionalmente, admitir e valorar o documento eletrônico não convertido à forma impressa em processos que tramitem por plataforma física, revelando-se indispensável, nesses casos, o acesso das partes ao seu integral teor.

Art. 441. Serão admitidos documentos eletrônicos produzidos e conservados com a observância da legislação específica.

1. "Legislação específica. Os arts. 193-199 do CPC trazem disposições a respeito da prática de atos processuais na forma eletrônica. A Lei nº 11.419/2006, que dispõe sobre a informatização do processo judicial, em seu art. 11 dispõe que 'os documentos produzidos eletronicamente e juntados aos processos eletrônicos com garantia da origem e de seu signatário, na forma estabelecida nesta Lei, serão considerados originais para todos os efeitos legais'. A Lei nº 12.682/2012 dispõe sobre a elaboração e arquivamento de documentos eletrônicos e em seu art. 3º que 'o processo de digitalização deverá ser realizado de forma a manter a integridade, a autenticidade e, se necessário, a confidencialidade do documento digital, com o emprego de certificado digital emitido no âmbito da Infraestrutura de Chaves Públicas Brasileira – ICP-Brasil'. A Medida Provisória nº 2.200/2001, que institui a Infraestrutura de Chaves Públicas Brasileira (ICP-Brasil), em seu art. 10º, § 2º, traz o entendimento de que a validade de documentos eletrônicos assinados por meio de certificados não vinculados ao ICP-Brasil está restrita à hipótese de as partes terem previamente sua aceitação e validade ou, depois de apresentado, ter sido aceita pela pessoa a quem foi oposto o documento. A título de exemplo, nos Tribunais Superiores são apenas aceitos os certificados eletrônicos emitidos pela ICP-Brasil. II. Fotos da internet e e-mails impressos. O art. 422 do CPC traz a presunção de conformidade e de prova das imagens reproduzidas nas fotos extraídas da rede mundial de computadores e dos e-mails enviados, desde que não impugnados por aquele contra quem foi produzida a prova. Havendo impugnação, deve ser apresentada a respectiva autenticação eletrônica ou, não sendo possível, realizada perícia (CPC, art. 422, §§ 1º e 3º). O mesmo vale para as demais formas de comunicação eletrônica, como blogs, chats, WhatsApp, MSN, Google Talk, Messenger, mensagens de texto, postagens em redes de relacionamento, etc. Uma alternativa à realização de uma custosa e demorada perícia é a própria realização de inspeção judicial pela qual o próprio juiz poderá, em determinadas situações (resguardadas as objeções da parte que dependam de estudo técnico), verificar ele mesmo na rede mundial de computadores ou nos smartphones e tablets das partes ou de terceiros, a própria existência da mensagem, da ocorrência de troca de correspondências, do envio de arquivos como fotos ou vídeos, etc." (SILVA, João Paulo Hecker da. *In*: *Código de Processo Civil anotado*. CRUZ E TUCCI, José Rogério *et al*. (Coord.). São Paulo: AASP, 2015. p. 1016).

2. "O documento eletrônico desacompanhado da certificação digital não perde por inteiro sua eficácia probatória. O não uso da assinatura digital não pode alijar, por si só, o documento eletrônico dos meios de prova com que conta a instrução processual. (...) Em síntese, o regime da prova por documento eletrônico, segundo o novo CPC, é o seguinte: (a) o documento emitido por meio de assinatura digital, acompanhado de certificação nos moldes do ICP-Brasil, equivale a documento particular autêntico (art. 439); (b) o documento eletrônico formado sem as cautelas da assinatura digital é meio de prova, cuja força de convencimento, entretanto, será avaliada dentro das circunstâncias do caso concreto; (c) para a utilização do documento eletrônico no processo convencional, deverá ele ser convertido à forma impressa, e submeter-se à verificação de autenticidade, na forma da lei (art. 439); (d) no processo digital, o documento eletrônico não convertido será avaliado pelo juiz em seu valor probante, assegurado sempre às partes o acesso ao respectivo teor (não poderá, por exemplo, permanecer cifrado) (art. 440); (e) a produção e a conservação dos documentos eletrônicos utilizados no processo judicial observará a legislação específica (Lei 11.419/2006), arts. 11 e 12) (art. 441); (f) a exibição ou envio de dados e de documentos existentes em cadastros públicos, mantidos por entidades públicas, concessionárias de serviço público ou empresas privadas, e que contenham informações indispensáveis ao exercício da função judicante, poderão ocorrer por meio eletrônico, se o juiz assim determinar (Lei 11.419/2006, art. 13) (art. 425, V); e (g) a digitalização de documento físico para uso em processo comum ou eletrônico equivale a cópia reprográfica (*xerox*), devendo o original ser conservado pela parte, para conferência em juízo, se ocorrer futura impugnação (art. 425, VI e § 1º)." THEODORO JR., Humberto. *Curso de Direito Processual Civil*. 56. ed. Rio de Janeiro: Forense, 2015. p. 972/973. v. I).

3. Nelson Nery Jr., por sua vez, sustenta que "não existe regulamentação para a produção e conservação de documentos eletrônicos no Brasil. A MedProv 2200-2/01, a qual instituiu a Infraestrutura de Chaves Públicas Brasileira (ICP-Brasil), visa garantir a autenticidade, integridade e validade dos documentos em forma eletrônica; está, pois, mais voltada à segurança do conteúdo expresso no documento do que à forma que porventura ele deva assumir e à maneira pela qual deva ser conservado." (NERY JR, Nelson; NERY, Rosa Maria Andrade. *Comentários ao Código de Processo Civil*. São Paulo: RT, 2015. p. 1062).

Seção IX
Da Prova Testemunhal

1. "Conceitua-se testemunha como pessoa estranha ao feito (pois se for parte o que se tem é depoimento pessoal, e não prova testemunhal) que vai a juízo dizer o que sabe sobre os fatos da causa" (CÂMARA, Alexandre Freitas. *Lições de Direito Processual Civil*. 24. ed. São Paulo: Atlas, 2012. p. 456). Logo, *prova testemunhal* é aquela produzida mediante a oitiva desses terceiros em juízo, como regra em audiência, visando-se a obter a confirmação, ou não, das versões fáticas sustentadas pelas partes.

Subseção I
Da Admissibilidade e do Valor da Prova Testemunhal

Art. 442. A prova testemunhal é sempre admissível, não dispondo a lei de modo diverso.

1. A prova testemunhal, espécie de prova oral, é, não dispondo a lei de modo diverso, sempre admissível. A afirmativa, contudo, deve ser bem compreendida: é *sempre* admissível quando mostrar-se *adequada* à comprovação fática pretendida.

2. O revogado art. 227 da Lei 10.406/2002 previa restrição probatória a prova testemunhal. O aludido dispositivo teve o seu *caput* revogado pela Lei 13.105/2015, restando, pois, intacto o seu único parágrafo. Prevê ele: "Qualquer que seja o valor do negócio jurídico, a prova testemunhal é admissível como subsidiária ou complementar da prova por escrito".

Art. 443. O juiz indeferirá a inquirição de testemunhas sobre fatos:
I – já provados por documento ou confissão da parte;
II – que só por documento ou por exame pericial puderem ser provados.

1. A produção de prova testemunhal, embora em tese admitida, deve ser indeferida, *in concreto*, quando o objeto da investigação encontrar-se previamente provado pela utilização de meio de produção de prova distinto. A despeito da limitação legislativa (que alude tão somente a prova documental ou derivada de confissão (judicial ou extrajudicial)), não há negar, à evidência, que, restando determinada versão fática provada, por exemplo, por *inspeção judicial* (ou outro meio qualquer), o indeferimento sob comento encontrará, em respeito ao modelo constitucional do processo civil pátrio, legitimidade.

2. Há de se inadmitir a produção de prova testemunhal (indeferindo-se eventual pleito nesse sentido), outrossim, quando a natureza do aludido meio probatório não se prestar à prova dos fatos controvertidos, ou, quando a lei exigir, para a comprovação de certa versão fática, prova específica, de natureza distinta. Exemplo: Carlos Alberto, registrado, ao tempo de seu nascimento, apenas por sua genitora, face à desconfiança de que Egídio seja seu pai biológico, promoveu, em desfavor do mesmo, *Ação de Investigação de Paternidade*, requerendo, ao fim e ao cabo, o reconhecimento judicial do vínculo biológico alegadamente existente entre ambos. Imagine-se, considerado o caso concreto, que Egídio, em sede de defesa, pugne pela produção de prova desta natureza (testemunhal), visando a demonstrar que o pai biológico do autor é Ronaldo, e não ele. À evidência, ressalvada raríssima particularidade inerente ao caso concreto (que é, sempre, uma hipótese), nenhuma afronta ao *devido processo* haveria por ocasião do indeferimento da produção da prova pretendida, uma vez que, atualmente, como sabido aos quatro cantos, o método mais seguro para a averiguação do vínculo sustentado (biológico) é o da realização de prova técnica (pericial – exame de DNA).

Art. 444. Nos casos em que a lei exigir prova escrita da obrigação, é admissível a prova testemunhal quando houver começo de prova por escrito, emanado da parte contra a qual se pretende produzir a prova.

1. Admite-se a prova testemunhal, nos casos em que a lei exija prova escrita da obrigação, tão somente por ocasião da existência de "começo" de prova escrita oriunda da parte em face de quem se pretenda produzir prova.

2. "O legislador optou por não mais admitir a prova estritamente testemunhal, passando a exigir um começo de prova por escrito. Tal opção leva em consideração o imenso acesso à informação em tempos atuais, o que confere mais facilidade para a localização e obtenção de documentos, e é uma forma de evitar a fraude por meio da utilização de testemunhas em conluio com o interessado na prova. Note-se que o CC 227, o qual previa a prova exclusivamente testemunhal, foi revogado pelo CPC 1070." (NERY JR, Nelson; NERY, Rosa Maria Andrade. *Comentários ao Código de Processo Civil*. São Paulo: RT, 2015. p. 1.064).

Art. 445. Também se admite a prova testemunhal quando o credor não pode ou não podia, moral ou materialmente, obter a prova escrita da obrigação, em casos como o de parentesco, de depósito necessário ou de hospedagem em hotel ou em razão das práticas comerciais do local onde contraída a obrigação.

1. Trata-se de exceção à regra. O legislador, atento a realidade social, considera que, embora em alguns casos a comprovação de certo fato exija vinculação a determinado meio de prova, há situações mundanas em que tal exigência torna-se *diabólica* para a parte alegante. Não é por outra razão, pois, que, "quando o credor não pode ou não podia, moral ou materialmente, obter a prova escrita da obrigação", a existência da obrigação poderá ser (com)provada mediante a produção de prova exclusivamente testemunhal. Tal situação é bem corriqueira, por exemplo, nos negócios realizados entre familiares.

Art. 446. É lícito à parte provar com testemunhas:
I – nos contratos simulados, a divergência entre a vontade real e a vontade declarada;
II – nos contratos em geral, os vícios de consentimento.

1. Contrato simulado. Nada obstante seja função precípua do instrumento contratual retratar a vontade dos contratantes, por vezes, patologicamente, sua redação não traduz a intenção dos mesmos. Servem, não raro, a mascarar o verdadeiro "negócio" ou beneficiados por ele, em flagrante violação ao ordenamento jurídico. Sendo o caso, o CPC/2015 vê na produção da prova testemunhal a possibilidade de se descortinar o que convencionou chamar de "vontade real" dos contratantes, ou seja, àquela acobertada pela redação constante do instrumento sob comento.

2. O *vício de consentimento*, outrossim, pode ser provado mediante a produção de prova testemunhal.

3. Comentando o CPC/73, cuja redação do artigo 404 era praticamente idêntica a do art. 446 do CPC/2015 (houve, apenas, a supressão da expressão "inocente"), já se disse, com razão: "(...) o artigo em comento pretende evidenciar que, ao alegar-se a simulação de determinado negócio jurídico (art. 167, CC) ou um vício de consentimento na sua formação (arts. 138-157, CC), admite-se a produção de prova testemunhal, ainda que contra documento escrito." (MARINONI, Luiz Guilherme; MITIDIERO, Daniel. *Código de Processo Civil comentado artigo por artigo.* p. 392).

4. "É nulo o negócio jurídico simulado, mas subsistirá o que se dissimulou, se válido for na substância e na forma. § 1º Haverá simulação nos negócios jurídicos quando: I – aparentarem conferir ou transmitir direitos a pessoas diversas daquelas às quais realmente se conferem, ou transmitem; II – contiverem declaração, confissão, condição ou cláusula não verdadeira; III – os instrumentos particulares forem antedatados, ou pós-datados. § 2º Ressalvam-se os direitos de terceiros de boa-fé em face dos contraentes do negócio jurídico simulado." (art. 167 da Lei 10.406/2002).

5. "CAPÍTULO IV. Dos Defeitos do Negócio Jurídico. Seção I. Do Erro ou Ignorância. Art. 138. São anuláveis os negócios jurídicos, quando as declarações de vontade emanarem de erro substancial que poderia ser percebido por pessoa de diligência normal, em face das circunstâncias do negócio. Art. 139. O erro é substancial quando: I – interessa à natureza do negócio, ao objeto principal da declaração, ou a alguma das qualidades a ele essenciais; II – concerne à identidade ou à qualidade essencial da pessoa a quem se refira a declaração de vontade, desde que tenha influído nesta de modo relevante; III – sendo de direito e não implicando recusa à aplicação da lei, for o motivo único ou principal do negócio jurídico. Art. 140. O falso motivo só vicia a declaração de vontade quando expresso como razão determinante. Art. 141. A transmissão errônea da vontade por meios interpostos é anulável nos mesmos casos em que o é a declaração direta. Art. 142. O erro de indicação da pessoa ou da coisa, a que se referir a declaração de vontade, não viciará o negócio quando, por seu contexto e pelas circunstâncias, se puder identificar a coisa ou pessoa cogitada. Art. 143. O erro de cálculo apenas autoriza a retificação da declaração de vontade. Art. 144. O erro não prejudica a validade do negócio jurídico quando a pessoa, a quem a manifestação de vontade se dirige, se oferecer para executá-la na conformidade da vontade real do manifestante. Seção II. Do Dolo. Art. 145. São os negócios jurídicos anuláveis por dolo, quando este for a sua causa. Art. 146. O dolo acidental só obriga à satisfação das perdas e danos, e é acidental quando, a seu despeito, o negócio seria realizado, embora por outro modo. Art. 147. Nos negócios jurídicos bilaterais, o silêncio intencional de uma das partes a respeito de fato ou qualidade que a outra parte haja ignorado, constitui omissão dolosa, provando-se que sem ela o negócio não se teria celebrado. Art. 148. Pode também ser anulado o negócio jurídico por dolo de terceiro, se a parte a quem aproveite dele tivesse ou devesse ter conhecimento; em caso contrário, ainda que subsista o negócio jurídico, o terceiro responderá por todas as perdas e danos da parte a quem ludibriou. Art. 149. O dolo do representante legal de uma das partes só obriga o representado a responder civilmente até a importância do proveito que teve; se, porém, o dolo for do representante convencional, o representado responderá solidariamente com ele por perdas e danos. Art. 150. Se ambas as partes procederem com dolo, nenhuma pode alegá-lo para anular o negócio, ou reclamar indenização. Seção III. Da Coação. Art. 151. A coação, para viciar a declaração da vontade, há de ser tal que incuta ao paciente fundado temor de dano iminente e considerável à sua pessoa, à sua família, ou aos seus bens. Parágrafo único. Se disser respeito a pessoa não pertencente à família do paciente, o juiz, com base nas circunstâncias, decidirá se houve coação. Art. 152. No apreciar a coação, ter-se-ão em conta o sexo, a idade, a condição, a saúde, o temperamento do paciente e todas as demais circunstâncias que possam influir na gravidade dela. Art. 153. Não se considera coação a ameaça do exercício normal de um direito, nem o simples temor reverencial. Art. 154. Vicia o negócio jurídico a coação exercida por terceiro, se dela tivesse ou devesse ter conhecimento a parte a que aproveite, e esta responderá solidariamente com aquele por perdas e danos. Art. 155. Subsistirá o negócio jurídico, se a coação decorrer de terceiro, sem que a parte a que aproveite dela tivesse ou devesse ter conhecimento; mas o autor da coação responderá por todas as perdas e danos que houver causado ao coacto. Seção IV. Do Estado de Perigo. Art. 156. Configura-se o estado de perigo quando alguém, premido da necessidade de salvar-se, ou a pessoa de sua família, de grave dano conhecido pela outra parte, assume obrigação excessivamente onerosa. Parágrafo único. Tratando-se de pessoa não pertencente à família do declarante, o juiz decidirá segundo as circunstâncias. Seção V. Da Lesão. Art. 157. Ocorre a lesão quando uma pessoa, sob premente necessidade, ou por inexperiência, se obriga a prestação manifestamente desproporcional ao valor da prestação oposta. § 1º Aprecia-se a desproporção das prestações segundo os valores vigentes ao tempo em que foi celebrado o negócio jurídico. § 2º Não se decretará a anulação do negócio, se for oferecido suplemento suficiente, ou se a parte favorecida concordar com a redução do proveito." (Lei 10.406/2002).

Art. 447. Podem depor como testemunhas todas as pessoas, exceto as incapazes, impedidas ou suspeitas.

§ 1º São incapazes:

I – o interdito por enfermidade ou deficiência mental;

II – o que, acometido por enfermidade ou retardamento mental, ao tempo em que ocorreram os fatos, não podia discerni-los, ou, ao tempo em que deve depor, não está habilitado a transmitir as percepções;

III – o que tiver menos de 16 (dezesseis) anos;

IV – o cego e o surdo, quando a ciência do fato depender dos sentidos que lhes faltam.

§ 2º São impedidos:

I – o cônjuge, o companheiro, o ascendente e o descendente em qualquer grau e o colateral, até o terceiro grau, de alguma das partes, por consanguinidade ou afinidade, salvo se o exigir o interesse público ou, tratando-se de causa relativa ao estado da pessoa, não se puder obter de outro modo a prova que o juiz repute necessária ao julgamento do mérito;

II – o que é parte na causa;

III – o que intervém em nome de uma parte, como o tutor, o representante legal da pessoa jurídica, o juiz, o advogado e outros que assistam ou tenham assistido as partes.

§ 3º São suspeitos:

I – o inimigo da parte ou o seu amigo íntimo;

II – o que tiver interesse no litígio.

§ 4º Sendo necessário, pode o juiz admitir o depoimento das testemunhas menores, impedidas ou suspeitas.

§ 5º Os depoimentos referidos no § 4º serão prestados independentemente de compromisso, e o juiz lhes atribuirá o valor que possam merecer.

1. Na linha do regime codificado, "todas as pessoas" podem testemunhar, exceto os *incapazes*, os *impedidos* e os *suspeitos*, como regra.

2. Considera-se *incapaz* (a) o interdito por enfermidade ou deficiência mental; (b) o que, acometido por enfermidade ou retardamento mental, ao tempo em que ocorreram os fatos, não podia discerni-los, ou, ao tempo em que deva depor, não se encontre habilitado a transmitir suas percepções; (c) o menor de 16 (dezesseis) anos; (d) o deficiente visual e o deficiente auditivo, quando a ciência do fato depender dos sentidos que lhes faltam.

3. Considera-se *impedido* (a) o cônjuge, o companheiro, o ascendente e o descendente em qualquer grau, bem como o parente colateral, até o terceiro grau, de alguma das partes, por consanguinidade ou afinidade, salvo se o exigir o interesse público ou, tratando-se de causa relativa ao estado da pessoa, não se puder obter de outro modo a prova que o juiz repute necessária ao julgamento do mérito; (b) o que é parte na causa; (c) o que intervém em nome de uma parte, como o tutor, o representante legal da pessoa jurídica, o juiz, o advogado e outros que assistam ou tenham assistido as partes.

4. Considera-se *suspeito* (a) o inimigo da parte ou o seu amigo íntimo, bem como (b) o interessado no litígio.

5. "Ressalte-se que, nesse ponto, o novo Código excluiu do rol de suspeitos 'o condenado por crime de falso testemunho, havendo transitado em julgado a sentença (art. 405, § 3º, I, do CPC/1973) e 'o que, por seus costumes, não for digno de fé' (art. 405, § 3º, II, do CPC/1973). Na primeira hipótese, por mais que a sentença transitada em julgado demonstre certa parcialidade do sujeito, não se pode antever que a conduta típica venha a se repetir em todo e qualquer processo. Com relação ao 'indigno de fé', acreditamos que o Código acertou com a exclusão dessa hipótese de suspeição, porquanto seu caráter absolutamente subjetivo tornava a situação difícil de ser comprovada." (DONIZETTI, Elpídio. *Curso didático de direito Processual Civil*. 19. ed. São Paulo: Atlas, 2016. p.589).

6. Informante. Artigos 447, § 4º, do CPC/2015 e 228, § 1º, da Lei 10.406/2002. Sem prejuízo da lição acima aludida, porém sensível a situações excepcionais, o Código, mais especificamente no § 4º de seu artigo 447, regulamentou a figura do *informante*. A ideia é de simples compreensão: revelando-se, dadas às peculiaridades do caso concreto, estritamente necessária a oitiva de pessoa (terceiro) *impedida* ou *suspeita*, é facultado ao magistrado admitir, entendendo oportuno, a produção da prova "testemunhal", sem, contudo, compromissar o depoente. Exemplo: Joana contratou com Camila, a despeito da inexistência de instrumento contratual, a compra e venda de um relógio, no valor de R$ 400,00. Márcia, amiga de infância de Joana (e que, inclusive, apresentou compradora e vendedora) foi a única pessoa a presenciar o fechamento do pacto, bem como o pagamento realizado por Joana (compradora), em moeda corrente, a Camila (vendedora), que se comprometeu a entregar o bem da vida em dois dias. Não há dúvida que Márcia, amiga de infância de Joana, enquadra-se no disposto pelo artigo 447, § 3º, I, do CPC/2015, tornando-se, à luz do regime codificado, para fins de prestar testemunho em ação movida por Joana em face de Camila, *suspeita*. Ocorre, porém, que inexistindo instrumento contratual, bem como qualquer outro meio de prova passível de comprovar a contratação e o pagamento feito pela demandante, a oitiva de Márcia, em última análise, revelar-se-á indispensável. Márcia, ainda que *sem* prestar o compromisso de não faltar com a verdade, poderá/deverá ser ouvida em juízo, na condição de *informante*.

7. "Não podem ser admitidos como testemunhas: I – os menores de dezesseis anos; IV – o interessado no litígio, o amigo íntimo ou o inimigo capital das partes; V – os cônjuges, os ascendentes, os descendentes e os colaterais, até o terceiro grau de alguma das partes, por consangüinidade, ou afinidade. § 1º Para a prova de fatos que só elas conheçam, pode o juiz admitir o depoimento das pessoas a que se refere este artigo. § 2º A pessoa com deficiência poderá testemunhar em igualdade de condições com as demais pessoas, sendo-lhe assegurados todos os recursos de tecnologia assistiva." (art. 228 da Lei 10.406/2002).

> **Art. 448.** A testemunha não é obrigada a depor sobre fatos:
> I – que lhe acarretem grave dano, bem como ao seu cônjuge ou companheiro e aos seus parentes consanguíneos ou afins, em linha reta ou colateral, até o terceiro grau;
> II – a cujo respeito, por estado ou profissão, deva guardar sigilo.

1. A despeito da *diretriz geral* de que incumbe a todos, partes ou não, *o dever de colaborar com a melhor prestação jurisdicional* (ditame aplicável, inclusive, aos arrolados), a testemunha não está, segundo expressa disposição legal, obrigada a depor sobre fatos que (a) lhe acarretem grave dano, bem como ao seu cônjuge ou companheiro e aos seus parentes consanguíneos ou afins, em linha reta ou colateral, até o terceiro grau ou, ainda, (b) a cujo respeito, por estado ou profissão, deva guardar sigilo.

2. "O art. 448 do CPC traz hipóteses em que é lícito à testemunha recusar-se a depor. Trata-se do *direito ao silêncio* (...)." (DIDIER JR., Fredie; BRAGA, Paula Sarno; OLIVEIRA, Rafael Alexandria. *Curso de Direito Processual Civil*. Salvador: Juspodivm, 2015. p. 245).

Art. 449. Salvo disposição especial em contrário, as testemunhas devem ser ouvidas na sede do juízo.

Parágrafo único. Quando a parte ou a testemunha, por enfermidade ou por outro motivo relevante, estiver impossibilitada de comparecer, mas não de prestar depoimento, o juiz designará, conforme as circunstâncias, dia, hora e lugar para inquiri-la.

1. A prova testemunhal, como regra, é colhida em audiência de instrução e julgamento (vide art. 361, III, do CPC/2015). Nos casos em a testemunha, justificadamente, não puder comparecer ao foro da comarca em que deva ser ouvida, contudo, esteja em condições de emprestar seu testemunho ao processo, o juiz designará, consideradas as peculiaridades do caso concreto, dia, hora e lugar para a sua oitiva.

2. Vale lembrar: a prova testemunhal pode ser produzida, na linha do CPC/2015, mediante utilização de sistema de transmissão de dados em tempo real, inclusive, de maneira simultânea a realização da audiência de instrução e julgamento em localidade distinta. Inteligência do art. 453, § 1º, do CPC/2015.

Subseção II
Da Produção da Prova Testemunhal

Art. 450. O rol de testemunhas conterá, sempre que possível, o nome, a profissão, o estado civil, a idade, o número de inscrição no Cadastro de Pessoas Físicas, o número de registro de identidade e o endereço completo da residência e do local de trabalho.

1. Sem prejuízo da necessidade de noticiar ao juízo competente sua intenção já na *fase postulatória* (ocasião em que *autor* e *réu* devem informar os meios de prova que se pretendem valer ao longo do feito), a parte que pretender produzir *prova testemunhal* deverá apresentar o rol das pessoas que pretende ouvir em juízo (a) no prazo de 15 dias a contar da decisão saneadora, quando deferida a prova requerida "em gabinete" (ou seja, nos casos em que o saneamento prospectivo da demanda é realizado sem a realização de audiência) ou, (b) na própria audiência designada (audiência de saneamento) para o especial fim de sanear prospectivamente o feito.

2. A qualificação da testemunha deve apontar, sempre que possível, "o nome, a profissão, o estado civil, a idade, o número de inscrição no Cadastro de Pessoas Físicas, o número de registro de identidade e o endereço completo da residência e do local de trabalho". Quanto mais individualizado melhor. Não se pode perder de vista, contudo, que, consoante a linha flexibilizatória adotada pelo CPC/2015 (que repudia, claramente, o formalismo pernicioso), eventual falta de informação requisitada pelo legislador, não pode servir de fundamento à negativa judicial em ouvir esta ou aquela testemunha.

Art. 451. Depois de apresentado o rol de que tratam os §§ 4º e 5º do art. 357, a parte só pode substituir a testemunha:

I – que falecer;
II – que, por enfermidade, não estiver em condições de depor;
III – que, tendo mudado de residência ou de local de trabalho, não for encontrada.

1. Substituição de testemunha arrolada. O rol de testemunhas apenas pode ser alterado (a) por ocasião do falecimento da pessoa arrolada; (b) quando, por enfermidade, o arrolado não estives em condições de emprestar o seu testemunho ao processo ou, ainda, (c) quando não for encontrado, por ocasião de mudança de endereço.

Art. 452. Quando for arrolado como testemunha, o juiz da causa:
I – declarar-se-á impedido, se tiver conhecimento de fatos que possam influir na decisão, caso em que será vedado à parte que o incluiu no rol desistir de seu depoimento;
II – se nada souber, mandará excluir o seu nome.

1. O julgador, como ente social que é, poderá, tendo presenciado determinado fato, ser arrolado, pelas partes, como testemunha. Nos casos em que nada souber acerca dos fatos que interessam ao litígio, "mandará excluir o seu nome" do rol de testemunhas. Caso contrário, declarar-se-á impedido para julgar o caso concreto, não podendo a parte que o tiver arrolado desistir de sua oitiva.

Art. 453. As testemunhas depõem, na audiência de instrução e julgamento, perante o juiz da causa, exceto:
I – as que prestam depoimento antecipadamente;
II – as que são inquiridas por carta.
§ 1º A oitiva de testemunha que residir em comarca, seção ou subseção judiciária diversa daquela onde tramita o processo poderá ser realizada por meio de videoconferência ou outro recurso tecnológico de transmissão e recepção de sons e imagens em tempo real, o que poderá ocorrer, inclusive, durante a audiência de instrução e julgamento.
§ 2º Os juízos deverão manter equipamento para a transmissão e recepção de sons e imagens a que se refere o § 1º.

1. A produção da prova oral (inclusive, a testemunhal) ocorre, como regra, na audiência de instrução e julgamento. Escapam à regra, pois, as que: (a) prestam depoimento antecipadamente (vide o teor dos artigos 381/383); (b) são inquiridas por carta e; por fim, (c) as catalogadas pelo art. 454 do CPC/2015.
2. Oitiva por carta. "(...) PROCESSUAL CIVIL. OITIVA DE TESTEMUNHA. Tendo a testemunha arrolada pela parte residência em foro diverso do qual tramita o processo, cabível seja a oitiva realizada por carta precatória. AGRAVO DE INSTRUMENTO PROVIDO. UNÂNIME." (Agravo de Instrumento nº 70058757519, Décima Câmara Cível, Tribunal de Justiça do RS, Relator: Jorge Alberto Schreiner Pestana (...).

3. O CPC/2015, na linha do desenvolvimento tecnológico, prevê, ainda, que a testemunha que resida em local distinto daquele em que tramita o feito "poderá" ser ouvida mediante a utilização de recurso apropriado à transmissão e recepção de sons e imagens em tempo real, que deverá ser ofertado e custeado pelo Estado. A oitiva poderá (e entendemos seja esse o melhor momento para tanto) ocorrer durante a realização da audiência de instrução e julgamento havida na origem.

4. Considerado o "estado tecnológico atual", exceto num ou noutro canto do país (por enquanto), inexistem fundamentos razoáveis e capazes de frustrar a utilização da técnica sob comento (produção de prova oral à distância). Trata-se, pois, de medida prática que, certamente, ganhará espaço a cada novo dia, considerada sua eficiência em resolver, dentre outros, o "problema" da "distância física" no âmbito do processo civil.

> **Art. 454.** São inquiridos em sua residência ou onde exercem sua função:
> I – o presidente e o vice-presidente da República;
> II – os ministros de Estado;
> III – os ministros do Supremo Tribunal Federal, os conselheiros do Conselho Nacional de Justiça e os ministros do Superior Tribunal de Justiça, do Superior Tribunal Militar, do Tribunal Superior Eleitoral, do Tribunal Superior do Trabalho e do Tribunal de Contas da União;
> IV – o procurador-geral da República e os conselheiros do Conselho Nacional do Ministério Público;
> V – o advogado-geral da União, o procurador-geral do Estado, o procurador-geral do Município, o defensor público-geral federal e o defensor público-geral do Estado;
> VI – os senadores e os deputados federais;
> VII – os governadores dos Estados e do Distrito Federal;
> VIII – o prefeito;
> IX – os deputados estaduais e distritais;
> X – os desembargadores dos Tribunais de Justiça, dos Tribunais Regionais Federais, dos Tribunais Regionais do Trabalho e dos Tribunais Regionais Eleitorais e os conselheiros dos Tribunais de Contas dos Estados e do Distrito Federal;
> XI – o procurador-geral de justiça;
> XII – o embaixador de país que, por lei ou tratado, concede idêntica prerrogativa a agente diplomático do Brasil.
> § 1º O juiz solicitará à autoridade que indique dia, hora e local a fim de ser inquirida, remetendo-lhe cópia da petição inicial ou da defesa oferecida pela parte que a arrolou como testemunha.
> § 2º Passado 1 (um) mês sem manifestação da autoridade, o juiz designará dia, hora e local para o depoimento, preferencialmente na sede do juízo.
> § 3º O juiz também designará dia, hora e local para o depoimento, quando a autoridade não comparecer, injustificadamente, à sessão agendada para a colheita de seu testemunho no dia, hora e local por ela mesma indicados.

1. Algumas pessoas, considerado o cargo ou a função que ocupam, gozam do privilégio de ser ouvidos, uma vez arrolados, em local distinto do foro da comarca em que devam depor. Ao art. 454, pois, coube inventariá-las.

2. O juiz, nesses casos, solicitará ao depoente que indique dia, hora e local a fim de ser inquirida, remetendo-lhe cópia da petição inicial ou da defesa oferecida pela parte que a arrolou como testemunha. Silente à autoridade (que se pretende ouvir) por prazo superior a mês, o julgador aprazará, à margem do interesse da testemunha, dia, hora e local para a colheita de seu depoimento, que ocorrerá, nesses casos, preferencialmente na sede do juízo.

> **Art. 455.** Cabe ao advogado da parte informar ou intimar a testemunha por ele arrolada do dia, da hora e do local da audiência designada, dispensando-se a intimação do juízo.
> § 1º A intimação deverá ser realizada por carta com aviso de recebimento, cumprindo ao advogado juntar aos autos, com antecedência de pelo menos 3 (três) dias da data da audiência, cópia da correspondência de intimação e do comprovante de recebimento.
> § 2º A parte pode comprometer-se a levar a testemunha à audiência, independentemente da intimação de que trata o § 1º, presumindo-se, caso a testemunha não compareça, que a parte desistiu de sua inquirição.
> § 3º A inércia na realização da intimação a que se refere o § 1º importa desistência da inquirição da testemunha.
> § 4º A intimação será feita pela via judicial quando:
> I – for frustrada a intimação prevista no § 1º deste artigo;
> II – sua necessidade for devidamente demonstrada pela parte ao juiz;
> III – figurar no rol de testemunhas servidor público ou militar, hipótese em que o juiz o requisitará ao chefe da repartição ou ao comando do corpo em que servir;
> IV – a testemunha houver sido arrolada pelo Ministério Público ou pela Defensoria Pública;
> V – a testemunha for uma daquelas previstas no art. 454.
> § 5º A testemunha que, intimada na forma do § 1º ou do § 4º, deixar de comparecer sem motivo justificado será conduzida e responderá pelas despesas do adiamento.

1. Uma das notáveis modificações trazidas pelo CPC/2015, diz com a regra aplicável às intimações das testemunhas arroladas pela parte interessada em sua oitiva. Doravante, consoante prescreve o *caput* do art. 455, incumbe ao advogado da parte arrolante diligenciar na intimação (de natureza particular) das pessoas que pretenda ouvir no processo, dispensando-se, como regra, qualquer atividade estatal (cartorária).

2. Como fazer? A notificação deverá ser realizada pela via postal, com aviso de recebimento, na qual deve constar, necessariamente, o dia, a hora e o local no qual a testemunha deve se apresentar. Incumbe ao advogado, como regra, providenciar a juntada aos autos da cópia da correspondência enviada, bem como do comprovante de recebimento da mesma, pelo menos 03 dias antes da data aprazada para a realização da solenidade processual em que se pretende ouvir a mesma. Havendo regular intimação, a testemunha que se negar a comparecer em juízo (sem justo motivo), a ele será conduzida (de maneira forçada) e responderá, sendo o caso, pelas despesas do adiamento do ato processual.

3. Consoante expresso apontamento legal (§ 3º do art. 455) o fato de o advogado não comprovar o envio da correspondência (particular) intimatória implica na imediata perda do direito de produzir a prova testemunhal.

4. A intimação da testemunha permanecerá sendo promovida pelo juízo (órgão público) nos casos, a saber: quando (a) frustrada a intimação particular; (b) quando demonstrada a necessidade de que, face às peculiaridades do caso concreto, a intimação deva ser realizada pelo juízo; (c) tratando-se a testemunha de servidor público ou militar, hipótese em que o juiz o requisitará ao chefe da repartição ou ao comando do corpo em que servir; (d) quando o interessado na oitiva (ou seja, o arrolante) for o Ministério Público ou a Defensoria Pública; e, por fim, (e) nos casos em que a testemunha integre o rol do art. 454.

> **Art. 456.** O juiz inquirirá as testemunhas separada e sucessivamente, primeiro as do autor e depois as do réu, e providenciará para que uma não ouça o depoimento das outras.
> Parágrafo único. O juiz poderá alterar a ordem estabelecida no *caput* se as partes concordarem.

1. Da ordem de colheita da prova testemunhal. O juiz ouvirá, primeiro, as testemunhas arroladas pelo demandante; depois, as arroladas pelo demandado. Todas elas serão ouvidas em separado, diligenciando-se para que nenhuma tenha acesso ao discurso das demais.

2. O CPC/2015 prevê que o julgador, excepcionalmente, poderá "sugerir" a alteração da ordem de oitiva das testemunhas. Sua realização/efetivação, porém, depende, consoante expresso texto de lei, da concordância das partes.

> **Art. 457.** Antes de depor, a testemunha será qualificada, declarará ou confirmará seus dados e informará se tem relações de parentesco com a parte ou interesse no objeto do processo.
> § 1º É lícito à parte contraditar a testemunha, arguindo-lhe a incapacidade, o impedimento ou a suspeição, bem como, caso a testemunha negue os fatos que lhe são imputados, provar a contradita com documentos ou com testemunhas, até 3 (três), apresentadas no ato e inquiridas em separado.
> § 2º Sendo provados ou confessados os fatos a que se refere o § 1º, o juiz dispensará a testemunha ou lhe tomará o depoimento como informante.
> § 3º A testemunha pode requerer ao juiz que a escuse de depor, alegando os motivos previstos neste Código, decidindo o juiz de plano após ouvidas as partes.

1. Da tomada de compromisso. Antes de emprestar seu conhecimento ao processo, a testemunha será qualificada e alertada de que, caso venha a faltar com a verdade, poderá ser processada e condenada penalmente. A testemunha será, ainda preliminarmente, indagada acerca da existência de interesse pessoal na causa, *lato sensu*. Positiva a resposta (tácita ou expressa), o julgador haverá de dispensá-la, exceto se entender indispensável ouvi-la na condição de informante.

2. Contradita. É facultado à parte recusar a testemunha, imputando-lhe a incapacidade, o impedimento ou a suspeição para contribuir com a melhor prestação jurisdicional. A recusa deve ser realizada em audiência, de maneira fundamentada, tão logo a testemunha seja chamada a ingressar na sala de audiência, pena de preclusão. Caso a testemunha negue os fatos que ensejam sua recusa, a parte a quem interessar poderá, de imediato, prová-los com documentos ou, ainda, mediante a oitiva de até 03 testemunhas (que não se confundem com as já arroladas). Exitosa a recusa, o julgador dispensará a testemunha, ressalvados os casos em que entenda pertinente sua oitiva na condição de informante.

3. É pouco mais do que óbvia a impossibilidade de exigir que a parte contradite a testemunha antes da ciência do fato que a torna incapaz, impedida ou suspeita. Logo, se o suporte à contradita for descoberto tão somente por ocasião do próprio depoimento da testemunha, não há sustentar a preclusão da possibilidade de contraditá-la, pena de flagrante violação ao devido processo de direito.

4. É facultado a testemunha ver declarado o seu direito de não participar do processo quando presentes as hipóteses (que lhe escusam de depor) previstas em lei. "Como justificativas para não prestar depoimento, a parte pode alegar um dos motivos de impedimento ou suspeição do CPC 447, alegar dano decorrente do depoimento ou dever de sigilo profissional (CPC 448)." (NERY, Nelson; NERY, Rosa Maria Andrade. *Comentários ao Código de Processo Civil*. p. 1076).

> **Art. 458.** Ao início da inquirição, a testemunha prestará o compromisso de dizer a verdade do que souber e lhe for perguntado.
> Parágrafo único. O juiz advertirá à testemunha que incorre em sanção penal quem faz afirmação falsa, cala ou oculta a verdade.

1. Compromisso. A testemunha, devidamente advertida das consequências de "faltar com a verdade em juízo" (ativa ou passivamente), será, antes de emprestar seu conhecimento fático ao processo, devidamente "compromissada". A partir daí, faltando ou omitindo a "verdade", responde ela pelo delito tipificado pelo art. 342 do CPB.

2. "Fazer afirmação falsa, ou negar ou calar a verdade como testemunha, perito, contador, tradutor ou intérprete em processo judicial, ou administrativo, inquérito policial, ou em juízo arbitral: Pena – reclusão, de 2 (dois) a 4 (quatro) anos, e multa. § 1º As penas aumentam-se de um sexto a um terço, se o crime é praticado mediante suborno ou se cometido com o fim de obter prova destinada a produzir efeito em processo penal, ou em processo civil em que for parte entidade da administração pública direta ou indireta. § 2º O fato deixa de ser punível se, antes da sentença no processo em que ocorreu o ilícito, o agente se retrata ou declara a verdade." (art. 342 do CPB).

Art. 459. As perguntas serão formuladas pelas partes diretamente à testemunha, começando pela que a arrolou, não admitindo o juiz aquelas que puderem induzir a resposta, não tiverem relação com as questões de fato objeto da atividade probatória ou importarem repetição de outra já respondida.

§ 1º O juiz poderá inquirir a testemunha tanto antes quanto depois da inquirição feita pelas partes.

§ 2º As testemunhas devem ser tratadas com urbanidade, não se lhes fazendo perguntas ou considerações impertinentes, capciosas ou vexatórias.

§ 3º As perguntas que o juiz indeferir serão transcritas no termo, se a parte o requerer.

1. Na linha do CPC/2015, as perguntas, outrora direcionadas ao julgador, serão, doravante, feitas diretamente à testemunha, sob o olhar atento do julgador que, apenas intervirá, caso identifique (a) a formulação de questionamento capaz de induzir a resposta desejada por quem a indaga; (b) pergunta que não guarde relação com as questões de fato objeto da atividade probatória ou, ainda, (c) que importe repetição de outra já respondida.

2. Ordem de inquirição. O magistrado pode inquirir a testemunha antes ou depois de permitir que os contendores assim o façam. Em relação às partes, o juiz dará a oportunidade, primeiro, a quem a arrolou; segundo, ao seu adversário processual.

3. Testemunha. Respeito. As testemunhas devem, à evidência, ser tratadas com urbanidade, tanto pelo juiz, como pelos advogados que funcionem *in concreto*. Nessa linha, pois, o Código veda a realização de indagações ou considerações "impertinentes, capciosas ou vexatórias". Uma vez realizadas, o juiz deve indeferi-las, bem como advertir os advogados de sua conduta inadequadas.

4. Indeferida certa indagação (independentemente de sua fundamentação), é facultado à parte que a tiver realizado, requerer que a mesma seja transcrita no termo de audiência. Trata-se, pois, de expediente que necessita de requerimento imediato e expresso da parte, pena de preclusão.

5. "Outra novidade é de que o CPC/2015 extingue o antiquado sistema de 'reperguntas', no qual a pergunta feita pela parte é dirigida ao juiz que, então, a redireciona para a testemunha. (...) De acordo com o CPC/2015, cabe ao juiz intermediar, evitando perguntas de caráter protelatório, repetidas, que fujam do objeto, ou ainda, que induzam a determinada resposta." (DONIZETTI, Elpídio. *Curso Didático de Direito Processual Civil*. 19. ed. São Paulo: Atlas, 2016. p. 590).

Art. 460. O depoimento poderá ser documentado por meio de gravação.

§ 1º Quando digitado ou registrado por taquigrafia, estenotipia ou outro método idôneo de documentação, o depoimento será assinado pelo juiz, pelo depoente e pelos procuradores.

§ 2º Se houver recurso em processo em autos não eletrônicos, o depoimento somente será digitado quando for impossível o envio de sua documentação eletrônica.

§ 3º Tratando-se de autos eletrônicos, observar-se-á o disposto neste Código e na legislação específica sobre a prática eletrônica de atos processuais.

1. A evolução tecnológica permite, hoje, sem maiores transtornos, que o teor das audiências sejam integralmente documentados digitalmente. A documentação física do depoimento ocorrerá, segundo o CPC/2015, apenas nos casos em que se mostrar impossível/inviável tão somente a utilização do registro eletrônico do ato. Fora desse contexto excepcional, o CPC/2015 se satisfaz com o registro (de som; de som e imagem) realizado eletronicamente.

2. Os advogados das partes, as próprias partes, bem como, as testemunhas (com ressalvas), têm o direito de obter acesso ao teor da gravação ocorrida em audiência. É comum, no dia a dia forense, que, não estando tal acesso disponível na rede mundial de computadores, os interessados compareçam ao cartório, dotados de meio de armazenamento compatível (CD, *pendrive*, etc.) para obter cópia do ato. Não é demasiado lembrar que, à luz do CPC/2015, é facultado às partes gravar a audiência por conta própria, independentemente de autorização judicial.

> **Art. 461.** O juiz pode ordenar, de ofício ou a requerimento da parte:
> I – a inquirição de testemunhas referidas nas declarações da parte ou das testemunhas;
> II – a acareação de 2 (duas) ou mais testemunhas ou de alguma delas com a parte, quando, sobre fato determinado que possa influir na decisão da causa, divergirem as suas declarações.
> § 1º Os acareados serão reperguntados para que expliquem os pontos de divergência, reduzindo-se a termo o ato de acareação.
> § 2º A acareação pode ser realizada por videoconferência ou por outro recurso tecnológico de transmissão de sons e imagens em tempo real.

1. Incumbe às partes, como regra, apontar as testemunhas que pretendem ouvir em juízo. Ao julgador, contudo, é facultado, de ofício ou a requerimento, considerando *pertinente, controversa e relevante* a produção da prova testemunhal, determinar a intimação de pessoas referidas nas declarações da parte ou das testemunhas (realizadas em sede de colheita de prova oral – leia-se, na própria audiência de instrução do feito) para que compareçam em juízo, no afã de emprestar seu conhecimento acerca dos fatos que interessam à melhor prestação jurisdicional.

2. Técnica de acareação. Havendo divergência entre as versões fáticas apresentadas por duas ou mais testemunhas, ou, entre uma delas e a defendida pela parte, o julgador, de ofício ou a requerimento, poderá pô-las "cara a cara", visando a esclarecer aquilo que se mostre contraditório entre os discursos, restando, tal expediente, devidamente reduzido a termo (na verdade, registrado). A acareação, segundo o CPC/2015, pode, à margem da nomenclatura atribuída ao mesmo, ser realizada por videoconferência ou por outro recurso tecnológico de transmissão de sons e imagens em tempo real.

> **Art. 462.** A testemunha pode requerer ao juiz o pagamento da despesa que efetuou para comparecimento à audiência, devendo a parte pagá-la logo que arbitrada ou depositá-la em cartório dentro de 3 (três) dias.

1. Compete ao contendor arrolante suportar, pelo menos num primeiro momento, as despesas experimentadas pela testemunha para cumprir com a tarefa para a qual fora convocada (segundo o Código, o depoimento em juízo "é considerado serviço público"). A parte, como regra, deve, uma vez arbitrado o valor do reembolso, satisfazê-lo de imediato (se possível, inclusive, na própria audiência – tudo registrado em ata), ou, excepcionalmente, depositá-lo em juízo no prazo de até 03 dias.

> **Art. 463.** O depoimento prestado em juízo é considerado serviço público.
> Parágrafo único. A testemunha, quando sujeita ao regime da legislação trabalhista, não sofre, por comparecer à audiência, perda de salário nem desconto no tempo de serviço.

1. Devidamente intimada a comparecer em juízo, a testemunha sujeita ao regime celetista não pode ser penalizada por seu empregador (terceiro em relação ao feito) pelo fato de se ausentar de suas atividades laborais. Trata-se, bem compreendida a afirmativa, de falta justificada. O depoimento prestado em juízo caracteriza-se, segundo o próprio CPC, como serviço público prestado.

Seção X
Da Prova Pericial

1. O julgador é, por formação, um jurista. Os juristas, de um ponto de vista técnico, gostemos ou não, limitam-se, bem compreendida a afirmativa, ao estudo da ciência jurídica. Nada obstante tal constatação, o julgador, não raro, depara-se com a necessidade de decidir acerca de matéria que, pelo menos para a grande maioria, encontra-se à margem de seu conhecimento técnico. Nesse trilho, não nos parece difícil compreender que, diante das mais variadas situações nas quais são chamados a intervir (*mesmo sem possuir formação técnica para tanto – os juízes não têm, em regra, formação médica ou relacionada com a área da engenharia civil, por exemplo –*, os magistrados necessitam, com frequência, valer-se do conhecimento de *experts*, para cumprir, satisfatoriamente, com tarefa de prestar a melhor jurisdição possível. É exatamente nessa linha que o Código expressamente adverte: *quando a prova do fato depender de conhecimento técnico ou científico, o juiz será assistido por perito*. Justifica-se, pois, *na necessidade de conhecimento especializado* para elucidar este ou aquele fato, a importância e a própria existência da denominada *prova pericial*.

2. Prescreve o artigo 156 do CPC/2015, responsável por fornecer diretrizes gerais acerca da figura do perito: "O juiz será assistido por perito quando a prova do fato depender de conhecimento técnico ou científico".

3. "Por se tratar de prova especial, subordinada a requisitos específicos, a perícia só pode ser admitida, pelo juiz, quando a apuração do fato litigioso não se puder fazer pelos meios ordinários de convencimento. Somente haverá perícia, portanto, quando o exame do fato probando depender de conhecimentos técnicos ou especiais e essa prova, ainda, tiver utilidade, diante dos elementos disponíveis para exame." (THEODORO JR., Humberto. *Curso de Direito Processual Civil*. 56. ed. Rio de Janeiro: Forense, 2015. p. 987. v. I – versão digital).

4. "Aquele que se nega a submeter-se a exame médico necessário não poderá aproveitar-se de sua recusa." (art. 231 da Lei 10.406/2002).

5. "A recusa à perícia médica ordenada pelo juiz poderá suprir a prova que se pretendia obter com o exame." (art. 232 da Lei 10.406/2002).

> **Art. 464.** A prova pericial consiste em exame, vistoria ou avaliação.
> § 1º O juiz indeferirá a perícia quando:
> I – a prova do fato não depender de conhecimento especial de técnico;
> II – for desnecessária em vista de outras provas produzidas;
> III – a verificação for impraticável.
> § 2º De ofício ou a requerimento das partes, o juiz poderá, em substituição à perícia, determinar a produção de prova técnica simplificada, quando o ponto controvertido for de menor complexidade.
> § 3º A prova técnica simplificada consistirá apenas na inquirição de especialista, pelo juiz, sobre ponto controvertido da causa que demande especial conhecimento científico ou técnico.
> § 4º Durante a arguição, o especialista, que deverá ter formação acadêmica específica na área objeto de seu depoimento, poderá valer-se de qualquer recurso tecnológico de transmissão de sons e imagens com o fim de esclarecer os pontos controvertidos da causa.

1. A prova pericial consiste em (a) *exame*, (b) *vistoria* e (c) *avaliação*. Presta-se o *exame*, a rigor, à análise de *bens móveis* ou *pessoas*; a *vistoria*, dos *bens imóveis*; e a *avaliação*, ao aferimento do valor que se deva atribuir a um bem da vida qualquer.

2. Prova pericial. Descabimento. O pedido de perícia deve ser indeferido quando (a) a prova do fato não depender de conhecimento especial de técnico; (b) for desnecessária em vista de outras provas havidas nos autos; (c) a verificação pretendida mostrar-se impraticável.

3. Prova técnica simplificada. Revelando-se o ponto controvertido de "menor complexidade", de ofício ou a requerimento, o julgador pode preterir à perícia, substituindo-a pela produção de "prova técnica simplificada", que consistirá na inquirição, pelo juiz, de *expert* (que, necessariamente, terá formação específica em relação a matéria a que for chamado a examinar), acerca do tópico que demande, para a melhor compreensão do fato, conhecimento especializado.

> **Art. 465.** O juiz nomeará perito especializado no objeto da perícia e fixará de imediato o prazo para a entrega do laudo.
> § 1º Incumbe às partes, dentro de 15 (quinze) dias contados da intimação do despacho de nomeação do perito:
> I – arguir o impedimento ou a suspeição do perito, se for o caso;
> II – indicar assistente técnico;

III – apresentar quesitos.

§ 2º Ciente da nomeação, o perito apresentará em 5 (cinco) dias:

I – proposta de honorários;

II – currículo, com comprovação de especialização;

III – contatos profissionais, em especial o endereço eletrônico, para onde serão dirigidas as intimações pessoais.

§ 3º As partes serão intimadas da proposta de honorários para, querendo, manifestar-se no prazo comum de 5 (cinco) dias, após o que o juiz arbitrará o valor, intimando-se as partes para os fins do art. 95.

§ 4º O juiz poderá autorizar o pagamento de até cinquenta por cento dos honorários arbitrados a favor do perito no início dos trabalhos, devendo o remanescente ser pago apenas ao final, depois de entregue o laudo e prestados todos os esclarecimentos necessários.

§ 5º Quando a perícia for inconclusiva ou deficiente, o juiz poderá reduzir a remuneração inicialmente arbitrada para o trabalho.

§ 6º Quando tiver de realizar-se por carta, poder-se-á proceder à nomeação de perito e à indicação de assistentes técnicos no juízo ao qual se requisitar a perícia.

1. Sendo o caso de deferimento da prova pericial, o juiz nomeará, nos termos do artigo 465, perito de sua confiança (e especializado no objeto da perícia), fixando, de imediato, prazo para a entrega do laudo pericial.

2. Intimadas da nomeação do *expert*, caso não o rejeitem (no prazo de 15 dias), aos contendores incumbe, querendo, (I) indicar assistente técnico (profissional de confiança da parte, que não está sujeito às causas de impedimento ou suspeição previstas pelo Código), bem como (II) apresentar os quesitos que pretendam ver enfrentados pelo *expert*, também no prazo de 15 dias.

3. Sujeita-se o perito, diferentemente dos *assistentes técnicos*, a diretriz de imparcialidade estampada pelo *modelo constitucional do processo civil brasileiro*, podendo o mesmo escusar-se da tarefa para o qual foi indicado, alegando motivo legítimo, ou, sendo o caso, ser *recusado* pelas partes, face à sua suspeição (art. 144) ou impedimento (art. 145) para atuar no caso concreto.

4. O perito escolhido, ciente de sua nomeação, apresentará, no prazo de 5 dias, (a) proposta de honorários; (b) currículo, com comprovação de sua especialização (o que o tornará hábil, tecnicamente falando, a exercer a tarefa), bem como; (c) contatos profissionais, em especial o endereço eletrônico, para o qual as intimações pessoais devam ser dirigidas. Acerca da proposta de honorários, as partes serão intimadas para, querendo, manifestar-se no prazo comum de 5 (cinco) dias. Após, o juiz arbitrará o valor a ser pago ao *expert* por ocasião do encargo assumido, intimando os contendores para os fins do art. 95, que prevê, *in verbis*, "Cada parte adiantará a remuneração do assistente técnico que houver indicado, sendo a do perito adiantada pela parte que houver requerido a perícia ou rateada quando a perícia for determinada de ofício ou requerida por ambas as partes. (...) O juiz poderá determinar que a parte responsável pelo pagamento dos honorários do perito deposite em juízo o valor correspondente. (...) A quantia recolhida em depósito bancário à ordem do juízo será corrigida monetariamente e paga de acordo com o art. 465, § 4º. (...) Quando o pagamento da perícia for de responsabilidade de beneficiário de gratuidade da justiça, ela poderá ser: I – custeada com recursos alocados no orçamento do ente público e realizada por servidor do Poder Judiciário ou por órgão público conveniado. II – paga com recursos alocados no orçamento da União, do Estado ou do Distrito Federal, no caso de ser realizada por particular, hipótese em que o valor será fixado conforme tabela do tribunal respectivo ou, em caso de sua omissão, do Conselho Nacional de Justiça. (...) Na hipótese do § 3º, o juiz, após o trânsito em julgado da decisão final, oficiará a Fazenda Pública para que promova, contra quem tiver sido condenado ao pagamento das despesas processuais, a execução dos valores gastos com a perícia particular ou com a utilização de servidor público ou da estrutura de órgão público, observando-se, caso o responsável pelo pagamento das despesas seja beneficiário de gratuidade da justiça, o disposto no art. 98, § 2º .(...) Para fins de aplicação do § 3º, é vedada a utilização de recursos do fundo de custeio da Defensoria Pública".

5. A despeito da possibilidade de o julgador determinar o pagamento de até cinquenta por cento dos honorários arbitrados em favor do perito nomeado já no início dos trabalhos, o saldo remanescente tornar-se-á exigível, tão somente, por ocasião da entrega do laudo e da realização dos esclarecimentos necessários.

6. Revelando-se inconclusiva ou deficiente a perícia, é legítima a redução da remuneração inicialmente arbitrada para o trabalho, mediante decisão judicial, devidamente fundamentada.

> **Art. 466.** O perito cumprirá escrupulosamente o encargo que lhe foi cometido, independentemente de termo de compromisso.
> § 1º Os assistentes técnicos são de confiança da parte e não estão sujeitos a impedimento ou suspeição.
> § 2º O perito deve assegurar aos assistentes das partes o acesso e o acompanhamento das diligências e dos exames que realizar, com prévia comunicação, comprovada nos autos, com antecedência mínima de 5 (cinco) dias.

1. O perito nomeado pelo juízo deve, independentemente de termo de compromisso, cumprir com o encargo para o qual foi nomeado.

2. Os assistentes técnicos, face à sua parcialidade, embora devam respeitar os limites éticos de sua profissão, não estão adstritos às causas de suspeição e/ou impedimento previstas pelo Código.

3. É direito da parte acompanhar a colheita da prova, ainda que pericial, de maneira que o perito judicial encontra-se obrigado a diligenciar na comunicação (não só das partes, mas, dos próprios assistentes técnicos nomeados), com antecedência mínima de 05 dias, acerca da data, hora e local em que cumprirá sua tarefa.

> **Art. 467.** O perito pode escusar-se ou ser recusado por impedimento ou suspeição.
> Parágrafo único. O juiz, ao aceitar a escusa ou ao julgar procedente a impugnação, nomeará novo perito.

1. Sujeita-se o perito, diferentemente dos *assistentes técnicos*, a diretriz de imparcialidade estampada pelo *modelo constitucional do processo civil brasileiro*, podendo o mesmo, como dito alhures, escusar-se de seu mister, alegando motivo legítimo, ou, sendo o caso, ser *recusado* pelas partes.

2. A parte interessada deverá arguir o impedimento ou a suspeição do *expert* em petição fundamentada e devidamente instruída, na primeira oportunidade em que lhe couber falar nos autos. Tratando-se de recusa ao perito, o juiz mandará processar o incidente em separado, sem suspensão do processo, ouvindo-se o arguido no prazo de 15 dias. Nos tribunais, o meio pelo qual se processa a arguição será disciplinada pelo regimento interno.

3. Ao acolher a escusa ou a recusa do perito nomeado, o julgador nomeará, de imediato, perito diverso para realizar o encargo que exige o caso concreto.

> **Art. 468.** O perito pode ser substituído quando:
> I – faltar-lhe conhecimento técnico ou científico;
> II – sem motivo legítimo, deixar de cumprir o encargo no prazo que lhe foi assinado.
> § 1º No caso previsto no inciso II, o juiz comunicará a ocorrência à corporação profissional respectiva, podendo, ainda, impor multa ao perito, fixada tendo em vista o valor da causa e o possível prejuízo decorrente do atraso no processo.
> § 2º O perito substituído restituirá, no prazo de 15 (quinze) dias, os valores recebidos pelo trabalho não realizado, sob pena de ficar impedido de atuar como perito judicial pelo prazo de 5 (cinco) anos.
> § 3º Não ocorrendo a restituição voluntária de que trata o § 2º, a parte que tiver realizado o adiantamento dos honorários poderá promover execução contra o perito, na forma dos arts. 513 e seguintes deste Código, com fundamento na decisão que determinar a devolução do numerário.

1. Ao art. 468 coube, dentre outros, apontar as hipóteses em que se admite a substituição do perito nomeado pelo juízo. Restando o mesmo despido do conhecimento técnico pertinente ao encargo assumido, ou, relapso em relação ao cumprimento do prazo estipulado, encontra-se legitimada sua substituição. No segundo caso, pois, incumbe ao juiz comunicar a desídia do nomeado à corporação profissional respectiva, "podendo, ainda, impor multa ao perito, fixada tendo em vista o valor da causa e o possível prejuízo decorrente do atraso no processo".

2. Determinada, *in concreto*, a substituição do perito nomeado, o substituído fica obrigado a restituir, no prazo de 15 dias, os valores adiantados pelo trabalho não realizado. Ignorada tal obrigação (restituição voluntária de valores), para além da possibilidade de a parte interessada promover execução em face do perito substituído, restará ele impedido de atuar como tal (na condição de perito judicial) por, pelo menos, 05 anos.

> **Art. 469.** As partes poderão apresentar quesitos suplementares durante a diligência, que poderão ser respondidos pelo perito previamente ou na audiência de instrução e julgamento.

Parágrafo único. O escrivão dará à parte contrária ciência da juntada dos quesitos aos autos.

1. Quesitos suplementares. Para além dos quesitos regulares, é facultado às partes, por ocasião das peculiaridades da colheita da prova, a apresentação de quesitos *suplementares* (ou complementares), que deverão (a despeito da redação legal "poderão"- não se trata, em homenagem ao direito fundamental à prova, de faculdade do perito) ser respondidos, inexistindo indeferimento judicial, por ocasião da apresentação do laudo ou em sede de audiência de instrução e julgamento.

Art. 470. Incumbe ao juiz:
I – indeferir quesitos impertinentes;
II – formular os quesitos que entender necessários ao esclarecimento da causa.

1. Compete ao julgador, sendo o caso, indeferir, de maneira motivada, quesitos impertinentes formulados pelas partes, bem como provocar o perito, mediante formulação de indagações que lhe pareçam indispensáveis à constatação perseguida.

Art. 471. As partes podem, de comum acordo, escolher o perito, indicando-o mediante requerimento, desde que:
I – sejam plenamente capazes;
II – a causa possa ser resolvida por autocomposição.
§ 1º As partes, ao escolher o perito, já devem indicar os respectivos assistentes técnicos para acompanhar a realização da perícia, que se realizará em data e local previamente anunciados.
§ 2º O perito e os assistentes técnicos devem entregar, respectivamente, laudo e pareceres em prazo fixado pelo juiz.
§ 3º A perícia consensual substitui, para todos os efeitos, a que seria realizada por perito nomeado pelo juiz.

1. Na linha do contratualismo processual promovido nas entrelinhas do CPC/2015 (*negócios jurídicos* processuais),[23] faculta-se às partes, "de comum acordo" a eleição do perito que deva funcionar no caso concreto, exigindo-se para que a proposta seja acolhida, que as partes (a) sejam plenamente capazes, bem como (b) que a causa *sub judice* admita autocomposição.

2. Ao eleger o perito, os contendores devem, no mesmo ato, e sendo o caso, indicar os assistentes técnicos nomeados para acompanhar a realização da perícia, "que se realizará em data e local previamente anunciados".

---

[23] Acerca do tema, com grande proveito, vide: RAATZ, Igor. *Autonomia Privada e Processo Civil*: negócios jurídicos processuais, flexibilização procedimental e o direito à participação na construção do caso concreto. Salvador: Juspodivm, 2017.

Art. 472. O juiz poderá dispensar prova pericial quando as partes, na inicial e na contestação, apresentarem, sobre as questões de fato, pareceres técnicos ou documentos elucidativos que considerar suficientes.

1. Nos casos em que os contendores, em sede inicial ou contestacional, produzirem prova (pareceres técnicos ou documentos elucidativos) acerca dos fatos sobre os quais incidiria a prova pericial, o magistrado poderá, entendendo conveniente, dispensá-la.

Art. 473. O laudo pericial deverá conter:
I – a exposição do objeto da perícia;
II – a análise técnica ou científica realizada pelo perito;
III – a indicação do método utilizado, esclarecendo-o e demonstrando ser predominantemente aceito pelos especialistas da área do conhecimento da qual se originou;
IV – resposta conclusiva a todos os quesitos apresentados pelo juiz, pelas partes e pelo órgão do Ministério Público.
§ 1º No laudo, o perito deve apresentar sua fundamentação em linguagem simples e com coerência lógica, indicando como alcançou suas conclusões.
§ 2º É vedado ao perito ultrapassar os limites de sua designação, bem como emitir opiniões pessoais que excedam o exame técnico ou científico do objeto da perícia.
§ 3º Para o desempenho de sua função, o perito e os assistentes técnicos podem valer-se de todos os meios necessários, ouvindo testemunhas, obtendo informações, solicitando documentos que estejam em poder da parte, de terceiros ou em repartições públicas, bem como instruir o laudo com planilhas, mapas, plantas, desenhos, fotografias ou outros elementos necessários ao esclarecimento do objeto da perícia.

1. **Do laudo pericial. Conteúdo.** Coube ao artigo sob comento (art. 473, sem correspondência no sistema revogado) inventariar os elementos indispensáveis à apresentação de adequado laudo pericial. São eles: (a) a exposição do objeto da perícia; (b) especificação da atividade realizada pelo *expert*; (c) a indicação do "método" (expediente técnico) utilizado; (d) resposta conclusiva, obtida a partir do enfrentamento da totalidade dos quesitos apresentados pelos interessados.

2. A despeito do tecnicismo da atividade realizada pelo *expert*, deve ele utilizar-se, ciente de que o resultado de sua investigação será, bem compreendida a afirmativa, apresentada a leigos (tanto o juiz, como as partes), de linguagem "simples" (na medida do possível), demonstrando, de maneira a legitimar seu entendimento, o caminho percorrido para o alcance do resultado a que chegou.

3. É facultado ao perito, visando a cumprir da melhor maneira possível sua tarefa, instruir o laudo com aquilo, e tudo aquilo, que se mostrar capaz de elucidar a conclusão alcançada.

Art. 474. As partes terão ciência da data e do local designados pelo juiz ou indicados pelo perito para ter início a produção da prova.

1. Direito de acompanhar a produção da prova propriamente dita. Os contendores têm o direito de ser informados, previamente, acerca da data e do local em que a prova pericial será colhida, pena de violação ao devido processo de direito. Trata-se, a rigor, de corolário dos direitos fundamental à prova e à publicidade dos atos judiciais.

Art. 475. Tratando-se de perícia complexa que abranja mais de uma área de conhecimento especializado, o juiz poderá nomear mais de um perito, e a parte, indicar mais de um assistente técnico.

1. Imagine-se, pois, que a prova técnica que se pretenda produzir em determinado feito exija tanto conhecimentos acerca de construção civil, como relativos à preservação do meio ambiente. Como de fácil percepção, o *expert* capacitado para examinar (tecnicamente) a primeira dimensão do problema será um engenheiro civil; o segundo, à guisa de exemplo, um biólogo. Nesses casos, exigindo-se competência técnica pertinente a mais de uma área do conhecimento (é isso que faz uma perícia complexa – e não a dificuldade de análise), o juiz não só pode, como deve, nomear mais de um *expert*, no afã de obter o auxílio necessário à compreensão fática que interesse ao deslinde do feito. As partes, da mesma forma, por óbvio, poderão, nesses casos, indicar mais de um assistente técnico.

Art. 476. Se o perito, por motivo justificado, não puder apresentar o laudo dentro do prazo, o juiz poderá conceder-lhe, por uma vez, prorrogação pela metade do prazo originalmente fixado.

1. O julgador, ao nomear o perito, deve estabelecer o prazo para a apresentação do laudo técnico. Havendo necessidade, mediante justificação legítima, tal prazo poderá ser elastecido, por decisão judicial, em até metade do prazo originariamente fixado. Inteligência do art. 476 do CPC/2015.

Art. 477. O perito protocolará o laudo em juízo, no prazo fixado pelo juiz, pelo menos 20 (vinte) dias antes da audiência de instrução e julgamento.
§ 1º As partes serão intimadas para, querendo, manifestar-se sobre o laudo do perito do juízo no prazo comum de 15 (quinze) dias, podendo o assistente técnico de cada uma das partes, em igual prazo, apresentar seu respectivo parecer.
§ 2º O perito do juízo tem o dever de, no prazo de 15 (quinze) dias, esclarecer ponto:
I – sobre o qual exista divergência ou dúvida de qualquer das partes, do juiz ou do órgão do Ministério Público;
II – divergente apresentado no parecer do assistente técnico da parte.

§ 3º Se ainda houver necessidade de esclarecimentos, a parte requererá ao juiz que mande intimar o perito ou o assistente técnico a comparecer à audiência de instrução e julgamento, formulando, desde logo, as perguntas, sob forma de quesitos.

§ 4º O perito ou o assistente técnico será intimado por meio eletrônico, com pelo menos 10 (dez) dias de antecedência da audiência.

1. O julgador deve levar em conta, ao estipular o prazo para o protocolo do laudo pericial, a data aprazada para a realização da audiência de instrução e julgamento, se previamente agendada. A razão é simples: o laudo deve ser protocolizado, na pior das hipóteses, 20 dias (úteis) antes da realização da aludida solenidade processual.

2. Protocolizado o laudo, os contendores serão, de imediato, intimados do fato e, querendo, poderão impugná-lo (o laudo), no prazo de 15 dias. O assistente técnico de cada uma das partes, da mesma forma (e no mesmo prazo), apresentará, havendo interesse, o seu respectivo parecer.

3. Segundo o CPC/2015, é "dever" do perito nomeado pelo juízo esclarecer, no prazo de 15 dias, ponto sobre o qual (a) exista divergência ou dúvida de qualquer das partes, do juiz ou do órgão ministerial, em relação ao apontado no laudo apresentado, bem como (b) manifestar-se acerca de ponto divergente apresentado no parecer firmado por assistente técnico.

4. O perito em audiência. Pendendo, a despeito da manifestação acima referida (resposta do *expert* às "dúvidas" ou divergências suscitadas, é facultado à parte requerer sua intimação para que compareça à audiência de instrução e julgamento, no afã de esclarecer tais pendências. Ao assim proceder, pois, os contendores devem, de imediato, formular os quesitos (esclarecedores) que pretendem ver respondidos. O perito nomeado será intimado, por meio eletrônico, com pelo menos 10 dias de antecedência, a data em que deverá comparecer em juízo.

Art. 478. Quando o exame tiver por objeto a autenticidade ou a falsidade de documento ou for de natureza médico-legal, o perito será escolhido, de preferência, entre os técnicos dos estabelecimentos oficiais especializados, a cujos diretores o juiz autorizará a remessa dos autos, bem como do material sujeito a exame.

§ 1º Nas hipóteses de gratuidade de justiça, os órgãos e as repartições oficiais deverão cumprir a determinação judicial com preferência, no prazo estabelecido.

§ 2º A prorrogação do prazo referido no § 1º pode ser requerida motivadamente.

§ 3º Quando o exame tiver por objeto a autenticidade da letra e da firma, o perito poderá requisitar, para efeito de comparação, documentos existentes em repartições públicas e, na falta destes, poderá requerer ao juiz que a pessoa a quem se atribuir a autoria do documento lance em folha de papel, por cópia ou sob ditado, dizeres diferentes, para fins de comparação.

1. Tratando-se de prova técnica que tenha por objetivo a constatação da autenticidade ou falsidade documental, bem como nos casos em que se revelar de natureza médico-legal, o *expert* deve, preferencialmente, pertencer ao corpo de profissionais dos estabelecimentos oficiais especializados.

2. "Frente à regra de prioridade de incumbência dos órgãos oficiais, o NCPC, já prevendo possível congestionamento na atividade, permitiu a dilação de prazo pelo juiz, desde que devidamente justificado o pedido dilatório". DONIZETTI, Elpídio. *Novo Código de Processo Civil Comentado*. São Paulo: Atlas, 2015. p. 361.

Art. 479. O juiz apreciará a prova pericial de acordo com o disposto no art. 371, indicando na sentença os motivos que o levaram a considerar ou a deixar de considerar as conclusões do laudo, levando em conta o método utilizado pelo perito.

1. Consoante prescreve o art. 371, o "juiz apreciará a prova constante dos autos, independentemente do sujeito que a tiver promovido, e indicará na decisão as razões da formação de seu convencimento". Vale lembrar: é inerente ao ofício do julgador, ao seu tempo, valorar as provas carreadas aos autos. Pertencendo, pois, à prova ao processo, independentemente de quem a tenha produzido, o julgador a tomará, sendo o caso, por base, seja para acolher os pedidos formulados pelo demandante, seja para desacolhê-los.

2. Toda e qualquer decisão judicial, à luz do sistema processual pátrio, deve, pena de nulidade, ser fundamentada. Inteligência do art. 93, IX, da CF/88.

3. O magistrado, apesar de sua insuficiência técnica para elucidar a questão objeto da prova pericial, não se encontra vinculado à conclusão alcançada pelo perito. Pode o julgador, considerando o contexto probatório como um todo, deixar de observar, em linha de julgamento, o resultado a que se chegou mediante investigação técnica. Deverá, para tanto, indicar, obrigatoriamente, ao tempo da prolação da sentença, as razões pelas quais optou por julgar em sentido contrário. Vale lembrar: produz efeitos entre nós, o sistema da persuasão racional.

Art. 480. O juiz determinará, de ofício ou a requerimento da parte, a realização de nova perícia quando a matéria não estiver suficientemente esclarecida.
§ 1º A segunda perícia tem por objeto os mesmos fatos sobre os quais recaiu a primeira e destina-se a corrigir eventual omissão ou inexatidão dos resultados a que esta conduziu.
§ 2º A segunda perícia rege-se pelas disposições estabelecidas para a primeira.
§ 3º A segunda perícia não substitui a primeira, cabendo ao juiz apreciar o valor de uma e de outra.

1. Nova perícia. Não tendo a primeira perícia alcançado o resultado desejado pelo julgador (no sentido de esclarecer-lhe algo), de ofício, ou a requerimento, o magistrado poderá, sendo o caso, determinar que se proceda nova atividade probatória dessa natureza: uma segunda perícia, visando-se a corrigir eventual omissão ou inexatidão de resultado.

2. A segunda perícia não invalida a primeira. Serve, pelo contrário, sendo o caso, a complementá-la, podendo ser realizada pelo perito já nomeado ou por profissional diverso, de acordo com a conveniência verificada pelo julgador *in concreto*.

Seção XI
Da Inspeção Judicial

Art. 481. O juiz, de ofício ou a requerimento da parte, pode, em qualquer fase do processo, inspecionar pessoas ou coisas, a fim de se esclarecer sobre fato que interesse à decisão da causa.

1. A inspeção judicial é o meio de prova mediante o qual, o julgador, "com seus próprios olhos" examina o objeto da prova (pessoa ou coisa), no afã de esclarecer fato relevante ao julgamento da causa. Diz-se "com os próprios olhos" porque o CPC/2015, diferentemente do sistema revogado, não reproduziu a possibilidade da inspeção indireta (vide Art. 441 do CPC/73). Consoante o CPC/2015, ou a inspeção é direta, ou não é inspeção.

2. Cabe inspeção de ofício ou a requerimento da parte interessada.

Art. 482. Ao realizar a inspeção, o juiz poderá ser assistido por um ou mais peritos.

1. O magistrado, entendendo oportuno, poderá servir-se de tantos quantos *experts* entenda necessário para extrair do objeto da inspeção a melhor compreensão possível.

Art. 483. O juiz irá ao local onde se encontre a pessoa ou a coisa quando:
I – julgar necessário para a melhor verificação ou interpretação dos fatos que deva observar;
II – a coisa não puder ser apresentada em juízo sem consideráveis despesas ou graves dificuldades;
III – determinar a reconstituição dos fatos.
Parágrafo único. As partes têm sempre direito a assistir à inspeção, prestando esclarecimentos e fazendo observações que considerem de interesse para a causa.

1. A prova, no processo civil pátrio, é produzida, como regra, em audiência. Há casos em que, considerada a peculiaridade da inspeção, o magistrado terá, obrigatoriamente, de abandonar o prédio do foro no afã de realizá-la. Consoante expresso apontamento legal, isso ocorrerá quando (a) o julgador (a quem compete inspecionar) entender, para a melhor verificação ou interpretação dos fatos que deva observar, adequado; (b) a coisa não puder ser apresentada em juízo sem consideráveis despesas ou graves dificuldades ou; (c) nos casos em que determinar a reconstituição dos fatos.

2. Em homenagem à publicidade dos atos processuais, bem como, ao direito fundamental de influir eficazmente na construção da norma jurídica aplicável ao caso concreto (leia-se: o direito fundamental ao contraditório), os interessados têm o direito de participar da colheita da prova, inclusive, realizando, pois, as "observações que considerem" importantes à composição do litígio.

Art. 484. Concluída a diligência, o juiz mandará lavrar auto circunstanciado, mencionando nele tudo quanto for útil ao julgamento da causa.
Parágrafo único. O auto poderá ser instruído com desenho, gráfico ou fotografia.

1. Colhida a prova, documentar-se-á, mediante confecção de auto pertinente, aquilo, e tudo aquilo, que se mostre relevante ao julgamento do feito. Para além da conclusão alcançada pelo julgador, o laudo conterá, sendo o caso, desenho, gráfico ou fotografia que interesse a elucidação perquirida.

CAPÍTULO XIII
DA SENTENÇA E DA COISA JULGADA[24]

1. Dos pronunciamentos do juiz. Segundo o Código, os pronunciamentos dos juiz (no âmbito do juízo singular) consistem em (a) *despachos*, (b) *decisões interlocutórias* e (c) *sentenças*. O julgamento, colegiado, proferido pelos tribunais, denomina-se *acórdão*; o pronunciamento do relator, *decisão monocrática*.

2. Sentença. Considerações Iniciais. Já se afirmou, outrora (CARNELUTTI, Francesco. Direito e Processo. Direito Processual Civil. Campinas: Péritas, 2001. *passim*), revelar-se o ato sentencial *atividade silogística* realizada pelo julgador, a quem incumbe, por definição, responder à provocação das partes. Segundo tal linha de raciocínio, o julgador fixa, pois, uma *premissa menor* (geralmente vinculada à dimensão fática da causa – extraindo-a do contexto probatório que guarnece os autos) e, examinando o ordenamento jurídico como um todo (e não apenas a lei), uma *premissa maior*. O juízo acerca da incidência, ou não, de determinado ditame que possa conduzir à consequência jurídica desejada pelos postulantes, desnuda, em última análise, a razão de ser da *sentença* (e até mesmo da própria prestação jurisdicional). O pronunciamento (do julgador singular) que externa tal reflexão, *com o objetivo primeiro de fulminar dúvida acerca do litígio a que foi chamado a resolver* (*dizendo o direito aplicável ao caso concreto*), pondo fim a etapa cognitiva do feito, denomina-se *sentença*, nada obstante esse mesmo pronunciamento possa, excepcionalmente, limitar-se a extinguir a relação processual sem, em última análise, enfrentar o mérito da causa.

3. A Lei 13.105/2015, adequando a conhecida lição (doutrinária) de que *sentença é o ato do juiz que, pautado em juízo de certeza (leia-se, cognição exauriente), pretende pôr fim ao processo* (oriunda de ocasião em que não se cogitava acerca de um *processo sincrético*, com regra), elegeu enquanto critérios à sua identificação, *cumulativamente*, (a) o conteúdo do pronunciamento propriamente dito, bem como (b) a intenção do órgão prolator em dar por prestada a jurisdição cognitiva *in concreto*. Segundo expressa disposição legal, em relação ao primeiro critério, é salutar observar que o pronunciamento (judicial) deverá, necessariamente, refletir o teor dos arts. 485 ou 487 do CPC/2015 (o que, por si só, não faz do pronunciamento judicial uma sentença); no que tange ao segundo, tratar-se de *pronunciamento*, mediante o qual o julgador vise a extinguir "à fase cognitiva do processo de conhecimento", com ou sem enfrentamento meritó-

---
[24] Acerca dos temas, vide: TORRES, Artur. *Sentença, Coisa Julgada e Recursos Cíveis Codificados*: de acordo com as Leis 13.105/2015 e 13.256/2016. Porto Alegre: Livraria do Advogado, 2017.

rio, total ou parcial. É sentença, segundo o CPC/2015, também, o pronunciamento judicial que fulmina a execução, extinguindo-a.

Seção I
Disposições Gerais

Art. 485. O juiz não resolverá o mérito quando:

I – indeferir a petição inicial;

II – o processo ficar parado durante mais de 1 (um) ano por negligência das partes;

III – por não promover os atos e as diligências que lhe incumbir, o autor abandonar a causa por mais de 30 (trinta) dias;

IV – verificar a ausência de pressupostos de constituição e de desenvolvimento válido e regular do processo;

V – reconhecer a existência de perempção, de litispendência ou de coisa julgada;

VI – verificar ausência de legitimidade ou de interesse processual;

VII – acolher a alegação de existência de convenção de arbitragem ou quando o juízo arbitral reconhecer sua competência;

VIII – homologar a desistência da ação;

IX – em caso de morte da parte, a ação for considerada intransmissível por disposição legal; e

X – nos demais casos prescritos neste Código.

§ 1º Nas hipóteses descritas nos incisos II e III, a parte será intimada pessoalmente para suprir a falta no prazo de 5 (cinco) dias.

§ 2º No caso do § 1º, quanto ao inciso II, as partes pagarão proporcionalmente as custas, e, quanto ao inciso III, o autor será condenado ao pagamento das despesas e dos honorários de advogado.

§ 3º O juiz conhecerá de ofício da matéria constante dos incisos IV, V, VI e IX, em qualquer tempo e grau de jurisdição, enquanto não ocorrer o trânsito em julgado.

§ 4º Oferecida a contestação, o autor não poderá, sem o consentimento do réu, desistir da ação.

§ 5º A desistência da ação pode ser apresentada até a sentença.

§ 6º Oferecida a contestação, a extinção do processo por abandono da causa pelo autor depende de requerimento do réu.

§ 7º Interposta a apelação em qualquer dos casos de que tratam os incisos deste artigo, o juiz terá 5 (cinco) dias para retratar-se.

1. Sentenças *terminativas* (não há enfrentamento meritório) e sentenças *definitivas* (há enfrentamento meritório, ainda que por ficção jurídica). O diploma processual vigente, tal e qual exigia o sistema revogado, impõe a classificação das sentenças em *terminativas* e *definitivas*, mostrando-se salutar a mesma, dentre outras, para o especial fito de identificação da possibilidade, ou não, da repropositura de ação "idêntica" (art. 486).

2. Diz-se que uma sentença é *terminativa* quando prolatada com base em quaisquer dos fundamentos aventados pelos incisos do artigo 485 do CPC/2015. Segundo o Código, o pronunciamento jurisdicional, nesses casos, extingue o "processo" sem resolver o mérito da causa. As sentenças *terminativas*, não

meritórias por definição, encontram-se despidas de elemento essencial à incidência da *coisa julgada material*, de tal sorte que, respeitados certos pressupostos, não encerram, em definitivo, o conflito de interesse posto à apreciação judiciária, facultando-se ao interessado submetê-lo, observadas as exigências legais, novamente ao juízo competente.

3. Denomina-se *definitiva*, por sua vez, a sentença prolatada com fulcro em um dos incisos do artigo 487. Aduz o Código, aqui, haver *resolução meritória*. É *definitiva*, portanto, a sentença que: (I) acolhe ou rejeita o pedido formulado na ação ou na reconvenção; (II) reconhece, de ofício ou a requerimento, decadência ou prescrição; (III) homologa (a) o reconhecimento da procedência do pedido formulado na ação ou na reconvenção, (b) a transação ou (c) a renúncia à pretensão formulada na ação ou na reconvenção. As sentenças *definitivas* são, por definição, meritórias. Tais sentenças, uma vez transitadas em julgado regulam, na esmagadora maioria dos casos, o conflito decidido para a eternidade.

4. Servindo a inércia dos contendores (incisos II e III) de fundamento à extinção do feito, o magistrado, antes de prolatar sentença *terminativa*, determinará que se proceda à intimação pessoal da parte, para que supra o requerido, no prazo de cinco dias. Inalterado o cenário processual, servindo o teor do inciso II de fundamento sentencial (*paralização do processo por mais de um ano por negligência dos contendores*), as partes serão condenadas ao pagamento proporcional das custas judiciais; baseando-se, pois, no conteúdo do inciso III (*abandono da causa pelo autor*), condenar-se-á o demandante ao pagamento das despesas processuais, bem como, de honorários aos patronos do demandado. Sublinhe-se, todavia, que, oferecida a contestação, a extinção da causa por abandono do demandante, depende, necessariamente, de requerimento do demandado.

5. Incumbe ao magistrado, *oficiosamente*, antes do trânsito em julgado da causa, acusar: (a) a ausência de pressupostos de constituição e de desenvolvimento válido e regular do processo; (b) a existência de perempção, litispendência ou coisa julgada; (c) a ausência de legitimidade ou de interesse processual, sem prejuízo de, em se tratando de ação considerada intransmissível, (d) fulminar o feito, sem resolução meritória, em caso de falecimento da parte.

6. Desistência da ação. O autor pode, antes da citação do réu, desistir da ação independentemente da anuência do demandado. Ofertada a contestação, a desistência dependerá da anuência do réu (pois, pode o demandado ter interesse no enfrentamento meritório da causa). Depois de sentenciado o feito, segundo o CPC/2015, revela-se inviável o acolhimento do pedido de desistência (da ação).

7. Da sentença cabe, em regra, apelação. Tratando-se de sentença *terminativa* (bem como, noutras hipóteses pontuais – exemplo, aplicação do 332 – *da improcedência liminar do pedido* – caso em que a sentença é *definitiva*), protocolizado o recurso (que deve ser endereçado ao juízo *a quo*), é facultado ao julgador (prolator da decisão), no prazo de cinco dias, retratar-se quanto à extinção do feito, independentemente do fundamento jurídico do qual se tenha valido para fulminá-lo.

Art. 486. O pronunciamento judicial que não resolve o mérito não obsta a que a parte proponha de novo a ação.

§ 1º No caso de extinção em razão de litispendência e nos casos dos incisos I, IV, VI e VII do art. 485, a propositura da nova ação depende da correção do vício que levou à sentença sem resolução do mérito.

§ 2º A petição inicial, todavia, não será despachada sem a prova do pagamento ou do depósito das custas e dos honorários de advogado.

§ 3º Se o autor der causa, por 3 (três) vezes, a sentença fundada em abandono da causa, não poderá propor nova ação contra o réu com o mesmo objeto, ficando-lhe ressalvada, entretanto, a possibilidade de alegar em defesa o seu direito.

1. As sentenças *terminativas* encontram-se despidas de elemento essencial à incidência da *coisa julgada material* e, portanto, não impedem, como regra, a repropositura de demanda "idêntica", que terá como requisito de desenvolvimento válido específico, a comprovação, pelo demandante, do pagamento das custas processuais e dos honorários advocatícios inerentes à demanda anteriormente extinta.

2. A viabilidade do enfrentamento meritório da demanda reproposta depende, à evidência, da correção do(s) vício(s) que serviu(ram) de fundamento à extinção do feito sem resolução de mérito.

3. Perempção. Única e exclusivamente nos casos em que o demandante der causa, por três vezes, à extinção do processo por *abandono da causa* (ou seja, havendo três sentenças anteriores em que, com base no aludido fundamento, tenham extinguido demandas idênticas) é que o enfrentamento meritório de demanda com idêntico objeto revelar-se-á defeso. Nesses casos, o julgador extinguirá a demanda (a quarta) fundamentando sua decisão na ocorrência de *perempção*.

Art. 487. Haverá resolução de mérito quando o juiz:
I – acolher ou rejeitar o pedido formulado na ação ou na reconvenção;
II – decidir, de ofício ou a requerimento, sobre a ocorrência de decadência ou prescrição;
III – homologar:
a) o reconhecimento da procedência do pedido formulado na ação ou na reconvenção;
b) a transação;
c) a renúncia à pretensão formulada na ação ou na reconvenção.
Parágrafo único. Ressalvada a hipótese do § 1º do art. 332, a prescrição e a decadência não serão reconhecidas sem que antes seja dada às partes oportunidade de manifestar-se.

1. Denomina-se *definitiva* a sentença prolatada com fulcro em um dos incisos do artigo 487. As sentenças *definitivas* são, por definição, meritórias, ainda que algumas das hipóteses referidas representem mera ficção jurídica, inexistindo, verdadeiramente, análise dessa natureza. Tais sentenças, transitadas em julgado, regulam, no mais das vezes, o caso decidido para a eternidade, face à incidência da coisa julgada material.

2. **Prescrição e decadência**. O CPC/2015, como dito alhures, tomou por diretriz, dentre outros, a vedação à decisão surpresa. Como decorrência (e, também, em homenagem ao direito fundamental ao contraditório) proíbe, pois, a prolação de decisão "contra uma das partes sem que ela seja previamente ouvida" (art. 9º). O parágrafo único do artigo sob comento confirma tal regra. Nem a prescrição, nem a decadência, embora "matérias de ordem pública", podem ser declaradas sem que se faculte à parte cujos interesses sejam pelos institutos alcançados, manifestar-se previamente acerca da matéria. Para além disso, o parágrafo sob comento estabeleceu exceção legal à regra da oitiva prévia (de constitucionalidade e legitimidade duvidosas, diga-se de passagem): deparando-se o julgador, ao tempo da *atividade saneadora* inicial (leia-se: após verificar estarem presentes, *ao menos em estado de afirmação*, os requisitos de desenvolvimento válidos do processo e passar à análise da conveniência de aplicar a *improcedência liminar do pedido*) com o dever de arguir a ocorrência da prescrição ou da decadência, tal reconhecimento não dependerá, segundo expressa previsão legal, de audiência prévia do autor.

> **Art. 488.** Desde que possível, o juiz resolverá o mérito sempre que a decisão for favorável à parte a quem aproveitaria eventual pronunciamento nos termos do art. 485.

1. O CPC/2015, dando passo à frente, assumiu, definitivamente, compromisso com a operacionalização do direito, pertencente a todo e qualquer jurisdicionado, de obter resposta jurisdicional meritória (art. 6º) em relação ao conflito de interesses suscitado em juízo. Apenas como última possibilidade, segundo o Código, é que uma demanda deve ser extinta sem resolução de mérito. Ao art. 488 coube, legitimamente, ratificar a ideia. Um exemplo, pois, pode facilitar a melhor interpretação do texto sob comento: imagine-se demanda em que o autor, ciente dos atos ou diligências que deva cumprir, abandone a causa por mais de trinta dias. Embora a extinção do feito, sem resolução do mérito, beneficie (ao menos aparentemente) o demandado, verificando o julgador que, em caso de regular prosseguimento do feito, se imponha a prolação de sentença de improcedência, deve ele preferi-la em detrimento, por exemplo, da aplicação do inciso III do art. 485, a despeito de ter o demandado postulado a extinção.

Seção II
Dos Elementos e dos Efeitos da Sentença

> **Art. 489.** São elementos essenciais da sentença:
> I – o relatório, que conterá os nomes das partes, a identificação do caso, com a suma do pedido e da contestação, e o registro das principais ocorrências havidas no andamento do processo;
> II – os fundamentos, em que o juiz analisará as questões de fato e de direito;

III – o dispositivo, em que o juiz resolverá as questões principais que as partes lhe submeterem.

§ 1º Não se considera fundamentada qualquer decisão judicial, seja ela interlocutória, sentença ou acórdão, que:

I – se limitar à indicação, à reprodução ou à paráfrase de ato normativo, sem explicar sua relação com a causa ou a questão decidida;

II – empregar conceitos jurídicos indeterminados, sem explicar o motivo concreto de sua incidência no caso;

III – invocar motivos que se prestariam a justificar qualquer outra decisão;

IV – não enfrentar todos os argumentos deduzidos no processo capazes de, em tese, infirmar a conclusão adotada pelo julgador;

V – se limitar a invocar precedente ou enunciado de súmula, sem identificar seus fundamentos determinantes nem demonstrar que o caso sob julgamento se ajusta àqueles fundamentos;

VI – deixar de seguir enunciado de súmula, jurisprudência ou precedente invocado pela parte, sem demonstrar a existência de distinção no caso em julgamento ou a superação do entendimento.

§ 2º No caso de colisão entre normas, o juiz deve justificar o objeto e os critérios gerais da ponderação efetuada, enunciando as razões que autorizam a interferência na norma afastada e as premissas fáticas que fundamentam a conclusão.

§ 3º A decisão judicial deve ser interpretada a partir da conjugação de todos os seus elementos e em conformidade com o princípio da boa-fé.

1. Estrutura do ato. Tamanha é a importância do pronunciamento judicial sob comento que o legislador optou por estabelecer estrutura a ser respeitada ao tempo de sua prolação. Impõe-se, por oportuno, um destaque: embora o ato sentencial deva ser, por determinação legal, apresentado em capítulos (o relatório, a fundamentação e o decisório), a decisão judicial haverá de ser interpretada como um todo, conjugando-se a integralidade de seus elementos, em atenção ao princípio da boa-fé. São elementos *essenciais* do ato sentencial, segundo o Código, (a) o *relatório*, (b) a *fundamentação* e (c) o *dispositivo*.

2. Relatório. Trata-se de capítulo da sentença destinado ao relato, pelo juiz, dos principais *fatos processuais* havidos. É a partir de sua adequada formulação que o julgador demonstra, aos litigantes, que conhece, minuciosamente, os passos dados ao longo da relação processual, objeto de seu enfrentamento.

3. Fundamentação. Cumpre ao magistrado, grosso modo, esmiuçar, nos autos, a razão de seu convencimento. Consoante sabido aos quatro cantos, vige, entre nós, o sistema da *persuasão racional*, vale dizer, do *livre convencimento motivado*. Nessa linha, o magistrado deve, visando a legitimar a resposta jurisdicional dada ao caso concreto, desenvolvendo raciocínio lógico, de maneira analítica, explicitar aos contendores (e à sociedade em geral) *o porquê* julga "assim ou assado". Dada a importância do aspecto em tela (*para que se verifique a lisura da jurisdição prestada*) é a própria Constituição Federal de 1988 que, para os casos de violação ao aludido preceito, atribui pena de *nulidade* do pronunciamento judicial.

4. O conceito de motivação, por óbvio, esgarça em muito os lindes do estudo jurídico, disso não se podendo olvidar. Para os fins ora colimados, revela-se suficiente afirmar que a atividade motivacional exigida pela Constituição (e também pelo Código) deva ser compreendida, em suma, como a exigência de que o Estado-Juiz justifique o porquê de adotar, caso a caso, esta ou aquela postura de julgamento, explicitando, sempre de forma límpida, o raciocínio lógico desenvolvido e a racionalidade das decisões proferidas. Deriva da previsão contida no artigo 93, inciso IX, da CF/88, que *todas* as decisões proferidas pelo Poder Judiciário serão motivadas. A profundidade da exigência deve ser bem compreendida, pena de prosseguirmos laborando no dia a dia forense com meros arremedos de motivação. Vigora entre nós o sistema da persuasão racional do julgador; o dever de motivar atua, numa de suas perspectivas, como verdadeira engrenagem do mesmo. Tem-se, destarte, que o dever de motivar destina-se, numa de suas vertentes, a combater o arbítrio do julgador. Não há dúvida, atualmente, que o dever de motivar se coadune com um sem número de outras situações jurídicas. Seja como for, o que vale mesmo é ter ciência de que a exigência motivacional afirma-se no clamor social pelo controle da atividade judiciária no sentido de dela exigir esclarecimentos acerca das condutas sociais admitidas. Em tempos em que a cada dia emergem propositalmente disposições eivadas de conceitos indeterminados, o dito "poder controlador" ganha destaque. Motivar, na perspectiva do *modelo constitucional do processo civil brasileiro* (respeitada pelo CPC/2015), representa esmiuçar o *como, quando, e o porquê* optou o juízo por emanar a específica lei do caso concreto.

5. Dispositivo. A sentença, por fim, contará com o denominado capítulo *dispositivo*. Preparado o terreno pelas anotações judiciais anteriores (o *relatório* e a *fundamentação*), alcança-se o momento em que o magistrado aporá, nos autos, sua decisão: a decisão acerca da *norma jurídica* a ser respeitada no caso apreciado. É nele, em última análise, que o julgador (des)acolhe as postulações formuladas pelos contendores, apresentando, objetivamente, o comando judiciário a ser observado *in concreto*.

6. No afã de combater rotineira prática forense utilizada ao tempo de vigência do sistema revogado, o CPC/2015 prescreve, em "alto e bom tom", que, não se considera fundamentado o pronunciamento judicial decisório que: (a) se limitar à indicação, à reprodução ou à paráfrase de ato normativo, sem explicar sua relação com a causa ou a questão decidida; (b) empregar conceitos jurídicos indeterminados, sem explicar o motivo concreto de sua incidência no caso; (c) invocar motivos que se prestariam a justificar qualquer outra decisão; (d) deixar de enfrentar todos os argumentos deduzidos no processo capazes de, em tese, infirmar a conclusão adotada pelo julgador; (e) se limitar a invocar precedente ou enunciado de súmula, sem identificar seus fundamentos determinantes nem demonstrar que o caso sob julgamento se ajusta àqueles fundamentos; (f) deixar de seguir enunciado de súmula, jurisprudência ou precedente invocado pela parte, sem demonstrar a existência de distinção no caso em julgamento ou a superação do entendimento.

7. Art. 489, § 1°, IV. Jurisprudência defensiva. "EMBARGOS DE DECLARAÇÃO. DIREITO PÚBLICO NÃO ESPECIFICADO. INFRAÇÃO DE

TRÂNSITO. EXECUÇÃO DE SENTENÇA. HONORÁRIOS ADVOCATÍCIOS. JUROS MORATÓRIOS. ALEGAÇÃO DE OMISSÃO. INOCORRÊNCIA. REDISCUSSÃO DA MATÉRIA QUE NÃO SE ADMITE NA VIA ELEITA. Não havendo omissão, contradição ou obscuridade no acórdão, os embargos merecem improvimento. *O juiz não está obrigado a responder a todos os argumentos apresentados pelas partes, quando tenha encontrado fundamento suficiente para formar seu convencimento.* Pré-questionamento que não prescinde do preenchimento dos lindes traçados no art. 535 do CPC. EMBARGOS DE DECLARAÇÃO IMPROVIDOS. DECISÃO MONOCRÁTICA." (Embargos de Declaração nº 70061766119, Terceira Câmara Cível, Tribunal de Justiça do RS, Relator: Nelson Antônio Monteiro Pacheco, Julgado em 19/12/2014). O CPC/2015, atento à prática judiciária acima transcrita, vai de encontro ao entendimento "defensivo" dos tribunais. Segundo o novel diploma, é dever do julgador enfrentar à integralidade dos argumentos (a nosso sentir, fundamentos) suscitados pelas partes, capazes, em tese, de infirmar a conclusão aposta aos autos, sob pena de nulidade do julgado.

8. Da justificação. A aplicação concreta do direito, não raro, submete o julgador a uma "encruzilhada", quer dizer, sua manifestação (o ato de decidir propriamente dito) reflete, bem compreendida a expressão, o produto de uma "escolha" dentre algumas possibilidades. Não se está aqui, vale dizer, a acolher esta ou aquela concepção acerca do que verdadeiramente represente o ato de decidir (ato silogístico; escolha; decisão e etc.), mas, tão somente, a informar que, por vezes, de fato, depara-se o julgador, que não pode se negar a prestar jurisdição, com certas antinomias sistêmicas, tendo de optar, *in concreto*, pela prevalência de um valor juridicamente preservado em face de outro, da mesma forma promovido. Há casos, mais facilmente resolvidos, em que o conflito se dá, por um sem número de razões (que, para o momento, não merecem ser esmiuçadas), entre normas hierarquicamente situadas em planos distintos. Não episodicamente, contudo, o quadro se agrava, uma vez que a antinomia constatada ocorre entre normas hierarquicamente insertas em idêntico plano, como, por exemplo, quando existente entre direitos fundamentais. Seja como for, consoante dito alhures, o julgador não pode se eximir de decidir e, assim sendo, haverá de "escolher", sempre, é verdade, de maneira *fundamentada*. Nos casos fáceis, ou difíceis, o CPC/2015, com todas as letras, impõe ao juiz a tarefa de esmiuçar o "objeto e os critérios gerais da ponderação efetuada", visando a *justificar* a "escolha" feita, ou seja, o porquê decidiu pela preponderância de uma norma em detrimento, casuístico, de outra. O objetivo, aqui, não é, registre-se, debater quais são as espécies de *postulados* admitidos pela doutrina (jurídica, filosófica etc.),[25] muito menos enfrentar cada uma das inúmeras teorias hermenêuticas que, hoje, parecem ter "dominado" o cenário jurídico (tema que, ao fim e ao cabo, revela, também, forte carga filosófica),[26] mas, apenas, demonstrar que, em todo e qualquer pronunciamento judicial em que tal "escolha" se impuser, haverá o órgão julgador de, pormenorizadamente, esclarecer, expres-

---

[25] Por todos, na doutrina pátria, vide ÁVILA, Humberto. *Teoria dos Princípios*: da definição à aplicação dos princípios jurídicos. 10. ed. São Paulo: Malheiros, 2009.
[26] Vide, com grande proveito, GUASTINI, Ricardo. *Dalle fonti alle norme*. Torino: G. Giappichelli Editore, 1992.

samente, as razões da opção eleita. Um debate (de cunho processual – embora formal) tem inquietado os doutos: a *justificação* (imposta pelo teor do art. 489, § 2º) deve, sendo o caso, ser apresentada em capítulo autônomo do julgado (ter-se-ia, assim, o relatório, a fundamentação, a justificação e o decisório), ou deve, em se tratando materialmente de motivação, ser apresentada no capítulo destinado a tal tarefa, sem o acréscimo de capítulo próprio? Segundo pensamos, pois, a compreensão da teoria das nulidades adotada pelo CPC/2015 resolve, com tranquilidade, tal quimera. Consoante sabido aos quatro cantos, todo ato processual é um ato finalístico (ou, ao menos deve ser!); preceitua o art. 188 do CPC/2015 que os atos e os termos processuais, salvo expresso apontamento legal, independem de forma determinada, "considerando-se válidos os que, realizados de outro modo, lhe preencham a finalidade essencial".[27] O sistema das nulidades processuais, disciplinado pelos artigos 276/283, encontra-se fundado nos pilares, a saber: (a) princípio antitorpeza (art. 276), (b) da finalidade (art. 277), (c) do prejuízo (arts. 282 e 283) e (d) do melhor aproveitamento dos atos processuais (art. 283, parágrafo único). Assim sendo, é intuitivo que, na verdade, a imposição legal se dá no sentido de que, sendo o caso, a *justificação* não pode faltar. A forma como será apresentada, contudo, revela-se irrelevante. Pode o julgador, portanto, optar por realizá-la em capítulo próprio ou no capítulo destinado à motivação do decisório como um todo, uma vez que tal escolha não gerará, como regra, qualquer prejuízo às partes, bem como, à finalidade da exigência. Tudo quanto mais, nada obstante o respeito a opiniões em contrário, pensamos não passar de mera "perfumaria".

9. Consoante contestado enunciado aprovado pela ENFAM, o "art. 489 do CPC/2015 não se aplica ao sistema de juizados especiais." (Enunciado n. 47, ENFAM).

10. "A decisão que aplica a tese jurídica firmada em julgamento de casos repetitivos não precisa enfrentar os fundamentos já analisados na decisão paradigma, sendo suficiente, para fins de atendimento das exigências constantes no art. 489, § 1º, do CPC/2015, a correlação fática e jurídica entre o caso concreto e aquele apreciado no incidente de solução concentrada." (Enunciado n. 19, ENFAM).

Art. 490. O juiz resolverá o mérito acolhendo ou rejeitando, no todo ou em parte, os pedidos formulados pelas partes.

1. A razão de ser do processo de conhecimento (ou fase cognitiva do processo sincrético) é, em última análise, o enfrentamento meritório da causa *sub judice*. O CPC/2015, por ficção jurídica, considera haver enfrentamento meritório em certas situações (art. 487, II e III), quando, de fato, investigação dessa

---

[27] Princípio da instrumentalidade das formas. Os atos (promovidos pelas partes) e os termos (pelos serventuários da justiça em geral) não dependem de forma determinada para sua prática, excetuados os casos expressos em lei. De toda sorte, havendo previsão acerca do modo como se deva praticar um ato ou um termo, ainda que realizados de maneira diversa, serão os mesmos considerados válidos, uma vez alcançada sua finalidade.

natureza, ocorre tão somente por ocasião do *acolhimento* ou da *rejeição* do pedido formulado (art. 487, I).

2. O (des)acolhimento da postulação submetida à juízo pode ser parcial.

> **Art. 491.** Na ação relativa à obrigação de pagar quantia, ainda que formulado pedido genérico, a decisão definirá desde logo a extensão da obrigação, o índice de correção monetária, a taxa de juros, o termo inicial de ambos e a periodicidade da capitalização dos juros, se for o caso, salvo quando:
> I – não for possível determinar, de modo definitivo, o montante devido;
> II – a apuração do valor devido depender da produção de prova de realização demorada ou excessivamente dispendiosa, assim reconhecida na sentença.
> § 1º Nos casos previstos neste artigo, seguir-se-á a apuração do valor devido por liquidação.
> § 2º O disposto no caput também se aplica quando o acórdão alterar a sentença.

1. Havendo condenação ao pagamento de quantia, nada obstante derive de pedido genérico, a sentença, deve apontar, desde logo, "a extensão da obrigação, o índice de correção monetária, a taxa de juros, o termo inicial de ambos e a periodicidade da capitalização dos juros, se for o caso". Extrai-se do artigo sob comento que, apenas nas hipóteses previstas por seus incisos, admite-se a prolação de sentença *ilíquida*.

> **Art. 492.** É vedado ao juiz proferir decisão de natureza diversa da pedida, bem como condenar a parte em quantidade superior ou em objeto diverso do que lhe foi demandado.
> Parágrafo único. A decisão deve ser certa, ainda que resolva relação jurídica condicional.

1. Permanece entre nós, pois, a regra de que *juiz julga pedido*. Não é por outra razão que o *caput* do art. 492 prescreve em "alto e bom tom": é vedado ao magistrado julgar à margem da postulação formulada. Eis a razão pela qual os "homens do foro" necessitam dominar a técnica adequada para a formulação dos pleitos que patrocinam. Acerca do tema, consulte-se os comentários aos artigos 322 e seguintes.

2. Pedido imediato e Pedido mediato. O *caput* do artigo 322 do CPC/2015 é enfático: "o pedido deve ser certo". O artigo 324, por sua vez, prescreve que o pedido "deve ser determinado". Diz-se, de longa data, que o requisito da *certeza* está vinculado a dimensão *imediata* da postulação, que corresponde, segundo a melhor técnica, sempre, *a um pedido de tutela jurisdicional*, dentre as admitidas entre nós (tutela *declaratória, constitutiva, condenatória, mandamental* ou *executiva lato sensu*); o pedido mediato, que deverá ser apresentado, em regra, de maneira determinada, corresponde ao *bem da vida que se pretende* obter com o sucesso do pleito. Admite-se, respeitadas as hipóteses legais, que o pedido *mediato* seja formulado de maneira genérica.

Art. 493. Se, depois da propositura da ação, algum fato constitutivo, modificativo ou extintivo do direito influir no julgamento do mérito, caberá ao juiz tomá-lo em consideração, de ofício ou a requerimento da parte, no momento de proferir a decisão.
Parágrafo único. Se constatar de ofício o fato novo, o juiz ouvirá as partes sobre ele antes de decidir.

1. A causa de pedir, em sua dimensão fática, retrata, no mais das vezes, fato já consumado, ou seja, pauta-se em situação havida no passado (excepcionalmente, a dimensão fática diz com o fato que se pretende impedir – *tutela inibitória*, por exemplo). Nada impede, pois, que, após a propositura da demanda o contexto fático suscitado se altere de tal maneira que, em última análise, considerá-lo seja indispensável à melhor composição do conflito. Assim sendo, incumbe ao julgador, na linguagem do Código, "tomá-lo em consideração", *ex officio* ou mediante requerimento, ao tempo da formulação do pronunciamento judicial destinado ao enfrentamento do caso concreto.

2. O apontamento constante do *parágrafo único* do artigo sob comento, revela-se corolário do denominado *direito fundamental ao contraditório*. Independentemente da questão *sub judice*, é vedado ao magistrado decidir, na linha do CPC/2015, sem facultar aos interessados influir "eficazmente" na construção da decisão judicial, razão pela qual se impõe, previamente, a oitiva das partes, *a fortiori*, tratando-se de "fato novo".

Art. 494. Publicada a sentença, o juiz só poderá alterá-la:
I – para corrigir-lhe, de ofício ou a requerimento da parte, inexatidões materiais ou erros de cálculo;
II – por meio de embargos de declaração.

1. Publicada a sentença, ressalvadas as hipóteses previstas em lei, opera-se para o julgador, em relação ao ato, a denominada preclusão consumativa, sendo-lhe vedado alterá-la. Tal impedimento vai flexibilizado em certos casos (naqueles em que Código autoriza que o julgador realize juízo de retração – por exemplo, em relação às sentenças terminativas).

2. Havendo no julgado *inexatidões materiais* ou *erro de cálculo* pode o magistrado, de ofício ou a requerimento, alterar a sentença publicada. Segundo entendimento do STJ, a *inexatidão material* deriva de equívoco na redação do pronunciamento judicial e não de *error in judicando*; já o *erro de calculo*, por sua vez, cinge-se a constatação, no julgado, de equívoco *aritmético*.

3. Mediante o acolhimento dos *embargos de declaração*, recurso destinado a (1) esclarecer obscuridade ou eliminar contradição havida no julgado; (2) suprir omissão acerca de ponto que deveria ter sido enfrentado na decisão, bem como (3) destinado a corrigir erro material constante do pronunciamento judicial embargado, o juiz prolator da sentença impugnada (competente para enfrentar o aludido recurso no mérito) poderá alterá-la.

Art. 495. A decisão que condenar o réu ao pagamento de prestação consistente em dinheiro e a que determinar a conversão de prestação de fazer, de não fazer ou de dar coisa em prestação pecuniária valerão como título constitutivo de hipoteca judiciária.

§ 1º A decisão produz a hipoteca judiciária:
I – embora a condenação seja genérica;
II – ainda que o credor possa promover o cumprimento provisório da sentença ou esteja pendente arresto sobre bem do devedor;
III – mesmo que impugnada por recurso dotado de efeito suspensivo.

§ 2º A hipoteca judiciária poderá ser realizada mediante apresentação de cópia da sentença perante o cartório de registro imobiliário, independentemente de ordem judicial, de declaração expressa do juiz ou de demonstração de urgência.

§ 3º No prazo de até 15 (quinze) dias da data de realização da hipoteca, a parte informá-la-á ao juízo da causa, que determinará a intimação da outra parte para que tome ciência do ato.

§ 4º A hipoteca judiciária, uma vez constituída, implicará, para o credor hipotecário, o direito de preferência, quanto ao pagamento, em relação a outros credores, observada a prioridade no registro.

§ 5º Sobrevindo a reforma ou a invalidação da decisão que impôs o pagamento de quantia, a parte responderá, independentemente de culpa, pelos danos que a outra parte tiver sofrido em razão da constituição da garantia, devendo o valor da indenização ser liquidado e executado nos próprios autos.

1. Hipoteca judiciária. Eficácia secundária da sentença. Para além da eficácia principal, a sentença possui eficácias secundárias. Uma delas, pois, diz com a produção da *hipoteca judiciária*. Ainda que o julgado que sirva de título hábil à sua constituição tenha sido impugnado mediante recurso dotado de efeito suspensivo, é facultado ao credor, independentemente de ordem judicial, submetê-lo ao registro de imóveis competente, no afã de constituir a hipoteca em epígrafe.

2. Promovido pela parte interessada a constituição da hipoteca judiciária, obterá esta (o credor hipotecário, na verdade), observada a ordem de registros hipotecários, o direito de preferência sobre o bem, enquanto perdurar insatisfeito o seu crédito.

3. A parte que promover a anotação da hipoteca junto ao Registro competente indenizará à parte adversa, independentemente de culpa, pelos danos que tiver sofrido em razão da constituição da garantia. Tal indenização, sendo o caso, será liquidada e executada nos próprios autos.

Seção III
Da Remessa Necessária

Art. 496. Está sujeita ao duplo grau de jurisdição, não produzindo efeito senão depois de confirmada pelo tribunal, a sentença:
I – proferida contra a União, os Estados, o Distrito Federal, os Municípios e suas respectivas autarquias e fundações de direito público;
II – que julgar procedentes, no todo ou em parte, os embargos à execução fiscal.

§ 1º Nos casos previstos neste artigo, não interposta a apelação no prazo legal, o juiz ordenará a remessa dos autos ao tribunal, e, se não o fizer, o presidente do respectivo tribunal avocá-los-á.

§ 2º Em qualquer dos casos referidos no § 1º, o tribunal julgará a remessa necessária.

§ 3º Não se aplica o disposto neste artigo quando a condenação ou o proveito econômico obtido na causa for de valor certo e líquido inferior a:

I – 1.000 (mil) salários-mínimos para a União e as respectivas autarquias e fundações de direito público;

II – 500 (quinhentos) salários-mínimos para os Estados, o Distrito Federal, as respectivas autarquias e fundações de direito público e os Municípios que constituam capitais dos Estados;

III – 100 (cem) salários-mínimos para todos os demais Municípios e respectivas autarquias e fundações de direito público.

§ 4º Também não se aplica o disposto neste artigo quando a sentença estiver fundada em:

I – súmula de tribunal superior;

II – acórdão proferido pelo Supremo Tribunal Federal ou pelo Superior Tribunal de Justiça em julgamento de recursos repetitivos;

III – entendimento firmado em incidente de resolução de demandas repetitivas ou de assunção de competência;

IV – entendimento coincidente com orientação vinculante firmada no âmbito administrativo do próprio ente público, consolidada em manifestação, parecer ou súmula administrativa.

1. No sistema pátrio os pronunciamentos judiciais, como regra, produzem eficácia imediata. Há casos, contudo, em que o legislador opta por suspendê-la, tomando por base diversos critérios. O art. 496 retrata situações em que o pronunciamento judicial destinado a dar por prestada a jurisdição desfavorece o Estado (pessoas jurídicas de direito público interna), em sentido largo, impondo a submissão da causa a um segundo grau de jurisdição.

2. Remessa necessária *versus* recurso. A *remessa necessária*, nada obstante imponha a revisão (submissão ao duplo grau de jurisdição) de decisões proferidas, em primeira instância, em desfavor do "Estado", não possui natureza recursal. Os recursos, por definição, derivam de ato volitivo da parte (ou de terceiro) prejudicada(o), enquanto a *remessa necessária* se dá por expressa determinação legal. É indispensável, inclusive, para que a remessa necessária dos autos ocorra, que a apelação (recurso com o qual se impugna a sentença) deixe de ser ofertada pelo "Estado".

3. Incumbe ao tribunal (na pessoa de seu presidente), nos casos em que o juízo prolator da sentença prejudicial ao "Estado" deixar de enviar-lhe os autos, requerê-los para o especial fim de submeter tal decisão a sua confirmação. A tarefa toca ao presidente do tribunal a que estiver vinculado o juízo prolator da sentença.

4. A despeito de desfavorecer o "Estado", não estão adstritos ao sistema da *remessa necessária*, as sentenças em que o valor da condenação ou do pro-

veito econômico da causa for inferior a (a) mil salários mínimos para União e suas respectivas autarquias e fundações de direito público; (b) quinhentos salários mínimos para os Estados, o Distrito Federal, as respectivas autarquias e fundações de direito público, e os Municípios que constituam capitais dos Estados; (c) cem salários mínimos para todos os demais municípios e respectivas autarquias e fundações de direito público. Sendo o caso, uma vez transcorrido *in albis* o prazo recursal (que para o "Estado" é dobrado), a matéria restará preclusa.

5. Independentemente da "expressão econômica" da causa, as sentenças proferidas em desfavor do "Estado" não se encontram adstritas ao sistema da *remessa necessária* quando: (a) amparadas por súmula de tribunal superior; (b) fundadas em acórdão proferido pelo Supremo Tribunal Federal ou pelo Superior Tribunal de Justiça em julgamento de recursos repetitivos; (c) convergir com entendimento firmado em incidente de resolução de demandas repetitivas ou de assunção de competência, bem como, quando (d) coincidir com orientação vinculante firmada no âmbito administrativo do próprio ente público, consolidada em manifestação, parecer ou súmula administrativa. Aqui, como é intuitivo, o sistema de "técnicas vinculantes" adotado pelo Código novamente se faz sentir.

Seção IV
Do Julgamento das Ações Relativas às Prestações de Fazer, de Não Fazer e de Entregar Coisa

Art. 497. Na ação que tenha por objeto a prestação de fazer ou de não fazer, o juiz, se procedente o pedido, concederá a tutela específica ou determinará providências que assegurem a obtenção de tutela pelo resultado prático equivalente.

Parágrafo único. Para a concessão da tutela específica destinada a inibir a prática, a reiteração ou a continuação de um ilícito, ou a sua remoção, é irrelevante a demonstração da ocorrência de dano ou da existência de culpa ou dolo.

1. Direito fundamental à *tutela efetiva*. Aduz-se a uma tutela *efetiva* (ou direito fundamental à tutela efetiva) no sentido de alcançar àquele que se afirma titular de determinada posição jurídica, assistindo-lhe razão, a própria. Traduz-se, com a ideia, a preocupação com a especificidade da prestação estatal, devendo o resultado da demanda ser o mais aderente possível a promessa do direito material. Quem pleiteia, exemplificativamente, um *não fazer* não deve ser agraciado, senão em última instância, com mera indenização.

2. O jurisdicionado tem, como regra, direito a tutela específica da obrigação. A obrigação apenas será convertida em perdas e danos se o autor o requerer ou se impossível a tutela específica ou a obtenção de tutela pelo resultado prático equivalente.

3. Tutela dos Direitos. Tutela contra o dano (*reparatória* e *ressarcitória*) e tutela contra o ilícito (*inibitória* e de *remoção do ilícito*). A atividade jurisdicional, em alguns casos, destina-se a combater o *dano*; noutros, única e exclusivamente, o *ilícito*. As tutelas contra o ilícito consistem na *tutela inibitória* (de caráter preventivo) e na *tutela de remoção do ilícito* (de caráter repressivo). Visa-se, com a primeira, a impedir a ocorrência do ilícito; com a segunda, porque já fora violado o ordenamento jurídico, removê-lo. Consoante o parágrafo segundo do art. 497, "é irrelevante a demonstração da ocorrência de dano ou da existência de culpa ou dolo" para a concessão da tutela (específica) destinada a *impedir* ou, sendo o caso, *remover* o ilícito reconhecido.

4. "O disposto no parágrafo único evidencia regra que já tinha aplicação na prática. Para surtir efeitos, a sentença de procedência pode ser complementada por comando imperativos, que são acompanhados de medidas de pressão para que o próprio devedor adote a conduta devida e produza o resultado específico. A ação ou omissão prejudicial à efetivação da tutela correspondente deve ser barrada, mesmo que a parte contrária não esteja agindo com dolo ou culpa. Em termos práticos, ao autor deve ser garantida a satisfação do direito que já foi confirmado na sentença." (DONIZETTI, Elpídio. *Novo Código de Processo Civil Comentado*. São Paulo: Atlas, 2015. p. 379).

5. Segundo pensamos, não se pode extrair do conteúdo apontado pelo *caput* do art. 497 ("o juiz, se procedente o pedido (...) determinará providências que assegurem a obtenção de tutela pelo resultado prático equivalente") a possibilidade de tutela executiva oficiosa. Os poderes do julgador, segundo pensamos, limitam-se a apontar no julgado as medidas potencialmente utilizáveis, havendo interesse do legitimado, em tornar mundanos os efeitos da decisão sob comento. Justifica-se a interpretação sustentada no princípio dispositivo, inerente, como regra, a "execução" cível. A natureza da obrigação não pode, por si só, autorizar a instauração oficiosa de *cumprimento de sentença*, nada obstante estejamos cientes de entendimento doutrinário e jurisprudencial em sentido contrário.

> **Art. 498.** Na ação que tenha por objeto a entrega de coisa, o juiz, ao conceder a tutela específica, fixará o prazo para o cumprimento da obrigação.
> Parágrafo único. Tratando-se de entrega de coisa determinada pelo gênero e pela quantidade, o autor individualizá-la-á na petição inicial, se lhe couber a escolha, ou, se a escolha couber ao réu, este a entregará individualizada, no prazo fixado pelo juiz.

1. Ao referir-se a expressão "entrega de coisa", o Código alude à obrigação de entregar bem da vida diverso de dinheiro. Ao acolher pedido dessa natureza, o juiz deve, de pronto, fixar prazo para o cumprimento espontâneo da decisão.

2. As obrigações de "entregar coisa" classificam-se, segundo certo entendimento doutrinário, em *obrigação de entrega de coisa certa* e *obrigação de entrega de coisa incerta*, muito embora a Lei 10.406/02 discipline as obrigações "De Dar Coisa Certa" (arts. 233 e seguintes) e "De Dar Coisa Incerta" (arts. 243 e seguintes). Seja como for, não há discordância em asseverar que as obrigações que se limitam à identificação pelo gênero e quantidade, retratem, em última análise, obrigação *incerta*. Nas obrigações dessa natureza, como regra, o direito de individualizar o bem da vida a ser entregue pertence ao devedor (salvo disposição contratual em sentido diverso) que, a despeito disso, não poderá escolher a "coisa pior", nem será compelido entregar "a melhor" (art. 244, CC). O autor deverá, a ele pertencendo o direito de individualização do bem objeto da obrigação incerta, já em sede inicial, individualizá-lo (mediante formulação de seu pedido); tocando ao réu tal prerrogativa, tal definição dar-se-á por conta do efetivo cumprimento do julgado, momento em que, ao cumpri-lo, terá de entregar ao credor bem da vida devidamente individualizado.

Art. 499. A obrigação somente será convertida em perdas e danos se o autor o requerer ou se impossível a tutela específica ou a obtenção de tutela pelo resultado prático equivalente.

1. O jurisdicionado tem o *direito* de obter, assistindo-lhe razão, a *tutela específica da obrigação* ou o *resultado prático equivalente* a sua satisfação. Trata-se, grosso modo, da noção de *direito fundamental à tutela efetiva*. A condenação em obrigação de pagar quantia, nos casos em que a demanda tenha por objeto um (não) fazer ou à entrega de coisa (diferente de dinheiro), revela-se técnica subsidiária e tem por pressuposto ou o "querer" do credor ou a impossibilidade fática da concretização da tutela específica ou do resultado prático equivalente.

Art. 500. A indenização por perdas e danos dar-se-á sem prejuízo da multa fixada periodicamente para compelir o réu ao cumprimento específico da obrigação.

1. *Astreinte.* O magistrado pode, de ofício ou a requerimento, fixar multa periódica visando a concretização de determinado comando judicial. Reconhecida a existência de obrigação específica a ser cumprida (um fazer; não fazer; entrega de coisa), a multa, não raro, é estipulada por dia de atraso no cumprimento da decisão, em benefício da parte titular do direito reconhecido em juízo. Imagine-se, exemplificativamente, que o juízo determine ao réu que proceda na entrega de certo bem da vida ao autor, no prazo de 15 dias, pena de multa diária de R$ 1.000,00. Atrasando-se no cumprimento da aludida obrigação em 10 dias, o réu, além da entrega da coisa, deverá arcar com o somatório oriundo da incidência da "pena" pecuniária. O requerimento (oportuno) do autor no sentido de converter-se a obrigação de *entrega de coisa* em obrigação de *pagamento em quantia*, não isenta, em última análise, o réu do cumprimento da obrigação oriunda da não observância tempestiva da decisão.

2. Comprovada pelo obrigado a impossibilidade prática do cumprimento da obrigação, a despeito de haver fixação de multa por atraso, parece-nos pouco mais do que evidente que a manutenção de sua exigibilidade é medida contrária à prestação da melhor jurisdição.

3. Acerca do tema (astreintes), com grande proveito, vide: PEREIRA, Rafael Caselli. *A multa judicial (astreinte) e o CPC/2015*: visão teórica, prática e jurisprudencial. Salvador: Juspodivm, 2017.

Art. 501. Na ação que tenha por objeto a emissão de declaração de vontade, a sentença que julgar procedente o pedido, uma vez transitada em julgado, produzirá todos os efeitos da declaração não emitida.

1. Há casos em que o pleito judicial se justifica na simples tentativa de se obter "declaração de vontade" alheia. Ao art. 501, pois, coube salientar a natureza autosatisfativa da sentença que acolhe pedido judicial dessa ordem. Quer dizer: independentemente da realização de qualquer outro ato (processual ou não), considera-se suprida a declaração de vontade objeto da demanda. Em suma: não se executa comando judicial cujo conteúdo se limite a tanto.

Seção V
Da Coisa Julgada[28]

1. Nenhum espanto pode causar a afirmativa de que o principal escopo da prestação jurisdicional (atividade estatal, por definição) é, no âmbito da jurisdição contenciosa, o de pacificar os conflitos sociais (reais ou virtuais) submetidos à apreciação do Estado-juiz. Realizadas, de parte a parte, as *postulações* pertinentes, saneado e instruído o feito, alcança-se, de acordo com a linha de desenvolvimento natural da tutela cognitiva, a denominada etapa decisória, momento processual destinado a que o Poder competente apresente, preferencialmente, uma solução meritória ao conflito judicializado. Nessa quadra, e ao seu tempo, pois, o conflito de interesses *sub judice* haverá de, pelo menos no plano jurídico, ser solucionado para a eternidade, expurgando-se, de uma vez por todas, o estado de incerteza social.

2. À *coisa julgada* (instituto processual comprometido, em primeiro plano, com o valor *segurança jurídica*) tocou, sobretudo, exercer o papel de "coveiro" da precariedade. Prestada à jurisdição, independentemente da resposta meritória alcançada (se de procedência ou improcedência do pleito formulado pelo autor), costuma-se dizer, mediante figura de linguagem, que sua incidência tem o poder de tornar *preto*, o *branco*; *quadrado*, o *redondo*; *justo*, o *injusto*.

Art. 502. Denomina-se coisa julgada material a autoridade que torna imutável e indiscutível a decisão de mérito não mais sujeita a recurso.

1. Conceito. Denomina-se *coisa julgada*, consoante prescreve o artigo 502 do CPC/2015, *a autoridade* que *torna imutável e indiscutível a decisão de mérito, não mais sujeita a recurso*. Trata-se de instituto que remonta os primórdios do fenômeno jurídico e que, com o passar do tempo, revelou-se compreendido à luz de distintos enfoques.

2. Modernamente, contudo, a expressão *coisa julgada* tem sido utilizada num duplo sentido. Fala-se em coisa julgada *formal* e *material*. No primeiro sentido, invoca-se a coisa julgada, única e exclusivamente, para aludir à ocor-

---

[28] Acerca dos temas, vide: TORRES, Artur. *Sentença, Coisa Julgada e Recursos Cíveis Codificados*: de acordo com as Leis 13.105/2015 e 13.256/2016. Porto Alegre: Livraria do Advogado, 2017.

rência da *preclusão* processual "maior", isto é, para que se tenha presente que, a despeito da inexistência de decisão meritória, dado o trânsito em julgado da decisão final (sentença ou acórdão), torna-se o "resultado" da demanda imutável para os contendores no âmbito da relação processual em que se formou. Trata-se, a rigor, de espúria coisa julgada; noutro sentido, pois, fala-se em coisa julgada *material,* como a verdadeira *res iudicata*. Atualmente, revela-se amplamente aceito entre nós, haver distinção entre *eficácia da sentença* e *autoridade de coisa julgada*. Deve-se, tal sistematização, à construção teórica formulada por *Enrico Tullio Liebman* que, em relação à última (*autoridade de coisa julgada*), afirmou não se tratar de "efeito ulterior e diverso da sentença", mas de "*qualidade* dos seus efeitos e a todos os seus efeitos referente, isto é, precisamente a sua imutabilidade", visando a diferenciá-la dos efeitos da sentença propriamente ditos. (LIEBMAN, Enrico Tullio. *Eficácia e autoridade da sentença e outros sobre a coisa julgada.* p. 141). Importa, aqui, a noção de que os conflitos (reais ou virtuais) submetidos à apreciação judiciária não se podem perpetuar. Devem eles, ao invés, uma vez prestada à jurisdição (constitucionalmente) prometida, resolverem-se de uma vez por todas, pacificando-se a convivência social. O "pôr fim" ao conflito de interesses, de *maneira definitiva*, é, bem compreendida a expressão, a razão de ser do instituto em sua dimensão *material*. Pode-se, preliminarmente, portanto, conceber a *coisa julgada material* como a qualidade que, respeitados os requisitos legais, incidirá sobre a decisão (desde que meritória), produzindo efeitos próprios, destinados, nomeadamente, a pôr um "ponto final" à controvérsia objeto do enfrentamento judiciário.

3. Dos requisitos indispensáveis à incidência da *coisa julgada material*. Dois, a rigor, revelam-se os *requisitos essenciais* à incidência da coisa julgada material: (a) haver decisão meritória, calcada em cognição exauriente, mediante a qual o Poder Judiciário pretenda dar por prestada a jurisdição, (b) com trânsito em julgado. Em relação ao *primeiro*, sublinhe-se, antes de mais nada, que o direito processual brasileiro discerne, dentre os atos decisórios do juiz (no âmbito do juízo singular), *decisões interlocutórias* e *sentença*, cabendo a essa o desiderato de (pelo menos tentar) pôr fim ao processo, ou à fase do mesmo, no sentido de dar por prestada a jurisdição. Já no que diz com o âmbito de enfrentamento colegiado das demandas, possuem assento entre os pronunciamentos judiciais, consoante expresso apontamento legal, as *decisões monocráticas* e os *acórdãos*. Alerte-se: tanto um quanto outro, presentes os requisitos autorizativos e, considerado sua função *in concreto* (de dar por prestada a jurisdição – por exemplo, uma monocrática que julgue um recurso de apelação por força do art. 932; o julgamento colegiado de idêntico recurso), não só podem como devem, ser considerados "sentença em sentido largo". Considerada a função precípua do instituto, vale destacar, desde já, que a *res iudicata* não se faz sentir senão em relação às sentenças em sentido largo (*sentença em sentido estrito* e decisões dos tribunais que, do ponto de vista de sua finalidade, pretendam dar por prestada, em definitivo (meritoriamente), a jurisdição – cognitiva). Quer dizer: as *decisões interlocutórias*, embora adstritas ao regime da preclusão (pelo menos boa parte delas), não recebem o "abraço" da coisa julgada material, nada obstante, por vezes, enfrentem o mérito da causa (o que é, inclusive, muito comum!);[29] *segundo*, que as sentenças, de acordo com regime codificado, classificam-se em *terminativas* (hipóteses do art. 485 do CPC/2015) e *definitivas* (hipóteses do art. 487 do CPC/2015). Apenas as decisões prolatadas com base no artigo 487 resolvem o feito, segundo o regime codificado, meritoriamente (ainda que, não raro, por ficção legal). Trata-se, pois, das denominadas *sentenças definitivas*. Assim, o *primeiro requisito* à incidência da coisa julgada material apenas vai superado se, e somente se, houver *sentença meritória*, conceito que pressupõe, como regra, a existência de cognição exauriente. No que diz com o *segundo* requisito, observe-se, pois, que a incidência do instituto reclama não mais estar o *julgado, meritório* (o único que o suporta), sujeito a "alterações". Utiliza-se, usualmente, a expressão "trânsito em julgado", no cenário em tela, para designar-se à impossibilidade de que uma decisão venha a ser modificada. Alcança-se o "trânsito", por exemplo, (a) em razão de ter transcorrido *in albis* o prazo para a impugnação do julgado; (b) pelo esgotamento das vias recursais ou, ainda; (c) por força da preclusão lógica. Em suma: primeiro, apenas é possível aludir à incidência da coisa julgada (material) quando presentes ambos os requisitos. Fora daí, na melhor das hipóteses, haverá *coisa julgada formal*; segundo, a presença dos aludidos requisitos nem sempre conduz à incidência da *res iudicata*.

> **Art. 503.** A decisão que julgar total ou parcialmente o mérito tem força de lei nos limites da questão principal expressamente decidida.
> § 1º O disposto no *caput* aplica-se à resolução de questão prejudicial, decidida expressa e incidentemente no processo, se:
> I – dessa resolução depender o julgamento do mérito;
> II – a seu respeito tiver havido contraditório prévio e efetivo, não se aplicando no caso de revelia;
> III – o juízo tiver competência em razão da matéria e da pessoa para resolvê-la como questão principal.
> § 2º A hipótese do § 1º não se aplica se no processo houver restrições probatórias ou limitações à cognição que impeçam o aprofundamento da análise da questão prejudicial.

1. No sistema revogado, o artigo 469 era expresso ao excluir da incidência da coisa julgada material a *questão prejudicial decidida incidentalmente no processo*. Assim, o litigante que pretendesse vê-la vinculada ao selo da imutabilidade deveria, revelando-se o juiz da causa competente em razão da matéria e constituindo-se o enfrentamento da questão indispensável ao julgamento da contenda, promover *ação declaratória incidental*.[30] O CPC/2015 não reproduziu

---

[29] Exemplificativamente, toda vez que se enfrenta o tema dos alimentos provisórios em ação de alimentos, o mérito da demanda (causa de pedir + pedido) é, ainda que de maneira provisória, examinado por decisão interlocutória.

[30] Acerca do tema afirmamos alhures: "A ação declaratória incidental encontra-se disciplinada pelos artigos 5º, 109, 325, 469, III, e 470, todos do CPC. Tendo em vista que as questões decididas incidentemente pelo magistrado em cada caso concreto não fazem, segundo expresso texto de lei, coisa julgada (art. 469, III, do CPC), o Código viabiliza ao interessado que, propondo a ação em destaque, obtenha manifestação judicial imutável acerca da questão prejudicial ao julgamento da contenda principal (art. 470 do CPC). Qualquer das

a previsão legal de outrora (antigo 469, III, CPC/73), e os parágrafos do artigo 503 do mesmo diploma processual denunciam, a rigor, mudança de postura legislativa. Consoante o CPC/2015, a *questão prejudicial será abarcada pelo manto da imutabilidade*, se (a) do seu enfrentamento depender necessariamente o julgamento meritório da questão principal; (b) a seu respeito tiver havido contraditório prévio e efetivo e, por fim, (c) o julgador da questão principal possuir competência em razão da matéria e da pessoa para resolvê-la como se questão principal fosse. Havendo quaisquer restrições probatórias ou limitações cognitivas que dificultem ou impeçam a melhor compreensão da questão incidental ou, sendo o réu revel, a questão prejudicial, ainda que enfrentada *in concreto* e apontada no decisório, não será alcançada pela coisa julgada material.

> **Art. 504.** Não fazem coisa julgada:
> I – os motivos, ainda que importantes para determinar o alcance da parte dispositiva da sentença;
> II – a verdade dos fatos, estabelecida como fundamento da sentença.

1. Limites objetivos da coisa julgada. O estudo concernente aos limites objetivos da coisa julgada, por sua vez, destina-se a identificar *o que*, na complexa estrutura sentencial exigida por nosso ordenamento, restará, ao fim e ao cabo, imodificável por ocasião de sua incidência.

2. Do ponto de vista doutrinário o tema serviu, e ainda serve, a diversas reflexões. Liebman, inspirador da Escola Paulista de Processo e, reflexamente, do CPC/73, responsável por estabelecer a distinção entre *eficácia da sentença* e *autoridade de coisa julgada*, afirmou que a limitação em tela cinge-se aos *efeitos da sentença*, tornando-os imutáveis. Barbosa Moreira, de outra banda, opôs-se, em parte, a tais ensinamentos e, a partir de exemplos convincentes, sustentou que o que resta cristalizado pela incidência dos efeitos da coisa julgada é o *conteúdo da sentença*, não os seus efeitos propriamente ditos (BARBOSA MOREIRA, José Carlos. Eficácia da sentença e autoridade da coisa julgada. *Revista da Ajuris*, Porto Alegre, v. 28, jul-1983). Ovídio Araújo Baptista da Silva, enriquecendo o debate, discordou de ambos. Consoante a doutrina do saudoso professor gaúcho, a inalterabilidade alcança, única e exclusivamente, o *efeito declaratório da sentença* (SILVA, Ovídio Baptista da. *Curso de Processo Civil*. p. 471 e ss.). Mais recentemente, pois, Sérgio Gilberto Porto perpetrou relevante contribuição para o estudo do tema, sustentado que a aludida imutabilidade, bem compreendida, encontra limite na *nova situação jurídica declarada* (ou seja, no estado jurídico novo), anotando que: "(...) se alguma coisa a todo questio-

---

partes possui legitimidade para tanto. Trata-se, vale dizer, de ação que tem por pressupostos (a) haver ação principal em curso, (b) existir litigiosidade acerca da questão incidente e, (c) mostrar-se a referida litigiosidade prejudicial ao julgamento da ação principal. Consoante se extrai do teor do artigo 325 do CPC, o autor tem o prazo de 10 (dez) dias para propô-la. Em relação ao réu, embora nada conste, é assente na doutrina e na jurisprudência, para o fim de estabelecer o prazo fatal para o seu agir, a aplicação analógica do artigo 297 do CPC (15 dias). O interessado o fará, respeitados o teor dos artigos 282 e 283 do CPC, distribuindo-a por dependência à ação principal, nos termos do artigo 109 do mesmo diploma legal." (TORRES, Artur. *Processo de Conhecimento*. Porto Alegre: Arana, 2013. p. 30-31).

namento escapa e adquire à condição de indiscutível – não podendo ser objeto de controvérsia futura e, juridicamente relevante, nem mesmo objeto de transação –, esse algo é interno à sentença; resultando, pois, nesta medida, a autoridade da coisa julgada circunscrita à norma concreta editada pela decisão, o que é efetivado através da nova situação jurídica declarada, definindo-se a extensão desta como os limites objetivos da coisa julgada." (PORTO, Sérgio Gilberto. *Coisa julgada civil*. p. 79). O tema, a despeito da uníssona compreensão jurisprudencial, encontra-se, ainda hoje, doutrinariamente falando, despido da pacificidade que se espera. De toda sorte, para bem compreender a eleição codificada, parece-nos indispensável rememorar, ainda que de passagem, o conteúdo do artigo 489 do CPC/2015, do qual se extrai, inevitavelmente, que a sentença deva ser apresentada em capítulos: (a) o relatório, (b) a motivação e (c) o *decisium* propriamente dito.[31] Dito isso, remetemo-nos, agora, ao conteúdo do artigo 504, que prescreve: "Não fazem coisa julgada: I – os motivos, ainda que importantes para determinar o alcance da parte dispositiva da sentença; II – a verdade dos fatos, estabelecida como fundamento da sentença". Sem prejuízo do debate doutrinário acima referido, consideradas, contudo, as exclusões realizadas pelo Código, revela-se pacífico o posicionamento jurisprudencial (firmado a partir de interpretação *contrario sensu* do teor do antigo artigo 469 do CPC/73, agora, 504 do CPC/2015) ao afirmar que "somente o dispositivo da sentença" é "abarcado pela coisa julgada material",[32] limitando-se, portanto, ao *decisium* (capítulo exigido pelo ordenamento pátrio como *requisito essencial* à estrutura do ato sentencial) o campo de eficácia da coisa julgada no concernente.[33] [34]

> **Art. 505.** Nenhum juiz decidirá novamente as questões já decididas relativas à mesma lide, salvo:
> I – se, tratando-se de relação jurídica de trato continuado, sobreveio modificação no estado de fato ou de direito, caso em que poderá a parte pedir a revisão do que foi estatuído na sentença;
> II – nos demais casos prescritos em lei.

1. Funções/efeitos. Acerca das *funções* ou *efeitos* inerentes ao instituto, debate-se há muito. O tema, inclusive, anota Alexandre Fernandes Gastal, fora objeto de controvérsia já ao tempo das denominadas "escolas romanísticas dos

---

[31] Para o estudo acerca dos "elementos essenciais e estrutura do ato" sentencial, vide: TORRES, Artur. *Processo de Conhecimento*. Porto Alegre: ARANA, 2013. v. 2. p. 79/81.

[32] RMS 30.414/PB, Rel. Ministra LAURITA VAZ, Quinta Turma, julgado em 17/04/2012, DJe 24/04/2012.

[33] Dissertando acerca da distinção entre objeto do processo e objeto do debate, aduz Darci Guimarães Ribeiro: "sobre o objeto do processo pesa a força da coisa julgada material, já que esta pressupõe necessariamente a análise obrigatória do mérito. E, portanto, os limites objetivos da coisa julgada material são fixados exclusivamente pelo objeto do processo, pela declaração petitória realizada unicamente pelo autor." (RIBEIRO, Darci Guimarães. Objeto do processo e objeto do debate: dicotomia essencial para uma adequada compreensão do novo CPC. *In*: RIBEIRO, Darci Guimarães; JOBIM, Marco Félix. *Desvendando o Novo CPC*. Porto Alegre: Livraria do Advogado, 2015. p. 39).

[34] Segundo o enunciado de n. 438 do FPPC, é "desnecessário que a resolução expressa da questão prejudicial incidental esteja no dispositivo da decisão para ter aptidão de fazer coisa julgada".

Oitocentos" e, superficialmente superado à época, acomodou-se, tornando à baila, recentemente, por força de uma extremada teoria processual da coisa julgada (GASTAL, Alexandre Fernandes. A coisa julgada: sua Natureza e suas Funções. *In*: OLIVEIRA, Carlos Alberto Alvaro de. *Eficácia e coisa julgada*. Rio de Janeiro: Forense, 2006. p. 196).[35] [36]

2. Prepondera, entre nós, apesar de uma ou outra opinião divergente, a *teoria da dupla função*. Reconhecem-se, majoritariamente, pelo menos dois efeitos inerentes à coisa julgada, que não podem, em última análise, ser confundidos com os efeitos da *sentença* propriamente ditos. Fala-se, assim, em um efeito *negativo* e outro *positivo* (da coisa julgada).

3. A função *positiva* traduz-se, em suma, pela noção de vinculação de juízos meritórios posteriores (que guardem relação com o caso julgado) ao que restou decidido na demanda alcançada pela coisa julgada material. Costuma-se afirmar, para explicar tal efeito, que o *decisium* sobre o qual incidir a *res iudicata* "terá de ser obrigatoriamente seguido por qualquer juiz ao julgar outro processo, entre as partes, cujo resultado dependa logicamente da solução a que se chegou no processo em que já houve coisa julgada material" (TALAMINI, Eduardo. *Coisa julgada e sua revisão*. p. 130), ou seja, o efeito positivo "corresponde à utilização da coisa julgada propriamente em seu conteúdo, tornando-o imperativo para o segundo julgamento." (SILVA, Ovídio A. Baptista da. *Curso de Processo Civil*. 5. ed. São Paulo: RT, 2001, v. I. p. 500). Um exemplo pode auxiliar na elucidação da lição. Imagine-se que determinado cidadão demande o reconhecimento de paternidade em face do suposto genitor e, após a

---

[35] O aprofundamento dos estudos pertinentes ao instituto despertaram na doutrina questionamentos acerca da(s) função(ões) exercida(s) pela coisa julgada. Pôs-se o debate, inicialmente, da seguinte forma: *tratava-se de uma preclusão de qualquer novo julgamento sobre lide já decidida* ou de *uma imposição, a qualquer futuro juiz que fosse chamado se pronunciar sobre a lide, de modo conforme o julgado*? Algumas correntes floresceram. Houve quem reconhece, no instituto, apenas uma função positiva; quem reconhece função meramente negativa; e, por fim, corrente que optou pelo reconhecimento da *teoria da dupla função*.

[36] O aprofundamento do tema conduz, à evidência, ao seguinte questionamento: a dita função positiva justifica-se como função autônoma, ou pode ser considerada mera consequência da função negativa? O questionamento veio à baila, segundo Pugliese, em 1930, quando Böticcher afirmou que a função negativa, por si só, era capaz de fundamentar os ditos efeitos da coisa julgada, não passando o efeito positivo de mera consequência desta (PUGLIESE, Giovanni. Giudicato Civile. *In*: *Enciclopédia Del Diritto*. Milano: Editore Giuffrè, v. XVIII. p. 819.). Liebman, ao que tudo indica, foi claro ao afirmar que o que se entende por função positiva da coisa julgada, na verdade, não passa de fruto da eficácia natural da sentença, desconsiderando, nas entrelinhas, a autonomia do dito efeito, afirmando, ainda, que o tema sequer pertence ao espectro de estudo da coisa julgada (LIEBMAN, Enrico Tullio. *Eficácia e autoridade da sentença e outros sobre a coisa julgada*. p. 59-60). Após os estudos de Keller, contudo, o próprio Liebman asseverou ter se tornado sustentável em doutrina que a coisa julgada possua, no mínimo, dupla função (LIEBMAN, Enrico Tullio. *Eficácia e autoridade da sentença e outros sobre a coisa julgada*. p. 55). Sérgio Gilberto Porto, com clareza peculiar, assim relata a ideia kelleriana: "Basicamente, KELLER demonstrou que de duas maneiras distintas se pode fazer uso da coisa julgada: a) para impedir a repetição da mesma demanda e b) para vincular juízo futuro a decisão já proferida. Na primeira hipótese, se está diante da função negativa, e na segunda, frente à função positiva" (PORTO, Sérgio Gilberto. *Coisa julgada civil*. p. 66). Afigura-se inegável a força que tomou a tese explanada por Keller em doutrina, muito embora, ainda hoje, pouco haja de pacífico sobre o tema. Seja como for, o que atualmente parece induvidoso é que, trate-se de efeito autônomo, trate-se de mera consequência do dito efeito negativo, ou, como sugeriu Liebman, até mesmo de eficácia natural do julgado, todo e qualquer juízo futuro estará adstrito a considerar como suporte para suas reflexões o conteúdo da sentença a que se tenha agregado a qualidade de coisa julgada material. Em outras palavras, o beneficiado pela sentença acobertada pelo manto da *res iudicata* poderá valer-se dela para postular em juízo vantagem que lhe foi atribuída pela situação jurídica perpetuada pelo julgado. A dúvida, se é que ainda se justifica, paira não sobre a ocorrência fática do "efeito", mas sobre sua natureza.

produção da prova pericial, a sentença venha a reconhecer o vínculo biológico postulado. Pense-se, agora, em demanda distinta, em que o autor, agora necessitado, postula a condenação de seu pai biológico ao pagamento de prestação alimentar mensal. Em face da função *positiva* operada, o conteúdo da sentença prolatada nos autos da ação de investigação de paternidade (julgada procedente) terá, obrigatoriamente, de ser considerada pelo juiz da ação de alimentos, vinculando-o ao "resultado" obtido na decisão pretérita, isto é, o réu (da ação de alimentos) é pai do autor (de ambas as ações) e ponto final.[37]

4. O efeito *negativo*, por sua vez, encontra-se intimamente ligado ao princípio *ne bis in idem* e, consoante sustenta a doutrina melhor recomendada, consiste em verdadeiro impedimento a que se torne a examinar, no futuro, questão já decidida (PORTO, Sérgio Gilberto. *Coisa julgada civil*. p. 66).[38] A ideia central é a de que, considerado o escopo maior do instituto, uma vez realizado o acertamento jurisdicional meritório do conflito social objeto da demanda, tocou à coisa julgada (material) a tarefa de tornar imodificável o "resultado" alcançado. Nessa quadra, adquirindo o decisório a qualidade em epígrafe, o ordenamento pátrio não mais permitirá que se reaprecie a causa, dando-se tal impossibilidade, exatamente, por força da função negativa ora em apreço. O efeito negativo, bem compreendido, servirá de tese de defesa, alegável em preliminar de *contestação*, ao demandado citado para se defender em feito *idêntico*.[39] Ao magistrado incumbido de prestar jurisdição por ocasião da propositura da segunda demanda (idêntica à primeira), ressalvada sua inconsciência ou eventual descuido, não restará possibilidade diversa, nos termos do regime codificado, senão o de decretar a extinção do feito, forte no artigo 485, V, do CPC/2015. Não se trata, sublinhe-se, de vedação à prolação de decisão com conteúdo contraditório ao anteriormente proferido, mas, sobretudo, de vedação à reapreciação do mérito da causa, independentemente de seu resultado. Trata-se de ordem imperativa para que os magistrados se abstenham de proferir nova decisão de mérito.[40] Em suma, é, portanto, possível afirmar que a dita função negativa, consiste, ao fim e ao cabo, na proibição de que qualquer órgão jurisdicional torne a apreciar o mérito de causa já albergada pelo manto da coisa julgada material, ressalvados os casos previstos pelos incisos do art. 505 do CPC/2015.

---

[37] Palmilhando o tema, Fredie Didier Jr., *in verbis*, chega à seguinte conclusão: "O efeito positivo da coisa julgada gera, portanto, a vinculação do julgador de outra causa ao quanto decidido na causa em que a coisa julgada foi produzida. O juiz fica adstrito ao que foi decidido em outro processo. São os casos em que a coisa julgada tem de ser levada em consideração pelos órgãos jurisdicionais." (DIDIER JR., Fredie; BRAGA, Paula Sarno; OLIVEIRA, Rafael. *Curso de Direito Processual Civil*. p. 568).

[38] Didier Jr. tem afirmado que a função negativa "impede que a questão principal já definitivamente decidida seja novamente julgada como questão principal em outro processo." (DIDIER JR. Fredie; BRAGA, Paula Sarno; OLIVEIRA, Rafael. *Curso de Direito Processual Civil*. p. 567).

[39] No que tange à identidade das relações processuais, vide artigo 334, § 2º, do CPC/2015.

[40] "Assim, por função negativa da coisa julgada entende-se a virtude que ela tem de impedir outro julgamento a respeito de algo já definitivamente decidido em processo anterior. Trata-se de reflexo do princípio do ne bis in idem, calcado na idéia de consumação da ação. Tendo o Estado sido chamado a prestar jurisdição, com vistas à solução de uma determinada lide, e já havendo prestado, não é possível tolerar que outra vez a mesma lide seja por ele conhecida." (GASTAL, Alexandre Fernandes. A coisa julgada: sua Natureza e suas Funções. *In*: OLIVEIRA, Carlos Alberto Álvaro de. *Eficácia e coisa julgada*. p. 196).

Art. 506. A sentença faz coisa julgada às partes entre as quais é dada, não prejudicando terceiros.

1. Limites subjetivos da coisa julgada. O estudo pertinente aos *limites subjetivos* da coisa julgada visa a identificar *quem*, face à causa decidida, encontra-se submetido ao manto da imutabilidade, não mais podendo rediscutir o mérito da questão apreciada.

2. Deve-se, de pronto, trazer à baila o teor da primeira parte do artigo 506 do CPC/2015, uma vez que demarca a área de influência da autoridade da coisa julgada. Dispõe o texto, *in verbis*, que a sentença "faz coisa julgada às partes as quais é dada, não prejudicando a terceiros".[41] O Código, assim restringe os efeitos subjetivos da *res iudicata*, no âmbito do processo civil individual, às pessoas que compuseram, enquanto partes (processual e materialmente falando),[42] a relação jurídica processual.[43] Imagine-se que Rodolfo demandou Camila e, meritoriamente, decidiu-se pelo não acolhimento de suas postulações, a despeito de ter o demandante esgotado os meios recursais. Perceba-se, primeiro, tratar-se a aludida decisão de sentença *definitiva*; segundo, ter havido, em relação à mesma, trânsito em julgado.

3. Presentes os requisitos para a incidência da coisa julgada material (para tornar imutável o que se decidiu, impedindo que se torne a debater o conflito suscitado – efeito negativo – e, vinculando juízos futuros que dependam do resultado alcançado – efeito positivo), no afã de responder ao quesito inerente à limitação subjetiva do instituto (quem está sujeito aos efeitos da incidência da coisa julgada?), chegar-se-ia à resposta, a saber: Rodolfo e Camila, partes processuais, estariam vinculados pela coisa julgada. Pode-se afirmar, em suma, que, excluindo-se o espinhoso campo do processo coletivo,[44] no âmbito do processo civil tradicional, por definição expressa de lei, a coisa julgada, sob o enfoque em tela, não produz efeitos para além das partes envoltas formalmente

---

[41] "A redação escolhida lembra em muito aquela existente na codificação revogada, mas é mais precisa em adota a noção de coisa julgada com a *autoridade* da decisão judicial, de forma que os efeitos práticos desta podem atingir terceiros de maneira mais direta ou indireta (reflexa), conforme as peculiaridades do caso concreto. É importante frisar que a verificação da coisa julgada, no plano fático, não implicará necessariamente vinculação entre as partes, nada impedindo que aquele que foi beneficiado com a decisão transitada em julgado venha a renunciar o direito que lhe foi reconhecido." (XAVIER, José Tadeu Neves. *In: Novo Código de Processo Civil anotado*. Porto Alegre: OAB/RS, 2015. p. 384).

[42] Nada obstante a afirmativa de que, segundo o regramento processual posto, a coisa julgada, por regra, produz efeitos apenas entre os contendores, faceta importante do tema, hoje superada, tratou de observar a existência de algumas exceções à regra. Discutiu-se, então, se os sucessores, os substituídos e os adquirentes de coisa litigiosa seriam terceiros atingidos excepcionalmente pelos efeitos da *res iudicata*. Sucinta, porém, reveladora resposta, extrai-se novamente dos escritos de Tesheiner, que ensina: o conceito de parte, "para fins de determinação de coisa julgada", não se limita as que se "confrontaram no processo como autores e réus", estendendo-se tal qualificação para "a) os sucessores das partes a título universal; b) o substituído, no caso de substituição processual; c) em certos casos, o sucessor a título singular, como o adquirente da coisa litigiosa." (TESHEINER, José Maria Rosa. *Eficácia da Sentença e a Coisa Julgada no Processo Civil*. p. 81).

[43] "A regra fundamental, pois, é de que a coisa julgada, com as características de imutabilidade e indiscutibilidade a que se refere o art. 467 do CPC, é restrita às partes." (TESHEINER, José Maria Rosa. *Eficácia da Sentença e a Coisa Julgada no Processo Civil*. p. 81).

[44] Vide, acerca do tema: TORRES, Artur. *A Tutela Coletiva dos Direitos Individuais*: considerações acerca do Projeto de Novo Código de Processo Civil. Porto Alegre: Arana, 2013.

ao feito. "PROCESSUAL CIVIL. AÇÃO ANULATÓRIA. USUCAPIÃO. NULIDADE DA CITAÇÃO. LEGITIMIDADE DO ESPÓLIO DO PROPRIETÁRIO DO BEM USUCAPIENDO. MORTE DE UM DOS RÉUS. SUSPENSÃO. NULIDADE NÃO-DECRETADA. LIMITES SUBJETIVOS DA COISA JULGADA. AUSÊNCIA DE OFENSA AO ART. 471 DO CPC. (...) 4. A coisa julgada deve ser analisada também pela ótica de seu alcance subjetivo, o que vale dizer que a imutabilidade da sentença, contra a qual não caiba mais recurso, não alcança terceiros que não participaram validamente da formação do título, como no caso. Nesse passo, é plenamente cabível o ajuizamento da ação anulatória a que alude o art. 486 do CPC com o escopo de anular processo de usucapião no qual não foi realizada citação válida do proprietário do imóvel, correndo todo o processo à sua revelia (...)." (REsp 725.456/PR, Rel. Ministro LUIS FELIPE SALOMÃO, Quarta Turma, julgado em 05/10/2010, DJe 14/10/2010). Trata-se, consoante a linguagem processual, do regime *interpartes*.

> **Art. 507.** É vedado à parte discutir no curso do processo as questões já decididas a cujo respeito se operou a preclusão.

1. Denomina-se *preclusão*, grosso modo, a perda da possibilidade de se praticar determinado ato processual.

2. Classifica-se a preclusão, classicamente, em *temporal, consumativa* e *lógica*.

3. Preclusão temporal. Diz-se *temporal* a preclusão quando a impossibilidade de praticar-se determinado ato processual decorre da inobservância de prazo legal ou fixado pelo juiz. Exemplo: apelação protocolizada no 17º dia útil após a publicação da sentença.

4. Preclusão consumativa. A impossibilidade de praticar-se certo ato processual deriva, por vezes, da sua já realização ou da prática de ato paralelo que conduza à sua impossibilidade. Dois exemplos: (a) o demandado contesta no 6º dia útil de seu prazo recursal. Não satisfeito com o teor da petição apresentada, no 12º dia útil oferta novo petitório, face ao não escoamento do prazo de 15 dias (prazo para a apresentação da resposta do réu). A segunda peça contestacional não pode, como regra, ser admitida, pois, a defesa do réu já se *consumou* pelo protocolo do petitório anterior; (b) consoante o ordenamento processual, os recursos *especial* e *extraordinário* que se prestem a atacar idêntico decisório devem, ainda que em peças apartadas, serem protocolizadas *simultaneamente* (inteligência do art. 1.029, CPC/2015). Imagine-se, pois, que o recorrente oferte o *recurso especial* no 10º dia do prazo e, apenas no 15º dia, promova o protocolo do *recurso extraordinário*. O derradeiro recurso, face à incidência da espécie sob comento, deve, em última análise, ser considerada preclusa.

5. Preclusão lógica. Diz-se *lógica* a preclusão nos casos em que a parte perde o direito de praticar ato processual porque incompatível com sua conduta processual anterior. Exemplo: as partes, em audiência, chegam a um acordo. O mesmo é homologado por sentença, que respeita os estritos limites da transação promovida pelos contendores. Publicada a sentença, a parte autora dela

recorre. A possibilidade recursal, dada à conduta processual do demandado (que acordou em audiência), encontra-se preclusa, pois, a pretensa impugnação à sentença é incompatível com a atuação processual do recorrente.

> **Art. 508.** Transitada em julgado a decisão de mérito, considerar-se-ão deduzidas e repelidas todas as alegações e as defesas que a parte poderia opor tanto ao acolhimento quanto à rejeição do pedido.

1. O artigo 508 do CPC/2015 (a exemplo do 474 do CPC/73) regula o espinhoso tema da *eficácia preclusiva extraprocessual da coisa julgada* (DONIZETTI, Elpídio. *Curso Didático de Direito Processual Civil*. 17. ed. São Paulo: Atlas, 2013. p. 633). Trata-se de matéria controvertida, que, dada nossa tradição processual, desperta, há muito, inquietude doutrinária. Aduz o anunciado preceito legal que, transitada "em julgado a decisão de mérito, considerar-se-ão deduzidas e repelidas todas as alegações e as defesas que a parte poderia opor assim ao acolhimento como à rejeição do pedido".[45] Parece-nos, pois, que, bem compreendido, o teor do artigo 508 encontra-se vinculado ao denominado *efeito negativo da coisa julgada*, mostrando-se, dele, mero corolário. Consoante afirmado alhures, o destacado efeito tem por fundamento o princípio *ne bis in idem*. O que se pretende com o teor do artigo 508 é, à evidência, destacar a impossibilidade do reenfrentamento de causa idêntica julgada meritoriamente. O legislador, visando a evitar manobras "técnicas" que possibilitem, por vias oblíquas, a rediscussão do conflito, foi enfático ao asseverar que aquilo, e tudo aquilo, que possa servir à proteção das esferas jurídicas de autor e réu, deva ser suscitado, de maneira concentrada, ao seu tempo. Deixando os contendores de assim proceder, dar-se-ão, por ficção jurídica, no afã de evitar a manutenção do estado de incerteza social, por deduzidas e repelidas todas as alegações pertinentes à causa. Diz-se "por ficção jurídica", uma vez que, a rigor, o Código considera enfrentadas *alegações* que sequer vieram aos autos. A eficácia preclusiva extraprocessual da coisa julgada, portanto, apenas se fará sentir, como é intuitivo, tratando-se de ações idênticas. Na verdade, a impossibilidade de (re)julgamento da causa deriva do efeito negativo. O artigo 508 apenas cria a ficção de que foram enfrentados, à integralidade, todos os argumentos inerentes ao conflito *sub judice*.

CAPÍTULO XIV
DA LIQUIDAÇÃO DE SENTENÇA

1. O julgador deve, como regra, por ocasião da prolação de uma sentença, ao menos no campo das demandas individuais, enfrentar (1) a existência da obrigação (*an debeatur*), (2) a identidade do credor (*cui debeatur*), (3) a identidade do devedor (*quis debeat*), (4) a natureza da obrigação (*quid debeatur*) e, por fim, (e) o *quantum debeatur* – aquilo que objetivamente é devido (em uma

---

[45] "Transitada em julgado a decisão de mérito, considerar-se-ão deduzidas e repelidas todas as alegações e as defesas que a parte poderia opor tanto ao acolhimento quanto à rejeição do pedido." (art. 508 do CPC/2015).

condenação ao pagamento de quantia, por exemplo, o valor a ser efetivamente satisfeito). Autoriza-se, excepcionalmente, que o derradeiro elemento seja analisado *a posteriori* (dá-se, à sentença prolatada nesses termos, o *nomen iuris* de *sentença ilíquida*). Liquidar uma sentença significa, grosso modo, enfrentar, mediante fase processual específica, o denominado *quantum debeatur*.

2. Quando a apuração do valor depender, única e exclusivamente, de cálculo aritmético, não há falar em *liquidação de sentença* propriamente dita. O credor, nesses casos, haverá de promover, de imediato, o *cumprimento da sentença* (art. 509, § 2º). O valor devido deve ser demonstrado mediante apresentação de planilha específica, indispensável, pois, ao deferimento do pedido de tutela executiva.

3. Para além de reforçar a lição de que o título executivo é elemento necessário (e suficiente) a legitimar pedido de tutela executiva, o artigo 786, parágrafo único, do CPC/2015 expurga qualquer dúvida acerca da liquidez da obrigação que dependa de mera operação aritmética para a apuração do *quantum debeatur*.

> **Art. 509.** Quando a sentença condenar ao pagamento de quantia ilíquida, proceder-se-á à sua liquidação, a requerimento do credor ou do devedor:
> I – por arbitramento, quando determinado pela sentença, convencionado pelas partes ou exigido pela natureza do objeto da liquidação;
> II – pelo procedimento comum, quando houver necessidade de alegar e provar fato novo.
> § 1º Quando na sentença houver uma parte líquida e outra ilíquida, ao credor é lícito promover simultaneamente a execução daquela e, em autos apartados, a liquidação desta.
> § 2º Quando a apuração do valor depender apenas de cálculo aritmético, o credor poderá promover, desde logo, o cumprimento da sentença.
> § 3º O Conselho Nacional de Justiça desenvolverá e colocará à disposição dos interessados programa de atualização financeira.
> § 4º Na liquidação é vedado discutir de novo a lide ou modificar a sentença que a julgou.

1. Ambas as partes têm legitimidade para requerer a liquidação do julgado que reconheça a obrigação de pagar quantia: o credor, no afã de tornar líquido o crédito que o beneficia, atividade que viabilizará, sendo o caso, o requerimento de prestação jurisdicional executiva; o réu, visando a identificar os limites da prestação a que está obrigado.

2. A liquidação dar-se-á por *arbitramento* (a) quando determinado pela sentença, (b) convencionado pelos contendores ou, ainda, (c) quando a natureza da obrigação assim exigir. Caracteriza-se o acerto na eleição do rito sob comento quando, para além do acima aludido, inexistir, para tornar líquido o julgado, necessidade de se alegar ou provar fato novo. Acerca do tema, inclusive, já se decidiu: "AGRAVO INTERNO EM AGRAVO DE INSTRUMENTO. Ausente qualquer argumento novo capaz de modificar o decisum recorrido, mantém-se a deliberação monocrática. AGRAVO. DECISÃO QUE DETER-

MINA A INSTAURAÇÃO DA FASE DE LIQUIDAÇÃO DE SENTENÇA. *DESNECESSIDADE DE SE PROVAR FATO NOVO. LIQUIDAÇÃO POR ARBITRAMENTO ADEQUADA AO CASO*. Agravo desprovido. Decisão monocrática." AGRAVO INTERNO DESPROVIDO. DECISÃO UNÂNIME. (Agravo nº 70072727605, Décima Câmara Cível, Tribunal de Justiça do RS, Relator: Jorge Alberto Schreiner Pestana, Julgado em 27/04/2017); havendo, de outro giro, observar-se-á, para a liquidação do julgado, o *procedimento comum*, anteriormente examinado à minúcia.

3. "AGRAVO DE INSTRUMENTO. AÇÃO ORDINÁRIA DE COBRANÇA. EXECUÇÃO DE SENTENÇA. LIQUIDAÇÃO POR ARTIGOS (LIQUIDAÇÃO PELO PROCEDIMENTO COMUM – INC. II DO ART. 509 DO CPC). CABIMENTO.PRINCÍPIO DA FIDELIDADE AO TÍTULO EXEQUENDO. A liquidação de sentença é regida pelo princípio da fidelidade ao título exeqüendo, sendo descabida qualquer interpretação extensiva ou restritiva. Deste modo, tendo sido ordenada a liquidação por artigos, resta indevida a simples juntada de planilha unilateralmente elaborada e sem a demonstração individualizada da origem dos créditos nela descritos. Agravo provido." (Agravo de Instrumento nº 70072578180, Segunda Câmara Cível, Tribunal de Justiça do RS, Relator: Lúcia de Fátima Cerveira, Julgado em 26/04/2017).

4. A liquidação do julgado se dá, como regra, nos próprios autos em que tenha sido prolatado. Havendo, contudo, liquidez apenas parcial da sentença, é facultado ao credor, simultaneamente, executar (nos próprios autos a parte líquida do julgado) e liquidar, em autos apartados, o que preciso for.

5. A fase de liquidação não se presta à alteração do julgado que lhe serve de fundamento, e as decisões interlocutórias prolatas ao longo de sua tramitação comportam o oferecimento de agravo de instrumento (art. 1.015, parágrafo único). Acerca do tema vide: TORRES, Artur. *Sentença, Coisa Julgada e Recursos Cíveis Codificados*: de acordo com as Leis 13.105/2015 e 13.256/2016. Porto Alegre: Livraria do Advogado, 2017. p. 123/129.

Art. 510. Na liquidação por arbitramento, o juiz intimará as partes para a apresentação de pareceres ou documentos elucidativos, no prazo que fixar, e, caso não possa decidir de plano, nomeará perito, observando-se, no que couber, o procedimento da prova pericial.

1. Liquidação por arbitramento. "O CPC/2015 trouxe importante modificação no roteiro procedimental a ser seguido nesta espécie de liquidação. No modelo da codificação revogada, uma vez requerido o arbitramento, cabia ao juiz, após verificar a adequação do pedido, nomear perito de sua confiança, fixando prazo para a entrega do laudo e oportunizando às partes a oferta de quesitos e indicação de assistentes técnicos. No sistema atual esta fórmula foi abandonada. Havendo o pedido de liquidação por arbitramento, o juiz irá intimar as partes para a apresentação de pareceres ou documentos elucidativos, capazes de auxiliar no seu convencimento, fixando o prazo que entender adequado. Caberá, portanto, as partes se encarregarem de trazerem ao juízo as informações adequadas para a determinação do valor da condenação. Entretanto, entendemos que não restou afastada a possibilidade do juiz, em não se sentindo em condições de decidir frente aos laudos que lhe foram apresentados pelas partes e que poderão até serem contraditórios entre si, optar por designar perito de sua confiança, caso em que se observara o procedimento previsto para a realização das provas periciais, conforme indicado nos arts. 464 e seguintes." (XAVIER, José Tadeu Neves. *In: Novo Código de Processo Civil anotado*. Porto Alegre: OAB/RS, 2015. p. 387).

2. Acerca do procedimento aplicável à produção da prova pericial, cuja aplicação ao presente cenário deriva de expresso apontamento legal, vide, acima, comentários ao art. 464 e seguintes.

> **Art. 511.** Na liquidação pelo procedimento comum, o juiz determinará a intimação do requerido, na pessoa de seu advogado ou da sociedade de advogados a que estiver vinculado, para, querendo, apresentar contestação no prazo de 15 (quinze) dias, observando-se, a seguir, no que couber, o disposto no Livro I da Parte Especial deste Código.

1. Tratando-se de liquidação que deva tramitar pelo procedimento comum, o requerido será intimado na pessoa de seu advogado para, havendo interesse, opor-se, no prazo de 15 dias, a manifestação do requerente. Em tudo quanto mais, o caminho a ser percorrido até o acertamento final do *quantum debeatur* observará, rigorosamente, os ditames prescritos pelo Livro I da Parte Especial do CPC/2015.

> **Art. 512.** A liquidação poderá ser realizada na pendência de recurso, processando-se em autos apartados no juízo de origem, cumprindo ao liquidante instruir o pedido com cópias das peças processuais pertinentes.

1. Promovida na pendência de recurso, a liquidação dar-se-á em autos apartados, sendo competente para processá-la e julgá-la o juízo de origem (*aquele em que a demanda foi julgada em primeiro grau de jurisdição*).

2. Incumbe ao liquidante, nesses casos, considerando a ausência dos autos principais (situação comum nos feitos que tramitam pela plataforma física), instruir a postulação *liquidatória* com cópia das peças processuais indispensáveis à conclusão pretendida. Quer dizer: todas aquelas destinadas a melhor identificação dos limites da condenação, bem como à apuração do *quantum debeatur*, razão de ser do expediente processual sob comento.

TÍTULO II
DO CUMPRIMENTO DA SENTENÇA

CAPÍTULO I
DISPOSIÇÕES GERAIS

1. A tutela executiva serve, ao fim e ao cabo, à realização prática do direito. Quer dizer: considerada a vedação à justiça de mão própria, revelando-se necessário à satisfação de certo direito (não satisfeito de maneira espontânea,

porém, já estampado em título executivo), o interessado poderá requerer ao Estado-juiz providência capaz de satisfazê-lo *in concreto*. Nessa linha de raciocínio já se afirmou outrora, com razão, que "a necessidade de transformação do mundo físico é a matriz da função jurisdicional executiva (...) Em sede cognitiva, a missão judicial transforma o fato em direito; na execução, o direito, ou seja, a regra jurídica concreta, há de traduzir-se em fatos." (ASSIS, Araken de. *Manual da Execução*. 11. ed. São Paulo: RT, 2007. p. 89).

2. A tutela executiva pode se dar de maneira autônoma, quer dizer, mediante promoção de demanda própria (execução dos títulos extrajudiciais – vide comentários ao Livro II da Parte Especial do CPC/2015, parte integrante do segundo volume do presente estudo) ou, quando definitiva, nos próprios autos da demanda em que o título executivo teve origem (execução dos títulos judiciais – que, apenas episodicamente, tramitarão em autos apartados). O capítulo sob comento disciplina a segunda hipótese, sendo a ele aplicado, subsidiariamente, os ditames que regram o processo autônomo de execução (vide art. 513), razão pela qual se afigura indispensável, desde logo, examinar alguns dos temas enfrentados pelo legislador tão somente no Livro II da Parte Especial da Lei 13.105/2015.

3. À prestação jurisdicional executiva, como é intuitivo (e também expresso – art. 771 do CPC/2015), aplicam-se os princípios e valores que disciplinam o processo judicial como um todo, subsidiariamente. Considerada sua razão de ser, contudo, possui ela (a tutela executiva) principiologia própria. Revelam-se dignos de nota, dentre eles, os princípios da (a) *autonomia*, (b) *do título*, (c) *da responsabilidade patrimonial*, (d) *do resultado*, (e) *da disponibilidade*, (f) *da adequação*, e, por fim, (g) *da menor gravosidade*, sem prejuízo de outros.

4. Princípio da autonomia. A tutela executiva é inconfundível com as demais ofertadas pelo ordenamento jurídico, nada obstante, não raro, possa ser requerida, e prestada, no mesmo processo em que o fora a tutela cognitiva (sendo essa, inclusive, a regra a ser observada para a satisfação forçada dos títulos judiciais – noção de processo sincrético). Ainda assim, não há negar, segundo pensamos, a autonomia da pretensão executiva em relação aquela inerente à declaração de um direito em juízo (fruto, por definição, da tutela do conhecimento). Cada qual, para além de nascer em momento diverso, sujeita-se, inclusive, a prazo prescricional diverso: a prescrição que poderá incidir sobre a possibilidade de se reivindicar em juízo, grosso modo, a declaração de um direito não se confunde, à evidência, com a que poderá ser declarada em relação ao pleito executivo desse mesmo direito, já confirmado. A despeito dos diversos argumentos que aqui poderiam ser suscitados no afã de justificar o princípio sob comento, por ora, a notícia que se pretende dar diz, sobretudo, com a noção de que a tutela executiva possui, ao menos do ponto de vista de sua *razão de ser*, vida própria, quer dizer, conceitos, princípios, fundamentos próprios, o que não representa dizer que tramitará, sempre, em autos diversos daqueles em que o título se formou.

5. Princípio do título. *Nulla executio sine titulo*. A despeito do atual debate acerca do tema (fundado na redação atribuída à parte final do art. 771, *caput*),[46] encontra-se mantido entre nós, à luz do CPC/2015, o princípio do título (elemento necessário e suficiente a toda e qualquer execução). Todas as possibilidades ensejadoras de legítima tutela executiva encontram fundamento, pois, na certeza, na liquidez e na exigibilidade de determinada posição jurídica. Não há negar, ainda que no âmbito do *cumprimento de sentença*, ser ele (o título executivo) requisito indispensável à realização de toda e qualquer execução (autônoma ou não), sendo essa, inclusive, a adjetivação que lhe confere a lei (Capítulo IV, Título I, Livro II da Parte Especial do CPC/2015).

6. Princípio da responsabilidade patrimonial. A responsabilidade civil encontra, como regra, limite no patrimônio do devedor ou do responsável pela satisfação da obrigação. Segundo expresso texto de lei (vide art. 789 do CPC/2015), o devedor responde com todos os seus bens, "presentes e futuros", por suas obrigações, ressalvadas as restrições legais. Apenas episodicamente é que o direito pátrio admite a coerção *pessoal* (acerca do tema, vide comentários aos arts. 911 e 528, ambos do CPC/2015 – Execução de Alimentos).

7. Princípio do resultado/utilidade da execução. Art. 836 do CPC/2015. A tutela executiva, consoante anunciado alhures, serve à satisfação do exequente, contudo, prevê o artigo acima referido que não "se levará a efeito a penhora quando ficar evidente que o produto da execução dos bens encontrados será totalmente absorvido pelo pagamento das custas da execução". Extrai-se, daí, historicamente, o princípio sob comento. Os atos executivos (em sentido largo) devem, no mínimo, retratar a possibilidade de obtenção de resultado prático em relação à tutela requerida, cumprindo, ainda que parcialmente, com sua razão de ser: a satisfação do credor. À margem desse desiderato, ou seja, não sendo hábeis a tanto, deverão ser indeferidos ou revogados.

8. Princípio da disponibilidade. O princípio sob comento deve, para sua melhor compreensão, ser examinado, pelo menos, a partir de dois distintos enfoques. Num primeiro deles, vale lembrar que a tutela executiva (requerida de maneira autônoma ou sincrética) depende, por definição, de ato volitivo do interessado. Portanto, não há, no processo civil pátrio, a exemplo do que ocorre no processo do trabalho, falar em execução de ofício, dependendo ela, como regra, de manifestação do interessado. Nessa quadra, como é intuitivo, parte-se de um olhar vinculado ao pedido de tutela executiva; num segundo, fundado na desistência do pedido de tutela executiva, o princípio sob comento também se faz sentir. A desistência da ação autônoma de execução, do pedido de *cumprimento de sentença*, ou de qualquer outro ato inerente ao pleito executivo, não depende de anuência alheia, competindo tão somente ao "exequente", por ocasião de juízo de conveniência próprio, gozar tal prerrogativa (vide art. 775 do CPC/2015). E isso se dá, bem compreendido, em respeito ao princípio dispositivo.

---

[46] "O CPC/2015 admite execução fundada em título executivo, ou não." (MEDINA, José Miguel Garcia. *Direito Processual Civil Moderno*. São Paulo: RT, 2015. p. 915).

9. Princípio da adequação. Com base no *direito fundamental à tutela adequada*, é possível afirmar que a tutela executiva, espécie de tutela jurisdicional que é, encontra-se adstrita ao princípio sob comento. A legislação processual tratou, em homenagem ao direito fundamental suprarreferido, e considerada a natureza da obrigação executada (pagar quantia, entregar coisa, fazer, não fazer), de desenhar "procedimentos" distintos para a satisfação de cada qual, uma vez que o ordenamento jurídico pátrio garante ao credor, vale recordar, o direito à tutela específica da obrigação. Há quem sustente, sob idêntico fundamento, inclusive, a possibilidade da "execução atípica" (no sentido de adaptação procedimental para além da previsão abstrata), valendo-se, dentre outros, do teor do art. 139, IV, do CPC/2015.

10. Princípio da menor gravosidade para o executado. Apesar de servir ao exequente, a tutela executiva não tem por objetivo, como se sabe, o "massacre" do executado. Assim sendo, o CPC/2015 preconiza, "em alto e bom som", que, quando "por vários meios o exequente puder promover a execução, o juiz mandará que se faça pelo modo menos gravoso para o executado". Consoante abaixo referido (comentários ao art. 805), o legislador, embora atento ao princípio em tela, inovou em relação ao CPC/73 (que, também, já o retratava em seu art. 620), impondo ao executado que o alegar, a indicação de "outros meios mais eficazes e menos onerosos" capazes de tornar efetiva a tutela executiva, "pena de manutenção dos atos executivos já determinados".

Art. 513. O cumprimento da sentença será feito segundo as regras deste Título, observando-se, no que couber e conforme a natureza da obrigação, o disposto no Livro II da Parte Especial deste Código.

§ 1º O cumprimento da sentença que reconhece o dever de pagar quantia, provisório ou definitivo, far-se-á a requerimento do exequente.

§ 2º O devedor será intimado para cumprir a sentença:

I – pelo Diário da Justiça, na pessoa de seu advogado constituído nos autos;

II – por carta com aviso de recebimento, quando representado pela Defensoria Pública ou quando não tiver procurador constituído nos autos, ressalvada a hipótese do inciso IV;

III – por meio eletrônico, quando, no caso do § 1º do art. 246, não tiver procurador constituído nos autos

IV – por edital, quando, citado na forma do art. 256, tiver sido revel na fase de conhecimento.

§ 3º Na hipótese do § 2º, incisos II e III, considera-se realizada a intimação quando o devedor houver mudado de endereço sem prévia comunicação ao juízo, observado o disposto no parágrafo único do art. 274.

§ 4º Se o requerimento a que alude o § 1º for formulado após 1 (um) ano do trânsito em julgado da sentença, a intimação será feita na pessoa do devedor, por meio de carta com aviso de recebimento encaminhada ao endereço constante dos autos, observado o disposto no parágrafo único do art. 274 e no § 3º deste artigo.

§ 5º O cumprimento da sentença não poderá ser promovido em face do fiador, do coobrigado ou do corresponsável que não tiver participado da fase de conhecimento.

1. O título II do Livro I da Parte Especial do CPC/2015 disciplina o instituto do *cumprimento de sentença*. O legislador pátrio, de imediato, trata, pois, de apontar a aplicação subsidiária das disposições contidas no Livro II, também da Parte Especial, responsável por disciplinar o processo autônomo de execução (instrumento à realização mundana das obrigações estampadas em título executivos extrajudiciais), considerando, sobremaneira, haver identidade no que diz com a natureza da tutela jurisdicional prestada em ambos os espectros.

2. Cumprimento *provisório* x cumprimento *definitivo* da sentença. Diz-se que o cumprimento da sentença é definitivo quando fundado em julgado não mais sujeito a recurso; denomina-se *provisório* (art. 520), de outro giro, o cumprimento lastreado em pronunciamento judicial sujeito a recurso que deva ser recebido, única e exclusivamente, com o efeito devolutivo (quer dizer: inexiste, *ope legis*, previsão de efeito suspensivo pelo só cabimento do pleito recursal).

3. A instauração do cumprimento de sentença (provisória ou definitiva) depende, sempre, de *atividade volitiva* da parte interessada (na linguagem do Código: o exequente), ou seja, não há no processo civil pátrio "execução" de ofício, tal e qual, por exemplo, ocorre no processo laboral.

4. O devedor (o Código, expressamente, prefere a denominação *executado*) será intimado para satisfazer a obrigação pendente, como regra, e desde que o requerimento sob comento haja sido promovido antes de ano e dia (a contar do trânsito em julgado da decisão exequenda), na pessoa de seu advogado.

5. Não tendo o executado patrono constituído nos autos, ou, restando ele patrocinado pela Defensoria Pública, a intimação para a satisfação da obrigação pendente dar-se-á pela via postal, com *aviso de recebimento* (AR). Considerar-se-á válida a intimação do executado quando, sem prévia comunicação ao juízo, houver mudado de endereço, ainda que o executado não tome, de fato, ciência do pedido de cumprimento. A propósito, é expresso o Código ao afirmar que se presumem "válidas as intimações dirigidas ao endereço constante dos autos, ainda que não recebidas pessoalmente pelo interessado, se a modificação temporária ou definitiva não tiver sido devidamente comunicada ao juízo, fluindo os prazos a partir da juntada aos autos do comprovante de entrega da correspondência no primitivo endereço." (Vide comentários ao art. 274, parágrafo único, do CPC/2015).

6. Consoante expressa previsão legal, com exceção às microempresas (ME) e empresas de pequeno porte (EPP), "as empresas públicas e privadas são obrigadas a manter cadastro nos sistemas de processo em autos eletrônicos, para efeito de recebimento de citações e intimações, as quais serão efetuadas preferencialmente por esse meio". Aplica-se às aludidas pessoas a regra notificatória: serão intimadas na pessoa do procurador constituído. Inexistindo procurador constituído nos autos, o CPC/2015 reconhece a validade da intimação realizada pela via eletrônica, sendo ela suficiente ao regular prosseguimento do *cumprimento de sentença*.

7. Citado por edital na fase cognitiva do processo sincrético, o executado, revel, será intimado, pela mesma via (editalícia), agora, para satisfazer a obrigação a que fora "condenado".

8. Nos casos em que a inércia do credor perdurar por mais de ano (considerada a data do trânsito em julgado da sentença exequenda), o executado será intimado, pessoalmente, pela via postal, e com aviso de recebimento, considerando-se o endereço apontado nos autos. Em tal cenário, não há cogitar de intimação do executado na pessoa de seu patrono. Inteligência do art. 513, § 4º, do CPC/2015.

9. O pedido de cumprimento de sentença apenas poderá ser direcionado aos que tenham *figurado como parte* na etapa cognitiva do feito. A utilização, pelo legislador, da expressão "participado" (art. 513, § 5º, – referindo-se ao fiador, ao coobrigado e ao corresponsável) não traduz, definitivamente, a *ratio legis*, uma vez que não há, à evidência, quaisquer empecilhos em promover o pedido em face de uma das figuras acima referidas que, nada obstante tenha sido inserta em um dos polos da relação processual, tenha deixado de "participar" da mesma, mantendo-se, por exemplo, silente ao longo de toda sua tramitação.

10. Acerca do trâmite a ser observado ao longo da tramitação do pedido de tutela executiva (ao qual nos referimos como *linha de desenvolvimento natural da tutela executiva*) vide, pois, o teor do volume II do presente estudo, donde, dentre outros, fora examinado, à integralidade, o Livro II da Parte Especial do CPC/2015, destinado a disciplinar o "Processo de Execução".

Art. 514. Quando o juiz decidir relação jurídica sujeita a condição ou termo, o cumprimento da sentença dependerá de demonstração de que se realizou a condição ou de que ocorreu o termo.

1. Nos casos em que o cumprimento de sentença disser com obrigação sujeita a condição (acontecimento futuro e incerto) ou termo (acontecimento futuro e certo), incumbe ao exequente, ao tempo da formulação de seu requerimento, demonstrar a ocorrência do elemento acidental (que se realizou a condição ou que se alcançou o termo), pena de indeferimento.

Art. 515. São títulos executivos judiciais, cujo cumprimento dar-se-á de acordo com os artigos previstos neste Título:
I – as decisões proferidas no processo civil que reconheçam a exigibilidade de obrigação de pagar quantia, de fazer, de não fazer ou de entregar coisa;
II – a decisão homologatória de autocomposição judicial;
III – a decisão homologatória de autocomposição extrajudicial de qualquer natureza;
IV – o formal e a certidão de partilha, exclusivamente em relação ao inventariante, aos herdeiros e aos sucessores a título singular ou universal;
V – o crédito de auxiliar da justiça, quando as custas, emolumentos ou honorários tiverem sido aprovados por decisão judicial;

VI – a sentença penal condenatória transitada em julgado;
VII – a sentença arbitral;
VIII – a sentença estrangeira homologada pelo Superior Tribunal de Justiça;
IX – a decisão interlocutória estrangeira, após a concessão do *exequatur* à carta rogatória pelo Superior Tribunal de Justiça;
X – (VETADO).
§ 1º Nos casos dos incisos VI a IX, o devedor será citado no juízo cível para o cumprimento da sentença ou para a liquidação no prazo de 15 (quinze) dias.
§ 2º A autocomposição judicial pode envolver sujeito estranho ao processo e versar sobre relação jurídica que não tenha sido deduzida em juízo.

1. Coube ao artigo sob comento inventariar o rol dos títulos judiciais. São eles: (a) as decisões proferidas no processo civil que reconheçam a exigibilidade de obrigação de pagar quantia, de fazer, de não fazer ou de entregar coisa; (b) a decisão homologatória de autocomposição judicial (que pode, inclusive, envolver terceiro – "sujeito estranho ao processo", bem como, "versar sobre relação jurídica que não tenha sido deduzida em juízo"); (c) a decisão homologatória de autocomposição extrajudicial de qualquer natureza; (d) o formal e a certidão de partilha, exclusivamente em relação ao inventariante, aos herdeiros e aos sucessores a título singular ou universal; (e) o crédito de auxiliar da justiça, quando derivar o mesmo de aprovação por decisão judicial; (f) a sentença penal condenatória transitada em julgado; (g) a sentença arbitral; (h) a sentença estrangeira homologada pelo Superior Tribunal de Justiça, bem como (i) a decisão interlocutória estrangeira, após a concessão do *exequatur* à carta rogatória pelo Superior Tribunal de Justiça.

2. Tratando-se de requerimento que encontre amparo em (a) sentença penal condenatória, (b) sentença arbitral, (c) sentença estrangeira ou (d) decisão interlocutória estrangeira (após a concessão do *exequatur* à carta rogatória pelo Superior Tribunal de Justiça), o devedor será "citado" no juízo cível (uma vez que inexiste nesse cenário processo em tramitação) e, ato contínuo, intimado para satisfazer espontaneamente a obrigação apontada ou, no prazo de 15 (quinze) dias, "colaborar" com a liquidação do julgado (rememore-se: tanto o "credor", como o "devedor" têm legitimidade para promover a liquidação do crédito – Art. 509, *in fine*).

Art. 516. O cumprimento da sentença efetuar-se-á perante:
I – os tribunais, nas causas de sua competência originária;
II – o juízo que decidiu a causa no primeiro grau de jurisdição;
III – o juízo cível competente, quando se tratar de sentença penal condenatória, de sentença arbitral, de sentença estrangeira ou de acórdão proferido pelo Tribunal Marítimo.
Parágrafo único. Nas hipóteses dos incisos II e III, o exequente poderá optar pelo juízo do atual domicílio do executado, pelo juízo do local onde se encontrem os bens sujeitos à execução ou pelo juízo do local onde deva ser executada a obrigação de fazer ou de não fazer, casos em que a remessa dos autos do processo será solicitada ao juízo de origem.

1. Cumprimento de sentença. Competência concorrente. O requerente (exequente), a despeito do teor dos incisos I e II do art. 516, pode optar por requerer o cumprimento da sentença perante (a) o juízo do atual domicílio do executado, (b) no local em que se encontrem os bens sujeitos à execução, ou, ainda, (c) no juízo do local onde deva ser executada a obrigação de fazer ou de não fazer. A regra, contudo, é de que a competência para processar e julgar o cumprimento de sentença pertença ao juízo competente, originariamente, para julgar a causa enfrentada pelo decisório exequendo. Trata-se, pois, de regra de competência *funcional*, que, no caso, pode ser alterada mediante eleição do exequente, desde que, segundo pensamos, não torne mais gravosa a execução para o executado.

> **Art. 517.** A decisão judicial transitada em julgado poderá ser levada a protesto, nos termos da lei, depois de transcorrido o prazo para pagamento voluntário previsto no art. 523.
> § 1º Para efetivar o protesto, incumbe ao exequente apresentar certidão de teor da decisão.
> § 2º A certidão de teor da decisão deverá ser fornecida no prazo de 3 (três) dias e indicará o nome e a qualificação do exequente e do executado, o número do processo, o valor da dívida e a data de decurso do prazo para pagamento voluntário.
> § 3º O executado que tiver proposto ação rescisória para impugnar a decisão exequenda pode requerer, a suas expensas e sob sua responsabilidade, a anotação da propositura da ação à margem do título protestado.
> § 4º A requerimento do executado, o protesto será cancelado por determinação do juiz, mediante ofício a ser expedido ao cartório, no prazo de 3 (três) dias, contado da data de protocolo do requerimento, desde que comprovada a satisfação integral da obrigação.

1. Transcorrido *in albis* o prazo para cumprimento espontâneo do julgado (na linguagem do Código: "pagamento voluntário"), faculta-se ao credor (aqui, exequente) submeter a protesto a decisão transitada em julgado, respeitados os limites legais da providência. A efetivação do protesto far-se-á mediante apresentação, pelo interessado, de certidão que retrate o teor da decisão (que lhe será fornecida no prazo de até 03 dias e conterá, necessariamente, o nome e a qualificação do exequente e do executado, o número do processo, o valor da dívida e a data de decurso do prazo para pagamento voluntário do crédito protestado).

2. É facultado ao executado que propuser ação rescisória (sucedâneo recursal disciplinado pelos artigos 966/975) com o intuito de expurgar do mundo jurídico o decisório que serviu de base ao protesto, postular a anotação da medida judicial promovida à margem do título. A aludida anotação dar-se-á, segundo o CPC/2015, as suas expensas e sob sua integral responsabilidade.

3. Comprovado o pagamento integral do débito exequendo, a requerimento do executado, o juízo notificará, em até 03 dias, o cartório competente para que cancele o protesto levado a cabo. O lapso temporal acima referido toma por termo inicial a data do protocolo do petitório que requerer o aludido cancelamento, uma vez comprovada a satisfação do débito protestado.

Art. 518. Todas as questões relativas à validade do procedimento de cumprimento da sentença e dos atos executivos subsequentes poderão ser arguidas pelo executado nos próprios autos e nestes serão decididas pelo juiz.

1. Aquilo, e tudo aquilo, que disser com à (in)validade do procedimento de cumprimento de sentença, bem como dos atos "executivos subsequentes", deverá, sendo o caso, ser arguido, por petição simples, nos próprios autos.

2. "Art. 278. A nulidade dos atos deve ser alegada na primeira oportunidade em que couber à parte falar nos autos, sob pena de preclusão. Parágrafo único. Não se aplica o disposto no caput às nulidades que o juiz deva decretar de ofício, nem prevalece a preclusão provando a parte legítimo impedimento". Invalidades precluíveis. Alguns dos vícios processuais encontram-se adstritos ao regime preclusivo; outros, não. Aqueles, pois, devem ser alegados pela parte interessada (desde que não os tenha dado causa) na primeira oportunidade de se manifestar nos autos. Silente o interessado, preclusa restará a matéria, ressalvados os casos em que, justificadamente, a parte a quem aproveite a declaração de invalidade comprove o legítimo impedimento em realizá-la. Invalidades não precluíveis. Há uma categoria de vícios processuais que, para além de terem de ser suscitadas oficiosamente (o que não exclui a possibilidade de alegação pelas partes), não se encontram adstritos ao regime da preclusão, isto é, não se convalescem, podendo ser examinadas a qualquer tempo, antes de findo o processo".

3. As decisões interlocutórias proferidas em sede de *cumprimento* ou *liquidação de sentença* são, consoante o teor do parágrafo único do art. 1.015, agraváveis. Acerca do tema, com maior profundidade: TORRES, Artur. *Sentença, Coisa Julgada e Recursos Cíveis Codificados*: de acordo com as Leis 13.105/2015 e 13.256/2016. Porto Alegre: Livraria do Advogado, 2017.

Art. 519. Aplicam-se as disposições relativas ao cumprimento da sentença, provisório ou definitivo, e à liquidação, no que couber, às decisões que concederem tutela provisória.

1. À liquidação e o cumprimento das decisões interlocutórias que concederem tutela provisória, aplica-se, em tudo quanto compatível, o regramento destinado à liquidação e ao cumprimento de sentença.

CAPÍTULO II
DO CUMPRIMENTO PROVISÓRIO DA SENTENÇA QUE RECONHECE A EXIGIBILIDADE DE OBRIGAÇÃO DE PAGAR QUANTIA CERTA

Art. 520. O cumprimento provisório da sentença impugnada por recurso desprovido de efeito suspensivo será realizado da mesma forma que o cumprimento definitivo, sujeitando-se ao seguinte regime:

I – corre por iniciativa e responsabilidade do exequente, que se obriga, se a sentença for reformada, a reparar os danos que o executado haja sofrido;

II – fica sem efeito, sobrevindo decisão que modifique ou anule a sentença objeto da execução, restituindo-se as partes ao estado anterior e liquidando-se eventuais prejuízos nos mesmos autos;

III – se a sentença objeto de cumprimento provisório for modificada ou anulada apenas em parte, somente nesta ficará sem efeito a execução;

IV – o levantamento de depósito em dinheiro e a prática de atos que importem transferência de posse ou alienação de propriedade ou de outro direito real, ou dos quais possa resultar grave dano ao executado, dependem de caução suficiente e idônea, arbitrada de plano pelo juiz e prestada nos próprios autos.

§ 1º No cumprimento provisório da sentença, o executado poderá apresentar impugnação, se quiser, nos termos do art. 525.

§ 2º A multa e os honorários a que se refere o § 1º do art. 523 são devidos no cumprimento provisório de sentença condenatória ao pagamento de quantia certa.

§ 3º Se o executado comparecer tempestivamente e depositar o valor, com a finalidade de isentar-se da multa, o ato não será havido como incompatível com o recurso por ele interposto.

§ 4º A restituição ao estado anterior a que se refere o inciso II não implica o desfazimento da transferência de posse ou da alienação de propriedade ou de outro direito real eventualmente já realizada, ressalvado, sempre, o direito à reparação dos prejuízos causados ao executado.

§ 5º Ao cumprimento provisório de sentença que reconheça obrigação de fazer, de não fazer ou de dar coisa aplica-se, no que couber, o disposto neste Capítulo.

1. Diz-se *provisório* o cumprimento da sentença quando promovido em face de julgado impugnado por recurso que não deva ser recebido com efeito suspensivo. Nada obstante a similitude de regramento aplicável ao *cumprimento definitivo*, o cumprimento provisório, face à precariedade do conteúdo do julgado (que, ainda, pode ter o seu resultado alterado) corre por iniciativa do exequente, que se responsabiliza (objetivamente), caso a sentença venha a ser reformada, a reparar os danos que o executado tenha suportado por decorrência da promoção do *cumprimento* sob comento.

2. Os atos executivos *lato sensu*, havendo alteração no decisório objeto do cumprimento provisório (que é precário, por definição), ficam, de pleno direito, sem efeito, *respeitados os limites da alteração havida* (inteligência do inciso III do artigo sob comento), "restituindo-se as partes ao estado anterior". Há, no concernente, de se atentar ao teor do §4º do art. 520. Aduz o Código, pois, que o retorno ao *status quo ante* a que alude o inciso II, "não implica o desfazimento da transferência de posse ou da alienação de propriedade ou de outro direito real" já consumadas em sede de cumprimento provisório, "ressalvado, sempre, o direito à reparação dos prejuízos" experimentados pelo executado. Ao que tudo indica, o executado apenas será ressarcido pecuniariamente quando alienados bens a ele pertencentes no curso do cumprimento sob comento. Registre-se, contudo, que eventuais prejuízos experimentados pelo requerido serão liquidados e cobrados nos mesmos autos em que tramitar o pedido de *cumprimento provisório*.

3. Atos expropriatórios. O levantamento de depósito em dinheiro e a prática de atos que importem transferência de posse ou alienação de propriedade ou de outro direito real, ou dos quais possa resultar grave dano ao executado, dependem da prestação de caução suficiente e idônea, que deve ser arbitrada de pelo juiz à luz das peculiaridades do caso concreto. A caução será prestada nos próprios autos do *cumprimento provisório*.

4. Acerca da *Impugnação ao Cumprimento de Sentença* vide, abaixo, comentários ao artigo 525.

5. Inexistindo cumprimento "espontâneo" (ou *voluntário*, como prefere o legislador) do julgado que estampe obrigação de pagar quantia, ao débito exequendo, *ope legis*, serão acrescidos (a) multa de 10% sobre o valor devido e (b) condenação ao pagamento de honorários advocatícios, em idêntico percentual, também em sede de cumprimento provisório.

6. O depósito do valor *a priori* devido (diz-se *a priori* uma vez que o conteúdo do julgado executado pode, ainda, ser alterado – e não é por outra razão que o cumprimento sob comento recebe o *nomen iuris* "cumprimento provisório"), realizado com o intuito único de eximir o executado da incidência de sanções processuais pelo (suposto) atraso na satisfação da obrigação exequenda, não será, segundo expresso apontamento legal, tomado por *ato extintivo ou impeditivo do direito de recorrer* (pressuposto de admissibilidade recursal intrínseco). Acerca do pressuposto de admissibilidade recursal suscitado, vide: TORRES, Artur. *Sentença, Coisa Julgada e Recursos Cíveis Codificados*: de acordo com as Leis 13.105/2015 e 13.256/2016. Porto Alegre: Livraria do Advogado, 2017. p. 80.

7. O presente capítulo tem aplicação subsidiária ao cumprimento provisório da sentença que reconheça obrigação de natureza diversa da de pagar quantia certa (obrigações de fazer, não fazer e entregar coisa).

Art. 521. A caução prevista no inciso IV do art. 520 poderá ser dispensada nos casos em que:
I – o crédito for de natureza alimentar, independentemente de sua origem;
II – o credor demonstrar situação de necessidade;
III – pender o agravo do art. 1.042; (Redação dada pela Lei 13.256/2016)
IV – a sentença a ser provisoriamente cumprida estiver em consonância com súmula da jurisprudência do Supremo Tribunal Federal ou do Superior Tribunal de Justiça ou em conformidade com acórdão proferido no julgamento de casos repetitivos.
Parágrafo único. A exigência de caução será mantida quando da dispensa possa resultar manifesto risco de grave dano de difícil ou incerta reparação.

1. Cumprimento provisório. Caução. O levantamento de quantia em dinheiro e a prática de atos expropriatórios, bem como de outros que possam causar grave dano ao executado, dependem, em regra, do oferecimento de caução, pelo exequente. Ao art. 521 coube inventariar em quais hipóteses é permitido excepcionar à regra, liberando-se o exequente de tal exigência.

2. Havendo requerimento nesse sentido, e, restando comprovada hipótese na qual se funda o pedido do exequente (que, por definição, assumirá todos os riscos de sua iniciativa), o julgador, entendendo conveniente, poderá dispensá-lo de prestar a caução sob comento. O parágrafo único do art. 521, por sua vez, outorga ao julgador poderes para manter hígida a exigência caucionatória, ainda que comprovada pelo exequente a existência de uma das hipóteses legais. Trata-se de antídoto para evitar a exposição do executado a manifesto risco de grave dano, de difícil ou incerta reparação. O sistema, em suma, é o seguinte: há, como regra, o dever de caucionar o juízo para levar a cabo a execução denominada provisória; diante das hipóteses legais, pode o julgador, a requerimento, dispensá-la; mesmo diante da presença de uma das hipóteses legais e de requerimento do exequente, é facultado ao julgador, em homenagem ao princípio da precaução, manter intocada a exigência de prestação de caução suficiente a preservar a esfera jurídica do executado, entendendo ele (o juiz) ser conveniente no caso concreto.

> **Art. 522.** O cumprimento provisório da sentença será requerido por petição dirigida ao juízo competente.
> Parágrafo único. Não sendo eletrônicos os autos, a petição será acompanhada de cópias das seguintes peças do processo, cuja autenticidade poderá ser certificada pelo próprio advogado, sob sua responsabilidade pessoal:
> I – decisão exequenda;
> II – certidão de interposição do recurso não dotado de efeito suspensivo;
> III – procurações outorgadas pelas partes;
> IV – decisão de habilitação, se for o caso;
> V – facultativamente, outras peças processuais consideradas necessárias para demonstrar a existência do crédito.

1. Cumprimento provisório. Peças obrigatórias. Ao petitório pertinente, tratando-se de feito que tramite em autos físicos, deverão ser acostadas, obrigatoriamente, (a) a decisão exequenda; (b) certidão de interposição do recurso não dotado de efeito suspensivo; (c) procurações outorgadas pelas partes e, sendo o caso, (d) decisão de habilitação. Ao exequente é facultado, pois, instrui-lo com as peças que entender necessárias, visando a elucidar a efetiva existência de seu crédito. Face à relação de "peças obrigatórias" exigidas pelo Código, bem como da conveniência que parece "saltar aos olhos", o pedido de cumprimento provisório, nada obstante deva ser endereçada ao juiz prolator da decisão precária, tramitará em autos apartados. Trata-se de medida de cunho prático, hábil a evitar um sem número de "problemas" forenses inerentes a tramitação processual pela plataforma física.

2. As peças que instruem o pleito em epígrafe podem ser juntadas em cópia simples, sob responsabilidade pessoal do advogado que patrocina a causa.

CAPÍTULO III
DO CUMPRIMENTO DEFINITIVO DA SENTENÇA QUE RECONHECE A EXIGIBILIDADE DE OBRIGAÇÃO DE PAGAR QUANTIA CERTA

1. Visando a constranger o executado a satisfazer a obrigação que deu ensejo ao pleito executivo, o CPC/2015 passa a permitir que, a requerimento, o juiz determine a inclusão do nome do executado em cadastro restritivo de crédito, devendo tal anotação, de imediato, ser cancelada por ocasião (a) da comprovação de satisfação da obrigação executada, (b) da garantia do juízo ou (c) da extinção do pleito executivo (fundada em título judicial ou extrajudicial), independentemente de sua motivação. Inteligência do art. 782, § 5º, do CPC/2015, aplicável, também, ao cumprimento definitivo de obrigação estampada em título judicial.

> **Art. 523.** No caso de condenação em quantia certa, ou já fixada em liquidação, e no caso de decisão sobre parcela incontroversa, o cumprimento definitivo da sentença far-se-á a requerimento do exequente, sendo o executado intimado para pagar o débito, no prazo de 15 (quinze) dias, acrescido de custas, se houver.
> § 1º Não ocorrendo pagamento voluntário no prazo do *caput*, o débito será acrescido de multa de dez por cento e, também, de honorários de advogado de dez por cento.
> § 2º Efetuado o pagamento parcial no prazo previsto no *caput*, a multa e os honorários previstos no § 1º incidirão sobre o restante.
> § 3º Não efetuado tempestivamente o pagamento voluntário, será expedido, desde logo, mandado de penhora e avaliação, seguindo-se os atos de expropriação.

1. O cumprimento da decisão não mais sujeita a recurso, cujo a obrigação corresponder a pagamento de quantia, depende de requerimento do credor. A rigor, inexiste no processo civil, consoante dito alhures, execução *ex officio*. Agindo o exequente (isto é, abandonando seu estado de inércia em relação ao cumprimento do julgado), o executado será intimado (como regra, na pessoa de seu advogado) para satisfazer a obrigação a que está condenado, acrescido de custas (adiantadas, via de regra, pelo exequente), no prazo de 15 dias. Trata-se, na linha do Código, de prazo para "cumprimento voluntário" ou "espontâneo" (como prefere o Código) da obrigação.

2. Inexistindo cumprimento "espontâneo", ao débito, por força de lei, serão acrescidos (a) multa de 10% sobre o valor devido e (b) honorários advocatícios, no mesmo percentual. Tal verba honorária não pode ser baralhada com a já arbitrada em sede de sentença – o percentual (do artigo sob comento) diz com a verba honorária devida em sede de *cumprimento de sentença*, por ocasião do não cumprimento espontâneo da obrigação exequenda. Nesses casos, pois, será expedido, *incontinenti*, mandado de penhora e avaliação, rumando-se à expropriação dos bens do devedor.

3. Havendo pagamento espontâneo, porém, apenas parcial, a multa (10%), bem como os honorários na fase sob comento, tomarão por base de cálculo tão somente o valor inadimplido. Exemplo: a condenação, constante da sentença executada alcança R$ 100.000,00. Havendo pagamento espontâneo de R$ 20.000,00, a multa e os honorários serão calculados tomando por base R$ 80.000,00 (o valor em aberto), de tal sorte que o cumprimento será levado adiante, considerando-se o exemplo, no valor de R$ 96.000,00 (saldo + multa + honorários), sem prejuízo do valor relativo às custas suportadas pelo exequente ao largo de toda a tramitação processual, e de eventual correção monetária devida.

4. Consoante entendimento de Guilherme Rizzo Amaral, embora "as astreintes encontrem sua previsão, no CPC de 2015, no Capítulo que trata do cumprimento da sentença que reconheça a exigibilidade de obrigação de fazer, de não fazer ou de entregar coisa, poderão ser aplicadas, em hipóteses excepcionais, para a coerção do devedor de quantia certa. À míngua de expressa disposição legal, e havendo sistemática específica para e efetivação das sentenças que reconheciam a exigibilidade do pagamento de quantia certa, na vigência do CPC de 1973 a jurisprudência vinha rechaçando tal possibilidade (REsp 1358705/SP, 3ª T., rel. Min. Nancy Andrighi, j. 11.03.2014, DJe 19.03.2014). No CPC de 2015, contudo, muito embora continue havendo sistemática específica para o cumprimento da sentença relativa as obrigações de pagar quantia, sistemática essa que não prevê o uso da multa periódica, o art. 139, IV, prevê de forma expressa que ao juiz incumbe 'determinar todas as medidas indutivas, coercitivas, mandamentais ou sub-rogatórias necessárias para assegurar o cumprimento de ordem judicial, inclusive nas ações que tenham por objeto prestação pecuniária'. É inequívoco que a multa de que trata o art. 537 constitui técnica de tutela de caráter indutivo, coercitivo ou mandamental. Desse modo, deve-se reconhecer que, em hipóteses excepcionais, e no exercício do poder-dever previsto no art. 139, IV, do CPC/2015, poderá o juiz fixar a multa de que trata o art. 537 também para a tutela dos deveres de pagar quantia. Tais hipóteses verificar-se-ão, geralmente, quando todas as demais medidas executivas forem frustradas ou se revelarem, prima facie, ineficientes, como ocorre quando o devedor oculta seu patrimônio impedindo, assim, a expropriação. É preciso, contudo, ter muita cautela na utilização de multa coercitiva com tal finalidade, na medida em que ela não deve se revestir de caráter punitivo para agravar a situação do devedor que já não dispõe de patrimônio para cumprir a obrigação principal." (AMARAL, Guilherme Rizzo. In: WAMBIER, Teresa Arruda *et al*. Breves *Comentários ao Novo Código de Processo Civil*. São Paulo: RT, 2015. *Passim*).

5. O parcelamento legal previsto pelo *caput* do art. 916 (referente ao pagamento da quantia certa, objeto de obrigação estampada em título extrajudicial, em até 7 (sete) parcelas), não se aplica, consoante expresso apontamento legal (art. 916, § 7º), ao cumprimento de sentença.

> **Art. 524.** O requerimento previsto no art. 523 será instruído com demonstrativo discriminado e atualizado do crédito, devendo a petição conter:
> I – o nome completo, o número de inscrição no Cadastro de Pessoas Físicas ou no Cadastro Nacional da Pessoa Jurídica do exequente e do executado, observado o disposto no art. 319, §§ 1º a 3º;

II – o índice de correção monetária adotado;

III – os juros aplicados e as respectivas taxas;

IV – o termo inicial e o termo final dos juros e da correção monetária utilizados;

V – a periodicidade da capitalização dos juros, se for o caso;

VI – especificação dos eventuais descontos obrigatórios realizados;

VII – indicação dos bens passíveis de penhora, sempre que possível.

§ 1º Quando o valor apontado no demonstrativo aparentemente exceder os limites da condenação, a execução será iniciada pelo valor pretendido, mas a penhora terá por base a importância que o juiz entender adequada.

§ 2º Para a verificação dos cálculos, o juiz poderá valer-se de contabilista do juízo, que terá o prazo máximo de 30 (trinta) dias para efetuá-la, exceto se outro lhe for determinado.

§ 3º Quando a elaboração do demonstrativo depender de dados em poder de terceiros ou do executado, o juiz poderá requisitá-los, sob cominação do crime de desobediência.

§ 4º Quando a complementação do demonstrativo depender de dados adicionais em poder do executado, o juiz poderá, a requerimento do exequente, requisitá--los, fixando prazo de até 30 (trinta) dias para o cumprimento da diligência.

§ 5º Se os dados adicionais a que se refere o § 4º não forem apresentados pelo executado, sem justificativa, no prazo designado, reputar-se-ão corretos os cálculos apresentados pelo exequente apenas com base nos dados de que dispõe.

1. Petição de *cumprimento da sentença*. Requisitos. Coube ao artigo 524 inventariar os elementos "essenciais" inerentes ao petitório destinado à promoção do cumprimento definitivo da sentença. Hão de constar, necessariamente, (a) o nome completo, o número de inscrição no Cadastro de Pessoas Físicas ou no Cadastro Nacional da Pessoa Jurídica do exequente e do executado, observado o disposto no art. 319, §§ 1º a 3º. A petição, ainda, deverá ser instruída com *demonstrativo atualizado do crédito*, que apontará (1) o índice de correção monetária adotado; (2) os juros aplicados e as respectivas taxas; (3) o termo inicial e o termo final dos juros e da correção monetária utilizados; (4) a periodicidade da capitalização dos juros, se for o caso; (5) especificação acerca de eventuais descontos obrigatórios que devam ser realizados. Sempre que possível, o exequente deve, outrossim, indicar quais são os bens do executado passíveis de penhora.

2. Dependendo a elaboração do demonstrativo (planilha de cálculo) de dados que se encontrem em poder de terceiros ou do executado, o juiz poderá requisitá-los, sob cominação do crime de desobediência. No último caso (ou seja, encontrando-se os dados faltantes em poder do próprio executado), inobservado o prazo judicial para sua apresentação (cuja fixação depende de requerimento do exequente), reputar-se-ão adequados os cálculos apresentados pelo exequente.

3. Crítica. O § 5º. Revela-se, para dizer o menos, infeliz a redação atribuída ao parágrafo sob comento. Não pode surpreender a afirmativa de que o silêncio do executado, nesse cenário, não possa beneficiá-lo. Se o exequente não possui os dados necessários (possui acesso apenas a parte deles), de duas, uma: ou não terá como apresentar o cálculo, face ao desconhecimento das informações indispensáveis, ou terá de estimá-las. Parece-nos que, respeitados certos "limites" de verossimilhança referentes aos apontamentos contidos no demonstrativo, a ideia é de que o julgador tome por verídica a estimativa lançada pelo exequente, de tal sorte que a satisfação de seu crédito não reste prejudicada pela omissão do executado. Afirmar que o julgador deva considerar correto o cálculo apresentado pelo exequente "apenas com base nos dados de que dispõe" conduziria a cenário bem distinto que, inclusive, poderia coroar a torpeza do executado, hipótese que, à evidência, sempre deve ser descartada.

4. Nos casos em que o valor sustentado pelo exequente mostrar-se já num primeiro olhar excessivo, embora a execução deva tramitar pelo valor pretendido, a penhora tomará por base a importância que o juiz entender adequada. Para a verificação da corretude dos cálculos apresentados pelo exequente, o julgador poderá, querendo, valer-se de *expert* da área contábil.

5. O art. 835 do CPC/2015, que tem aplicabilidade ao cumprimento sob comento (art. 513), estabelece ordem a ser preferencialmente observada para a penhora de bens. Atento ao direito fundamental à tutela específica, o topo da lista, por se tratar de tutela executiva destinada à satisfação de obrigação de pagar quantia, vai encabeçada pelo "dinheiro". Localizada certa quantia pertencente ao executado, seja em espécie ("dinheiro vivo"), depositada ou aplicada em instituição financeira, será ela constrita, visando a satisfazer o crédito exequendo. A penhora de dinheiro é, como diz o Código, "prioritária". O legislador de 2015 equipara a dinheiro, considerado o específico fito de permitir a substituição da penhora, (a) a fiança bancária e (b) o seguro garantia judicial. Ambos, porém, deverão assegurar o juízo em valor não inferior a 130% do valor objeto do cumprimento, pena de não gozar do referido *status* equiparatório, frustrando, em última análise, o deferimento de eventual pedido de substituição de penhora formulado nos autos. Cumpre salientar, outrossim, que, respeitada a prioridade estabelecida para a penhora de dinheiro (quando mais na execução das obrigações de pagar quantia), é facultado ao julgador, consideradas as peculiaridades do caso concreto, alterar, sem descurar-se de todas as nuances do *princípio da menor gravosidade*, a ordem prevista pelos incisos do art. 835.

> **Art. 525.** Transcorrido o prazo previsto no art. 523 sem o pagamento voluntário, inicia-se o prazo de 15 (quinze) dias para que o executado, independentemente de penhora ou nova intimação, apresente, nos próprios autos, sua impugnação.
> § 1º Na impugnação, o executado poderá alegar:
> I – falta ou nulidade da citação se, na fase de conhecimento, o processo correu à revelia;
> II – ilegitimidade de parte;
> III – inexequibilidade do título ou inexigibilidade da obrigação;
> IV – penhora incorreta ou avaliação errônea;
> V – excesso de execução ou cumulação indevida de execuções;
> VI – incompetência absoluta ou relativa do juízo da execução;

VII – qualquer causa modificativa ou extintiva da obrigação, como pagamento, novação, compensação, transação ou prescrição, desde que supervenientes à sentença.

§ 2º A alegação de impedimento ou suspeição observará o disposto nos arts. 146 e 148.

§ 3º Aplica-se à impugnação o disposto no art. 229.

§ 4º Quando o executado alegar que o exequente, em excesso de execução, pleiteia quantia superior à resultante da sentença, cumprir-lhe-á declarar de imediato o valor que entende correto, apresentando demonstrativo discriminado e atualizado de seu cálculo.

§ 5º Na hipótese do § 4º, não apontado o valor correto ou não apresentado o demonstrativo, a impugnação será liminarmente rejeitada, se o excesso de execução for o seu único fundamento, ou, se houver outro, a impugnação será processada, mas o juiz não examinará a alegação de excesso de execução.

§ 6º A apresentação de impugnação não impede a prática dos atos executivos, inclusive os de expropriação, podendo o juiz, a requerimento do executado e desde que garantido o juízo com penhora, caução ou depósito suficientes, atribuir-lhe efeito suspensivo, se seus fundamentos forem relevantes e se o prosseguimento da execução for manifestamente suscetível de causar ao executado grave dano de difícil ou incerta reparação.

§ 7º A concessão de efeito suspensivo a que se refere o § 6º não impedirá a efetivação dos atos de substituição, de reforço ou de redução da penhora e de avaliação dos bens.

§ 8º Quando o efeito suspensivo atribuído à impugnação disser respeito apenas a parte do objeto da execução, esta prosseguirá quanto à parte restante.

§ 9º A concessão de efeito suspensivo à impugnação deduzida por um dos executados não suspenderá a execução contra os que não impugnaram, quando o respectivo fundamento disser respeito exclusivamente ao impugnante.

§ 10. Ainda que atribuído efeito suspensivo à impugnação, é lícito ao exequente requerer o prosseguimento da execução, oferecendo e prestando, nos próprios autos, caução suficiente e idônea a ser arbitrada pelo juiz.

§ 11. As questões relativas a fato superveniente ao término do prazo para apresentação da impugnação, assim como aquelas relativas à validade e à adequação da penhora, da avaliação e dos atos executivos subsequentes, podem ser arguidas por simples petição, tendo o executado, em qualquer dos casos, o prazo de 15 (quinze) dias para formular esta arguição, contado da comprovada ciência do fato ou da intimação do ato.

§ 12. Para efeito do disposto no inciso III do § 1º deste artigo, considera-se também inexigível a obrigação reconhecida em título executivo judicial fundado em lei ou ato normativo considerado inconstitucional pelo Supremo Tribunal Federal, ou fundado em aplicação ou interpretação da lei ou do ato normativo tido pelo Supremo Tribunal Federal como incompatível com a Constituição Federal, em controle de constitucionalidade concentrado ou difuso.

§ 13. No caso do § 12, os efeitos da decisão do Supremo Tribunal Federal poderão ser modulados no tempo, em atenção à segurança jurídica.

§ 14. A decisão do Supremo Tribunal Federal referida no § 12 deve ser anterior ao trânsito em julgado da decisão exequenda.

§ 15. Se a decisão referida no § 12 for proferida após o trânsito em julgado da decisão exequenda, caberá ação rescisória, cujo prazo será contado do trânsito em julgado da decisão proferida pelo Supremo Tribunal Federal.

1. Impugnação ao cumprimento de sentença. Prazo. O prazo para que o executado, intimado validamente, insurja-se ao requerimento em seu desfavor realizado, é de 15 dias, a contar da transcorrência *in albis* do prazo para cumprimento espontâneo do julgado. Nada obsta, contudo, que o executado manifeste-se, no afã combater eventual vício executivo, antes de inaugurado o aludido prazo (art. 218, § 4º). O cômputo do prazo sob comento (para impugnação) não depende de penhora ou de nova intimação.

2. Impugnação ao cumprimento de sentença. Cognição limitada. O objeto da impugnação limita-se, segundo expresso apontamento legal, (a) a falta ou nulidade da citação se, na fase de conhecimento, o processo correu à revelia; (b) a ilegitimidade de parte; (c) a inexequibilidade do título ou inexigibilidade da obrigação; (d) a penhora incorreta ou a avaliação errônea; (e) ao excesso de execução ou cumulação indevida de execuções; (f) a incompetência absoluta ou relativa do juízo da execução; ou, (g) a qualquer causa modificativa ou extintiva da obrigação, como pagamento, novação, compensação, transação ou prescrição, desde que supervenientes à sentença.

3. O modelo constitucional do processo civil brasileiro garante a todo e qualquer cidadão, dentre outros, o direito de ter os pleitos judiciais com os quais se envolva examinados (e efetivamente julgados) por *terceiro imparcial*. Trata-se, bem compreendida a afirmativa, de corolário do *direito fundamental ao juiz natural*. Daí decorre, grosso modo, a necessidade, no plano processual, de se apontar as hipóteses em que se considera, ao menos tese, posta em risco tal posição jurídica. O expediente recusatório, que se estende para além da figura do julgador (pode ser destinado a afastar um outro auxiliar da justiça), possui claro escopo: visa-se, mediante sua operacionalização, a manter hígido o dever de imparcialidade que reclama o modelo constitucional do processo civil brasileiro, em relação aos que, presentando ou auxiliando o Estado, atuam, ainda que *lato sensu*, para a conformação da prestação jurisdicional.

4. Há situações em que o direito posto *desconfia* que o julgador, ou algum auxiliar seu, pelas mais variadas razões (art. 145 do CPC/2015) não atuará, *in concreto*, com a imparcialidade que dele se exige; noutras, o legislador não desconfia: tem *certeza* (art. 144 do CPC/2015). No primeiro caso, fala-se em *suspeição*; no segundo, em *impedimento*, sendo defeso ao julgador atuar no caso concreto.

5. Ao artigo 144 do CPC/2015 coube inventariar as hipóteses em que a atuação do magistrado no caso concreto não será admitida. Consoante expressa previsão legal, é defeso ao julgador atuar nos feitos em que (a) atuou, outrora, na condição de mandatário da parte, oficiou como perito, funcionou como membro do Ministério Público ou prestou depoimento como testemunha, no caso concreto; (b) que conheceu em outro grau de jurisdição, tendo proferido decisão; (c) quando figurar na condição de defensor público, advogado ou membro do Ministério Público, seu cônjuge ou companheiro, ou qualquer parente, consanguíneo ou afim, em linha reta ou colateral, até o terceiro grau, inclusive; (d) seja ele mesmo, seu cônjuge/companheiro, ou parente, consanguíneo ou afim, em linha reta ou colateral, até o terceiro grau, parte no processo; (e) for parte pessoa jurídica da qual seja sócio ou membro de direção ou de administração; (f) quando figurar na condição de herdeiro presuntivo, donatário ou empregador de qualquer das partes; (g) seja parte instituição de ensino com a qual tenha relação de emprego ou decorrente de contrato de prestação de serviços; (h) um dos contendores pertença a carteira de clientes do escritório de advocacia de seu cônjuge, companheiro ou parente, consanguíneo ou afim, em linha reta ou colateral, até o terceiro grau, inclusive, mesmo que patrocinado por advogado de outro escritório e, por fim; (i) quando envolvido em ação na qual demande ou seja demandado pela parte ou por seu advogado.

6. O fato (superveniente) capaz de gerar a presunção de impedimento do julgador não será considerado mediante constatação que sua ocorrência se deu com o especial fito de gerar o impedimento no caso concreto.

7. Verifica-se o impedimento previsto no inciso III do artigo 144, quando conferido mandato a "membro de escritório de advocacia que tenha em seus quadros advogado que individualmente ostente a condição" suficiente para gerar o impedimento, ainda que o aludido profissional (integrante do quadro de advogados) não atue, *in concreto*, no processo.

8. Tanto o *impedimento*, quando *a* suspeição do magistrado, não só podem, como devem, ser suscitados oficiosamente.

9. Ao artigo 145, por sua vez, coube prescrever as hipóteses em que se *suspeita* da conduta imparcial do agente processual. Considera-se suspeito o julgador (a) quando amigo íntimo ou inimigo de qualquer das partes ou de seus advogados; (b) quando receber presentes de pessoas interessadas na causa antes ou depois de iniciado o feito; que aconselhar alguma das partes acerca do objeto da causa ou, ainda, que subministrar meios para atender às despesas do litígio; (c) qualquer das partes for sua credora ou devedora, de seu cônjuge ou companheiro ou de parentes destes, em linha reta até o terceiro grau, inclusive; ou, por fim, (d) quando interessado no resultado da contenda.

10. O magistrado que suscitar sua impossibilidade de participar do julgamento do caso concreto restará dispensado de declarar as razões que lhe permitem concluir acerca de sua condição de *impedido* ou *suspeito*.

11. O impedimento do magistrado não se convalesce. Uma vez impedido, sempre impedido; a suspeição, por sua vez, encontra-se adstrita à regramento diverso. Não é por outra razão, pois, que o inciso II, do § 2º do artigo sob comento prescreve que, se a parte interessada (na declaração da suspeição) praticar "ato que signifique" evidente aceitação do arguido, a alegação de suspeição a *posteriori* realizada será tida por ilegítima.

12. O prazo para suscitar a recusa do julgador é de 15 (quinze) dias. O aludido prazo tem por termo inicial a data do conhecimento do fato (que, em tese, torna o julgador *impedido* ou *suspeito* para atuar no caso concreto), situação que, na prática, dá margem a amplo debate. Não há, a rigor, como, no mais das vezes, aferir exatamente o momento da ciência do fato.

13. A postulação de recusa do julgador deve ser realizada por escrito, e endereçada ao processo em que funciona o próprio recusado, indicando-se, de maneira precisa, o fundamento da recusa, bem como, sendo o caso, acostando-se aos autos os documentos em que se baseia o requerente, sem prejuízo da apresentação do rol das testemunhas que pretende ouvir caso o julgador não acolha, de pronto, o pleito recusatório.

14. Acolhido o pleito recusatório, o juiz recusado, de imediato, ordenará a remessa dos autos a seu substituto legal, restabelecendo-se, pois, o grau de imparcialidade que se exige do julgador; entendendo de maneira diversa (ou seja, que não se encontra impedido e nem é suspeito para funcionar no caso concreto), o requerido determinará que o incidente seja autuado em apartado e, no prazo de 15 (quinze) dias, "apresentará suas razões, acompanhadas de documentos e de rol de testemunhas, se houver, ordenando a remessa do incidente ao tribunal". Compete ao tribunal a que o requerido estiver vinculado, por seu Regimento Interno, estatuir a competência interna para o enfrentamento do incidente, respeitados os ditames contidos no § 2º do art. 146.

15. O protocolo do pleito recusatório, nos termos do art. 313, III, suspende o processo, que, assim permanecerá, bem compreendida a afirmativa, até "segunda" ordem. Nos casos em que o juiz recusado acolher o pedido da parte, a estagnação do feito perdurará até que os autos estejam vinculados ao substituto legal do recusado, que, ao seu tempo, determinará as providências relativas ao prosseguimento regular do mesmo. De outra sorte, nos casos em que o recusado repudiar a alegação da parte, competirá ao relator, no tribunal, diante da suba dos autos (referentes à recusa) determinar se o processo (a causa principal) deva ou não permanecer suspenso até o julgamento do pleito recusatório. Determinada a manutenção da suspensão do feito (ou no período anterior a manifestação do relator a respeito), sendo o caso, a competência para enfrentar pedido acerca de tutela de urgência será do substituto legal do juiz recusado.

16. Desacolhido pelo tribunal o pleito recusatório, o processo prosseguirá sob a presidência do juiz recusado; acolhido, tratando-se de impedimento ou de "manifesta" suspeição, o tribunal condenará o juiz ao pagamento das custas, determinando-se a remessa dos autos ao substituto legal do juiz recusado. O pronunciamento judicial definirá, ainda, o momento processual a partir do qual a atuação do juiz recusado revelou-se indevida, declarando a nulidade dos atos processuais realizados nesse contexto.

17. A vinculação havida entre os julgadores, outrossim, figura como causa de impossibilidade de atuação do julgador no caso concreto. O julgador que perceber que algum parente seu (consanguíneo ou afim, em linha reta ou colateral, até o terceiro grau, inclusive) funcionou no julgamento da causa com a qual se depara, deve, por determinação legal, escusar-se de julgá-lo, determinando, pois, a remessa dos autos ao seu substituto legal.

18. Embora se tenha, outrora, limitado o rol de sujeitos do processo às partes e ao julgador (ao menos no espectro acadêmico), não há negar, hodiernamente, que um sem número de outros personagens revelam-se fundamentais à entrega da jurisdição constitucionalmente prometida, e, logo, merecem assento no aludido grupo. As partes, consoante denuncia a nomenclatura, são, por definição, parciais. O julgador e os demais auxiliares da justiça, não. Nessa quadra, pois, afigura-se pouco mais do que evidente que se qualquer auxiliar do juízo possuir, *lato sensu*, interesse na causa, sua atuação, *in concreto*, tem o condão de macular o regular prosseguimento do *devido processo de direito*. Não é por outra razão, sobretudo, que o art. 148 prevê que os motivos de impedimento e suspeição a eles alcançam.

19. A recusa ao auxiliar da justiça, seja ele qual for, deve ser arguida mediante petição simples, direcionada ao juiz da causa, na primeira oportunidade em que lhe couber a parte interessada falar nos autos.

20. Suscitada a recusa, o julgador, nesses casos, determinará que se proceda na autuação em separado do incidente "sem suspensão" do trâmite da ação em que a recusa foi suscitada, ocasião em que se intimará o renegado para, querendo, manifestar-se acerca de sua condição, observado o prazo de 15 dias.

21. Os litisconsortes que tiverem diferentes procuradores (leia-se: pertencentes à escritórios de advocacia diversos), aduz o artigo 229, terão prazos processuais contados em dobro para todas as suas manifestações, em qualquer juízo ou tribunal, independentemente de requerimento. Cessa a contagem nestes termos se, havendo apenas 2 (dois) réus, é oferecida defesa por apenas um deles. O elastecimento (de prazo) em tela, não se aplica aos processos que tramitem em autos eletrônicos.

22. Incumbe ao executado/impugnante, suscitando haver excesso de execução (ou seja, que o exequente pretende receber quantia superior ao objeto da condenação), declarar, *incontinenti*, o valor incontroverso (o montante que entende devido), de maneira justificada, pena de rejeição liminar da impugnação, sendo este o único motivo de sua insurgência.

23. O oferecimento da *impugnação ao cumprimento de sentença* não obsta a prática de atos executivo, inclusive os expropriatórios. A requerimento, contudo, o juiz, encontrando-se devidamente garantido "o juízo", poderá, por decisão fundamentada, nos casos em que o "prosseguimento da execução for manifestamente suscetível de causar ao executado grave dano de difícil ou incerta reparação", atribuir-lhe efeito suspensivo.

24. O pronunciamento judicial que atribua efeito suspensivo à *impugnação* não impede a "efetivação dos atos de substituição, de reforço ou de redução da penhora e de avaliação dos bens". Nos casos em que o efeito suspensivo atribuído limitar-se tão somente a parte do objeto da execução, esta prosseguirá quanto à parte restante.

25. Ao exequente é facultado, mediante caucionamento, a despeito da concessão de efeito suspensivo à impugnação, requerer o regular prosseguimento da execução.

26. As questões relativas a fatos supervenientes ao término do prazo para oferecimento da impugnação, serão, por petição simples nos autos, suscitadas no prazo de 15 dias, contados da "comprovada ciência do fato ou da intimação do ato".

27. A decisão do STF que legitima a alegação, em sede de impugnação ao cumprimento de sentença, de que o cumprimento atacado possui lastro em

título executivo inconstitucional (sendo, pois, inexigível a obrigação) é aquela proferida antes do trânsito em julgado da decisão que figura como objeto de cumprimento. Caso a decisão do Supremo seja posterior ao trânsito da decisão exequenda, a hipótese é de ação rescisória, cujo prazo será computado a partir do trânsito em julgado da decisão proferida pelo guardião da Constituição. Inteligência dos §§ 12, 13, 14 e 15, do art. 525.

> **Art. 526.** É lícito ao réu, antes de ser intimado para o cumprimento da sentença, comparecer em juízo e oferecer em pagamento o valor que entender devido, apresentando memória discriminada do cálculo.
>
> § 1º O autor será ouvido no prazo de 5 (cinco) dias, podendo impugnar o valor depositado, sem prejuízo do levantamento do depósito a título de parcela incontroversa.
>
> § 2º Concluindo o juiz pela insuficiência do depósito, sobre a diferença incidirão multa de dez por cento e honorários advocatícios, também fixados em dez por cento, seguindo-se a execução com penhora e atos subsequentes.
>
> § 3º Se o autor não se opuser, o juiz declarará satisfeita a obrigação e extinguirá o processo.

1. O demandado tem o direito de se libertar da obrigação que se lhe pode ser exigida. Nessa senda, pois, faculta-se ao mesmo, antes mesmo da intimação para cumprir a sentença, comparecer em juízo para pagar o "valor que entender devido", justificando-o contabilmente.

2. Realizado o pagamento na forma prevista pelo art. 526, intimar-se-á o credor para, no prazo de 5 dias, querendo, impugná-lo. Eventual discordância suscitada não o impedirá de resgatar o montante sobre o qual inexiste controvérsia. Silente o credor, o juiz declarará satisfeita a obrigação e extinguirá o processo.

3. Declarada, mediante pronunciamento judicial devidamente motivado, a insuficiência do pagamento, incidirão sobre o montante em aberto (a) multa no aporte de 10% e (b) honorários advocatícios em igual percentual, prosseguindo-se com a execução.

> **Art. 527.** Aplicam-se as disposições deste Capítulo ao cumprimento provisório da sentença, no que couber.

1. O regramento pertinente ao cumprimento definitivo da sentença tem aplicabilidade, consideradas eventuais peculiaridades inerentes a natureza do pronunciamento objeto de execução, ao cumprimento provisório da sentença.

CAPÍTULO IV
DO CUMPRIMENTO DE SENTENÇA QUE RECONHEÇA A EXIGIBILIDADE DE OBRIGAÇÃO DE PRESTAR ALIMENTOS

1. Os artigos 16, 17 e 18 da Lei 5.478/68 encontram-se revogados por ocasião da entrada em vigor da Lei 13.105, o CPC/2015, a despeito da redação atribuída ao art. 1.045, § 2º, do derradeiro diploma legal.

Art. 528. No cumprimento de sentença que condene ao pagamento de prestação alimentícia ou de decisão interlocutória que fixe alimentos, o juiz, a requerimento do exequente, mandará intimar o executado pessoalmente para, em 3 (três) dias, pagar o débito, provar que o fez ou justificar a impossibilidade de efetuá-lo.

§ 1º Caso o executado, no prazo referido no caput, não efetue o pagamento, não prove que o efetuou ou não apresente justificativa da impossibilidade de efetuá-lo, o juiz mandará protestar o pronunciamento judicial, aplicando-se, no que couber, o disposto no art. 517.

§ 2º Somente a comprovação de fato que gere a impossibilidade absoluta de pagar justificará o inadimplemento.

§ 3º Se o executado não pagar ou se a justificativa apresentada não for aceita, o juiz, além de mandar protestar o pronunciamento judicial na forma do § 1º, decretar-lhe-á a prisão pelo prazo de 1 (um) a 3 (três) meses.

§ 4º A prisão será cumprida em regime fechado, devendo o preso ficar separado dos presos comuns.

§ 5º O cumprimento da pena não exime o executado do pagamento das prestações vencidas e vincendas.

§ 6º Paga a prestação alimentícia, o juiz suspenderá o cumprimento da ordem de prisão.

§ 7º O débito alimentar que autoriza a prisão civil do alimentante é o que compreende até as 3 (três) prestações anteriores ao ajuizamento da execução e as que se vencerem no curso do processo.

§ 8º O exequente pode optar por promover o cumprimento da sentença ou decisão desde logo, nos termos do disposto neste Livro, Título II, Capítulo III, caso em que não será admissível a prisão do executado, e, recaindo a penhora em dinheiro, a concessão de efeito suspensivo à impugnação não obsta a que o exequente levante mensalmente a importância da prestação.

§ 9º Além das opções previstas no art. 516, parágrafo único, o exequente pode promover o cumprimento da sentença ou decisão que condena ao pagamento de prestação alimentícia no juízo de seu domicílio.

1. O CPC/2015, face à relevância do direito material *sub judice*, dedicou capítulo específico para regular o *cumprimento* das decisões (sentenças ou decisões interlocutórias) que reconheçam a existência de obrigação alimentar.

2. A execução da verba alimentar insatisfeita depende, consoante expresso apontamento legal, de requerimento do credor, sendo o princípio dispositivo regra no direito pátrio. Não há, entre nós, em sede de processo civil, tutela executiva oficiosa, nem mesmo, segundo pensamos, em relação as obrigações de entregar coisa ou de fazer estampadas em título judicial.

3. O juiz, devidamente provocado e, inexistindo eleição de procedimento diverso pelo exequente, determinará a intimação pessoal do devedor/executado para, no prazo de 3 dias, "pagar o débito, provar que o fez ou justificar" o porquê deixou de praticá-lo, pena de prosseguimento do pleito executivo. Silente o executado ou insatisfatória a justificativa para a não satisfação do crédito sob comento, o juiz, de ofício, ordenará que se *proteste* o pronunciamento judicial que serve de fundamento ao pedido de *cumprimento*.

4. Do protesto da decisão judicial. "A decisão judicial transitada em julgado poderá ser levada a protesto, nos termos da lei, depois de transcorrido o prazo para pagamento voluntário (...). (...) Para efetivar o protesto, incumbe ao exequente apresentar certidão de teor da decisão. (...) A certidão de teor da decisão deverá ser fornecida no prazo de 3 (três) dias e indicará o nome e a qualificação do exequente e do executado, o número do processo, o valor da dívida e a data de decurso do prazo para pagamento voluntário. (...) O executado que tiver proposto ação rescisória para impugnar a decisão exequenda pode requerer, a suas expensas e sob sua responsabilidade, a anotação da propositura da ação à margem do título protestado. (...) A requerimento do executado, o protesto será cancelado por determinação do juiz, mediante ofício a ser expedido ao cartório, no prazo de 3 (três) dias, contado da data de protocolo do requerimento, desde que comprovada a satisfação integral da obrigação." (art. 517, *caput* e parágrafos, do CPC/2015).

5. Apenas a "impossibilidade absoluta" justifica o inadimplemento da verba alimentar. Nesse sentido, inclusive, já se decidiu outrora: "(...) EXECUÇÃO DE ALIMENTOS. PRISÃO CIVIL. CABIMENTO. 1. Não demonstrada a impossibilidade absoluta de pagar os alimentos, cabível a prisão civil do devedor, que não é medida de exceção, senão providência prevista na lei para a execução de alimentos (...). 2. O exame de eventual alteração da condição econômica por parte do alimentante deve ter lugar em ação revisional. 3. O ajuizamento de ação revisional não têm o condão de justificar o inadimplemento da obrigação alimentar nem de impedir o cumprimento de prisão civil decretada. 4. Descabe o pedido de cumprimento da sanção em prisão domiciliar, pois inexiste motivo ponderável para tanto. Recurso desprovido. (Agravo de Instrumento nº 70063961577, Sétima Câmara Cível, Tribunal de Justiça do RS, Relator: Sérgio Fernando de Vasconcellos Chaves, Julgado em 29/04/2015).

6. Devedor de Alimentos. Coerção pessoal. Prisão Civil. Deixando o devedor de cumprir com obrigação alimentar (definitiva ou provisória), e não comprovada a *impossibilidade absoluta* de adimpli-la, incumbe ao juiz, para além de ordenar o protesto acima referido, decretar a *prisão civil* do executado, pelo período (máximo) de até 03 meses, que deverá ser cumprida, necessariamente, em regime fechado.[47] O cumprimento da "pena", ainda que pelo prazo máximo, não exime, sublinhe-se, o executado da obrigação de pagar as prestações vencidas e vincendas.

7. O débito que autoriza a prisão civil do devedor de alimentos "é o que compreende até as 3 (três) prestações anteriores ao ajuizamento da execução e as que se vencerem no curso do processo". O executado que, condenado a pagar mensalmente verba alimentar, atrasar um único dia sua satisfação, encontra-se sujeito ao regime da execução que admite a *prisão civil*. Consoante

---

[47] O legislador perdeu a oportunidade, segundo pensamos, de, expressamente, revogar o teor do art. 19 da Lei 5.478/68, dando azo, pois, a interpretações de prevalência de seu conteúdo, por mais benéfico ao devedor no que tange ao prazo de prisão, em relação ao texto codificado. O aludido artigo encontra-se assim redigido: "O juiz, para instrução da causa ou na execução da sentença ou do acordo, poderá tomar todas as providências necessárias para seu esclarecimento ou para o cumprimento do julgado ou do acordo, inclusive a decretação de prisão do devedor até 60 (sessenta) dias".

redação atribuída ao § 7º do artigo sob comento, mantendo-se entendimento outrora sumulado pelo STJ (Súmula 309), a utilização da técnica processual em destaque (coerção pessoal) encontra limite, consoante expressa previsão legal, na observância do lapso temporal que se compreende entre a formulação do pedido de tutela executiva e a antepenúltima parcela alimentar vencida. A execução do crédito exigível há mais tempo, desde que não prescrito (art. 202 da Lei 10.406/02), sujeita-se, obrigatoriamente, à execução pelo rito da expropriação (regime aplicável ao cumprimento da obrigação de pagar quantia certa).

8. Constatação forense. Art. 523, § 3º. Processo Físico. É enfático o teor do § 3º do artigo 523 ao determinar que, inatendido o comando judicial que determina o cumprimento espontâneo da obrigação (pagamento), se dê, de imediato (havendo, é claro, manifestação do exequente!), sequência aos atos executivos. No plano prático, nada obstante a boa intenção do legislador, em especial nos feitos que tramitam em autos físicos, a observância da regra (e, por sua vez, a busca pela efetividade processual) tem encontrado empecilho mundano. Explicamo-nos: o executado, uma vez intimado na pessoa de seu procurador, não raro realiza carga dos autos (legítima, inclusive, uma vez que necessita aferir, mediante manuseio do processo, se os valores objeto da execução de fato são devidos). Seja como for, transcorrido o prazo para o pagamento espontâneo, consoante previsão do art. 525, inaugura-se o prazo para que, sendo o caso, o executado se oponha aos termos da execução, mediante *impugnação ao cumprimento de sentença*. Perceba-se, então, que, em se tratando de prazo que serve ao executado, os autos (na prática) não retornam ao cartório (não são devolvidos pelos advogados do executado sob a alegação de que estão sendo examinados para o oferecimento da impugnação), e, na hipótese, nada obstante diligencie o exequente no prosseguimento da execução, seu petitório não será enfrentado (repise-se, na prática) por ocasião da ausência dos autos em cartório. A situação torna-se mais grave ainda, quando, por exemplo, o crédito alimentar (deferido provisoriamente) é executado pelo rito da expropriação, por opção do credor. Recorde-se que, no caso, o pleito executivo tramitará em autos apartados (art. 531, § 1º), nele devendo ser lançados quaisquer atos inerentes a tal execução. No caso, como é intuitivo, sem os autos físicos (que se encontram sob a posse do devedor/executado), muito pouco pode ser feito, ao menos considerada a prática forense atual. É como, diria o poeta, "permitir que a raposa gerencie o galinheiro", uma vez que, por exemplo, a efetivação de quaisquer atos executivos dependerão (no mundo fático-forense) do retorno dos autos ao cartório, e isso, consoante se constata diuturnamente, demanda tempo, "o que não se tem" nas demandas dessa natureza. Eis, infelizmente, uma constatação forense, superável com tranquilidade mediante a implementação do processo eletrônico à integralidade das demandas!

9. "Ressalte-se que não será decretada prisão se o juiz aceitar as justificativas do devedor quanto à impossibilidade de pagar os alimentos vencidos. Essa questão, embora também se sujeite ao convencimento do magistrado, deverá ser comprovada cabalmente, pois o fato que gerar a impossibilidade absoluta de pagar os alimentos justificará o inadimplemento" (DONIZETTI, Elpídio. *Novo Código de Processo Civil Comentado*. São Paulo: Atlas, 2015. p. 417).

Imagine-se, ilustrativamente, o exemplo do devedor de alimentos que, uma vez internado para procedimento cirúrgico, por ocasião de complicações a ele pertinentes, permaneça em coma por certo lapso temporal.

10. Eleição da técnica processual executiva. É facultado ao exequente, considerados os limites legais, optar pela execução (da verba alimentar) adstrita ao rito da prisão civil (regra) ou "da expropriação" (na verdade, da execução de obrigação de pagar quantia certa). Optando pela coerção patrimonial (exceção à regra), e recaindo a penhora em dinheiro, "a concessão de efeito suspensivo à impugnação" não obsta, segundo o Código, o levantamento mensal da importância devida, motivado, certamente, por sua destinação mundana: o sustento do credor.

11. Satisfeitas as prestações vencidas (leia-se: as que deram origem ao pleito executivo, bem como as que se venceram ao longo da prisão civil), o juiz, mediante a comprovação de pagamento, determinará, de imediato, a suspensão da ordem prisional, mandando soltar o executado.

12. Competência. O juízo que decidiu a causa em primeiro grau é, via de regra, competente para processar e julgar os pleitos executivos em geral (competência funcional). O Código prevê, todavia, a possibilidade de que o exequente, querendo, a promova perante o juízo do atual domicílio do executado, do local onde se encontrem os bens sujeitos à execução ou do local onde deva ser executada a obrigação de fazer ou de não fazer, casos em que a remessa dos autos será solicitada ao juízo de origem (art. 516). Na esfera sob análise (leia-se: em se tratando de execução de crédito alimentar), faculta-se ao credor/exequente optar, ainda, pelo juízo de seu domicílio (nada obstante o feito em que a condenação tenha ganho vida tramite perante juízo diverso ou que o executado resida em localidade distinta) para promover o expediente executório. Inteligência do art. 528, § 9º, do CPC/2015.

> **Art. 529.** Quando o executado for funcionário público, militar, diretor ou gerente de empresa ou empregado sujeito à legislação do trabalho, o exequente poderá requerer o desconto em folha de pagamento da importância da prestação alimentícia.
> § 1º Ao proferir a decisão, o juiz oficiará à autoridade, à empresa ou ao empregador, determinando, sob pena de crime de desobediência, o desconto a partir da primeira remuneração posterior do executado, a contar do protocolo do ofício.
> § 2º O ofício conterá o nome e o número de inscrição no Cadastro de Pessoas Físicas do exequente e do executado, a importância a ser descontada mensalmente, o tempo de sua duração e a conta na qual deve ser feito o depósito.
> § 3º Sem prejuízo do pagamento dos alimentos vincendos, o débito objeto de execução pode ser descontado dos rendimentos ou rendas do executado, de forma parcelada, nos termos do caput deste artigo, contanto que, somado à parcela devida, não ultrapasse cinquenta por cento de seus ganhos líquidos.

1. Técnica do *desconto em folha de pagamento*. O art. 529 disciplina a aplicação da técnica processual do "desconto em folha". Sendo o executado "funcionário público, militar, diretor ou gerente de empresa ou empregado sujeito à legislação do trabalho", ou seja, estando ele formalmente vinculado a fonte pagadora de seus proventos, o juiz, a requerimento do credor/exequente, oficiará esta para "descontar" da quantia a ser repassada ao devedor/executado, o montante da prestação alimentar a que está obrigado, repassando-o, de imediato, a quem de direito. A ordem deve ser observada, pena de crime de desobediência, e deve produzir efeitos já a partir da primeira remuneração devida ao executado, a contar da data do protocolo do ofício judicial junto à fonte pagadora.

2. Desconto em folha. Prestação objeto de execução. A técnica sob comento serve, outrossim, à satisfação de prestações alimentícias inadimplidas que figurem como objeto de pedido de tutela executiva. A ordem de desconto dos valores em atraso, contudo, encontra limite percentual. Somados, parcelas vincendas e vencidas (objeto da tutela executiva), não podem superar o percentual de 50% dos ganhos líquidos do devedor.

Art. 530. Não cumprida a obrigação, observar-se-á o disposto nos arts. 831 e seguintes.

1. Insatisfeita a obrigação alimentícia, prosseguir-se-á com a penhora de tantos bens quantos bastem à satisfação do crédito exequendo, rumando-se, pois, à expropriação do patrimônio do executado.

2. Acerca do tema, vide o segundo volume do presente estudo, destinado, dentre outros, ao exame do Livro II da Parte Especial do CPC/2015.

Art. 531. O disposto neste Capítulo aplica-se aos alimentos definitivos ou provisórios.
§ 1º A execução dos alimentos provisórios, bem como a dos alimentos fixados em sentença ainda não transitada em julgado, se processa em autos apartados.
§ 2º O cumprimento definitivo da obrigação de prestar alimentos será processado nos mesmos autos em que tenha sido proferida a sentença.

1. Quando a execução tiver por fundamento verba alimentar (a) provisória (fixada com base em cognição sumária, mediante prolação de decisão interlocutória), ou, definitiva (calcada em juízo de certeza – cognição exauriente), mas ainda não transitada em julgado, o pedido de tutela executiva tramitará, segundo expresso apontamento legal, em autos apartados em relação àquele em que a "decisão" concessiva fora prolatada. O teor do parágrafo sob comento merece, considerado certos acontecimentos forenses, esclarecimento: o pedido de tutela executiva em tela, embora deva tramitar em autos apartados, não deve, à evidência, ser considerada uma demanda autônoma. A ideia é simples: visando a evitar tumulto processual, direcionada eventual petição de cumprimento ao juiz da causa, deve ele, em obediência ao regramento processual, presentes os requisitos para o deferimento do pleito executivo, determinar que o petitório, bem como os documentos juntados ao feito principal, sejam autuados em apartado. Não se está, no caso, diante da necessidade de "distribuição" do pedido de tutela executiva (como se fosse nova demanda), mas, sim, e isso não se pode perder de vista, diante da aplicação do instituto do *cumprimento de*

sentença, ao qual é inerente *a noção de processo sincrético*. Seja em observância ao rito de prisão (art. 528, *caput*), seja ao expropriatório (que pode ser eleito pelo credor – art. 525, *caput*), o legislador é claro ao determinar que o executado seja *intimado* para cumprir a obrigação, e não citado para tanto, pois, de fato, nada obstante a necessidade de atribuição de um número de registro novo ao expediente sob comento (que ficará, por óbvio, vinculado ao processo principal), inexiste, tecnicamente falando, nova demanda autônoma.

2. A exigência (e conveniência) de tramitação do pleito executivo em autos apartados (contudo, vinculados aos principais, ainda que, por vezes, "à distância") encontra amparo, primeiro, na tentativa de se evitar (na hipótese em que a execução se funda em decisão interlocutória), face aos debates concomitantes (alimentos provisórios e outros temas geralmente cumulados às demandas de família), confusão processual; segundo, a permitir que, diante da ausência dos autos principais (hipótese comum nos casos em que a execução se funda em sentença ainda não transitada em julgado – os autos físicos podem estar em instância diversa, aguardando, por exemplo, o julgamento da apelação), seja possível sua operacionalização (não há como dar andamento ao feito sem os autos físicos).

3. Da (des)necessidade de intimação pessoal do executado/devedor de alimentos em sede de cumprimento de verba fixada provisoriamente (alimentos provisórios). O tema, considerado o dia a dia forense, tem gerado relevante polêmica. Há, de um lado, quem sustente, com base no *caput* do art. 528, ser obrigatória, *independentemente do rito eleito pelo exequente*, a intimação pessoal do devedor.[48] De outro, quem, como nós, sustente a desnecessidade, quando eleito o rito expropriatório. Como é intuitivo, o *caput* do artigo 528 disciplina o procedimento a ser observado quando da utilização do rito da prisão civil, que se tornou *a regra* segundo a Lei 13.105/2015. Prudentemente, uma vez que (a) não satisfeito o crédito exequendo ou (b) tida por ilegítima a justificativa trazida pelo devedor, sobre ele recairá ordem de prisão civil, medida, no campo das obrigações civis em sentido largo, extraordinária. Justifica-se, portanto, a exigência de *intimação pessoal do devedor*, exatamente pela consequência legal prevista: a prisão. De outro giro, elegendo o exequente o rito expropriatório (hipótese em que o devedor não poderá ser preso), o Código, expressamente, determina a observância do regime processual aplicável ao cumprimento das obrigações de pagar quantia. Lá, consoante sabido aos quatro cantos, está dito que a intimação do devedor, respeitada a restrição do §4º do artigo 513, ocorrerá na pessoa de seu advogado, como regra, revelando-se tal medida um dos grandes avanços do regramento *executivo* dos títulos judiciais. Pergunta-se: seria racional imaginar que o legislador, para obrigações "menos" importantes (outras obrigações cíveis de pagar quantia certa) permita a intimação (para cumprimento) do devedor na pessoa de seu advogado e, para as obrigações alimentares, certamente, "mais" importantes (e que, por definição, justificam e exigem práticas processuais mais expeditas), não? Ora, apenas interpretação

---

[48] Nesse sentido, exemplificativamente, MEDINA, José Miguel Garcia. *Direito Processual Civil Moderno*. São Paulo: RT, 2015. p. 884.

totalmente "desencontrada" no que tange à importância e proteção dados pelo direito pátrio à verba alimentar poderia responder positivamente tal indagação. Em se tratando de *cumprimento de decisão que fixe alimentos provisórios, eleito o rito expropriatório, a despeito da necessidade (e conveniência) de tramitação do pedido em autos apartados, não há exigir intimação pessoal do devedor, sendo suficiente sua notificação na pessoa de seu patrono, pena de induvidável inversão de valores.*

4. O pedido de tutela executiva da obrigação alimentar fundada em sentença transitada em julgado tramitará nos mesmos autos em que prestada a tutela cognitiva. Subjaz a construção do § 2º do art. 531, como não poderia deixar de ser, a noção de *processo sincrético*.

Art. 532. Verificada a conduta procrastinatória do executado, o juiz deverá, se for o caso, dar ciência ao Ministério Público dos indícios da prática do crime de abandono material.

1. Abandono material. "Art. 244. Deixar, sem justa causa, de prover a subsistência do cônjuge, ou de filho menor de 18 (dezoito) anos ou inapto para o trabalho, ou de ascendente inválido ou maior de 60 (sessenta) anos, não lhes proporcionando os recursos necessários ou faltando ao pagamento de pensão alimentícia judicialmente acordada, fixada ou majorada; deixar, sem justa causa, de socorrer descendente ou ascendente, gravemente enfermo: Pena – detenção, de 1 (um) a 4 (quatro) anos e multa, de uma a dez vezes o maior salário mínimo vigente no País. Parágrafo único – Nas mesmas penas incide quem, sendo solvente, frustra ou ilide, de qualquer modo, inclusive por abandono injustificado de emprego ou função, o pagamento de pensão alimentícia judicialmente acordada, fixada ou majorada".

2. Incumbe ao julgador, mediante a percepção de conduta procrastinatória por parte do executado, noticiá-la ao *parquet*, devendo o Ministério Público, confirmados os indícios, promover a propositura da ação penal pertinente.

Art. 533. Quando a indenização por ato ilícito incluir prestação de alimentos, caberá ao executado, a requerimento do exequente, constituir capital cuja renda assegure o pagamento do valor mensal da pensão.
§ 1º O capital a que se refere o caput, representado por imóveis ou por direitos reais sobre imóveis suscetíveis de alienação, títulos da dívida pública ou aplicações financeiras em banco oficial, será inalienável e impenhorável enquanto durar a obrigação do executado, além de constituir-se em patrimônio de afetação.
§ 2º O juiz poderá substituir a constituição do capital pela inclusão do exequente em folha de pagamento de pessoa jurídica de notória capacidade econômica ou, a requerimento do executado, por fiança bancária ou garantia real, em valor a ser arbitrado de imediato pelo juiz.
§ 3º Se sobrevier modificação nas condições econômicas, poderá a parte requerer, conforme as circunstâncias, redução ou aumento da prestação.
§ 4º A prestação alimentícia poderá ser fixada tomando por base o salário-mínimo.
§ 5º Finda a obrigação de prestar alimentos, o juiz mandará liberar o capital, cessar o desconto em folha ou cancelar as garantias prestadas.

1. Constituição de capital para garantir o cumprimento de obrigação alimentícia. A requerimento do exequente, o juiz poderá determinar que o executado, visando a assegurar o cumprimento da obrigação a que foi condenado, constitua capital, no afã de que tal renda sirva ao pagamento do valor mensalmente devido. Representado o aludido capital "por imóveis ou por direitos reais sobre imóveis suscetíveis de alienação, títulos da dívida pública ou aplicações financeiras em banco oficial", será este considerado inalienável e impenhorável enquanto perdurar a obrigação assegurada. Finda a obrigação de prestar alimentos, o juiz mandará liberar o capital, cessar o desconto em folha ou cancelar as garantias prestadas pelo executado.

2. A requerimento do executado (obrigado a constituir capital), o juiz poderá determinar a sua substituição pela inserção do nome do credor em folha de pagamento de fonte pagadora do devedor (desde que de notória capacidade econômica), ou, ainda, por fiança bancária ou garantia real, em valor arbitrado pelo julgador.

3. Não há, segundo expresso apontamento legal, qualquer impedimento em tomar o "salário-mínimo" como base de cálculo para a fixação da prestação alimentícia, nada obstante tal regra, do ponto de vista "geográfico", encontre-se deslocada no capítulo sob comento.

CAPÍTULO V
DO CUMPRIMENTO DE SENTENÇA QUE RECONHEÇA A EXIGIBILIDADE DE OBRIGAÇÃO DE PAGAR QUANTIA CERTA PELA FAZENDA PÚBLICA

1. A aplicação das regras prescritas pelo capítulo sob comento presumem (a) que a devedora seja a Fazenda Pública; (b) que a obrigação se encontre estampada em título judicial e; por fim, (c) seja ela de pagar quantia.

> **Art. 534.** No cumprimento de sentença que impuser à Fazenda Pública o dever de pagar quantia certa, o exequente apresentará demonstrativo discriminado e atualizado do crédito contendo:
> I – o nome completo e o número de inscrição no Cadastro de Pessoas Físicas ou no Cadastro Nacional da Pessoa Jurídica do exequente;
> II – o índice de correção monetária adotado;
> III – os juros aplicados e as respectivas taxas;
> IV – o termo inicial e o termo final dos juros e da correção monetária utilizados;
> V – a periodicidade da capitalização dos juros, se for o caso;
> VI – a especificação dos eventuais descontos obrigatórios realizados.
> § 1º Havendo pluralidade de exequentes, cada um deverá apresentar o seu próprio demonstrativo, aplicando-se à hipótese, se for o caso, o disposto nos §§ 1º e 2º do art. 113.
> § 2º A multa prevista no § 1º do art. 523 não se aplica à Fazenda Pública.

1. "O CPC/2015 oferece importante inovação na questão referente aos processos executivos em relação às dívidas atribuídas às Fazendas Públicas. Na sistemática constante do CPC de 73, independentemente da espécie de título executivo (judicial ou extrajudicial) era constituído um processo autônomo de execução. Na nova legislação foram pontuadas claramente duas possibilidades, de forma que o cumprimento de sentença que reconheça a exigibilidade de obrigação de pagar quantia certa pela Fazenda Pública seguirá o itinerário procedimental regulado nos artigos 534 e 535; já na execução fundada em título extrajudicial será observado o roteiro do art. 910." (XAVIER, José Tadeu Neves. *Novo Código de Processo Civil anotado*. Porto Alegre: OAB/RS, 2015. p. 404/405).

2. O exequente, nos autos em que o crédito houver se constituído, apresentará requerimento para vê-lo satisfeito (pedido de *cumprimento de sentença*). O mesmo conterá, obrigatoriamente, *demonstrativo discriminado e atualizado do crédito exequendo*. Segundo expresso apontamento legal, o requerimento deverá apontar, outrossim, (a) o nome completo e o número de inscrição no Cadastro de Pessoas Físicas ou no Cadastro Nacional da Pessoa Jurídica do exequente; (b) o índice de correção monetária adotado; (c) os juros aplicados e as respectivas taxas; (d) o termo inicial e o termo final dos juros e da correção monetária utilizados; (e) a periodicidade da capitalização dos juros, se for o caso e, por fim, (f) a especificação dos eventuais descontos obrigatórios realizados, tudo para que se possa aferir a corretude do valor exequendo.

3. Havendo pluralidade de exequentes, a cada qual haverá de apresentar demonstrativo de crédito próprio (leia-se: planilha de cálculo), observados os requisitos legais.

4. "Art. 113. Duas ou mais pessoas podem litigar, no mesmo processo, em conjunto, ativa ou passivamente, quando: (...) § 1º O juiz poderá limitar o litisconsórcio facultativo quanto ao número de litigantes na fase de conhecimento, na liquidação de sentença ou na execução, quando este comprometer a rápida solução do litígio ou dificultar a defesa ou o cumprimento da sentença. § 2º O requerimento de limitação interrompe o prazo para manifestação ou resposta, que recomeçará da intimação da decisão que o solucionar".

5. A Fazenda Pública não está, por eleição legislativa (diga-se de passagem, infundada), sujeita a incidência da multa por não cumprimento espontâneo do julgado (10% – do art. 523, § 1º). Não há baralhar, contudo, a aludida *multa* com os *honorários advocatícios* previstos pelo mesmo dispositivo de lei. Estes, pois, são devidos por ocasião do expediente processual sob comento (cumprimento de sentença).

Art. 535. A Fazenda Pública será intimada na pessoa de seu representante judicial, por carga, remessa ou meio eletrônico, para, querendo, no prazo de 30 (trinta) dias e nos próprios autos, impugnar a execução, podendo arguir:

I – falta ou nulidade da citação se, na fase de conhecimento, o processo correu à revelia;

II – ilegitimidade de parte;

III – inexequibilidade do título ou inexigibilidade da obrigação;

IV – excesso de execução ou cumulação indevida de execuções;

V – incompetência absoluta ou relativa do juízo da execução;

VI – qualquer causa modificativa ou extintiva da obrigação, como pagamento, novação, compensação, transação ou prescrição, desde que supervenientes ao trânsito em julgado da sentença.

§ 1º A alegação de impedimento ou suspeição observará o disposto nos arts. 146 e 148.

§ 2º Quando se alegar que o exequente, em excesso de execução, pleiteia quantia superior à resultante do título, cumprirá à executada declarar de imediato o valor que entende correto, sob pena de não conhecimento da arguição.

§ 3º Não impugnada a execução ou rejeitadas as arguições da executada:

I – expedir-se-á, por intermédio do presidente do tribunal competente, precatório em favor do exequente, observando-se o disposto na Constituição Federal;

II – por ordem do juiz, dirigida à autoridade na pessoa de quem o ente público foi citado para o processo, o pagamento de obrigação de pequeno valor será realizado no prazo de 2 (dois) meses contado da entrega da requisição, mediante depósito na agência de banco oficial mais próxima da residência do exequente.

§ 4º Tratando-se de impugnação parcial, a parte não questionada pela executada será, desde logo, objeto de cumprimento.

§ 5º Para efeito do disposto no inciso III do *caput* deste artigo, considera-se também inexigível a obrigação reconhecida em título executivo judicial fundado em lei ou ato normativo considerado inconstitucional pelo Supremo Tribunal Federal, ou fundado em aplicação ou interpretação da lei ou do ato normativo tido pelo Supremo Tribunal Federal como incompatível com a Constituição Federal, em controle de constitucionalidade concentrado ou difuso.

§ 6º No caso do § 5º, os efeitos da decisão do Supremo Tribunal Federal poderão ser modulados no tempo, de modo a favorecer a segurança jurídica.

§ 7º A decisão do Supremo Tribunal Federal referida no § 5º deve ter sido proferida antes do trânsito em julgado da decisão exequenda.

§ 8º Se a decisão referida no § 5º for proferida após o trânsito em julgado da decisão exequenda, caberá ação rescisória, cujo prazo será contado do trânsito em julgado da decisão proferida pelo Supremo Tribunal Federal.

1. Cumprimento de sentença. Fazenda Pública. Intimação. A intimação da Fazenda para cumprir o julgado dar-se-á, consoante expressa anotação legal, por carga, remessa ou notificação eletrônica, na pessoa do representante judicial da executada.

2. Impugnação ao cumprimento. Prazo. Forma. É de 30 dias o prazo para que a Fazenda Pública, entendendo conveniente, impugne o cumprimento promovido em seu desfavor. Tal resistência, limitada aos temas abaixo referidos, será, sendo o caso, apresentada nos próprios autos em que tramita o cumprimento.

3. Impugnação. Cognição limitada. A impugnação ao cumprimento do julgado limita-se, pois, aos temas, a saber: (a) falta ou nulidade da citação se, na fase de conhecimento, o processo correu à revelia; (b) a ilegitimidade de parte; (c) a inexequibilidade do título ou inexigibilidade da obrigação; (d) haver excesso de execução ou cumulação indevida de execuções; (e) incompetência absoluta ou relativa do juízo da execução, bem como poderá ter por fundamento (f) qualquer causa modificativa ou extintiva da obrigação superveniente ao trânsito em julgado da sentença. A impugnação, bem compreendida sua função processual, não se presta à rediscussão da matéria que deu ensejo à condenação fazendária. Tratando-se de impugnação parcial do julgado, sublinhe-se que a parte não atacada "será", consoante apontamento legislado, "objeto de cumprimento" (art. 535, § 4º, do CPC/2015).

4. Suscitando a Fazenda haver excesso de execução (art. 535, IV), a ela incumbe, pena de não conhecimento da resistência/impugnação (ao menos no pertinente à matéria), apontar, especificadamente e de imediato, o valor que entende devido.

5. A decisão do STF que legitima a alegação, em sede de impugnação ao cumprimento de sentença, de que o crédito exequendo possui lastro em *título executivo inconstitucional* (sendo, por consequência, inexigível a obrigação exequenda) é aquela proferida antes do trânsito em julgado da decisão que figura como objeto de cumprimento (a decisão exequenda). Caso a decisão do Supremo revele-se posterior ao trânsito da decisão exequenda (não tendo ela, pois, seus efeitos modulados apenas para data futura a sua prolação), a hipótese é de ação rescisória, cujo prazo será computado a contar do trânsito em julgado da decisão proferida pelo guardião da Constituição. Parte da doutrina tem lançado duras críticas a derradeira hipótese, uma vez que o *dies a quo* para o cômputo do prazo para a propositura da ação rescisória permite, bem compreendida a afirmativa, que se tenha a rediscussão da matéria 10, 15, 20 anos após o trânsito em julgado da decisão exequenda, bastando, para tanto, que o Supremo atribua efeito *ex tunc* a decisão hábil a fomentar o debate acerca da inexigibilidade, por inconstitucional, do crédito exequendo.

6. Em relação a alegação de *suspeição* ou *impedimento*, vide comentários aos arts. 146 e 148, aplicáveis ao âmbito sob comento.

7. Inexitosa ou inexistente a impugnação fazendária, (a) expedir-se-á, por intermédio do presidente do tribunal competente, *precatório* em favor do exequente, observando-se o disposto na Constituição Federal (art. 100 da CF/88)[49]

---

[49] "Os pagamentos devidos pelas Fazendas Públicas Federal, Estaduais, Distrital e Municipais, em virtude de sentença judiciária, far-se-ão exclusivamente na ordem cronológica de apresentação dos precatórios e à conta dos créditos respectivos, proibida a designação de casos ou de pessoas nas dotações orçamentárias e nos créditos adicionais abertos para este fim. § 1º Os débitos de natureza alimentícia compreendem aqueles decorrentes de salários, vencimentos, proventos, pensões e suas complementações, benefícios previdenciários e indenizações por morte ou por invalidez, fundadas em responsabilidade civil, em virtude de sentença judicial transitada em julgado, e serão pagos com preferência sobre todos os demais débitos, exceto sobre aqueles referidos no § 2º deste artigo. § 2º Os débitos de natureza alimentícia cujos titulares, originários ou por sucessão hereditária, tenham 60 (sessenta) anos de idade, ou sejam portadores de doença grave, ou pessoas com deficiência, assim definidos na forma da lei, serão pagos com preferência sobre todos os demais débitos, até o valor equivalente ao triplo fixado em lei para os fins do disposto no § 3º deste artigo, admitido o fracionamento para essa finalidade, sendo que o restante será pago na ordem cronológica de apresentação do precatório. § 3º O disposto no caput deste artigo relativamente à expedição de precatórios não se aplica aos pagamentos de obrigações definidas em leis como de pequeno valor que as Fazendas referidas devam fazer em virtude de sentença judicial transitada em julgado. § 4º Para os fins do disposto no § 3º, poderão ser fixados, por leis próprias, valores distintos às entidades de direito público, segundo as diferentes capacidades econômicas, sendo o mínimo igual ao valor do maior benefício do regime geral de previdência social. § 5º É obrigatória a inclusão, no orçamento das entidades de direito público, de verba necessária ao pagamento de seus débitos, oriundos de sentenças transitadas em julgado, constantes de precatórios judiciários apresentados até 1º de julho, fazendo-se o pagamento até o final do exercício seguinte, quando terão seus

Art. 535

ou (b) por ordem do juiz, *requisição de pagamento de obrigação de pequeno valor* (dirigida à autoridade na pessoa de quem o ente público foi citado). A satisfação do crédito, na derradeira hipótese, há de ser concretizado no prazo de até 2 (dois) meses, contado da entrega da requisição, mediante depósito bancário em favor do exequente.

valores atualizados monetariamente. § 6º As dotações orçamentárias e os créditos abertos serão consignados diretamente ao Poder Judiciário, cabendo ao Presidente do Tribunal que proferir a decisão exequenda determinar o pagamento integral e autorizar, a requerimento do credor e exclusivamente para os casos de preterimento de seu direito de precedência ou de não alocação orçamentária do valor necessário à satisfação do seu débito, o sequestro da quantia respectiva. § 7º O Presidente do Tribunal competente que, por ato comissivo ou omissivo, retardar ou tentar frustrar a liquidação regular de precatórios incorrerá em crime de responsabilidade e responderá, também, perante o Conselho Nacional de Justiça. § 8º É vedada a expedição de precatórios complementares ou suplementares de valor pago, bem como o fracionamento, repartição ou quebra do valor da execução para fins de enquadramento de parcela do total ao que dispõe o § 3º deste artigo. § 9º No momento da expedição dos precatórios, independentemente de regulamentação, deles deverá ser abatido, a título de compensação, valor correspondente aos débitos líquidos e certos, inscritos ou não em dívida ativa e constituídos contra o credor original pela Fazenda Pública devedora, incluídas parcelas vincendas de parcelamentos, ressalvados aqueles cuja execução esteja suspensa em virtude de contestação administrativa ou judicial. § 10. Antes da expedição dos precatórios, o Tribunal solicitará à Fazenda Pública devedora, para resposta em até 30 (trinta) dias, sob pena de perda do direito de abatimento, informação sobre os débitos que preencham as condições estabelecidas no § 9º, para os fins nele previstos. § 11. É facultada ao credor, conforme estabelecido em lei da entidade federativa devedora, a entrega de créditos em precatórios para compra de imóveis públicos do respectivo ente federado. § 12. A partir da promulgação desta Emenda Constitucional, a atualização de valores de requisitórios, após sua expedição, até o efetivo pagamento, independentemente de sua natureza, será feita pelo índice oficial de remuneração básica da caderneta de poupança, e, para fins de compensação da mora, incidirão juros simples no mesmo percentual de juros incidentes sobre a caderneta de poupança, ficando excluída a incidência de juros compensatórios. § 13. O credor poderá ceder, total ou parcialmente, seus créditos em precatórios a terceiros, independentemente da concordância do devedor, não se aplicando ao cessionário o disposto nos §§ 2º e 3º. § 14. A cessão de precatórios somente produzirá efeitos após comunicação, por meio de petição protocolizada, ao tribunal de origem e à entidade devedora. § 15. Sem prejuízo do disposto neste artigo, lei complementar a esta Constituição Federal poderá estabelecer regime especial para pagamento de crédito de precatórios de Estados, Distrito Federal e Municípios, dispondo sobre vinculações à receita corrente líquida e forma e prazo de liquidação. § 16. A seu critério exclusivo e na forma de lei, a União poderá assumir débitos, oriundos de precatórios, de Estados, Distrito Federal e Municípios, refinanciando-os diretamente. § 17. A União, os Estados, o Distrito Federal e os Municípios aferirão mensalmente, em base anual, o comprometimento de suas respectivas receitas correntes líquidas com o pagamento de precatórios e obrigações de pequeno valor. § 18. Entende-se como receita corrente líquida, para os fins de que trata o § 17, o somatório das receitas tributárias, patrimoniais, industriais, agropecuárias, de contribuições e de serviços, de transferências correntes e outras receitas correntes, incluindo as oriundas do § 1º do art. 20 da Constituição Federal, verificado no período compreendido pelo segundo mês imediatamente anterior ao de referência e os 11 (onze) meses precedentes, excluídas as duplicidades, e deduzidas: I – na União, as parcelas entregues aos Estados, ao Distrito Federal e aos Municípios por determinação constitucional; II – nos Estados, as parcelas entregues aos Municípios por determinação constitucional; III – na União, nos Estados, no Distrito Federal e nos Municípios, a contribuição dos servidores para custeio de seu sistema de previdência e assistência social e as receitas provenientes da compensação financeira referida no § 9º do art. 201 da Constituição Federal. § 19. Caso o montante total de débitos decorrentes de condenações judiciais em precatórios e obrigações de pequeno valor, em período de 12 (doze) meses, ultrapasse a média do comprometimento percentual da receita corrente líquida nos 5 (cinco) anos imediatamente anteriores, a parcela que exceder esse percentual poderá ser financiada, excetuada dos limites de endividamento de que tratam os incisos VI e VII do art. 52 da Constituição Federal e de quaisquer outros limites de endividamento previstos, não se aplicando a esse financiamento a vedação de vinculação de receita prevista no inciso IV do art. 167 da Constituição Federal. § 20. Caso haja precatório com valor superior a 15% (quinze por cento) do montante dos precatórios apresentados nos termos do § 5º deste artigo, 15% (quinze por cento) do valor deste precatório serão pagos até o final do exercício seguinte e o restante em parcelas iguais nos cinco exercícios subsequentes, acrescidas de juros de mora e correção monetária, ou mediante acordos diretos, perante Juízos Auxiliares de Conciliação de Precatórios, com redução máxima de 40% (quarenta por cento) do valor do crédito atualizado, desde que em relação ao crédito não penda recurso ou defesa judicial e que sejam observados os requisitos definidos na regulamentação editada pelo ente federado." (art. 100 da CF/88).

CAPÍTULO VI
DO CUMPRIMENTO DE SENTENÇA QUE RECONHEÇA A EXIGIBILIDADE DE OBRIGAÇÃO DE FAZER, DE NÃO FAZER OU DE ENTREGAR COISA

Seção I
Do Cumprimento de Sentença que Reconheça a Exigibilidade de Obrigação de Fazer ou de Não Fazer

Art. 536. No cumprimento de sentença que reconheça a exigibilidade de obrigação de fazer ou de não fazer, o juiz poderá, de ofício ou a requerimento, para a efetivação da tutela específica ou a obtenção de tutela pelo resultado prático equivalente, determinar as medidas necessárias à satisfação do exequente.

§ 1º Para atender ao disposto no *caput*, o juiz poderá determinar, entre outras medidas, a imposição de multa, a busca e apreensão, a remoção de pessoas e coisas, o desfazimento de obras e o impedimento de atividade nociva, podendo, caso necessário, requisitar o auxílio de força policial.

§ 2º O mandado de busca e apreensão de pessoas e coisas será cumprido por 2 (dois) oficiais de justiça, observando-se o disposto no art. 846, §§ 1º a 4º, se houver necessidade de arrombamento.

§ 3º O executado incidirá nas penas de litigância de má-fé quando injustificadamente descumprir a ordem judicial, sem prejuízo de sua responsabilização por crime de desobediência.

§ 4º No cumprimento de sentença que reconheça a exigibilidade de obrigação de fazer ou de não fazer, aplica-se o art. 525, no que couber.

§ 5º O disposto neste artigo aplica-se, no que couber, ao cumprimento de sentença que reconheça deveres de fazer e de não fazer de natureza não obrigacional.

1. Cumprimento de pronunciamento judicial que reconheça obrigação de (não) fazer. Direito à tutela específica da obrigação. Direito fundamental à tutela efetiva. Aduz-se a uma tutela *efetiva* (ou direito fundamental à tutela efetiva) no sentido de alcançar àquele que se afirma titular de determinada posição jurídica, assistindo-lhe razão, a própria. "A efetividade da tutela (...) traduz uma preocupação com a especificidade" da prestação estatal, devendo o resultado da demanda ser o mais aderente possível ao direito material. Quem pleiteia, exemplificativamente, um *não fazer* não deve ser agraciado, senão em última instância, com mera indenização. Não é este, a rigor, o compromisso assumido pelo Estado Constitucional e Democrático de Direito. "Uma vez superada a ideia de que o processo (...) só pode oferecer uma tutela pelo equivalente monetário às partes, oriunda do fenômeno da pessoalização dos direitos ocorrido desde o direito romano tardio, tem-se pontuado a prioridade natural e jurídica da tutela específica dos direitos. Não basta possibilitar à parte sempre tutela pelo equivalente monetário. Em atenção ao postulado da máxima coincidência, o processo deve ser estruturado de modo a propiciar às pessoas aquilo, tudo aquilo e exatamente aquilo a que elas têm direito no plano do direito material". Compõe, portanto, o rol de direitos assegurados pelo *modelo constitucional do processo civil brasileiro* o dever estatal de ofertar ao jurisdicionado tutela apta a garantir a concretização das situações materiais em espécie, revelando-se direito do exequente, pois, obter tutela específica ou, não sendo possível, resultado prático equivalente (TORRES, Artur. *Fundamentos de um direito processual civil contemporâneo*. Porto Alegre: Arana, 2016. p. 72).

2. "A sentença que reconhece a exigibilidade de obrigação de fazer ou não fazer já contém especificamente uma ordem para cumprimento – hipóteses de utilização de técnica de tutela mandamental pelo juiz – e, se necessário, a determinação de medidas de sub-rogação – hipótese de utilização de técnica de tutela executiva. (...) Essa lógica já vinha sendo observada na vigência do CPC de 1973 e não foi alterada pelo art. 536 do CPC/2015. O que esse artigo especifica é a possibilidade de o juiz tomar tais medidas tendentes ao cumprimento de sentença de ofício *ou a requerimento do autor*, subentendendo-se que tal requerimento tenha sido necessário em razão de o réu, devidamente intimado para o cumprimento da sentença, tê-la, ainda assim, descumprido." (AMARAL, Guilherme Rizzo. *In*: WAMBIER, Teresa Arruda *et al*. *Breves Comentários ao Novo Código de Processo Civil*. São Paulo: RT, 2015. p. 1.401).

3. A despeito do silêncio legislativo, ao menos na seção sob comento, considerando o teor dos artigos 513, 771 e 778, todos do CPC/2015, bem como o *princípio da disponibilidade* (inerente ao campo da tutela jurisdicional executiva civil), sublinhe-se que, ao julgador, de ofício, tão somente é facultado determinar as medidas "necessárias" à satisfação do credor. Não há confundir tal faculdade, segundo pensamos, com a possibilidade de dar início à tutela executiva oficiosamente. Essa, em última análise, dependerá, sempre, de requerimento do beneficiado pela sentença, ou dos demais legitimados para tanto (vide rol do art. 778).

4. Ao julgador, de ofício ou a requerimento, é facultado, no afã de ver materializada sua ordem determinar a imposição de multa ao executado inerte, busca e apreensão de bens, remoção de pessoas e coisas, desfazimento de obras, cessação de atividade nociva, bem como de quaisquer outras medidas (desde que *proporcionais*), excetuada a privação de liberdade, hábeis a dar eficácia prática ao pronunciamento judicial. O rol previsto pelo § 1º-do art. 536 revela-se, como é intuitivo, meramente ilustrativo.

5. "A condenação a prestação negativa (abstenção de fazer alguma coisa) cumpre-se, ordinariamente com a simples intimação da sentença ao devedor. Se, porém, houver prática do ato vedado, o cumprimento forçado da sentença (...) dar-se-á da mesma maneira que se passa com as condenações pertinentes às prestações positivas (obrigação de fazer). Executar-se-á o julgado de modo a forçar o desfazimento da obra ilegitimamente realizadas. O credor promoverá a atividade judicial executiva, tendo como objeto o dever do demandado de realizar o desfazimento daquilo que se praticou em contravenção ao comando. Quer isto dizer que direito de obter mandado que lhe assegure resultado prático equivalente ao do adimplemento. À custa do devedor, e por obra deste ou de outrem, a situação será reposta no seu *statu quo ante*, mediante demolição ao reconstituição." (THEODORO JR., Humberto. *Curso de Direito Processual Civil*. 39. ed. Rio de Janeiro: Forense, 2006. v. III. p. 36).

6. "No cumprimento da sentença que reconheça a exigibilidade de obrigação de fazer ou de não fazer o legislador preza em especial pela efetividade da satisfação dos interesses do credor, autorizando a permissão de medidas executivas que visem à tutela específica ou a obtenção de resultado prático equivalente. Neste sentido podem ocorrer, inclusive, situações de exceção ao princípio da adstrição, sendo autorizado ao juiz que realize tutela diversa daquela postulada pelo autor, desde que alcance resultado que lhe seja equivalente." (XAVIER, José Tadeu Neves. *Novo Código de Processo Civil anotado*. Porto Alegre: OAB/RS, 2015. p. 407).

7. O executado que, injustificadamente, ignorar, total ou parcialmente, ordem judicial, estará sujeito as sanções pertinentes a litigância de má-fé (acerca do tema, com maior profundidade, vide comentários aos artigos 80/82 do CPC/2015), sem prejuízo de responder pelo crime de desobediência, previsto pelo artigo 330 do Código Penal Brasileiro.

8. "É fundamental atentar para o termo injustificadamente, contido no § 3º do art. 536. Não é qualquer descumprimento de sentença que ensejará a aplicação das sanções por litigância de má-fé, mas, sim, o descumprimento deliberado, doloso. Isso porque, diferentemente das astreintes, que têm função coercitiva, a sanção por litigância de má-fé é de caráter punitivo e exige, portanto, a conduta reprovável. Já no que tange às sanções criminais às quais se refere o § 3º, a despeito de sua redação expressa há forte tendência de que o Superior Tribunal de Justiça mantenha seu o entendimento de que, cominada multa para a hipótese de descumprimento da decisão judicial, este configurará conduta atípica do ponto de vista criminal (HC 22.721/SP, 5.ª T., rel. Min. Felix Fischer, j. 27.05.2003, DJ 30.06.2003. p. 271). Na prática, portanto, uma vez cominada multa para a hipótese de descumprimento da sentença, não haverá punição na esfera criminal (...)." (AMARAL, Guilherme Rizzo. *In*: WAMBIER, Teresa Arruda *et al. Breves Comentários ao Novo Código de Processo Civil*. São Paulo: RT, 2015. p. 1.402).

9. Aplica-se à espécie de *cumprimento de sentença* sob comento, respeitadas suas peculiaridades, o regime de *impugnação* prescrito pelo art. 525 do CPC/2015.

Art. 537. A multa independe de requerimento da parte e poderá ser aplicada na fase de conhecimento, em tutela provisória ou na sentença, ou na fase de execução, desde que seja suficiente e compatível com a obrigação e que se determine prazo razoável para cumprimento do preceito.

§ 1º O juiz poderá, de ofício ou a requerimento, modificar o valor ou a periodicidade da multa vincenda ou excluí-la, caso verifique que:

I – se tornou insuficiente ou excessiva;

II – o obrigado demonstrou cumprimento parcial superveniente da obrigação ou justa causa para o descumprimento.

§ 2º O valor da multa será devido ao exequente.

§ 3º A decisão que fixa a multa é passível de cumprimento provisório, devendo ser depositada em juízo, permitido o levantamento do valor após o trânsito em julgado da sentença favorável à parte. (Redação dada pela Lei 13.256/2016)

§ 4º A multa será devida desde o dia em que se configurar o descumprimento da decisão e incidirá enquanto não for cumprida a decisão que a tiver cominado.

§ 5º O disposto neste artigo aplica-se, no que couber, ao cumprimento de sentença que reconheça deveres de fazer e de não fazer de natureza não obrigacional.

1. *Astreinte.* O magistrado pode, de ofício ou a requerimento, fixar multa periódica visando à concretização de determinado comando judicial. Trata-se da famigerada *astreinte*, importada, outrora, do ordenamento jurídico francês. Reconhecida a existência de obrigação específica a ser cumprida (um fazer; não fazer; entrega de coisa), a multa, não raro, é estipulada por dia de atraso no cumprimento da decisão. Imagine-se, exemplificativamente, que o juízo determine a cessação de certa atividade empresarial durante o período noturno, face à perturbação do sossego da vizinhança, determinando que o comando seja fielmente cumprido no prazo de 15 dias, pena de multa diária de R$ 1.000,00. Atrasando-se no cumprimento da aludida obrigação em 10 dias, o réu deverá arcar com o somatório oriundo da incidência da "pena pecuniária", no montante, à guisa do exemplo, de R$ 10.000,00. O estabelecimento de multa por descumprimento da ordem judicial independe de requerimento, podendo, consoante expresso apontamento legal, ser estabelecida oficiosamente.

2. Estabelecimento de multa. Oportunidade. Razoabilidade. A multa sob comento poderá, sendo o caso, ser aplicada "na fase de conhecimento, em tutela provisória ou na sentença, ou na fase de execução", devendo mostrar-se razoável (no sentido de compatível com a relevância da obrigação) ao cumprimento pretendido. Deve ela, ao mesmo tempo, revelar-se capaz de coagir o obrigado a cumprir "espontaneamente" o preceito judicial, sem, todavia, ensejar o enriquecimento sem causa do exequente, seu credor. Considerando o aludido binômio, o julgador poderá, inclusive de ofício, percebendo que a mesma não cumpre com seu papel (seja porque se tornou exagerada; seja porque não motiva o obrigado a cumprir a ordem judicial), modificar o valor e/ou a periodicidade "da multa vincenda", ou, ainda, "excluí-la".

3. O § 3º do artigo sob comento, antes mesmo da vigência do CPC/2015, fora reformado. Na redação sancionada em março de 2015 constava: "§ 3º A decisão que fixa a multa é passível de cumprimento provisório, devendo ser depositada em juízo, permitido o levantamento do valor após o trânsito em julgado da sentença favorável à parte ou na pendência do agravo fundado nos incisos II ou III do art. 1.042". Após a alteração, consideradas as modificações havidas na função e regime do *agravo em recurso especial e em recurso extraordinário* (art. 1.042), o aludido dispositivo mereceu recorte em sua redação: a parte final, pois, fora suprimida. A lei, atualmente, autoriza o cumprimento provisório da decisão que fixa a multa sob comento, condicionado o levantamento do montante executado ao trânsito em julgado da sentença favorável à parte credora da mesma.

4. "Frise-se que ao devedor não é facultado optar pelo pagamento da multa ou pelo cumprimento do preceito fixado na sentença. A multa tem caráter complementar. Assim, mesmo que ocorra o adimplemento da obrigação fixada em sentença, a multa cominatória anteriormente fixada ainda pode ser exigida pelo credor. A decisão que fixa *astreintes* não integra a coisa julgada, sendo apenas um meio de coerção indireta ao cumprimento do julgado." (DONIZETTI, Elpídio. *Novo Código de Processo Civil Comentado*. São Paulo: Atlas, 2015. p. 429).

5. Acerca do tema, com grande proveito, vide: PEREIRA, Rafael Caselli. *A multa judicial (astreinte) e o CPC/2015*: visão teórica, prática e jurisprudencial. Salvador: Juspodivm, 2017.

Seção II
Do Cumprimento de Sentença que Reconheça a Exigibilidade de Obrigação de Entregar Coisa

Art. 538. Não cumprida a obrigação de entregar coisa no prazo estabelecido na sentença, será expedido mandado de busca e apreensão ou de imissão na posse em favor do credor, conforme se tratar de coisa móvel ou imóvel.

§ 1º A existência de benfeitorias deve ser alegada na fase de conhecimento, em contestação, de forma discriminada e com atribuição, sempre que possível e justificadamente, do respectivo valor.

§ 2º O direito de retenção por benfeitorias deve ser exercido na contestação, na fase de conhecimento.

§ 3º Aplicam-se ao procedimento previsto neste artigo, no que couber, as disposições sobre o cumprimento de obrigação de fazer ou de não fazer.

1. A sistemática de cumprimento do julgado que reconheça obrigação de entrega coisa, prevista pelo CPC/2015, não difere, estruturalmente, daquela prescrita pelo sistema revogado (o CPC/73). Ignorado o mandamento judicial, havendo manifestação de um dos legitimados, expedir-se-á, no afã de vê-lo produzir efeitos mundanos, mandado de busca e apreensão (para os casos em que a coisa a ser entregue revele-se *bem móvel*) ou de imissão na posse (para os casos em que a coisa a ser entregue revele-se *bem imóvel*) em favor do credor. Comentando o sistema pretérito, cuja identidade é inegável, já se disse que a "execução ou o cumprimento do provimento que vise à entrega de coisa se realizará no processo de conhecimento (...), valendo-se do meio executório do desapossamento. (...) Este mecanismo é simples. Tudo se resume em procurar, encontrar, tomar e entregar o objeto da prestação ao exequente." (ASSIS, Araken. *Cumprimento de Sentença*. Rio de Janeiro: Forense, 2006. p. 233).

2. "Individualização da coisa. Embora não tenha sido incluída no texto do art. 538, a sistemática para a individualização da coisa incerta – determinada pelo gênero e quantidade – continua idêntica àquela prevista no CPC de 1973, tendo sido deslocada para o parágrafo único do art. 498 do CPC/2015 (...)." (AMARAL, Guilherme Rizzo. *In*: WAMBIER, Teresa Arruda *et al*. *Breves Comentários ao Novo Código de Processo Civil*. São Paulo: RT, 2015. p. 1.411). O art. 498, *in verbis*, prevê: "Na ação que tenha por objeto a entrega de coisa, o juiz, ao conceder a tutela específica, fixará o prazo para o cumprimento da obrigação. Parágrafo único. Tratando-se de entrega de coisa determinada pelo gênero e pela quantidade, o autor individualizá-la-á na petição inicial, se lhe couber a escolha, ou, se a escolha couber ao réu, este a entregará individualizada, no prazo fixado pelo juiz".

3. O CPC/2015 tratou de disciplinar, nas ações em que se pretenda o reconhecimento de obrigação de entregar coisa, o momento oportuno para que o demandado suscite, sendo o caso, o direito de ser indenizado pelas benfeitorias realizadas, bem como de reter o bem da vida (a ser entregue) até sua integral satisfação. Havendo interesse, o réu deve suscitar tais exceções já na fase cognitiva do feito, mais especificamente em sede de contestação, não em sede de impugnação, salvo, segundo pensamos, em se tratando de benfeitoria realizada após a apresentação da resposta do réu na etapa cognitiva do feito.

4. Tal e qual previa o CPC/73, aplica-se à espécie de cumprimento sob comento, respeitadas suas peculiaridades, o regime de cumprimento previsto pelos arts. 536/537, destinado a disciplinar o cumprimento dos pronunciamentos judiciais que reconheçam obrigação de fazer ou não fazer.

5. Apesar do silêncio legislativo, ao menos na seção sob comento, considerando o teor dos arts. 513, 771 e 778, todos do CPC/2015, bem como o *princípio da disponibilidade* (inerente ao campo da tutela jurisdicional executiva), vale lembrar que, ao julgador, de ofício, é facultado, apenas, determinar as medidas "necessárias" à satisfação do credor. Não há confundir tal faculdade, segundo pensamos, com a possibilidade de dar início à tutela executiva oficiosamente. Essa, em última análise, dependerá, sempre, de requerimento do beneficiado pela sentença, ou dos demais legitimados para tanto (vide rol do art. 778). Em sentido contrário, todavia, já se disse que "a sentença que condena a entregar coisa certa é autoexecutável, pois, pode ser executada de ofício pelo juiz dentro do mesmo processo em que foi proferida, independentemente do ajuizamento de demanda executiva e da instauração de processo de execução *ex intervalo*." (CÂMARA, Alexandre Freitas. *Lições de Direito Processual Civil*. 22. ed. São Paulo: Atlas, 2013. p. 259).

Referências bibliográficas

ABREU, Leonardo Santana de. *Direito, Ação e Tutela Jurisdicional*. Porto Alegre: Livraria do Advogado, 2011.

ALEXY, Robert. *Teoria de los derechos fundamentales*. Madri: Centro de Estudos Constitucionales, 1993.

ANCONA, Elvio. Sul giusto giudizio. In: *Rivista Elettronica di metodologia giuridica, teoria generale del diritto e dottrina dello stato*. Disponível em: <http://www.lircocervo.it/index/?p=837>.

ANDOLINA, Ítalo; VIGNERA, Giuseppe. *Il modelo costituzionale del processo civile italiano*. Torino: Giappichelli, 1990.

ALVARO DE OLIVEIRA, Carlos Alberto. *Do formalismo no processo civil*. 3. ed. São Paulo: Saraiva, 2009.

──. *Teoria e Prática da Tutela Jurisdicional*. Rio de Janeiro: Forense, 2008.

ALVARO DE OLIVEIRA, Carlos Alberto; MITIDIERO, Daniel. *Curso de Processo Civil*. São Paulo: Atlas, 2011. v. I.

──. *Curso de Processo Civil*. São Paulo: Atlas, 2011. v. II.

ALVIM, J. E. Carreira. *Código de Processo Civil Reformado*. 5. ed. Rio de Janeiro: Forense, 2003.

AMERICANO, Jorge. *Abuso de Direito no Exercício da Demanda*. 2. ed. São Paulo: Saraiva & Comp. Editores, 1932.

AQUINO, Tomás de. *Suma Teologica*. v. 8. Madri: BAC, 1956.

ARAGÃO, Egas Moniz de. *Sentença e coisa julgada*. Rio de Janeiro: Forense, 1992.

ARISTÓTELES. *Ética a Nicômaco*. Tradução Julián Marias. Madri: Centro de Estudios Constitucionales, 1999.

──. *Retórica*. Tradução Antonio Tovar. Madri: Centro de Estudios Constitucionales, 1990.

ASSIS, Araken de. *Manual da execução*. 10. ed. Porto Alegre: RT, 2006.

──. *Cumprimento da sentença*. Rio de Janeiro: Forense, 2006.

──. *Cumulação de ações*. 4. ed. São Paulo: RT, 2002.

──. *Manual de recursos*. 2. ed. São Paulo: RT, 2008.

──. *Processo Civil Brasileiro*. São Paulo: RT, 2015. v.II, t. I. p. 99 (versão digital).

ÁVILA, Humberto. *Teoria dos Princípios* – da definição à aplicação dos princípios jurídicos. 10. ed. São Paulo: Malheiros, 2009.

BRAGE CAMAZANO, J. *Los límites a los derechos fundamentales*. Madrid: Dykinson. 2005.

BAPTISTA DA SILVA, Ovídio A. *Curso de processo civil*. Rio de Janeiro: Forense, 2004.

──. "Direito subjetivo, pretensão de direito material e ação". *Revista da Ajuris*, n. 29, 1983, p. 99/126.

──. *Jurisdição e Execução na tradição romano-canônica*. 3. ed. Rio de Janeiro:Forense,2007.

──. *Processo e Ideologia*: o paradigma racionalista. Rio de Janeiro: Forense, 2004.

──. *Sentença e Coisa Julgada*: ensaios e pareceres. 2. ed. Porto Alegre: Sergio Antonio Fabris Editor, 1988.

BARBOSA MOREIRA, José Carlos. *Comentários ao Código de Processo Civil*. 12. ed. Rio de Janeiro: Forense, 2005, v. 5.

──. *O novo processo civil brasileiro*. 25. ed. Rio de Janeiro: Forense, 2007.

──. Notas sobre o problema da 'efetividade' do processo. In: *Temas de Direito Processual Civil – Terceira série*. São Paulo: Saraiva, 1984. p. 27/42.

──. Efetividade do processo e técnica processual. In: *Temas de Direito Processual Civil – Sexta série*. São Paulo: Saraiva, 1997. p. 17/30.

_____. Ação Popular do Direito Brasileiro como instrumento de tutela jurisdicional dos chamados 'interesses difusos'. In: *Temas de Direito Processual Civil* – Primeira série. São Paulo: Saraiva, 1977. p. 110/123.

_____. O futuro da Justiça: alguns mitos. *Revista Síntese de Direito Civil e Processo Civil*. n.6, jul./ago., 2000. p. 36/44.

BARROSO, Luis Roberto. *Interpretação e aplicação da Constituição*: fundamentos de uma dogmática constitucional transformadora. 2. ed. São Paulo: Saraiva, 1998.

BARZOTTO, Luis Fernando. *A democracia na Constituição*. São Leopoldo: Unisinos, 2003.

BASTOS, Celso. *Curso de direito constitucional*. 22. ed. São Paulo: Saraiva, 2001.

BEDAQUE, José Roberto dos Santos. *Efetividade do processo e técnica processual*. 2. ed. São Paulo: Malheiros, 2007.

BERTOLINO, Giulia. *Giusto Processo Civile e giusta decisione*: Riflessioni sul concetto di giustizia procedurale in relazione al valore dela accuratezza delle decisioni giudiziarie nel processo civile. Disponível em: <http://amsdottorato.unibo.it/119/1/TESI_DI_DOTTORATO_Giusto_processo_civile_e_giusta_decisione.pdf>.

BOBBIO, Norberto. *O positivismo jurídico*: lições de filosofia do direito. São Paulo: Icone, 1995.

_____. *Teoria do Ordenamento Jurídico*. Brasília: Editora Universidade de Brasília, 1995.

_____. *A era dos direitos*. 10. ed. Tradução de Carlos Nelson Coutinho. Rio de Janeiro: Campus, 1992.

BONAVIDES, Paulo. *Curso de direito constitucional*. 24. ed. São Paulo: Malheiros, 2009.

_____. *Teoria constitucional da democracia participativa*. 3. ed. São Paulo: Malheiros, 2004.

BOVE, Mauro. Art. 111 cost. e "giusto processo civile". *Rivista di Diritto Processuale*, v. LVII, II serie, a. 2002.

BUENO, Cássio Scarpinella. *Curso Sistematizado de Direito Processual Civil*. 3. ed. São Paulo: Saraiva, 2009. v. I.

BUZAID, Alfredo. *Grandes Processualistas*. São Paulo: Saraiva, 1982.

CAETANO, Marcelo. *Manual de Ciência Política e Direito Constitucional*. Coimbra: Almedina, 1996. t. I.

CALAMANDREI, Piero. *Instituições de Direito Processual Civil*. 2. ed. Campinas: Bookseller, 2003. v. I.

_____. *Instituições de Direito Processual Civil*. 2. ed. Campinas: Bookseller, 2003. v. II.

_____. *Instituições de Direito Processual Civil*. 2. ed. Campinas: Bookseller, 2003. v. III.

_____. *Introdução ao Estudo Sistemático dos Procedimentos Cautelares*. Carla Roberta Andreasi Bassi (Trad.). Campinas: Servanda, 2000.

_____. *Processo e Democracia*: conferências realizadas na Faculdade de Direito da Universidade Nacional Autônoma do México. (Trad. Mauro Fonseca Andrade). Porto Alegre: Livraria do Advogado, 2017.

CANOTILHO, J. J. Gomes. *Direito Constitucional e Teoria da Constituição*. 7. ed. Coimbra: Almedina, 2003.

CAPPELLETI, Mauro. *La Pregiudizialità Costituzionale Nel Processo Civile*. Milano: Giuffrè, 1972.

CAPPELLETI, Mauro; GARTH, Bryant. *Acesso à justiça*. Ellen Gracie Northfleet (Trad.). Porto Alegre: Sérgio Antonio Fabres, 1988.

CAPONI, Remo; PROTO PISANI, Andrea. *Lineamenti di diritto processuale civile*. Napoli: Jovene Editore, 2001.

CARNEIRO, Athos Gusmão. *Da antecipação de tutela*. 6. ed. Rio de Janeiro: Forense, 2005.

CARNELUTTI, Francesco. *Como se faz um processo*. Leme/SP: Edijur, 2012.

_____. *Direito e Processo*. Direito Processual Civil. Campinas: Péritas, 2001.

CARPENA, Márcio Louzada. Da Garantia da Inafastabilidade do Controle Jurisdicional e o Processo Contemporâneo. In: PORTO, Sérgio Gilberto (Org.). *As garantias do cidadão no processo civil* – relações entre constituição e processo. Porto Alegre: Livraria do Advogado, 2003. p. 11/30.

CARVALHO SANTOS, J. M. *Código de Processo Civil interpretado*. Rio de Janeiro: Livraria Freitas Bastos, 1963.

CECCHETTI, M. Giusto processo. In: *Enc. Dir.*, Aggiornamento V, Milano, Giuffrè, 2001, 595 e ss.

CHIARLONI, Sergio. Nuovi Modelli Processuali. *Rivista di Diritto Civile*. Padova: a. XXXIX,n. 2, marzo/aprile, 1993. p. 269/291.

_____. *Formalismi e Garanzie* – Studi Sul Processo Civile. Torino: GIappichelli, 1995.

CHIOVENDA, Giuseppe. *Instituições de Direito Processual Civil*. 4. ed. Campinas: Bookseller,2009.

_____. *A ação no sistema dos direitos*. Belo Horizonte: Lider, 2003.

CINTRA, Antonio Carlos de Araújo; GRINOVER, Ada Pellegrini; DINAMARCO, Candido Rangel. *Teoria Geral do Processo*. 20. ed. São Paulo: Malheiros, 2004.

CIVININI, Maria Juliana. *Poteri del giudice e poteri delle parti nel processo ordinário di cognizione*. Rilievo ufficioso delle questioni e contraddittorio. Il Foro Italiano, Roma, parte V, n. CXXII, 1999.

CLÈVE, Clémerson Merlin. *Temas de direito constitucional*. São Paulo: Acadêmica, 1993.
COMOGLIO, Luigi Paolo. *Etica e tecnica del "giusto processo"*. Torino: G. Giappichelli, 2004.
——. *La garanzia costituzionale dell'azione ed il processo civile*. Padova: Cedam, 1970.
COMOGLIO, Luigi Paolo; FERRI, Corrado; TARUFFO, Michele. *Lezioni sul processo civile*. 4. ed. Bologna: Il Mulino, 2006, v. I.
COMPARATO, Fábio Konder. *A afirmação histórica dos direitos humanos*. 7. ed. São Paulo: Saraiva, 2010.
COUTURE, Eduardo. *Estudios de Derecho Procesal Civil*. Buenos Aires: Ediar Editores, [?]. t.I.
——. *Estudios de Derecho Procesal Civil*. Buenos Aires: Ediar Editores, [?]. t. II.
——. *Estudios de Derecho Procesal Civil*. Buenos Aires: Ediar Editores, [?]. t. III.
——. *Fundamentos del Derecho Procesal Civil*. Buenos Aires: Depalma, 1958.
CRUZ E TUCCI, José Rogério. *Lineamentos da nova reforma do CPC*. São Paulo: RT, 2002.
——. *Jurisdição e Poder: contribuição para a história dos recursos cíveis*. São Paulo: Saraiva, 1987.
——. *Tempo e Processo*. São Paulo: RT, 1997.
CUNHA, Mauro; COELHO SILVA, Roberto Geraldo. *Guia para estudo da teoria geral do processo*. Porto Alegre: Acadêmica, 1990.
DALLA VIA, Miguel Angel. *Manual de Derecho Constitucional*. Buenos Aires: Editorial: Lexis Nexis, 2004.
DALLARI, Dalmo Abreu. *A constituição na vida do povo da idade média ao século XXI*. São Paulo: Saraiva, 2010.
——. *Elementos de teoria geral do estado*. 29. ed. São Paulo: Saraiva, 2010.
DENTI, Vitorino. Intorno allá relatività della distinzione tra norme sostanziale e nome processuali. *Rivista di Diritto Processuale*. Padova: v. XIX, a. 40, [?], 1964. p. 64/77.
——. Valori costituzionali e cultura processuale. In: *L'influenza dei valori costituzionali sui sistemi giuridici contemporanei*. Milano, 1985, II, 814.
DIDIER JR., Fredie. *Curso de Direito Processual Civil*. 8. ed. Salvador: Podivm, 2007.
——. BRAGA, Paula Sarno; OLIVEIRA, Rafael. *Curso de direito processual civil*: direito probatório, decisão judicial, cumprimento e liquidação da sentença e coisa julgada. 2. ed. Salvador: Editora Podivm, 2008, v. 2.
——. BRAGA, Paula Sarno. OLIVEIRA, Rafael. *Curso de direito processual civil*: teoria da prova, direito probatório, ações probatórias, decisão, precedente, coisa julgada, antecipação dos efeitos da tutela. 10. ed. Salvador: Editora Podivm, 2015, v. 2.
——. CUNHA, Leonardo José Carneiro. *Curso de direito processual civil*: meios de impugnação às decisões judiciais e processo nos tribunais. 5. ed. Salvador: Editora Podivm, 2008, v. 3.
DINAMARCO, Cândido Rangel. *A reforma da reforma*. São Paulo: Malheiros, 2002.
——. *A instrumentalidade do processo*. 14. ed. São Paulo: Malheiros, 2009.
DONIZETTI, Elpídio. *Curso Didático de Direito Processual Civil*. 17. ed. São Paulo: Atlas, 2013.
——. *Curso Didático de Direito Processual Civil*. 19. ed. São Paulo: Atlas, 2016.
——. *Novo Código de Processo Civil Comentado*. São Paulo: Atlas, 2015.
DURKHEIM, Émile. *Da divisão do trabalho social*. São Paulo: Martins Fontes, 1995.
DWORKIN, Ronald. *Uma questão de princípio*. São Paulo: Martins Fontes, 2001.
——. *Levando os direitos a sério*. São Paulo: Martins Fontes, 2002.
ESPÍNDOLA, Ruy Samuel. *Conceito de princípios constitucionais*. São Paulo: RT, 1999.
GADAMER, Hans-Georg. *Verdade e método*. 3. ed. Petrópolis: Editora Vozes, 1999.
FACHINNI NETO, Eugênio. O Judiciário no mundo contemporâneo. *Revista da AJURIS,* Porto Alegre, ano 34, n. 108. p. 139/165, dez. 2007.
FAZZALARI, Elio. *Instituições de Direito Processual*. Campinas: Bookseller, 2006.
——. Diffusione del processo e compiti delle dottrina. *Rivista Trimestrale di Diritto Procedura Civile*. Milano: a. XII, settembre, 1958. p. 861/880.
FERRAZ JR, Tércio Sampaio. A legitimidade na Constituição de 1988. In: FERRAZ JR. et al. *Constituição de 1988*. São Paulo: Atlas, 1989.
FERRI, Corrado. Sull'effettività del contradditorio. *Rivista Trimestrale di diritto e procedura*. Milano, Giuffrè, 1988.
FIGUEIRA JÚNIOR, José Dias. *Comentários à novíssima reforma do CPC*: Lei 10.444, de 07 de maio de 2002. Rio de Janeiro: Forense, 2002.
FINNIS, John. *Ley natural y derechos naturales*. Buenos Aires: Abeledo-Perrot, 2000.

FORNACIARI, Michele. *Pressuposti Processuali e Giudizio di Merito*. Torino: Giappichelli Editore, 1999.

FREITAS, Paulo de. *Direito Processual Subjetivo*. São Paulo: [?], 1955.

FRONER, Felipe. *Sistema de Processo Civil Internacional*. Porto Alegre: Arana, 2016.

FUX, Luiz. *Curso de Direito Processual Civil:* Processo de Conhecimento. 3. ed. Rio de Janeiro: Forense, 2005, v. I.

GAETA, Vitorino. Del giusto processo civile. In: *Questione Giustizia*, 2001. p. 917/928.

GASTAL, Alexandre Fernandes. "A coisa julgada: sua Natureza e suas Funções". In: OLIVEIRA, Carlos Alberto Álvaro de. *Eficácia e coisa julgada*. Rio de Janeiro: Forense, 2006.

GERAIGE NETO, Zaiden. *O princípio da inafastabilidade do controle jurisdicional*. São Paulo: RT, 2003.

GREGO FILHO, Vicente. *Direito processual civil brasileiro*. 17. ed. São Paulo: Saraiva, 2003, v. 1.

GREGO, Leonardo. Garantias fundamentais do processo: o processo justo. In: *Estudos de Direito Processual*. Campos dos Goytacazes: Faculdade de Direito de Campos, 2005. p. 225-286.

GRINOVER, Ada Pellegrini. *Os princípios constitucionais e o Código de Processo Civil*. São Paulo: Bushatsky, 1975.

GUASTINI, Ricardo. *Dalle fonti alle norme*. Torino: G. Giappichelli Editore, 1992.

GUERRA, Sidney; EMERIQUE, Lilian Márcia Balmant. O princípio da dignidade da pessoa humana e o mínimo existencial. *Revista da Faculdade de Direito Campos*, Ano VII, n.9, Dez., 2006. p. 379/397.

GOLDSCHMIDT, James. *Direito Processual Civil*. Campinas: Bookseller, 2003. v.I.

——. *Direito Processual Civil*. Campinas: Bookseller, 2003. v.II.

HÄBERLE, Peter. A dignidade humana como fundamento da comunidade estatal. In: SARLET, Ingo Wolfgang (Org.). *Dimensões da dignidade*: ensaios de filosofia do direito e direito constitucional. 2. ed. Porto Alegre: Livraria do Advogado, 2009.

HEGEL. *Fenomenologia do Espírito*. Petrópolis: Vozes, 2002.

——. *Princípios da Filosofia do Direito*. Lisboa: Guimarães, 1990.

HÖFFE, Otfried. *O que é justiça?* Porto Alegre: Edipucrs, 2003.

HERKENNHOFF, João Baptista. *O Direito Processual e o resgate do humanismo*. Rio de Janeiro: Thex Editora, 1997.

HESSE, Konrad. *A força normativa da Constituição*. Trad. Gilmar Ferreira Mendes. Porto Alegre: Sérgio Antonio Fabris Editor, 1991.

JAUERNIG, Othomar. *Direito Processual Civil*. 25. ed. Coimbra: Livraria Almedina, 2002.

JOBIM, Marco Félix. *Cultura, Escolas e Fases Metodológicas do Processo*. Porto Alegre: Livraria do Advogado, 2011.

——. *O direito à duração razoável do processo*. 2. ed. Porto Alegre: Livraria do Advogado, 2012.

JOLOWICZ, John Anthony. Justiça Substantiva e Processual no Processo Civil. *REPRO*, São Paulo, ano 31, n. 135. p. 161-178, maio 2006.

KIRST, Stepham. A dignidade e o conceito de pessoa de direito. In: SARLET, Ingo Wolfgang (Org.). *Dimensões da dignidade*: ensaios de filosofia do direito e direito constitucional. 2. ed. Porto Alegre: Livraria do Advogado, 2009. p. 175/198.

KLOEPFER, Michael. Vida e dignidade da pessoa humana. In: SARLET, Ingo Wolfgang (Org.). *Dimensões da dignidade*: ensaios de filosofia do direito e direito constitucional. 2. ed. Porto Alegre: Livraria do Advogado, 2009. p. 145/174.

KUHN, João Lacê. *A coisa julgada na exceção de executividade*. Porto Alegre: Livraria do Advogado, 2006.

LACERDA, Galeno. *Despacho Saneador*. 3. ed. Porto Alegre: Sérgio Fabris, 1990.

LIEBMAN, Enrico Tullio. *Manual de direito processual civil*. Trad. Cândido Rangel Dinamarco. 2. ed. Rio de Janeiro: Forense, 1985.

——. *Eficácia e autoridade da sentença e outros sobre a coisa julgada*. Trad. AlfredoBuzaid e Benvindo Aires. Notas Ada Pellegrini Grinover. 3. ed. Rio de Janeiro: Forense, 1984.

——. *Problemi Del Processo Civile*. Milano: Morano Editore, 1962.

——. *Estudos sobre o Processo Civil Brasileiro*. São Paulo: Bestbook, 2004.

——. *Manuale di Diritto Processuale Civile*. 4. ed. Milano: Giuffrè, 1984.

LOEWENSTEIN, Karl. *Teoria de la constitucion*. Tradução de Alfredo Gallego Anabitare Barcelona: Editorial Ariel, 1976.

MACEDO, Elaine H. J*urisdição e Processo*: crítica histórica e perspectivas para o terceiro milênio. Porto Alegre: Livraria do Advogado, 2005.

MANDRIOLI, Crisanto. *Diritto processuale civile*. Torino: GIappichelli, 2006.
MARKY, Thomas. *Curso Elementar de Direito Romano*. 6. ed. São Paulo: Saraiva, 1992.
MARINONI, Luiz Guilherme. *Teoria Geral do Processo*. 3. ed. São Paulo: RT, 2008.
——. *Precedentes obrigatórios*. São Paulo: RT, 2010.
——. *Tutela Inibitória* (Individual e Coletiva). 4. ed. São Paulo: RT, 2006
——. *Técnica Processual e Tutela dos Direitos*. 3. ed. São Paulo: RT, 2012.
——. *A antecipação da tutela*. 7. ed. São Paulo: Malheiros, 2002.
——; ARENHART, Sérgio Cruz. *Manual do Processo de Conhecimento*. 4. ed. São Paulo: RT, 2005.
——; ——. *Execução*. 5. ed. São Paulo: RT, 2013.
——; MITIDIERO, Daniel. *Código de Processo Civil comentado artigo por artigo*. São Paulo: RT, 2008.
MARQUES, José Frederico. *Instituições de Direito Processual Civil*. 4. ed. Rio de Janeiro: Forense, 1971, v. I.
——. *Instituições de Direito Processual Civil*. 4. ed. Rio de Janeiro: Forense, 1971, v. II.
MARTINS-COSTA, Judith. *A boa-fé no Direito Privado*. São Paulo: RT, 2000.
MAURER, Béatrice. Notas sobre o respeito da dignidade da pessoa humana ...ou pequena fuga incompleta em torno de um tema central. In: SARLET, Ingo Wolfgang (Org.). *Dimensões da dignidade*: ensaios de filosofia do direito e direito constitucional. 2. ed. Porto Alegre: Livraria do Advogado, 2009. p. 119/144.
MAXIMILIANO, Carlos. *Hermenêutica e aplicação do Direito*. 19. ed. Rio de Janeiro: Forense, 2006.
MAZZILLI, Hugo Nigro *A Defesa dos Direitos Difusos em Juízo*. 17. ed. São Paulo: Saraiva, 2004.
MEDINA, José Miguel Garcia. *Direito Processual Civil Moderno*. São Paulo: RT, 2015.
MEZZAROBA, Orides; MONTEIRO, Cláudia Sevilha. *Manual de Metodologia de Pesquisa no Direito*. São Paulo: Saraiva, 2004.
MIRANDA, Jorge. *Teoria do Estado e da Constituição*. 2. ed. Rio de Janeiro: Forense, 2009.
MILLAR, Robert Wyness. *Los principios formativos del procedimiento civil*. Buenos Aires: Ediar, 1945.
MITIDIERO, Daniel Francisco. *Comentários ao Código de Processo Civil*. São Paulo: Memória Jurídica, 2006, t 3.
——. "Sentenças parciais de mérito e resolução definitiva-fracionada da causa". *Revista de Direito Processual Civil*. Curitiba, Gêneses, 2004, n.31. p. 22/27.
——. *Elementos para uma Teoria Contemporânea do Processo Civil Brasileiro*. Proto Alegre: Livraria do Advogado, 2005.
——. *Processo Civil e Estado Constitucional*. Porto Alegre: Livraria do Advogado, 2007.
——. *Colaboração no Processo Civil* – Pressupostos sociais, lógicos e éticos. São Paulo: RT, 2008.
——. *O Processualismo e a formação do Código Buzaid*. REPRO, São Paulo, ano 35, n. 183, mai. 2010.
——. *Antecipação da Tutela*: da tutela cautelar à técnica antecipatória. 2. ed. São Paulo: RT, 2014.
MONTESANO, Luigi. Diritto sostanziale e processo civile di cognizione nell'individuazione della domanda. *Rivista Trimestrale di Diritto Procedura Civile*. Milano: a. XLVII, marzo,1993. p. 63/81.
NERY JR, Nelson; NERY, Rosa Maria de Andrade. *Código de processo Civil Comentado*. 9. ed. São Paulo: RT, 2006.
——. *Comentários ao Código de Processo Civil*. São Paulo: RT, 2015.
NEUMANN, Ulfried. A dignidade humana como fardo humano – ou como utilizar um direito contra o respectivo titular. In: SARLET, Ingo Wolfgang (Org.). *Dimensões da dignidade*: ensaios de filosofia do direito e direito constitucional. 2. ed. Porto Alegre: Livraria do Advogado, 2009. 225/240.
NINO, Carlos Santiago. *Fundamentos de derecho constitucional*. Buenos Aires: Astrea, 2000.
NOGUEIRA, Pedro Henrique. *Negócios Jurídicos Processuais*. 2. ed. Salvador: Juspodivm, 2017.
NÖRR, Knut Wolfgang. La Scuola Storica, Il Processo Civile e Il Diritto delle Azioni. *Rivista di Diritto Processuale*. Padova: v. XXXVI, a. 57, [?], 1981. p. 23/40.
OAB/RS. *Novo Código de Processo Civil anotado*. Porto Alegre: OAB/RS, 2015.
OPOCHER, Enrico. *Lezioni di filosofia del diritto*. Padova: Cedam, 1983.
PAULA, Jônatas Luiz Moreira de. *A jurisdição como elemento de inclusão social* – revitalizando as regras do jogo democrático. São Paulo: Manole, 2002.
PEREIRA, Rafael Caselli. *A multa judicial (astreinte) e o CPC/2015*: visão teórica, prática e jurisprudencial. Salvador: Juspodivm, 2017.
PERELMAN, Chaim. *Ética e Direito*. São Paulo: Martins Fontes, 2001.
——. *La giustizia*. Giappichelli: Torino, 1991.
PICARDI, Nicola. Il principio del contraddittorio. *Rivista di diritto processuale*. Padova, CEDAM, n. 3.

PISANI, Proto. *Le tutele giurisdizionali dei diritti – studi*. Napoli: Jovene Editore, 2003.

PRUTTING, Hanns. Nuevas tendencias en el Proceso Civil Aleman. Gênesis – *Revista de Direito Processual Civil*, n° 41, jan.-jun./2007.

PICÓ JUNOY, Joan. *Las Garatias constitucionales del processo*. 2. ed. Barcelona: Bosch, 2012.

PINHO, Humberto Dalla Bernardina de. Direito Processual Contemporâneo. In: *Teoria Geral do Processo*. 4 v. São Paulo: RT, 2012.

PINTO, Carlos Alberto da Mota. *Teoria Geral do Direito Civil*. 3. ed. Coimbra: Coimbra Editora, 1996.

PONTES DE MIRANDA, Francisco Cavalcanti. *Comentários ao Código de Processo Civil*. 5ed. Rio de Janeiro: Forense, 2001, t. I.

——. *Comentários ao Código de Processo Civil* (CPC/39). 2. ed. Rio de Janeiro: Forense, 1958. t. I.

PORTANOVA, Rui. *Princípios do Processo Civil*. 6. ed. Porto Alegre: Livraria do Advogado, 2005.

PORTO, Sérgio Gilberto. *Cidadania Processual*. Processo constitucional e o novo processo civil. Porto Alegre: Livraria do Advogado, 2016.

——. A humanização do Processo Civil contemporâneo, em face da mais valia constitucional no projeto de um novo CPC. *Revista jurídica*: órgão nacional de doutrina, jurisprudência, legislação e crítica judiciária, v. 60, n. 418. p. 41-49, ago., 2012.

——. *A coisa julgada civil*. 4. ed. São Paulo: RT, 2011.

——. USTÁRROZ, Daniel. *Lições de Direitos Fundamentais no Processo Civil*. Porto Alegre: Livraria do Advogado, 2009.

——; ——. *Coisa julgada civil*. 3. ed. São Paulo: RT, 2006.

——; ——. *Manual dos Recursos Cíveis*. Porto Alegre: Livraria do Advogado, 2016.

——; PORTO, Guilherme A. *Lições sobre Teorias do Processo Civil e Constitucional*. Porto Alegre: Livraria do Advogado, 2013.

RAATZ, Igor. *Autonomia Privada e Processo Civil*: negócios jurídicos processuais, flexibilização procedimental e o direito à participação na construção do caso concreto. Salvador: Juspodivm, 2017.

RAWLS, Jonh. *A Theory of Justice*. Cambridge: Belknap Press of Harvard University Press, 1971.

——. *Justiça como Equidade*. São Paulo: Martins Fontes, 2001.

——. *O liberalismo político*. São Paulo: Martins Fontes, 2001.

REDENTI, Enrico. *Diritto processuale Civile*. Milano: Giuffrè, 1980.

RIBAS, Antonio Joaquim. *Consolidação das Leis do Processo Civil*. 3. ed. Rio de Janeiro: Jacintho Ribeiro dos Santos, 1915.

RIBEIRO, Darci. Guimarães. (Org.). *O juiz e a prova*: estudo da errônea recepção do brocardo iudex iudicare debet secundum allegata et probata, non secundum conscientiam e sua repercussão atual. Porto Alegre: Livraria do Advogado, 2014. v. 1.

——. *Da Tutela Jurisdicional às Formas de Tutela*. Porto Alegre: Livraria do Advogado, 2010. v. 01.

——. *Pretensión Procesal y Tutela Judicial Efectiva* – Para una teoría procesal del derecho. Barcelona: Editorial Bosch, 2004.

——. *Provas Atípicas*. Porto Alegre: Livraria do Advogado, 1998.

RIBEIRO, Darci Guimarães; JOBIM, Marco Félix. *Desvendando o Novo CPC*. Porto Alegre: Livraria do Advogado, 2015.

RODRIGUES, Marco Antonio dos Santos. *A modificação do pedido e da causa de pedir no processo civil*. Rio de Janeiro: Mundo Jurídico, 2014.

ROSAS, Roberto. *Direito Processual Constitucional*. São Paulo: RT, 1997.

RUBIN, Fernando. *A preclusão na dinâmica do Processo Civil*. Porto Alegre: Livraria do Advogado, 2010.

——. *Fragmentos de Processo Civil Moderno: de acordo com o novo CPC*. Porto Alegre: Livraria do Advogado, 2013.

——. *O novo código de processo civil*: da construção de um modelo processual às principais linhas estruturantes da Lei n. 13.105/2015. Porto Alegre: Magister, 2016.

SÁNCHEZ, Guilhermo Ormazabal. *Iura novit cúria*: la vinculación del juez a la calificación jurídica de la demanda. Madri: Marcial Pons, 2007.

SARLET, Ingo Wolfgang. *A eficácia dos direitos fundamentais*. 10. ed. Porto Alegre: Livraria do Advogado, 2009.

——. *Dignidade da pessoa humana e direitos fundamentais na Constituição Federal de 1988*. Porto Alegre: Livraria do Advogado, 2011.

——. As dimensões da dignidade da pessoa humana: construindo uma compreensão jurídico constitucional necessária e possível. In: SARLET, Ingo Wolfgang (Org.). *Dimensões da dignidade:* ensaios de filosofia do direito e direito constitucional. 2. ed. Porto Alegre: Livraria do Advogado, 2009. p. 15/44.

SARLET, Ingo Wolfgang (Org.) *et al. Jurisdição e Direito Fundamentais.* Porto Alegre: Livraria do Advogado, 2005.

SANTOS, Moacir Amaral. *Primeiras Linhas de Direito Processual Civil.* 23. ed. São Paulo: Saraiva, 2004. v. I.

——. *Primeiras Linhas de Direito Processual Civil.* 23. ed. São Paulo: Saraiva, 2004. v. II.

——. *Primeiras Linhas de Direito Processual Civil.* 23. ed. São Paulo: Saraiva, 2004. v. III.

SCALABRIN, Felipe; COSTA, Miguel do Nascimento; CUNHA, Guilherme Antunes. *Lições de Processo Civil: recursos.* Porto Alegre: Livraria do Advogado, 2017.

SEELMAN, Kurt. Pessoa e dignidade da pessoa humana na filosofia de Hegel. In: SARLET, Ingo Wolfgang (Org.). *Dimensões da dignidade*: ensaios de filosofia do direito e direito constitucional. 2. ed. Porto Alegre: Livraria do Advogado, 2009. p. 105/118.

SPLENGLER, Fabiana Marion; SPENGLER NETO, Theobaldo (Org.). *Mediação, Conciliação e arbitragem*: artigo por artigo de acordo com a Lei n. 13.140/2015, Lei n. 9.307/1996, Lei n. 13.105/2015 e com a Resolução n. 125/2010 do CNJ (emendas I e II). Rio de Janeiro: FGV editora, 2016.

STARCK, Christian. Dignidade humana como garantia constitucional: o exemplo da Lei Fundamental alemã. In: SARLET, Ingo Wolfgang (Org.). *Dimensões da dignidade*: ensaios de filosofia do direito e direito constitucional. 2. ed. Porto Alegre: Livraria do Advogado, 2009. p. 199/224.

TARUFFO, Michele. *La giustizia civile in italia dal '700 a oggi.* Bologna: Società editrice il Mulino, 1980.

TAYLOR, Charles. *Argumentos filosóficos.* São Paulo: Loyola, 2000.

TAVARES PEREIRA, Sebastião. *O devido processo Substantivo.* Florianópolis: Conceito Editorial, 2008.

TESHEINER, José Maria Rosa. *Elementos para uma teoria geral do processo.* São Paulo: Saraiva, 1993.

——. *Pressupostos Processuais e Nulidades no Processo Civil.* São Paulo: Saraiva, 2000.

——.(Org.). *Processos Coletivos.* Porto Alegre: HS editora, 2012.

——. *Eficácia da Sentença e Coisa Julgada.* São Paulo: RT, 2002.

——. *Jurisdição*: estudos de direitos individuais e coletivos (de acordo com o novo CPC). – Organizado por Marco Félix Jobim, Lessandra Bertolazi Gauer e Marcelo Hugo da Rocha. – Porto Alegre: Magister, 2016.

TESHEINER, José Maria Rosa; MILHORANZA, Mariângela Guerreiro. *Estudos sobre as reformas do Código de Processo Civil.* Porto Alegre: HS editora, 2009.

TESHEINER, José Maria Rosa; THAMAY, Rennan Faria Kruger. *Teoria Geral do Processo.* Rio de Janeiro: Forense, 2015.

THEODORO JR. Humberto. *Curso de Direito Processual Civil.* 41. ed. Rio de Janeiro: Forense, 2004, v. I.

——. Direito Processual Constitucional. In: *Revista IOB de Direito Civil e Processual Civil.* n. 55.

TORRES, Artur. *O Processo do Trabalho e o Paradigma Constitucional Processual Brasileiro*: compatibilidade? São Paulo: LTr, 2012.

——. *A Tutela Coletiva dos Direitos Individuais*: considerações acerca do Projeto de Novo Código de Processo Civil. Porto Alegre: Arana, 2013.

——. *Processo de Conhecimento.* Porto Alegre: Arana, 2013. v. I.

——. *Processo de Conhecimento.* Porto Alegre: Arana, 2013. v. II.

——. *Fundamentos de um direito processual civil contemporâneo.* Porto Alegre: Arana, 2016.

——. *Sentença, Coisa Julgada e Recursos Cíveis Codificados*: de acordo com as Leis 13.105/2015 e 13.256/2016. Porto Alegre: Livraria do Advogado, 2017.

TROCKER, Nicolò. I limitti soggetivi del giudicato tra tecniche di tutela sostanziale e garanzie di difesa processuale. *Rivista di diritto processuale.* Padova, CEDAM. p. 74-85, 1988.

——. Il nuovo articolo 111 della costituzione e il "giusto processo" in materia civile: profili generali. Rivista Trimestrale di Diritto e Procedura Civile, Ano LV, 2001.

VIGORITI, Vincenzo. *Garanzie costituzionali del processo civile* ("Due processo of Law" e art. 24 cost. Milano, 1970.

WAMBIER, Luiz Rodrigues; WAMBIER, Thereza Arruda Alvim; MEDINA, José Miguel Garcia. *Breves Comentários à nova Sistemática Processual Civil.* 3. ed. São Paulo: RT, 2005.

——. TALAMINI, Eduardo. *Curso Avançado de Processo Civil.* 15. ed. São Paulo: RT, 2015. V. 1.

WAMBIER, Teresa Arruda *et all. Breves Comentários ao Novo Código de Processo Civil.* São Paulo: RT, 2015.

WATANABE, Kazuo. *Da cognição no processo civil.* 4. ed. São Paulo: RT, 2012.

——. "Relação entre demanda coletiva e demandas individuais". In: GRINOVER, Ada Pellegrini. CASTRO MENDES. Aluiso Gonçalves. WATANABE. Kazuo (Org.). *Direito Processual Coletivo e o anteprojeto de Código Brasileiro de Processos Coletivos*. São Paulo: RT, 2007. p. 156/160.

WACH, Adolf. Manual de Derecho Procesal Civil. Buenos Aires: EJEA, 1877. v. I.

——. *Manual de Derecho Procesal Civil*. Buenos Aires: EJEA, 1877. v. II.

WATANABE, Kazuo. *Da cognição no processo civil*. 3. ed. São Paulo: Perfil, 2005.

WEBER, Thadeu. *Ética e filosofia política: Hegel e o Formalismo Kantiano*. 2. ed. PortoAlegre: ediPUCRS, 2009.

WINDSCHEID, Bernard; MÜTHER, Theodor. *Polemica sobre la 'Actio'*. Buenos Aires: EJEA, 1974.

ZANETI JÚNIOR, Hermes. *Processo Constitucional: o modelo Constitucional do Processo Civil Brasileiro*. Rio de Janeiro: Lumen Juris, 2007.

ZAVASCKI, Teori Albino. *Antecipação de tutela*. São Paulo: Saraiva, 1997.

ZWEIGERT, Konrad; KÖTZ, Hein. *Introduzione al Diritto Comparato*. Milano: Giuffrè, 1992. v. I e II.